KB201000

아함경 ⁹

상가와 출가수행

학담평석 아함경 ⁹

승보장 1 진리의 공동체, 상가의 성격과 구성
승보장 2 출가교단과 출가수행자의 생활

한길사

Āgama-Sūtra

by. Hakdam

Published by Hangilsa Publising. Co., Ltd., Korea, 2014

학담 아함경의 구성

승보장 僧寶章 2
출가교단과 출가수행자의 생활

제4부 아란야행과 아란야

일러두기

1. 번역 대본 및 참고한 주요 불전과 문헌은 다음과 같다.

- 북전 산스크리트어의 한역(漢譯) 네 아함을 번역 대본으로 삼고, 필요한 경우 그에 해당하는 남전 팔리어 니카야를 번역해 함께 수록했다. 그 가운데 상윳타니카야(Saṃyutta-nikāya, 상응부경전)와 마즈히마니카야(Majjhima-nikāya, 중부경전)는 보디(Bodhi) 비구의 영역본을 기본으로 해서 일어역 『남전장경』(南傳藏經)을 참조했다. 또한 동국역경원 한글 번역본을 초역에 참고했다.

- 비나야(vinaya, 律)로는 동아시아 불교 율종(律宗)의 토대가 된 『사분율』(四分律)의 주요 내용을 뽑아 실었다.

- 천태지의선사(天台智顗禪師)의 교관(敎觀)을 경전 해석의 기본 틀로 삼아 천태선사의 저술 『마하지관』(摩訶止觀) · 『법계차제초문』(法界次第初門) 가운데 많은 법문을 번역해 실었다.

- 그밖에 참고한 다양한 불전 및 문헌들은 제12책(아함경 독해의 길잡이) 끝에 자세히 실었다.

2. 네 아함의 한문 경전은 직역을 원칙으로 했으며 자연스러운 우리말을 풍부히 살렸다. 특히, 게송은 뜻을 살리면서 운율의 맛이 느껴지게 했다.

3. 기존 한역 네 아함과 남전 다섯 니카야의 불전 체계를 귀명장 · 불보장 · 법보장 · 승보장 삼보(三寶)의 새로운 틀로 재구성했다. 전12책 20권의 편제다.

4. 해제, 이끄는 글, 해설에서 모든 경을 대승 교설과 회통하여 깊고 명쾌하게 평석했다. 부 · 장 · 절 그리고 각 경에 제목을 붙여 내용의 이해를 도왔다.

5. 지명 · 인명 · 용어 등은 산스크리트어 표기를 원칙으로 하되 이미 익숙해

진 발음은 아래처럼 예외를 두었다.

• 붓다는 산스크리트어 Buddha의 어원을 나타내기 위해 '붇다'로 표기한다. 싣단타(siddhānta)와 데바닫타(Devadatta)의 경우도 마찬가지이다.

• 산스크리트어 표기는 묵음화된 현대 발음을 쓰지 않고 고대 한자어로 음사한 음을 따라 쓴다. 예를 들어 Veda는 웨다로 쓰지 않고 베다로 쓴다. 산스크리트어 비파스야나(vipaśyanā)는 위파사나로 하는 이들이 있지만, 우리말에 익숙해진 비파사나로 쓴다.

• 〈ś〉의 발음은 śari처럼 뒤에 모음이 오면 '사리(스)', 〈Śrāvastī〉처럼 뒤에 자음이 오면 '슈라바스티(슈)', 〈Aśvajit〉처럼 단어 중간에 모음 없이 오면 '아쓰바짓(쓰)'으로 표기한다.

• 팔리어 인·지명만 남아 있을 경우 '巴'로 팔리어임을 표시했다.

• 산스크리트어의 원래 발음을 찾지 못한 한자 음사어는 우리말 한자음과 현대 중국어 발음을 참고해서 원어에 가깝게 표기하고 한자어를 병기한다.

• 산스크리트어 빅슈(bhikṣu)·빅슈니(bhikṣuṇī)는 팔리어 비구(bhikkhu)·비구니(bhikkhunī)로 쓴다. 산스크리트어 슈라마네라(śrāmaṇera)·슈라마네리카(śrāmaṇerikā)도 사미·사미니로 쓴다. 산스크리트어로 슈라마나(śramaṇa), 팔리어로 사마나(samaṇa)는 사문(沙門)으로 쓴다.

• 용수(龍樹)-나가르주나(Nāgārjuna), 마명(馬鳴)-아쓰바고샤(Aśvaghoṣa), 세친(世親)-바수반두(Vasubandhu) 등 일부 인명은 익숙한 한자음 표기를 혼용한다.

6. 경전명·저술명은 가급적 한자어로 표기한다. 『중론』·『성유식론』·『기신론』·『대지도론』·『열반경』·『화엄경』 등.

7. 불(佛)·법(法)·승(僧)은 어원에 따라 붇다·다르마·상가로 쓴다.

8. " " – 직접인용 및 대화   ' ' – " " 속의 인용과 대화 및 어구 강조
   〈 〉– ' ' 속의 인용과 대화   「 」– 경전(품)·논문·단편
   『 』– 경전·불전·책(빈번히 언급되는 남·북전 아함경은 생략)
   [ ] – 병기 한자어 및 원어 독음이 다를 때

승보장 僧寶章 1

진리의 공동체, 상가의 성격과 구성

붇다 상가의 특성과 세간 구원의 이상

• 해제

1. 붇다 상가 출현의 역사적 의의

붇다의 연기론(緣起論)은 위없는 보디(bodhi)의 완성자인 붇다의 깨달음이 언어화된 것이므로 시대와 역사, 처소와 상황의 변화에 관계없이 존재의 실상을 열어주고 니르바나의 길을 열어주는 가르침이다. 그러나 연기론의 언어 또한 시대 가운데 연기한 측면에서 보면, 연기법은 기성 초월적 신성의 철학인 전변설(轉變說)과 새로운 사문들의 철학인 적취설(積聚說)의 언어와 사상을 받아들여 비판적으로 재구성한 철학이다.

연기론은 신성의 철학과 다원적 요소의 철학을 철저히 부정하되, 그것을 넘어서서 두 철학의 긍정적 측면을 새롭게 살려내고 있다. 연기론이 기성의 세계관을 비판하고 부정하되 새롭게 지양하고 종합해낸 철학이듯, 붇다의 상가 또한 기성 사회에 대한 붇다의 비판의 뜻을 담고 있다. 붇다는 기성의 정치집단, 경제적 이익을 함께 추구하는 조합(組合)으로부터 그 공동체의 틀을 받아들여 당대 신분사회의 계급적 갈등과 나라 사이의 극심한 전쟁으로 고통 받던 시대 속에,

상가를 평등과 화해의 모범이 되는 새로운 수행공동체로 제시하고 있다.

붇다의 상가는 다만 시대의 반영이 아니다. 상가는 시대를 넘어 온갖 존재가 있되 공(空)해 온갖 법이 상호평등의 주체로서 개방되어 있는 삶의 실상 그대로의 사람들 모임을 모순의 역사 속에 새로운 공동체의 틀로 제시하는 측면이 강하다. 붇다는 연기법의 세계관에 따르는 평등과 화합, 상호개방의 공동체인 상가를 시대 속에 제시함으로써 구체적인 역사 속 차별과 대립, 다툼과 억압의 현실 세간을 비판하고 있다.

상가는 붇다의 위없는 보디를 따라 해탈을 추구하는 수행자 집단이다. 현실의 상가는 바로 붇다가 살아가던 그 시대의 역사적 조건에서 자유로울 수 없다. 그러나 상가는 시대 속에 출현한 여러 공동체 가운데 시대발전과 세간의 풍요를 위해 가장 바람직한 공동체를 모범으로 해서 역사구원의 연기법적 이상을 통해 구성되었다.

진리의 측면에서 상가는 바로 걸림 없고 막힘없는 법계연기(法界緣起)의 진리가 역사 속에 현상된 모습이다.

연기법에서 온갖 법은 있되 실로 있지 않다. 있되 공한 실상에서 만법을 살피면 큰 것은 실로 큰 것이 아니고 작은 것도 실로 작은 것이 아니다. 온갖 존재의 차별과 다름[異]은 같음 속의 다름[同中異]이고, 같음[同]은 다름 속의 같음[異中同]이다.

그러므로 타고난 신분과 종족, 지위의 높음과 권세의 큼은 다른 이를 억압하고 지배할 수 있는 실체적인 높음과 큼이 아니다. 큰 것은 큰 것 아닌 큰 것이고, 작은 것은 작은 것 아닌 작은 것이다.

연기의 진리를 추구하는 붇다의 공동체 안에서 계급과 신분, 남녀의 성과 인종의 차별, 그 절대적 실체성[實有]은 해소된다.

상가에 입문하면 누구나 한 분인 붓다의 제자가 되고 하나인 공동체의 성원이 된다. 출신이 무엇이든 여래의 한맛[一味]인 가르침의 법을 잘 받아들이면 누구라도 해탈의 땅에 이를 수 있다.

연기법에서 어떤 존재도 타자와의 본질적인 관계를 떠난 고립된 존재가 없고, 모든 개인은 사회역사적 관계 속의 존재이며 세계 속의 존재이다. 그렇지만 개아의 존재를 존재이게 하는 세계와 사회역사 또한 공한 법으로서, 세계는 다시 주체의 삶활동 자체인 세계로 주어진다. 그러므로 연기법의 세계관에서 한 존재의 복된 이익과 안락의 추구는 늘 더불어 사는 삶들의 행복과 같이 추구되고, 한 개인의 행복과 안락은 늘 더불어 사는 다른 이와 세계 속에 되돌려져야 한다.

자기 혼자만의 영적 신비를 추구하거나, 초월적 신성과 나와의 합일을[梵我一如] 통해 해탈을 찾던, 기성 사문·브라마나들의 교단과 붓다의 상가는 그 길이 다르다.

붓다의 상가는 스스로 해탈하고 남을 해탈에 이끄는 새로운 사문집단으로 세상에 대한 실천적이고 윤리적인 사명감에 충만했다. 이러한 붓다 상가공동체의 세간 구원의 이상과 실천적 삶은 바로 연기적 세계관으로부터 당연히 우러나는 삶의 모습이다.

붓다를 따르던 수행자들의 공동체 곧 불교 교단을 나타내는 상가(saṃgha)라는 말은 가나(gaṇa)라고도 불렸다. 상가와 가나는 공동체 조합의 뜻을 지닌 보통명사로서 두 낱말이 같이 쓰였다. 붓다의 상가가 커지면서 법(法, dharma)과 율(律, vinaya)이 확정되는 과정에 붓다의 교단은 상가라는 말로 통용되었던 것으로 보인다.

상가나 가나는 불교 교단만을 지칭하는 말이 아니다. 브라마나를 반대했던 신흥 사문들의 여섯 스승[六師]들도 '상가를 이끄는 이' '가나의 스승'으로 불렸다. 어원으로 보면 본래 상가와 가나는 수행집단을 나타내는 뜻이 아니었고, 상공업자의 모임이나 공화정 체제의 정치공동체를 나타냈다.

붇다 당시 사회를 살펴보면 강가아 강 유역 북인도 지방의 농업생산력이 크게 발전하고 상공업이 발달해, 화폐를 사용하는 유통경제 체제가 이루어졌다. 그로 인해 새로운 상공업계층과 기술자계층들이 사회의 주도세력으로 떠오르게 되었으니, 당시 사회경제 활동의 중심이 되었던 바이샤(vaiśya)들의 조합을 스레니(śreni) · 상가 · 가나로 불렀다.

붇다 상가의 구성과 운영에 가장 큰 모범이 되었던 것은 바로 정치공동체로서 공화정 국가들의 상가였다. 붇다 당시 리차비(Licchavi) · 브릿지(Vṛji) · 말라(Mala)가 상가라 불렸던 공화정 국가이니, 이 공화정 국가의 대중공의(大衆共議)와 합의에 의한 운영체제를 붇다는 그대로 상가의 운영체계가 되게 하였다.

붇다는 대중의 공의에 의한 의사결정을 존중하는 공화정 체제가 전제군주제보다 연기론적 세계관에 부합된 국가공동체라는 신념을 가졌다. 그래서 늘 공화정 체제를 지지하고, 그 좋은 점을 상가대중 또한 행하도록 하였다.

시대의 흐름은 붇다의 신념과는 달리 마가다(Magadha)나 코살라(Kośalā) 같은 전제군주 국가로 작은 공화정 체제의 정치공동체가 통합되는 과정으로 진행되었다

붇다 만년 마가다 국의 아자타사트루(Ajātaśatru, 阿闍世王) 왕이 브릿지족을 정복하기 위해 바르사카라(Varṣakāra)라는 대신을 세존

께 보내 그 의향을 물었다. 그때 세존은 아난다에게 브릿지 국에 대한 물음을 던져서 아자타사트루의 침략전쟁을 반대하고 다음과 같이 브릿지의 정치체제를 옹호한다.

만약 브릿지 국의 사람들이 일곱 가지 법을 닦는다면 끝내 밖의 적들에게 무너지지 않을 것이다. 어떤 것이 일곱 가지 법인가?

만약 브릿지 국 사람들이 다 한곳에 자주 모여 흩어지지 않는다면 다른 나라에 의해 무너지지 않을 것이니, 이것을 밖의 적에게 무너지지 않는 첫 번째 법이라 한다.

다시 아난다여, 브릿지 국 사람들이 위아래가 서로 화합하고 따른다면 브릿지 국 사람들은 밖의 사람들에게 사로잡히지 않을 것이다. 아난다여, 이것을 밖의 적들에 의해 무너지지 않는 두 번째 법이라 한다.

다시 아난다여, 만약 브릿지 국 사람들이 음란하지 않아 남의 여인을 탐내지 않는다면, 이것을 밖의 적들에 의해 무너지지 않는 세 번째 법이라 한다.

다시 아난다여, 만약 브릿지 국 사람들이 여기에서 들은 것을 저기 가서 전하지 않고, 저기에서 들은 것을 여기 와서 전하지 않는다면, 이것을 밖의 적들에 의해 무너지지 않는 네 번째 법이라 한다.

다시 아난다여, 만약 브릿지 국 사람들이 사문과 브라마나를 공양하고 범행 닦는 이들을 받들어 섬기며 공경히 절한다면 이것을 다섯 번째 법이라 하니, 이때는 곧 밖의 적들에 의해 뺏기지 않는다.

다시 아난다여, 만약 브릿지 국 사람들이 남의 재물과 보배를 탐내지 않는다면, 이것을 밖의 적들에 의해 무너지지 않는 여섯 번째 법이라 한다.

다시 아난다여, 만약 브릿지 국 사람들이 모두 한마음을 같이하여 신을 모신 사당[神祠]에 향하지 않고 그 뜻을 오롯이한다면, 이것을 밖의 적들에 의해 무너지지 않는 일곱 번째 법이라 한다.

이것을 아난다여, 저 브릿지 국 사람들이 이 일곱 가지 법을 닦는다면 끝내 밖의 적들에 의해 무너지지 않는다고 한 것이다.

붇다의 뜻에 바른 정치가 행해지는 나라는 많은 대중이 함께 모여 논의하여 그 뜻을 모으고, 다스리는 자와 다스림받는 자, 가진 자와 못 가진 자의 사회적 갈등이 적은 나라이다. 또 권세자가 힘으로 남의 여인이나 남의 것을 빼앗지 않는 나라, 가혹한 세금으로 백성을 수탈하지 않고, 그릇된 신앙을 갖지 않는 나라이다.

붇다는 브릿지 국이 '지지 않고 멸망하지 않을 일곱 가지 법'[不退法]을 행하는 나라라고 말씀하시고서, 그 '일곱 가지 물러나지 않는 법'을 붇다의 상가에서도 행하도록 다음과 같이 가르친다.

어떤 것이 상가의 일곱 가지 물러나지 않는 법인가?

비구들이여, 알아야 한다. 만약 비구들이 같이 한자리에 모여 서로 화합하고 따르며, 위아래가 서로 받들고 더욱 위를 향해 나아가면, 여러 착한 법을 닦아 물러나지 않고 또 악한 마라가 틈을 얻지 못할 것이니, 이것을 물러나지 않는 첫 번째 법이라 한다.

다시 상가대중이 서로 화합하고 그 가르침을 따르며 더욱 위를 향해 나아가 물러나지 않으면 마라의 왕이 무너뜨리지 못할 것이니, 이것을 물러나지 않는 두 번째 법이라 한다.

다시 비구들이 세상일에 집착하지 않고 세상의 영화를 닦지 않으며 더욱 위를 향해 나아간다면 마라의 하늘이 틈을 얻지 못할 것이니, 이것을 물러나지 않는 세 번째 법이라 한다.

다시 비구들이 세상의 잡된 서적을 읽고 외우지 않으며 날이 다하도록 그 마음을 채찍질하면서 더욱 위를 향해 나아간다면 마라의 왕이 틈을 얻지 못할 것이니, 이것을 물러나지 않는 네 번째 법이라 한다.

다시 비구들이 그 법을 부지런히 닦으면서 잠과 졸음을 없애 늘 스스로 깨어 있으면서 더욱 위를 향해 나아간다면 마라의 왕이 틈을 얻지 못할 것이니, 이것을 물러나지 않는 다섯 번째 법이라 한다.

다시 비구들이 세간의 셈법[算術]을 배우지 않고 또 남들에게 익히게 하지도 않으며, 한가하고 고요한 곳을 즐기며 그 법을 닦아 익힌다면 악한 마라가 틈을 얻지 못할 것이니, 이것을 물러나지 않는 여섯 번째 법이라 한다.

다시 비구들이 '온갖 세간은 즐길 것이 없다는 생각'을 일으켜 선정의 행을 익히고 여러 법의 가르침을 참아내면서 더욱 위를 향해 나아간다면 악한 마라가 틈을 얻지 못할 것이니, 이것을 물러나지 않는 일곱 번째 법이라 한다.

만약 비구들이 이 일곱 가지 법을 성취하여 서로 화합하고 따른다면 악한 마라가 틈을 얻지 못할 것이다.

붓다의 상가 또한 이처럼 시대 속의 연기적 산물이다. 상가는 앞에서 살핀 바처럼, 기존 농경사회로부터 새로운 상공업 중심 도시국가 사회의 주도세력으로 등장한 상공업자들의 조합과 브릿지 등 공화정 체제의 국가에서 그 기본 틀을 받아온 것이다.

상가의 대중적 논의의 틀과 합의를 위한 카르마(karma, 羯磨)의 모임 또한 공화정 체제의 대중 공의제도에서부터 이어온 것이다.

그렇지만 붓다의 상가는 지금 눈앞에 함께 모인 대중, 즉 '현전상가'(現前僧伽)를 넘어 연기론적 세계관과 부합된 평등과 화합, 모두의 번영과 해탈을 지향하는 공동체의 이상을 '사방상가'(四方僧伽)의 이름으로 제시한다.

사방상가는 지금 눈앞에 모인 몇 명의 대중만이 아니라 붓다께 귀의하고 붓다의 가르침을 따르는 수행자들을 시간과 공간의 한계를 넘어 모두 거둬들이는 개념이다.

그러므로 사방상가는 어느 때 어느 곳에서나 이루어질 수 있는 해탈의 공동체, 연기법의 진리에 부합된 평화의 공동체·진리의 공동체로 그 뜻이 넓혀진다. 더 나아가 수행자 집단의 보편성을 나타내는 뜻에 그치지 않고, 지혜와 자비의 뜻이 충만하고 서로가 서로를 돕고 살리고 베푸는 모든 인간공동체·생명공동체를 포괄한다.

붓다의 상가는 역사 속에서 연기된 것이다. 연기된 것은 공하고 공하므로 새롭게 연기한다. 상가는 지금 눈앞에 연기되어 있는 현실의 모습이지만, 그 진실은 때와 곳을 넘어선 모습 아닌 모습이다.

이렇게 보면 붓다의 상가에 돌아가는 삶은 온갖 대립과 질곡으로 가득 찬 현실역사 속에서, 창조적 주체들이 기존의 대립된 삶을 넘어 기성의 낡은 사회, 닫힌 사회에 끊임없이 비판적 물음을 던지는 삶의 길에 다름 아니다.

대립과 갈등의 역사를 향한 창조적 주체들의 비판과 성찰의 물음과 그 실천적 응답을 통해서만 다툼의 역사 속에서 현전의 화합상가를 이루어낼 수 있는 것이며, 막힘없고 걸림 없는 법계연기의 진실상을 되돌아봄으로써 소통과 대화가 단절된 닫힌 사회 속에서 화해와 소통의 공동체를 만들어갈 수 있는 것이다.

2. 상가의 몇 가지 구분과 구성

위없는 깨달음의 완성자가 이 세간에 출현했다 해도, 그 깨달음이 설법이라는 사회적 실천을 통해 언어로서 객관화되지 못했다면, 가르침을 따르는 상가는 세상에 출현하지 않았을 것이다.

가르침의 언어를 듣고 말씀대로 닦아 행해 여래의 깨달음을 자신의 삶 속에서 스스로 증험해가는 상가 집단이 출현하지 않았다면, 붇다의 교법과 실천은 역사와 사회 속에 전승되지 못했을 것이다.

이렇게 보면 상가라는 수행자 공동체의 출현이 바로 제도화된 모습으로서 불교의 역사적 전승인 것이다.

넓은 뜻의 공동체인 가나와 상가가 수행자 집단의 뜻으로 좁혀져 쓰이듯, 사부대중(四部大衆)이 함께하는 붇다의 교단에서 다시 상가는 여래의 법을 따라 세간 애착과 탐욕의 집을 떠나 함께 모여 사는 출가교단을 나타내는 뜻으로 쓰였다.

그러나 불교는 불교라는 관념의 틀 안에 갇혀 있는 실천체계가 아니라, 스스로 사상의 자기지양을 통해서만 진정한 자기실현이 있다고 주장하는 가르침이다.

교화의 대상 또한 사람을 넘어서서 하늘과 용, 야크샤, 귀신, 아수라에게까지 넓혀진다.

아함의 많은 가르침은 주로 출가 수행자를 대상으로 한 법문이다.

붇다가 처음 보디 나무 아래서 위없는 깨달음을 이룬 뒤 교화를 시작한 이래 설했던 많은 수트라가 집 아닌 곳[非家]으로 집을 나와[出家] 가진 것 없이 사마디를 닦고 지혜를 닦으며 살았던 출가자를 대상으로 한 법문이다. 그렇지만 여기서 교화받는 비구란 중생의 한 대명사일 뿐이다.

붇다가 차별 없이 설한 가르침을 듣고 출가를 결단한 여러 종족 여러 신분 출신의 제자들을 이끌어 붇다는 출가의 길을 걷게 하고 출가상가를 이루게 한다.

그에 비해 붇다는 집에 머물러[在家] 흰옷[白衣]의 제자로 가르침을 받아 법을 행하는 제자들은 우파사카·우파시카로서 세속생활 그대로 진리의 길을 걷도록 하였다.

교단은 늘 출가대중과 재가대중의 서로 이끌어줌과 보살핌으로 유지되었으니, 재가의 출가상가에 대한 정성 어린 보시와 출가상가의 재가에 대한 자비의 가르침이 화합상가를 이끌었다.

출가상가는 남성 출가자가 주축이 되었지만, 여성의 출가가 허용됨으로써 비구상가와 비구니상가의 구분이 생겼다.

붇다의 연기의 가르침은 주어진 현실의 연기적 진실을 밝힌다. 그러므로 그 가르침은 때[時]와 곳[方]을 떠나지 않되 때와 곳을 넘어서 늘 보편적인 존재의 실상을 열어 보인다. 그 보편적 진리의 가르침을 따르는 상가집단 또한 여기 눈에 보이는 대중의 제한된 모습에 갇히지 않는다. 어느 때 어느 곳이라도 그 가르침을 받아들이고 삼보를 자기 삶의 지표로 삼아 살아간다면 그는 늘 그곳에서 모든 곳에 열린 상가의 구성원이 되는 것이다.

이런 뜻에서 일정한 구역 안에 같이 모여 사는 눈에 보이는 대중

[現前僧伽]과 사방 온갖 곳에 함께하는 대중[四方僧伽]이라는 개방된 상가의 개념이 생겼다.

이 몇 가지 구분을 좀더 자세히 살펴보도록 하자.

1) 출가와 재가

・출가대중

인도사회에서 집을 나와 집이 없이 수행자로서 살아가는 생활은 오랜 전통이었다. 붇다도 이런 오래된 출가전통에 의거해 고행숲에서 사문으로서 고행했다.

맨 처음 비구가 되었던 다섯 수행자도 붇다를 따라 같이 고행하다 붇다 성도(成道) 후 '선인이 머무는 곳 사슴동산'에서 붇다로부터 사제(四諦)의 교설을 듣고 비구가 되었다.

다섯 비구가 붇다의 성문제자가 된 뒤로 붇다의 제자집단인 출가비구상가가 역사 속에 처음 출현하고, 비구상가가 구성됨으로써 붇다(Buddha)와 다르마(Dharma)와 상가(Saṁgha)의 삼보(三寶)가 세간에 출현하게 되었다.

출가수행자는 아란야의 나무숲이나 한가히 머무는 곳[āvāsa], 동산의 거처[ārāma]에서 좌선하고 휴식하다 밥때가 되면 마을에 들어가 밥을 빌어 얻어먹고, 비오는 철[雨期]에는 한곳에서 안거(安居)하고, 안거가 끝나면 세간에 노닐어 다니며[遊行] 법을 전한다.

이러한 붇다 상가의 걸식과 안거, 유행의 생활도 기존 인도사회 수행자 집단의 생활 속에서 불교가 받아온 것이다.

붇다 출가상가의 생활방식은 기성 수행자 집단의 생활과 바깥 모습이나 형식에서 닮은 부분이 많이 있으나 그 내용은 전혀 다르다.

브라흐만(Brahman)과 베다(Veda)를 섬기는 브라마나(brāhmaṇa)로서, 남성은 일생을 네 가지 단계[āśurama]로 나누어 생활한다.

첫째 범행을 닦는 시기[梵行期, brahmacārin]로서, 결혼 이전까지 십이 년 정도 스승의 집에 머물며 베다와 여러 학문과 기술을 배우는 시기이다.

둘째 집에 머무는 시기[家住期, gṛhastha]로, 스무 살 앞뒤 범행의 수업기를 마치고 집에 돌아와 결혼하고 가업에 힘쓰는 시기이다.

이 시기 브라마나는 자식을 낳아 조상에 보답하고, 제사를 행함으로써 신에 공양하고, 배운 것을 전함으로써 스승에 보답한다.

셋째 숲에서 사는 시기[林棲期, vānaprastha]로, 자식이 결혼해 가계를 이루는 오십 세 무렵, 브라마나는 집을 나와 숲속에서 수행하여 선정을 닦고 고행을 닦는다.

넷째 노닐어 다니는 시기[遊行期, sannyāsin]로, 숲속에서 수행한 뒤 마을이나 성읍에서 밥을 빌며 노닐어 다니는 시기이다.

세간에 노닐어 다니는 이 시기의 수행자를 브라흐만을 섬기는 이들도 '비구'라 불렀으며, '브라마나 비구들'은 집에 머무는 브라마나들로부터 먹을 것과 입을 것을 보시 받았다.

브라마나들이 밥을 빌며 세간에서 노닐어 다니며 고행하는 생활은, 브라흐만과 베다를 부정했던 새로운 수행자 집단들인 신흥 사문들에 의해서 전폭적으로 수용되어 보통 사문의 수행생활도 걸식과 고행, 유행을 기본으로 한다고 말할 수 있다.

붇다의 출가상가의 생활은 네 가지로 나누어진 브라마나의 일생의 생활단계를 나날의 일상 속에서 통합하고, 유아론적 선정[修定]과 고행의 생활을 연기론적 선정[正定]과 법보시(法布施)의 생활로 전환시킨다.

출가상가의 비구는 늘 숲속에 머물며 좌선하고 안거하면서 때가
되면 마을에 들어가 밥을 빌며, 늘 붇다와 윗자리 장로비구로부터 법
을 듣고 가르침을 받되 집에 사는 우파사카와 우파시카에게 가르침
을 전한다.

그들은 스스로 생산노동에 참여하지 않고 밥을 빌어 생활하고, 먹
을 것·입을 것·잠자리·의약품을 재가대중에게 보시 받아 살아가
되, 연기의 진리를 세간에 가르치고 세간 중생을 해탈에 이끄는 교육
자로서 임무를 수행하며, 먹을 것과 입을 것을 받아쓴다.

그는 일하지 않되 참으로 복된 일을 늘 하는 자이며, 늘 받아쓰되
참으로 세간에 단이슬의 법맛[甘露法味]을 공양하는 자이다. 그는
늘 배우되 늘 가르치는 자이다.

숲속 아란야에서 안거하되 실은 모든 법이 공한 진리의 자리[法
座]에 안거하며, 때로 좌선하고 때로 노닐어 다닌다[遊行]. 때로 여
러 대중이 같이 모여 수트라와 프라티목샤를 외우고, 때로 사람 사이
에 홀로 다니며 세간의 시끄러움을 멀리 떠나 사마디를 닦되 법을 전
해 세간의 복밭이 되는 자이다.

출가상가는 맨 처음 고행하는 수행자 고타마를 따라 고행하다 다
시 위없는 보디의 성취자 붇다의 제자가 된 다섯 비구가 상가의 첫
구성자이자 입문자가 되어 출범된다.

그 뒤 바라나시 장자의 아들 야사스(Yaśas)와 그의 벗 오십 명이
출가하여 차츰 조직의 틀이 갖춰진다.

붇다께서 아라한의 도를 얻은 비구들을 전법의 길에 내보내고, 스
스로 우루빌라로 가시어 브라마나인 카샤파 삼형제를 교화하자 그

의 제자집단 천 명이 모두 귀의하여 붓다의 상가는 성도 직후 짧은 기간에 천 명이 넘는 큰 집단으로 성장한다.

전법의 길을 떠났다가 라자그리하로 돌아왔던 아쓰바짓(Aśvajit, 馬勝)이 산자야(Sañjaya)의 제자 사리푸트라(Śāriputra)와 목갈라야나(Maudgalyāyana)를 만나 그 인연으로 두 사람과 따르던 무리들이 출가한다. 그로써 기성 사문교단의 수행자들까지 흡수하여 붓다의 상가는 큰 집단을 이루게 된다.

다시 붓다께서 고향 나라인 카필라바스투(Kapila-vastu)에 돌아오심으로써 사카족의 젊은이들과 왕족 출신의 교육받은 계층들이 상가에 들어오고, 마하프라자파티(Mahāprajāpatī)를 시작으로 여성 출가자를 받아들임으로써 붓다의 상가는 비구상가와 비구니상가가 갖춰지게 된다.

사카족 귀족 출신의 청년들로서 세존의 귀향과 함께 출가한 일곱 명의 대표적인 인물을 들 수 있으니, 밧디야(Bhaddya)·아니룻다(Aniruddha)·아난다(Ānanda)·난다(Nanda)·바구(Bhagu)·킴빌라(巴 Kimbila)·데바닫타(Devadatta)이다.

이들과 함께 이발사 출신 하층민인 우팔리(Upāli)가 출가하여 뒤에 붓다의 성문제자 가운데 계 지님[持戒]에 가장 으뜸가는 제자가 되었다. 이는 붓다의 상가가 계급과 출신, 지위의 높고 낮음에 관계없이 널리 대중을 상가에 받아들였음을 나타낸다.

여성 출가의 첫 문을 연 이는 세존의 이모이자 유모인 마하프라자파티이다. 그의 출가가 이루어진 뒤 라훌라의 어머니 야소다라(Yasodhāra)와 순다리(Sundari) 등의 여인이 출가하여, 경전에 오백 비구니라는 말이 자주 나오는 것처럼 뒤에 비구니상가는 오백 명이 넘는 큰 집단으로 성장했다.

• **재가대중**

깨끗한 믿음으로 삼보를 공경하고 붇다의 가르침을 받들어 행하며, 세속의 생활 가운데서 '보디의 길'[菩提道] 가는 남자 신도를 우파사카(upāsaka)라 하고 여성 신도를 우파시카(upāsikā)라 한다.

우파사카 · 우파시카는 세속에서 생활하면서, 집을 떠나 밥을 빌어 생활하고 아란냐에서 기거하는 비구 · 비구니상가에 입을 것 · 먹을 거리 · 잠자리 · 의약품을 공양해 드리지만, 그들 또한 붇다의 넓고 큰 진리의 집안에 당당한 주체로서 살아간다.

재가신자의 붇다에 대한 귀의도 출가제자의 귀의와 거의 같은 시기에 이루어진다.

붇다께서 성도 직후 카시(Kāśi)로 다섯 수행자를 제도하기 위해 길을 떠나면서 만난 트라푸샤(Trapuṣa)와 발리카(Bhallika)라는 두 상인은 다섯 비구의 귀의보다 앞서 붇다와 다르마 두 곳에 귀의한 [二歸依] 재가의 제자이다.

다섯 수행자의 귀의로 비구상가가 형성된 뒤 야사스와 그 벗들이 출가할 때 야사스의 부모 또한 붇다께 귀의하고 법과 비구상가에 귀의하여 우파사카와 우파시카가 되었다.

비구상가가 천이백오십 대중으로 확장될 무렵 마가다 국의 빔비사라(Bimbisāra) 왕이 귀의하고 슈라바스티(Śravastī) 국의 아나타핀다다(Anāthapiṇḍada) 장자가 귀의하여, 라자그리하(Rājagṛha)에 '대숲정사'[竹林精舍]가 세워지고 슈라바스티에 '제타 숲 정사'가 세워져서 붇다 교단의 비약적 발전의 토대를 이룬다.

아라한을 이룬 세존의 뛰어난 제자들과 대등하게 깊이 지혜를 얻어 법을 대론할 수 있는 칫타(Citta) 장자, 우그라(Ugra) 장자, 나쿨라피타(Nakulapita) 거사 등이 출가대중과 법의 행을 함께하여 상가의 외호자가 되고 불법의 신봉자가 되었다.

이러한 뛰어난 거사와 장자들의 출현이 나중 대승불교가 발흥하면서 출가중심주의적 수행풍토를 비판하는 데 비말라키르티(Vimalakirti, 淨名) 거사를 경의 중심인물로 내세운 『비말라키르티수트라』(淨名經) 편집의 토대가 된 것이라 할 수 있다.

증일아함(增一阿含)에 해당하는 남전 증지부(增支部, 1:266~1:275)에서는 뛰어난 재가 남성 신자에 대한 다음 같은 붇다의 말씀이 등장한다.

비구들이여, 나의 제자인 우파사카 가운데 귀의한 자로서 맨 처음은 타풋사(Tapussa)와 발리카(Bhalika) 두 상인이다.

비구들이여, 나의 제자인 우파사카 가운데 보시하는 자로서 으뜸은 수닷타(Sudatta) 장자, 곧 아나타핀다카(Anāthapiṇḍāka)이다.

비구들이여, 나의 제자인 우파사카 가운데 설법하는 이로서 으뜸은 칫타 장자, 곧 맛치카산디카(Macchikasaṇḍika)이다.

비구들이여, 나의 제자인 우파사카 가운데 네 가지 거두는 법으로 대중을 이끄는 자로서 으뜸은 핫타카아라바카(Hatthakālavaka)이다.

비구들이여, 나의 제자인 우파사카 가운데 좋은 먹을거리를 보시하는 자로서 으뜸은 사카족의 마하나마(Mahanāma)이다.

비구들이여, 나의 제자인 우파사카 가운데 보시하여 마음을 기쁘게 한 자로서 으뜸은 바이살리 출신의 우그라 장자이다.

비구들이여, 나의 제자인 우파사카 가운데 상가를 가까이서 받드는 자로서 으뜸은 핫티(Hatthi), 라울 출신의 욱가타(Uggata) 장자이다.

비구들이여, 나의 제자인 우파사카 가운데 굳센 믿음을 가진 자로서 으뜸은 수람밧타(Sūrāmbaṭṭha)이다.

비구들이여, 나의 제자인 우파사카 가운데 사람들을 기쁘게 한 자로서 으뜸은 지바카도마라바차(Jivakadomārabhacca)이다.

비구들이여, 나의 제자인 우파사카 가운데 잘 믿는 자로서 으뜸은 나쿨라피타 거사이다.

또 경전(增支部, 1:266~1:275)은 여성 신자인 우파시카에 대해서도 이렇게 말한다.

비구들이여, 나의 제자인 우파시카 가운데 귀의한 자로서 맨 처음은 수자타세나(Sujātasenā)이다.

비구들이여, 나의 제자인 우파시카 가운데 보시자로서 으뜸은 비사카미가라마타(Visākhāmigāramāta)이다.

비구들이여, 나의 제자인 우파시카 가운데 학식 있는 자로서 으뜸은 쿳줏타라(Khujjuttarā)이다.

비구들이여, 나의 제자인 우파시카 가운데 자비한 마음으로 머무는 이로서 으뜸은 사마바티(Sāmāvati)이다.

비구들이여, 나의 제자인 우파시카 가운데 선정에 들어간 이로서 으뜸은 웃타라난다마타(Uttaranandamātā)이다.

비구들이여, 나의 제자인 우파시카 가운데 뛰어난 보시를 하는 자로서 으뜸은 수파바사콜리야디타(Suppavāsākoliyadhītā)이다.

비구들이여, 나의 제자인 우파시카 가운데 환자를 돌보는 자로서 으뜸은 수피야(Suppiyā)이다.

비구들이여, 나의 제자인 우파시카 가운데 흔들리지 않는 청정한 믿음을 가진 자로서 으뜸은 카티야니(Kātiyānī)이다.

비구들이여, 나의 제자인 우파시카 가운데 가까이 대하는 자로서 으뜸은 장자의 딸 나쿨라마타(Nakulamātā)이다.

비구들이여, 나의 제자인 우파시카 가운데 소문을 듣고도 청정한 믿음을 일으키는 자로서 으뜸은 카리쿠라라가리카(Kāḷīkuraragharikā)이다.

아함의 대부분 경전들이 출가수행자를 중심으로 설한 것이지만, 위 경에 수록된 바와 같이 현성의 지위에 오른 재가의 많은 수행자들의 이름이 실려 있다. 또 경전의 여러 곳에 가르침을 듣고 스스로 뜻이 풀리고 이미 몸과 마음이 해탈해 삼보에 귀의한 재가수행자의 자기 술회가 기록되어 있다.

재가신자의 수행의 기본은 붓다와 법과 상가, 계에 대한 무너짐 없는 깨끗한 믿음[四不壞淨信]이다. 여기에 보시[施]에 대한 가르침, 계행[戒]에 대한 가르침, 하늘에 태어남[生天]에 대한 가르침[施戒生天說]이 더해져 '여섯 가지 법을 늘 생각함'[六念]이 수행의 밑바탕이 된다.

이 여섯 가지 생각의 기본 수행에, 들고나는 숨을 생각함[安般念]·몸의 덧없음을 생각함[念身非常]·휴식을 생각함[念休息]·죽음을 생각함[念死]의 네 가지 생각이 더해져 '열 가지를 살펴 생각하는 수행'[十念]이 세속의 생활과 하나된 기본 수행법으로 재가대중에게 제시된다.

아란야에서 안거하고 유행하며 걸식으로 생활하는 출가수행자와 달리, 재가수행자는 가정을 꾸리고 생업에 종사하며 선정과 지혜를 닦는다.

재가수행자는 산목숨을 죽이지 않고 자비를 행함[不殺生], 주지 않는 것을 훔치지 않고 보시를 행함[不偸盜], 삿된 음행 행하지 않고 청정을 행함[不邪淫], 거짓말하지 않고 진실을 말함[不妄語], 술 마시지 않고 지혜를 행함[不飮酒], 이 다섯 가지 계[五戒]를 받아 지닌다.

보름날[滿月]과 초하룻날[新月] 출가한 비구들은 한곳에 모여 프라티목샤(prātimokṣa)의 계문을 외우고 반 달 동안의 수행생활을 점검하며, 안거 끝나는 날 현전상가의 대중이 함께 모여 안거 기간 동안 허물과 죄를 참회한다[自恣].

또 출가수행자들은 매달 여드렛날·열나흘날·보름날(8·14·15일) 우파바사타(upavasatha, 巴 uposatha)를 행하니, 이날 재가수행자들은 다섯 가지 계에 세 가지 계[三戒]를 더해 여덟 계[八戒]를 지키며, 설법을 듣고 비구·비구니상가에 먹을거리를 공양하고 깨끗이 몸과 뜻을 보살피며[潔齋] 하루를 지낸다.

이것이 여덟 가지 재계[八齋戒]이다. 곧 재가신자의 다섯 가지 계에 다음 세 가지 계를 더한 것이니, 때 아닌 때에 먹지 말 것, 꽃다발을 걸치거나 향을 바르지 말 것, 높은 자리에 앉지 않고 땅바닥에 펼친 자리에 앉을 것이다.

이처럼 출가상가 대중이 우파바사타하는 8일·14일·15일에는 재가수행자 또한 여덟 계 곧 이 여덟 우파바사타를 닦으며 하루를 보내니, 재가이면서 출가생활의 비나야를 받아 행함이다.

재가의 수행자들이 여덟 가지 재계를 지키며 상가의 아란야에서 출가의 아란야행을 행하는 의례는 팔관재계(八關齋戒)라는 이름으로 동아시아 불교국가에서 오랜 전통으로 행해져 왔다.

팔관재계란 여덟 가지 계로 몸과 마음을 단속하여 청정을 행한다는 뜻으로 풀 수 있다.

재가수행자는 가정을 이루고 생업에 종사하며 수행하는 사람들이다. 그러므로 부모와 가족, 친구와 여러 사문·브라마나를 널리 공양하는 생활을 하여야 한다.

재가수행자의 생활윤리는 한역불교에서 '여섯 방위에 절함을 가르치는 경'[六方禮經]으로 널리 알려진 '싱가라에게 보인 가르침'[singālavadsuttanta]에 잘 나타나 있다.

세존께서 라자그리하의 대숲정사에 머무실 때 장자의 아들인 싱가라는 조상으로부터 내려오는 관습에 따라 동서남북 네 곳과 위아래, 이 여섯 곳[六方]에 절하였다.

그를 보시고 세존은 여섯 곳에 절함에 대해 형식주의를 버리고 생활 속에서 진실되게 바른 생활윤리를 행하도록 가르치신다.

붇다의 가르침에서 부모는 동쪽이고 스승은 남쪽이며, 가족은 서쪽이고 친구는 북쪽이며, 일꾼이나 심부름꾼은 아래쪽이고 사문·브라마나는 위쪽이다.

붇다는 여섯 곳을 향해 절하되, 그 공양하고 보살펴야 할 여섯 방위의 사람에 대해 공경과 자비의 마음으로 절하도록 가르치신다.

부모와 자식의 관계에 대해서는 다음과 같이 가르치신다.

"자식은 부모를 봉양하고 가업에 힘쓰며 가계를 이어가며 재산을 상속하고 조상에게 공양함으로써 부모를 모셔야 한다.

부모는 자식을 악에서 멀리하게 하고 선을 행하게 하며 기능을 익히게 하고 좋은 아내를 맞아들이게 하고 알맞은 때에 재산을 물려줌으로써 자식을 사랑해야 한다."

스승과 제자의 관계에 대해서는 다음과 같이 가르치신다.

"제자는 스승에 대해 서서 절하고, 가까이에서 섬기며, 가르침을 잘 듣고 늘 시중을 들어야 하고, 기예를 전수받음으로써 스승을 섬겨야 한다. 스승은 바른 방법으로 제자를 가르치고, 들어 익힌 것을 잊어버리지 않게 하며, 모든 기예를 습득케 한다. 벗들 사이에 서로 칭찬하게 하고 모든 곳에서 보호함으로써 제자를 사랑해야 한다."

부부 사이의 관계에 대해서는 다음과 같이 가르치신다.

"남편은 아내를 공경하는 마음으로 대해서 가볍게 보지 않으며, 삿된 성관계를 갖지 않으며, 집안일에 권한을 주고 좋은 꾸밈거리를 사주어 아내를 위해 봉사해야 한다.

아내는 남편에 대해, 집안일을 잘 처리하고 아랫사람을 잘 대우하며, 정숙하고 제사를 잘 지키며, 게으름 피우지 않음으로써 남편을 공경해야 한다."

주인과 일꾼과의 관계에 대해서는 다음과 같이 가르치신다.

"일 시키는 주인은 아랫사람이나 일꾼에 대해 능력에 맞게 일을 주고 급여를 잘 주며, 병이 났을 때 치료해주고, 먹을거리가 생겼을 때는 나누어주며, 알맞은 때에 쉬게 함으로써 아랫사람과 일꾼에게 봉사해야 한다.

아랫사람이나 일꾼은 주인에 대해 주인보다 먼저 일어나고 늦게 잠자리에 들며, 주어진 것을 알고 일을 잘하며 주인의 좋은 이름을 퍼뜨려서 주인을 사랑해야 한다."

벗들과의 관계에 대해서는 다음과 같이 가르치신다.

"좋은 집의 사람은 벗에 대해 보시하고[布施], 따뜻이 말하며[愛語], 그의 삶에 보탬이 되고 이로움을 주기 위해 헌신하고[利行], 서로 협동하는 행을 보이며[同事], 남을 속이지 않음으로써 벗에게 봉사해야 한다. 또 봉사 받은 벗 또한 봉사해준 벗에 대해 술 취했을 때 그를 지켜주고, 재산을 지켜주며, 두려울 때 보호자가 되고, 어려운 일이 있을 때 내버려두지 않으며, 그의 후손을 존중함으로써 벗을 사랑해야 한다."

붇다는 기존 브라마나들이 행했던 '여섯 곳의 예배'[六方禮]를 그 형식을 살리되 그 절함을 통해 권위와 복종의 인간관계를 사랑과 공경의 인간관계로 돌이키시고, 지배와 억압, 착취의 인간관계를 함께 이익됨과 나누어줌, 협동의 인간관계로 돌이키신다.

붇다가 가르치신 부모와 자식, 스승과 제자, 남자와 여인, 주인과 일꾼의 인간관계에는 차별과 폭압의 모습이 없고 서로 공경함과 보살핌, 평등과 사랑의 모습이 넘쳐난다.

특히 주인과 일꾼의 관계를 요즈음 시대상황에 비추어 살펴보자. 고용주는 고용인에 대해 늘 인격적인 존중과 예의를 다해야 하고, 그 사람에 맞는 일자리를 주고 노동의 정당한 대가를 지불해야 한다. 의료 혜택을 주고 휴일을 보장해주며, 잉여 이익이 발생했을 때 그에 맞는 보너스를 지불해야 한다. 고용주가 그렇게 하듯 고용인 또한 눈속임이 없이 부지런히 일해 일한 만큼의 정당한 대가를 받으며, 윗사람을 공경하여 부당하게 성토해서는 안 되며, 공동의 이익과 번영을 위해 서로 도와 성실히 일해야 한다.

붇다의 가르침에 의하면 말만 앞세우거나 발림말 하는 이, 방탕해 놀이에 빠져 사는 패거리, 자기 이익만을 챙기는 사람은 좋은 벗[善友]이 아니다. 늘 어려울 때 서로 돕고 위로하며 재물을 나누어주고, 악을 막고 착함에 이끄는 사람이 좋은 벗이다.

더 나아가 좋은 벗이란 하늘에 나는 길[生天道]을 말해주고, 하늘 길에 이끌어주며 해탈의 길에 함께하는 사람이다. 이 세간에 가장 좋은 벗은 사마디와 지혜를 가르쳐서 해탈의 길에 이끄는 사문·브라마나이고, 진리의 길에 함께하는 이[同行者] 진리의 가르침을 가르쳐주는 이[敎授者]가 좋은 벗[善友] 좋은 스승[善知識]이 된다.

그러므로 세간의 타오르는 삼독(三毒)의 불을 꺼주고 곤란과 장애 속에서 해탈의 길을 가르쳐주는 아라한과 거룩한 상가가 가장 좋은 벗이 되는 것이다. 또한 진리의 스승인 아라한 현성을 스스로 늘 공경하고 이웃과 알고 지내는 이들에게 현성을 공경하도록 가르치는 이가, 세간 뭇 삶들의 좋은 벗이 되는 사람인 것이다.

2) 비구상가와 비구니상가

출가상가는 세속의 탐욕의 집을 나와 떨어진 누더기 옷을 입고 밥을 빌어 육체적 생명을 지탱하고, 법을 빌고 사유하여 지혜의 생명[慧命]을 기른다.

그리하여 출가상가의 대중은 붇다의 다르마를 의지해 스스로 번뇌의 집을 떠나고, 미혹의 중생에게 다시 법을 전함으로 세간의 복밭[福田]이 되고, 세간의 눈 어두운 뭇 삶들의 좋은 벗과 좋은 스승이 된다.

출가상가는 비구(比丘, bhikṣu, 巴 bhikkhu)상가와 비구니(比丘尼, bhikṣunī, 巴 bhikkhunī)상가이다.

스무 살 이전 출가한 이들은 비구·비구니상가의 수(數)에 들지 못하고 사미(沙彌, śrāmaṇera, 巴 sāmaṇera)·사미니(沙彌尼, śramaṇerikā, 巴 sāmaṇerā)의 과정을 거쳐야 하며, 여성 출가자는 사미니와 비구니 사이에 식차마나(式叉摩那, 正學女, śikṣamāṇa)의 과정을 거쳐야 한다.

여성 출가자에게 이 년의 식차마나 과정을 부과하는 것은 여성의 신체적 특성상 사미니인 여성 출가자가 이미 임신한 경우 비구니로서 출산하는 경우를 막기 위해서이다.

비구니상가의 출발은 붇다 성도 육 년 뒤 바이살리에서 마하프라자파티의 출가 허용에서부터이다. 비구니상가는 붇다의 가르침을 따라 행하는 진리의 주체로서 비구상가와 평등한 수행자 공동체이다.

그러나 붇다 당시 여성 출가자 단체를 인정하지 않았던 시대 조류 속에서 붇다 또한 그 시대의 한계를 안고 율장(律藏) 가운데 여성 출가에 대한 많은 제약을 두고 있다.

그 대표적인 것이 비구니에게 지키도록 당부하신 여덟 가지 공경법[八敬法]이다. 이것은 분명 비구상가에 비해 비구니상가에 대한 차별적 규제 내용을 담고 있다. 이는 여성 출가자 집단의 허용에 대한 기성 사회의 비판과 저항을 고려해 이루어진 붇다의 세계실단(世界悉壇)의 방편이었으리라 생각한다.

여덟 가지 공경법은 다음과 같다.

① 비구니는 구족계를 받고 백 세가 되어도 새로 구족계 받은 비구

에게 예경하고 공경해야 한다.

② 비구니는 비구가 없는 곳에서 안거하지 못한다.

③ 비구니는 비구를 흉보거나 꾸지람하지 못한다.

④ 비구니는 비구의 죄를 들어 그 허물을 말하지 못한다.

⑤ 식차마나는 이 년 동안 여섯 법[六法]을 배우고 나면 비구·비구니상가에 구족계를 청해야 한다.

⑥ 비구니는 승잔죄(僧殘罪)를 지었을 때는 반드시 반 달의 기간 안에 2부 상가대중이 있는 곳에서 참회해야 한다.

⑦ 비구니는 비구대중 가운데서 반 달마다 우파바사타할 때 비구상가에 보고하고, 반 달마다 비구상가에서 보낸 사람을 맞아 가르침을 받아야 한다.

⑧ 비구니는 안거를 마치면 비구·비구니상가 가운데서 자기 일이나, 보거나 듣거나 의심나는 세 가지 일[見聞疑 三事]에 대해 자자(自恣)를 행해야 한다.

비구니가 준수해야 할 비구니상가의 여덟 가지 공경법을 보면 비구니상가를 비구상가의 지도에 종속시켜 운영토록 하고, 비구상가에 비해 비구니상가에 규제조항이 많으며, 여성 출가에 제약조건을 두는 측면이 있는 것은 분명하다.

그러나 비구니상가가 법을 가르쳐줄 스승을 비구상가로부터 파견받아서 배우며, 우파바사타한 뒤에 보고하고 두 상가가 함께 모인 곳에서 자자를 행하는 일은 그렇게 부정적인 뜻으로만 보아서는 안 된다.

공경법 가운데 비구니에 대한 규제사항은 당시 시대상황이나 비구니상가의 특수성을 감안해보면 비구니상가가 비구상가의 도움을 받아서 상가를 효율적으로 운영하도록 하는 데 그 뜻이 있다. 공경법은 비구와 비구니 두 상가가 서로 같이 공경으로 행해야 할 협동과 지도, 이끌어줌과 보살핌의 뜻으로 그 규제조항을 읽을 필요가 있다.

팔경법은 붇다 시대 여성 출가수행자 집단이 존재하지 않았던 시대상황을 고려해서 살펴야 할 것이며, 협동과 역할분담을 통해 두 상가가 원활히 운영되도록 하는 데 초점을 맞추어 오늘날 다시 해석되어야 할 것이다.

당시 사성계급의 신분적 질서가 관철되었던 사회에서 인종적·신분적 불평등의 벽을 깨뜨리고 불가촉천민까지 출가상가의 일원이 되도록 허용해 해탈의 길 가도록 했던 붇다의 뜻에 어찌 성적인 차별이 있었겠는가.

여성의 보디의 성취에 관해서는 『법화경』에 나오는 '여덟 살 용의 딸의 성불'이 많이 거론된다. 『법화경』(「데바닫타에 관한 품」提婆達多品)에는 가장 극악한 죄를 지은 데바닫타가 성불의 언약을 받고, 용의 딸이 여인의 몸을 남자의 몸으로 바꾸어 단박 성불하는 모습이 나오고 있다.

이때 용의 딸이 남자로 몸을 바꿈은 여인의 몸이 비천하다는 생각을 가진 이들에게 남녀의 몸이 공한 것을 보인 것이고, 중생의 몸을 버리지 않고 단박 성불함은 중생 가운데 곧 니르바나의 공덕이 이미 갖춰져 있음을 보인 것이다.

그러므로 그 생각과 행이 그르면 설사 지금 빼어난 남자의 몸과 비구의 신분을 갖춘 선성비구(善星比丘)라 해도 지옥에 떨어지는 것이고, 그 뜻이 바르면 여덟 살 용의 딸[八歲龍女]이 낮은 몸 그대로 보디의 땅에 이르는 것이다.

영가선사(永嘉禪師)의 「증도가」(證道歌)는 이렇게 노래한다.

그름이 그르지 않고 옳음이 옳지 않으나
털끝만큼 어긋나도 하늘땅이 벌어진다.
옳음에 용의 딸이 단박 보디를 이루고
그름에 선성비구 산 채로 지옥 빠지네.

非不非　是不是　差之毫釐失千里
是卽龍女頓成佛　非卽善星生陷墜

3) 현전상가와 사방상가

출가상가의 생활규범을 가르친 『사분율』(四分律)의 네 가지 의지법[四依法]을 보면, 출가한 상가대중의 기본 생활방식은 밥은 빌어서 먹고[乞食] 옷은 떨어진 걸레를 주어 입어야 하며[糞掃衣] 나무 밑에서 생활하고[樹下坐] 삭힌 소의 오줌이나 똥을 약으로 쓰며[陳棄藥] 생활하는 것이다.

차츰 상가대중의 수가 늘어나고 장자와 거사들의 귀의와 함께 대중이 함께 모이는 처소마다 정사가 세워지자, 상가대중은 국왕·장자·거사의 공양을 받기도 하고 그들이 바친 가사를 입기도 한다.

또 나무 밑, 바위굴속의 불안정한 처소의 생활도 정사와 누각이 갖춰진 안정된 아란야의 생활로 바뀌게 되고, 짐승의 똥오줌만을 쓰던 의약품도 꿀과 기름, 삭힌 소젖을 약으로 쓰게 되었다.

처음 출가교단이 이루어져 안정된 처소가 없을 때 비구들은 여래의 가르침에 따라 네 가지 의지법으로 나무 밑이나 땅굴, 무덤 사이에서 쉬며 수행하였다.

상가대중이 대단위로 늘어나면서 밥을 빌기에 알맞은 성읍이나 마을 가까이에 정착해 사는 곳으로서 아바사(āvasa)와 아라마(ārāma)라는 두 가지 형태의 아란야가 생겼다. 아바사는 머무는 곳[住處]을 뜻하고, 아라마는 도시 근처의 동산이나 숲[園]을 말한다.

아라마가 장자 등 재력있는 소유주에 의해 상가에 기증되면서 '상가의 동산'[saṃghārāma]으로 이름 붙여져 출가상가의 거주지가 되었다. 한문불교에서 절을 뜻하는 가람(伽藍)이란 상가라마의 소리 옮김인 승가라마(僧伽藍摩)의 줄임말이다. 재력있는 재가신자들이 이 상가라마에 거주처를 지어 상가에 헌납한 것이 비하라(vihāra, 精舍)이다.

비하라의 출발은 마가다 국의 빔비사라 왕이 라자그리하 성의 대나무숲에 세운 정사[竹林精舍]이다. 그 다음 대표적인 것이 붇다 교화의 중심지가 된 코살라 국의 수도 슈라바스티의 '외로운 이 돕는 장자' 곧 아나타핀다다 장자가 제타 숲에 세운 비하라[Jetavanānāthapiṇḍadasyārāma]이다.

그 뒤 의사 지바카(Jivaka)의 동산이 기증되고, 붇다의 만년 바이살리의 암바팔리(Ambapāli) 여인의 동산이 상가에 기증되었다.

그밖에도 카우삼비 국의 고시타(Ghoṣita) 동산과 그 동산에 세워진 아라마, 카필라바스투의 니그로다(Nigrodha) 동산 등이 경전에 자주 등장한다.

상가대중이 비하라 중심으로 함께 모이거나, 네 명 이상의 대중이 안거할 때 함께 모이면 그 대중은 늘 반 달마다 우파바사타를 행하여 프라티목샤의 계목을 같이 읽고, 지은 허물을 참회하였다.

일정한 장소에 살던 대중으로 우파바사타에 함께 모이는 상가를

'현전상가'[現前僧伽]라 하고, 다른 지역에 머물며 다른 곳에서 우파바사타를 행하더라도 여래의 법과 율에 의거해 수행하는 전체 상가를 '사방상가'[四方僧伽, catur-diśa saṃgha, 招提僧]라 한다.

현전상가는 일정한 구역[界] 안의 상가대중이 우파바사타의 모임에 전원이 참석해 서로 어울려 합함[和合]으로 성립된다.

율장(律藏) 가운데 포살에 관한 장, 곧 우파바사타 스칸다(upavasatha-skandha, 布薩捷度)에는 우파바사타의 역사와 방법, 대중이 함께 모여야 할 구역 설정에 관해 기록되어 있으니, 이것이 모든 상가의 모임을 집행하는 현전상가의 기초가 된다.

현전상가의 성립의 단위가 되는 구역은 비구들이 '머무는 곳'[坐臥處]에서 하루 만에 오고갈 수 있는 범위 안이어야 하는데, 대개 '우파바사타하는 집'[布薩堂]에서 삼 요자나(yojana, 由旬, 1요자나는 약 1.3킬로미터) 안의 거리이다. 또 그 구역 안에는 '우파바사타하는 집'에 가는 것을 장애하는 큰 강이나 냇물이 없어야 한다.

상가는 화합을 으뜸으로 하는데, 이는 구성원 전체가 같이 모여 뜻을 결정하고 하나로 모음을 말한다.

현전상가는 네 사람 이상으로 성립된다. 네 사람의 상가에서는 율장이 정한 모든 행사를 할 수 있으나, 비구 출가의식[受具式]은 행할 수 없으며, 안거 마친 뒤의 자자(自恣)나 무거운 죄를 용서해주는 출죄(出罪)의 카르마는 행할 수 없다.

다섯 명의 현전상가에서는 자자는 할 수 있으나, 비구 출가의식과 출죄의 카르마는 하지 못한다.

열 사람의 현전상가에서는 출죄를 제외한 모든 카르마를 할 수 있으며, 스무 사람의 현전상가에서는 출죄의 카르마까지도 할 수 있다.

모든 카르마는 전원이 모여 어울림[和合]의 카르마가 되어야 한다.

지금 눈앞에 보이는 대중의 토대가 되는 전체 상가를 사방상가라 한다. 사방상가는 한 구역 안에 살며 함께 모여 카르마를 집행하지는 못하지만, 모두 붇다의 법과 율에 의거해 살아가고 붇다의 법과 율에 의거해 카르마를 행하는 상가대중이다.

현전상가를 확장한 뜻이 사방상가이고, 사방상가를 전체 역사와 사회 속에 확장하면, 연기론적 실천을 통해 구현코자 하는 해탈의 사회역사적 구현체로서 정토(淨土)의 뜻이 드러난다.

곧 해탈은 현전상가를 넘어 사방상가에 모두 구현되어야 하고 세계 속 뭇 삶들에게 넓혀져야 한다. 그리하여 탐냄·성냄·어리석음의 불에 타는 이 세간을 지혜와 자비, 서로 도움과 서로 베풂을 통해 풍요와 안락을 누리는 정토의 세계로 장엄해가야 한다.

이처럼 붇다가 보이신 연기론적 해탈은 개인의 내면에 닫힌 자유가 아니라, 자아와 세계가 모두 해탈한 정토의 세계에 그 완성이 있는 것이다.

그러므로 붇다는 늘 지금 함께하는 현전상가의 대중을 세간에 내보내 사방상가를 확장하고, 뭇 삶들을 온갖 탐욕과 미망의 그물에서 벗어나게 해 해탈의 저 언덕에 이르도록 하고자 하였다.

붇다의 이러한 뜻은, 스스로 카시의 사슴동산에서 우루빌라 숲으로 떠나시면서 다섯 비구에게 전법을 통해 세간 구원을 당부하는 다음 가르침[傳道宣言] 속에 극명하게 드러난다.

나는 이미 사람과 하늘의 모든 얽매임의 밧줄을 벗어났다.

너희들도 사람과 하늘의 밧줄을 벗어났다.

너희들은 사람 사이에 나아가 많은 사람들을 건네주고 많은 사람들을 이익되게 하여 사람과 하늘을 안락하게 해야 한다.

둘이 짝 지어 다니지 말고 한 사람 한 사람씩 홀로 가라.

나도 이제 우루빌라 마을로 가서 사람 사이에 노닐어 다니겠다.

3. 법과 율은 교단 통솔의 두 이념적 축

법(法)은 범어 다르마(dharma)의 번역이고, 율(律)은 비나야(vinaya)의 번역이다.

다르마는 따라 배워야 할 세계의 실상으로 연기법의 진리이지만 교단의 규칙을 포괄한다. 비나야는 수행자의 공동체로서 교단 유지의 규율과 행해야 할 윤리적 규범을 말한다.

붇다의 삼장의 가르침 가운데 다르마를 모은 가르침이 수트라(sūtra)이고, 그 뜻을 넓혀 풀이한 것이 아비다르마(abhidharma)이다.

악을 막는 행위규범 곧 실라(śīla, 戒)와 구체적 상황 속에서 행해야 할 실천행의 조목을 모은 프라티목샤(prātimokṣa, 別解脫)와 공동체의 규율을 스칸다(skandha, 二十揵度分)의 형식으로 엮어놓은 것이 율장 곧 비나야피타카(vinaya-piṭaka)이다.

법을 따르는 상가대중은 브라마나의 초월주의적 세계관과 기성 사문들의 원자적 세계관을 철저히 부정한다. 그러므로 붇다의 상가 구성원이라면 삼보에 귀명하여 연기론적 세계관에 의거해서 사유하고, 선정과 지혜의 행을 닦으며 스스로의 행위를 절제하고 교단의 규율을 준수하며 생활해야 상가의 수[僧數]에 들게 된다.

계율은 출가 수행하는 비구·비구니들의 행위적 규제와 교단의 규율을 모두 포함한다. 수행자들의 머무는 처소[住處]나 아라마(ārāma, 園)에서의 집단생활에는 타인과의 관계나 공동체 유지를 위해 기본적으로 필요한 행위의 규제[禁戒]가 있다. 상가 구성원의 행위가 전체질서를 깨뜨리고 다른 이의 삶에 피해를 줄 때, 그때그때 사례에 맞는 새로운 규제의 틀을 정한 것[隨犯隨制]이 계(戒, śīla)에 해당된다.

그에 비해 상가대중의 집단생활이 확장되면서 공동체의 질서 유지를 위한 규율이 제정되니 그것을 율(律, vinaya)이라 한다.

이와 같이 계율에는 타인의 삶에 장애를 이루는 악한 행위에 대한 규제와 금지로서의 계, 수행자 집단인 상가에서 구성원이 공동체의 유지를 위해 의무적으로 참여하고 행해야 할 행사와 따라야 할 단체의 규율[律], 이 두 가지 뜻이 있다.

금지규범인 계도 그 안에 눌러 그침과 적극적으로 행함의 두 뜻이 있다. 개인의 행동에서 그릇됨과 악함을 피해 짓지 말게 하는 규범을 '지니어 그치는 계'[止持戒]라 한다.

악을 고치고 선을 행하기 위해 구체적인 상황 속에서 배워 지녀야 할 행위규범을 '배울 곳'[學處, śikṣāpada]이라 한다. 이를 모은 것이 프라티목샤이니, 프라티목샤를 '별해탈'(別解脫)이라 옮김에는 매 상황 속에서 짓지 말아야 할 것은 그치고 지녀야 할 것은 지어야 해탈이 된다는 뜻이 담겨 있다.

해마다 비오는 철 수행을 위해 모여 좌선하는 안거나 반 달마다 열리는 우파바사타(upavasatha)의 행사 등에 참여하는 규칙과 단체의 규율은 의무적으로 짓고 참여해야 한다는 뜻으로, '지니어 행하는 계율'[作持戒律]이라 한다. 이 상가 운영규칙을 모은 것이 『사분율』의 비나야 가운데 '스무 가지 스칸다'[skandha, 二十揵度分]이다.

악을 고치기 위해 배울 곳[學處]에는 위반하면 그에 따르는 벌칙이 있으니, 율장에서는 무거운 죄[重罪]로부터 가벼운 죄[輕罪]까지 여덟 가지 벌칙조항을 두고 있다.

가장 무거운 죄는 상가의 신분을 잃게 되고 참회가 통하지 않는 파라지카(pārājika)의 죄가 있고, 그 다음 스무 명 이상 현전상가에서만 카르마를 통해 죄를 벗어날 수 있는 상가바세사(saṃghāvaśesa)가 있다. 상가바세사를 승잔죄(僧殘罪)라 옮기는 것은 승가의 신분만 유지되는 무거운 죄임을 말한다. 가벼운 죄로는 파야티카(pāyattika, 波逸提)와 두스크리타(duṣkṛta, 突吉羅)가 있다.

이와 같이 붇다께서 상가의 계율을 제정하신 뜻은 단순히 개인의 행동을 규제해서 집단의 규율에 종속시키는 뜻이 아니다. 계율의 제정은 스스로의 행위를 잘 조복함으로써 나와 상가대중 모두 법의 이익을 늘리기 위함이다.

계를 지키는 열 가지 이익을 율장은 다음과 같이 말한다[結戒十利].

　① 상가를 거두기 위함이다.
　② 상가의 안락을 위함이다.
　③ 나쁜 비구를 조복하기 위함이다.
　④ 좋은 비구를 안락하게 하기 위함이다.
　⑤ 현재법의 번뇌를 끊기 위함이다.
　⑥ 오는 세상 번뇌를 끊기 위함이다.
　⑦ 아직 믿지 않은 이로 하여금 믿음을 내게 하기 위함이다.
　⑧ 이미 믿은 이의 믿음을 늘리어 키우기 위함이다.
　⑨ 바른 법이 오래 머물도록 하기 위함이다.

⑩ 율을 소중히 해 상가를 기쁘게 하기 위함이다.

상가대중이 의무적으로 참여해야 하는 행사는 『사분율』 가운데 스무 가지 스칸다에서 규정하고 있다. 매달 대중이 함께 치르는 모든 행사는 상가의 화합에 의한 결의에 따른다.

상가의 대표적 행사는 보름날과 초하룻날 정기행사인 우파바사타가 있으며, 4월 16일부터 구십일 동안 우기(雨期)의 안거가 있다. 4월 16일에 안거에 들지 못한 대중은 5월 16일부터 구십일 동안 후안거(後安居)를 한다. 그리고 안거를 마치는 7월 15일과 8월 15일에 현전상가가 함께 행하는 참회 의식으로서 자자(自恣, pravāraṇā)가 있다.

이밖에 비구가 되고자 하는 지원자가 구족계를 받는[受具] 카르마, 죄를 벗어나는[出罪] 카르마, 상가의 결의에 의한 징벌, 정사의 운영에 관한 사항, 인사에 관한 사항 등이 상가의 화합에 의해서 결정되니, 이를 상가의 카르마라 한다.

카르마의 형식에는 세 가지가 있다.

첫째, 상가에 한 번 말함으로 이루어지는 카르마[單白羯磨]이니, 이는 상가대중이 모두 알도록 통보함이다.

여름 안거 맨 마지막 자자일(自恣日)에 카르마차리아(karmacārya, 羯磨師)가 대중을 모아 자자를 시작하며, '오늘은 자자하는 날입니다, 지금부터 자자를 행하고자 합니다'라고 선언하면 카르마가 결정되는 것이기 때문에 '한 번 통보하는 카르마'라 한다.

둘째, 상가대중에게 안건을 반복하여 말해서 찬반을 묻는 카르마 [白二羯磨]이다. 예를 들면 상가대중의 전원 화합이 이루어지면 카르마차리아가 다음과 같이 말하는 것이다.

'상가의 대덕들이시여, 제 말씀을 들어주십시오. 상가는 아무 정사(精舍)를 우파바사타의 집으로 삼고자 합니다.'

이렇게 한 번 말하고 다시 그 찬반을 물어 다음과 같이 다시 말하는 것이다.

'상가의 대덕들이시여, 아무 정사를 우파바사타의 집으로 정하는 것에 찬성하는 대덕은 침묵해주십시오. 그러나 찬성하지 않는 대덕은 의견을 말씀해주십시오.'

상가대중이 모두 침묵하면 카르마가 성립되지만 반대하는 의견이 있으면 성립되지 못한다.

셋째, 구족계를 받는 등과 같은 중요 사안에 대해 상가대중에게 한 번 통보하고 다시 두 번 그에 대해 의견을 묻고 끝으로 네 번째 카르마의 성립을 통보하는 카르마[白四羯磨]이다.

이 세 가지 카르마의 형식으로 보면 상가의 카르마는 '전원 참석의 화합'과 '전원 일치의 합의'에 의한 의사결정임을 알 수 있다.

이 카르마는 일상적인 업무나 갑자기 발생한 사태의 처리에 모두 통용되는 법으로 상가의 카르마는 늘 상가대중의 전원 화합과 합의에 의거했다.

상가의 카르마 성립요건을 대략 살펴보자.

① 구족계를 받는 카르마는 열 명 이상 현전상가 전원의 화합에 의해서, 그 밖의 카르마는 네 명 이상 현전상가 전원의 화합에 의한다.

② 병 등으로 참석하지 못할 경우, '결의에 함께하고자 하는 뜻'

[與欲]을 자격 있는 대리인[持欲人]을 통해 상가에 제출해야 한다. 우파바사타의 경우 '결의에 함께하고자 하는 뜻'이란 상가의 청정에 함께하는 뜻을 말한다.

③ 안건이 카르마차리아에 의해 제안되어야 한다.

④ 카르마차리아의 제안에 찬반을 묻는 카르마의 말이 한두 번다시 말해져야 한다.

⑤ 전원 침묵하면 카르마가 이루어지지만 한 사람이라도 이의를 제기하면 그 안건이 성립되지 않는다. 쟁론이 일어나면 다시 그 안건을 다루어야 한다.

이와 같이 다섯 가지 카르마의 조건이 충족되지 않으면 카르마는 이루어지지 않는다. 이루어지지 않는 안건은 다시 의논하지 않지만, 상가 카르마에서 이미 결정된 것을 다시 의논하고자 하면 '다툼 일으키는 계'[發諍戒]를 범하는 것이다.

다음은 상가대중 사이의 다툼을 없애는 카르마를 살펴보자.

대중의 논쟁에는 네 가지 다툼[四諍]이 있다.

첫째, 교리에 대해 말로 다툼[言諍]이다.

둘째, 남의 허물을 들추어내는 다툼[覓諍]이다.

셋째, 죄를 범하고 일어나는 논쟁[犯諍]이다.

넷째, 상가의 행사에 관한 논쟁[事諍]이다.

이 네 가지 논쟁을 없애는 법에 일곱 가지 카르마의 법[七滅諍 saptādhikaraṇa-śamathāḥ]이 있으니, 다음과 같다.

① 현전의 비나야[現前毘尼, saṃmukha-vinaya] 다투는 자를 서로

얼굴 마주보게 해 시비를 판단하게 한다.

② 기억해서 증명케 하는 비나야[憶念毘尼, smṛti-vinaya] 다른 이가 허물을 범한 경우 그 행위를 기억하여 허물 범함과 범하지 않음을 증명케 한다.

③ 병이 나아 어리석지 않음을 인정하는 비나야[不癡毘尼, amūḍha-vinaya] 미쳐서 범한 죄에 대해서는 허물하지 않고, 미친병이 나아 다시 범하지 않음을 확인하면 어리석지 않음을 인정하는 카르마를 주어 현전상가의 우파바사타에 참석케 한다.

④ 지은 죄를 고백케 하는 비나야[自言毘尼, pratijñā-kāraka] 스스로 지은 죄를 고백하여 죄에 대한 다툼 그치게 한다.

⑤ 죄 지은 곳에 대해 여러 번 물어 죄를 자복케 하는 비나야[覓罪相毘尼, tat-svabhāvaiṣīya] 지은 죄를 자백하지 않는 경우 네 번 묻는 카르마[白四]로 벌을 주고, 자복하기를 기다려 다툼을 그치게 한다.

⑥ 죄상을 밝히는 데 많은 쪽 말을 들어주는 비나야[多人覓罪相毘尼, yad-bhūyasikīya] 죄에 대한 쟁론이 계속될 때 다수결로 다툼을 그치게 한다.

⑦ 풀로 땅을 덮듯 화해하여 다툼 그치는 비나야[如草覆地毘尼, tṛṇa-prastāraka] 두 편으로 갈리어 다투면 양쪽의 윗자리[上座]를 대표로 뽑아 화해의 의견을 말해 다툼을 쉬게 한다.

위 일곱 가지 다툼을 없애는 법은, 죄와 허물 지음에 대해 옳고 그름을 분명히 가리되 허물을 뉘우치면 다시 받아들여 대중을 화합케 하는 법이다.

기억해서 증명케 하는 비나야[[憶念毘尼]와 미친병이 나았을 때 죄를 묻지 않는 비나야[不癡毘尼], 스스로 지은 죄를 고백케 하는 비나야[自言毘尼]는 비난받는 대중을 절차를 밟아 '죄에서 벗어나게 하는'[出罪] 카르마 법이다.

풀로 땅을 덮는 법[草覆地法]은 다툼의 쌍방을 화해시켜 모두 죄에서 벗어나게 하는 법이다.

남의 죄를 들추는 법[覓罪狀法]에 대해서는 죄 지은 것으로 비난받은 사람에게 기억해 증명하도록 해 죄에서 벗어나게 하는 법이다. 어리석지 않음을 증명케 하는 비나야는 지금 정신이 혼미하고 어리석지 않음을 말하게 함으로써 검증되면 죄에서 벗어나게 하고, 그 과정에서 죄 있음이 밝혀지면 그에 대한 징벌을 받게 하는 것이다.

다수결로 결정하도록 하는 비나야[多覓毘尼]는 현전의 비나야 방법으로 옳고 그름, 참과 거짓을 판단할 수 없을 때 다수결의 방법을 쓴다. 다수결은 '산가지 돌리는 법'[行籌]을 쓰는데, 대나무로 된 직사각형의 물건으로 명패 구실을 한다. 다수결은 자칫 소수의 견해 가진 이들이 승복하지 않음으로써 상가의 화합을 깨뜨릴 수 있으므로 이 법을 쓰는 데 다음 열 가지 조건을 둔다.

① 큰 다툼이어야 한다.
② 쌍방이 모두 법답게 표결하기를 생각한다.
③ 다툼의 근본을 알고서 산가지를 던져야 한다.
④ 일을 집행하는 데 법답게 말하는 자가 많다는 것을 알아야 한다.
⑤ 일을 집행하는 데 법답게 말하는 자가 많도록 한다.
⑥ 상가가 분열되지 않는다고 생각되어야 한다.
⑦ 반대파도 상가를 깨뜨리지 않으리라 생각되어야 한다.

⑧ 법답게 산가지를 취한다.

⑨ 모두 모여 화합해서 취한다.

⑩ 견해를 같이해 취한다.

위의 표결방식에서 '법답게 말함'이란 '덕 높은 관리인[行籌人]의 합당한 판단'을 뜻하며 '견해를 같이함'도 같은 뜻을 나타낸다.

그러므로 다수결의 표결방식 또한 대중의 합의를 도출해내는 방법이지만, 그 내용은 '덕 높은 장로의 판단'과 다수 의견을 종합해서 일치된 상가의 견해를 모아내는 방식이라 할 수 있다.

표결 관리인은 다섯 덕을 갖춘 윗자리 비구로서 상가의 카르마에서 선출된 사람이어야 하며, 개인적인 애증의 관점에 치우침 없고 표결방식을 잘 아는 이이어야 한다.

표결방식은 비밀법·공개법·반공개법, 세 가지가 있다.

붇다 니르바나 이후 상가의 다수결의 결정에 반발한 사례는 아소카 왕 당시 '아라한이 붇다와 다름'을 말하는 마하데바(mahā-deva, 大天)의 '다섯 가지 일'[五事]에 대한 교의의 정당성을 판단하는 표결에서 패배한 장로들이 설산으로 도피한 사건이 기록되고 있다.

북전(北傳) 『대비바사론』(大毘婆沙論) 등에서는 이 사건으로 테라바다(Thera-vāda, 上座部)와 계율 해석에 진보적인 마하상기카(Mahāsaṅghika, 大衆部)의 근본이부(根本二部) 교단분열이 이루어졌다고 말한다. 그러나 남전(南傳) 스리랑카의 『도사』(島史) 등에서는 소금을 비축하는 등 비나야의 규정에 어긋나는 '열 가지 일'[十事]의 허용에 대한 논쟁에서 계율 적용의 유연성을 주장하는 파와 보수적 계율 해석파의 논쟁으로 상좌부와 대중부 근본이부의 분열이 있었다고 말한다.

4. 상가의 이상과 정토의 새로운 세상

1) 현전상가와 사방상가에서 화쟁과 세간 구원의 실천

상가의 모든 카르마(karma, 作事)는 전원 참석의 화합을 근본으로 한다. 상가대중은 그 누구의 강압에 의해서가 아니라 스스로 평등과 자비의 공동체를 의지해 실라(śīla, 戒)와 비나야(vinaya, 律)를 받아 지니고 선정과 지혜를 닦아 행해간다.

그리하여 상가는 대중 내부에 다툼이 일어나면 화합의 카르마로 그치어 세간의 복밭이 되는 화해와 자비의 모습으로, 선정과 지혜의 행을 법보시를 통해 세간에 회향해야 한다.

연기론의 세계관에서 나[我]만의 나란 원래 존재하지 않는다. 그러므로 붇다의 법을 따라 니르바나를 실현하려는 상가대중으로서 스스로의 이익만을 위해 살아가는 상가의 대중이란 있을 수 없다.

집을 나와 집이 없이 살아가는 비구의 홀로 머묾이 어찌 다만 세간과의 단절을 위해 홀로 머묾이라 말할 수 있겠는가. 멀리 떠남[遠離] 은 보다 크고 넓게 역사와 사회 속에 복귀하기 위한 멀리 떠남이다.

세속의 집을 나와 상가의 아라마에 머무는 출가수행자는 다섯 대중[五衆]으로 분류된다. 곧 비구·비구니·사미·사미니·식차마나이다.

출가수행의 길을 분명히 하기 위해 『번역명의집』(飜譯名義集) 가운데 다섯 대중의 뜻을 살펴보자.

① 비구(比丘) 범어 빅슈(bhikṣu, 巴 bhikkhu)는 여기 말로 빌어서 사는 수행자[乞士]이다. 빈다는 것은 빌어서 구한다는 말이고, 수행자[士]는 그 삶이 맑고 아름다움을 말한다.

곧 위로 법을 빌어[乞法] 지혜의 목숨[慧命]을 돕고, 아래로 밥을 빌어[乞食] 물질의 몸[色身]을 도와 깨끗한 생활[淨命]로 스스로 살아가며, 중생을 복되게 하고 이익되게 한다. 그리하여 교만의 마음을 깨뜨려 겸손히 낮추고 스스로를 누그러뜨려 맑고 아름다운 덕을 이루는 것이다.

② 비구니(比丘尼) 범어 빅슈니(bhikṣuṇī, 巴 bhikkhunī)는 남성 출가수행자인 빅슈라는 단어에 여성을 뜻하는 니(ṇī, 尼)를 붙여서 만든 말이다. 『대지도론』(大智度論)에서는 말한다.

"비구니는 한량없는 율의(律儀)를 얻으므로 비구 다음에 두어야 한다. 붇다께서는 바른 몸가짐의 법으로써 뒤얽혀 섞임을 싫어하셔서 사문의 뒤에 두도록 하시므로 비구니라 이름한 것이다."

③ 식차마나(śikṣamāṇā, 巴 sikkhamānā) 여기 말로 '법을 배우는 여인'[學法女]을 말한다. 『행사초』(行事鈔)에 말한다.

"식차마나의 여인은 세 법을 갖추어 배운다.

첫째 근본계이니, 산목숨 죽임·훔침·음행·거짓말 이 네 가지 무거운 죄 짓지 않음을 말한다.

둘째 여섯 법을 배움이니, 물든 마음과 서로 응하지 않음·훔치지 않음·산목숨 죽이지 않음·작은 거짓말하지 않음·때 아닌 때 먹지 않음·술 마시지 않음이다.

셋째 행할 법[行法]을 배움이니, 곧 비구니가 행할 온갖 행의 법을 말한다.

이 세 가지 법을 배우므로 식차마나라 이름한다.

④ 사미(沙彌) 범어 슈라마네라(śrāmaṇera, 巴 sāmaṇera)는 여기 말로 번뇌를 쉰 사랑[息慈]이니, 세간의 물든 뜻을 쉬어서 뭇 삶들을 자비로 건네줌이다. 대개 집을 나온 사람은 처음 붇다의 법에 들어오고도 많이들 세속의 뜻을 두므로 반드시 악을 쉬고 자비를 행해야 한다. 그러므로 사미라 이름한다.

⑤ 사미니(沙彌尼) 현장법사(玄奘法師)는 말한다. "범어 슈라마네리아(śrāmaṇeriā, 巴 sāmaṇerī)는 여기 말로 '부지런히 정진하는 여인'[勤策女]이니, 착한 법을 부지런히 행해 공덕에 채찍질해 나아가므로 사미니라 한다."

출가 다섯 대중의 뜻으로 보아도 출가수행자는 자기해탈만을 추구하는 둔세적 수행자가 아니다. 출가수행자의 멀리 떠남은 더 크게 세간을 껴안기 위한 멀리 떠남이고, 출가수행자가 세속의 애착의 뜻을 쉼은 크나큰 자비로 세간을 거두기 위한 쉼이다.

다섯 대중의 뜻의 바탕을 이루는 것은 비구이다. 비구는 밥을 빌어 육체적 생명을 부지하고 법을 빌어 지혜의 생명[慧命]을 기름으로 '빌어서 사는 이'[乞士]라 한다.

지혜의 생명은 뒤바뀜이 없는 마음[不顚倒心], 치우침이 없는 마음이니, 나와 내 것, 나와 세계의 실체성을 뛰어넘는 마음이다. 또 지혜의 생명은 넓고 큰 마음[廣大之心]이니, 나라는 모습과 중생의 모습을 넘어선 닫힘 없고 막힘없는 마음이다.

그러므로 지혜의 생명에 돌아가는 이는 한량없는 중생을 늘 니르바나에 건네주되 실로 건네줌과 건네줌 받는 중생의 모습을 보지 않는다. 그는 늘 세간의 닫힌 모습을 떠나되[離世間] 모습에 모습 없는 세계의 진실에 복귀하는[入法界] 사람이다. 그의 밥을 빌어 지혜에 돌아가는 삶은 중생 세간에 자비를 실천하는 삶이고, 세계를 화해와 평화의 공동체로 장엄하는 삶이다.

『사분율』의 상가카르마[僧羯磨]에 나오는 '비구가 대중 가운데 들어가는 다섯 가지 법'[入衆五法磨]을 살피면 자비행으로 살아가는 비구의 뜻이 분명해지니, 그 다섯 가지 법은 다음과 같다.

① 자비를 닦아 중생을 슬피 여김[修慈悲物] 곧 비구는 대중 가운데 들어감에 반드시 자비의 마음을 닦아 중생을 가엾이 여겨야 한다. 또한 바른 몸가짐[律儀]을 엄숙하고 깨끗이 하며 몸과 마음을 반듯하게 묶어 부지런히 도를 배워야 한다.

이것이 자비를 닦아 중생을 슬피 여김이다.

② 겸손히 낮추어 스스로를 누그러뜨림[謙下自卑] 곧 비구는 대중 가운데 들어감에 늘 겸손하고 고른 마음을 써서 길이 교만을 끊고, 반드시 스스로 누그러뜨리고 낮추기를 티끌 닦아내는 수건처럼 해야 한다.

이것이 겸손히 낮추어 스스로를 누그러뜨림이다.

③ 앉을 자리를 잘 앎[善知坐處] 곧 비구는 대중 가운데 들어감에 움직이고 그치는 때마다 만약 윗자리[上座] 비구를 보게 되면 반드시 편히 앉지 않아야 되고, 만약 아랫자리[下座] 비구를 보게 되면 반드시 일어나 서지 않아야 된다.

이것이 앉을 자리를 잘 앎이다.

④ 법어를 말함[說於法語] 곧 비구는 대중 가운데 들어감에 잡된

말을 하거나 세속의 일을 논하지 않아야 한다. 만약 스스로 법을 설하거나 남이 청해서 설법하면 이것이 법어를 말함이다.

⑤ 허물을 보아도 함부로 말하지 않음[見過黙然] 곧 비구는 대중 가운데 들어가는 데 만약 상가 가운데서 이치답지 않은 일을 보고서 만약 바로 말하면 곧 그 내용이 차별되어 달라질까 걱정한다. 그러므로 반드시 편안히 참아 침묵하고서 함부로 말하지 않는다. 이것이 허물을 보아도 함부로 말하지 않는 것이다.

경에서는 출가수행자는 오직 법만을 말하고 거룩한 침묵을 지키라고 가르친다. 이 가르침을 율장에서는 대중 가운데 살아가는 비구의 마음가짐과 대중에 화합하는 카르마 법으로 다시 보이고 있다.

대중에 드는 다섯 법[入衆五法]에서 알 수 있듯, 율장은 이 다섯 덕을 통해 상가대중 가운데서 자비의 마음과 평등한 마음으로 늘 대중을 대하며, 윗자리와 아랫자리, 말할 것과 말하지 않을 것을 잘 분별하도록 가르친다.

상가의 대중이 한곳의 현전상가에 머물다 다른 대중 가운데 들어가면 다른 곳의 대중이 현전상가가 되므로, 현전상가에 대한 가르침이 사방상가에 대한 가르침이 되는 것이다.

또 같은 출가상가의 다른 대중을 대하는 자비의 마음이 재가대중을 대하는 마음이 되고 뭇 삶들을 대하는 마음이 되는 것이다.

비구가 다른 상가대중과 뭇 삶들을 대하는 마음은 '비구의 풀'[芯芻草]로 비유된다. 비구의 덕을 '비구의 풀 다섯 덕'이라 말하니, 『번역명의집』에 다음과 같이 보인다.

빅슈(bhikṣu, 苾芻)는 설산의 향기로운 풀인데, 곧 그 풀에는 다섯 가지 덕[苾芻草五德]이 있다. 비구가 갖추어야 할 덕을 풀로 비유하므로 그 풀을 빅슈라 한다.

풀의 다섯 가지 덕은 다음과 같다.

① 풀의 바탕의 성질이 부드러움[體性柔軟] 비구가 몸과 말과 뜻의 거칠고 사나움을 꺾어 누를 수 있음을 비유한 것이다.

② 풀이 넝쿨을 이끌어 옆으로 펼침[引蔓旁布] 비구가 법을 전해 사람을 건네주어서 붇다의 법이 끊어지지 않고 이어지게 함을 비유한 것이다.

③ 풀의 향내가 멀리 풍기어 널리 맡음[馨香遠聞] 비구의 계덕의 아름다운 향내가 풍기어 여러 대중이 멀리 맡음을 비유한 것이다.

④ 풀이 병들어 아픔을 나아줌[能療疼痛] 비구가 번뇌의 독한 해침 그 쓰라린 괴로움을 끊어줄 수 있음을 비유한 것이다.

⑤ 풀이 햇빛을 등지지 않음[不背日光] 비구가 바른 견해로 사유하여 늘 붇다의 지혜의 해를 향해 등지지 않음을 비유한 것이다.

'풀에 비유한 다섯 비구의 덕'은 상가의 수행자가 계와 선정과 지혜로 붇다의 지혜의 세계로 나아가 스스로 해탈하고 법을 전해 뭇 중생도 해탈의 땅에 이끌어야 함을 비유로 말하고 있는 것이다.

이 다섯 비구의 덕은 상가대중 개개인의 지혜와 계덕의 삶을 나타낼 뿐 아니라 붇다의 상가가 자기해탈과 더불어 사회 구원의 책무를 짊어진 창조적 주체들의 공동체임을 보여주고 있는 것이다.

2) 역사공동체로 이어지는 화해와 자비의 행

붇다가 출현하던 당시 인도사회는 끝없는 정복전쟁으로 죽임과 파괴, 수탈이 넘쳐났다. 상업적 도시국가의 발달로 바이샤 계급의 사회적 지배력이 강화되었다고 하지만, 사성계급의 신분 차별이 극심했다. 이런 시기에 사람 사이의 평등과 화합, 사랑과 베풂을 강조한 상가의 출현은 시대모순에 대한 붇다의 사회비판의 구체적 실천이다.

붇다의 상가는 기성 사회의 모순에 대한 비판이자 평등과 공동번영을 지향하는 새로운 사회모델이다. 그러므로 상가는 기성 교단의 그릇된 세계관과 모순된 역사에 대한 비판, 그리고 연기론의 세계관적 전망이 함께 어울려 이루어낸 공동체이다. 또한 당대 사회모순을 반영하고 시대의 한계를 안고 출발한 인간공동체이다. 그렇지만 연기론적 인간 해탈의 이상을 통해 붇다께서 기성 사회 닫힌 역사 속의 모순과 악을 비판해, 새로운 사회의 실천적 대안으로 제시한 인간공동체의 모습으로 이해되어야 한다.

그런 뜻에서 현전상가에서 비구가 다른 대중을 대하는 자비의 마음과 상가에서 화합을 위해 행하는 화쟁의 카르마는 현전상가만의 대중 규율로 이해되어서는 안 된다.

자비와 화쟁의 카르마는 사방상가로 확장되고 또한 그 마음과 행은 사방상가의 토대가 되는 역사공동체로 넓혀져야 한다. 곧 출가상가 현전대중 가운데서 서로 거둠과 자비의 정신은 사회공동체 중생의 삶의 터전으로 넓혀지고 실천되어야 하는 것이니, 그 뜻은 보디사트바가 더불어 사는 대중을 자비로 보살피는 '네 가지 거두는 법'[四攝法]에서 잘 나타나고 있다.

천태선사(天台禪師)의 『법계차제초문』(法界次第初門)의 풀이를 통해 네 가지 거두는 법의 뜻을 살펴보자.

여러 다라니 다음에 네 가지 거두는 법[四攝, catvāri saṃgaraha-vastūni]을 밝히는 것은 다음과 같다.

만약 보디사트바(bodhisattva)가 안으로 여러 사마디와 다라니를 갖추면 스스로의 행[自行]이 이미 가득 찬 것이니, 반드시 밖으로 중생을 이끌어 내가 행하는 도와 함께하도록 해야 한다.

그렇듯 마하사트바(mahāsattva)가 중생을 이롭게 하여 널리 건네주는데 네 가지 한량없는 마음[四無量心]과 네 가지 거두는 법만한 것이 없다.

큰 사랑·가엾이 여김·기뻐함·평등함[慈悲喜捨], 이 네 가지 한량없는 마음의 이름은 이미 앞에서 밝혔으니 어찌 번거롭게 다시 보일 것인가. 네 가지 거두는 법은 중생을 잘 맞아 이끄는 요점이므로 다음에 밝힌다.

이 네 가지를 모두 통틀어 '거둠'[攝]이라고 말한 것은 중생의 뜻이 좋아하는 바가 곧 이 네 가지 법이기 때문이다. 만약 마하사트바가 이 네 가지 법을 써서 뜻을 함께하여 맞아 이끌면 중생이 돌아가는 것이다.

만약 중생이 의지해 깃들면 바야흐로 대승의 바른 길로 이끌어서 건네주어 해탈케 하므로 '먼저 욕망의 갈고리[欲鉤]로 끌어서 뒤에 붇다의 도에 들어가게 한다'고 말한다.

① 보시로 거둠[布施攝] 보디사트바는 실로 버리는 바 없는 마음[無所捨心]으로 두 가지 보시를 행하여 중생을 거둬들이니, 첫째

는 재물의 보시이고 둘째는 법의 보시이다.

만약 재물을 좋아하는 중생을 위해서는 곧 재물의 보시로써 그 중생을 거두어주고, 만약 법을 좋아하는 중생에게는 곧 법의 보시로써 거두는 것이다.

이 두 보시로써 온갖 중생을 이익되게 하여 은혜와 이로움을 입게 한다면, 이로 인하여 가까이하고 좋아하는 마음을 내서 도를 따라 받아[隨受道] 진리에 머물게 된다[得住眞理].

그러므로 '다나(dāna)의 보시로 거둠'이라 이름한다. 두 가지 보시의 모습은 대략 앞의 다나파라미타(dāna-pāramitā) 가운데서 분별함과 같다.

② 사랑스런 말로 거둠[愛語攝] 보디사트바가 만약 착하고 부드러운 말로 온갖 근기와 뜻을 따라 편안하게 위로하여 깨우침을 열어준다면 이는 곧 온갖 중생이 듣기 좋아하는 것이다.

이로 인해 중생은 가까이하고 좋아하는 마음을 내서 보디사트바에게 의지하고 깃들어 도를 따라 받아 진리에 머물게 된다.

그러므로 사랑스런 말로 거둠이라 한다.

③ 이로운 행으로 거둠[利行攝] 보디사트바가 몸과 입과 뜻의 행을 따라 일으켜 온갖 중생이 각기 이익을 받게 할 수 있다면 중생은 이미 빼어난 이익을 입고 그 이익 얻은 것을 기뻐하게 된다.

이로 인해 중생은 가까이하고 좋아하는 마음을 내서 보디사트바에게 의지하고 깃들어 도를 따라 받아 진리에 머물게 된다.

그러므로 이로운 행으로 거둠이라 한다.

④ 일 같이 함으로 거둠[同事攝] 보디사트바가 법의 눈[法眼]을 써서 중생의 근기와 인연[衆生根緣]을 밝게 보므로 온갖 같이 기

뻐하는 이를 따라서 몸을 나누고 그림자를 흩어서 그 빛을 널리 누그러뜨려 그 일을 같이하여 각기 그 이익을 받게 한다.

이미 교묘하게 그 일을 함께하니 이로 인해 가까이하고 좋아하는 마음을 내서 보디사트바에게 의지해 깃들어 도를 따라 받아 니르바나에 머물게 된다.

그러므로 일 같이 함으로 거둠이라 한다.

네 가지 거둠의 법은, 사람끼리 서로 어울리고 서로 의지해 살아가야 하는 사회와 역사 속에서 억압과 착취에 대해 베풂과 나눔, 사랑의 실천을 강조하는 가르침이다. 또한 이 법은 자기 홀로만이 복과 이익을 독차지해 남의 이익을 가로채는 이기적 삶의 태도를 부정하고, 이웃과 사회공동체를 함께 이롭게 하고 복되게 하며 남과 협동·협력해서 삶의 터전을 아름답게 가꾸는 실천이다.

연기론의 세계관에서 행복은 다른 이에 대한 억누름과 빼앗음에서 생겨나는 것이 아니라 서로 나눔과 자비의 마음에서 생겨난다.

『대보적정법경』(大寶積正法經)은 '복을 일으키는 네 가지 법'[四法生福]을 다음과 같이 말한다.

① 늘 법보시를 행함[恒行法施] 곧 보디사트바의 행을 닦는 이는 반드시 여래께서 설한 바른 법으로 널리 온갖 중생을 위해 이익을 짓고 자기 마음에 아낌이 없어야 한다.

이렇게 하는 것은 한량없는 복덕이 이로 말미암아 나기 때문이다.

② 큰 자비의 마음을 일으킴[起大悲心] 곧 보디사트바의 행을 닦는 이는 늘 큰 자비의 마음을 움직여서 온갖 중생을 이익되게 하고

여러 계 깨뜨리는 중생에 대해 방편으로 막아 그치게 해 악을 짓지 않도록 한다.

이렇게 하는 것은 한량없는 복덕이 이로 말미암아 나기 때문이다.

③ 여러 중생을 교화함[化諸有情] 곧 보디사트바의 행을 닦는 이는 늘 남을 이롭게 함으로 마음가짐을 삼아 널리 온갖 중생을 교화하여 보디의 마음을 내게 하고 묘한 행을 닦아 익혀 보디의 과덕을 이루게 한다.

이렇게 하는 것은 한량없는 복덕이 이로 말미암아 나기 때문이다.

④ 욕됨을 참아 견져 보살핌[忍辱救護] 곧 보디사트바의 행을 닦는 이는 늘 반드시 큰 자비의 마음을 널리 움직여야 한다. 그리하여 여러 낮고 못난 마음을 지닌 사람 착하지 못한 사람들이 설사 아주 못되고 막된 짓을 나에게 저지른다 해도 그 욕됨을 잘 참아 받을 뿐만 아니라 도리어 방편으로 건져 보살펴서 그들이 악을 고쳐 착함에 옮기도록 한다.

이렇게 하는 것은 한량없는 복덕이 이로 말미암아 나기 때문이다.

위 네 가지 법은 상가대중 가운데서 서로 복된 이익을 일으키는 행이자, 이 세간을 정토로 가꾸어가는 행이며 더불어 사는 뭇 삶들 모두의 행복과 번영, 해탈과 니르바나를 구현하는 행이다.

『유가사지론』(瑜伽師地論)은 다시 세간 중생 모두의 해탈과 번영을 구현하는 보디사트바의 행을 '네 가지 법'[四法]으로 보인다. 곧 이 법은 탐욕에 가득 차 서로 빼앗고 억누르는 물든 세간을 베풂과 나눔의 세상, 더불어 안락을 누리는 해탈의 세계로 바꾸는 행이다.

네 가지 법은 다음과 같다.

① **바른 일과 해탈의 업을 잘 닦음**[善修事業] 곧 보디사트바의 행을 닦는 이는 갖가지 재물과 법으로 중생에게 은혜롭게 보시하여 아낌이 없어야 한다. 또 붇다의 여러 계율을 굳게 보살펴 지키며, 여러 괴로움과 어려운 일을 만나도 잘 참아 뉘우침이 없고, 여러 바른 법을 행해 정진하여 게으름이 없어야 한다.

보디사트바는 늘 선정에 안주하여 마음이 흩어져 어지러움이 없이 바른 지혜로 모든 법의 진실을 밝게 비추고 나아가 갖가지 행업(行業)을 다 닦아 익혀야 한다.

이것이 바른 일과 해탈의 업을 잘 닦음이다.

② **방편을 잘 씀**[方便善巧] 곧 보디사트바의 행을 닦는 이는 여러 중생에 대해 거룩한 가르침에 아직 들어가지 못한 자가 있으면 따라 들어가게 하고, 이미 들어간 자에게는 무르익도록 해주며, 이미 무르익은 자는 해탈케 해야 한다.

나아가 중생이 여러 계율을 받아 지니거나 허물어 범하거나 갖가지 방편으로 여러 중생이 다 이익을 얻도록 한다.

이것이 방편을 잘 씀이다.

③ **다른 중생을 요익케 함**[饒益於也] 곧 보디사트바의 행을 닦는 이는 여러 중생에 대해 '널리 베풂', '사랑스런 말로 감쌈', '남 이롭게 하는 행을 지음', '무리를 따라 더불어 일 같이함'의 네 가지 거두는 법으로 그들이 다 안락을 얻도록 한다.

이것이 다른 중생을 요익케 함이다.

④ **뒤바뀜이 없는 회향**[無倒廻向] 곧 보디사트바의 행을 닦는 이는 자기가 닦은 온갖 좋은 업과 방편을 잘 써서, 남을 요익되게 할 실천의 공덕을 깨끗한 믿음의 마음으로 남에게 회향해야 한다. 그

렇게 해서 위없고 바른 보디를 구하되 이 모은바 선근으로써 끝내 세간의 과보를 그릇 구하지 않는다.

이것이 뒤바뀜이 없는 회향이다.

위와 같이 스스로 지은 공덕을 남에게 회향하고 늘 베풂으로 세간을 풍요와 번영에 이끄는 행, 더불어 사는 대중과 화합하는 참사랑의 행은 억지로 짓는 것이 아니다. 그 행은 나[我, ātman]에 나의 모습이 없고 사람[人, pudgala]과 중생[衆, sattva]에 실로 취할 모습이 없는 세간법의 실상 그대로의 행인 것이다.

서로 나눔과 더불어 해탈케 하는 행이 존재의 진실에 맞기 때문에 참된 수행자는 법과 재물로 베풀고 보시하되 그 과보를 구하지 않는다.

미망의 삶에서 해탈의 문에 들어가기 위해서는 존재의 진실 그대로 모습에 모습 없음을 통달해야 하고, 모습에 모습 없음을 통달하면 나와 내 것의 모습을 떠나 저절로 보시행을 닦되 그 과보를 취하지 않게 된다. 곧 모습에 간힌 미혹의 삶에서 해탈의 문에 들어선 보디사트바는 스스로 공함[空]과 모습 없음[無相]의 해탈행으로 모습에 머묾 없는 다나파라미타(dāna-pāramitā, 布施波羅蜜)를 행하게 된다.

이런 뜻으로 '보디사트바의 진실한 덕'[菩薩實德]이 되는 네 가지 법을 『대보적정법경』은 다음과 같이 보인다.

① 공해탈문에 들어감[入空解脫門] 곧 보디사트바는 온갖 법이 다 인연의 화합함[因緣和合]을 따라 나서 지음이 없고 받음이 없음을 살핀다. 이와 같이 통달함을 공함의 해탈이라 하니 이것이 보

디사트바의 진실한 덕이다.

②나 없음과 바람 없음의 문에 들어감[入無我無願門] 곧 보디사트바는 온갖 법이 다 실체로서 나[我]가 있지 않아 삼계 가운데서 바라고 구할 것이 없음을 살핀다. 그리하여 비록 니르바나를 얻어도 늘 큰 자비를 일으켜 기꺼이 중생을 건네주니 이것이 보디사트바의 진실한 덕이다.

③방편을 잘 베풂[巧施方便] 곧 보디사트바는 널리 자비의 마음을 움직여 삼계 가운데서 교묘히 방편을 베풀어서 니르바나에 머물지 않고 다시 나고 죽음[生死] 속에 들고 나며 뭇 삶들을 교화해 건네주니 이것이 보디사트바의 진실한 덕이다.

④보시하되 그 갚음을 구하지 않음[施不求報] 곧 보디사트바는 널리 자비의 마음을 움직여 여러 중생을 가엾이 여겨 널리 보시를 행하되 평등하여 싫증냄이 없다.

또한 보시하는 자와 받는 자의 모습이 공한 줄[性空] 밝게 깨달아 그 과보를 구하지 않으니 이것이 보디사트바의 진실한 덕이다.

온갖 존재의 연기적 성취[我]에 실로 나 없음[無我]을 깨달아 알고 모습[相]에 모습 없음[無相]을 통달하면, 공함에도 머물 공함이 없으므로 진리를 깨친 지혜는 넓고 큰 자비의 행으로 발현되고 다함 없는 보시행으로 발현된다.

보디사트바의 자비와 보시의 행은 이처럼 나와 너의 모습이 공한 진리의 바탕에서 일어난 것이므로 끝내 그 과보를 구하지 않고 지은 복덕의 모습을 취하지 않는다.

연기법의 실상에 눈을 떠 참으로 보디에 나아가는 자는 눈에 보이는 자기 집단과 사방상가의 틀마저 넘어서서, 한량없는 진리의 세계에 그 공덕을 돌이키고 뭇 삶들에게 해탈의 공덕을 회향한다.

연기의 실상에서 보면 보디사트바가 지은바 공덕도 연기한 것이므로 공하여 그 공덕은 법계에 온전히 회향되어야 한다.

그렇다면 온전히 법계에 되돌이키는 보디사트바의 자비와 보시, 화쟁의 행은 구체적으로 어떤 방편을 통해서 그 회향이 실현되고, 어떤 모습으로 중생의 삶 속에 실천되어야 하는가.

갈등의 현실역사 속에서 보디사트바의 구체적 화쟁의 행위는 더불어 사는 대중, 이웃과 공동의 선[共同善]·윤리적 선행을 함께함[同戒]으로 실천되고, 바른 세계관을 공유하고[同見]·생활상의 갖가지 좋은 일을 같이함[同行]으로 실천되며, 몸과 입과 뜻의 자비행[身口意慈]으로 실천된다.

이를 경은 '대중을 공경하고 화합하는 여섯 가지 행'[六和敬, ṣaḍ-sāmicyaḥ]이라고 하니, 『법계차제초문』은 육화경(六和敬)을 다음과 같이 말한다.

네 가지 거둠 다음에 화합하고 공경하는 여섯 가지 법을 밝히는 것은 다음과 같다.

보디사트바는 이미 네 가지 뜻 같이하는 법[同情法]을 잘 써서 중생을 거두어 성취하려 하므로 반드시 바르게 머무는 곳[處]을 오래도록 한다.

만약 화합하여 함께 좋아하고 공경하지 않으면 둘이 화합하지 않아서 반야(般若, prajñā)를 다 이룰 수 없게 되니 이것은 마라(māra)의 일[魔事]이 된다.

만약 여섯 가지 화합을 잘 써서 온갖 중생과 그윽이 함께하면 반드시 잘 시작하여 끝맺도록 할 수 있다. 그러면 온갖 중생을 '보디의 큰길'[菩提大道]에 편안히 세울 수 있게 되므로 네 가지 거둠[四攝] 다음에 이 화합을 밝힌다.

이 여섯 가지를 모두 통틀어 '화합해 공경함'이라 한 것은 밖으로 다른 사람의 착함과 함께하는 것을 '화합'이라 하고 안으로 스스로 낮추는 것을 '공경'이라 한 것이다.

보디사트바가 중생과 더불어 일을 함께 하면 밖으로는 중생이 행하는 착함을 함께하고, 안으로는 늘 스스로를 낮추므로 '화합해 공경함'이라 이름한다.

① 계 같이함으로 화합해 공경함[同戒和敬] 보디사트바는 실상을 통달하여 죄가 얻을 것 없음[罪不可得]을 알아 중생을 실상의 진리[實相理]에 편안하게 세우고자 한다. 그리하여 계의 방편으로써 온갖 중생과 교묘히 하나가 되어 여러 차별된 계들을 지녀서 어그러지거나 다툼이 없게 한다.

또한 중생이 이 계의 착함[戒善]에 함께하여 끊어짐도 아니고 항상함도 아니면 미래에 반드시 보디의 큰 과덕[菩提大果] 얻게 될 줄을 안다.

이 때문에 중생 공경하기를 붇다와 같이하므로 '계 같이함으로 화합해 공경함'이라 말한다.

② 견해 같이함으로 화합해 공경함[同見和敬] 보디사트바는 실상을 통달하여 모든 법의 모습을 얻지 않아[不得諸法] 실로 알지 않고 보지 않아서[不知不見] 중생을 실상의 바른 견해[實相正見]에

편안히 세우고자 한다. 그리하여 방편으로 교묘히 온갖 중생과 하나되어 갖가지 지견에서 서로 어그러짐이나 다툼이 없게 한다.

또한 중생이 이러한 지견의 분별함으로 인해 차츰 나아가 지혜를 열게 되면 반드시 일체종지(一切種智)의 두렷한 밝음 얻게 된다는 것을 안다.

이 때문에 중생 공경하기를 붇다와 같이하므로 '견해 같이함으로 화합해 공경함'이라 말한다.

③ 행 같이함으로 화합해 공경함[同行和敬] 보디사트바는 실상을 통달하여 생각도 없고 지음도 없어서 중생을 실상의 바른 행[實相正行]에 편안히 세우고자 한다. 그리하여 방편으로 교묘히 온갖 중생과 하나되어 갖가지 행을 닦아 어그러짐이나 다툼이 없게 한다.

또한 중생이 이 모든 행을 함께하여 차츰 공덕을 쌓아가면 모두 반드시 붇다의 도 이루게 됨을 안다.

이 때문에 중생 공경하기를 붇다와 같이하므로 '행 같이함으로 화합해 공경함'이라 말한다.

④ 몸의 사랑으로 화합해 공경함[身慈和敬] 보디사트바는 '따짐이 없이 평등하고 큰 사랑'[無緣平等大慈]에 머물러 그 몸을 닦는다. 사랑의 선근의 힘으로 '모습 취함 사라져 다한 사마디'[nirodha-samādhi, 滅盡定]를 움직여 일으키지 않고, 모든 몸가짐을 나타내어 온갖 즐거움을 주므로 몸이 아홉 길의 중생과 어울려 하나된다.

또한 앞에서 즐거움을 주어 그 즐거움을 얻은 중생도 모두 불성이 있어서 미래에는 반드시 '금강의 몸'[金剛身] 얻게 됨을 안다.

이 때문에 중생 공경하기를 붇다와 같이하므로 '몸의 사랑으로 화합해 공경함'이라 말한다.

⑤ 입의 사랑으로 화합해 공경함[口慈和敬] 보디사트바는 '따짐이 없는 평등하고 큰 사랑'[無緣平等大慈]으로 그 입을 닦는다. 사랑의 선근의 힘으로 '모습 취함 사라져 다한 사마디'를 움직여 일으키지 않고, 널리 온갖 음성과 언어를 내어 온갖 즐거움을 주므로 입이 아홉 길의 중생과 어울려 함께한다.

또한 앞에서 즐거움을 주어 그 즐거움을 얻은 중생도 모두 불성이 있어서 미래에는 반드시 '위없는 입의 업'[無上口業] 얻게 됨을 안다.

이 때문에 중생 공경하기를 붇다와 같이하므로 '입의 사랑으로 화합해 공경함'이라 말한다.

⑥ 뜻의 사랑으로 화합해 공경함[意慈和敬] 보디사트바의 마음은 늘 '따짐이 없는 사랑의 사마디'[無緣慈三昧]에 머물러서 생각을 닦는다. 사랑의 선근의 힘으로 '사랑의 사마디'[慈定]를 움직여 일으키지 않고, 여러 마음과 뜻을 나타내 중생에게 즐거움을 주므로 뜻이 아홉 길의 중생과 어울려 함께한다.

또한 앞에서 즐거움을 주어 그 즐거움을 얻은 중생도 모두 불성 여래장의 진리가 있어서 미래에는 반드시 붇다의 마음[佛心]과 같은 마음 얻게 됨을 안다.

이 때문에 중생 공경하기를 붇다와 같이하므로 '뜻의 사랑으로 화합해 공경함'이라 말한다.

3) 새로운 세상 새로운 역사

우리는 위에서 보디사트바의 네 가지 거두는 법[四攝法], 비구가 상가대중에 들어가는 법[入衆五法], 보디사트바의 진실한 덕[菩薩實

德], 다섯 가지 화합과 공경의 법[六和敬]을 통해 붇다 상가의 실천적 지향을 살펴보았다.

위 갖가지 법을 통해 우리는 연기적 세계관에 의거해 '해탈을 추구하는 수행자의 길'[解脫道]이 내면에 갇힌 자기만의 해탈이거나 자기집단의 도덕율에 갇힌 길이 아니라, 함께하는 뭇 삶들의 해탈에 회향됨을 살펴보았다.

연기론에서 보면 마음은 세계를 통해 일어나 세계를 규정한다. 다시 세계는 마음의 토대[六境, 第八識相分]이자 동시에 마음의 그림자[六識相分]이다.

주체의 탐냄·성냄·어리석음의 물든 마음은 삼계(三界)의 물든 세계에서 일어나 삼계를 지속시키고, 지혜와 자비, 보디사트바의 크나큰 원[悲智願]은 모습에 모습 없는 실상에서 일어나 실상을 드러내고 깨끗한 세계[淨土]를 일으켜낸다.

중생의 마음과 업이 세계를 통해 일어나나 세계는 마음 떠난 세계가 없다. 『비말라키르티수트라』에서 붇다는 국토의 청정해짐이 중생의 앎과 업의 활동에서 연기함을 다음과 같이 가르친다.

보적이여, 알아야 한다.
곧은 마음이 이 보디사트바의 정토이니 보디사트바가 붇다를 이룰 때 아첨하지 않는 중생이 그 나라에 와서 나며, 깊은 마음이 이 보디사트바의 정토이니, 공덕 갖춘 중생이 그 나라에 와서 나며, 보디의 마음이 이 보디사트바의 정토이니, 마하야나의 중생이 그 나라에 와서 난다.

연기론에서 마음은 세계에서 일어나지만 깨끗한 세계와 물든 세계[淨土, 穢土]는 모두 마음 땅에서 인연으로 일어났으니, 인연으로 있는 세계는 '범부와 성인이 같이 머무는 땅'[同居土]이다.

인연으로 있는 세계는 연기이므로 있되 공하다. 세계의 공한 모습을 정토로 삼는 이들은 아직 공에 대한 집착이 남아 있으므로 이 땅은 '집착의 남음이 있는 땅', '집착 끊을 방편의 남음이 있는 땅'[方便有餘土]이라 한다.

저 세계의 공성은 그 공함도 공하여 주체의 실천을 따라 한량없는 세계를 연기하는 것이니, 있음의 집착과 공함의 집착마저 다한 보디사트바의 빼어난 업은 '진실한 과보의 땅'[實報土]을 연기한다.

연기된 온갖 세계는 모두 있되 공하고 공하되 있어 한 국토가 시방에 두루하고 시방의 국토가 서로서로 들어가고 서로 하나되어 걸림없으니, 중도실상으로서 세계의 모습이 곧 '늘 고요하고 밝은 진리의 땅'[常寂光土]이다.

이 네 가지 땅[四土]에 대한 기술은 『비말라키르티수트라』(淨名經) 가운데 「붇다의 나라를 말한 품」[佛國品]에 대한 천태선사의 풀이[天台疏]에 그 내용이 자세하다.

세계의 네 가지 땅을 그에 의거해 다시 간략히 정리해보자.

① 범부와 성인이 같이 사는 땅[同居土] 인연으로 일어난 세계를 말한다. 같이 사는 땅에도 더러운 땅이 있고 깨끗한 땅이 있다. 깨끗한 땅은 서방정토와 같이 공덕이 가득하다. 더러운 땅은 인간이 사는 사바세계에 모래와 자갈, 가시덤불, 온갖 장애가 가득함을 말하니, 곧 범부와 성인이 같이 사는 땅이다.

비록 서방정토의 깨끗함과 사바국토의 더러움이 다르나, 다 성인과 범부가 같이 머물므로 같이 사는 땅이라 한다.

② 남음이 있는 땅[有餘土]　세계의 공성을 정토로 삼은 땅이다. 곧 이승 등의 치우친 수행자들이 삼계의 모습에 물든 집착[見思惑]이 다하고서 나는 세계이나, 아직 공에 대한 집착과 근본 무명이 다하지 못한 이들의 정토세계이므로 번뇌의 남음이 있는 땅이라 한다.

③ 빼어난 과보의 땅[果報土]　번뇌가 다한 맑고 깨끗한 업으로 연기한 땅으로, 진실한 과보의 땅[實報土]이라 한다. 곧 있음의 집착과 공함에 대한 집착이 다한 높은 보디사트바의 청정한 법이 연기한 세계이자 높은 보디사트바가 머물러 사는 땅이다.

④ 늘 고요하고 밝은 빛의 땅[常寂光土]　세계의 있음과 없음을 떠난 중도실상을 말하니 법성의 땅[法性土]이라 한다.

네 가지 땅 가운데 네 번째 '늘 고요하고 밝은 빛의 땅'[常寂光土]을 니르바나의 세 덕[涅槃三德]으로 연결해서 풀이해보자.

항상함[常]은 항상함과 덧없음을 떠난 법신(法身)의 참된 항상함을 말하고, 고요함[寂]은 있음에서 있음을 떠나고 없음에서 없음을 떠나 해탈의 활동이 고요함을 말한다.

빛[光]은 반야(般若)이니 있음을 있음 아닌 있음으로 비추고 없음을 없음 아닌 없음으로 비추는 지혜, 곧 속제를 비추고[照俗] 진제를 비추는[照眞] 빛을 말한다.

이렇게 보면 법성의 땅은 법신·반야·해탈의 덕이 본래 갖춰진 진리의 땅을 말하는 것이다.

그러므로 『천태소』는 이 '늘 고요하고 밝은 빛의 땅'이 세계의 중
도실상이자 온전한 깨달음을 성취한 사람이 받아쓰는 땅임을 다음
과 같이 말한다.

> 원교(圓敎)의 넓고 큰 원과 행의 길[願行之道]을 닦아서 그 실천
> 이 지극해지고 실천의 과덕이 원만해져[因極果滿] 도가 묘한 깨침
> 을 이루면 늘 고요한 빛의 땅[常寂光土]에 산다.

위 정토의 네 가지 땅에 대한 풀이를 통해 살펴보더라도 주체의 실
천과 업 그리고 업의 토대인 세계는 서로 의지해 있다. 탐냄·성냄·
어리석음의 업과 삼계의 물든 세계는 서로 규정한다.

경전에서 말하고 있는 서방정토의 장엄한 보배국토도 주체의 실
천과 업밖에 따로 있는 세계가 아니라 업이 연기한 세계이고 중생의
업을 떠나지 않은 세계이다.

주체의 업은 있되 공하고, 공하되 세계를 통해 새롭게 연기한다.
세계는 업의 토대이지만 그 세계는 업이 발현하고 업 자체로 주어지
는 세계이다.

세계인 업과 업인 세계는 모두 늘 있음이 아니지만[不常] 끊어져
없어짐도 아니다[不斷].

지금 주체가 짓는 물들고 깨끗한 업은 세계를 통해 연기하되 그 업
이 다시 세계를 연기하며, 지금 중생이 짓는 업은 공하되 끊어짐이
아니므로[雖空不斷] 지금의 업에 상응한 미래의 세계를 불러내고 미
래의 세계를 연기한다.

경전에서 정토세계는, 공간성을 중심으로 지금 주체의 깨끗한 믿

음과 원행[信願]에 의해 '가서 나는[往生] 세계'로 표현되기도 하고, 시간성을 중심으로 오늘의 창조적 업에 의해 구현될 역사 속의 '새로운 세상'으로 기술되기도 한다.

경전에서 공간성을 중심으로 기술된 정토세계의 대표적인 예가 '서방의 깨끗한 땅'[西方淨土], 괴로움과 즐거움의 악순환이 다한 '지극한 즐거움의 땅'[極樂世界]이라면, 시간성을 중심으로 기술된 정토의 대표적인 예가 '마이트레야(maitreya)의 다시 오심'[彌勒下生]으로 구현되는 새로운 세상[龍華世界]이다.

연기론에서 이것과 저것의 공간적 관계성과 지금과 미래의 시간적 상속성은 서로 떨어지지 않으며, 주체와 객체 또한 서로 의지해 있는 주체와 객체이다.

경전에서 극락세계는 내가 가서 태어나되 다시 극락을 떠남이 없이 나고 죽음의 세계로 돌아오는 곳으로 기술된다. 극락은 여기 아닌 저기이되 여기를 떠나지 않고, 마이트레야의 세상은 지금 아닌 미래이되 지금을 떠나지 않는다.

마이트레야의 세계는 중생인 내가 그 세계에 따라 올라가 태어나는 곳[上生]이자, 지금 우리 중생이 사는 곳으로 보디사트바인 마이트레야가 내려와[下生] 실현될 미래의 세상으로 기술된다.

그러므로 그 세상은 미래이되 지금의 실천이 밀어올리는 미래이며, 지금 나의 세상이되 마이트레야로 표현된 객관화된 사회적 실천의 힘이 구현해낼 새로운 세상인 것이다.

아득한 미래의 시간, 그 역사 속에 출현할 마이트레야 붇다는 바로 사카무니 붇다 당시 계 · 정 · 혜 세 가지 배움[三學]을 잘 행한 마이트레야 비구가 앞으로 올 마이트레야 붇다이다.

지금의 마이트레야가 그대로 미래의 붇다가 되는 것이 아니지만, 지금의 마이트레야와 마이트레야의 행을 떠나 미래의 붇다와 미래의 새로운 세상은 없다.

이렇게 보면 마이트레야 비구가 성불의 언약을 받을 때 지금 바르게 행하고 바르게 사유하며, 사마디(samādhi)와 프라즈냐(prajñā)의 행으로 잘 나아가는 이, 모두가 마이트레야 비구와 함께 미래의 성불 언약 받은 것이다.

지금 우리가 일으킨 실천의 힘은 항상하지 않되 끊어짐이 없기 때문에[不常亦不斷] 지금 중생이 일으킨 보디의 씨앗이 허망하지 않아 끝내 보디의 열매 맺는다.

지금 이미 니르바나되어 있는 중생과 중생의 물든 역사에 대한 여래의 해탈의 약속이 마이트레야의 세상이다.

연기법에서 보면 나의 삶활동밖에 정토의 세계는 없다. 중생의 물든 업과 물든 세계는 본래 공해 실은 이미 니르바나되어 있다.

그러므로 지금 사바의 물든 국토에서 계 · 정 · 혜 세 가지 배움을 닦고 여섯 파라미타의 행을 쉬임없이 잘 행하는 이 모두는, 이미 늘 고요하고 밝은 진리의 땅[常寂光土]에 서서, 짓되 지음 없이[作而無作] 미래의 정토세계를 만들어가는 정토행자이다.

『비말라키르티수트라』에서 비말라키르티 거사는 마이트레야가 언약 받을 때 온갖 중생이 함께 붇다로부터 미래의 해탈 언약 받았음을 다음과 같이 말한다.

마이트레야가 붇다께 말씀드렸다.
"(전략) 제가 기억해보니 저는 옛날 투시타하늘왕과 그 따르는 무리들을 위해서 '뒤로 물러섬이 없는 지위의 행'[不退轉行]을 설했습니다. 그때 비말라키르티가 저에게 와서 말했습니다.

'마이트레야시여, 세존께서 그대에게 언약을 주시되 한생에 위없고 바른 보디를 얻으리라고 하시니 어떤 생을 써서 언약을 받으셨습니까. 과거인가요 미래인가요 현재인가요.

만약 과거생이라면 과거생은 이미 사라졌고 미래생이라면 미래생은 아직 이르지 않았고 현재생이라면 머묾이 없습니다. 붇다께서 〈비구여 너는 지금 곧바로 나기도 하고 늙기도 하며 사라지기도 한다〉고 말씀하신 것과 같으니, 만약 남이 없음[無生]으로 언약을 받는다면 남이 없음은 모습 없는 바른 자리[正位]라 바른 자리 가운데는 또한 언약 받음도 없으며 또 위없고 바른 보디 얻음도 없으니, 어떻게 마이트레야께서 한생의 언약을 받겠습니까.

진여(眞如)가 생겨남을 따라 언약을 받습니까, 진여가 사라짐을 따라 언약을 받습니까. 만약 진여가 생겨남으로 언약을 받는다면 진여에는 생겨남이 없으며, 만약 진여가 사라짐으로 언약을 받는다면 진여에는 사라짐이 없습니다.

온갖 중생이 다 진여이고 온갖 법이 또한 진여이며 뭇 성현 또한 진여이고 마이트레야까지도 진여입니다.

만약 마이트레야께서 언약을 받는다면 온갖 중생 또한 언약을 받아야 합니다. 왜냐하면 진여란 둘이 아니고 다름이 아니기 때문입니다.

만약 마이트레야께서 위없고 바른 보디를 얻는다면 온갖 중생 또한 다 얻어야 합니다. 왜냐하면 온갖 중생이 곧 보디의 모습[菩提相]이기 때문입니다.

만약 마이트레야께서 니르바나를 얻는다면 온갖 중생 또한 니르바나를 얻어야 합니다. 왜냐하면 모든 붓다와 온갖 중생이 끝내 마쳐 다해 적멸하여 곧 니르바나의 모습이라 거듭 다시 적멸하게 할 것이 없기 때문입니다.' "

제 1 부
상가공동체의
기본 성격

붇다의 상가는 스스로 끝없는
'사랑의 사마디'를 닦고, 자비의 마음을 펼치며,
높은 도덕성과 세간 구원의 윤리적 책임감에 충만한
수행자들의 공동체였다. 또한 붇다의 가르침을 배우되
그 연기론의 세계관과 해탈의 실천관을 세간에 전하고
중생을 교화하는 자각된 교육자들의 집단이었다.
상가대중은 세간의 대중으로부터 입을 거리·
먹을거리·잠자리·의약품을 공양 받아 살아간다.
그러면서 세간 중생을 위없는 보디의 법으로 공양하고,
두려움 없는 마음의 보시로 활활 타는 번뇌의
불속 고통에서 건져내 안락케 하며, 세간 중생의
섬이 되고 집이 되며 피난처가 된다.

세간의 복밭인 상가의 삶

상가(saṃgha)는 붇다의 가르침을 따르는 수행공동체에만 국한된 이름이 아니었다. 붇다 당시 인도사회는 새로운 도시 상인계급의 조합도 상가라 이름했고, 공화정의 정치공동체도 상가라 이름했다.

상가가 경제적 이익을 위한 조합과 정치집단과 그 이름을 같이하지만, 붇다의 상가는 경제적 이익 추구와 정치적 이해관계로 모인 집단이 아니다. 여래의 상가는 오직 여래를 크신 스승으로 삼아 여래가 보이신 연기법의 다르마(dharma)를 의지해 스스로 해탈의 길을 걸으며 세간을 해탈의 길에 이끄는 공동체이다.

사성계급의 신분질서가 사회를 이끌어가던 시대에 붇다는 차별을 부정하고 모든 계급 모든 인종을 한 분인 여래의 제자로 받아들였다. 붇다의 상가는 세상의 여러 강물이 바다에 들어가면 강의 이름을 버리고 오직 하나의 바닷물이 되듯, 상가의 일원이 되면 오직 붇다의 법의 자식이 되게 하는 평등의 공동체였다.

붇다의 상가는 계급의 차별을 부정했을 뿐 아니라 여성 출가자 집단을 인정하지 않았던 다른 사상가들의 교단과는 달리, 여성 수행자들을 받아들여 비구니상가를 이루게 하였다.

공동체의 구성원은 출신계급 · 인종 · 직업의 차이에 관계없이, 처음 배우는 이는 윗자리 비구를 공경하고 윗자리 비구는 새로 배우는 비구를 잘 보살펴 물과 젖처럼 서로 어울려 하나되었으니, 붇다의 상가는 화해와 평등의 공동체였다.

붇다의 상가는 스스로 끝없는 '사랑의 사마디'[慈三昧]를 닦고, 자비의 마음을 펼치며 사랑으로 거두는 높은 도덕성과 세간 구원의 윤리적 책임감에 충만한 수행자들의 공동체였다.

또한 붇다의 가르침을 배우되 그 연기론의 세계관과 해탈의 실천관을 세간에 전하고 중생을 교화하는 자각된 교육자들의 집단이었다. 상가대중은 세간의 대중으로부터 입을 거리·먹을 거리·잠자리·의약품을 공양 받아 살아간다. 그러면서 세간 중생을 위없는 보디의 법으로 공양하고[法供養·法施], 두려움 없는 마음의 보시[無畏施]로 활활 타는 번뇌의 불속 고통에서 건져내 안락케 하며, 세간 중생의 섬이 되고 집이 되며 피난처가 된다.

세간을 섬김으로써 세간의 응공자(應供者)가 되고 세간을 복된 이익[福利]으로 감쌈으로써 세간의 복밭[福田]이 되는 상가의 길을 『차제선문』(次第禪門)은 다음과 같이 말하고 있다.

도에 들어가 부끄러움 아는 이는
발우를 지니어 뭇 삶들 복되게 하나니
어찌 여섯 가지 티끌경계의 욕망 속에
어지럽게 날뛰어 오욕의 즐거움에 빠지겠는가.
오욕의 즐거움을 이미 버려 돌아보지 않으니
어떻게 탐욕의 세계로 돌아가겠는가.
탐욕의 세계로 다시 돌아간다는 것
어리석은 이 뱉은 음식 먹는 것과 같네.

入道慚愧人　持鉢福衆生
云何縱塵欲　沈沒於五情
已捨五欲樂　棄之而不顧

如何還欲得 　如愚自食吐

모든 탐욕의 세계는 구할 때 괴롭고
얻은 뒤론 잃을까 두려워하며
잃게 되면 타는 번뇌를 품게 되어
그 어디에도 즐길 곳이 없도다.
모든 탐욕의 걱정거리가 이와 같은데
어떻게 이것을 버릴 수 있을까.
깊은 선정의 즐거움 얻게 되면
탐욕에 다시는 속지 않으리.

諸欲求時苦 　得時多怖畏
失時懷熱惱 　一切無樂處
諸欲患如是 　以何能捨之
得深禪定樂 　卽不爲所欺

너는 이미 머리 깎고 물들인 가사 입고
발우를 손에 들고 밥을 빌어 생활하나니
어찌 우스개와 들뜬 법에 집착하여
함부로 뜻을 놓아 법의 이익 잃어버릴 건가.

汝已剃頭著染衣 　執持瓦鉢行乞食
云何樂著戲掉法 　放逸縱情失法利

탐욕은 진리를 깨뜨리는 너의 첫 군대며
슬픔과 근심은 두 번째 군대가 되고

배고픔과 목마름은 세 번째 군대가 되며
애욕의 목마름은 네 번째 군대가 되고
졸음과 잠은 다섯 번째 군대가 되며
두려움은 여섯 번째 군대가 되고
의심과 뉘우침은 일곱 번째 군대가 되며
성내는 것은 여덟 번째 군대가 되고
이익과 이름 구함 아홉 번째 군대가 되며
스스로 높이고 남을 깔봄 열 번째 군대가 된다.

欲是汝初軍　憂愁爲第二
飢渴第三軍　渴愛爲第四
睡眠第五軍　怖畏爲第六
疑悔第七軍　瞋恚爲第八
利養虛稱九　自高慢人十

이와 같은 열 가지 마라의 군대가
집을 나온 수행자 짓눌러 빠뜨리지만
나는 이제 선정과 지혜의 힘으로
너희들 이 여러 군대 깨뜨리나니
붇다의 위없는 도 이루고 나선
온갖 사람 모두 건네 해탈시키리.

如是等衆軍　壓沒出家人
我以禪智力　破汝此諸軍
得成佛道已　度脫一切人

제1장

진리의 공동체

"다시 거룩한 제자는 상가의 법을 생각하여,
잘 향하고 바르게 향하며 곧게 향하고
평등히 향해, 법 따르는 행을 닦소.
곧 스로타판나를 향해 스로타판나를 얻고,
사크리다가민을 향해 사크리다가민을 얻으며,
아나가민을 향해 아나가민을 얻고,
아라한을 향해 아라한을 얻소.
이와 같은 '네 짝 여덟 수행자'를 세존의 제자인 상가로서
계를 갖추고 사마디를 갖추고 지혜를 갖추고 해탈을 갖추며
해탈지견을 갖추어, 공양하고 공경하여 절해야 할
세간의 위없는 복밭이라 하오."

・이끄는 글・

붇다의 상가란 여래의 다르마(dharma)에 귀의한 사람들의 모임을 말한다. 처음 출가상가가 형성되기 전 붇다와 다르마에 귀의한[三歸依] 재가상인들도 법에 귀의함으로써 우파사카가 되었다.

다섯 수행자가 연기의 진리를 깨달아 스스로 아라한이 되고 출가상가의 일원이 되었지만, 그들 또한 상가공동체의 일원이 되면서 상가공동체에 귀의한 맨 처음의 비구가 된 것이다.

상가는 구성원 낱낱 사람을 떠난 것이 아니지만, 상가는 '다르마인 상가'이므로 낱낱 삶들의 모임에 갇히지 않는다.

세간의 패거리들은 이해관계를 떠나 모이고 흩어지지만, 여래의 상가는 모이되 실로 모임 없고[不聚] 흩어지되 실로 흩어짐 없는[不散] 연기의 진실을 따르는 다르마의 공동체이다. 그러므로 상가의 모임은 세간 패거리들의 모임처럼 이해관계에 따라 모이지 않고 이해관계를 따라 흩어지지 않는다.

연기법의 다르마에는 실로 모임이 없고 흩어짐이 없으며 늘어남도 없고 줄어듦도 없다. 그러므로 붇다께 귀의한 제자들이 삼귀의를 말할 때 상가를 '무리 가운데 높은 공동체'[衆中尊]라 말하는 것은 바로 상가의 모임이 다르마에 귀의한 사람들의 모임이라 늘고 줆이 없는 공덕의 땅에 나아감을 뜻한다.

상가에 들어와 법에 귀의한 자, 그는 다시 만남과 헤어짐, 모임과 흩어짐에 눈물짓지 않는 자이고, '늘어남과 줄어듦이 없는 진리의 바다'[不增不減眞如海]에 들어가, 길이 닳아 없어지지 않는 삶의 풍요에 나아가는 자이다.

진여의 본바탕에서 보면 상가는 나의 삶에서 떨어질 수 없는 것이지만, 중생의 미망의 삶 속에서 보디의 마음을 내 상가에 돌아가 상가의 수를 채우는 것은 어렵고 어려운 일이다.

여래의 법은 세계와 중생의 참모습이다. 그러므로 여래의 법은 세간의 이미 있는 법이고 나의 진실이지만, 이 법을 온전히 깨달아 세간에 법의 깃대 세운 분을 만나는 것은 아득한 시간 때가 되어야 피는 우둠발라 꽃을 만남과 같다.

또 여래와 선지식으로부터 이 법을 듣고 믿어 여래의 상가에 법의 가족이 되는 것도 드물고 드문 일이니, 『화엄경』(「현수품」賢首品)은 다음과 같이 찬탄한다.

이 법은 아주 드물고 매우 기특하니
사람들이 듣고서 이 말씀 옳다 여기고
이 법 믿고 받아들여 기리어 말함
이 같은 모습 짓는 것은 매우 어렵네.

此法希有甚奇特　若人聞已能認可
能信能受能讚說　如是所作甚爲難

세간의 온갖 모든 범부들로서
이 법 믿는 이 매우 얻기 어려우나
만약 깨끗한 복 부지런히 닦는다면
옛날의 지은 힘으로 믿는 것이네.

世間一切諸凡夫　信是法者甚難得
若有勤修淸淨福　以昔因力乃能信

1 진리를 깨달아 나와 남을 함께 이롭게 하는 삶의 길

비구와 보디사트바(bodhisattva, 菩薩)는 서로 다른 뜻인가. 그렇지 않다. 보디사트바란 깨달음의 뜻인 보디(bodhi, 覺)와 중생의 뜻인 사트바(sattva, 有情)가 합해져서 만들어진 말이다.

보디사트바란 '깨달음을 추구하는 중생', '깨친 중생', '위로 보디를 구하고 아래로 중생을 교화하는 이'[上求菩提下化衆生]라는 여러 뜻으로 풀이할 수 있다.

중생의 진실이 니르바나이고 보디라면 보디사트바란 '이미 깨달음의 땅에 선 중생이 역사 속에 자기진실을 새롭게 구현한다'는 뜻으로 볼 수 있다.

비구는 집이 아닌 데로 집을 나와[非家出家] 오직 보디를 구하고 중생에게 법을 전해 세간 중생을 보디에 이끄는 자이므로 비구가 보디사트바이다. 다만 붇다 입멸 뒤 출가교단의 수행이 상가 내부에 갇혀 출가중심주의로 흐를 때, 대승불교 운동가들이 보디사트바를 새로운 실천주체로서 제창한 것일 뿐이다.

보디사트바는 출가와 재가, 세간과 출세간을 뛰어넘은 실천주체지만, 비구야말로 가장 빼어난 보디사트바의 길을 걸어가야 하는 자이다.

출가의 보디사트바[出家菩薩]인 비구는 밥[食]을 빌어 몸을 기르고 법(法)을 빌어 지혜의 생명을 기르며, 위로 보디를 구하고 아래로 뭇 삶들을 교화하고 뭇 삶들에게 자비를 행하는 자이다.

그러나 사트바(sattva)는 보디사트바의 실체적 교화대상이 아니다. 미혹의 사트바를 사트바의 진실인 보디사트바로 세우는 곳에 교화함이 없는 중생교화의 뜻이 있으므로 보디사트바에게는 나[我, ātman]와 중생(衆生, sattva)에 두 모습 없는 '넓고 큰 마음'[廣大心]의 자기실현이 있을 뿐이다.

보디사트바는 스스로 보디에 돌아가는 사트바[自覺]이자 온갖 사트바를 보디의 땅에 이끄는 자[覺他]이며, 보디와 해탈의 삶을 늘 통일시키는 자[覺行圓滿]이다.

보디사트바는 스스로 보디에 돌아가고[菩提廻向] 세간의 뭇 삶들에게 가르침을 전해 그들을 보디에 이끌지만[衆生廻向], 보디인 삶의 실상에 돌아가면[實際廻向] 나와 중생에 두 모습이 없으므로 교화하는 나와 교화받는 중생이라는 모습을 일으키고 취해서는 안 된다.

출가한 상가공동체야말로 진리와 지식, 재물에 대한 사적 소유욕을 떨쳐내고, 오직 법을 향해 나아가고 세간에 법을 회향하는 보디사트바의 자각된 집단이다.

출가의 보디사트바인 비구의 세간 구원의 행[衆生廻向]은 보디를 지향하는 삶[菩提廻向]의 자기모습이다. 그러므로 『화엄경』(「십회향품」十廻向品)은 내가 중생을 위해 회향한다는 집착을 내지 않을 때 바른 회향이 됨을, 다음 보디사트바의 서원을 통해 이렇게 가르친다.

보디사트바는 얻은바 빼어난 즐거움
모두다 온갖 중생에게 회향하네.
비록 중생을 위하므로 회향하지만
회향함에 집착하는 바가 없도다.

菩薩所得勝妙樂　悉以迴向諸群生
雖爲群生故迴向　而於迴向無所著

보디사트바는 이 회향 닦아 행하여
한량없는 큰 자비심 일으키어서
붇다께서 닦으신 회향의 덕처럼
나의 닦아 행함 원만하길 바라네.

菩薩修行此迴向　興起無量大悲心
如佛所修迴向德　願我修行悉成滿

상가대중이여, 옛것을 통하고
현재를 밝혀 법과 법을 성취하라

이와 같이 들었다.

한때 붇다께서는 슈라바스티 국 제타 숲 '외로운 이 돕는 장자의 동산'에 계셨다.

그때 세존께서 여러 비구들에게 말씀하셨다.

"여기 네 사람이 있는데 날카롭고 밝아 용맹스러우며, 옛 것을 통하고 현재를 밝혀 법과 법을 다 성취하였다."

상가의 네 사람을 보이심

"어떤 것이 그 네 사람인가?

비구로서 많이 들어 옛것을 통하고 현재를 밝혀 대중들 가운데 있으면서 으뜸가는 이다.

비구니로서 많이 들어 옛것을 통하고 현재를 밝혀 대중들 가운데 있으면서 으뜸가는 이다.

우파사카로서 많이 들어 옛것을 통하고 현재를 밝혀 대중들 가운데 있으면서 으뜸가는 이다.

우파시카로서 많이 들어 옛것을 통하고 현재를 밝혀 대중들 가운데 있으면서 으뜸가는 이다.

이것을 비구들이여, '네 사람이 대중들 가운데 있으면서 으뜸간다'고 하는 것이다."

상가의 뜻을 밝히시고 다시 노래로 보이심

그때 세존께서 곧 이 게송을 말씀하셨다.

용맹스러워 두려울 것이 없고
많이 들어서 잘 설법할 수 있으면
대중들 가운데서 사자가 되어
겁내고 약한 법을 없앨 수 있네.

비구는 깨끗한 계를 성취하였고
비구니는 바른 법을 많이 들으며
우파사카는 깨끗한 믿음이 있고
우파시카의 믿음 또한 그러하도다.

대중 속에 있으며 으뜸이 되어
상가에 어울려 따를 수 있으니
만약 이 같은 뜻을 알려고 하면
아침에 처음 뜨는 해와 같아라.

"그러므로 여러 비구들이여, 옛것을 통하고 현재를 밝혀 법과 법을 다 성취해야 한다.

여러 비구들이여, 반드시 이렇게 배워야 한다."

그때 여러 비구들은 붇다의 말씀을 듣고 기뻐하며 받들어 행하였다.

• 증일아함 27 등취사제품(等趣四諦品) 七

집에 있거나 집 나오거나
법 즐기는 이가 나의 제자니

이와 같이 내가 들었다.

한때 붇다께서는 슈라바스티 국 제타 숲 '외로운 이 돕는 장자의 동산'에 계시면서 여러 비구들에게 말씀하셨다.

"만약 집에 있거나 집을 나오거나, 삿된 일을 일으키는 것은 내가 기뻐하지 않는 것이다. 왜 그런가. 집에 있거나 집을 나온 이가 삿된 일을 일으키면 그는 바른 법을 즐겨하지 않기 때문이다.

어떤 것이 삿된 일인가. 곧 삿된 견해·삿된 뜻·삿된 말·삿된 행위·삿된 생활·삿된 방편·삿된 생각·삿된 선정이다.

만약 집에 있거나 집을 나오거나 바른 일을 일으키면 나는 칭찬한다. 왜 그런가. 그는 바른 법을 즐겨하고 바른 법을 잘 행하기 때문이다.

어떤 것이 바른 일인가. 곧 바른 견해[正見]·바른 뜻[正思惟]·바른 말[正語]·바른 행위[正業]·바른 생활[正命]·바른 방편[正精進]·바른 생각[正念]·바른 선정[正定]이다."

바른 법 즐거워하는 이를 노래로 찬탄하심

그때에 세존께서는 게송으로 말씀하셨다.

　집에 있거나 집을 나오거나

삿된 일 일으키는 사람
그는 위없이 바른 법을
끝내 즐거워하지 않는다.

집에 있거나 집을 나오거나
바른 일 일으키는 사람
그는 위없이 바른 법을
늘 마음으로 즐거워한다.

붇다께서 이 경을 말씀하시자, 여러 비구들은 그 말씀을 듣고 기뻐하며 받들어 행하였다.

• 잡아함 751 기경(圮經)

• 해설 •

비구 · 비구니 · 우파사카 · 우파시카 네 사람은 사트바(sattva, 衆生)이되 자각된 사트바이고, 보디를 지향하므로 대중 가운데 있으면서 으뜸이다.

비구 · 비구니는 출가한 보디사트바이고, 우파사카 · 우파시카는 재가한 보디사트바일 따름이다.

옛을 통하고 현재를 밝힘은 온갖 법이 있되 있음 아닌 연기의 진실을 밝힘이다. 사트바이되 연기의 진실을 밝힌 보디사트바이므로 그들은 늘 스스로 법에 나아가되 들은 법을 세간의 뭇 삶들을 위해 사자처럼 설법하는 자들이다.

이 어두움의 세간에 출가의 상가가 있고 재가의 깨끗한 믿음 가진 이들이 있는 것은 마치 어두움을 깨치고 떠오르는 아침해와 같고, 이 때문고 물든 세간에 서로 화합하며 법을 따르는 대중이 함께하는 것은 저 흐린 못에 연꽃이 피어남과 같다.

그러므로 붇다는 '집에 있거나 집을 나오거나 여덟 가지 바른 길[八正道] 따라 보디에 나아가는 자를 늘 기뻐하고 즐거워하며 그들을 여래의 법의 자식[法子]으로 받아들인다'고 말씀한다.

여래의 말씀을 믿고 받아들여 보디에 나아가는 법의 가족을 『화엄경』 (「십행품」十行品)은 다음과 같이 찬탄한다.

삼세에 있는 모든 붇다의 법
이 온갖 것을 모두 알고 보아서
여래의 씨앗과 성품 따라 나니
저 모든 붇다의 법의 자식들이
이와 같은 보디의 도를 행하네.

三世所有諸佛法 於此一切咸知見
從於如來種性生 彼諸佛子行斯道

말씀을 따라 행함 이미 성취해
어긋나는 모든 담론 잘 꺾어 눌러
늘 붇다의 보디에 향해 가나니
끝없는 지혜의 사람이 행하는 도네.

隨順言辭已成就 乖違談論善摧伏
常能趣向佛菩提 無邊慧者所行道

비구로서 진실한 사람은 욕심 떠나
니르바나에 향합니다

이와 같이 내가 들었다.

한때 붇다께서는 라자그리하 성 칼란다카 대나무동산에 계셨다. 그때에 세존께서는 존자 사리푸트라에게 말씀하셨다.

"내가 말하는 것은 『파라야나수트라』(Pārāyana-sūtra)에서 아지타 (Ajita)가 이렇게 물은 바와 같다."

만약 모든 법의 가르침 얻거나
만약 다시 갖가지로 배우는 이들
바른 몸가짐과 바른 행 갖추는 것
저를 위해 분별해 말씀하소서.

배움의 뜻과 법의 숫자에 들어감을 물으심

"사리푸트라여, 어떤 것이 배움이고, 어떤 것이 법의 수[法數] 인가."

때에 존자 사리푸트라는 잠자코 대답하지 않았다.

두 번, 세 번 물으셔도 또한 다시 잠자코 있었다.

붇다께서는 말씀하셨다.

"진실함인가, 사리푸트라여."

사리푸트라는 붇다께 말씀드렸다.

"진실함입니다, 세존이시여. 세존의 비구로서 진실한 사람은 탐착 않고[厭] 욕심을 떠나서 사라져 다함으로 향합니다.

먹음으로 번뇌가 생겨나지만[食集生] 그 비구가 먹음 때문에 탐착 않음[厭]을 내고, 욕심을 떠나서 사라져 다함으로 향하면, 그 먹음 [彼食]은 사라집니다. 이렇게 진실하게 사라짐을 깨달아 안 뒤에는 그 비구는 탐착하지 않고 욕심을 떠나서 사라져 다함으로 향하니, 이 것을 배움[學]이라 합니다."

붇다께서는 물으셨다.

"다시 진실함인가, 사리푸트라여."

사리푸트라가 붇다께 말씀드렸다.

"진실함입니다. 세존이시여, 만약 비구로서 진실한 사람은 탐착 없이 욕심을 떠나 사라져 다하고, 모든 흐름을 일으키지 않아 마음이 잘 해탈합니다.

그는 먹음을 좇아 번뇌가 나지만[從食集生], 만약 진실하면 곧 사 라져 다하는 것입니다. 이것을 깨달아 안 뒤에는, 비구는 사라짐에 의해 탐착 않음을 내고[生厭] 욕심을 떠나서 사라져 다하고, 모든 흐 름을 일으키지 않고 마음이 잘 해탈하니, 이것을 법의 수[法數]라 합 니다."

붇다께서 말씀하셨다.

"그렇고 그렇다. 그대의 말과 같다. 비구가 진실에 의해 탐착 않음 을 내고 욕심을 떠나서 사라져 다하면 이것을 법의 수라 한다."

이와 같이 말씀하신 뒤에 세존께서는 곧 일어나 방으로 들어가 좌 선하셨다.

진실해야 니르바나에 들어감을 대중에게 말함

그때에 존자 사리푸트라는 세존께서 떠나신 것을 알고, 오래지 않아 여러 비구들에게 말하였다.

"여러 어진 존자들이여, 나는 세존의 처음 물으심에 대답할 수 없었습니다. 그러므로 나는 잠자코 있었습니다. 세존께서는 잠깐 있다가 다시 나를 위하여 기쁘게 물으셨습니다.

그래서 나는 곧 이와 같은 뜻을 알게 되었습니다. 세존께서 하룻날 하룻밤 나아가 이레 밤낮토록 구절을 달리하고 맛을 달리하여 이 뜻을 물으시더라도 나 또한 다 답할 수 있을 것이며, 나아가 이레 밤낮토록 구절을 달리하고 맛을 달리하여 이를 해설할 것입니다."

때에 어떤 비구는 붇다 계신 곳에 나아가 머리를 대 발에 절하고 한쪽에 물러앉아 붇다께 말씀드렸다.

"세존이시여, 존자 사리푸트라는 기이하고 빼어나서 일찍이 없었던 말을 하면서, 대중 가운데서 한결같이 사자처럼 외치며 다음과 같이 말했습니다.

'나는 세존의 처음 물으심에 대답할 수 없었습니다. 그러므로 나는 잠자코 있었습니다. 세존께서는 잠깐 있다가 다시 나를 위하여 기쁘게 물으셨습니다.

그래서 나는 곧 이와 같은 뜻을 알게 되었습니다. 세존께서 하룻날 하룻밤 나아가 이레 밤낮토록 구절을 달리하고 맛을 달리하여 이 뜻을 물으시더라도 나 또한 다 답할 수 있을 것이며, 나아가 이레 밤낮토록 구절을 달리하고 맛을 달리하여 이를 해설할 것입니다.'"

사리푸트라 비구가 잘 법계에 들어갔음을 인가하심

붇다께서 비구들에게 말씀하셨다.

"저 사리푸트라는 실로 내가 하룻날 하룻밤 나아가 구절을 달리하고 맛을 달리하여 이레 밤낮토록 묻더라도 묻는 뜻 가운데 다 답할 수 있고, 다 알 수 있을 것이다. 나아가 이레 밤낮토록 구절을 달리하고 맛을 달리하여 이를 해설할 것이다. 왜 그런가. 사리푸트라 비구는 잘 법계에 들어갔기[善入法界] 때문이다."

붇다께서 이 경을 말씀하시자, 그 비구는 붇다의 말씀을 듣고 기뻐하며 받들어 행하였다.

• 잡아함 345 집생경(集生經)

• 해설 •

오직 진실함을 의지해 탐욕 떠나 니르바나에 나아가는 이가 잘 배우는 이이고, 니르바나에 나아가 모든 번뇌를 일으키지 않고 마음이 해탈한 이가 법의 수에 든 이다. 그 또한 앎으로 알 거리를 먹고 입으로 덩이밥을 먹음으로 인해 삶을 지탱하지만, 진실하게 깨달으면 존재의 모습이 모습 아닌 실상에 돌아간다. 실상에는 먹을거리를 먹되 실로 먹음이 없으니, 진실함으로 법의 수에 들면 탐욕의 먹음이 사라지는 것이다.

사리푸트라가 여래의 물음을 통해 물음의 뜻을 바로 알아 대중에게 연설해주니, 그는 잘 법계에 들어간[善入法界] 이라 여러 말 여러 구절 속에서 하나인 법의 맛을 알고, 하나인 법의 맛에 앉아서 중생을 위해 갖가지 말 갖가지 맛의 방편으로 니르바나의 법맛[涅槃法味]을 말할 수 있는 분이다.

그러므로 세존께서 사리푸트라 비구를 '잘 법계에 들어간 이'라 칭찬하시니, 그가 참으로 크신 스승께 잘 배우는 자이고 잘 배워서 가르치는 자이며[善學善說], 잘 법의 수에 들고[善入法數] 상가의 수에 든[善入僧數] 분이다.

마음 쉬어 삶의 청정 이룬 이를
사문·브라마나라 한다

이와 같이 들었다.

한때 붇다께서는 앙예 마을[鴦藝村]에서 큰 비구대중 오백 사람과 함께 계셨다.

그때 세존께서 여러 비구들에게 말씀하셨다.

"사람들은 모두 너희들을 사문이라고 한다. 그래서 만약 '너희들이 사문이냐?'라고 물으면 너희들 또한 '사문이다'라고 말한다.

내가 지금 너희들에게 사문의 행과 브라마나의 행을 말하겠다.

너희들이 생각하고 닦아 익히면 뒤에 그 결과를 이룰 것이니, 이는 진실하여 틀림이 없다."

두 가지 사문의 길을 보이심

"왜 그런가. 두 가지의 사문이 있으니, 익히어 행하는 사문[習行沙門]과 서원의 사문[誓願沙門]이다.

어떤 사람을 익히어 행하는 사문이라고 하는가?

곧 비구가 가고 옴, 나아감과 머무름, 바라봄, 얼굴 모습과 옷을 입음, 발우를 지니는 것이 모두 법과 같고[皆悉如法], 탐욕·성냄·어리석음에 집착하지 않으며, 다만 계(戒)를 지켜 정진하여 법이 아닌 것을 범하지 않고[不犯非法], 모든 계를 평등하게 배우는 것이니, 이것을 익히어 행하는 사문이라고 한다.

어떤 사람을 서원의 사문이라고 하는가?

곧 어떤 비구가 몸가짐·계율·드나듦·나아감과 머무름, 걸음걸이·얼굴 모습, 바라봄과 들어 움직임이 모두 법과 같고[皆悉如法], 샘 있음을 다해 샘이 없음을 이루고, 현재의 법에서 몸으로 증득하여 스스로 노닐어 교화한다 하자.

그래서 '나고 죽음이 이미 다하고 범행은 이미 서고, 지을 바를 이미 지어 다시는 뒤의 있음 받지 않음'을 진실 그대로 안다면[如實知之], 이 사람을 서원의 사문이라고 한다.

비구들이여, 이것을 '두 가지의 사문'이라고 한다."

사문의 법다운 행을 보이심

그때 아난다가 세존께 여쭈었다.

"그 어떤 것을 사문의 법다운 행[沙門法行]이라고 하고 브라마나의 법다운 행[婆羅門法行]이라고 합니까?"

붇다께서 아난다에게 말씀하셨다.

"비구로서 마시고 먹음에 만족할 줄을 알고, 밤낮으로 거닐어 다니며[經行] 때를 잃지 않고 여러 가지 도의 실천법을 행하는 것이다.

어떻게 비구는 여러 아는 뿌리[諸根]가 고요한가?

곧 비구가 만약 눈으로 빛깔을 보고도 모습 취해 집착함을 일으켜 여러 어지러운 생각을 일으키지 않고, 그 가운데 눈뿌리[眼根]가 깨끗하여 온갖 나쁜 생각을 없애고 착하지 않은 법을 생각하지 않는 것이다.

만약 귀가 소리를 듣고 코가 냄새를 맡으며 혀가 맛을 보고 몸이 닿음을 느끼며 뜻이 법을 알더라도, 모습 취해 집착함을 일으켜 여러 어지러운 생각을 일으키지 않아서 뜻뿌리[意根] 등이 깨끗한 것이다.

이와 같이 비구는 여러 아는 뿌리가 깨끗한 것이다.

어떻게 비구는 마시고 먹음에 만족할 줄 아는가? 비구는 배를 헤아려 먹고, 살찌거나 희어지기를 바라지 않으며, 다만 그 몸을 보존하려고 할 뿐이고, 묵은 병을 없애고 새 병은 다시 생기지 않게 해, 범행을 닦을 수 있게 한다.

마치 어떤 남녀가 몸에 부스럼이 나면 때를 따라 고약을 발라 다만 부스럼을 낫도록 하는 것과 같다. 지금 이 비구들 또한 이와 같아서 배를 헤아려 먹을 뿐이다.

또 수레를 고치는 것은 멀리 가려고 하기 때문이니, 비구 또한 배를 헤아려 먹는 것은 목숨을 보전하려는 것이다.

이와 같이 비구는 마시고 먹음에 만족할 줄 안다.

어떻게 비구는 늘 깨어 있을 줄 아는가?

비구는 초저녁과 새벽에 늘 깨어 있음을 알아 서른일곱 실천법[三十七道品]을 사유한다. 낮에는 거닐면서 나쁜 생각과 온갖 묶음의 생각을 없애며, 다시 초저녁과 새벽에도 거닐면서 나쁜 맺음[惡結]과 좋지 않은 생각을 없앤다.

다시 한밤에는 오른쪽 옆구리를 땅에 대고 누워 다리를 서로 포개고 오직 밝음을 향하는 생각을 지니고, 다시 새벽에는 드나들고 거닐면서 좋지 못한 생각을 없앤다. 이와 같이 비구는 늘 때를 알아 깨어 있는 것[知時景寤]이다.

아난다여, 이것이 사문의 요점이 되는 행[要行]이다."

브라마나의 법다운 행을 보이심

"그 어떤 것이 브라마나의 요점이 되는 행[要行]인가?

비구는 괴로움의 진리를 진실 그대로 알고, 괴로움 모아냄·괴로움의 사라짐·괴로움 벗어나는 길을 진실 그대로 안다.

그러고는 탐욕의 샘이 있는 마음[欲漏]·존재의 샘이 있는 마음[有漏]·무명의 샘이 있는 마음[無明漏]에서 벗어나 해탈을 얻는다.

이미 해탈을 얻고는 곧 해탈의 지혜[解脫智]를 얻는다.

그래서 '나고 죽음이 이미 다하고 범행은 이미 서고, 지을 바를 이미 지어 다시는 태의 몸 받지 않음'을 진실 그대로 안다. 이것을 브라마나가 반드시 행하는 법[要行之法]이라고 한다.

아난다여, 알아야 한다. 이것을 요점이 되는 행의 뜻[要行之義]이라고 한다."

사문과 브라마나의 공덕 성취를 보이심

그때 세존께서 곧 이 게송을 말씀하셨다.

　사문을 마음 쉬는 이라 말하니
　이미 모든 악을 길이 다함이고
　브라마나를 청정한 이라 말하니
　여러 어지러운 생각 없앰이네.

"그러므로 아난다여, 사문의 법다운 행과 브라마나의 법다운 행을 반드시 생각해 닦아 행하여야 한다.

그 어떤 중생이라도 이 법을 행한 뒤에야 사문이라고 일컬을 수 있다.

다시 무엇 때문에 사문이라고 하는가? 모든 맺음[諸結]이 길이 쉬므로 사문이라고 한다.

다시 무엇 때문에 브라마나라고 하는가? 어리석고 미혹한 법을 다해 버리기 때문에 브라마나라고 한다.

또 크샤트리아라고 하니, 무엇 때문에 크샤트리아라고 하는가? 음욕과 성냄과 어리석음을 끊었기 때문에 크샤트리아라고 한다.

또한 목욕함[沐浴]이라고도 하니, 무엇 때문에 목욕함이라고 하는가? 스물한 가지 맺음[結]을 다 씻어 없앴기 때문에 목욕함이라고 한다.

또 깨달음[覺]이라고도 하니, 무엇 때문에 깨달음이라고 하는가? 어리석은 법과 지혜로운 법을 밝게 깨달았기 때문에 깨달음이라고 한다. 또한 저 언덕[彼岸]이라고도 하니, 무엇 때문에 저 언덕이라고 하는가? 이 언덕에서 저 언덕에 이르기 때문에 저 언덕이라고 한다.

아난다여, 이런 법을 행할 수 있은 뒤에야 비로소 사문·브라마나라고 이름한다.

이것이 그 뜻이니 반드시 생각해 받들어 행해야 한다.”

그때 아난다는 붓다의 말씀을 듣고 기뻐하며 받들어 행하였다.

• 증일아함 49 목우품(牧牛品) 八

• 해설 •

겉모습과 겉치레로 사문·브라마나라 할 수 없다. 그 뜻과 행실이 법다워야 사문·브라마나라 한다.

사문에는 익히어 행하는 사문과 서원의 사문이 있으니, 가고 오고 머물며 생활함에 잘 바른 계행을 지키어 그릇된 법 범하지 않는 이가 ‘익히어 행하는 사문'이고, 진리 그대로 보고 진리 그대로 들으며 모든 번뇌가 다해 세간에 노닐어 잘 교화하는 이를 '서원을 갖춘 사문'이라 한다.

어떤 것이 사문이 행해야 할 실천의 다짐[誓願]인가. 실라(śīla, 戒)와 디야나(dhyāna, 定)와 프라즈냐(prajñā, 慧)이다.

마시고 먹음에 양을 알아 만족할 줄 알고, 오고 가며 거닐어 다니고 머묾에 때를 알고 법도를 넘지 않음이 실라이다.

눈·귀·코·혀·몸과 뜻의 아는 뿌리가 빛깔·소리 등 여섯 티끌경계에 물들지 않고 때묻지 않음은 디야나이다.

밤낮으로 늘 깨어 있어 잘 여러 가지 실천법을 닦아 행하고 나쁜 번뇌의 맺음과 그릇된 생각 없애 밝은 모습에 머물러 분별함이 없이 세간의 모습을 잘 분별하면 그것은 프라즈냐이다.

이와 같이 계·정·혜를 잘 행해 탐욕과 존재, 무명의 샘이 있는 마음을 벗어나 마음이 해탈하고 지혜가 해탈하면 브라마나의 실천의 요점이다. 곧 사문·브라마나는 마음을 쉬어 존재의 본바탕을 통달한[息心達本源] 이이고, 존재의 참모습을 통달해 늘 청정하고 늘 밝은 이이며, 법의 물[法水]에 번뇌의 때를 씻어 온갖 장애와 티끌 다한 이이다.

또한 사문·브라마나는 스스로 깨닫고 세간을 저 언덕에 이끈다. 참된 사문·브라마나는 잘 여래의 뜻을 받들어 행하는 비구와 비구니가 바로 그 사람이고, 믿음이 깨끗한 우파사카·우파시카가 바로 그 사람이다.

스스로 법다운 행을 잘 닦아 세간의 구원자 되고 의지처 되는 이가 사문과 브라마나이고 보디사트바이고 마하사트바이니, 『화엄경』(「이세간품」離世間品)은 다음과 같이 가르친다.

> 잘 행하는 보디사트바는
> 그 마음에 높고 낮음이 없이
> 위없는 도를 구해 싫증냄이 없고
> 널리 모든 중생으로 하여금

착한 뿌리에 머물도록 하여
맑은 법을 늘리게 하네.

其心無高下　求道無厭倦
普使諸衆生　住善增淨法

지혜로 널리 이익되게 하는 것
나무와 같고 강과 샘 같으며
또한 저 큰 땅이 온갖 것의
의지하는 곳 됨과도 같네.

智慧普饒益　如樹如河泉
亦如於大地　一切所依處

보디사트바의 묘한 법의 나무
곧은 마음의 땅에 생겨남에
믿음은 씨앗이고 자비는 뿌리며
지혜로써 그 몸을 삼도다.

菩薩妙法樹　生於直心地
信種慈悲根　智慧以爲身

방편이 가지와 줄기 되어
다섯 파라미타 우거져 빽빽하니
선정의 잎 신통의 꽃이 피어
온갖 것 아는 지혜 열매가 되며
가장 높은 힘 담쟁이덩굴 돼
그늘 드리워 삼계 중생 덮어주네.

方便爲枝幹　五度爲繁密
定葉神通華　一切智爲果

最上力爲蔦　垂陰覆三界

보디사트바는 법의 동산에 노닐어
진실함으로 중생을 즐겁게 하며
보디사트바 해탈의 꽃은
지혜의 궁전을 장엄하도다.

菩薩遊戲園　眞實樂衆生
菩薩解脫華　莊嚴智宮殿

보디사트바 지혜의 교묘한 방편
세간이 다 허깨비 같음 깨달아
세간에 끝없는 허깨비의 법
널리 나타내 중생 건네주네.

智慧巧方便　了世皆如幻
而能現世間　無邊諸幻法

2 의심 끊어 집착 없는 이가
여래의 상가대중이니

• 이끄는 글 •

여래도 위없는 보디를 성취하므로 여래가 되었고, 해탈의 저 언덕에 잘 가시므로[sugāta, 善逝] 여래가 된 것이다.

그러므로 여래는 여래가 아니라 그 이름이 여래이니, 위없고 바른 깨달음 성취한 이가 여래이고, 진여(眞如)를 깨달아 진여 그대로 이와 같이 오고[如來] 이와 같이 가신[如去] 분이 여래이다.

여래의 상가대중도 여래의 가르침을 듣고 그 법을 잘 사유해 해탈의 길을 잘 행함으로 비구가 되고 비구니가 되며 우파사카가 되고 우파시카가 되는 것이다.

여래를 따라 여래의 지혜의 문에 들어가 연기론의 세계관대로 세간을 잘 살피는 이가 상가의 대중이니, 겉으로 사문의 형색을 나투더라도 연기론의 세계관을 바르게 이해하지 못하고 진여의 문에 깨달아 들지 못하면 참된 상가의 수[僧數]를 채우지 못한다.

경의 게는 사문의 뜻을 이렇게 말한다.

온갖 모든 법 가운데에는

인연이라 공해 주인 없도다.

인연이라 공함을 깨달으면

마음 쉬어 본원을 통달하니

그러므로 사문이라 이름하도다.

一切諸法中　因緣空無主

息心達本源　故號爲沙門

『화엄경』(「입법계품」入法界品) 또한 법의 진실 깨달아 온갖 분별 떠난 사람을 보디사트바라 이름하고 보디사트바의 바른 지혜를 다음과 같이 말한다.

바른 법을 향하는 보디사트바

법의 성품 허공 같음 밝게 깨달아

삼세에 널리 들어 걸림이 없네.

생각생각 온갖 경계 붙잡아 아나

마음마음에 모든 분별 길이 끊도다.

了達法性如虛空　普入三世皆無礙

念念攀緣一切境　心心永斷諸分別

여섯 가지 보는 곳[六見處]을 바로 살피어
삼보에 의심 끊은 이를 비구라 한다

이와 같이 내가 들었다.

한때 붇다께서는 슈라바스티 국 제타 숲 '외로운 이 돕는 장자의 동산'에 계시면서 비구들에게 말씀하셨다.

"비구들이여, 어느 곳에 이 일이 있기 때문에, 어떤 것이 일어나고, 어떤 것에 매이어 집착하는가.

어떤 곳에서 '나'를 보아, 비구들이여, 저 중생들로 하여금 무명에 덮이어 그 머리를 싸매고 기나긴 길을 휘달리면서 나고 죽음에 바퀴 돌고, 나고 죽음에 흘러 다니면서 돌아갈 본바탕[本際]을 알지 못하게 하는가?"

비구들은 붇다께 말씀드렸다.

"세존께서는 법의 근본이시고 법의 눈이시며 법의 의지이십니다. 거룩하신 세존께서 저희들을 가없이 여기시어 그 뜻을 널리 말씀해 주시길 바랍니다.

여러 비구들은 그 말을 들은 뒤에는 받들어 행하겠습니다."

붇다께서는 비구들에게 말씀하셨다.

"물질이 있기 때문에 물질의 일이 일어나고, 물질에 매이어 집착한다. 물질에서 '나'를 보아 중생들로 하여금 무명에 덮이어 그 머리를 싸매고 기나긴 길을 휘달리면서 나고 죽음에 바퀴 돌고 나고 죽음에 흘러 다니게 한다.

느낌 · 모습 취함 · 지어감 · 앎 또한 다시 이와 같다."

나고 죽음에 윤회하는 까닭을 보이시고, 다시 바른 지혜를 보이심

"여러 비구들이여, 물질은 항상한 것인가, 덧없는 것인가."

"덧없습니다, 세존이시여."

다시 물으셨다.

"만약 덧없는 것이라면 그것은 괴로운 것인가."

"그것은 괴로운 것입니다, 세존이시여."

세존께서 말씀하셨다.

"이와 같이 비구들이여, 만약 덧없는 것이라면 그것은 괴로운 것이다. 이 괴로움이 있으므로 이 일이 일어나고, 거기에 매이어 집착하며, 거기서 '나'를 본다.

그래서 저 중생들로 하여금 무명에 덮이어 그 머리를 싸매고 기나긴 길을 휘달리면서 나고 죽음에 바퀴 돌고 나고 죽음에 흘러 다니게 한다.

느낌 · 모습 취함 · 지어감 · 앎 또한 다시 이와 같다.

그러므로 여러 비구들이여, 모든 있는 물질로서 과거든 미래든 현재든, 안이든 밖이든, 거칠든 가늘든, 곱든 밉든, 멀든 가깝든 그 온갖 것은 '나'[我]가 아니요 '나와 다름'[異我]도 아니며, 그 둘이 '서로 같이 있음'[相在]도 아니다. 이와 같이 살피면 이것을 바른 지혜라 한다.

느낌 · 모습 취함 · 지어감 · 앎 또한 다시 이와 같다.

이와 같이 보고 듣고 느끼어 가려 알며[見聞覺識], 그것을 따라서 기억하고 따라서 느끼며 따라서 살핀다 해도, 그 온갖 것은 '나'가 아니고 '나와 다름'도 아니며, 그 둘이 '서로 같이 있음'도 아니다. 이와 같이 살피면 이것을 바른 지혜라 한다."

중생의 여섯 가지 보는 곳에서 나와 내 것 없음을 살펴
삼보에 의심 끊는 이가 비구임을 보이심

"만약 어떤 견해가 있어 '나도 있고 이 세상도 있고 다른 세상도 있으며, 항상함이 있어 변하고 바뀌지 않는다'고 말하더라도, 그 온 갖 것은 '나'가 아니고 '나와 다름'도 아니며, 그 둘의 '서로 같이 있음'도 아니다.

이와 같이 살피면 이것을 바른 지혜[正慧]라 한다.

만약 다시 어떤 견해가 있어 다음처럼 본다고 하자.

'현재의 나도 아니요 현재의 내 것도 아니며, 미래의 나도 아니요 미래의 내 것도 아니다. 그 온갖 것은 나가 아니고 나와 다름도 아니며, 그 둘의 서로 같이 있음도 아니다.'

이와 같이 살피면 이것을 바른 지혜라 한다.

만약 많이 들은 거룩한 제자들이 이 여섯 가지 보는 곳[六見處]에서, 그것은 '나'가 아니요 '내 것'도 아니라고 살펴, 이와 같이 살피면 그는 붇다에 여우 같은 의심 끊어지고, 법과 상가에 의심 끊어지니, 이것을 비구라 한다.

다시 몸과 입과 뜻의 업을 지어 세 가지 나쁜 길에 나아가지 않게 되며, 방일하게 한다 해도 여러 거룩한 제자들은 모두 그 방일함을 따르지 않아 바른 보디[saṃbodhi]를 향하며, 일곱 번 하늘과 사람에 가서 나고는 괴로움의 끝에 이른다."

붇다께서 이 경을 말씀하시자, 여러 비구들은 듣고 기뻐하며 행하였다.

• 잡아함 136 생사유전경(生死流轉經) ①

• 해설 •

어떻게 해야 붇다와 다르마와 상가에 여우 같은 의심이 끊어지는가.

여래가 가르치신 연기법의 진리에 의심이 없어지고 머뭇거림이 없어져야
한다.

어떻게 해야 연기법의 진리에 머뭇거림과 망설임이 없어지는가.

다섯 쌓임의 교설에서는 물질 없는 마음이 없고 마음 없는 물질도 없다.
그러므로 다섯 쌓임의 진실을 살펴 물질에도 '나'와 '나와 다름'이 없고, 마
음에도 '나'와 '나와 다름'이 없으며, 그 둘의 합함도 없음을 바로 알아 미혹
을 벗어나야 머뭇거림과 망설임을 떠나게 된다.

마음이 마음 떠나고 물질이 물질 떠남을 스스로 보아 번뇌의 묶임 벗어나
야 비로소 여래의 가르침이 삶의 진실인 줄 알게 되고, 여래가 위없는 깨달
음의 완성자 범행의 완성자임을 믿게 되니 믿음이 원만해야 비구라 한다.

『화엄경』(「입법계품」) 또한 오직 보디의 행[菩提行]으로 나아가 세간을
안온케 하는 이가 붇다의 법의 자식임을 다음과 같이 말한다.

> 그대는 모든 붇다의 법의 아들들
> 지혜와 공덕의 곳간 살펴보아라.
> 그들은 보디의 행 마쳐 다하여
> 세간의 모든 중생 안온케 하네.
>
> 汝觀諸佛子 智慧功德藏
> 究竟菩提行 安隱諸世間

바른 생각 닦아 온갖 존재
뛰어넘은 이를 비구라 합니다

이와 같이 내가 들었다.

한때 붇다께서는 슈라바스티 국 제타 숲 '외로운 이 돕는 장자의 동산'에 계셨다.

때에 카샤파 하늘사람이 있어 얼굴 모습이 아주 아름다웠는데, 새벽에 붇다 계신 곳에 와서 머리를 대 발에 절하고 한쪽에 물러나 앉았다. 그러자 그 몸의 밝은 빛이 제타 숲 '외로운 이 돕는 장자의 동산'을 두루 비추었다.

때에 그 카샤파 하늘사람이 붇다께 말씀드렸다.

"세존이시여, 제가 지금 비구와 비구의 공덕을 말하겠습니다."

붇다께서는 말씀하셨다.

"네 말을 들어보자."

하늘사람이 노래한 비구의 뜻을 여래께서 인가하심

때에 카샤파 하늘사람이 게송을 말하였다.

비구는 바른 생각을 닦아
그 몸이 잘 해탈하여서
있음 깨뜨리는 모든 공덕을
밤낮으로 늘 부지런히 구하네.

이 세간을 밝게 깨달아
온갖 있음 다 없애버리니
비구는 근심 없음 얻어서
마음에 물들어 집착함 없네.

"세존이시여, 이것을 비구라 하고 이것을 비구의 공덕이라 합니다."
붇다께서는 말씀하셨다.
"잘 말하고 잘 말했다. 네 말과 같다."
카샤파 하늘사람은 붇다의 말씀을 듣고 기뻐하고 따라 기뻐하면
서, 머리를 대 붇다의 발에 절하고 이내 사라져 나타나지 않았다.

• 잡아함 1317 가섭경(迦葉經) ①

• 해설 •

누구를 비구라 하는가.
몸이 공함을 살펴 몸이 실로 있음 아님을 바로 보아서, 낮고 낮게 세간을
걸어가며 밤낮으로 깨어 있는 이가 비구라네.
무엇을 비구의 공덕이라 하는가.
이 세간이 인연으로 있음을 깨달아 실로 있음과 실로 없음을 모두 버려,
걸림 없는 지혜가 높고 높아 근심 없고 집착 없는 법의 재물 하늘이 덮지 못
하고 땅이 싣지 못하니 이것이 비구의 공덕이라네.

세존이시여, 바른 생각 지키어
티끌과 때 여읜 이가 비구입니다

이와 같이 내가 들었다.

한때 붇다께서는 슈라바스티 국 제타 숲 '외로운 이 돕는 장자의 동산'에 계셨다.

때에 어떤 하늘사람이 있어 얼굴 모습이 아주 아름다웠는데, 새벽에 붇다 계신 곳에 와서 그 발에 머리를 대 절하고 한쪽에 물러나 앉았다. 그러자 그 몸의 밝은 빛이 제타 숲 '외로운 이 돕는 장자의 동산'을 두루 비추었다.

때에 그 카샤파 하늘사람이 붇다께 말씀드렸다.

"세존이시여, 저는 지금 비구에 대해 그리고 비구가 말하는 것[比丘所說]에 대해 말해보겠습니다."

붇다께서는 말씀하셨다.

"좋아하는 대로 말해보라."

하늘사람이 노래한 비구의 행과 말을 여래께서 인가하심

때에 그 카샤파 하늘사람이 게송을 말하였다.

비구는 바른 생각 지키어
그 마음이 잘 해탈하고
밤낮으로 늘 부지런히 구해

티끌과 때 떠남 얻었네.

이 세간을 환히 깨달아 알아
티끌에서 티끌과 때를 여의고
비구는 근심과 걱정이 없어
마음에 물들어 집착함 없네.

"세존이시여, 이것을 비구라 하고 이것을 '비구가 말하는 것'이라
합니다."

붓다께서는 말씀하셨다.

"그렇다, 그렇다. 네 말과 같다."

카샤파 하늘사람은 붓다의 말씀을 듣고 기뻐하고 따라 기뻐하면
서, 머리를 대 붓다의 발에 절하고 이내 사라져 나타나지 않았다.

• 잡아함 1318 가섭경②

• 해설 •

누가 비구이며 비구는 무엇을 말하는가.

아는 자와 알려지는 세계가 있되 공한 줄 알아야 그 마음에 티끌과 때 벗
어나, 온갖 세간법의 참모습을 밝게 알 수 있으니 그런 사람을 비구라 한다.

비구는 여래의 가르침대로 닦아 행해[如說修行] 연기의 진실 그대로 알
고[如實知] 연기의 진실 그대로 행하며[如實行] 연기의 진실 그대로 말하는
[如實言] 사람이니, 다르마(dharma)밖에 비구의 이름이 없고 다르마밖에 비
구의 말함과 비구의 행함이 없는 것이다. 저 하늘사람이 바른 지혜로 비구의
뜻을 노래로 보이니, 저 하늘사람은 범부인 하늘사람이 아니라 보디사트바
인 하늘사람이고 사방상가의 한 수인 하늘사람이다.

세존이시여, 저는 여래의 법과 율 안에 거짓 집을 나왔습니다

이와 같이 내가 들었다.

한때 붇다께서 라자그리하 성 칼란다카 대나무동산에 계셨다.

왕과 대신·브라마나·장자·거사와 그 밖의 세상 사람들이 공경하고 존중하며 공양하여, 붇다와 여러 성문대중은 입을 옷·먹을거리·자리끼·의약품 등의 크게 이익됨을 얻었다.

그러나 길을 달리하는 여러 수행자들[異道]을 전혀 공경하지도 않고 존중하지도 않으며, 그들에게는 입을 옷·먹을거리·자리끼·의약품 등을 공양하지 않았다.

그때 길을 달리하는 많은 수행자들은 '새로 지은 강당'[未曾講堂]에 모여 이와 같이 의논하였다.

"우리는 옛날부터 늘 국왕·대신·장자·거사들과 다른 온갖 사람들의 받들어 섬김과 공경을 받아왔고, 입을 옷·먹을거리·자리끼·의약품을 공양 받아왔다.

그러나 지금은 다 끊어져버렸다. 저들은 사문 고타마와 성문대중만을 공경하고 입을 옷·먹을거리·자리끼·의약품을 공양하고 있다. 지금 이 대중들 가운데 누가 지혜와 큰 힘이 있어서, 저 사문 고타마의 대중 가운데 가만히 가서 출가하여 그의 법을 듣고 다시 돌아와 널리 말해줄 수 있을까.

우리가 다시 그 들은 법으로 여러 국왕과 대신·장자·거사를 교

화한다면, 그들로 하여금 믿고 즐거워하게 해 또 예전처럼 다시 공양
을 받을 수도 있을 것이다."

배움 다른 교단의 수행자들이 수시마를 거짓 출가시키기로 함

이때 어떤 사람이 말하였다.

"수시마라고 하는 소년이 있는데 총명하고 지혜롭소. 그 아이라면
사문 고타마의 대중 가운데 가만히 가서 출가하여 그 법을 들은 뒤에
다시 돌아와 말해줄 수 있을 것이오."

이때 모든 바깥길 수행자들은 수시마가 있는 곳으로 가서 이렇게
말하였다.

"우리는 오늘 모든 대중이 새로 지은 강당에 모여 다음과 같이 의
논하였다.

'우리는 옛날부터 늘 국왕·대신·장자·거사들과 다른 온갖 사람
들의 받들어 섬김과 공경을 받아왔고, 입을 옷·먹을거리·자리끼·
의약품을 공양 받아왔다.

그러나 지금은 다 끊어져버렸다. 저들은 사문 고타마와 성문대중만
을 공경하고 입을 옷·먹을거리·자리끼·의약품을 공양하고 있다.

지금 이 대중들 가운데 누가 지혜와 큰 힘이 있어서, 저 사문 고타
마의 대중 가운데 가만히 가서 출가하여 그의 법을 듣고 돌아와 널리
말해줄 수 있을까. 우리가 다시 그 들은 법으로 여러 국왕과 대신·
장자·거사를 교화한다면 그들로 하여금 믿고 즐거워하게 해 또 예
전처럼 다시 공양을 받을 수도 있을 것이다.'

그때 어떤 사람이 말하였다.

'수시마라고 하는 소년이 있는데 총명하고 지혜롭소. 그 아이라면

사문 고타마의 대중 가운데 가만히 가서 출가하여 그 법을 들은 뒤에 다시 돌아와 말해줄 수 있을 것이오.'

그래서 우리가 일부러 찾아와 청하는 것이니, 그대가 가야 한다."

수시마가 세존께 거짓 출가함

이때 수시마는 잠자코 청을 받아들인 뒤에, 라자그리하 성 칼란다카 대나무동산으로 갔다. 이때 많은 비구들은 방에서 나와 한데[露地]서 거닐고[經行] 있었다.

그때 수시마가 많은 비구들에게 가서 이렇게 말하였다.

"여러 존자시여, 저도 이제 바른 법과 율 가운데 집을 나와 구족계 (具足戒)를 받고 범행을 닦을 수 있겠습니까?"

이때 많은 비구들은 그 수시마를 데리고 세존 계신 곳으로 나아가, 머리를 대 발에 절하고 한쪽에 물러서서 붙다게 말씀드렸다.

"세존이시여, 지금 이 바깥길 수행자 수시마가 바른 법 가운데 집을 나와 구족계를 받고 범행을 닦고자 합니다."

그때 세존께서 바깥길 수행자 수시마가 마음으로 생각하는 것을 다 아시고 여러 비구들에게 말씀하셨다.

"너희들이 저 바깥길 수행자 수시마를 건네주어 집을 나와 수행하도록 하라."

이때 여러 비구들이 수시마를 건네주어 계를 받도록 원하니, 수시마는 집을 나와 이미 반 달을 지냈다.

어떤 비구와 수시마가 지혜의 해탈과 마음의 해탈을 문답함

어떤 비구가 수시마에게 말하였다.

"수시마여, 알아야 한다. 우리들은 '태어남은 이미 다하고 범행은 이미 서며, 지을 바를 이미 지어 다시는 뒤의 있음 받지 않음'을 스스로 안다."

이때 수시마가 그 비구에게 말하였다.

"존자여, 어떻습니까? 탐욕과 악하여 착하지 못한 법 여의는 것을 배워, 바른 느낌[覺]도 있고 살핌[觀]도 있으며, 떠남에서 생기는 기쁨과 즐거움이 있는 첫째 선정[初禪]을 갖추어, 모든 흐름[漏]을 일으키지 않고 마음이 잘 해탈하셨습니까?"

비구가 대답하였다.

"아니다, 수시마여."

또 물었다.

"어떻습니까? 바른 느낌과 살핌을 떠나서 안으로 깨끗한 한 마음이 되어, 바른 느낌도 없고 살핌도 없으며, 선정에서 생기는 기쁨과 즐거움이 있는 둘째 선정[第二禪]을 갖추어, 모든 흐름을 일으키지 않고 마음이 잘 해탈하셨습니까?"

비구가 대답하였다.

"아니다, 수시마여."

또 물었다.

"어떻습니까? 존자여, 둘째 선정의 기쁨을 떠난 평정한 마음으로 바른 생각[正念]과 바른 지혜[正智]에 머물러 몸과 마음으로 즐거움을 받아, 성인의 말씀으로 평정에 이르러 셋째 선정[第三禪]을 받아 갖추어, 모든 흐름을 일으키지 않고 마음이 잘 해탈하셨습니까?"

대답하였다.

"아니다, 수시마여."

또 물었다.

"어떻습니까? 존자여, 괴로움을 여의고 즐거움을 쉬며, 근심과 기쁨은 먼저 끊어져, 괴롭지도 않고 즐겁지도 않은 평정[不苦不樂捨]과 청정한 생각과 한 마음이 있는 넷째 선정[第四禪]을 갖추어, 모든 흐름을 일으키지 않고 마음이 잘 해탈하셨습니까?"

대답하였다.

"아니다, 수시마여."

또 물었다.

"만약 그렇다면, 또 고요한 해탈에서 빛깔[色]과 빛깔 없음[無色]의 선정을 일으켜 몸으로 증득하고 갖춰 머물러, 모든 흐름을 일으키지 않고 마음이 잘 해탈하셨습니까?"

대답하였다.

"아니다, 수시마여."

수시마가 또 물었다.

"왜 존자께서는 하시는 말씀이 같지 않고 앞뒤가 서로 어긋납니까? 어떻게 선정을 얻지 못하고서도 그렇게 분명하게 말씀하십니까?"

비구가 대답하였다.

"나는 지혜가 해탈한 것이다[慧解脫]."

이렇게 말한 뒤에 여러 비구들은 각기 자리에서 일어나 떠나갔다.

**비구들과 지혜와 마음의 해탈을 문답하고서
세존께 찾아가서 그 뜻을 물음**

그때 수시마는 많은 비구들이 떠난 것을 알고 이렇게 생각하였다.

'저 여러 존자들이 하는 말이 같지 않고 앞뒤가 서로 어긋난다. 바

른 선정[正受]을 얻지 못했다고 말하고선, 다시 스스로 알아 증득했다고 분명히 말한다.'

이렇게 생각한 뒤에, 붇다 계신 곳에 나아가 머리를 대 발에 절하고 한쪽에 물러나 앉아 붇다께 말씀드렸다.

"세존이시여, 저 많은 비구들은 제 앞에서 이렇게 말했습니다.

'나의 태어남은 이미 다하고 범행은 이미 서며, 지을 바를 이미 지어 다시는 뒤의 있음 받지 않음을 스스로 안다.'

그래서 저는 곧 그 존자들께 물었습니다.

'탐욕과 악하여 착하지 않는 법을 여의고, 나아가 첫째 선정, 둘째 선정, 셋째 선정, 넷째 선정을 갖추어 마음이 잘 해탈했습니까?'

그분들이 제게 대답했습니다.

'아니다, 수시마여.'

그리고 또 제가 물었습니다.

"만약 그렇다면, 또 고요한 해탈에서 빛깔과 빛깔 없음의 선정을 일으켜 몸으로 증득하고 갖춰 머물러, 모든 흐름을 일으키지 않고 마음이 잘 해탈하셨습니까?"

그분들이 제게 대답했습니다.

'아니다, 수시마여.'

제가 곧 물었습니다.

'말이 한결같지 않고 앞뒤가 서로 어긋납니다. 바른 선정에 들지 않았다고 말하고선 또 스스로 알아 증득했다고 말씀하십니까?'

그분들은 제게 '지혜의 해탈을 얻었다'고 대답한 뒤에 각기 자리에서 일어나 떠나갔습니다.

저는 이제 세존께 여쭙겠습니다. 왜 저분들은 말이 같지 않고 앞뒤가 서로 어긋나, 바른 선정을 얻지 못하고서 다시 스스로 알아 증득했다고 말합니까?"

바른 지혜로 법에 머문 뒤, 니르바나 증득함을 가려 말씀하심

붇다께서 수시마에게 말씀하셨다.

"그들은 먼저 법에 머무름[法住]을 알고 뒤에 니르바나를 안다. 그여러 옳게 나아가는 이들[善男子]은 홀로 한 고요한 곳에서 오롯이정진해 사유하여 방일하지 않은 법으로, 나라는 견해[我見]를 여의고 모든 흐름을 일으키지 않고 마음이 잘 해탈한다."

수시마가 붇다께 말씀드렸다.

"저는 지금 바로 세존의 이 말씀을 알지 못하겠습니다.

'그들은 먼저 법에 머무름을 알고 뒤에 니르바나를 안다. 그 여러옳게 나아가는 이들은 홀로 한 고요한 곳에서 오롯이 정진해 사유하여 방일하지 않은 법으로, 나라는 견해를 여의고 모든 흐름을 일으키지 않고 마음이 잘 해탈한다.'"

붇다께서 수시마에게 말씀하셨다.

"네가 알고 알지 못하고를 물을 것 없이, 스스로 먼저 법에 머무름을 알고 뒤에 니르바나를 아는 것이다. 그 여러 옳게 나아가는 이들은 홀로 한 고요한 곳에서 오롯이 정진해 사유하여 방일하지 않은 법으로, 나라는 견해를 떠나 마음이 잘 해탈한다."

수시마는 붇다께 말씀드렸다.

"세존께서는 저를 위해 설법하시어 제가 법에 머무르는 지혜[法住智]를 알게 하시고, 법에 머무르는 지혜를 보게 하시길 바랍니다."

붇다께서 수시마에게 말씀하셨다.

"내가 지금 너에게 묻겠다. 뜻대로 내게 대답하라.

수시마여, 어떻게 생각하느냐. 태어남 때문에 늙음과 죽음이 있다면, 태어남을 떠나서는 늙음과 죽음이 있지 않겠지?"

수시마가 대답하였다.

"그렇습니다, 세존이시여. 태어남 때문에 늙음과 죽음이 있다면, 태어남을 떠나서는 늙음과 죽음이 있지 않습니다."

"이와 같이, 태어남[生], 존재[有], 취함[取], 애착[愛], 느낌[受], 닿음[觸], 여섯 들이는 곳[六入處], 마음·물질[名色], 앎[識], 지어감[行], 무명(無明)에서도 무명 때문에 지어감이 있다면, 무명을 떠나서는 지어감이 있지 않겠지?"

수시마가 붇다께 말씀드렸다.

"그렇습니다, 세존이시여. 무명 때문에 지어감이 있다면, 무명을 떠나서는 지어감 등이 있지 않습니다."

붇다께서 수시마에게 말씀하셨다.

"태어남이 없어지기 때문에[無生故] 늙음과 죽음이 없어진다면[無老死], 태어남이 사라짐을 떠나서는 늙음과 죽음이 사라지지 않겠지?"

수시마가 붇다께 말씀드렸다.

"그렇습니다, 세존이시여. 태어남이 사라지므로 늙음과 죽음이 사라진다면, 태어남이 사라짐을 떠나서는 늙음과 죽음이 사라지지 않습니다."

"이와 같이 나아가 무명이 사라지므로 지어감이 사라진다면, 무명이 사라짐을 떠나서는 지어감 등이 사라지지 않겠지?"

수시마가 붇다께 말씀드렸다.

"그렇습니다, 세존이시여. 무명이 사라지므로 지어감 등이 사라진 다면, 무명이 사라짐을 떠나서는 지어감 등이 사라지지 않습니다."

붇다께서 수시마에게 말씀하셨다.

"이와 같이 알고 이와 같이 보는 자들은 탐욕과 악하여 착하지 못한 법을 여의고, 나아가 몸으로 증득하여 갖춰 머물렀는가?"

수시마가 붇다께 말씀드렸다.

"아닙니다, 세존이시여."

붇다께서 수시마에게 말씀하셨다.

"이것을 '먼저 법에 머무름을 알고 뒤에 니르바나를 안다. 그 여러 옳게 나아가는 이들은 홀로 한 고요한 곳에서 오롯이 정진해 사유하여 방일하지 않은 법으로, 나라는 견해를 여의고 모든 흐름을 일으키지 않고 마음이 잘 해탈한다'고 하는 것이다."

법의 눈이 깨끗해진 수시마가 거짓 출가를 참회하자 그 참회를 받아주심

붇다께서 이 경을 말씀하시자, 존자 수시마는 티끌을 멀리하고 때를 여의어 법의 눈[法眼]이 깨끗하게 되었다.

그때 수시마는 법을 보고 법을 얻고 법을 깨달아 의심을 뛰어넘었으며, 남을 말미암지 않고 믿고, 남을 말미암지 않고 건너, 바른 법 안에서 마음에 두려움이 없게 되었다.

그는 머리를 대 붇다의 발에 절하고 붇다께 말씀드렸다.

"세존이시여, 저는 이제 허물을 뉘우칩니다. 저는 이 바른 법과 율 가운데 몰래 거짓으로 집을 나왔습니다.

그러므로 이제 허물을 뉘우칩니다."

붇다께서 수시마에게 말씀하셨다.

"왜 이 바른 법과 율 가운데 몰래 거짓으로 집을 나왔느냐?"

수시마가 붇다께 말씀드렸다.

"세존이시여, 많은 바깥길 수행자들이 저 있는 곳에 찾아와 이렇게 말했습니다.

'수시마여, 알아야 한다. 우리는 예전에 국왕과 대신·장자·거사와 그 밖의 세상 사람들에게 공경과 공양을 받아왔었다. 그러나 지금은 모두 끊고 다 사문 고타마와 그 성문대중들을 공양한다.

너는 지금 몰래 저 사문 고타마의 성문대중들 가운데 집을 나와 법을 얻고, 그 법을 얻은 뒤에 돌아와 우리에게 모두 말하라. 그리하여 그들은 법으로써 세상을 교화하여 저들이 처음처럼 공경하고 공양하게 하라.'

그래서 세존이시여, 저는 바른 법과 율 가운데 몰래 거짓으로 집을 나왔습니다. 이제 그 허물을 뉘우칩니다.

세존께서는 저를 가엾이 여기시어 저의 허물 뉘우침 들어주시길 바랍니다."

붇다께서 수시마에게 말씀하셨다.

"너의 뉘우침을 받아주겠다. 그러니 너는 다음과 같이 갖추어 말해야 한다.

'저는 옛날 어둡고 어리석으며 착하지 못하고 지혜가 없어,
바른 법과 율 안에 몰래 거짓으로 집을 나왔습니다.
오늘 그 허물을 뉘우쳐 스스로 죄를 보았고
스스로 거짓으로 몰래 출가한 죄를 알았습니다.

미래세상에서는 바른 몸가짐[律儀]을 성취하며
공덕을 늘리고 키워 끝내 물러나 줄이지 않겠습니다.'

왜 그런가. 무릇 사람에게 죄가 있어도 스스로 보고 스스로 알아
허물을 뉘우치면, 그는 미래세상에서는 바른 몸가짐을 성취하여 공
덕을 늘리고 키워 끝내 물러서거나 줄이지 않기 때문이다."

거짓 출가한 이의 마음 고통을 비유로 보이심

붇다께서 또 수시마에게 말씀하셨다.

"이제 비유로 말해주겠다. 지혜로운 사람은 비유를 들어 말하면
잘 이해하게 된다. 비유하면 다음과 같다.

나라의 왕에게 수비하는 사람이 있어서 도적을 잡아 묶어서 왕 있
는 곳에 데리고 가 이렇게 말했다.

'대왕이여, 이 사람은 도적입니다. 왕께서는 죄를 처분하시기를
바랍니다.'

그러자 왕이 명령하였다.

'이 죄인을 데리고 가 두 팔을 뒤로 묶고 사나운 목소리로 영(令)
을 펼쳐 온 나라를 돌아다녀라. 그런 뒤에 성 밖 죄인에게 형벌을 주
는 곳으로 끌고 가서 온몸을 창으로 백 번 찌르거라.'

형을 담당한 사람은 왕의 명령을 받고, 그 죄인을 내보내 두 팔을
뒤로 묶고 사나운 목소리로 영을 펼쳐 온 성읍을 두루 돌아다녔다.
그러고는 성 밖 죄인에게 형벌을 주는 곳으로 끌고 가서 온몸을 창으
로 백 번 찔렀다. 한낮이 되어 왕이 물었다.

'죄인이 아직 살아 있느냐?'

신하가 말했다.

'아직 살아 있습니다.'

왕이 또 신하에게 명령하였다.

'다시 창으로 백 번 더 찌르거라.'

해질 무렵이 되도록 또 창으로 백 번을 찔렀지만 그 죄인은 오히려 죽지 않았다."

붇다께서는 수시마에게 말씀하셨다.

"그 왕이 죄를 다스리며 창으로 삼백 번을 찔렀다면 그 죄인의 몸에 손바닥만큼이나 온전한 곳이 있겠느냐?"

수시마가 붇다께 말씀드렸다.

"없을 것입니다, 세존이시여."

또 수시마에게 물으셨다.

"수시마여, 그럴 때 그 죄인은 창에 삼백 번 찔린 인연으로 아주 심한 고통을 느끼겠느냐?"

수시마가 붇다께 말씀드렸다.

"아주 고통스러울 것입니다, 세존이시여. 창에 한 번만 찔려도 그 고통은 견디기 어려운데 하물며 창에 삼백 번이나 찔리는 것을 견디어 참을 수 있겠습니까?"

붇다께서 수시마에게 말씀하셨다.

"그래도 그것은 오히려 그럴 수 있다. 그러나, 만약 바른 법과 율 가운데 몰래 거짓으로 집을 나와, 법을 도둑질해 받아 지니어[盜受持法] 사람들에게 널리 말한다면, 그로 인해 받는 고통은 그것보다 곱이나 더할 것이다."

붇다께서 이 법을 말씀하셨을 때, 바깥길 수행자 수시마는 번뇌의 샘이 다하고 뜻이 풀리었다.

붇다께서 이 경을 말씀하시자, 존자 수시마는 붇다의 말씀을 듣고 기뻐하며 받들어 행하였다.

• 잡아함 347 수심경(須深經)

• **해설** •

이 경은 바깥길 교단 수행자들의 부추김을 받아 수시마라는 영특한 소년이 여래의 상가에 거짓 출가하였다가 여래의 가르침을 듣고 법의 눈을 뜬 뒤 참으로 출가한 인연을 보이고 있다.

수시마는 비록 나이 어리지만 그 지혜가 영특하고 말재간이 뛰어난 어린이이다. 거짓으로 집을 나와 상가에 들어온 지 반달 만에 비구의 지혜의 해탈과 마음의 해탈을 문답할 줄 아니, 그 지혜의 영특함이 중국 선종(禪宗)에서 남종(南宗)의 돈오선(頓悟禪)을 제창했던 하택신회선사(荷澤神會禪師)의 어린 사미 때 모습과 같다 할 것이다.

해탈에 관한 문답에서 마음의 해탈[心解脫]이란 선정의 고요함을 갖추어 마음이 모든 번뇌에서 벗어남이다. 지혜의 해탈은 마음의 해탈에 원인이 되면서 마음의 해탈 그 작용이다. 수행자가 모든 그릇된 세계관에서 벗어나 바른 실천의 길을 잘 알면 지혜의 해탈이니, 지혜의 해탈로 인해 마음의 해탈이 갖춰지고 마음의 해탈이 이루어질 때, 다시 지혜는 진리인 지혜가 되고 해탈의 작용인 지혜가 된다.

이 경에서 마음의 해탈을 이루지 못했지만 삿된 견해를 떠나 지혜의 해탈을 이루었다고 말한 것은, 마음의 해탈의 원인으로서 지혜의 해탈이다. 그러므로 미혹의 중생은 지혜의 해탈을 이루어 삿된 견해를 벗어나 바른 법에 머무른 뒤에 번뇌가 다한 니르바나에 머물게 된다.

중국 선종의 표현대로 하면 마음의 해탈의 원인인 지혜의 해탈이 '해오'(解悟)라면 마음의 해탈은 '증오'(證悟)가 된다. 해오는 증오가 아니지만 해오를 떠나 증오가 없는 것이니, 지혜의 해탈 해오를 미워하고 해오를 부정하는 이는 증오의 길을 모르는 자이고, 증오의 길을 모르므로 참으로 얻음 없이 증오의 깨달음을 얻을 수 없는 것이다.

중생의 번뇌를 떠나 여래의 보디가 없는데, 어찌 비구의 지혜의 해탈을 떠나 마음의 해탈이 있으며, 바른 지견을 세우는 해오를 떠나 증오가 있겠는가. 수시마가 법의 뜻을 알아듣고 법의 눈[法眼]이 깨끗해져 모든 두려움을 떠나게 되었으니, 그가 바로 해오한 자이고 지혜의 해탈을 얻어 마음의 해탈에 나아간 자이다.

수시마가 세존께 거짓 출가를 참회하고 세존께서 그의 참회를 받아주시니, 바로 뉘우친 그 자리에서 수시마는 거짓 출가를 벗어나 참된 상가의 수가 되었고 여래의 바른 법의 아들이 되었다. 비록 나이 어리지만 그는 이미 법의 눈을 떠 티끌을 멀리하고 때를 여의었으므로 수시마가 윗자리 비구[上座比丘]이고 장로비구(長老比丘)인 것이다.

『화엄경』(「십회향품」)은 바른 지혜의 마음으로 남이 없는 법인[無生法忍]에 머물 때[初發心住] 본래 청정한 진여의 땅에서 닦음 없이 위없는 보디의 길 닦을 수 있음을 다음과 같이 말한다.

여래의 법 잘 행하는 보디사트바가
남이 없는 법의 실상을 깨달아
그 마음이 생각생각 편안히 머물면
지혜가 넓고 커서 같이할 것이 없으니
어리석음 떠난 바른 생각 늘 고요해
온갖 모든 업이 다 청정하도다.

其心念念恒安住　智慧廣大無與等
離癡正念常寂然　一切諸業皆淸淨

3 괴로움의 끝에 이르는 거룩한 제자의 길

• 이끄는 글 •

괴로움의 끝을 니르바나라고 하니, 괴로움 다한 니르바나는 죽어 있는 고요함이 아니다. 장애와 묶임이 다한 니르바나는 마음의 해탈이자 지혜의 해탈이며 다함없는 파라미타의 처소이다.

니르바나와 해탈이 여래의 가르침을 많이 들어 따르는 거룩한 제자들의 지향처이고 그 닦아 행함의 과덕이다.

여래의 거룩한 제자는 밥[食]을 빌어 몸을 기르고 법(法)을 빌어 지혜를 기르므로 비구라 하고, 마음 쉬어[息心] 니르바나에 나아가므로 사문(沙門, śramaṇa, 巴 samaṇa)이라 한다.

사문은 번뇌를 쉬어 그 뜻이 고요하고 깨끗하므로 '뜻이 고요한 이'[靜志], '뜻이 깨끗한 이'[淨志]라 옮겨지기도 하고, '부지런히 번뇌 쉬는 이'[勤息]라 옮겨지기도 한다.

또 번뇌의 도적을 죽이므로 '도적을 죽이는 이'[殺賊]라 하기도 하고, 그 몸을 가난하게 하고 마음을 겸손히 해 도를 추구하므로 '가난하게 도를 추구하는 이'[貧道]라 하며, 세간의 이익과 복을 추구하지 않고 참된 니르바나의 과덕에 힘쓰는 이이므로 '공덕에 힘쓰는 이'

[功勞]라 한다.

여래의 제자인 거룩한 상가는 자기 삶의 진실인 진여의 법[眞如法]에 믿음을 일으키고 진여법의 구현자이신 여래에게 믿음을 내, 진여의 땅에 실천의 발을 대고 해탈의 길을 걸어가는 자이니, 그는 바르게 믿을 때 이미 니르바나의 과덕을 언약 받은 자이다.

첫걸음에 이미 니르바나의 과덕을 언약 받은 해탈의 길은 다시 다른 옆길에 빠져 잘못됨이 없이 니르바나의 저 언덕에 이끄는 길이니, 그 길을 '오직 하나인 진리의 수레'[一乘]라 하고 '치우침 없는 해탈의 도'[中道]라 한다.

세간에는 오직 세간의 진실 깨치는 한 법밖에 없으니, 『화엄경』(「보현행품」普賢行品)은 이렇게 말한다.

둘 없는 지혜에 의지하여
사람 가운데 사자가 나오시네.
사람 가운데 사자 세간의 영웅은
둘이 없는 법에도 집착하지 않아서
둘도 없고 둘 아님도 없음을 아네.

依於無二智　出現人師子
不著無二法　知無二非二

거룩한 제자는 법의 눈을 얻고
괴로움의 끝을 향해 나아가나니

이와 같이 내가 들었다.

한때 붓다께서 바라나시 국의 '선인이 살던 사슴동산'에 계셨다.

그때 세존께서 여러 비구들에게 말씀하셨다.

"비유하면 해가 떠서 허공 가운데를 두루 돌아 모든 어두움을 무너뜨리고 밝은 빛이 환히 비추는 것과 같다.

이와 같이 거룩한 제자는 생겨나 있는 모든 괴로움 모아내는 법 [集法] 그 온갖 것을 없애버리고, 여러 티끌과 때를 여의어 법의 눈 [法眼]이 생겨, 사이 없는 평등함으로 세 가지 묶음[三結]을 모두 끊으니, 곧 몸에 실체가 있다는 견해[身見]·삿된 계에 대한 집착[戒取]·의심[疑]이다.

이 세 가지 묶음이 다하면 스로타판나(srotāpanna, 入流)라고 하니, 그는 나쁜 세계에 떨어지지 않고 반드시 바르게 깨달아 일곱 번 하늘과 사람을 오고가서 나고는 괴로움을 마친다.

그런 거룩한 제자는 그 가운데 비록 근심과 괴로움을 일으키더라도, 그 거룩한 제자는 탐욕과 악하여 착하지 않은 법을 여의어 느낌 [覺]과 살핌[觀]이 있고, 여의는 데서 생기는 기쁨과 즐거움이 있는 첫째 선정을 갖추어 머무르게 되었다는 말을 듣게 된다.

그 거룩한 제자에게는 이 세간에 도로 태어나게 하는 한 법도 볼 수 없으니, 이것이 곧 거룩한 제자가 법의 눈을 얻은 큰 뜻이다.

그러므로 비구들이여, 이 네 가지 거룩한 진리에 대하여 아직 사이가 없는 평등함이 되지 못했으면, 방편에 부지런히 힘써 더욱 하고자 함[增上欲]을 일으켜서 정진해 닦아 배워야 한다."

붇다께서 이 경을 말씀하시자, 여러 비구들은 붇다의 말씀을 듣고 기뻐하며 받들어 행하였다.

• 잡아함 396 성제자경(聖弟子經)

• 해설 •

누가 여래의 거룩한 제자인가.

존재를 절대신이 만들었다는 견해와 원자적 요소가 만들었다는 그릇된 견해를 떠나고 해탈의 원인이 아닌 삿된 율법에 대한 믿음을 떠나 연기의 진리와 붇다에 대해 망설임과 의심이 없으면 그를 여래의 제자라 한다.

법과 붇다에 대한 바른 믿음이 굳건하면 그는 이미 지혜의 흐름에 들어선 자이니, 설사 그는 번뇌와 괴로움을 일으키더라도 그 번뇌에 매몰됨이 없이 차츰 선정과 더욱 높은 지혜를 갖추게 된다.

이미 지혜의 흐름에 들어서면 그는 자신의 진실이 끝내 도달해야 할 니르바나의 진실한 모습[眞實際]인 줄 굳게 믿으므로, 설사 탐욕의 세계나 기쁨이 넘치는 세계[人天] 가운데 가고 오면서 그 마음이 동요하더라도 끝내 다시 지혜의 흐름을 거스르지 않고 니르바나의 저 언덕에로 나아가게 된다.

그가 거룩한 제자이고 그가 이미 믿음의 땅에 들어서고 지혜의 흐름에 들어서[入流] 나쁜 세계에 떨어짐이 없이 앞으로 나아가는 스로타판나이다.

거룩한 제자는 세존이 보이신
여섯 가지 법에 의지해 진리의 법을 얻는 자이오

이와 같이 내가 들었다.

한때 붇다께서는 슈라바스티 국 제타 숲 '외로운 이 돕는 장자의 동산'에 계셨다.

때에 존자 마하카타야나(Mahākātyāyana)도 그곳에 있었다. 존자 마하카타야나는 여러 비구들에게 말하였다.

"붇다 세존·여래·공양해야 할 분·바르게 깨친 분께서 아시고 보시는 것은 여섯 가지 법에 의해 괴로운 곳에서 벗어나 빼어난 곳에 오름을 말씀하시는 것이오.

그것은 곧 일승의 도[一乘道, eka-yāna-mārga]를 말해 모든 중생을 깨끗하게 하시어, 모든 번민과 괴로움을 떠나고 근심과 슬픔을 다 없애어 진여법(眞如法)을 얻게 하심이오."

진여법을 얻는 여섯 가지 법 가운데 여래 생각함을 말함

"어떤 것이 여섯이오. 그 첫째는 곧 여래 생각함[念如來]을 말하오.

거룩한 제자는 여래·공양해야 할 분·바르게 깨친 분의 행하신 법은 깨끗하며, 여래는 공양해야 할 분·바르게 깨치신 분·지혜와 행 갖추신 분·잘 가신 이·세간을 잘 아시는 분·위없는 스승·잘 다루는 장부·하늘과 사람의 스승·붇다 세존이라고 생각하오.

거룩한 제자는 여래·공양해야 할 분이 행하신 법을 생각하기 때문에 탐내는 느낌 · 성내는 느낌 · 해치는 느낌을 떠나니, 이와 같이 거룩한 제자는 물들어 집착하는 마음을 벗어나오.

어떤 것이 물들어 집착하는 마음이오.

곧 다섯 가지 욕망의 공덕[五欲功德]을 말하오. 이 다섯 욕망의 공덕에서 탐냄 · 성냄 · 어리석음을 떠나 바른 생각[正念]과 바른 지혜[正智]에 편안히 머물러서, 곧은 길을 타고[乘於直道] '붇다 생각함'[念佛]을 닦아 익히면 바로 니르바나에 향하게 되오.

이것을 여래 · 공양해야 할 분 · 바르게 깨치신 분이 아시고 보는 것으로서, 괴로운 곳 벗어나 빼어난 곳에 오름을 설하는 첫째의 법이라고 하오.

이 법이 일승의 도로 중생을 깨끗이 해 괴로움과 번민을 떠나고 근심과 슬픔을 없애 진실 그대로의 법[如實法]을 얻는 것이오."

법 생각함을 말함

"다시 거룩한 제자는 바른 법을 생각하고, 세존의 현재 법과 율을 생각하여 떠나는 것은 정해진 때가 아님을 통달해[非時通達] 현재의 법에서 인연으로 스스로 깨닫게 되는 것이오.

그때 거룩한 제자가 이 바른 법을 생각할 때에, 탐내는 느낌 · 성내는 느낌 · 해치는 느낌을 일으키지 않으니, 이와 같이 거룩한 제자는 물들어 집착하는 마음을 벗어나오.

어떤 것이 물들어 집착하는 마음이오. 곧 다섯 가지 욕망의 공덕을 말하오. 이 다섯 욕망의 공덕에서 탐냄 · 성냄 · 어리석음을 떠나 바른 생각과 바른 지혜에 편안히 머물러서 곧은 길을 타고 '법 생각함'[念法]을 닦아 익히면 바로 니르바나에 향하게 되오.

이것을 여래·공양해야 할 분·바르게 깨치신 분이 아시고 보는 것으로서, 괴로운 곳 벗어나 빼어난 곳에 오름을 설하는 둘째의 법이라고 하오.

이 법이 일승의 도로 중생을 깨끗이 해 괴로움과 번민을 떠나고 근심과 슬픔을 없애 진실 그대로의 법을 얻는 것이오."

상가의 법 생각함을 말함

"다시 거룩한 제자는 상가의 법을 생각하여, 잘 향하고[善向] 바르게 향하며[正向] 곧게 향하고[直向] 평등히 향해[等向], 법 따르는 행[隨順行]을 닦소.

곧 스로타판나(srotāpanna, 入流)를 향해 스로타판나를 얻고, 사크리다가민(sakṛdāgāmin, 一往來)을 향해 사크리다가민을 얻으며, 아나가민(anāgāmin, 不來)을 향해 아나가민을 얻고, 아라한(arhat, 應供)을 향해 아라한을 얻소.

이와 같은 '네 짝 여덟 수행자'를 세존의 제자인 상가로서 계(戒)를 갖추고 사마디[定]를 갖추고 지혜[慧]를 갖추고 해탈(解脫)을 갖추며 해탈지견(解脫知見)을 갖추어, 공양하고 공경하여 절해야 할 세간의 위없는 복밭이라 하오.

거룩한 제자가 이와 같이 상가를 생각할 그때, 거룩한 제자는 탐내는 느낌·성내는 느낌·해치는 느낌을 일으키지 않으니, 이와 같이 거룩한 제자는 물들어 집착하는 마음을 벗어나오.

어떤 것이 물들어 집착하는 마음이오. 곧 다섯 가지 욕망의 공덕을 말하오. 이 다섯 욕망의 공덕에서 탐냄·성냄·어리석음을 떠나 바른 생각과 바른 지혜에 편안히 머물러서 곧은 길을 타고 '상가 생각함'[念僧法]을 닦아 익히면 바로 니르바나에 향하게 되오.

이것을 여래·공양해야 할 분·바르게 깨치신 분이 아시고 보는 것으로서, 괴로운 곳 벗어나 빼어난 곳에 오름을 설하는 셋째의 법이라고 하오.

이 법이 일승의 도로 중생을 깨끗이 해 괴로움과 번민을 떠나고 근심과 슬픔을 없애 진실 그대로의 법을 얻는 것이오."

계법 생각함을 말함

"다시 거룩한 제자는 계의 덕[戒德]을 생각하오. 곧 빠뜨림 없는 계·끊어지지 않는 계·맑고 두터운 계·떠나지 않는 계·훔치지 않는 계·잘 마쳐 다한 계·칭찬할 만한 계·범행을 미워하지 않는 계를 생각하는 것이오.

만약 거룩한 제자가 이 계를 생각할 때 '몸 가운데 성취한 계'를 생각하면, 그때에는 탐내는 느낌·성내는 느낌·해치는 느낌을 일으키지 않으니, 이와 같이 거룩한 제자는 물들어 집착하는 마음을 벗어나오.

어떤 것이 물들어 집착하는 마음이오. 곧 다섯 가지 욕망의 공덕을 말하오. 이 다섯 욕망의 공덕에서 탐냄·성냄·어리석음을 떠나 바른 생각과 바른 지혜에 편안히 머물러서 곧은 길을 타고 '계법 생각함'[念戒法]을 닦아 익히면 바로 니르바나에 향하게 되오.

이것을 여래·공양해야 할 분·바르게 깨치신 분이 아시고 보는 것으로서, 괴로운 곳 벗어나 빼어난 곳에 오름을 설하는 넷째의 법이라고 하오.

이 법이 일승의 도로 중생을 깨끗이 해 괴로움과 번민을 떠나고 근심과 슬픔을 없애 진실 그대로의 법을 얻는 것이오."

베풂의 법 생각함을 말함

"다시 거룩한 제자는 스스로 베풂의 법[施法] 생각하여 마음으로 이렇게 스스로 기뻐하고 즐거워하오.

'나는 지금 아끼고 탐내는 때를 떠나고 집에 있음을 떠나 해탈하여, 마음으로 베풀고 늘 베풀며, 버려 베풀고 즐거이 베풀며, 갖추어 베풀고 평등하게 베푼다.'

만약 거룩한 제자가 스스로 베푸는 법을 생각할 때에는 탐내는 느낌·성내는 느낌·해치는 느낌을 일으키지 않으니, 이와 같이 거룩한 제자는 물들어 집착하는 마음을 벗어나오.

어떤 것이 물들어 집착하는 마음이오. 곧 다섯 가지 욕망의 공덕을 말하오. 이 다섯 욕망의 공덕에서 탐냄·성냄·어리석음을 떠나 바른 생각과 바른 지혜에 편안히 머물러서 곧은 길을 타고 '베풂의 법 생각함'[念施法]을 닦아 익히면 바로 니르바나에 향하게 되오.

이것을 여래·공양해야 할 분·바르게 깨치신 분이 아시고 보는 것으로서, 괴로운 곳 벗어나 빼어난 곳에 오름을 설하는 다섯째의 법이라고 하오.

이 법이 일승의 도로 중생을 깨끗이 해 괴로움과 번민을 떠나고 근심과 슬픔을 없애 진실 그대로의 법을 얻는 것이오."

하늘의 덕 생각함을 말함

"다시 거룩한 제자는 하늘의 덕[天德]을 이렇게 생각하오.

곧 '네 왕의 하늘·서른세하늘·야마하늘·투시타하늘·화락하늘

· 타화자재하늘들은 청정한 믿음의 마음으로 여기서 목숨 마치고 저 여러 하늘에 태어났다.

나 또한 이와 같이 믿음과 계, 베풂, 들음, 지혜로 여기서 목숨 마치면 저 하늘 가운데 날 것이다.'

이와 같이 거룩한 제자가 하늘의 공덕을 생각할 때에는 탐내는 느낌 · 성내는 느낌 · 해치는 느낌을 일으키지 않으니, 이와 같이 거룩한 제자는 물들어 집착하는 마음을 벗어나오.

어떤 것이 물들어 집착하는 마음이오. 곧 다섯 가지 욕망의 공덕을 말하오. 이 다섯 욕망의 공덕에서 탐냄 · 성냄 · 어리석음을 떠나 바른 생각과 바른 지혜에 편안히 머물러서 곧은 길을 타고 '하늘 생각함'[天念]을 닦아 익히면 바로 니르바나에 향하게 되오.

이것을 여래 · 공양해야 할 분 · 바르게 깨치신 분이 아시고 보는 것으로서, 괴로운 곳 벗어나 빼어난 곳에 오름을 설하는 여섯째의 법이라고 하오.

이 법이 일승의 도로 중생을 깨끗이 해 괴로움과 번민을 떠나고 근심과 슬픔을 없애 진실 그대로의 법을 얻는 것이오."

존자 마하카타야나가 이 경을 말하자, 여러 비구들은 그 말을 듣고 기뻐하며 받들어 행하였다.

· 잡아함 550 이경(離經)

· 해설 ·

믿음을 갖춘 여래의 제자는 어떤 법을 의지해 근심과 슬픔 없애고 진여의 법을 얻는가.

여래의 제자는 붇다 생각함[念佛]을 닦아 다섯 욕망의 세계를 떠나 니르바나에 향하고, 여래의 제자는 다르마 생각함[念法]을 닦아 다섯 욕망의 세계를 떠나 니르바나에 향하며, 여래의 제자는 상가 생각함[念僧]을 닦아 다섯 욕망의 세계를 떠나 니르바나에 향한다.

삼보를 생각해 생각하는 내 마음이 생각되어지는 삼보에 서로 응해 하나 되게 하면[境智冥合], 삼보를 생각하는 여래의 제자는 바로 여래 진여의 바다[如來眞如海]에 들어서고 여래의 진실의 땅[如來眞實地]에 들어가 늘 여래의 법을 떠나지 않게 된다.

또 여래의 제자는 여래가 설하신 깨끗한 계의 덕[戒德] 생각함에 의지해 다섯 욕망의 세계를 떠나 니르바나에 향하고, 여래의 제자는 여래가 설하신 베풂의 덕[施德] 생각함에 의지해 다섯 욕망의 세계를 떠나 니르바나에 향하며, 여래의 제자는 여래가 설하신 하늘의 덕[天德] 생각함에 의지해 다섯 욕망의 세계를 떠나 니르바나에 향한다.

삼보 생각함을 의지해 진여법(眞如法)에 그 믿음이 굳건한 이는, 한량없는 공덕이 갖춰지고 범행이 갖춰진 진여의 땅에서 늘 깨끗한 계법을 행하고, 늘 다함없이 보시의 법을 행한다.

그는 보시하되 진여의 법에 머물러 보시하므로, 세간의 함이 있는 법[有爲法]을 취하여 하늘에 나는 복[天上福]을 바라지 않고, 스스로 행복과 안락의 삶을 이루되 지은 공덕을 뭇 삶들에게 돌이켜 뭇 삶들을 안락의 땅에 이끌고 풍요의 땅에 이끄는 것이다.

이 여섯 가지 '사마디의 배'[三昧船]와 '법의 수레'[法乘]가 아니면 미망의 중생은 번뇌의 바다를 건너 니르바나의 저 언덕에 이르지 못한다.

이 여섯 가지 방편의 수레[方便乘]를 의지하면 그는 끝내 일승의 길[一乘道]을 따라 니르바나의 저 언덕에 이르게 된다.

일승의 길로 잘 향하고 바르게 향하며 곧게 향하고 평등히 향해 망설임 없이 잘 나아가는 자, 그가 여래 상가의 수[僧數] 가운데 든 여래의 바른 제자이고 세간의 복밭인 것이다.

세존의 거룩한 제자라면
니르바나의 길 아닌 것을 말하지 말라

이와 같이 내가 들었다.

한때 붇다께서는 라자그리하 성 칼란다카 대나무동산에 계셨다. 때에 많은 비구들은 식당에 모여 이런 이야기를 하고 있었다.

'그대들은 지난 목숨[宿命]에 무슨 업을 지었고 어떤 기술이 있었고 어떻게 스스로 생활하였느냐.'

그때 세존께서는 선정 가운데서 하늘귀로 여러 비구들의 이야기하는 소리를 들으셨다. 곧 자리에서 일어나 식당으로 가시어, 대중 앞에 자리를 펴고 앉아 여러 비구들에게 물으셨다.

"너희들은 무슨 이야기를 하고 있었느냐."

때에 여러 비구들은 위의 말씀을 갖추어 세존께 말씀드렸다.

붇다께서는 여러 비구들에게 말씀하셨다.

"너희 비구들이여, 지난 목숨에 지은 일과 같은 이런 말을 하지 말라. 왜 그런가. 그것은 뜻의 요익됨[義饒益]이 아니고, 법의 요익됨[法饒益]이 아니며, 범행의 요익됨[梵行饒益]도 아니고, 지혜도 아니며 바른 깨달음도 아니어서 니르바나로 향하지 않기 때문이다."

오직 해탈에 이르게 하는 길 행하도록 당부하심

"비구들이여, 다음과 같은 이야기는 같이 논의하라.

'이것은 괴로움의 진리요, 괴로움 모아냄의 진리며, 괴로움 사라

짐의 진리요, 괴로움을 없애는 길의 진리이다.'

왜 그런가. 그것은 뜻의 요익됨이요 법의 요익됨이며, 범행의 요익됨이고, 바른 지혜이며 바른 깨달음으로 니르바나로 바로 향하기 때문이다.

그러므로 비구들이여, 네 가지 진리를 의지하여 아직 사이가 없는 평등함을 얻지 못하였으면, 방편에 부지런히 힘써 더욱 하고자 함을 일으켜 사이가 없는 평등한 지혜를 배워야 한다."

붇다께서 이 경을 말씀하시자, 여러 비구들은 붇다의 말씀을 듣고 기뻐하며 받들어 행하였다.

• 잡아함 414 숙명경(宿命經)

• 해설 •

여래의 가르침 따라 진실대로 알고 여래의 가르침대로 닦아 행하는 자는 해탈의 이익이 없고 범행의 이익이 없는 일을 부질없이 말하지 말아야 한다. 오직 바른 지혜의 길 깨달음의 길로서 니르바나에 이끄는 법만을 말하고 해탈의 이익이 있는 것만을 말해야 한다.

지난 목숨에 지은 일 잘 기억함은 함이 있는 모습에 떨어진 법이라 시들어 없어지는 법이고, 하되 함이 없는 법은 모습 떠난 법이라 나고 사라짐이 아니니 뜻의 요익됨이고 법의 요익이다.

시들어 없어지는 법은 지혜의 길이 아니므로 말할 것이 없는 법이니, 오직 말해야 할 법만을 말하고 말하지 않아야 할 것에 대해서는 침묵해야 한다. 말해야 할 것을 그와 같이 말하고 말하지 않아야 할 것을 그와 같이 침묵하면, 그는 말하되 말함이 없게 되고 침묵하되 말함 없음마저 없게 되는 것이다.

『화엄경』(「보현행품」) 또한 말하되 말함 없이 오직 바른 법을 말하여 세간 건지는 보디사트바의 길을 다음과 같이 말한다.

보디사트바는 늘 바른 생각으로
사자왕의 묘한 법을 잘 논하여
맑고 깨끗하기 저 허공과 같지만
세간 건질 큰 방편 일으키도다.

菩薩常正念 論師子妙法
清淨如虛空 而興大悲心

세간이 늘 어리석고 뒤바뀜 보아
마음 내어 모두 건져 건네주나니
행하는 것 다 맑고 깨끗하여서
널리 모든 법계에 두루하도다.

見世常迷倒 發心咸救度
所行皆清淨 普遍諸法界

바르게 나아가는 보디사트바는
청정하여 걸림 없는 생각과
끝이 없고 걸림 없는 지혜로
법계를 분별하여 말해주니
저 언덕에 모두 이르게 되네.

清淨無礙念 無邊無礙慧
分別說法界 得至於彼岸

제2장

평등의 공동체

"네 가지 족성이 있으니, 어떤 것인가?
크샤트리아 · 브라마나 · 장자 · 거사의 종족이다.
그들이 여래 계신 곳에서 수염과 머리를 깎고
세 가지 법의를 입고 집을 나와 도를 배우면,
본래의 성은 없어지고, 다만 사문 사카의 제자라고 말한다.
왜 그런가. 여래의 상가는 큰 바다와 같고
네 가지 진리는 네 개의 큰 강과 같아서
온갖 번뇌를 다 없애버리고 두려움이 없는
니르바나의 성으로 들어가기 때문이다."

붇다 당시 인도사회는 사성계급의 신분적 계열구조로 유지되고 있었으며, 신분적 계열구조에는 인종차별이 깊이 끼어 있었다.

베다(vēda)를 숭상하는 브라마나 계급은 산스크리트어를 사용하는 아리안 계열의 종족이었다면, 오래도록 피지배계급으로서 하층민을 이루었던 수드라와 기층 대중은 아리안 종족에 정복된 토착민족이었다.

절대신인 브라흐만은 우주의 절대운동자로 신앙되고, 베다의 성전은 영원자 브라흐만의 육화된 언어, 곧 거룩한 말씀[vāc, 聖語]으로 신앙된다. 그렇지만 브라흐만의 절대운동 속에는 지배민족인 브라마나 계급의 지배이념이 녹아 있으며, 거룩한 말씀 베다는 모든 이를 구원하는 보편적 사랑의 말씀이 아니라 하층민은 받아 지니거나 읽고 외울 수 없는 지배계급의 성전이었다.

브라마나의 지배가 강고했던 시기에는 베다를 외우는 하층민은 혀가 잘리고 베다를 들은 천민은 귀가 뚫리었다.

차츰 중간계층의 사회적 영향력과 자립성이 강화되면서, 인도사상계는 브라흐만을 섬기는 브라마나와 브라흐만을 부정하는 새로운 사문들의 세계로 양분되었다.

붇다의 세계관은 베다의 권위와 브라흐만의 신성을 부정하되 원자적 세계관의 닫혀진 영혼주의도 부정함으로써 초월적 일자와 원자적 세계관을 연기론 안에서 지양하고 통일하였다.

붇다의 연기론의 세계관이 온갖 존재의 고립된 실체성을 부정하되 온갖 존재의 연기적 자립성을 긍정하듯, 여래의 상가는 기성의 출신과 계급, 신분의 높낮이, 남녀의 차별을 모두 부정해서 여래의 상가 안에서 온갖 계급 출신의 출가자들을 똑같은 보디의 주체, 실천의 주체로서 평등한 관계를 이루도록 하셨다.

붇다의 상가는 불평등한 사회의 질곡구조에 대한 평등과 자비의 비판이며, 신분적 지배구조를 연기론적 공성(空性)으로 비추어 타파하는 지혜의 비판이다.

붇다의 지혜 앞에 온갖 신분적 불평등, 베다의 신성을 등에 업은 지배구조, 억압받는 자의 눈물과 한숨은 허공의 꽃과 같고 신기루와 같고 허깨비와 같다. 그러나 모습의 질곡과 온갖 차별과 대립의 모습이 공한 줄 아는 지혜는 다만 공하지 않아 모습에 모습 없되 모습 없음도 없는 존재의 진실을 드러낸다.

여래의 지혜 안에서 온갖 중생, 온갖 상가대중은 모두 여래의 보디 생명인 중생이며 사트바이되 보디 자체인 사트바인 것이다.

세상의 큰 강물이 바다에 이르면 강의 이름을 잃고 오직 바다의 이름을 얻고 하나인 짠맛을 이룬다. 그렇듯 온갖 모습은 여래의 진여바다 가운데 진리인 모습이 되고 온갖 중생은 여래의 보디의 크나큰 생명의 곳간 안에 보디인 사트바가 된다.

여래의 진여바다 가운데 그 무엇이 진리 밖이고 그 누가 여래의 보디 밖이겠는가.

여래의 다르마가 평등하므로 상가가 평등의 공동체가 되는 것이며, 모습에서 모습 떠난 여래의 법신이 온갖 곳에 머묾 없으므로 상가의 자비실천이 평등한 것이니, 『화엄경』(「보현행품」)은 평등한 여래의 법신을 다음과 같이 말한다.

　　　모든 붇다와 보디사트바들

붇다의 법과 갖가지 세간의 법
만약 그 진실한 모습을 보면
온갖 것은 아무런 차별이 없네.

諸佛及菩薩　佛法世間法
若見其眞實　一切無差別

여래의 법신인 진리의 곳간
널리 세간 가운데 들어가
비록 세간에 머물러 있지만
세간에 집착하는 바 없어라.

如來法身藏　普入世間中
雖在於世間　於世無所著

법의 진실을 깨쳐 살아가는 이
공한 진실의 바탕에 머물지 않고
니르바나에도 들어가지 않네.
이와 같이 법계에 두루하시사
여러 중생 열어서 깨우쳐주네.

不住於實際　不入於涅槃
如是遍法界　開悟諸群生

법의 수와 온갖 중생의 수
밝게 깨달아 집착하지 않고
법의 비를 널리 두루 내려서

모든 세간 촉촉이 적셔주도다.

法數衆生數　了知而不著
普雨於法雨　充洽諸世間

「입법계품」 또한 진여 그대로 행하시는 여래의 평등한 지혜와 교화를 다음과 같이 찬탄한다.

비유하면 큰 보배의 산이
모든 중생 널리 이익 주듯
붇다의 산 또한 이 같아
세간을 널리 이익케 하네.

譬如大寶山　饒益諸含識
佛山亦如是　普益於世間

여래의 지혜는 원만하고
경계 또한 청정하나니
비유하면 큰 용의 왕이
여러 중생 널리 건짐과 같네.

如來智圓滿　境界亦淸淨
譬如大龍王　普濟諸群生

1 네 개의 큰 강물이 바다에 이르면
하나의 바다이듯

• 이끄는 글 •

붓다 당시 브라마나 지배의 계급질서에 대한 비판은 사회구조 전반에 걸쳐 직접적으로 이루어지지는 못하고, 신흥 사문 집단의 출현을 통해 베다와 브라흐만의 신성과 권위의 부정을 통해 이루어진다.

브라마나들은 베다의 암송(暗誦)과 수지(受持)를 수드라 계급에게 금하고 대중을 향한 베다의 교육권을 브라마나 계급이 독점했다.

그와는 달리, 신흥 사문들의 교단에서는 수드라 계급의 출가를 허용하고 자신들의 성전에 대한 가르침과 배움에 계급의 차별을 부정하였다.

극단의 고행주의를 강조했던 신흥 사문들 중 많은 이들이 하층민 출신들이었으며, 니르그란타 교단은 중간계층인 바이샤 계급의 이해관계를 대변하고 그들의 보호를 받았다.

계급의 불평등에 대한 비판이 가장 철저했던 교단이 붓다의 상가였으며, 붓다의 상가에서는 브라마나 출신의 수행자든 천민 출신이든 먼저 상가에 들어와 계를 받은 장로가, 뒤에 계를 받은 새로 배우는 이의 공경과 경배를 받았다.

붓다 교단에서 계급 평등의 모습을 말하는 데 많이 인용되는 율장(律藏)의 이야기가 바로 사카족 귀족출신 출가자들인 밧디야·아니룻다·아난다·바구·킴빌라·데바닷타가 출가할 때, 세존께 자신들의 심부름꾼이었던 이발사 우팔리(Upāli)의 출가를 자신들보다 먼저 해주길 청했던 이야기이다.

그것은 곧 하인이었던 우팔리를 상가의 선배로서 경배함으로써 자신들의 교만심을 꺾고자 함이었으니, 이 한 예가 붓다 교단의 평등의 모습을 전적으로 드러낸다.

안거(安居)가 끝나고 모든 대중이 모여 자자(自恣, pravāraṇa)할 때, 대중 가운데 세존부터 먼저 일어나 안거 가운데 보고[見] 듣고[聞] 의심나는[疑] 허물에 대해 대중에게 묻고 점검받으며, 먼저 출가한 이부터 차례로 자자하는 모습에서 출가 이전 신분과 출신을 따지지 않는 평등의 공동체 그 아름다운 모습을 엿볼 수 있다.

온갖 법의 나 없음을 가르치는 평등의 교단에서 한 털끝이라도 실로 차별됨을 어찌 용납할 것인가. 연기법 안에서 낱낱 사물은 진여인 법계가 되고 낱낱 사람이 보디인 사트바가 되는 것이다.

『화엄경』(「수미정상게찬품」須彌頂上偈讚品)에서는 인간세상 눈에 보이는 현전상가뿐 아니라 여래의 법바다에 함께하는 온갖 곳의 사방상가 또한 평등하여 차별 없이 하나인 보디의 행 닦음을 보디사트바의 이름이 같음으로 이렇게 말한다.

저 여러 법의 모임에 함께 있는
많은 보디사트바의 무리들은
모두다 시방에서 이르러와

자리를 변화해 편안히 앉네.

彼諸大會中　所有菩薩衆
皆從十方至　化座而安坐

저 여러 법의 모임의 보디사트바들
그들 모두 우리들의 이름과 같고
그들이 좇아온 여러 세계도
그 이름이 또한 이 세계와 같아라.

彼會諸菩薩　皆同我等名
所從諸世界　名字亦如是

본 나라의 모든 세존들
그 이름 또한 같나니
각기 그 붇다의 처소에서
위없는 행 깨끗이 닦네.

本國諸世尊　名號悉亦同
各於其佛所　淨修無上行

네 종족이 집을 나와 여래의 상가에 들면
오직 여래의 아들이니

이와 같이 들었다.

한때 붓다께서는 슈라바스티 국 제타 숲 '외로운 이 돕는 장자의 동산'에 계셨다.

그때 세존께서 여러 비구들에게 말씀하셨다.

"지금 여기 네 개의 큰 강이 있다. 아나바탑타(Anavatapta)라고 하는 샘에서 흘러나온 것이다.

어떤 것이 그 네 개의 강인가? 곧 강가아(Gaṅgā)·신두(Sindhu)·바크슈(Vakṣu)·시타(Śītā)이다.

저 강가아의 물은 물소[水牛]의 입에서 나와 동쪽으로 흐르고, 신두는 남쪽으로 흘러 사자(師子) 입에서 나오며, 시타는 서쪽으로 흘러 코끼리의 입에서 나오고, 바크슈는 북으로 흘러 말의 입에서 나온다.

이때 이 네 강물은 아나바탑타라는 샘을 돌아 흘러서, 강가아는 동쪽 바다로 흘러들고, 신두는 남쪽 바다로 흘러들며, 바크슈는 서쪽 바다로 흘러들고, 시타는 북쪽 바다로 흘러든다.

그때 네 큰 강은 바다로 들어간 뒤에는 다시 본래 이름은 다 없어지고 다만 바다라고 불린다."

네 강의 비유로 네 종족이 상가에 들면
모두 여래의 법의 아들임을 보이심

"이것 또한 이와 같다. 네 가지 족성[姓]이 있으니 어떤 것이 그 네 가지인가? 크샤트리아·브라마나·장자·거사의 종족이다.

그들이 여래 계신 곳에서 수염과 머리를 깎고 세 가지 법의(法衣)를 입고 집을 나와 도를 배우면, 다시 본래의 성은 다 없어지고, 다만 사문 사카의 제자라고 말한다.

왜 그런가. 여래의 상가는 큰 바다와 같고 네 가지 진리[四諦]는 네 개의 큰 강과 같아서 온갖 번뇌[結使]를 다 없애버리고 두려움이 없는 니르바나의 성[涅槃城]으로 들어가기 때문이다.

그러므로 여러 비구들이여, 저 네 족성의 사람들이 수염과 머리를 깎고 믿음이 굳세어서 집을 나와 도를 배우면, 그는 본래의 이름을 다 없애고 사카의 제자라고 스스로 말해야 한다.

왜 그런가. 나는 지금 바로 사카무니의 아들로서 사카 종족 가운데에서 집을 나와 도를 배우기 때문이다. 비구들이여, 알아야 한다. 만약 아들 낳은 뜻을 논하려면 반드시 사카 종족의 아들이라고 해야 옳다. 왜냐하면 태어남이 다 나 여래를 말미암아 태어났고, 법을 좇아 일어났으며, 법을 좇아 이루어졌기 때문이다.

그러므로 비구들이여, 반드시 방편을 구해 '사카 종족의 아들'[釋種子]이 되어야 한다.

여러 비구들이여, 반드시 이렇게 배워야 한다."

그때 여러 비구들은 붓다의 말씀을 듣고 기뻐하며 받들어 행하였다.

• 증일아함 29 고락품(苦樂品) 九

네 개의 강물이 흘러 바다에 이르면 모두 한 바닷물이 되어 본래의 이름과 강줄기가 사라지듯, 네 족성이 여래의 상가에 들어오면 오직 붇다의 법의 아들이 되고 원래의 출신과 성이 사라진다.

또한 네 개의 강줄기를 따라 흘러가면 끝내 바다에 이르듯, 네 가지 진리[四諦]를 따라 행하면 진여의 바다[眞如海]에 들어가고 니르바나의 성[涅槃城]에 이른다.

그러므로 상가에 들어와 지혜의 흐름에 함께하면 그는 이미 과거의 낡은 목숨을 버리고 여래의 진여바다 안에서 새 생명을 얻은 것이니, 그가 바로 붇다의 진리의 아들이고 법의 자식인 것이다.

법의 흐름[法流]을 따라 진여의 바다 안에 들어서게 되면 여래를 말미암아 새로 태어나 지혜의 목숨[慧命]을 얻고, 법을 따라 일어나 진리의 몸[法身]을 이루며, 세간의 온갖 재물, 이름과 명예의 집착 버리고, 한과 고통의 짐을 모두 내려놓게 된다.

그러면 그가 삶의 모든 목마름과 궁핍을 벗어나 니르바나의 성 가운데 법의 재물[法財]로 풍요를 누리는 자이니, 그가 사카의 아들이고 여래의 자식이며 법의 자식이다.

또한 이와 같이 탐욕의 흐름을 끊고 여래의 법바다에 들어가 여래의 법의 자식이 되면 스스로 여래의 공덕으로 자신의 삶을 장엄해 번뇌의 불에 타오르는 세간을 여래의 법의 비[法雨]로 적셔주게 되니, 이것이 상가의 길이고, 비구·비구니의 길이며 우파사카·우파시카의 길인 것이다.

네 종족도 사문이 되면
앞의 이름 쓰거나 다른 이름 짓지 않는다

이와 같이 들었다.

한때 붇다께서는 슈라바스티 성의 사슴동산 가운데서 큰 비구대중 오백 사람과 함께 계셨다.

그때에 바하라 아수라와 무티룬[牟提輪] 하늘사람은 때 아닌 때에 세존 계신 곳에 이르러 머리를 대 발에 절하고 한쪽에 앉았다.

여래께서는 아수라에게 물으셨다.

"너희들은 큰 바닷속을 아주 좋아하는가."

아수라가 말씀드렸다.

"참으로 좋아하고 좋아하지 않음이 아닙니다."

"큰 바다 가운데 어떤 기특한 법이 있기에 너희들은 그것을 보고 좋아하는가."

아수라가 세존께 큰 바다의 여덟 가지 기특한 법을 답함

아수라는 말씀드렸다.

"저 바닷속에는 '여덟 가지 일찍이 없었던 법'[八未曾有法]이 있어, 여러 아수라들은 그 가운데서 즐깁니다.

어떤 것이 여덟이냐 하면 다음과 같습니다.

저 큰 바다 가운데는 아주 깊고 또 넓습니다. 이것을 첫 번째 일찍이 없었던 법이라 합니다.

다시 저 큰 바다는 이런 묘한 덕이 있습니다. 곧 네 개의 큰 강[四大江河]은 그 낱낱 강이 오백의 강을 거느리고 저 바다로 들어가면 곧 본래 이름을 잃어버립니다. 이것을 일찍이 없었던 둘째 법이라 합니다.

다시 저 큰 바다는 모두 한맛[一味]을 같이합니다. 이것을 일찍이 없었던 셋째 법이라 합니다.

다시 저 큰 바다는 드나드는 조수가 그 때를 잃지 않습니다. 이것을 일찍이 없었던 넷째 법이라 합니다.

다시 저 큰 바다는 귀신들이 사는 곳으로 형상이 있는 무리는 큰 바다 가운데 있지 않는 것이 없습니다. 이것을 일찍이 없었던 다섯째 법이라 합니다.

다시 저 큰 바다는 아주 큰 형체들, 곧 백 요자나 되는 형체 나아가 칠천 요자나 되는 형체를 모두 받아들여도 비좁지 않습니다. 이것을 일찍이 없었던 여섯째 법이라 합니다.

다시 저 큰 바다에는 자거·마노·진주·호박·수정·유리 등의 여러 가지 보배가 있습니다. 이것을 일찍이 없었던 일곱째 법이라 합니다.

다시 저 큰 바다 밑에는 금모래가 있고 네 가지 보배로 이루어진 수메루 산이 있습니다. 이것을 여덟째 일찍이 없었던 법이라 합니다.

이것을 '여덟 가지 일찍이 없었던 법'[八未曾有法]이 모든 아수라로 하여금 거기서 즐기게 하는 것이라 합니다.″

아수라가 세존께 여래의 법 가운데 여덟 '일찍이 없었던 법'을 물음

이때 아수라가 세존께 말씀드렸다.

"여래의 법 가운데는 어떤 기특한 것이 있어서 비구들로 하여금 그 안에서 즐기게 합니까."

붇다께서 아수라에게 말씀하셨다.

"여덟 가지 일찍이 없었던 법이 있어 비구들로 하여금 그 안에서 즐기게 한다. 그 여덟이란 무엇인가.

내 법 안에는 계율이 갖추어져 있어 방일한 행이 없다. 이것을 첫째의 일찍이 없었던 법이라 한다. 비구들이 보고는 그 안에서 즐기니, 저 큰 바다가 아주 깊고 넓은 것과 같다.

이때 다시 내 법 안에는 네 가지 족성이 있지만, 내 법 안에서 사문이 되면 앞의 이름을 쓰지 않고 다시 다른 이름을 짓는다. 마치 저 바다에서 저 네 개의 강이 바다에 들어가면 한맛을 같이해 다시 다른 이름이 없는 것과 같다. 이것을 둘째의 일찍이 없었던 법이라 한다.

다시 내 법 안에는 '금한 계'[禁戒]를 베풀어 세워, 서로 따라 차례를 넘지 않는다. 이것을 셋째의 일찍이 없었던 법이라 하니, 마치 저 큰 바다의 드나드는 조수가 그 때를 잃지 않는 것과 같다.

다시 내 법 안에서는 다 한맛을 같이하니, 현성의 여덟 가지 도의 맛[賢聖八品道味]이다. 이것을 넷째 일찍이 없었던 법이라 하니, 저 큰 바다가 한맛을 다 같이하는 것과 같다.

다시 내 법 안에는 갖가지 행하는 법이 그 가운데 가득 차 있다. 곧 네 가지 바른 끊음·네 가지 신통·다섯 가지 진리의 뿌리·다섯 가지 진리의 힘·일곱 갈래 깨달음의 법·여덟 가지 참되고 곧은 행[八眞直行]이다. 비구들은 그것을 보고 그 안에서 즐기니, 마치 저 큰 바다에 여러 귀신이 사는 것과 같다. 이것을 다섯째 일찍이 없었던 법이라 한다.

다시 내 법 안에는 갖가지 진기한 보배가 있으니, 곧 생각의 깨달음 법·법 가림의 깨달음 법·정진의 깨달음 법·기쁨의 깨달음 법·쉼의 깨달음 법·선정의 깨달음 법·보살핌의 깨달음 법의 보배이다. 이것을 여섯째 일찍이 없었던 법이라 한다. 비구들은 그것을 보고 그 안에서 즐기니, 마치 저 큰 바다가 갖가지 진기한 보배를 내는 것과 같다.

　　다시 내 법 안에는 온갖 중생들이 있어서 수염과 머리를 깎고 세 가지 법옷[三法衣]을 입고 집을 나와 도를 배워 '남음이 없는 니르바나 세계'[無餘涅槃界, nirupadhiśeṣa-nirvāṇa-dhātu]에서 니르바나를 이룬다.

　　그러나 내 법 가운데는 더하고 덜함이 없으니[無有增減], 마치 저 큰 바다에 여러 강이 들어와도 늘고 줄어듦이 없는 것과 같다. 이것을 일곱째 일찍이 없었던 법이라 하니, 비구들은 그것을 보고 그 안에서 즐긴다.

　　다시 내 법 안에는 '금강의 사마디'[金剛三昧]가 있고, '사라져 다한 사마디'[滅盡三昧]가 있으며, '온갖 밝은 빛의 사마디'[一切光明三昧], '일어나지 않는 사마디'[不起三昧] 등 갖가지 사마디가 이루 헤아릴 수 없다. 여러 비구들은 그것을 보고서는 즐기니, 마치 저 큰 바다 밑에 금모래가 있는 것과 같다. 이것을 여덟째 일찍이 없었던 법이라 하니, 여러 비구들은 아주 스스로 즐긴다.

　　나의 법 가운데는 이런 여덟 가지 일찍이 없었던 법이 있어 여러 비구들이 스스로 즐긴다."

여래의 법을 아수라가 찬탄하고,
하늘사람이 법의 눈을 얻어 아수라를 깨우침

이때 아수라가 말씀드렸다.

"여래의 법 가운데 한 가지 일찍이 없었던 법이라도 저 바다의 여덟 가지 일찍이 없었던 법보다 백 배·천 배 빼어나 견줄 수 없습니다. 그것은 현성의 여덟 가지 길[賢聖八道]이 바로 그것입니다.

거룩하십니다.

세존께서는 이런 말씀을 시원스럽게 잘 하셨습니다."

그때에 세존께서는 차츰 그를 위해 설법하셨으니, 곧 보시를 논함[施論]과 계를 논함[戒論], 하늘에 태어남을 논함[生天論], 탐욕은 깨끗하지 않다는 생각[欲不淨想]과 '번뇌는 큰 걱정거리라 함'과 '벗어남이 묘함이 된다'는 말씀이었다.

세존께서는 그의 마음이 열리고 뜻이 풀린 것을 보시고 모든 붇다 세존들이 늘 설하는 법인 괴로움과 그 모아냄과 사라짐과 없애는 길을 말씀하셨다.

그때에 아수라는 생각하였다.

'다섯 가지 진리가 있을 것인데 지금 세존께서는 다만 네 가지 진리를 말씀하시고, 여러 하늘들에게는 다섯 진리를 말씀하신다.'

그때에 하늘사람은 그 자리에서 곧 법의 눈이 깨끗하게 되었다.

아수라는 세존께 말씀드렸다.

"거룩하십니다, 세존께서는 이런 말씀을 시원스럽게 잘 하셨습니다. 지금 저는 있던 곳으로 가려합니다."

세존께서는 말씀하셨다.

"때를 알아서 하라."

그는 곧 자리에서 일어나 머리를 대 발에 절하고 오던 길로 되돌 아갔다.

때에 하늘사람은 아수라에게 말하였다.

"네가 지금 '여래께서는 여러 하늘들에게 다섯 진리를 설하시는데, 나에게는 네 가지 진리만 설하신다'고 이렇게 생각하는 것은 아주 좋지 않다. 왜 그런가. 모든 붇다 세존께서는 끝내 두 말씀[二言] 이 없기 때문이다.

모든 붇다는 끝내 중생들을 버리지 않으시고 그 설법에는 또한 게으름이 없으시며 그 설법에는 다시 다함이 없으시다.

다시 사람을 가려 설법하시지 않고 평등한 마음으로 설법하신다.

여래께는 네 가지 진리가 있으니 괴로움과 그 모아냄과 사라짐과 없애는 길의 진리이다.'

너는 다섯 진리[五諦]라는 이런 생각을 하지 말아야 하는데, 여래의 흠을 잡아 다섯 가지 진리가 있다고 말하는구나."

이때 아수라가 대답하였다.

"나는 지금 내가 지은 좋지 못한 것을 스스로 참회하겠소. 그래서 반드시 여래 계신 곳에 가서 이 뜻을 여쭈어보겠소."

그때에 아수라와 하늘사람은 붇다의 말씀을 듣고 기뻐하며 받들어 행하였다.

• 증일아함 42 팔난품(八難品) 四

• 해설 •

붇다께는 사람만 법을 듣고 묻는 것이 아니라 아수라와 하늘신도 법을 들어 법의 눈을 여니, 여래의 진리의 집이 넓고 크며 여래의 해탈의 문호가 차별 없음을 알 수 있다.

아수라가 세존께 바다의 '여덟 가지 일찍이 없었던 법'[八未曾有法]을 말씀드리니, 아수라가 아수라가 아니라 이미 지혜의 흐름에 들어선 아수라다.

저 바다가 깊고 넓어 온갖 강물을 받아들여 한맛의 바닷물로 만들듯, 여래의 상가는 온갖 족성 온갖 부류의 중생을 받아들여 한맛의 진리의 물에 젖게 한다.

또한 저 바다의 드나드는 조수가 때를 잃지 않듯 금한 계와 온갖 대중의 카르마가 차례를 넘지 않으며, 바다 가운데 온갖 보배를 갖추어 있듯 여래의 법 가운데도 갖가지 해탈의 법과 일곱 깨달음 법의 보배가 갖춰 있다.

여러 강물이 바다에 이르러도 바다가 늘고 줆이 없듯 온갖 족성 온갖 부류의 사람들이 여래의 법 안에 들어와 니르바나를 이루어도 니르바나는 늘고 줆이 없으니, 중생이 이미 니르바나되어 있기 때문이며 진여바다가 늘고 줆이 없기 때문이다.

저 큰 바다 밑바닥에 황금모래가 있듯 여래의 법 가운데 무너지지 않는 금강의 사마디와 갖가지 사마디가 있어 온갖 중생이 그 사마디의 바다에 노닐면 무너지지 않는 지혜의 목숨을 얻을 수 있다.

아수라가 네 진리와 여래의 다섯 가지 논함[五論]이 두 법인 줄 알므로 하늘신이 나무라니, 탐욕과 번뇌는 집제(集諦)와 고제(苦諦)요, 보시와 계와 하늘에 나는 길은 도제(道諦), 벗어남[出要]은 멸제(滅諦)이기 때문이다.

온갖 법의 진실을 온전히 깨친 여래의 법에 어찌 두말[二言]이 있고 여래의 가르침에 어찌 두 길[二敎]이 있을 것인가.

여래의 설법이 비록 갖가지 방편의 수레[方便乘]를 보이되 방편의 수레는 여래의 진실의 수레[眞實乘], 붇다의 한 수레[一佛乘]를 떠나지 않는다.

그러므로 여래의 방편의 수레를 타고 불난 집을 나오는 자, 그 누구나 빈 뜰의 흰 소수레를 만나게 될 것이며, 흰 소수레 몰아 해탈의 뜰에 노닐게 될 것이다.

타고난 종족의 뛰어남과 하늘의 권능도
여래의 법보다 빼어남이 없나니

이와 같이 들었다.

한때 붇다는 슈라바스티 국 제타 숲 '외로운 이 돕는 장자의 동산'
에 계시면서 여러 비구들에게 말씀하셨다.

"여덟 부류의 무리가 있으니 너희들은 알아야 한다. 어떤 것이 여
덟인가. 곧 크샤트리아의 무리·브라마나의 무리·장자의 무리·사
문의 무리·네 하늘왕의 무리·서른세하늘의 무리·마라(māra)의
무리·브라흐마하늘의 무리이다.

비구들이여, 알아야 한다. 나는 지난 옛날 크샤트리아 무리들 가
운데 가서 서로 같이 문안하고 말로 강론한 일이 있었다. 그 가운데
또한 다시 나와 같은 이가 없어서 홀로 거닐어 짝이 없었고 또한 견
줄 무리가 없었다.

나는 욕심 줄여 만족을 알고, 뜻이 잘못되어 어지럽지 않아서, 계
를 성취하고 사마디를 성취하며, 지혜를 성취하고 해탈을 성취하며,
많이 들음[多聞]을 성취하고 정진을 성취하였다.

다시 스스로 다음을 기억해 생각한다.

나는 브라마나의 무리·장자의 무리·사문의 무리·네 하늘왕의
무리·서른세하늘의 무리·마라의 무리·브라흐마하늘의 무리에게
가서 서로 같이 문안하고 말로 강론한 일이 있었다.

그 가운데서도 홀로 거닐어 짝이 없었고 또한 견줄 무리가 없어서

가장 높아 함께할 이가 없었다.

　나는 욕심 줄여 만족을 알고 뜻이 잘못되어 어지럽지 않아서, 계를 성취하고 사마디를 성취하며, 지혜를 성취하고 해탈을 성취하며, 많이 들음을 성취하고 정진을 성취하였다."

여래만이 여덟 가지 법의 참된 성취자임을 보이심

　"나는 그때 여덟 부류 무리 가운데 있으면서 홀로 거닐어 짝이 없었으며, 그 중생들을 '크게 덮어 보살펴주는 자'[大覆蓋]가 되었다.

　이때 그 여덟 부류의 무리들은 내 정수리를 보지 못하였고 얼굴을 쳐다보지도 못하였는데, 어찌 하물며 서로 같이 논의했겠는가.

　왜 그런가. 나는 어떤 하늘이나 사람·마라의 하늘·사문·브라마나 무리 가운데서 이 여덟 가지 법을 성취할 수 있는 자를 보지 못하였기 때문이다. 여래가 두어두고 논하지 않는 것은 내놓는다.

　그러므로 비구들이여, 방편을 구해 이 여덟 가지 법을 행해야 한다.

　이와 같이 비구들이여, 반드시 이렇게 배워야 한다."

　그때에 여러 비구들은 붇다의 말씀을 듣고 기뻐하며 받들어 행하였다.

　• 증일아함 42 팔난품 七

　• 해설 •

　크샤트리아나 브라마나, 많이 가진 장자의 세간 권세가 모습에서 모습 떠난 여래의 법의 힘을 뛰어넘을 수 없고, 마라의 하늘이나 브라흐마하늘 같은 하늘신의 권능도 여래가 성취한 함이 없는 법[無爲法]의 공덕을 뛰어넘지 못한다.

세간의 큰 것은 작은 것을 상대해서 큰 것이고, 세간의 힘센 자는 힘 없는 자를 상대해서 힘센 자이며, 세간의 아름다운 것은 못생긴 것을 상대해서 아름다운 것이다.

그러나 여래의 지혜의 세계에는 큰 것이 큰 것이 아니고, 작은 것이 작은 것이 아니며, 힘 있음이 실로 힘 있음이 아니고, 힘 없음이 실로 힘 없음이 아니다. 이와 같이 여래가 깨친 진여의 참모습은 서로 마주하는 두 모습이 공해 늘어남과 줄어듦이 없으며 깨끗함과 더러움, 아름다움과 못생김의 차별을 뛰어넘는다.

그러므로 여래의 진여 그대로의 삶의 권능[法力]은 하늘이 덮지 못하고 땅이 싣지 못한다.

높은 하늘신의 권능은 오르고 내림이 있는 높음이며, 함이 있고[有爲] 할 수 있음이 있는[有能] 권능이지만, 여래의 공덕의 세계는 함이 없으므로 하지 않음이 없으며[無爲而無所不爲] 할 수 있음을 세우지 않음으로 하지 못함이 없는[無能而無所不能] 공덕의 세계이기 때문이다.

여래의 진리의 집에는 브라마나가 높지 않고 수드라가 낮지 않으며, 크샤트리아와 장자가 힘이 세거나 많이 가진 자가 아니고, 밥을 비는 사문이 가난한 자, 못난 자가 아니다.

이와 같이 넓고 큰 여래의 법계의 집에서 그 누구라도 여래를 따라 계와 사마디, 지혜를 닦으면 미망과 번뇌 속의 사트바가 보디사트바가 되는 것이니, 여래의 계와 사마디 지혜와 해탈의 법이 큼이 없이 가장 큰 것이며 높음 없되 비할 바 없이 높은 것이다.

2 남녀의 차별과 인종의 차별은 곧 악한 마라의 말 따름이니

• 이끄는 글 •

연기법에서 온갖 존재는 원인과 조건의 결합에 의해서 이루어진 결과이나, 원인과 조건 또한 다른 원인과 조건의 결과이고, 지금 성취된 결과도 다른 법의 원인이 되고 조건이 된다.

그러므로 원인도 공한 원인이고 조건도 공한 조건이며 결과도 공한 결과이다.

연기법에서 생겨남에는 실로 생겨남이 없고 일어남에는 실로 일어나게 하는 실체적인 뿌리가 없다.

자식의 인종적 혈통은 그 부모를 통해 결정되고 부모의 혈통은 그 부모의 부모에 의해서 결정되므로 하나의 정해진 혈통이 있고 그 혈통에 뿌리가 있다는 사고는 그릇된 견해이다.

남성과 여성도 남성은 여성이 있으므로 여성에 대한 남성이 되고, 여성은 남성이 있으므로 남성에 대한 여성이 된다. 남성은 여성을 통해 남성이 되고 여성은 남성을 통해 여성이 되는 것이므로, 남성은 남성 아닌 남성이고 여성은 여성 아닌 여성이다.

남과 여 두 성(性)의 모순은 하나됨 속의 모순이지 실체적 다름

속의 모순이 아니다.

한 생에 받은 몸으로 보면 성(性)은 필연으로 보이지만, 긴 생의 목숨으로 보면 남성의 몸·여성의 몸은 꼭 그러한 몸·정해진 몸이 아니다.

그래서 몸에서 몸을 벗어나 진리의 몸을 성취한 성인은 남성도 아니고 여성도 아닌 몸에서 때로 남자의 몸을 나투기도 하고 여인의 몸을 나투기도 하는 것이니, 비구의 몸으로 나타나는 지장(地藏)이 어찌 남성이며, 여인의 몸으로 나타나는 관세음[觀音]이 어찌 여성이겠는가.

「관세음보살보문품」에서 관세음보살이 남과 여 서른두 가지 변화의 몸을 나타내 중생을 구제한다고 했으니, 그 어느 몸이 관세음의 참몸이고 그 어느 몸이 관세음의 몸 아닌 것인가.

저 『법화경』에서는 여덟 살 용의 딸[八歲龍女]이 남자의 몸으로 몸을 바꾸어 성불했다고 말하고 있는데, 그 뜻은 어디에 있는가. 남자가 남자가 아니고 여인이 여인이 아님을 보이기 위함인가.

저 『비말라키르티수트라』에서 남자와 여인의 몸을 분별하는 사리푸트라의 몸을 하늘여인이 신통으로 갑자기 여인의 몸으로 바꾸어 버린 뜻은 또 무엇인가.

중국 옛일[故事]에 관세음보살이 섬서성 금모래여울가[金砂灘頭] 마가집 청년의 부인[馬朗婦]으로 왔다가 갑자기 죽었다는 이야기가 있으니, 그 아름다운 여인의 몸은 어디에서 왔다가 어디로 간 것인가.

그 몸은 남자인가 여자인가, 남자도 아니고 여자도 아니지만 남자 아님도 아니고 여자 아님도 아님인가.

몸이 이미 몸이 아니라면 금모래여울가 아름다운 여인의 몸이 있다느니 없다느니 왔다거니 갔다거니 여인의 몸이라느니 여인의 몸이 아니라느니, 그 온갖 분별이 부질없는 헛된 따짐[戱論]이 되리라.

저 중생에 중생이라 할 자기성품 없음을 깨달아 세간에 평등한 자비 펼치는 보디사트바의 행을, 『화엄경』(「입법계품」)은 이렇게 말한다.

온갖 법의 진실 살피는 보디사트바
중생에 성품 없음을 밝게 통달해
중생에게 크나큰 자비 일으키고
여래의 해탈문에 깊이 들어가
미혹 속 한량없는 여러 중생을
널리 모두 저 언덕에 건네주도다.

了達衆生無有性　而於衆生起大悲
深入如來解脫門　廣度群迷無量衆

종족에는 집착할 근본이 없나니

이와 같이 내가 들었다.

한때 붇다께서는 슈라바스티 국 제타 숲 '외로운 이 돕는 장자의 동산'에 계셨다.

때에 하늘사람이 있었는데 얼굴 모습이 아주 아름다웠다. 그는 새벽에 붇다 계신 곳에 와서 머리를 대 붇다의 발에 절하고 한쪽에 물러앉았다.

그러자 온몸의 여러 밝은 빛이 제타 숲 '외로운 이 돕는 장자의 동산'을 두루 비추었다.

때에 그 하늘사람이 게송으로 붇다께 말씀드렸다.

종족의 근본이 있는 것입니까.
종족을 돌이켜냄이 있습니까.
함께 서로 이어감이 있습니까.
어떻게 그 묶음에서 풀려납니까.

그때에 세존께서는 게송으로 대답하셨다.

나에게는 종족의 근본이 없고
또한 돌이켜 종족을 냄이 없다.

함께 서로 이어감 길이 끊었으니
온갖 묶음에서 풀리어 벗어났다.

하늘사람이 종족의 근본과 이어감을 물음
때에 그 하늘사람은 다시 게송으로 말하였다.

무엇을 종족의 근본이라 하며
어떤 것이 종족 돌이켜냄이며
어떻게 함께 서로 이어가며
어떤 것을 단단한 묶음이라 합니까.

그때에 세존께서는 게송으로 대답하셨다.

어머니가 세상 종족 근본이 되고
아내를 종족 돌이켜냄이라 하며
자식들이 함께 서로 이어감이요
애욕이 단단한 묶음이 된다.

나는 이런 종족의 근본이 없고
또한 종족 돌이켜냄이 없으며
함께 서로 이어감 또한 없나니
이것을 굳센 묶음 벗어남이라 한다.

때에 그 하늘사람은 다시 게송으로 말하였다.

좋으십니다, 종족의 근본 없음이여.

종족을 냄이 없음 또한 좋으십니다.

좋으십니다, 서로 이음 없음이여.

좋으십니다, 묶음에서 벗어남이여.

오래도록 브라마나 보아왔더니

온전한 니르바나 얻으셨어라.

온갖 두려움을 모두 이미 벗어나

길이 세간 은혜 애착 뛰어나셨네.

때에 하늘사람은 붇다의 말씀을 듣고 기뻐하고 따라 기뻐하면서, 머리를 대 붇다의 발에 절하고 곧 사라져 나타나지 않았다.

• 잡아함 584 족본경(族本經)

• 해설 •

나의 종족의 뿌리는 부모이고 부모의 유전자는 부모의 부모가 결정하는 것이니 종족에는 정해진 뿌리가 없다. 부모의 인연과 나라는 결과에 모두 뿌리가 없고 실체가 없다.

나의 종족에 정해진 뿌리가 없으므로 아내를 만나면 아내라는 조건을 통해 새로운 종족이 나는 것이니, 아내를 종족 돌이켜냄[轉生族]이라 하고, 나와 아내가 함께 낳은 자식들을 이어감[相續]이라 한다.

여래는 온갖 존재[我]에 이미 나 없음[無我]을 통달했으니, 부모라는 인연의 뿌리는 어디 있을 것이며 애욕을 통한 뒤의 종족을 냄과 뒤의 이어감이 어디 있겠는가.

이미 몸에 몸 없는 법의 몸[法身]을 몸으로 삼고, 나고 사라짐 다한 지혜의 목숨[慧命]을 참생명으로 삼으니, 여래의 몸이여! 종족의 뿌리가 없고 애욕의 이어감이 없되 파리니르바나(parinirvāṇa)의 다함없는 생명을 사시며, 볍계의 끝없는 몸으로 사시도다.

『화엄경』(「입법계품」)은 다음과 같이 가르친다.

세간 중생 널리 거두시는 여래
낱낱의 털구멍 가운데서
빛을 놓으심 사의할 수 없으사
널리 모든 중생을 비추어서
그들 모두 크게 기쁘게 하네.

一一毛孔中　放光不思議
普照諸群生　咸令大歡喜

다섯 쌓임과 열여덟 법의 영역
열두 들임을 집착하지 않고
몸이 실로 있다 헤아림으로
그 견해와 모습 취하는 생각
잘못 뒤바뀌지 않는 사람이
붇다께서 깨치신 법 알 수 있으리.

非著蘊界處　及計於有身
見倒想倒人　能知佛所覺

종족도 인연이며 네 종족의 사회적 지위도
세간 속에서 이루어진 것이니

이와 같이 들었다.

한때 붇다께서는 라자그리하 성 칼란다카 대나무동산에서 큰 비구대중 오백 사람과 함께 계셨다.

그때 라자그리하 성에 셀라(Sela)라는 브라마나가 있었는데, 그는 여러 방술[諸術]을 갖추어 알고, 배움 다른 바깥길의 경전에 쓰인 내용과 천문 지리에 꿰뚫어 통달하지 않음이 없었다.

그는 또 오백 명의 브라마나 어린이들을 가르치고 있었다.

그 성에는 케니야(Keṇiya)라는 배움 다른 수행자가 있었다. 그는 아는 것이 많았고 빔비사라 왕의 사랑과 존경을 받았다. 그래서 왕은 때를 따라 공양하고 브라마나들이 필요로 하는 물건을 보내주었다.

그때 여래의 이름이 멀리까지 퍼져 이렇게들 말하였다.

'여래(如來) · 지극히 참된 분[至眞] · 바르게 깨친 이[等正覺] · 지혜와 행을 갖춘 분[明行成爲] · 잘 가신 이[善逝] · 세간을 잘 아시는 분[世間解] · 위없는 스승[無上士] · 도법에 잘 이끄시는 이[道法御] · 하늘과 사람의 스승[天人師] · 붇다[佛] · 세존으로서 한량없이 사람을 건지는 이가 세상에 출현하였다.'

케니야 브라마나가 세존께 브라마나 종족의 신성함에 관해 물음

그때 케니야 브라마나는 생각하였다.

'여래라는 이름은 매우 듣기 어렵다. 나는 지금 찾아가서 문안하고 가까이 모시고 예경(禮敬)하리라.'

이때 케니야 브라마나는 곧 붇다 계신 곳에 가서 발에 머리를 대절하고 한쪽에 앉았다. 그때 브라마나는 붇다께 말씀드렸다.

"사문 고타마의 족성은 무엇입니까?"

붇다께서 브라마나에게 말씀하셨다.

"내 족성은 크샤트리아요."

브라마나는 말씀드렸다.

"여러 브라마나들은 제각기 이렇게 주장합니다.

'우리 족성이 가장 뛰어나 이보다 나은 것은 없다.'

또는 이렇게 말합니다.

'어떤 족성은 희고, 어떤 족성은 검다.'

그리고 브라마나들은 스스로 말하기를 '브라흐마하늘이 냈다'고 합니다. 지금 사문 고타마께서는 무엇을 주장해 말씀하십니까?"

붇다께서는 말씀하셨다.

"브라마나여, 알도록 하오. 혼인하게 되면 사람들은 반드시 귀한 족성을 구할 것이오. 그러나 나의 바른 법에는 높고 낮음이 없고, 옳고 그른 이름과 족성이 없소."

브라마나는 다시 말씀드렸다.

"어떻습니까, 고타마시여. 타고난 곳이 청정해야 법이 청정해질 수 있지 않습니까?"

붇다께서 말씀하셨다.

"그대는 법의 청정함이 타고난 곳이 청정하기 때문이라 하오?"

브라마나가 말씀드렸다.

"여러 브라마나들은 각기 이런 주장을 폅니다.

'우리 족성이 가장 뛰어나 이보다 나은 것은 없다.'

그래서 또는 이렇게 말합니다.

'어떤 족성은 희고, 어떤 족성은 검다.'

그리고 브라마나들은 스스로 말하기를 '브라흐마하늘이 냈다'고 합니다."

부모의 인연을 들어 종족의 신성성을 깨뜨리심

붇다께서는 말씀하셨다.

"만약 크샤트리아 여인이 브라마나 집에 시집가서 사내를 낳았다면 그 아이는 어느 족성을 따라야 하겠소?"

브라마나는 말씀드렸다.

"그는 브라마나 종족이라고 해야 할 것입니다. 왜냐하면 아버지가 정기를 주어서 그 아이가 있게 되었기 때문입니다."

붇다가 브라마나에게 말씀하셨다.

"만약 브라마나 여인이 크샤트리아 집에 시집가서 사내를 낳았다면 그 아이는 어느 족성을 따라야 하겠소?"

브라마나는 말씀드렸다.

"그는 크샤트리아 종족이어야 합니다. 왜냐하면 아버지가 정기를 주어서 그 아이를 낳았기 때문입니다."

붇다께서 브라마나에게 말씀하셨다.

"깊이 사유한 뒤에 내게 대답하시오. 그대가 지금 말한 것은 앞뒤가 서로 맞지 않소. 어떻소? 브라마나여, 가령 나귀가 말의 꽁무니를 쫓아가 새끼를 낳았다면 그것을 말이라 하겠소, 나귀라 하겠소?"

브라마나는 말씀드렸다.

"이와 같은 무리는 나귀말[驢馬]이라 할 것입니다. 왜냐하면 나귀를 말미암아 새끼를 낳았기 때문입니다."

붇다께서는 말씀하셨다.

"그대는 깊이 사유한 뒤에 내게 대답하시오. 그대는 아까 '크샤트리아 여인이 브라마나에게 시집가서 아이를 낳으면 브라마나 종족이다'라고 말하더니, 지금은 '나귀가 말을 쫓아가 새끼를 낳으면 나귀말이다'라고 말하니, 그것은 앞의 말과 어긋나지 않소?

그리고 또 브라마나여, 만약 말이 나귀를 쫓아가 새끼를 낳았다면 이름을 무엇이라고 하겠소?"

브라마나는 말씀드렸다.

"말나귀[馬驢]라고 부를 것입니다."

붇다께서 말씀하셨다.

"어떻소, 브라마나여. '말나귀'와 '나귀말'이 무엇이 다르오? 만약 어떤 사람이 '보배 한 섬'이라 말하고 또 어떤 사람은 '한 섬의 보배'라고 말한다면 이 두 가지 뜻에 어찌 다름이 있겠소?"

브라마나는 대답했다.

"이것은 같은 뜻입니다. 왜냐하면 '보배 한 섬'과 '한 섬의 보배'는 이 뜻이 다르지 않기 때문입니다."

붇다께서 브라마나에게 말씀하셨다.

"그렇다면 어떻게 말나귀와 나귀말 이것이 한 뜻이 아니겠소?"

브라마나는 말씀드렸다.

"사문 고타마께선 비록 이렇게 말씀하시지만 브라마나들은 스스로 이렇게 말합니다.

'우리 족성이 가장 뛰어나니 우리보다 나은 자는 없다.'"

사람은 지혜와 짓는 행위의 덕에 의해 공경받게 됨을
여러 가지 예로 보이심

붇다께서는 말씀하셨다.

"그대는 먼저는 그 어머니를 칭찬하더니 뒤에는 다시 그 아버지를 칭찬하고 있소. 만약 다시 그 아버지도 브라마나 종족이요 그 어머니도 브라마나 종족으로서 뒤에 두 아이를 낳았다고 합시다.

그 가운데 한 아이는 온갖 기술이 많아 보지 못한 일이 없으며, 둘째 아들은 전혀 아는 것이 없다면, 이때 그 부모는 어느 아들을 공경히 대하겠소? 지혜로운 아들이겠소, 아무것도 아는 것이 없는 아들이겠소?"

브라마나는 대답했다.

"그 부모는 덕이 높고 총명한 아들을 공경히 대할 것이요, 지혜 없는 아들은 공경히 대하지 않을 것입니다. 왜냐하면 지금 이 한 아들은 모르는 일이 없고 익히지 않은 일이 없기 때문입니다. 그러므로 그 아들을 공경히 대할 것이요, 지혜 없는 아들은 공경히 대하지 않을 것입니다."

붇다께서는 말씀하셨다

"만약 그 두 아들 가운데 총명한 아들은 곧 뜻을 일으켜 죽임과 도둑질과 음행 따위의 열 가지 악한 법을 행하고, 총명하지 않은 아들은 몸과 입과 뜻의 행을 잘 지켜 열 가지 악한 법을 하나도 범하지 않는다면, 그 부모는 어느 아들을 공경히 대하겠소?"

브라마나가 대답했다.

"그 부모는 열 가지 착한 법을 행하는 아들을 공경히 대해야 할 것입니다. 착하지 않은 짓을 하는 사람을 다시 공경히 대해 무엇 하겠습니까?"

붇다께서는 브라마나에게 말씀하셨다.

"그대는 먼저는 많이 들음[多聞]을 칭찬하더니 뒤에는 그 계율(戒律)을 칭찬하는군요.

어떻소, 브라마나여. 또 두 아들이 있는데, 한 아들은 아버지는 반듯한데 어머니가 반듯하지 못하며, 한 아들은 아버지는 반듯하지 못한데 어머니가 반듯하오.

어머니는 반듯한데 아버지가 반듯하지 못한 그 아들은 익히지 않은 일이 없고 경전과 방술을 널리 알며, 아버지는 반듯한데 어머니가 반듯하지 못한 둘째 아들은 널리 배우지는 못하였으나 열 가지 착함을 잘 지킨다면, 그 부모는 어느 아들을 공경히 대해야 하겠소?

어머니는 깨끗한데 아버지는 깨끗하지 못한 이를 공경히 대하겠소, 또는 아버지는 깨끗한데 어머니가 깨끗하지 못한 이를 공경히 대하겠소?"

브라마나는 대답했다.

"반드시 어머니가 깨끗한 아들을 공경히 대할 것입니다. 왜냐하면 그는 경서와 온갖 기술을 널리 알기 때문입니다. 아버지는 깨끗한데 어머니는 깨끗하지 못한 둘째 아들은, 비록 계율은 지니지만 지혜가 없으니 어디에 이르겠습니까? 들음이 있으면 계가 있게 됩니다."

붇다께서 브라마나에게 말씀하셨다.

"그대는 먼저는 아버지가 깨끗한 것을 찬탄하고 어머니가 깨끗한 것은 찬탄하지 않더니, 지금은 어머니가 깨끗한 것을 찬탄하고 아버지가 깨끗한 것은 찬탄하지 않는구려.

또 먼저는 들음의 덕을 찬탄했다가 뒤에 계율의 덕을 찬탄하더니, 다시 계율을 찬탄해 말하다가 뒤에서야 들음을 말하는구려.

어떻소, 브라마나여. 만약 그 브라마나의 두 아들 가운데 한 아들은 널리 배우고 들음이 많은데 열 가지 착함까지 겸해 지녔고, 그 둘째 아들은 지혜는 있지만 열 가지 악을 겸해 행한다면 그 부모는 어느 아들을 공경히 대하겠소?"

브라마나는 대답했다.

"반드시 아버지가 깨끗하고 어머니가 깨끗하지 못한 아들을 공경히 대할 것입니다. 왜냐하면 그는 여러 경전을 널리 보고 온갖 기술에 밝으며 아버지의 깨끗함으로 말미암아 그런 아들이 태어났기 때문이며, 또 열 가지 착함을 겸해 행해 범하는 일이 없고 여러 덕의 근본을 빠짐없이 갖추었기 때문입니다."

붇다께서는 말씀하셨다.

"그대는 본래 그 족성을 말했고, 다음에는 들음을 말하면서 족성을 말하지 않았고, 다음에는 다시 계율을 말하면서 들음을 말하지 않았고, 뒤에는 다시 들음을 말하면서 계율을 말하지 않았소.

그대가 지금 그 부모와 들음과 계율을 찬탄하는 것이 어찌 앞의 말과 어긋나지 않소?"

브라마나는 말씀드렸다.

"사문 고타마께서는 비록 이렇게 말씀하시지만 브라마나들은 스스로 이렇게 말합니다.

'우리 족성이 가장 뛰어나니 우리보다 나은 자는 없다.'"

네 족성과 신분의 차별도 그 자체가 끝내 공함을 보이심

붇다께서는 말씀하셨다.

"혼인을 하는 곳에서는 족성을 논하겠지만 나의 법 안에서는 족성과 같은 이런 뜻은 없소. 그대는 언제 먼 치우친 나라나 먼 곳의 나라 다른 변방 사람들에 대해 들어본 적이 있소?"

브라마나는 말씀드렸다.

"예, 그런 사람들이 있다는 말을 들었습니다."

붇다께서는 말씀하셨다.

"그 땅 사람들에게는 두 가지 족성이 있소. 어떤 것이 두 가지냐 하면, 첫째는 평민이요, 둘째는 노예요. 그러나 이 두 가지 족성도 다시 일정하지 않소."

브라마나는 말씀드렸다.

"어떻게 일정하지 않습니까?"

붇다께서는 말씀하셨다.

"먼저는 평민이었다가 뒤에 노예가 되고, 또는 먼저는 노예였다가 뒤에 평민이 되기도 하오. 그러나 중생이란 다 같은 무리로서 다름이 없소.

다시 브라마나여, 하늘땅이 모두 무너져 이 세간이 비게 될 때에는 산과 강과 석벽과 풀과 나무들은 모두 불타 없어지고 사람 또한 다 목숨이 마치게 되오.

만약 하늘땅이 다시 이루어지려 할 때에는 하루·한 달·한 해·몇 해 등의 한정이 없소.

그때 '빛과 소리의 하늘'[光音天]이 이 세간에 오게 되오.

이때 그 빛과 소리의 하늘은 복덕이 차츰 다해 다시 밝은 빛이 없어지면 더욱더 서로를 바라보다가 곧 탐욕의 생각을 일으키오.

그래서 애욕이 치우치게 많은 이는 곧 여자가 되고 애욕의 뜻이 적은 이는 남자가 되어 서로 더욱 어울려 합해 곧 아이를 배게 되오.

이 인연으로 말미암아 최초로 사람이 있게 되고, 더욱 네 종류의 족성을 내 온 세상에 퍼지게 되오. 이런 방편으로 보면 사람은 모두 크샤트리아 종족에서 나왔다는 사실을 알 수 있소.'

케니야 브라마나가 여래의 설법을 듣고 귀의하여 우파사카가 되어 여래를 집으로 초청함

그때 브라마나는 말씀드렸다.

"그만하십시오, 고타마시여. 마치 꼽추가 등을 펴고 장님이 눈을 얻으며, 어두움 속에 있는 이가 밝음을 얻듯이, 사문 고타마께서 또한 이와 같이 셀 수 없는 방편으로 저를 위해 설법하셨습니다.

저는 이제 스스로 사문 고타마께 귀의합니다. 저를 위해 설법하시사 제가 우파사카 되는 것을 들어주시길 바랍니다."

그때 브라마나는 다시 붇다께 말씀드렸다.

"여래께서는 저의 초청을 받아주시어 비구들을 이끌고 저희 집으로 오시길 바랍니다."

붇다께서는 잠자코 청을 받아주셨다.

이때 브라마나는 붇다께서 잠자코 청을 받아주심을 보고 곧 자리에서 일어나 머리를 발에 대 절하고 이내 물러갔다.

그는 집에 돌아가 먹을거리를 갖추어 마련하고, 여러 앉을 자리를 펴고 향기로운 물을 땅에 뿌리고는 혼자 중얼거렸다.

"여래께서 여기에 앉으실 것이다."

그때 셸라 브라마나가 오백 제자를 데리고 케니야 브라마나 집으로 갔다가, 그 집에서 좋은 앉을 자리를 펴는 것을 멀리서 보고 케니야에게 물었다.

"그대는 지금 무슨 혼사를 치르려고 하오? 아니면 마가다 국의 빔비사라 왕을 초청하려는 것이오?"

케니야 브라마나는 대답하였다.

"나는 빔비사라 왕을 초청하지도 않았고 또 혼사도 없소. 나는 지금 크게 복된 업[大福業]을 지으려는 것이오."

셸라 브라마나는 물었다.

"어떤 복된 업을 지으려는지 그 생각을 듣고 싶소."

그때 케니야 브라마나는 오른쪽 어깨를 드러내고는 길게 꿇어앉아 두 손을 맞잡고 붇다께 자기 족성의 이름을 말씀드렸다. 그리고 이어 말하였다.

"셸라여, 아셔야 하오. 사카족의 아들로 집을 나와 도를 배운 이가 위없고 지극히 참됨, 바른 깨달음을 이루셨소. 나는 이제 그 붇다와 비구스님들을 초청하였소. 그래서 갖가지 앉을 자리를 갖추어 마련한 것이오."

그때 셸라 브라마나가 케니야 브라마나에게 말했다.

"그대가 지금 '붇다'라고 말했소?"

케니야 브라마나가 대답했다.

"나는 지금 '붇다'라고 말하였소."

또 물었다.

"매우 기이하고, 매우 놀라운 일이오. 지금 '붇다'라는 소리를 듣게 되다니. 여래가 마침내 계시는 것이오[竟爲所在]? 내 그분을 뵙고 싶소."

케니야는 대답하였다.

"지금 라자그리하 성 밖에 있는 대나무동산 가운데 머무시며 오백 제자들을 거느리고 즐거이 지내고 계신다오. 찾아가 뵙고 싶다면 바로 지금 이때요."

셀라 브라마나가 베다에 예언된 여래의 출현에
기쁜 마음을 냈으나, 두 모습을 보지 못해 의심을 일으킴

이때 셀라 브라마나는 곧 오백 제자들을 데리고 붇다 계신 곳으로 찾아가 서로 문안하고 한쪽에 앉았다.

그때 셀라 브라마나는 이렇게 생각하였다.

"사문 고타마는 단정하시고 그 몸은 황금빛이시구나. 우리 경전에 이런 말이 있다.

'여래가 세상에 나오시는 것은 참으로 만나기 어렵다. 그것은 우트팔라 꽃이 때가 되어야 피는 것과 같다. 만약 서른두 가지 모습 [三十二相]과 여든 가지 좋은 모습[八十種好]을 성취하였다면 그는 반드시 두 길로 나아갈 것이다.

곧 집에 있으면 전륜왕(轉輪王)이 되어 일곱 보배를 갖출 것이요, 만약 집을 나와 도를 배운다면 반드시 위없는 도를 이루어 삼계(三界)의 세존이 되실 것이다.'

나는 이제 붇다의 서른두 가지 모습을 살펴보아야겠다."

그때 그 브라마나는 서른 가지 모습[三十相]만 볼 수 있었고 두 가지 모습[二相]은 보지 못하였다. 그래서 여우 같은 의심과 망설임을 일으켰으니, 그것은 '넓고 긴 혀'[廣長舌]와 '말처럼 감춘 것'[陰馬

藏]을 보지 못했기 때문이다.

그때 셀라 브라마나는 곧 다음 게송을 읊었다.

여래께선 서른둘 큰 사람의 모습
갖추시고 계신다 나는 들었는데
지금 두 모습을 볼 수 없으니
도대체 두 모습은 어디 있는가.

맑고도 깨끗한 여래의 음마장
그 모습은 비유하기 어려우리라.
자못 넓고도 긴 혀가 있으사
귀를 핥으며 얼굴을 덮을까.

바라오니 넓고 긴 그 혀를 내어
나로 하여금 의심이 없게 하시고
또 내가 그 음마장 보도록 하사
의심의 그물 길이 없애주소서.

**세존께서 감추어진 두 모습을 보이시니,
셀라 브라마나가 세존의 해탈의 법 배우기를 청함**

그때에 붇다께서는 곧 혀를 내어 좌우로 귀를 핥고 도로 움츠려들이셨다. 그때 다시 붇다께선 곧 사마디에 드시어 그 브라마나로 하여금 '말처럼 숨은 것'을 보게 하셨다.

때에 브라마나는 붇다의 서른두 가지 거룩한 모습과 여든 가지 특별히 좋은 모습을 보고 기뻐 뛰면서 스스로 이기지 못했다.

이때에 셀라 브라마나는 붇다께 말씀드렸다.

"저는 지금 브라마나요, 사문은 크샤트리아 종족입니다. 그러나 사문이나 브라마나는 다 '하나의 도'[一道]를 같이하고 '하나의 해탈'[一解脫]을 구합니다. 사문께서는 우리들이 하나의 도에 같이할 수 있도록 들어주시길 바랍니다."

붇다께서는 브라마나에게 말씀하셨다.

"그대에게는 이런 견해가 있소?"

브라마나는 말씀드렸다.

"제게는 이런 견해가 있습니다."

붇다께서는 말씀하셨다.

"그대는 뜻을 일으켜 하나의 해탈을 향하시오. 그것은 곧 바른 견해요."

브라마나는 붇다께 말씀드렸다.

"바른 견해가 곧 하나의 해탈이라면, 다시 다른 해탈이 있습니까?"

붇다께서는 말씀하셨다.

"브라마나여, 다시 해탈이 있어 니르바나 세계[涅槃界, nirvāṇa-dhātu]를 얻소. 그 일에는 여덟 가지가 있으니, 곧 바른 견해·바른 말·바른 생각·바른 생활·바른 선정·바른 뜻·바른 행위·바른 정진이오.

브라마나여, 이것이 곧 '여덟 가지 도로 니르바나에 이를 수 있다'고 함이오."

브라마나는 붇다께 말씀드렸다.

"중생으로서 이 여덟 가지 도를 아는 이가 있습니까?"

붇다께서는 말씀하셨다.

"한 백천 분만이 아니오. 브라마나여, 알아야 하오. 셀 수 없는 백천 중생이 이 여덟 가지 도를 아오."

브라마나가 붇다께 말씀드렸다.

"중생으로서 이 여덟 가지 도를 알지 못하는 이가 있습니까."

붇다께서는 말씀하셨다.

"중생으로서 알지 못하는 이는 한 사람만이 아니오."

브라마나는 붇다께 말씀드렸다.

"중생으로서 이 법을 얻지 못하는 이가 있습니까."

붇다께서는 말씀하셨다.

"이 도를 얻지 못하는 중생으로는 열한 가지 사람이 있소. 어떤 것이 열한 가지냐 하면, 다음과 같소.

곧 간사하고 거짓되며, 나쁜 말하고, 말려 말하기 어려우며, 잘 갚을 줄 모르고, 미워하기 좋아하며, 부모를 해치고, 아라한을 죽이며, 착한 뿌리와 착한 일을 끊고, 도리어 악으로 갚으며, '나'가 있다고 헤아리며, 나쁜 생각을 일으켜 여래를 대하는 사람이오.

브라마나여, 이것을 '열한 가지 사람은 이 여덟 가지 도를 얻지 못한다'고 하는 것이오."

세존께서 여덟 가지 바른 길을 설해주시자, 법의 눈이 깨끗해진 셀라와 그 오백 제자가 출가하여 비구가 됨

이 여덟 가지 도를 말해줄 때에 그 브라마나는 온갖 티끌과 때가 다하고 법의 눈이 깨끗하게 되었다.

그때에 셸라 브라마나는 오백 제자들에게 말하였다.

"너희들은 각기 좋아하는 것을 스스로 외우고 익히라. 나는 여래 계신 곳에서 잘 범행을 닦으려 한다."

그 제자들은 말씀드렸다.

"저희들도 집을 나와 도를 배우고자 합니다."

그때에 브라마나와 그 오백 제자들은 모두 길게 꿇어 앉아 붇다께 말씀드렸다.

"붇다께서는 저희들이 집을 나와 도를 배우는 것을 들어주시길 바랍니다."

붇다께서는 여러 브라마나들에게 말씀하셨다

"잘 왔구나, 비구들이여. 여래 계신 곳에서 잘 범행을 닦으면 차츰 괴로움의 근원을 다할 것이다."

붇다께서 이렇게 말씀하실 때 오백 브라마나들은 곧 사문이 되었다.

그때에 붇다께서는 차츰 오백 비구들에게 미묘한 논을 말씀하셨다. 곧 말씀해주신 것은, 보시와 계율에 관한 말씀과 하늘에 나도록 하는 말씀, 탐욕을 깨끗하지 않다 생각하도록 함과, 그것을 벗어나는 것이 즐거움이라는 말씀이었다.

그리고 여러 붇다 세존이 늘 말씀하시는 법 그대로, 곧 괴로움과 괴로움의 익히어 모아냄과 괴로움의 사라짐과 괴로움을 없애는 길을 말씀하셨다.

그때 붇다께서 여러 사람들을 위해 설법하시니, 그 오백 사람들은 모든 흐름이 길이 다하고, '높은 사람의 법'[上人之法]을 얻었다.

그때에 케니야 브라마나는 말씀드렸다.

"때가 되었습니다. 뜻을 낮추어 와주시길 바랍니다."

그때 붇다께서는 셀라 등 오백 비구들에게 말씀하셨다.

"그대들도 모두 가사를 입고 발우를 지녀라."

붇다께서는 일천 비구들에게 둘러싸이어 성안의 브라마나 집에 가 자리에 앉으셨다. 그때에 케니야 브라마나는 오백 브라마나가 모두 사문이 된 것을 보고 그들에게 말하였다.

"참 잘하신 일이오, 여러분. 도에 나아가는 요점은 세존의 가르침에 지날 것이 없소."

때에 셀라 비구는 케니야를 위하여 다음 게송을 읊었다.

　　이밖에는 다시 어떤 법이 있어서
　　이 법의 요점보다 빼어남 없어라.
　　이와 같이 그 모습 서로 견주어
　　이보다 나은 좋은 것은 없어라.

케니야 브라마나의 집에 함께했던 남녀노소
여러 대중과 뱃속에 든 아이까지 여래께 귀의함

그때에 케니야 브라마나는 붇다께 말씀드렸다.

"붇다께서는 조금 참으시고 때를 기다리시길 바랍니다. 바로 그리 하시면 다시 먹을거리를 마련하겠습니다."

붇다께서는 말씀하셨다

"이미 마련한 음식을 바로 내놓으시오. 모자랄 것은 걱정하지 마오."

케니야 브라마나는 한량없이 기뻐하면서 몸소 음식을 돌려 붇다와 비구스님들께 공양하였다.

붇다께서 밥을 다 드시고 발우를 거두시자, 케니야 브라마나는 몇 가지의 꽃으로 붇다와 비구스님들 위에 뿌렸다. 그리고 앞으로 나아가 붇다께 말씀드렸다.

"붇다시여, 지금 이 남녀노소들은 모두 우파사카가 되고자 하오니 들어주소서."

그때 어떤 브라마나 부인이 아이를 배고 있었다. 그 부인은 붇다께 말씀드렸다.

"저는 지금 아이를 배었습니다. 이 아이가 사내인지 여아인지는 모르겠습니다. 또한 다시 여래께 귀의하오니, 우파시카가 되도록 들어주시길 바랍니다."

세존께서 여러 대중의 보시 공양의 복과 귀의의 공덕을 찬탄하심

그때에 여래께서는 대중들에게 미묘한 법을 말씀해주시고, 그 자리 위에서 다음 게송을 읊으셨다.

아주 기쁘도다, 이 복의 갚음이여.
바라는 바 반드시 그 결과를 얻어
차츰차츰 안온한 곳에 이르러
길이 근심과 액난 걱정 없으리.

죽어서는 하늘위에 나게 되고
비록 그 어떤 마라의 하늘들도
또한 이 복을 지은 이로 하여금
다시 죄에 떨어지게 하지 못하리.

그들 또한 온갖 방편에 힘써
현성의 지혜를 구하게 되면
반드시 괴로움의 근본 다하고
여덟 가지 어려움 길이 떠나리.

붇다께서는 이 게송을 마치시고 곧 자리에서 일어나 떠나셨다.
　그때에 케니야 브라마나는 붇다의 말씀을 듣고 기뻐하며 받들어
행하였다.

　• 증일아함 49 목우품(牧牛品) 六

　• 해설 •

　브라마나 종족들은 브라마나는 브라흐마하늘이 낸 종족이라 태어나면서
고귀하고 신성하여 브라마나는 높고, 다른 족성과 계급은 낮다고 말한다.
　붇다는 '여래의 법에는 높고 낮음이 없다'[法無高下]고 가르치시며, 태
어남 그 자체로 스스로 높고 옳은 이름과 족성은 본래 없다고 가르친다.
　『금강경』은 가르친다.

　　수부티여, 나는 이 아누타라삼약삼보디에서 얻을 작은 법이라도 없는
　것[無有少法可得]을 아누타라삼약삼보디라 한다.
　　다시 수부티여, 이 법이 평등하여 높음과 낮음이 없는 것[是法平等無
　有高下]을 아누타라삼약삼보디라고 이름한다.

　사람의 고귀함과 신성함은 태어남으로 그런 것이 아니라 그 행위가 고결
하고 때 묻음 없을 때 그 사람이 고귀하고 청정한 것이다.
　브라마나 종족의 혈통도 인연법을 떠난 것이 아니니, 그 부모의 종족이

모두 브라마나일 때 그 자식이 브라마나 종족이 되는 것이고, 부모 가운데 한쪽이 다른 종족의 혈통일 때는 그 자식은 새로운 종족의 모습으로 달리 이어가는 것이다.

또 브라마나 계급이 사회의 지배계급이 된 것은 브라흐마 신을 모시는 사제(司祭)가 사회의 주도권을 가질 때 이루어진 것이고, 크샤트리아·바이샤가 힘을 가질 때에는 브라마나의 지배권은 약화되고 상실되는 것이다.

케니야 브라마나와 문답하시면서 붇다는 이 세계가 무너지는 겁[壞劫]에 사람은 사라져 하늘에 나고, 이 세계가 이루어질 때 '빛과 소리의 하늘'[光音天]이 이 세계에 내려와 사람이 된다고 하셨다.

이는 중생의 업의 씨앗[業因]과 세계의 조건[器世間]이 어울려 중생 세간이 있는 것이지, 그 어떤 초월신이 인간과 세계를 만든 것이 아님을 보인 것이다.

사람 가운데 브라마나가 먼저가 아니고 크샤트리아가 먼저라는 말은 세간의 계급적 질서가 소유와 분배의 권력을 중심으로 형성됨을 보이신 것이다.

케니야 브라마나가 세존께 귀의하고 그 사실을 셀라 브라마나에게 알리니, 셀라 브라마나는 베다(veda)에 예언된 여래의 출현에 놀라 여래의 신체적 징표인 서른두 가지 빼어난 모습을 살피려 한다.

몸속에 감추어져 있는 음마장(陰馬藏)과 길고 넓은 혀[廣長舌]를 보고 셀라 브라마나가 귀의하니, 그를 따르던 오백 브라마나가 함께 비구가 되었다.

브라마나 대중의 집단 출가는 붇다께서 보디의 도 이루신 바로 뒤 우루빌라 카샤파(Uruvilvā-kāśyapa) 삼형제와 그 제자 천 명의 귀의에 이어, 이 경에서 셀라 브라마나와 그 제자들의 귀의가 가장 큰 집단 출가이다.

세존께서는 브라마나의 신분을 버리고 붇다 상가의 사문이 된 셀라와 오백 제자 등 천 명의 비구를 거느리고, 붇다 상가의 우파사카가 된 케니야 브라마나의 공양청에 응해 그 집에 가신다.

브라마나로서 귀의한 케니야의 집에서 붇다와 비구상가가 여러 우파사카·우파시카의 공양을 받고 법을 설해주시니, 눈앞의 대중뿐 아니라 뱃속에 든 아이까지 여래께 귀의한다.

그렇다면 여래의 상가에 귀의한 상가대중의 그 숫자는 얼마나 되는가. 맨 처음 다섯 비구, 천 명의 비구대중, 이백오십 대중, 오백 비구니, 또 셀라의 오백 대중 등 이와 같이 눈앞의 대중[現前僧伽]의 숫자는 하나둘 셀 수 있으나 하나인 해탈의 도를 따르는 상가는 몇 명이겠는가.

'셀 수 없는 백천 중생이 여래의 도를 따른다'고 했으니, 그 수는 수로 셀 수 없되 수 아님도 아닌 그 어떤 수인가.

옛 조사가 '앞도 셋셋 뒤도 셋셋'[前三三後三三]이라고 했으니, 이는 몇 명을 말하는 것인가.

여래의 거룩한 상호의 모습도 취할 것이 있으면 허망함이 되고, 여래의 도를 따르는 상가의 수도 분별하면 걸림이 되니, 옛 선사[心聞賁]의 한 노래를 들어보자.

> 비치는 숲 비치는 해가 한 가지 붉은 빛이요
> 불어서 지고 불어서 피우는 것 모두다 바람일세.
> 애달프다, 향내 나는 꽃 뽑는 이 볼 수 없으니
> 한때에 그 꽃들을 노니는 벌떼에 맡겨주네.
>
> 映林映日一般紅　吹落吹開摠是風
> 可惜擷芳人不見　一時分付與游蜂

여래의 법에는 남녀의 차별이 없다

이와 같이 내가 들었다.

한때 붇다께서는 슈라바스티 국 제타 숲 '외로운 이 돕는 장자의 동산'에 계셨다.

때에 소마(Soma) 비구니는 슈라바스티 국왕의 동산 정사에서 비구니대중 가운데 있었다.

그는 이른 아침에 가사를 입고 발우를 가지고 슈라바스티 성에 들어가 밥을 빌고 공양한 뒤에 정사에 돌아와, 가사와 발우를 거두어 들고 발을 씻은 뒤에, 니시다나를 오른쪽 어깨에 메고 안다 숲 [Andha-vana]에 들어가 좌선하고 있었다.

때에 악한 마라 파피야스(Pāpīyas)는 이렇게 생각하였다.

'지금 사문 고타마는 슈라바스티 국 제타 숲 외로운 이 돕는 장자의 동산에 있다.

그리고 소마 비구니가 슈라바스티 국왕의 동산 정사 비구니대중 가운데 있으면서, 이른 아침에 가사를 입고 발우를 가지고 슈라바스티 성에 들어가 밥을 빌고 공양한 뒤에 정사에 돌아와, 가사와 발우를 거두어 들고 발을 씻은 뒤에, 니시다나를 오른쪽 어깨에 메고 안다숲에 들어가 좌선하고 있다.

내가 지금 가서 어려움을 끼쳐주겠다.'

곧 얼굴이 단정한 젊은이로 변화해 소마 비구니 있는 곳에 가서 물었다.

"아리야(Āryā)여, 어디로 가려 하오."

비구니는 대답하였다.

"어진 이여, 멀리 떠난 곳으로 가려고 하오."

때에 악한 마라 파피야스는 곧 게송으로 말하였다.

선인들이 머무는 멀리 떠난 곳

이곳은 매우 얻기 어려웁나니

여인의 두 손가락의 지혜로는

그곳에 이르러 갈 수 없도다.

마라의 어지럽힘에 맞서 남녀의 차별이 곧
마라의 세계임을 말해 마라를 물리침

때에 소마 비구니는 생각했다.

'이것은 무엇이길래 나를 두렵게 하려는가. 사람인가, 사람이 아닌가, 간교한 사람인가.'

이렇게 사유하고서는 분명한 지혜가 생겨, '이것은 악한 마라가 와서 어지럽히려는 것이다'라고 알고 곧 게송으로 말하였다.

마음이 사마디에 들어갔는데

여인의 몸이라 다시 어찌 할 건가.

바른 지혜가 만약 생기고 나면

위없는 법을 바로 얻게 되도다.

만약 남자니 여자니 하는 생각
마음에서 한번에 떠나지 못하면
그는 곧 마라의 말 따르는 것이니
너는 거기 가서나 말해야 하리.

온갖 괴로움을 모두 멀리 여의고
온갖 캄캄한 어두움을 모두 버려서
사라져 다함을 증득할 수 있으면
모든 흐름 다함에 편히 머물리.
네가 마라인 줄 깨달아 알았으니
곧 스스로 사라져 떠나가거라.

때에 악한 마라 파피야스는 이렇게 생각했다.
'소마 비구니는 이미 내 마음을 알았구나!'
그러고는 안으로 근심하고 뉘우치면서 이내 사라져 나타나지 않았다.

• 잡아함 1199 소마경(蘇摩經)

• 해설 •

온갖 중생이 이미 니르바나의 땅에 있는 중생이고 본래 진리인 중생[理卽位]이니, 여인의 몸이라고 해탈하지 못한다고 하면 이는 마라의 일[魔事]을 짓는 것이고 마라의 말[魔言]을 하는 것이다. 연기이므로 있되 공한 진실에서 보면 여인의 몸[女人身]에 여인의 모습[女相]을 얻을 수 없고, 남자의 몸[男子身]에 남자의 모습[男相]을 얻을 수 없다.

모습에서 모습 떠나야[於相離相] 비로소 지혜의 흐름에 들어가는 것인데 여인의 몸에서 여인의 몸이라는 분별을 일으키고 모습 취함을 일으키면 지혜의 흐름을 등지는 일이다. 그런 분별에 떨어지는 자, 그는 마라의 권속이 되어 해탈법계를 등지는 자가 될 것이다.

한순간이라도 남녀의 분별이 있는 이라면, 『비말라키르티수트라』에서 하늘여인과 사리푸트라 존자가 문답하는 가운데 다음 말의 뜻을 깊이 사유해야 할 것이다.

경에서 하늘여인과 사리푸트라 존자는 이렇게 문답한다.

하늘여인이 신통으로 사리푸트라를 여인의 몸으로 바꾸고 스스로를 사리푸트라가 되게 하고서 말했다.

"만약 이 여인의 몸을 돌이킬 수 있으면 온갖 여인 또한 반드시 그 몸을 바꾸어 돌이킬 수 있어야 합니다. 사리푸트라께서 여인이 아니지만 여인의 몸을 나타내듯, 온갖 여인 또한 다시 이와 같아서 비록 여인의 몸을 나타냈지만 여인이 아닙니다.

그러므로 붇다께서는 온갖 모든 법이 남자도 아니고 여자도 아니라고 말씀하셨습니다."

곧바로 하늘여인이 신통의 힘을 거두자 사리푸트라의 몸도 다시 예전과 같이 되었다.

하늘여인이 사리푸트라에게 물었다.

"여인의 몸이 지금 어디 있습니까."

사리푸트라가 말했다.

"여인의 몸의 빛깔과 모습[女人身色相]이 있음도 없고 있지 않음도 없습니다[無在無不在]."

하늘여인이 말했다.

"온갖 모든 법 또한 이와 같아서 있음도 없고 있지 않음도 없습니다. 온갖 모습이 있음도 없고 있지 않음도 없다고 함 이것이 붇다의 말씀입니다."

몸에서 몸 있음을 취하지도 않고 몸 없음에서 몸 없음도 취하지 않아야 저 여인의 몸과 남자의 몸에 있음도 없고 있지 않음도 없음을 알 수 있을 것인가. 옛 사람의 다음 글귀를 살펴보자.

작약꽃이 피니 보디사트바의 얼굴이요
종려잎이 흩어지니 야크샤의 머리로다.

芍藥花開菩薩顏 棕櫚葉散夜叉頭

천동선사(天童禪師) 또한 이렇게 말한다.

쉰 머리칼 반쯤 하얀데
웃는 얼굴은 불그스레하네.
들물의 가을엔 모습 없는데
덤풀 숲 봄엔 공이 있도다.
꽃이 욱어지니 꿈나비 어지럽고
하늘이 머니 나는 기러기 없네.
몸을 나눔 몇 번인가 물어보니
남과 북 서와 동에 서로 따른다 하네.

衰髮半白 笑面微紅
野水秋無像 叢林春有功
華繁紛夢蝶 天遠沒飛鴻
借問分身幾許 相隨南北西東

제3장

화합의 공동체

세존께서 찬탄하시며 말씀하셨다.
"아니룻다여, 이와 같이 너희들은 언제나
서로 화합하고 안온하여 다툼이 없이, 마음을 하나로 하고
스승을 하나로 하며, 물과 젖처럼 하나로 합하였구나.
그러면 사람보다 높은 법을 얻어 더욱더 조복하여
안락하게 지내는 것인가?"
존자 아니룻다가 말씀드렸다.
"세존이시여, 이와 같이 저희들은 늘 서로 화합하고
안온하여 다툼이 없이, 마음을 하나로 하고
스승을 하나로 하며, 물과 젖처럼 하나로 화합하여,
사람보다 높은 법을 얻어 더욱더 조복하여 안락하게 지냅니다."

• 이끄는 글 •

붇다의 상가는 계급과 족성, 신분의 차별을 넘어선 평등의 공동체이며, 모든 구성원이 민주적 논의와 절차, 전원 참석의 결의와 통보에 의해 의사를 결정하는 화합의 공동체였다.

그래서 산스크리트어로 상가(saṃgha)를 뜻으로 옮길 때 대중[衆]으로 옮기기도 하고, 화합하는 대중의 뜻으로 화합중(和合衆)이라고도 한다.

상가는 법과 율에 의해 하나의 공동체를 이루며, 법과 율에 의해 살아가기 때문에 무리 가운데 존귀하고[衆中尊] 세간의 복밭[福田]이 되는 상가가 귀의의 대상이 되는 것이다.

그러므로 상가 구성원으로서 가장 큰 죄라 할 수 있는 다섯 가지 거스르는 죄[五逆罪] 가운데 상가의 화합을 깨뜨리는 죄가 포함되니, 상가의 화합을 깨뜨리는 것이 세간의 복밭을 허물고 삼보를 무너뜨리기 때문이다.

다섯 가지 거스르는 죄는 아버지를 죽임[殺父], 어머니를 죽임[殺母], 아라한을 죽임[殺阿羅漢], 붇다의 몸에 피를 냄[傷佛身體], 화합하는 상가를 깨뜨림[破和合僧]이다.

이 다섯 죄는 '잠깐 틈도 없이 고통받는 지옥'[無間地獄]에 떨어지므로 다섯 무간업[五無間業, pañcānantorīyāṇe-karma]이라 한다.

상가의 화합 깨뜨림을 무간지옥에 떨어지는 업으로 규정함은 바로 상가가 화합을 생명으로 하며 그 화합을 깨뜨림이 붇다의 진리생명을 역사 속에 단절하는 무거운 죄가 됨을 말해주는 것이다.

화합의 구체적인 방식은 민주적인 논의와 전원 참석의 대중집회를 통해서 상가의 온갖 카르마[作事, 行事]를 행함이다.

화합하는 상가의 카르마는 출가사문의 입단의식[說戒受具], 우파바사타[布薩]와 자자(自恣) 등 대중집회의 통보와 집행, 대중 사이의 다툼의 판결 등에 적용된다.

카르마를 통해서만 공식적으로 다툼이 해결될 수 있으며, 죄 지은 비구에게 벌을 내릴 수 있고, 죄 지은 비구와 상가대중이 죄에서 벗어날 수 있다[出罪].

화합하는 대중의 카르마 없는 상가는 존립할 수 없으니, 카르마의 법과 율이 살아 있으면 주지삼보(住持三寶)와 현전상가는 길이 이 세간에 복밭으로 전승되는 것이다.

그러나 상가의 화합은 단순히 법과 율의 준수와 대중 카르마에 의해서만 이루어지지 않고, 여래의 법을 통해 나와 대중이 함께 해탈의 땅에 나아가게 하려는 마음의 다짐이 그 밑바탕이 되어야 한다.

일체유부종(一切有部宗)의 비나야(vinaya)에서는 여섯 가지 법[六法]으로 다른 대중을 기쁘게 함이 상가 화합의 바탕이 됨을 말하고 있으니, 다음과 같다.

① 몸의 업으로 사랑을 행함[身業行慈] 여러 현성이나 같이 범행을 닦아가는 사람 있는 곳에, 자비와 어진 마음을 일으켜 예경하고 향을 사르고 꽃을 뿌려 갖가지로 공양함이다.

만약 그가 병으로 괴로워함을 보면 때때로 약과 먹을거리를 공양하여 기쁘게 해주면 이것을 몸의 업으로 사랑을 행함이라 한다.

② 말의 업으로 사랑을 행함[語業行慈] 여러 현성이나 같이 범행을 닦아가는 사람 있는 곳에, 자비와 어진 마음을 일으켜 말로 찬탄해 그 진실한 덕을 드러내주고 다른 이로서 듣지 못한 자에게

듣도록 해주는 것이다.

또 경전을 읽고 외어 밤낮으로 부지런히 힘써 다른 이를 기쁘게 해주면 이것을 말의 업으로 사랑을 행함이라 한다.

③ 뜻의 업으로 사랑을 행함[意業行慈] 여러 현성이나 같이 범행을 닦아가는 사람 있는 곳에 자비와 어진 마음을 일으켜 미워해 해치거나 싫어하는 생각을 일으키지 않고 모든 중생에게 가엾이 여기는 마음을 일으킴이다.

또 그들을 이익되게 할 마음을 일으켜 다른 이를 기쁘게 해주면 이것을 뜻의 업으로 사랑을 행함이라 한다.

④ 법답게 이로움을 줌[如法利養] 생활을 돕는 물건이나 나아가 적은 먹을거리를 얻어도 같이 범행을 닦는 사람에 대해 저니 나니 하는 뜻이 없이 다같이 받아 쓰게 해서 다른 이를 기쁘게 하면 이 것을 법답게 이로움을 줌이라 한다.

⑤ 계법을 받아 지님[受持戒法] 받아 지닌 계법을 처음부터 끝까지 굳게 지켜 허물거나 범하지 않고 같이 범행을 닦는 사람에 대해 가볍게 여기고 못나게 보는 생각을 내지 않고 다른 이를 기쁘게 하면 이것을 계법을 받아지님이라 한다.

⑥ 바른 견해를 낼 수 있음[能生正見] 온갖 도법에 대해 바른 견해를 내 의혹이 없고 같이 범행을 닦는 사람들과 더불어 이 견해를 같이해 다른 이를 기쁘게 하면 이것을 바른 견해를 낼 수 있음이라 한다.

위의 비나야에서 가르치고 있는 것처럼 수행공동체 안에서 서로 화합하고 공경함은 역사공동체의 다함없는 관계 속에서 사람과 사

람 사이의 공경과 뭇 생명에 대한 자비로 전개되어야 하는 것이니,
『화엄경』(「입법계품」)은 말한다.

> 보디사트바는 중생 이롭게 하기 위해
> 바른 생각으로 선지식 몸소 받들어
> 붇다처럼 공경해 게으른 마음 없으니
> 이같이 공경하는 행 이 세간에서
> 인드라하늘 겹치는 그물의 행이네.

> 菩薩爲利諸群生　正念親承善知識
> 敬之如佛心無怠　此行於世帝網行

> 크나큰 자비와 방편의 힘으로
> 널리 세간 두루하게 몸을 나타내
> 중생의 앎과 하고자 함 따라 설법해
> 중생을 보디의 도에 향하게 하네.

> 以大慈悲方便力　普遍世間而現身
> 隨其解欲爲說法　皆令趣向菩提道

1 다툼 없이 함께 어울려 수행하라

• 이끄는 글 •

출가상가는 서로 화합하고 스스로 해탈의 길을 걸어가며 뭇 삶들을 해탈의 길에 이끌어들이며 세간의 복밭이 되어야 한다.

바른 법으로 스스로를 이익되게 하고 세간을 이익되게 하고 안락케 하는 바탕은 대중끼리 화합하면서 상가를 진리의 공동체로 이어 감이다.

상가의 화합은 진리의 화합[理和]과 사법의 화합[事和] 두 가지 화합으로 이루어진다.

진리의 화합은 상가대중이 함께 번뇌와 집착을 끊어 니르바나의 도를 증득함으로써 화합함이다. 여래의 법을 믿어 여래가 깨친 법계 진여의 바다에 함께 들어가는 것이 화합의 뿌리가 되므로 그를 진리의 화합이라 한다.

사법의 화합은 상가대중이 여섯 가지 일[六事]로 화합함이다.

사법의 화합은 구체적인 실천의 방편을 통해 화합함이니, 여섯 가지로 화합하고 공경함[六和敬]과 그 뜻을 같이한다.

여섯 가지 화합은 곧 상가대중이 같은 계법으로 화합해 닦음을 같이하며[戒和同修], 바른 견해로 화합해 세계관에 대한 이해를 같이하며[見和同解], 몸으로 화합해 수행처소에 머묾을 같이함이다[身和同住].

또 같은 이익으로 화합해 균등함을 같이하고[利和同均], 입으로 화합해 다툼이 없으며[口和無諍], 뜻으로 화합해 기쁨을 같이함[意和同悅]이다.

이처럼 상가의 화합은 몸과 입과 뜻의 업으로 대중이 서로를 이끌고 북돋우며 법다운 이익[如法利]으로 서로를 윤택케 하고 견해와 기본적인 생활윤리를 같이함으로써 이루어진다.

구체적인 생활현장과 대중의 모임 속에서 화합[事和]은 진리의 화합[理和]이 토대가 되고 진리의 화합은 중생과 세계의 평등을 보는 지혜가 뿌리가 되니, 『화엄경』(「보살문명품」菩薩問明品)은 이렇게 가르친다.

> 붇다의 세계에는 분별이 없어
> 미워함과 사랑함이 없네.
> 다만 중생의 마음을 따라서
> 이와 같이 다름이 있음을 보네.
> 佛刹無分別　無憎無有愛
> 但隨衆生心　如是見有殊

비구들이여, 이 법에 다투는 마음으로
이기고 짐을 겨루지 말라

이와 같이 들었다.

한때 붓다께서는 슈라바스티 국 제타 숲 '외로운 이 돕는 장자의 동산'에 계셨다.

그때 목갈라야나의 제자와 아난다의 제자 두 사람이 같이 말했다.

"우리 두 사람이 소리를 같이해서 경을 외워보자, 누가 나은가?"

이때 많은 비구들은 이 두 사람이 각기 같이 논의하는 것을 들었다. 들고서는 곧 세존 계신 곳에 가서 머리를 대 발에 절하고 한쪽에 앉았다. 그때 많은 비구들이 세존께 말씀드렸다.

"지금 저 두 사람이 이렇게 같이 논의하고 있습니다.

'우리 두 사람이 소리를 같이해서 경을 외워보자, 누가 잘하는가?'"

그때 세존께서 한 비구에게 말씀하셨다.

"너는 가서 그 두 비구를 불러오너라."

"그렇게 하겠습니다, 세존이시여."

그 비구는 붓다의 분부를 받고 곧 그 두 사람이 있는 곳으로 가서 그 두 사람에게 말하였다.

"세존께서 그대들을 부르시오."

법을 따라 행하지 않고 이기고 지는 마음으로
다투는 비구를 크게 꾸중하심

이때 두 사람은 비구의 말을 듣고 곧 세존 계신 곳에 와 머리를 대 발에 절하고 한쪽에 섰다.

그때 세존께서 두 사람에게 말씀하셨다.

"너희들 어리석은 사람들은 실로 이런 말을 했느냐.

'우리들 두 사람이 소리를 같이해서 경을 외워보자, 누가 잘하는 가?'"

두 사람이 대답하였다.

"그렇습니다, 세존이시여."

세존께서 말씀하셨다.

"너희들은 내가 이 법을 같이 서로 다투라고 말하는 것을 들어보았느냐? 이와 같은 법이라면 브라마나들과 무엇이 다르겠느냐?"

여러 비구들이 대답하였다.

"여래께서 이런 법을 말씀하시는 것을 듣지 못하였습니다."

세존께서 말씀하셨다.

"나는 처음부터 여러 비구들에게 이런 법을 말하지 않았는데, 이기고 짐을 다투어서야 되겠느냐? 내가 오늘 설하는 법은 항복받음이 있고 교화하는 바가 있게 하려는 것이다.

만약 어떤 비구가 내 법을 받을 때에는 마음에 새겨 네 가지 인연법(因緣法)을 사유해야 한다.

'뜻이 수트라(sūtra, 契經)와 아비다르마(abhidharma, 論)와 비나야(vinaya, 律)에 서로 같이 맞는가?'

만약 같이 서로 맞으면 받들어 행할 것[奉行]을 생각해야 한다."

다툼을 쉬고 법을 따라 행하도록 노래로 깨우치심

그때 세존께서 곧 이 게송을 설하셨다.

많이 외운들 이익되는 일 없으니
이것은 좋은 법이 되지 못하네.
마치 소 머릿수 셈과 같으니
이는 사문의 요긴한 일이 아니네.

만약 얼마 안 되는 경 외워 익혀도
법에 의해 그 법을 따라 행하면
이 법이 아주 빼어나 높은 것이니
사문의 법이라고 말할 수 있네.

비록 천 문장을 다 외운다 해도
바른 뜻 아니면 무슨 이익 있으리.
그것은 한 구절이라도 들어서
바른 도를 얻음만 같지 못하네.

비록 천 마디 말을 외운다 해도
바른 뜻이 아니면 무슨 이익 있으리.
그것은 한 뜻이라도 들어서
바른 도를 얻음만 같지 못하네.

만약 천의 천 되는 적이 있어서

한 사람이 그 많은 적 이긴다 해도
스스로를 이김만 같지 못하니
스스로 잘 참는 것 가장 높도다.

"그러므로 여러 비구들이여, 지금부터 뒤로는 다시 다투어 이기고 지는 마음을 두지 말라. 그런 마음이 있으면 온갖 사람을 다 항복받으려 하기 때문이다. 만약 비구가 이기고 지는 마음과 다투는 마음이 있어서 서로 다투면 곧 법과 율로써 그를 다스릴 것이다.

비구들이여, 이런 까닭에 스스로를 닦아 행해야 한다."

여래의 깨우치심을 듣고 두 비구가 잘 받아 행함

그때 그 두 비구는 붇다의 이 말씀을 듣고 곧 자리에서 일어나 세존의 발에 절하고 허물 뉘우침을 구했다.

"지금부터 뒤로는 다시 그런 짓을 하지 않겠습니다. 세존께서는 이 허물 뉘우침 받아주시길 바랍니다."

세존께서 말씀하셨다.

"이 큰 법 가운데서 시원스럽게 허물을 고쳤다. 서로 다투어 겨루는 마음이 있는 줄을 스스로 알았구나. 너희들의 허물 뉘우침을 들어주겠다.

여러 비구들이여, 다시는 그렇게 하지 말라. 이와 같이 여러 비구들이여, 반드시 이렇게 배워야 한다."

그때 여러 비구들은 붇다의 말씀을 듣고 기뻐하며 받들어 행하였다.

• 증일아함 31 증상품(增上品) 十一

• 해설 •

여래의 법은 그 가르침을 잘 받아지녀 스스로 번뇌의 도적을 죽이고[殺賊] 악을 깨뜨리며[破惡] 몸을 낮추어 밥을 빌고[乞食] 세간에 법을 전해[傳法] 세간의 복밭[福田]이 되는 길이다.

여래께서 설하신 법을 가지고 누가 많이 외우는가, 누가 많이 기억하는가를 다투면 여래의 제자가 아니고 비구가 아니다.

다른 누구로부터 법을 들어도 그 법이 여래가 설한 수트라와 그 뜻이 같은가, 아비다르마 · 비나야와 같은가를 사유해서 그 뜻이 서로 맞으면 그 법을 받들어 행할 것을 사유해야 한다.

여래의 수트라 · 아비다르마 · 비나야와 같지 않은 말을 바른 법이라 남에게 설해주고, 듣는 사람이 그 법을 듣고서 따라 행한다면, 그는 여래의 바른 제자가 아니고 남의 나쁜 스승[惡知識]이 되는 자이다.

또한 여래의 법 안에서 가진 것의 많고 적음이나 잘하고 못함의 다툼을 일으킨다면, 스스로의 법의 이익을 그르칠 뿐만 아니라 상가의 화합을 깨뜨리는 자이다. 여래의 가르침을 통해 스스로를 잘 조복하고 세간의 그릇된 견해와 탐욕, 다툼을 잘 조복해야 그가 여래의 바른 제자이다.

또한 설사 그릇됨을 행하다 깨우침을 듣고 그 그릇됨을 바로 고치면 그가 바르고 곧게 나아가는 붇다의 제자이지만, 그릇됨을 그릇됨인 줄 모르고 고치지 않는다면 그가 어찌 화합하는 상가의 대중이겠는가.

여래의 가르침은 세간과 다투지 않는 법이다. 설사 세간이 여래에게 대들고 여래와 다투어 이기려 해도 다투지 않고 세간을 니르바나에 이끄는 법인데, 이기고 지는 마음으로 세간을 마주하고 다투는 마음으로 법의 이익[法利]과 법의 재물[法財]을 잃는다면 그가 어찌 화합하는 상가의 대중으로 세간의 복밭이 되겠는가.

저희들은 물과 젖처럼 서로 어울려
세존의 법 가운데서 늘 안온하고 즐겁습니다

나는 들었다, 이와 같이.

한때 붇다께서는 나다칸타(Nāḍakantha) 마을에 노닐어 다니실 적에 긴자카 정사(Giñjakānasatha)에 계셨다.

그때 세존께서는 밤이 지나고 이른 아침이 되자 가사를 입고 발우를 가지고 나다칸타로 가서 밥을 비셨다. 밥을 다 드신 뒤 오후가 되어 소뿔사라 숲[牛角娑羅林]으로 가셨다.

그때 소뿔사라 숲에는 존자 아니룻다와 존자 난디와 존자 킴빌라 등 좋은 종족의 사람들이 함께 그 가운데 머물렀다.

세 존자가 숲에서 안거하는 일상 수행생활을 보임

그 존자들이 행한 것은 이와 같았다.

만약 밥을 빌고 먼저 돌아온 자는 자리를 펴고 물을 길으며, 발 씻는 그릇을 내어놓고, 씻은 발을 올려놓는 발걸이[橙], 발 닦는 수건, 물병, 물거르개를 마련해놓는다.

빌어 온 밥을 다 먹을 수 있는 사람은 다 먹고, 남으면 그릇에 덮어둔다. 먹은 뒤에는 발우를 거두고 손과 발을 씻고, 니시다나를 어깨에 메고 방에 들어가 고요히 앉아 좌선한다.

밥을 빌고 뒤에 돌아온 자는 빌어 온 밥을 다 먹을 수 있는 사람은 다 먹고, 모자라면 앞에 남겨둔 밥을 가져다 먹는다. 그래도 남으면 깨끗한 땅이나 벌레가 없는 물에다 쏟는다.

그는 먹은 밥그릇을 가져다 깨끗이 씻어 닦은 뒤에는 한쪽에 치워 두고 자리를 걷어 말고, 씻은 발을 얹는 발걸이를 치우고, 발 닦는 수건을 거두고, 발 씻는 그릇, 물병, 물거르개를 챙긴다.

물을 뿌려 식당을 쓸고, 변소를 소제한 뒤에 가사와 발우를 거두어 들고, 손과 발을 씻고, 니시다나를 어깨에 메고 방에 들어가 편안히 앉아 좌선한다.

그 존자들은 해질 무렵이 되어 좌선에서 먼저 일어난 자는 물병이나 물거르개가 비어 물이 없는 것을 보면 곧 가지고 가서 물을 긷고, 그 물그릇이 혼자 이길 만하면 그대로 가지고 와서 한쪽에 둔다. 만약 그 물그릇이 혼자 이길 수 없으면 곧 손으로 한 비구를 불러 둘이 들고 와서 한쪽에 두되 서로 말하지도 않고 서로 묻지도 않는다.

그 존자들은 닷새에 한 번 모여 서로 같이 법을 말하거나 거룩한 침묵을 지킨다.

숲의 안거처에 오신 세존께, 아니룻다가 서로
화합하며 존경하는 마음을 말씀드림

그때 숲지기가 멀리서 세존께서 오시는 것을 보고 꾸짖어 막으면서 말하였다.

"사문이여, 사문이여. 이 숲에 들어오지 마시오. 왜냐하면 지금 이 숲 가운데는 존자 아니룻다, 존자 난디, 존자 킴빌라 등 세 좋은 종족의 사람이 계시기 때문이오. 아니룻다·난디·킴빌라가 만약 그대를 보면 아마 들어올 수 없다고 할 것이오."

세존께서 말씀하셨다.

"그대 숲지기여, 그들이 만약 나를 보면 틀림없이 좋다하고 들어올 수 없다 하지 않을 것이오."

이때 존자 아니룻다가 멀리서 세존께서 오시는 것을 보고 곧 숲지기를 꾸짖었다.

"그대 숲지기여, 세존을 나무라지 마오. 그대 숲지기여, 잘 가신 이[善逝]를 나무라지 마오. 왜냐하면 우리 '세존'께서 오신 것이기 때문이오. 우리 '잘 가신 이'께서 오신 것이기 때문이오."

존자 아니룻다는 나아가 세존을 맞아 붇다의 가사와 발우를 받들었고, 존자 난디는 붇다를 위하여 자리를 폈으며, 존자 킴빌라는 붇다를 위하여 물을 가지고 왔다.

그때 세존께서 손과 발을 씻으시고 그 존자가 펴놓은 자리에 앉으셔서 곧 물으셨다.

"아니룻다여, 너는 늘 안온하고 모자란 것은 없느냐?"

존자 아니룻다가 말씀드렸다.

"세존이시여, 저는 늘 안온하며 모자란 것이 없습니다."

세존께서는 다시 물으셨다.

"아니룻다여, 어떻게 안온하고 모자란 것이 없는가?"

존자 아니룻다는 말씀드렸다.

"세존이시여, 저는 이렇게 생각합니다.

'곧 내게는 좋은 이익이 있고 큰 공덕이 있으니, 곧 나는 이미 이러한 범행자들과 함께 수행하고 있다.'

세존이시여, 저는 늘 저 범행자들을 향해 '자비스러운 몸의 업'[慈身業]을 행하되 남이 보거나 보지 않거나 한결같아 다름이 없으며, '자비스러운 입의 업'[慈口業]과 '자비스러운 뜻의 업'[慈意業]을 행하되 남이 보거나 보지 않거나 같아서 다름이 없습니다.

세존이시여, 저는 또 '나는 이제 내 마음을 버리고 저 어진 이들의 마음을 따르자'는 생각이 들면 곧 제 마음을 버리고 저 어진 이들의 마음을 따라, 저는 일찍이 한 번이라도 그럴 수 없다는 마음이 없었습니다.

세존이시여, 저는 이와 같이 늘 안온하여 모자란 것이 없습니다."

세존께서 존자 난디에게 물으셨고, 존자 난디의 대답 또한 이와 같았다.

세존께서는 다시 존자 킴빌라에게 물으셨다.

"너는 늘 안온하고 모자란 것은 없느냐?"

존자 킴빌라가 말씀드렸다.

"세존이시여, 저는 늘 안온하며 모자란 것이 없습니다."

"어떻게 안온하고 모자란 것이 없는가?"

존자 킴빌라가 말씀드렸다.

"세존이시여, 저는 이렇게 생각합니다.

'곧 내게는 좋은 이익이 있고 큰 공덕이 있으니, 곧 나는 이미 이러한 범행자들과 함께 수행하고 있다.'

세존이시여, 저는 늘 저 범행자들을 향해 '자비스러운 몸의 업'을 행하되 남이 보거나 보지 않거나 한결같아 다름이 없으며, '자비스러운 입의 업'과 '자비스러운 뜻의 업'을 행하되 남이 보거나 보지 않거나 같아서 다름이 없습니다.

세존이시여, 저는 또 '나는 이제 내 마음을 버리고 저 어진 이들의 마음을 따르자'는 생각이 들면 곧 제 마음을 버리고 저 어진 이들의 마음을 따라, 저는 일찍이 한 번이라도 그럴 수 없다는 마음이 없었습니다.

세존이시여, 저는 이와 같이 늘 안온하여 모자란 것이 없습니다."

물과 젖처럼 화합하는 세 존자를 찬탄하고
더욱 조복하여 위로 오르는 선정의 길을 물으심

세존께서 찬탄하시며 말씀하셨다.

"잘 말하고, 잘 말했다. 아니룻다여, 이와 같이 너희들은 언제나 서로 화합하고 안온하여 다툼이 없이, 마음을 하나로 하고 스승을 하나로 하며, 물과 젖처럼 하나로 합하였구나. 그러면 사람보다 높은 법을 얻어 더욱더 조복하여 안락하게 지내는 것[差降安樂住]인가?"

존자 아니룻다가 말씀드렸다.

"세존이시여, 이와 같이 저희들은 늘 서로 화합하고 안온하여 다툼이 없이, 마음을 하나로 하고 스승을 하나로 하며, 물과 젖처럼 하나로 화합하여, 사람보다 높은 법을 얻어 더욱더 조복하여 안락하게 지냅니다.

세존이시여, 저희들은 탐욕을 여의고, 악하여 착하지 않은 법을 여의었으며, 첫째 선정 나아가 넷째 선정을 얻어 성취하여 노닙니다.

세존이시여, 이와 같이 저희들은 늘 서로 화합하고 안온하여 다툼이 없이, 마음을 하나로 하고 스승을 하나로 하며, 물과 젖처럼 하나로 화합하며, 사람보다 높은 법을 얻어 더욱더 조복하여 안락하게 지냅니다."

세존께서 찬탄하시며 말씀하셨다.

"잘 말하고 잘 말했다. 아니룻다여, 이렇게 머무는 것을 버리고 이것을 지나고 이것을 건너, 다시 다른 사람보다 높은 법을 얻어 더욱

더 조복하여 안락하게 지내는가?"

존자 아니룻다가 말씀드렸다.

"세존이시여, 이렇게 머무는 것을 버리고 이것을 지나고 이것을 건너, 다시 사람보다 높은 법을 얻어 더욱더 조복하여 안락하게 지냅니다.

세존이시여, 제 마음은 사랑[慈]과 함께하여 일방(一方)을 두루 채우고 성취하여 노닐며, 이와 같이 이·삼·사방과 네 모서리, 위아래 온갖 것에 두루합니다. 마음은 사랑과 함께하여 맺음도 없고 원한도 없으며, 성냄도 없고 다툼도 없이, 지극히 넓고 매우 크며 한량없이 잘 닦아 온갖 세간을 두루 채우고 성취하여 노닙니다.

이와 같이 슬피 여김[悲]과 기뻐함[喜] 또한 그러하며, 마음은 평정함[捨]과 함께하여 맺음도 없고 원한도 없으며, 성냄도 없고 다툼도 없이, 지극히 넓고 매우 크며 한량없이 잘 닦아 온갖 세간을 두루 채우고 성취하여 노닙니다.

세존이시여, 이것이 이렇게 머무는 것을 버리고 이것을 지나고 이것을 건너면 곧 다른 것이 있어서 사람보다 높은 법을 얻어 더욱더 조복하여 안락하게 지낸다고 하는 것입니다."

세존께서 찬탄하시며 말씀하셨다.

"잘 말하고 잘 말했다. 아니룻다여, 이렇게 머무는 것을 버리고 이것을 지나고 이것을 건너, 다시 다른 어떤 것이 있어서 사람보다 높은 법을 얻어 더욱더 조복하여 안락하게 지내는가?"

존자 아니룻다가 말씀드렸다.

"세존이시여, 이렇게 머무는 것을 버리고 이것을 지나고 이것을 건너, 다시 다른 것이 있어서 사람보다 높은 법을 얻어 더욱더 조복하여 안락하게 지냅니다. 그것은 다음과 같습니다.

세존이시여, 저희들은 온갖 물질이라는 생각[一切色想]을 건너고, 나아가 생각 있음도 아니고 생각 없음도 아닌 곳[非有想非無想處]을 얻어 성취하여 노닙니다.

세존이시여, 이것이 이렇게 머무는 것을 버리고 이것을 지나고 이것을 건너면, 곧 다시 다른 것이 있어서 사람보다 높은 법을 얻어 더욱더 조복하여 안락하게 지낸다고 하는 것입니다."

아니룻다가 세존께 마음의 해탈과 지혜의 해탈을 얻는 것이 곧 위없는 법임을 말씀드림

세존께서 찬탄하며 말씀하셨다.

"잘 말하고 잘 말했다. 아니룻다여, 이렇게 머무는 것을 버리고 이것을 지나고 이것을 건너, 다시 다른 어떤 것이 있어서 사람보다 높은 법을 얻어 더욱더 조복하여 안락하게 지내는가?"

존자 아니룻다가 말씀드렸다.

"세존이시여, 이렇게 머무는 것을 버리고 이것을 지나고 이것을 건너, 다시 다른 것이 있어서 사람보다 높은 법을 얻어 더욱더 조복하여 안락하게 지냅니다. 그것은 다음과 같습니다.

세존이시여, 저희들은 자재한 선정[如意足]·하늘 귀의 지혜[天耳智]·다른 사람의 마음을 아는 지혜[他心智]·오랜 목숨을 아는 지혜[宿命智]·나고 죽음을 아는 지혜[生死智]를 얻어, 모든 흐름이 이미 다하여 샘이 없음을 얻고, 마음이 해탈하고 지혜가 해탈하여 현재의 법에서 스스로 알고, 스스로 깨달아, 스스로 증득하여 성취하여 노닙니다.

그래서 나의 태어남은 이미 다하고, 범행은 이미 서고, 지을 바를 이미 지어 다시는 뒤의 있음을 받지 않는다고 진실 그대로 압니다.

세존이시여, 이것이 이렇게 머무는 것을 버리고 이것을 지나고 이것을 건너면, 곧 다시 다른 것이 있어서 사람보다 높은 법을 얻어 더욱더 조복하여 안락하게 지낸다는 것입니다."

세존께서는 찬탄하며 말씀하셨다.

"잘 말하고 잘 말했다. 아니룻다여, 이렇게 머무는 것을 버리고 이것을 지나고 이것을 건너, 다시 다른 어떤 것이 있어서 사람보다 높은 법을 얻어 더욱더 조복하여 안락하게 지내는가?"

존자 아니룻다가 말씀드렸다.

"세존이시여, 이렇게 머무는 것을 버리고 이것을 더 지나고 이것을 건너 다시 다른 것으로 사람보다 높은 법을 얻어 더욱더 조복하여 안락하게 지내게 하는 것은 없습니다."

이에 세존께서는 곧 이렇게 생각하셨다.

'이 좋은 종족의 사람들이 노니는 곳은 안온하고 즐겁다. 나는 이제 저들을 위하여 설법해주겠다.'

세존께서는 이렇게 생각하고 나서 곧 존자 아니룻다, 존자 난디, 존자 킴빌라를 위해 설법하여 목마르듯 우러름을 내게 하고, 기쁨을 성취하게 하셨다.

한량없는 방편으로써 그들에게 설법하여 목마르듯 우러름을 내게 하고, 기쁨을 성취하게 하신 뒤 자리에서 일어나 떠나셨다.

**난디와 킴빌라가 아니룻다 존자를 찬탄하고,
아니룻다가 두 존자를 찬탄함**

이에 존자 아니룻다, 존자 난디, 존자 킴빌라는 세존을 배웅하여 가깝고 먼 곳을 따라 모시고 곧 있던 곳으로 돌아왔다.

존자 난디와 존자 킴빌라는 존자 아니룻다를 찬탄하며 말하였다.

"아주 뛰어나고 뛰어나십니다, 존자 아니룻다여.

저희는 존자 아니룻다께서 이와 같은 뜻 말씀하시는 것을 이전에는 듣지 못했습니다. 저희들에게 이와 같이 크고 자재한 선정[如意足]이 있고 큰 위덕이 있으며, 큰 복이 있고 큰 위신이 있다고 하였습니다. 그렇듯 존자 아니룻다께서는 세존을 향해 저희들을 아주 칭찬하셨습니다."

존자 아니룻다도 존자 난디와 킴빌라를 찬탄하였다.

"아주 뛰어나고 뛰어나오. 존자들이여, 나 또한 이전에 일찍이 존자들에게 이와 같이 크고 자재한 선정이 있고 큰 위덕이 있으며, 큰 복이 있고 큰 위신이 있다는 말을 다른 어진 이들에게서 듣지 못했소.

그러나 나는 기나긴 밤 동안 마음으로 존자들의 마음을 알았고, 또 존자들에게 이와 같이 크고 자재한 선정이 있고, 큰 위덕이 있으며, 큰 복이 있고 큰 위신이 있는 줄을 알게 되었소.

그러므로 저 세존께 이와 같은 여러 말씀을 드린 것이오."

**여러 하늘신들이 서로 전해가며 세존과 세 존자를 찬탄하자
세존께서 크게 인정하심**

그러자 모습이 아주 묘한 '긴 귀신하늘'[長鬼天]이 밝은 빛이 우뚝하였는데, 먼동이 트려 할 때에 붇다 계신 곳에 나아가 붇다의 발

에 머리를 대 절하고 물러나 한쪽에 서서 세존께 말씀드렸다.

"큰 선인[大仙人, maharişi]이시여, 여러 브릿지(Vṛji, 巴 Vajji) 사람들은 크고 좋은 이익을 얻었습니다. 그것은 세존과 좋은 종족의 사람인 존자 아니룻다, 존자 난디, 존자 킴빌라가 계시기 때문입니다."

그때 땅의 신[地神]은 긴 귀신하늘의 이 말을 듣고 높고 큰 소리로 외쳤다.

"큰 선인이시여, 여러 브릿지 사람들은 크고 좋은 이익을 얻었습니다. 그것은 세존과 좋은 종족의 사람인 존자 아니룻다, 존자 난디, 존자 킴빌라가 계시기 때문입니다."

땅의 신에게서 이 소리를 들은 허공하늘[虛空天], 네 하늘왕[四天王], 서른세하늘[三十三天], 야마하늘[摩天, 焰摩天], 투시타하늘[兜術天], 변화가 자재한 하늘[化樂天], 타화락하늘[他化樂天]도 이렇게 외쳤고, 그 소리는 잠깐 동안에 다음 이와 같은 소리가 브라흐마하늘까지 사무쳤다.

"큰 선인이시여, 여러 브릿지 사람들은 크고 좋은 이익을 얻었습니다. 그것은 세존과 좋은 종족의 사람인 존자 아니룻다, 존자 난디, 존자 킴빌라가 계시기 때문입니다."

세존께서는 말씀하셨다.

"그렇고 그렇다. 긴 귀신하늘이여, 여러 브릿지 사람들은 크고 좋은 이익을 얻었다. 그것은 지금 현재 세존과 좋은 종족의 사람인 존자 아니룻다, 존자 난디, 존자 킴빌라가 있기 때문이다. 긴 귀신하늘이여, 땅의 신은 너의 소리를 듣고 곧 높고 큰 소리로 이렇게 외쳤다.

'큰 선인이시여, 여러 브릿지 사람들은 크고 좋은 이익을 얻었습니다. 그것은 세존과 좋은 종족의 사람인 존자 아니룻다, 존자 난디,

존자 킴빌라가 계시기 때문입니다.'

땅의 신에게서 이 소리를 들은 허공하늘, 네 하늘왕, 서른세하늘, 야마하늘, 투시타하늘, 변화가 자재한 하늘, 타화락하늘도 이렇게 외쳤고, 그 소리는 잠깐 동안에 브라흐마하늘까지 들렸다.

'큰 선인이시여, 여러 브릿지 사람들은 크고 좋은 이익을 얻었습니다. 그것은 세존과 좋은 종족의 사람인 존자 아니룻다, 존자 난디, 존자 킴빌라가 계시기 때문입니다.'

세존께서 말씀하셨다.

'긴 귀신하늘이여, 저 세 좋은 종족의 집, 그 집의 사람들은 수염과 머리를 깎고, 가사를 입고 지극한 믿음으로 집을 버리고 집이 없이 도를 배운다.

만약 저 세 좋은 종족의 집안에서도 이 세 사람들이 법의 씨앗으로 삼은 것[所因]과 행한 바[所行]를 기억해 생각한다면, 그들 또한 기나긴 밤에 크고 좋은 이익을 얻어 안온하고 즐거울 것이다.

그리고 만약 저 마을이나 성읍의 사람이거나 하늘·악한 마라·브라흐마하늘·사문·브라마나 등 사람에서 하늘에 이르기까지 이 세 좋은 종족의 사람들이 법의 씨앗으로 삼은 것과 행한 바를 기억해 생각한다면, 그들 또한 기나긴 밤에 법의 이익으로 요익됨을 얻어 안온하고 즐거울 것이다.

긴 귀신하늘이여, 이 좋은 종족의 사람들은 이와 같이 크고 자재한 선정이 있고, 큰 위덕이 있으며, 큰 복이 있고 큰 위신이 있다.'"

붇다께서 이렇게 말씀하시자, 그 세 좋은 종족의 사람들과 긴 귀신하늘은 붇다의 말씀을 듣고 기뻐하며 받들어 행하였다.

• 중아함 185 우각사라림경(牛角娑羅林經)

숲속 아란야에서 밥을 빌어 조촐하게 생활하고 서로 협동해 일하며 서로를 자비로 거두어서 물과 젖처럼 화합하며 진리의 길 걸어가는 세 존자의 생활은 붇다 상가의 만대의 모범이 될 만하다.

세 존자는 붇다로부터 칭찬받는 빼어난 성문제자의 한 사람들이다. 아니룻다는 하늘눈[天眼]이 으뜸가는 제자로 시방을 두루 보는 이라 칭찬받고, 난다 비구는 밥을 빌며 욕됨을 잘 참아 비바람을 피하지 않는 이로 찬탄받으며, 킴빌라 비구는 홀로 고요히 앉아 오롯이 도를 생각한 이로 찬탄받는다.

세 존자가 서로 몸과 입과 뜻의 업의 사랑으로 서로 돕고 서로 이끌어 화합하니, 여섯 가지 화합하고 공경함[六和敬] 가운데 몸과 입과 뜻의 업으로 화합하고 공경함[身口意和敬]이다. 마음을 하나로 하고 스승을 하나로 함은 견해를 같이해 화합함[同見和敬]이며, 여래의 법과 율을 잘 따르며 서로 협동하여 일하고 해탈의 이익 법의 이익을 같이하니, 이는 계를 같이하고 이익을 같이해서 화합함[同戒同利和敬]이다.

이 여섯 가지 일, 여섯 가지 뜻으로 화합[ṣaḍsāmicyaḥ, 六和合]하면서 선정과 지혜를 닦아 얻고 더욱더 앞으로 나아가면 마음이 해탈하고 지혜가 해탈하게 된다. 그리하여 현재의 법에서 스스로 진실 그대로 깨달아 알아 연기법의 진실 그대로 생활하면, 이것이 더 위가 없는 지혜의 완성이고 온전한 니르바나의 성취이다.

이 법이 어찌 눈앞에 보이는 현전상가만의 법이겠는가. 법계의 진리바다에 너와 내가 둘이 없고 나와 중생이 둘이 없으니, 법계의 진리 그대로 살아가는 상가의 대중은 화합하고 공경함으로써 현전상가를 공경하고 사방상가를 공경한다.

사방상가를 공경하게 되면 시방법계의 뭇 삶들에게 한량없는 자비의 마음을 실천하는 것이니, 그분들이 바로 붇다 사방상가의 화합하는 대중이며 다섯 가지가 흐린[五濁] 이 물든 역사[惡世] 속에 길이 세간의 복밭이 되는 분들이다.

그분들은 다함없는 법계중생에 사랑의 마음을 실천하고 화합과 공경을 실천하는 현성들로서, 그 마음이 하늘과 땅 시방의 허공에 가득하니, 하늘 땅의 귀신들도 그들을 찬탄하고 네 하늘왕, 서른세하늘, 저 브라흐마하늘들도 서로 전해가며 그 공덕과 지혜와 선정을 찬탄하는 것이다.

우리 또한 어떻게 세 분 현성들을 찬탄해볼까.

다음 『화엄경』(「명법품」明法品)의 글귀가 그에 맞는다.

길이 악한 길과 모든 험난함 떠나
큰 지혜 빼어난 경계 깨끗이 닦아
이같이 묘한 도의 힘을 얻으사
세간의 높으신 이께 가까워져
온갖 공덕 모두다 성취하였네.

永離惡趣諸險難 淨治大智殊勝境
獲妙道力鄰上尊 一切功德皆成就

세존이시여, 요새 비구들은
서로 다투어서 가르치기 어렵습니다

이와 같이 내가 들었다.

한때 붇다께서는 슈라바스티 국 제타 숲 '외로운 이 돕는 장자의 동산'에 계셨다. 그때에 존자 마하카샤파는 슈라바스티 국 동쪽 동산 므리가라마트리(Mṛgāra-mātṛ, 鹿子母) 강당에 있었다.

때에 존자 마하카샤파는 해질녘 선정에서 깨어나, 붇다 계신 곳에 가서 머리를 대 붇다의 발에 절하고 한쪽에 물러앉았다.

그때에 세존께서는 존자 마하카샤파에게 말씀하셨다.

"그대는 여러 비구들을 위해 설법하여 가르치고 깨우쳐야 한다. 왜냐하면, 나는 늘 여러 비구들을 위해 설법하여 깨우치고 가르쳐주기 때문이다. 그대 또한 그렇게 해야 한다."

존자 마하카샤파는 붇다께 말씀드렸다.

"세존이시여, 요새 비구들은 가르치기 어렵습니다. 어떤 비구는 설법을 잘 참아 듣지 못합니다."

붇다께서 마하카샤파에게 말씀하셨다.

"그대는 무슨 까닭으로 이와 같은 말을 하는가."

카샤파가 말씀드렸다.

"세존이시여, 저는 두 비구를 보니, 한 사람은 '반다'라고 하는데 아난다의 제자이고, 한 사람은 '아비지카'라고 하는데 목갈라야나의 제자입니다. 그들은 서로 많이 들은 것을 같이 다투면서 각기 말합니다.

'너는 와서 같이 토론해보자. 누가 아는 것이 많은가, 누가 아는 것이 나은가.'"

때에 존자 아난다는 붇다 뒤에서 부채로 붇다를 부쳐드리고 있다가 존자 마하카샤파에게 말하였다.

"그만두십시오, 존자 마하카샤파시여. 그만 참으시오, 존자 카샤파시여. 그 젊은 비구들은 적은 지혜요, 또 나쁜 지혜입니다."

존자 마하카샤파는 존자 아난다에게 말하였다.

"그대는 잠자코 있으시오. 내가 이 대중 가운데서 그대 일을 묻도록 하지 마오."

존자 아난다는 잠자코 있었다.

다투는 두 비구를 불러 십이부경의 가르침으로
니르바나 구해야 함을 보이심

그때에 세존께서는 한 비구에게 말씀하셨다.

"너는 저 반다 비구와 아비지카 비구 있는 곳에 가서 이렇게 말하라. '큰 스승께서 너에게 하실 말씀이 있으시다.'"

그 비구는 분부를 받고 곧 반다 비구와 아비지카 비구 있는 곳에 가서 이렇게 말하였다.

"큰 스승께서 그대에게 하실 말씀이 있으시오."

때에 반다 비구와 아비지카 비구는 말했다.

'분부를 받들겠습니다.'

그러고는 곧 함께 붇다 계신 곳에 가서 머리를 대 발에 절하고 한쪽에 물러섰다.

그때에 세존께서 두 비구에게 말씀하셨다.

"너희들은 참으로 서로 다투면서 각기 이렇게 말했는가.

'너는 와서 같이 토론해보자. 누가 아는 것이 많은가, 누가 아는 것이 나은가.'"

두 비구들은 말씀드렸다.

"실로 그리했습니다, 세존이시여."

붇다께서 말씀하셨다.

"너희들은 내가 말한 수트라·게야·비아카라나·가타·우다나·니다나·아바다나·이티브리타카·자타가·바이풀라·아부타달마·우파데사의 법을 가지고 서로 다투어 논하면서 각기 이렇게 말해야 하겠는가.

'너는 와서 같이 토론해보자. 누가 아는 것이 많은가, 누가 아는 것이 나은가.'"

두 비구는 말씀드렸다.

"아닙니다, 세존이시여."

붇다께서는 말씀하셨다.

"너희들은 내가 말한 수트라와 나아가 우파데사(upadeśa, 論議)로써 스스로 조복하고 스스로 그치어 쉬며 니르바나를 구하지 않는가."

"그렇습니다, 세존이시여."

붇다께서 두 비구에게 말씀하셨다.

"너희들이 내가 말한 수트라 나아가 우파데사를 알고도 너희 어리석은 이들아, '누가 많이 알고 누가 나은가'라고 서로 같이 논쟁해야 되겠느냐."

두 비구의 뉘우침을 받아주시어 바른 계가
끝내 줄어들지 않도록 하심

때에 두 비구는 앞으로 나아가 붇다의 발에 절하고 거듭 말씀드렸다.

"허물을 뉘우칩니다, 세존이시여. 허물을 뉘우칩니다, 잘 가신 이여. 저희들은 어둡고 저희들은 어리석으며 착하지 못하고 잘 가리지 못해 서로 같이 다투었습니다."

붇다께서는 두 비구에게 말씀하셨다.

"너희들은 실로 죄를 알아 허물을 뉘우쳤다. 어둡고 어리석어 착하지 못하고 잘 가리지 못해 같이 다투었는데, 지금 이미 스스로 죄를 알고 스스로 죄를 보았다.

알고 보아 허물을 뉘우쳤으니 미래세상에 바른 몸가짐의 계[律儀戒]가 생길 것이다. 나는 너희들을 가엾이 여겨 그대들을 받아들인다.

그래서 너희들의 착한 법이 늘고 자라나 끝내 물러나거나 줄어들지 않게 하겠다. 왜 그런가. 만약 스스로 죄를 알고 스스로 죄를 보고 알아 허물을 뉘우치면, 미래세상에는 바른 몸가짐의 계가 생겨 끝내 물러나거나 줄어들지 않기 때문이다[終不退減]."

때에 두 비구는 붇다의 말씀을 듣고 기뻐하고 따라 기뻐하면서 절하고 물러갔다.

• 잡아함 1138 각승경(角勝經)

• 해설 •

여래의 십이부경의 가르침을 들으면[聞], 듣고서 바로 그 뜻을 사유하여

[思] 말씀대로 닦아 행해[修] 니르바나의 도에 나아가야 하는데, 들은 법을 가지고 많이 들음과 많이 기억함을 다툰다면 어찌 해탈의 길에 나아갈 수 있겠는가. 다툼 없는 법 가운데서 다툼을 일으키면 법의 이익을 잃을 뿐 아니라 상가의 화합을 깨뜨릴 것이다.

크신 스승 붇다께서 눈앞에 계신 당시의 상가에서도, 두타와 사마디행으로 으뜸인 마하카샤파 존자가 많이 들음으로 으뜸인 아난다의 제자에게 이런 다툼의 허물 있음을 지적했다.

그런데 하물며 붇다께서 니르바나 드신 뒤, 사마디와 파라미타의 행이 없이 많이 기억함만을 따지는 문자법사(文字法師)들의 허물과 병폐는 그 얼마이겠는가.

『화엄경』(「광명각품」光明覺品) 또한 많이 들음[多聞]만으로 여래의 법에 들어갈 수 없음을 만주쓰리(Mañjuśrī, 文殊)와 법수(法首) 두 보디사트바의 문답을 통해 다음과 같이 말한다.

물으신 진실 그대로의 뜻
붇다의 법의 아들이여
자세히 잘 들어야 하니
다만 많이 듣는 것만으로는
여래의 법에 들 수 없습니다.

佛子善諦聽　所聞如實義
非但以多聞　能入如來法

마치 어떤 사람이 물에 빠져서
물속에서 목말라 죽음 두려워하듯
바른 법을 닦아 행하지 않고
많이 듣기만 함 이와 같도다.

如人水所漂　懼溺而渴死

於法不修行　多聞亦如是

마치 좋은 반찬을 차려놓고도
스스로 굶주리며 먹지 못하듯
바른 법을 닦아 행하지 않고
많이 듣기만 함 이와 같도다.

如人設美膳　自餓而不食
於法不修行　多聞亦如是

마치 어떤 사람 좋은 약 있어도
스스로 앓으며 건질 수 없듯
바른 법을 닦아 행하지 않고
많이 듣기만 함 이와 같도다.

如人善方藥　自疾不能救
於法不修行　多聞亦如是

마치 네거리 길 가운데서
뭇 좋은 일 널리 떠벌이되
안으로 진실한 덕이 없듯
행하지 않음 이와 같아라.

如在四衢道　廣說衆好事
內自無實德　不行亦如是

2 바른 법과 율에 의지할 때만
상가의 다툼을 그칠 수 있으니

• 이끄는 글 •

상가공동체에서 계(戒, śīla)와 율(律, vinaya)은 처음부터 제정된 것이 아니다. 행위의 규제적 조항으로서 계[禁戒]는 상가의 대중이 늘어가면서 다른 수행자의 생활에 해를 끼치는 악행을 짓거나 상가의 화합을 깨뜨리며, 공동체의 건강한 유지를 가로막는 구체적인 일이 발생했을 때 제정되었다[隨犯隨制].

수행자로서 범행을 닦아 행함에 장애가 되는 그릇된 행위를 금지하는 계와 상가의 질서를 유지하기 위해 세운 공동체의 규율이 제정된 뒤에는, 그 계와 율, 법과 율을 거스르는 행위가 일어나게 되면 그에 대한 징벌의 규율이 제정되고 참회를 통해 죄에서 벗어나는 카르마의 절차가 다시 만들어졌다.

다툼이 일어났을 때 그 다툼을 정당하게 해결하지 못하면 상가의 화합과 질서는 깨뜨려지게 될 것이다. 계를 깨뜨리고 법과 율을 깨뜨릴 때 그 죄에 대한 판단과 징벌과 출죄는 모두 현전상가 전체의 합의에 의해서 이루어졌으니 이것이 화합의 카르마 법이다.

카르마아차르야[karmācārya, 羯磨師]가 전체 모임의 사회자가 되고, 법과 율을 어기어 비판받는 당사자가 피고가 되며, 현전상가의 전체 대중이 배심원이 되어 침묵을 통한 전체의 묵시적 합의에 의해서, 징벌과 출죄가 판단·결정되며 모든 다툼의 조정과 화해가 이루어진다.

다만 다수결에 의해 그 옳고 그름이 판단되는 비나야 법[多貧毘尼]에서는 대중 가운데 많은 수의 의사가 존중된다.

상가의 다툼은 네 가지가 있다.

① 법과 율에 어긋나는지에 대한 다툼[諍論諍事] 어떤 사람의 말과 행위가 붇다의 법에 맞는지 맞지 않는지[法·非法], 비나야에 맞는지 맞지 않는지[律·非律]에 대한 다툼이다.

② 다른 대중을 향한 깨우침에 대한 다툼[教誡諍事] 어떤 비구가 다른 비구의 행위에 대해 계(戒)와 바른 행(行)·바른 견해[見]·바른 생활[命]을 깨뜨리는 것이라 비난하고 그를 깨우칠 때, 그에 대한 다툼이다.

③ 죄 범했다고 비난받은 것에 대한 다툼[犯罪諍事] 죄 범했다고 비난받은 자가 그에 대해 항소하는 것을 말한다.

④ 카르마의 절차에 대한 다툼[事諍事] 죄와 허물을 판단하는 카르마의 절차에 대해 이의제기함으로써 일어나는 다툼이다.

상가에 위와 같은 다툼이 일어났을 때, 일곱 가지 다툼 없애는 법[七滅諍法]이 있다. 다툼 없애는 것 또한 화합 상가의 카르마에 의거한다.

일곱 가지 법은 다음과 같다.

① 눈앞에서 바로 다툼을 그치게 하는 비나야[現前毘尼] 다툼의 당사자를 대면케 하고 현전상가 가운데서 현전의 법과 율에 의거해 다툼을 없애는 법이다. 현전의 비나야 법은 상가가 현전하고 법과 율이 현전하며 다투는 사람, 이 네 법의 현전[僧法律人 四法現前]으로 이루어진다.

② 기억해서 다툼 그치는 비나야[憶念毘尼] 비난받고 꾸중받은 자가 자신의 기억을 통해 죄 없음을 인정받는 카르마 법이다.

③ 많은 숫자로 옳음을 찾는 비나야[多覓毘尼] 산가지를 던져 그 숫자가 많은 것으로 옳고 그름을 판단하는 법이다.

④ 현재 정신이 미치지 않은 상태에서 사건 당시의 미친 상태를 입증해서 무죄를 주장하는 비나야[不疾毘尼] 죄를 저지를 당시의 뒤바뀐 정신상태를 기억해서 무죄를 입증하는 법이다.

⑤ 죄의 진술이 일치하지 않을 때 거짓 진술을 다시 판단하는 비나야[覓罪相法] 현전 비나야의 카르마에서 죄에 관한 진술이 모순되어 죄의 판단이 어려울 때 그에 대해 다시 판단해 거짓 진술을 밝히는 법이다.

⑥ 죄에 대한 자기고백을 행하게 해 다스리는 비나야[自言治法] 자기 죄를 스스로 인정케 해서 그 죄에 대한 징벌에서 벗어나게 하는 법이다.

⑦ 풀로 땅을 덮듯 화해하는 비나야[如草覆地法] 다툼의 당사자가 서로 한 발 물러나 화해하여 그 죄를 덮어 상가 밖으로 드러나지 않게 하는 법이다.

이때 카르마의 아차르야는 다툼의 당사자와 그 대표의 화해의 뜻을 묻고 현전상가에 통보하여 침묵의 동의를 얻음으로써 화해를 이루는 것이니, 두 번 말하는 카르마 법[白二羯磨]에 해당한다.

위 일곱 가지 카르마 법은 죄 지은 자나 다툼의 당사자를 성토하기 위한 것이 아니라 죄 지은 자를 스스로 고백케 해서 죄를 벗어나게 하고 다툼을 없애 상가의 화합을 이루어낸다.

그러나 상가 안에 죄 지음이 있으면 그에 대한 엄격한 판단과 그에 상응한 징벌이 있고 자기 참회를 전제한 죄 벗어남[出罪]의 절차가 있어야 상가의 화합이 이루어지는 것이다.

죄를 판단하고 징벌하는 데도 일곱 가지 카르마 법이 있다.

출가상가의 죄는 몇 가지 구분이 있다.

파라지카(pārājika)의 죄는 비구·비구니의 자격을 잃는다.

상가바세사(saṃghāvaśesa)는 파라지카 다음가는 무거운 죄로서 상가대중으로 남을 수 있으므로 승잔죄(僧殘罪)라 한다. 비구의 열세 가지 승잔죄와 비구니의 열일곱 가지 스무 가지의 승잔죄가 있다.

이 죄는 스무 명 현전상가의 카르마에 의해서만 죄에서 벗어날 수 있으므로 거친 죄[麤罪]라 한다. 뉘우치기만 해서 죄를 벗어나지 못하므로 뉘우치기만 할 수 없는 죄[不應悔罪]라 하고, 그보다 가벼운 죄는 뉘우치면 벗어날 수 있는 죄[應悔罪]이다.

또 파라지카의 죄나 상가바세사의 큰 죄도 아직 죄가 성립되기 전의 상태인 때는 스투라차야(stūlātyaya)라 하니, 이는 뉘우치면 벗어나는 죄이다. 뉘우치면 벗어나는 가벼운 죄는 네 사람의 현전상가 앞에서 참회함으로써 죄를 벗을 수 있다.

대개 매달 우파바사타를 행하면서 프라티목샤(prātimokṣa, 戒經)를 독송할 때 카르마아차르야가 '죄 있는 자는 드러내 참회하시오'라고 반복해 외칠 때 스스로 뉘우치면 가벼운 죄는 곧 벗어날 수 있다.

일곱 가지 다툼 없애는 법에는 죄 있다고 비난받은 자가 스스로 죄 없음을 입증할 수 있는 절차가 포함되어 있다.

이처럼 상가에서 죄에 대한 판단과 징벌, 죄 벗어남은 늘 상가의 카르마에 의한다. 상가는 카르마를 베풀어 무거운 죄로 발전할 수 있는 죄에 대해 사전예방의 조치 등을 취할 수 있다.

허물 있는 비구를 상가대중과 따로 머물게 한다[別住]든지 신도의 집에 가지 못하게 한다[下意]든지 큰 스승을 의지해 일정 기간 머무르게 하는[依止] 조치 등이다.

징벌을 위한 상가의 카르마에는 허물 지은 비구의 행을 규제해서 그 허물을 조복케 하는 '네 가지 카르마'와 죄 짓고 그 허물을 인정치 않거나 참회하지 않는 이들을 다스리는 '세 가지 카르마'가 있다.

• **허물을 조복하는 네 가지 카르마**

① 꾸짖어 다스리는 카르마[訶責羯磨] 자기주장이 너무 지나치거나 편 가름을 부추기는 행위 등에 대해서 꾸짖어 단속하는 카르마이다. 세 번까지 충고해서 듣지 않으면 상가바세사의 죄가 된다.

② 의지해 머물게 하는 카르마[衣止羯磨] 잘못된 버릇이 있는 비구를 바로잡기 위해 덕 높은 장로비구에게 일정 기간 의지해 살도록 하는 카르마이니, 의지해 그침[衣止]은 같이 머묾[同住]을 뜻한다.

③ 다른 곳으로 내치는 카르마[驅出羯磨] 지금의 현전상가 경계 밖으로 내치는 카르마이니, 카르마의 결의에 의해 지정된 곳으로 떠나야 한다. 이 카르마를 거스르고 충고를 받아들이지 않으면 상

가바세사의 죄가 된다.

④ 뜻을 낮추게 하는 카르마[下意羯磨] 어떤 비구가 재가신도를 미혹케 하고 그릇되게 하면 상가의 결의로 그 재가인에게 사과토록 하는 카르마이다. 이를 『사분율』에서는 '흰옷의 집에 가지 못하도록 막는 카르마'[遮不至白衣家羯磨]라 한다.

• **죄를 인정해 참회하지 않는 이들을 다스리는 세 가지 카르마**

① 죄를 인정하지 않는 이들이 죄를 들어보이게 하는 카르마[不見罪擧罪羯磨] 죄와 허물을 짓고 참회의 요청을 받고도 죄를 인정치 않는 이들에게 죄를 드러내게 해서 그에 맞는 처분을 내리는 카르마이다. 현전상가로부터 내침 등의 처분이 여기 해당된다.

② 죄를 참회하지 않는 이들이 죄를 들어보이게 하는 카르마[不懺罪擧罪羯磨] 죄를 참회하지 않는 이들에게 죄를 드러내게 해서 참회토록 하고 활동에 일정한 제약 처분을 내리는 카르마이다.

③ 악한 견해 버리지 않는 이들이 죄를 들어보이게 하는 카르마[不捨惡見羯磨] 세존의 법과 다른 삿된 견해를 주장하고도 그에 대한 경계의 충고를 받아들이지 않는 이들에게 카르마를 베풀어 그 견해를 버리도록 제약을 내리는 처분이다.

앞에서도 지적한 바와 같이 일곱 가지 죄 지은 자에 대한 징벌을 위한 카르마는 죄와 허물 지은 자에 대한 응징과 성토에 그 뜻이 있는 것이 아니라, 허물과 죄의 뉘우침으로 이끌어 죄에서 벗어나게 하고 상가의 화합을 이루는 데 그 뜻이 있다.

곧 죄를 다스리는 카르마[治罪羯磨]로써 죄와 허물을 상가대중 앞에 드러내 참회하여 죄를 없애면 다시 선근을 이루게 하는 카르마 [成善羯磨]에 돌아가게 되는 것이다.

죄와 허물이 공한 곳에서 다시 죄와 허물을 반복하지 않으면 그가 곧 죄업이 법계인 뜻을 알아서 죄업을 실로 끊지 않고 죄업을 돌이켜 온전히 해탈의 업을 이루는 자이기 때문이다.

죄업이 공하되 공함도 공해 공덕이 사라지지 않음을 바로 보면 죄업을 곧 법계의 공덕으로 쓸 수 있으니, 『화엄경』(「명법품」)은 다음과 같이 가르친다.

길이 온갖 무명의 어두움 깨뜨려
뭇 마라와 바깥길 항복받으며
더러운 때 모두 씻어 없애버리면
여래의 큰 지혜에 가까워지리.

永破一切無明暗 降伏衆魔及外道
所有垢穢悉滌除 得近如來大智慧

이와 같이 닦아 행해 붇다의 지혜 얻으면
여래의 바른 법의 곳간 깊이 들어가서
큰 법의 스승 되어 묘한 법 연설하니
마치 단 이슬이 모두 뿌려 적셔줌 같네.

如是修行得佛智 深入如來正法藏
爲大法師演妙法 譬如甘露悉霑灑

죄를 저지른 자나 죄를 들춘 자가 함께
바로 살펴 긴 밤의 다툼을 그치게 해야 하오

이와 같이 내가 들었다.

한때 붇다께서는 슈라바스티 국 제타 숲 '외로운 이 돕는 장자의 동산'에 계셨다.

그때 사리푸트라가 여러 비구들에게 말하였다.

"만약 여러 비구들에게 다툼이 일어나 '죄를 저지른 비구와 죄를 들춘 비구가 있다'고 서로 말한다 합시다.

그들이 만약 바른 사유에 의지하여 스스로 살피지 않는다면, 그 비구들은 기나긴 밤에 거칠게 날뛰게 되고, 다툼은 더욱 늘어나 함께 서로 어긋나 등지며, 원한 맺힘이 더욱 깊어질 것이오.

그리하여 일으킨 죄를 바른 법과 율로써도 그치어 쉬게 할 수 없을 것이오.

만약 비구가 이러함이 있어 이미 다툼을 일으켜 '죄를 저지른 비구다' '죄를 들추어낸 비구다'라고 할 때, 함께 다 바른 사유에 의지하여 스스로 살피고 꾸짖는다면, 알아야 하오. 그런 비구는 기나긴 밤에 거칠게 날뛰지도, 함께 서로 어긋나 등지지도, 원한 맺음이 더욱 깊어지지도 않을 것이오.

그리하여 일으킨 죄를 바른 법과 율로써 그치어 쉬게 할 수 있소."

바른 사유에 의지해서만 죄를 저지르고 죄를 들춘 자가 다툼 그치게 됨을 말함

"어떻게 비구는 바르게 사유하여 스스로 살피오? 비구들이여, 이와 같이 사유해야 하오.

'나는 옳지 않았고 함께 어울릴 수 없었고 마땅치 않았으며, 죄를 지어 그가 나를 보도록 하였다.

만약 내가 이 죄를 짓지 않았더라면 그가 보지도 않았을 것이니, 그는 내 죄를 보고서 불쾌해져서 꾸짖었고 일부러 들추어낸 것뿐이다. 다른 비구가 들어 알았더라도 또한 싫어서 꾸짖었을 것이다. 그러므로 기나긴 밤에 다투며, 거칠게 날뜀이 더욱 늘어나, 서로 다투는 말을 했을 것이다.

그래서 일으킨 죄를 바른 법과 율로써도 그치어 쉬게 할 수 없을 것이니, 나는 이제 내가 그 구실 준 것을 스스로 알았다.'

이것을 비구가 일으킨 죄에 대하여 스스로 살필 수 있음이라 하오.

죄를 들추어낸 비구는 어떻게 스스로 살피오? 죄를 들추어낸 비구는 이와 같이 생각해야 하오.

'저 장로비구는 악하여 착하지 않은 죄를 지어 내가 그것을 보도록 하였다. 만약 그가 이 착하지 않은 죄를 짓지 않았더라면 나도 그것을 보지 않았을 것이다.

나는 그 죄를 보고 불쾌하였기 때문에 일부러 들추어냈으니, 다른 비구들이 보았더라도 또한 불쾌하여 그것을 일부러 들추어냈을 것이다.

그리하여 기나긴 밤에 다툼이 더욱 늘어나 쉬지 않아서, 바른 법과 율로써도 일으킨 죄를 그치어 쉬게 할 수 없을 것이다.

나는 오늘부터 자기가 구실을 준 이것을 스스로 버려야 한다.'

이와 같이 죄를 들추어낸 비구가 바른 사유에 의지할 수 있으면 안으로 스스로 살피게 되오.

그러므로 여러 비구들이여, 죄가 있는 사람이나 죄를 들춘 사람은 반드시 바른 사유에 의지해 스스로 살펴, 기나긴 밤에 거칠게 날뜀이 더욱 늘어나 자라지 않게 해야 하오.

여러 비구들이여, 그렇게 하면 다투지 않게 되고, 일어난 다툼도 법과 율로써 그치어 쉬게 할 수 있을 것이오."

존자 사리푸트라가 이 경을 말하자, 여러 비구들은 그 말을 듣고 기뻐하며 받들어 행하였다.

• 잡아함 496 쟁경(諍經)

• 해설 •

상가 안에서 죄를 저지른 이와 죄를 들춘 자가 서로 다툴 때 현전의 비나야로 현전의 상가 앞에서 현전의 법과 율에 의해 그 다툼을 없애야 한다.

죄 지었다는 지적받은 이는 바른 사유로 스스로 죄가 없으면 정확한 '기억의 비나야'에 의해 자신의 허물 없음을 대중 앞에 입증하고, 스스로 죄가 있으면 대중 앞에 스스로 죄를 인정하고 뉘우침으로써 죄를 벗어나야 한다.

남의 죄를 들춘 이 또한 거짓된 말로 남을 성토하거나 남의 죄를 부풀려서는 안 되며, 오직 바른 사유로 상가의 법과 율을 따라 상가의 화합을 위해 죄를 들추어야 한다.

또한 죄를 들추되 그 죄를 다스려서 선근을 이루어주기 위해서만 죄를 말해야 한다.

설사 그 다툼이 길어지고 다툼에 의해 상가에 패가 갈려도 수의 많은 것으로 밀어붙여 그 옳고 그름을 가려서는 안 된다. 서로 합의점을 찾아 풀로 땅을 덮듯 화해의 방식으로 서로 한 걸음씩 물러나 그 다툼을 없애 상가의 허물을 안으로 녹이고 다스려서 화합을 이루어야 한다.

상가 안의 다툼을 바른 사유와 여래의 법과 율에 의거해 그치게 하려는 사리푸트라 존자의 깨우침을, 이해관계로 패거리지어 싸우는 뒷세상 상가의 대중들은 참으로 부끄러워하는 마음으로 가슴 깊이 새겨야 할 것이다.

남의 허물을 자비로 꾸짖고 남의 자비의 꾸짖음을 안온히 받아들임은 억지로 짓는 행이 아니라 남이 없는 법[無生法]의 실상을 알아 잘 참아 견딤으로 그럴 수 있는 것이니, 『화엄경』(「십지품」十地品)은 가르친다.

공덕을 성취해 늘 자비로우면
지혜가 넓고 커 허공과 같으리.
법을 듣고 결정된 힘을 낼 수 있으면
이것이 고요해 남이 없는 참음이네.

功德成就恒慈愍　智慧廣大等虛空
聞法能生決定力　是則寂滅無生忍

다섯 가지 법에 편히 머물러 남의 죄를 들추어야 진리로 요익케 할 수 있으니

이와 같이 내가 들었다.

한때 붇다께서는 슈라바스티 국 제타 숲 '외로운 이 돕는 장자의 동산'에 계셨다.

그때 존자 사리푸트라는 붇다 계신 곳으로 나아가 붇다의 발에 머리를 대 절하고 한쪽으로 물러앉아 붇다께 말씀드렸다.

"세존이시여, 만약 죄를 들추는 비구가 남의 죄를 들추어내려 하면 마음을 편안히 머무르게 해서 몇 가지 법으로 남의 죄를 들추어야 합니까?"

붇다께서 사리푸트라에게 말씀하셨다.

"만약 비구가 마음을 편안히 머무르게 하면, 다섯 가지 법[五法]으로 남의 죄를 들추어낼 수 있다. 어떤 것이 그 다섯 가지인가?

진실하여 거짓이 아님이다.

알맞은 때로서 때 아닌 때가 아님이다.

바른 뜻으로 요익되게 함이고 그른 뜻으로 요익되게 하는 것이 아님이다.

부드러워 거칠지 않음, 사랑의 마음이라 성내지 않음이다.

사리푸트라여, 죄를 들추어내는 비구가 이 다섯 가지 법을 갖추면 [具此五法] 남의 죄를 들추어낼 수 있다."

다섯 가지 죄 들춤의 법을 보이시고,
죄가 들추어진 비구가 지닐 다섯 법을 보이심

사리푸트라가 붇다께 말씀드렸다.

"세존이시여, 죄가 들추어진 비구는 다시 몇 가지 법으로써 스스로 그 마음을 편안하게 해야 합니까?"

붇다께서 사리푸트라에게 말씀하셨다.

"죄가 들추어진 비구는 다섯 가지 법으로 그 마음을 편안하게 하여 이렇게 생각해야 한다.

'그가 어디서 알았건 진실된 것이라 진실 아니라 하지 말자.

때에 맞는 것을 때에 맞지 않음이라 하지 말자.

이 뜻으로 요익되게 하는 것을 뜻으로 요익함이 아니라 하지 말자.

부드러운 것을 거친 것이라 하지 말자.

사랑의 마음으로 그런 것을 성내는 것이라 하지 말자.'

죄가 들추어진 비구는 이 다섯 가지 법을 갖추어 스스로 그 마음을 편안하게 해야 한다."

진실되지 않게 죄 들춤과 죄 들추어짐을 고치는 데
기준이 되는 다섯 가지 법을 보이심

사리푸트라가 붇다께 말씀드렸다.

"세존이시여, 제가 남의 죄를 들추어내는 사람을 보았는데, 진실하지 않아 진실됨이 아니었고, 때 아닌 때라 때에 맞는 것이 아니었으며, 뜻으로 요익되게 함이 아니라 바른 뜻으로 요익되게 하는 것이 아니었고, 거칠어서 부드러움이 아니었고, 성내는 것이라 사랑의 마음이 아니었습니다.

세존이시여, 진실되지 않게 남의 죄를 들추는 비구는 몇 가지 법으로 그를 요익되게 하여 그를 뉘우쳐 고치게 해야 합니까?"

붇다께서 사리푸트라에게 말씀하셨다.

"진실되지 않게 죄를 들추는 비구는 반드시 다섯 가지 법으로 요익되게 하여 뉘우쳐 고치게 해야 한다. 그에게 이렇게 말해야 한다.

'장로여, 그대가 지금 죄를 들추는 것은 진실되지 않아 진실됨이 아니니 뉘우쳐 고쳐야 하오.

때 아닌 때라 맞는 때가 아니고, 뜻으로 요익되게 함이 아니라 바른 뜻의 요익함이 아니고, 거칠어서 부드러움이 아니고, 성내는 것이어서 사랑의 마음이 아니니, 그대는 뉘우쳐 고쳐야 하오.'

사리푸트라여, 진실되지 않게 남의 죄를 들추는 비구는 이 다섯 가지 법으로 요익되게 하여 그것을 뉘우쳐 고치게 해야 하고, 또한 미래의 비구들로 하여금 진실되지 않게 남의 죄를 들추지 않게 해야 한다."

사리푸트라가 붇다께 말씀드렸다.

"세존이시여, 진실되지 않게 죄가 들추어진 비구는 다시 몇 가지 법으로 바꾸도록 해야 합니까?"

붇다께서 사리푸트라에게 말씀하셨다.

"저 진실되지 않게 죄가 들추어진 비구는 다섯 가지 법으로써 스스로 바꾸어 뉘우치지 않아야 한다. 그는 이렇게 생각해야 한다.

'저 비구는 진실되지 않게 죄를 들추었으니 그것은 진실이 아니요, 때가 아니라 맞는 때가 아니며, 뜻으로 요익되게 함이 아니라 바른 뜻의 요익함이 아니고, 거칠어서 부드러움이 아니고, 성내는 것이라 사랑의 마음이 아니다.

나는 참으로 바꾸어 뉘우쳐야 할 것이 없다.'

진실되지 않게 죄가 들추어진 비구는 이 다섯 가지 법으로써 스스로 그 마음을 편안하게 하여 스스로 바꾸어 뉘우치지 않아야 한다."

진실되게 죄 들추는 비구와 진실되게 죄 들춤을 받는 비구가 바꾸어서는 안 될 다섯 가지 원칙을 보이심

사리푸트라가 붇다께 말씀드렸다.

"세존이시여, 어떤 비구가 죄를 들추어내는데 그것이 진실이어서 진실되지 않음이 아니고, 맞는 때라 때 아닌 때가 아니고, 뜻으로 요익함이라 그른 뜻으로 요익되게 하는 것이 아니고, 부드러움이라 거친 것이 아니고, 사랑의 마음이라 성내는 것이 아니면, 진실하게 죄를 들추어낸 비구는 몇 가지 법으로 요익되게 하여 고쳐 바꾸지 않도록 해야 합니까?"

붇다께서 사리푸트라에게 말씀하셨다.

"진실하게 죄를 들추어낸 비구는 다섯 가지 법으로 요익되게 하여 바꾸어 뉘우치지 않게 해야 하니, 이렇게 말해야 한다.

'장로여, 그대는 진실하게 죄를 들추어내었으니 진실 아님이 아니요, 맞는 때라 때 아닌 때가 아니며, 뜻으로 요익함이라 그른 뜻으로 요익되게 하는 것이 아니고, 부드러워서 거친 것이 아니며, 사랑의 마음이라 성내는 것이 아니오.'

사리푸트라여, 진실하게 죄를 들추어낸 비구는 이 다섯 가지 법으로 요익되게 하여 바꾸어 뉘우치지 않게 해야 하며, 또한 미래세상의 진실하게 죄를 들추어낸 비구들로 하여금 바꾸어 뉘우치지 않게 해야 한다."

사리푸트라가 붇다께 말씀드렸다.

"세존이시여, 진실하게 죄가 들추어진 비구는 몇 가지 법으로 요익되게 하여 바꾸지 않게 해야 합니까?"

붇다께서 사리푸트라에게 말씀하셨다.

"그 죄가 들추어진 비구는 다섯 가지 법으로 요익되게 하여 바꾸어 뉘우치지 않게 해야 하니, 이렇게 말해야 한다.

'그 비구는 진실하게 죄를 들추어낸 것이오. 진실되지 않음이 아니니, 그대는 뉘우쳐 바꾸지 말아야 한다.

맞는 때라 때 아닌 때가 아니며, 뜻으로 요익함이라 그른 뜻으로 요익되게 하는 것이 아니고, 부드러워서 거친 것이 아니며, 사랑의 마음이라 성내는 것이 아니다. 그러므로 그대는 뉘우쳐 바꾸지 말아야 한다.'"

진실하게 죄 들추어진 비구가 성낼 때 다스리는 법을 보이심

사리푸트라가 붇다께 말씀드렸다.

"세존이시여, 저는 진실하게 죄가 들추어진 비구가 성내는 것을 보았습니다. 세존이시여, 진실하게 죄가 들추어졌는데도 성내는 비구는 몇 가지 법으로 그 성내고 원망함을 스스로 깨닫게 해야 합니까?"

붇다께서 사리푸트라에게 말씀하셨다.

"진실하게 죄가 들추어졌는데도 성을 내는 비구는 다섯 가지 법으로 스스로 깨닫도록 해야 한다. 그에게 이렇게 말해야 한다.

'장로여, 그 비구는 진실하게 그대의 죄를 들추어서 진실하지 않은 것이 아니니, 그대는 성내거나 원망하지 마시오.

때에 맞는 것이며 뜻으로 요익함이고 부드러워 거친 것이 아니며 사랑의 마음이라 성내는 것이 아니니, 그대는 성내거나 원망하지 마시오.'

사리푸트라여, 진실하게 죄가 들추어지고도 성내는 비구는 이 다섯 가지 법으로 성내고 원망함을 깨닫게 해야 한다."

사리푸트라가 붇다께 말씀드렸다.

"세존이시여, 제 죄를 들추어낸 사람 가운데 진실한 사람과 진실하지 않은 사람이 있으면, 그 두 사람에 대하여 저는 스스로 그 마음을 편안하게 하겠습니다. 만약 그가 진실하다면 저는 스스로 가려 알아야 하고, 만약 그가 진실하지 않다면 스스로 알아서 이렇게 말하겠습니다.

'이것은 진실한 것이 아니다. 나는 지금 이런 법이 없다는 것을 스스로 가려 알고 있다.'

세존이시여, 저는 이와 같이 하겠습니다. 이는 세존께서 '몸을 재목처럼 쪼개는 비유로 말씀한 경'[解材譬經]에서 여러 비구들에게 다음처럼 보이신 뜻과 같습니다.

'만약 어떤 도적이 와서 너를 붙잡아 톱으로 네 몸을 켤 때, 너희들이 도적에게 나쁜 생각을 일으키고 나쁜 말을 한다면 스스로 장애를 낼 것이다.

그러므로 비구들이여, 설사 톱으로 네 몸을 켜 쪼갠다 해도 너희들은 그에게 나쁜 마음을 일으켜 마음을 변해 바꾸지 말고, 또는 나쁜 말을 일으켜 스스로 장애를 짓지 말라.

그 사람에게 사랑의 마음을 내어 원망과 한을 품지 말며, 사방 경

계에 대하여 사랑의 마음의 사마디를 갖추어 머물러서 반드시 그것을 배워야 한다.'

그러므로 세존이시여, 저는 반드시 이와 같이 세존의 말씀대로 몸을 쪼개는 고통도 스스로 편안히 참아야 하겠거늘 하물며 적은 고통과 적은 비방을 편안히 참지 못하겠습니까?

사문의 이익과 사문의 하고자 함은 착하지 않은 법을 끊고자 하고 착한 법을 닦고자 하는 것이니, 이 착하지 않은 법은 끊어야 하고 착한 법은 닦아야 합니다.

방편에 부지런히 정진해 스스로 잘 막아 보살피며, 생각을 매어 사유하여 방일하지 않은 행으로 배워야 할 것입니다."

죄 들춤에 성내지 않는 법다운 비구를 위해 설법하도록 하심

사리푸트라가 붇다께 말씀드렸다.

"세존이시여, 제가 다른 비구의 죄를 들추는데, 진실하여 진실 아님이 아니고, 맞는 때라 때 아닌 때가 아니며, 뜻으로 요익함이라 그른 뜻으로 요익되게 하는 것이 아니며, 부드러워서 거친 것이 아니고, 사랑의 마음이라 성내는 것이 아닌데도, 그 죄가 들추어진 비구 가운데 성냄을 품는 이가 있었습니다."

붇다께서 사리푸트라에게 물으셨다.

"어떤 무리의 비구들이 그 죄를 들추는 말을 듣고 성냄을 품던가?"

사리푸트라가 말씀드렸다.

"세존이시여, 만약 그 비구가 아첨하고 거짓되며, 속이고 믿지 않으며, 스스로 부끄러워함[慚]과 남에 부끄러움[愧]이 없고, 게을러 바른 생각[念] 잃으며, 선정이 되지 못해 나쁜 지혜[惡慧]가 있는 경우입니다. 그리고 게을러 느리고 멀리 여읨[遠離]을 어기어, 실라[戒]와 비나야[律]를 공경하지 않고 사문을 돌아보지 않으며, 부지런히 닦아 배우지 않고 스스로 되살피지 않으며, 살림살이[活生]를 위해 집을 나와서 니르바나를 구하지 않는 경우입니다.

이와 같은 사람들은 제가 죄 들춤을 듣고 곧 성냄을 일으켰습니다."

붇다께서 사리푸트라에게 말씀하셨다.

"어떤 무리의 비구가 그대의 죄 들추어냄을 듣고 성내지 않던가?"

사리푸트라가 붇다께 말씀드렸다.

"세존이시여, 만약 어떤 비구가 아첨하지 않고 거짓되지 않으며, 속이지 않고 믿음이 있으며, 스스로 부끄러워함이 있고 남에 부끄러움이 있으며, 부지런히 힘써 바르게 생각하며, 바른 선정과 바른 지혜가 있는 경우입니다. 그리고 게을러 느리지 않으며, 멀리 여읨을 버리지 않고 실라와 비나야를 깊이 공경하며, 사문의 행을 돌아보고, 니르바나를 높이고 존경하며, 법을 위하여 집을 나온 것이지 살림살이 위한 것이 아닌 경우입니다.

그러면 이와 같은 비구는 제 죄 들춤을 듣고 기뻐하고 공경히 받아들이기를 마치 단이슬을 마시듯 하였습니다.

비유하면 크샤트리아나 브라마나의 여인이 깨끗이 목욕한 뒤에 아름답고 좋은 꽃을 얻으면 사랑하고 즐거워하며 정수리에 받들어 그 머리에 꽂는 것과 같습니다.

이와 같이 그 비구가 아첨하지 않고 거짓되지 않으며, 속이지 않고 바르게 믿으며, 스스로 부끄러워함과 남에 부끄러움이 있고, 부지런히 힘쓰고 바르게 생각하며, 바른 선정과 지혜가 있는 경우입니다. 그리고 게을러 느리지 않으며, 마음을 멀리 여읨에 두고, 실라와 비나야를 깊이 공경하며, 사문의 행을 돌아보고, 부지런히 닦아 스스로 살피며, 법을 위해 집을 나와 뜻으로 니르바나를 구하는 경우입니다.

이와 같은 비구는 제가 죄 들춤을 들으면 기뻐하며 정수리에 받아 마치 단이슬을 마시듯 하였습니다."

붇다께서 사리푸트라에게 말씀하셨다.

"만약 그 비구가 아첨하고 거짓되며, 속이고 믿지 않으며, 스스로 부끄러워함과 남에 부끄러움이 없고, 게을러 생각을 잃으며, 선정이 되지 못해 나쁜 지혜가 있다 하자. 그리고 게을러 느리며 멀리 여읨 어기어, 실라와 비나야를 공경하지 않고 사문의 행을 돌아보지 않으며, 니르바나를 구하지 않고 살림살이를 위해 집을 나왔다 하자.

그러면 이와 같은 비구는 가르쳐줄 수 없고 함께 말할 수 없다. 왜냐하면 이와 같은 비구는 범행을 깨뜨렸기 때문이다.

만약 그 비구가 아첨하지 않고 거짓되지 않으며, 속이지 않고, 믿는 마음이 있으며, 스스로 부끄러워함과 남에 부끄러움이 있고, 부지런히 힘쓰고 바르게 생각하며, 바른 선정과 바른 지혜가 있다 하자. 그리고 게을러 느리지 않으며, 마음을 멀리 여읨에 두고 실라와 비나야를 깊이 공경하며, 사문의 행을 돌아보고 니르바나를 깊이 공경해 법을 위해 집을 나왔다 하자.

그러면 이와 같은 비구는 가르쳐주어야 한다. 왜냐하면 이와 같은 비구는 범행을 닦아 스스로 세울 수 있기 때문이다."

붇다께서 이 경을 말씀하시자, 존자 사리푸트라는 붇다의 말씀을 듣고 기뻐하며 받들어 행하였다.

• 잡아함 497 거죄경(擧罪經)

상가대중이 법과 율을 지키어 화합 상가를 이루기 위해서만 남의 죄를
들추어야 한다. 그러므로 죄를 들추는 사람은 편안한 마음·사랑의 마음·
바른 마음·부드러운 마음·참된 마음으로 해야 하고, 죄 들추어진 사람도
그 들춤이 진실한 것이면 잘 받아들이고 죄를 뉘우쳐 벗어나야 한다. 다섯
가지 원칙은 다음과 같다.

첫째 진실에 의거해야지, 거짓으로 남을 모함해서는 안 된다.
둘째 때에 맞아야지, 이미 지나 잊혀진 일이나 아직 일어나지 않은 일
을 때 아닌 때 말해서는 안 된다.
셋째 바른 뜻 바른 마음으로 그를 요익케 하기 위해 죄를 들추어야지,
그를 그릇되게 하기 위해 죄를 들추어서는 안 된다.
넷째 부드러운 마음으로 화합하기 위해 죄를 들추어야지, 거칠게 따지
고 다투어서는 안 된다.
다섯째 사랑의 마음으로 그를 이끌기 위해서 죄를 들추어야지, 미워하
고 성내는 마음으로 싸워서는 안 된다.

이 다섯 가지 원칙에 거슬러서 죄를 들추는 비구도 그 그릇된 태도가 그
쳐져야 하며, 이 다섯 가지 원칙에 맞게 죄 들추어진 비구 또한 스스로 성내
지 않고 상가의 화합을 위해 그 지적을 받아들이고 허물을 뉘우쳐야 한다.
죄를 들추어낸 사람이 진실에 의거하지 않고 거짓으로 죄를 만들거나 부
풀려 죄를 말했으면, 분명한 '기억의 비나야'로 진실을 밝혀야 한다.
설사 진실되지 않은 죄 들춤을 당하더라도 미움으로 대하지 말고 편안한
마음으로 오직 다르마(dharma)와 비나야(vinaya)에 의거해서 진실을 밝히
고 다툼을 없애 화합으로 나아가야 한다.
죄 들추는 윗자리 비구도 진실에 의거해 죄를 들추었는데도 그것을 받아
들이지 않고 성을 내는 이에게는 바른 법을 설해주지 말아야 한다.

스스로 부끄러워함의 꽃을 이마에 꽂고 욕됨 참음[忍辱]의 옷을 걸치고 윗자리의 깨우쳐줌을 받아들여 여래의 진리의 방에 들려는 바른 수행자에게만 법을 설해주어야 한다.

그것은 곧 죄 들춤을 듣고 단이슬을 마시듯 기뻐하고 니르바나를 구하는 수행자는, 죄 들춤을 들으면 바로 그 허물을 고치어 범행에 나아가고 니르바나에 나아갈 수 있기 때문이다.

모든 바른 법의 근본은 세존이시니, 법왕의 자식인 성문의 제자는 법의 의지처이신 세존의 법대로 따라 행해 스스로 단이슬의 법을 증득해야 한다.

세존과 사리푸트라 존자가 문답하신 내용 밖에 따로 받아 행할 다르마와 비나야가 없으니, 이 다섯 가지 진실과 사랑의 원칙을 받아 지니고 받들어 행해야 붇다의 상가가 길이 세간의 복밭으로 전승될 것이다.

3 일곱 가지 대중 화합의 법

상가의 청정과 화합이 어떻게 해야 잘 유지될 수 있는가.

『열반경』에 '다섯 가지 법이 보디에서 물러서게 한다'고 하였으니, 이 다섯 가지 물러서게 하는 법을 그치면 보디의 길에 물러섬이 없는 상가의 청정 대중이 될 것이다.

아함경에서 붇다는 상가의 '일곱 가지 물러서지 않는 법'[七不退法]을 말씀하고, 비나야에서 범행인이 닦아 행해야 할 화합의 법으로 '일곱 가지 다툼 그치는 법'[七滅諍法]과 '여섯 가지 위로하는 법'[六慰勞法]을 보이시어 다툼 속의 상가대중을 다툼 없는 해탈의 길에 이끄신다.

여래의 당부를 따라 '일곱 가지 물러섬이 없는 다툼 그치는 법'과 '여섯 가지 위로하는 법'을 행하면, 그는 범행을 잘 따라 행하는 상가대중으로서 니르바나 단이슬의 법맛을 얻게 될 것이다.

'일곱 가지 물러서지 않는 법'은 늘 상가대중이 함께하는 카르마의 모임에서 대중의 뜻을 모아 모든 일을 결정하고 위아래 대중이 서로 공경하고 화합하는 등 일곱 가지 법이다.

『열반경』의 다섯 가지 법은 상가의 화합을 깨뜨리므로 그쳐야 할 법이다. 『열반경』에서 보인 '보디에서 물러나게 하는 다섯 가지 법'이란 어떤 것인가.

첫째, 수행자는 붇다 상가의 바른 법과 율 가운데 출가하여 해탈의 길을 닦아 행해야 하는데, 바깥길 삿된 견해 주장하는 무리들의 출가를 좋아함[樂在外道出家]이다.

둘째, 수행자는 늘 사랑의 마음을 닦아 다른 대중을 보살피고 세간의 중생을 사랑의 마음으로 대해야 하는데, 큰 사랑의 마음을 닦지 않음[不修大慈之心]이다.

셋째, 수행자는 바른 스승을 의지해서 연기의 진리를 배워 해탈의 도를 구해야 하는데, 스승인 법사의 허물과 죄 구하기를 좋아함[好求法師過罪]이다.

넷째, 수행자는 번뇌의 업을 떠나고 나고 죽음을 벗어나 니르바나의 도를 구해야 하는데, 나고 죽음의 업에 머물기를 좋아함[常樂處在生死]이다.

다섯째, 수행자는 늘 붇다의 수트라를 읽고 외우며 법과 율에 의해 수행해야 하는데, 수트라와 비나야를 읽고 외우기를 좋아하지 않음[不喜讀誦經典]이다.

이 다섯 가지 물러서게 하는 법은 붇다와 다르마와 상가에 여우처럼 의심해 믿지 않는 마음이 그 바탕이다. 이 여섯 법을 떠나면 늘 보디에서 물러섬이 없고 상가의 화합을 깨뜨림이 없이 잘 법과 율을 의지해 니르바나의 성에 들어가게 될 것이다.

이를 사법의 화합[事和]과 진리의 화합[理和]으로 살펴보자.

수행자가 화합하는 현전상가에 의지하여 갖가지 공경의 법으로 상가의 화합을 보살피면, 그는 곧 가르침대로 닦아 행해 번뇌의 흐름을 돌이켜 지혜의 흐름에 들어서게 된다.

지혜의 흐름에 들어서면 모습에서 모습 떠나 법계진리의 문에 들어서게 되는 것이니, 그때 수행자는 참으로 여래의 진리로써 화합하여 진리로 대중을 거두는[統理] 사방상가[四方僧伽] 그 참된 상가의 수에 들게 될 것[入眞僧數]이다.

진리로써 법계 중생을 거두고 따르는 보디사트바의 화합을 『화엄경』(「십지품」)은 이렇게 말한다.

비유하면 해와 달이 허공 머물러
온갖 물 가운데 다 그림자 나툼같이
법계에 머물러서 움직임 없이
보디사트바가 중생 마음을 따라
그림자를 나툼 또한 그러하도다.

譬如日月住虛空　一切水中皆現影
住於法界無所動　隨心現影亦復然

브릿지의 백성처럼 상가도 일곱 가지 법으로 위아래가 서로 받들어 화합하라

이와 같이 들었다.

한때 붓다께서는 라자그리하 성 칼란다카 대나무동산에서 큰 비구들 오백 명과 함께 계셨다.

그때 마가다 국의 아자타사트루(Ajātaśatru) 왕은 여러 신하들에게 이렇게 말하였다.

"이 브릿지(Vṛji) 국은 아주 타오르듯 번성하고 사람들도 매우 많다. 내 저 나라를 쳐서 저 나라의 땅을 거두어야겠다."

이때 아자타사트루 왕은 바르사카라(Varṣakāra) 브라마나에게 명령하였다.

"그대는 지금 세존 계신 곳에 가서 내 이름으로 세존께 문안드리고 공경히 절하여 받들어 섬기며 이렇게 말씀드리시오.

'왕 아자타사트루는 세존께 이렇게 여쭙니다. 저 브릿지 국을 치려는데 그래도 됩니까.'

그리고 만약 세존께서 무슨 말씀이 계시거든 그대는 잘 사유하고는 돌아와서 내게 말하시오. 왜냐하면 여래의 말씀은 끝내 두 가지를 두지 않기 때문이오."

브라마나는 왕의 명령을 받고 세존 계신 곳에 가서 서로 같이 문안하고 한쪽에 앉았다. 이때 브라마나가 세존께 말씀드렸다.

"왕 아자타사트루는 세존께 공경히 절하고 받들어 모시며 문안드립니다.”

또 거듭 말씀드렸다.

“저 브릿지 국을 가서 치려는데 먼저 와서 붙다께 그래도 되는가를 여쭙습니다.”

그때 그 브라마나는 옷으로 머리와 다리를 덮고 상아로 만든 신을 신고 허리에는 날카로운 칼을 차고 있었다. 그래서 세존께서는 그에게 법을 말씀하지 않으셨다.

브릿지 국을 무너뜨릴 수 없는 일곱 가지 법을 말씀하심

이때 세존께서는 아난다에게 말씀하셨다.

“만약 브릿지 국의 사람들이 일곱 가지 법을 닦는다면 끝내 밖의 적들에게 무너지지 않을 것이다. 어떤 것이 일곱 가지 법인가?

만약 브릿지 국 사람들이 다 한곳에 같이 모여 흩어지지 않는다면 다른 나라에 의해 무너지지 않을 것이니, 이것을 밖의 적에게 무너지지 않는 첫 번째 법이라 한다.

다시 아난다여, 브릿지 국 사람들이 위아래가 서로 화합하고 따른다면 브릿지 국 사람들은 밖의 사람들에게 사로잡히지 않을 것이다. 아난다여, 이것을 밖의 적들에 의해 무너지지 않는 두 번째 법이라 한다.

다시 아난다여, 만약 브릿지 국 사람들이 음란하지 않아 남의 여인을 탐내지 않는다면, 이것을 밖의 적들에 의해 무너지지 않는 세 번째 법이라 한다.

다시 아난다여, 만약 브릿지 국 사람들이 여기에서 들은 것을 저기 가서 전하지 않고, 저기에서 들은 것을 여기 와서 전하지 않는다면, 이것을 밖의 적들에 의해 무너지지 않는 네 번째 법이라 한다.

다시 아난다여, 만약 브릿지 국 사람들이 사문과 브라마나를 공양하고 범행 닦는 이들을 받들어 섬기며 공경히 절한다면 이것을 다섯 번째 법이라 하니, 이때는 곧 밖의 적들에 의해 뺏기지 않는다.

다시 아난다여, 만약 브릿지 국 사람들이 남의 재물과 보배를 탐내지 않는다면, 이것을 밖의 적들에 의해 무너지지 않는 여섯 번째 법이라 한다.

다시 아난다여, 만약 브릿지 국 사람들이 모두 한 마음을 같이하여 신을 모신 사당[神寺]에 향하지 않고 그 뜻을 오롯이한다면, 이것을 밖의 적들에 의해 무너지지 않는 일곱 번째 법이라 한다.

이것을 아난다여, 저 브릿지 국 사람들이 이 일곱 가지 법을 닦는다면 끝내 밖의 적들에 의해 무너지지 않는다고 한 것이다.”

이때 브라마나가 붇다께 말씀드렸다.

“설사 그 사람들이 한 가지 법만 성취하더라도 무너뜨릴 수 없는데, 어찌 일곱 가지 법을 닦는데 무너뜨릴 수 있겠습니까?

그만하시지요, 그만하시지요. 세존이시여, 나랏일이 너무 많아 머물던 곳으로 돌아갈까 합니다.”

그때 브라마나는 곧 자리에서 일어나 떠났다.

뒤로 물러나지 않는 상가의 일곱 가지 법을 보이심

그 브라마나가 아직 멀리 가지 않은 때, 세존께서 비구들에게 말씀하셨다.

“내가 이제 ‘일곱 가지 물러나지 않는 법’[七不退轉法]을 말하겠으니, 너희들은 자세히 듣고 잘 사유해 생각하라.”

"그렇게 하겠습니다, 세존이시여."

그때 비구들이 붇다께 가르침을 받아들으니, 세존께서 말씀하셨다.

"어떤 것이 상가의 일곱 가지 물러나지 않는 법인가?

비구들이여, 알아야 한다. 만약 비구들이 같이 한자리에 모여 서로 화합하고 따르며, 위아래가 서로 받들고 더욱 위를 향해 나아가면, 여러 착한 법을 닦아 물러나지 않고 또 악한 마라가 틈을 얻지 못할 것이니, 이것을 물러나지 않는 첫 번째 법이라 한다.

다시 상가대중이 서로 화합하고 그 가르침을 따르며 더욱 위를 향해 나아가 물러나지 않으면 마라의 왕이 무너뜨리지 못할 것이니, 이것을 물러나지 않는 두 번째 법이라 한다.

다시 비구들이 세상일에 집착하지 않고 세상의 영화를 닦지 않고 더욱 위를 향해 나아간다면 마라의 하늘이 틈을 얻지 못할 것이니, 이것을 물러나지 않는 세 번째 법이라 한다.

다시 비구들이 세상의 잡된 서적을 읽고 외우지 않으며 날이 다하도록 그 마음을 채찍질하면서 더욱 위를 향해 나아간다면 마라의 왕이 틈을 얻지 못할 것이니, 이것을 물러나지 않는 네 번째 법이라 한다.

다시 비구들이 그 법을 부지런히 닦으면서 잠과 졸음을 없애버리고 늘 스스로 깨어 있으면서 더욱 위를 향해 나아간다면 마라의 왕이 틈을 얻지 못할 것이니, 이것을 물러나지 않는 다섯 번째 법이라 한다.

다시 비구들이 셈법[算術]을 배우지 않고 또 남들에게 익히게 하지도 않으며, 한가하고 고요한 곳을 즐기며 그 법을 닦아 익힌다면 악한 마라가 틈을 얻지 못할 것이니, 이것을 물러나지 않는 여섯 번째 법이라 한다.

다시 비구들이 온갖 세간은 즐길 것이 없다는 생각을 일으켜 선정의 행을 익히고 여러 법의 가르침을 참아내면서 더욱 위를 향해 나아간다면 악한 마라가 틈을 얻지 못할 것이니, 이것을 물러나지 않는 일곱 번째 법이라 한다.

만약 비구들이 이 일곱 가지 법을 성취하여 서로 화합하고 따른다면 악한 마라가 틈을 얻지 못할 것이다."

게송으로 일곱 가지 법을 이루어 사마디 닦도록 당부하심

그때 세존께서는 이 게송을 말씀하셨다.

세간의 잡된 여러 일 없애버리고
또 사유함을 어지럽게 하지 말라.
만약 이렇게 행하지 않는다면
또한 사마디도 얻지 못할 것이다.

바른 법을 즐거워할 수 있으면
그 법의 뜻을 잘 분별할 수 있으니
비구가 이런 행을 즐거워하면
그는 사마디의 선정 이루게 되리.

"그러므로 비구들이여, 너희들은 방편을 구해 이 일곱 가지 법을 이루어야 한다.

이와 같이 여러 비구들이여, 반드시 이렇게 배워야 한다."

그때 여러 비구들은 붓다의 말씀을 듣고 기뻐하며 받들어 행하였다.

• 증일아함 40 칠일품(七日品) 二

• 해설 •

붓다께서 '그 법을 성취하면 바깥 적들이 무너뜨릴 수 없으리라' 찬탄했던 브릿지 국 사람들의 '일곱 가지 법'은 다음과 같다.

첫째, 구성원들이 같이 모여 민주적 논의에 의해 나라의 정책과 일을 결정함이다.

둘째, 백성들이 분열되지 않고 서로 화합함이다.

셋째, 생활이 문란하지 않고 풍속이 아름다움이다.

넷째, 백성이 서로 다투지 않고 의사가 바르게 소통됨이다.

다섯째, 현성과 어르신을 공경함이다.

여섯째, 빈부의 격차가 없고 생활이 안정됨이다.

일곱째, 신앙이 삿되지 않고 삿된 세계관을 받들지 않음이다.

한 사회의 건강성을 유지시켜줄 수 있는 이 일곱 가지 법과 다름없이, 바른 법과 율에서 물러나거나 무너짐이 없이 상가를 화합케 하며 바르게 이끌 수 있는 일곱 가지 법은 다음과 같다.

첫째, 화합하는 상가의 카르마에 의해 온갖 일을 지어감이다.

둘째, 상가대중의 위아래가 서로 화합함이다.

셋째, 세간 일과 세간 영화에 집착하지 않고 보디의 길을 닦아감이다.

넷째, 세간의 삿된 견해 치우친 세계관을 가르치거나 말하는 책을 의지하지 않고 여래의 법을 부지런히 배움이다.

　다섯째, 밤낮으로 늘 깨어 사마디와 지혜를 닦음이다.

　여섯째, 세간의 변화와 길흉을 점치는 삿된 생활을 떠나 아란야행을 익힘이다.

　일곱째, 세간에 대한 탐착을 떠나 선정을 닦아감이다.

　이 일곱 가지 법을 잘 닦아 행하면 상가는 늘 화합해 다툼을 떠나 세간의 복밭이 되고, 상가대중은 보디의 길에서 길이 물러남이 없이 실라(śīla)의 몸, 사마디(samādhi)의 몸, 지혜[prajñā]의 몸을 성취하고, 해탈[mokṣa]의 몸, 해탈지견의 몸을 성취할 것이다.

　더불어 사는 대중과 잘 화합하고 스스로 지혜의 몸을 성취하여 세간 중생을 보디에 이끌어 세간의 의지처 되고 중생의 우러름 되는 것이 상가의 길이고 보디사트바의 길이다. 『화엄경』(「이세간품」)은 이렇게 말한다.

　　보디사트바는 법의 왕이 되어
　　바른 길로 중생을 교화하나니
　　악을 떠나 선을 닦도록 해
　　붇다의 공덕 오롯이 구하게 하네.

　　菩薩爲法王　正道化衆生
　　令遠惡修善　專求佛功德

　　보디사트바 크나큰 법의 왕은
　　공덕으로 그 몸을 잘 꾸미어
　　몸의 모습 온갖 좋음 갖추었으니
　　사람과 하늘 모두다 우러러보네.

　　菩薩大法王　功德莊嚴身
　　相好皆具足　人天悉瞻仰

바른 법을 의지해 서로 화합하지 않고
다투는 것은 법의 이익이 아니니

나는 들었다, 이와 같이.

한때 붇다께서 브릿지 국을 노닐어 다니실 때에 시아마(Syāma) 마을에 계셨다. 그때 사미 춘다(Cunda)는 저 포후어[波和]에서 여름 안거를 지내고 있었다.

그 포후어에는 한 니르그란타푸트라(Nirgrantha-putra)가 있었는데 그곳에서 목숨을 마쳤다. 목숨을 마친 지 오래지 않아 니르그란타푸트라의 여러 제자들은 각기 서로 헐뜯어 깨뜨리며 화합하지 않았고, 각기 서로 헐뜯어 깨뜨리며 화합하지 못할 일만 말했다.

그래서 서로 싸우고 다투어 서로 얽어 묶으며, 서로 미워하고 같이 다투었다.

"나는 이 법을 아는데 너는 모른다. 너는 무슨 법을 아느냐? 내가 아는 것과 같으냐?

나는 가지런한데 너는 가지런하지 못하다. 나는 법에 서로 맞는데 너는 서로 맞지 않다. 너는 앞에 말해야 할 것을 뒤에 말하고, 뒤에 말해야 할 것을 앞에 말한다. 내가 빼어나고 너는 나만 못하다. 내가 너에게 일을 물으면 너는 대답하지 못하니 나는 이미 너를 눌렀다.

너는 다시 내게 물어야 한다. 만약 네가 움직이면 나는 거듭 너를 묶어버리겠다."

이렇게 다시 서로 교만하여 그저 이기는 말만 구하는데, 아무도 그들을 꾸짖는 사람이 없었다. 그래서 니르그란타푸트라의 집에 사는 흰옷의 제자들은 이 니르그란타푸트라의 여러 제자들을 싫어하고 걱정하였다.

왜냐하면 그들이 말하는 것이 다 나쁜 법과 율[惡法律]이라 벗어나는 길[出要]이 아니요, 바른 깨달음으로 나아가는 것이 아니며[不趣正覺], 또한 '잘 가신 이의 말씀'[善逝所說]이 아니었기 때문이다.

그들은 서로를 무너뜨려 머무를 곳이 없었고, 의지할 데가 없었으며, 그들이 존경하는 스승 또한 여래·집착이 없는 분·바르게 깨친 분이 아니었다.

춘다 사미가 아난다 존자에게 서로 화합하지 못하는 니르그란타푸트라 제자의 일을 알려줌

이에 사미 춘다는 여름 안거가 다해 석 달을 지낸 뒤, 옷을 다 기운 뒤 가사를 거두고 발우를 가지고 시아마그라마(Syāmagrāma) 북쪽에 있는 시아마 마을로 가서 숲에 머물렀다.

사미 춘다는 존자 아난다가 있는 곳으로 가서 그 발에 절하고 물러나 한쪽에 앉았다.

존자 아난다가 물었다.

"어진 이 춘다여, 어디서 오는 길이며, 어디서 여름 안거를 지냈느냐?"

사미 춘다는 대답하였다.

"존자 아난다시여, 저는 포후어에서 오는 길이며, 포후어에서 여름 안거를 지냈습니다.

존자 아난다시여, 포후어에는 한 니르그란타푸트라가 있었는데,

그는 그곳에서 목숨을 마쳤습니다. 그가 목숨을 마친 지 오래지 않아 니르그란타푸트라의 여러 제자들은 각기 서로 헐뜯어 깨뜨리며 화합하지 않았고, 각기 서로 헐뜯어 깨뜨리며 화합하지 못할 일만 말했습니다.

그래서 서로 싸우고 다투어 서로 얽어 묶으며, 서로 미워하고 같이 이렇게 다투었습니다.

'나는 이 법을 아는데 너는 모른다. 너는 무슨 법을 아느냐? 내가 아는 것과 같으냐?

나는 가지런한데 너는 가지런하지 못하다. 나는 법에 서로 맞는데 너는 서로 맞지 않다. 너는 앞에 말해야 할 것을 뒤에 말하고, 뒤에 말해야 할 것을 앞에 말한다. 내가 빼어나고 너는 나만 못하다. 내가 너에게 일을 물으면 너는 대답하지 못하니 나는 이미 너를 눌렀다.

너는 다시 내게 물어야 한다. 만약 네가 움직이면 나는 거듭 너를 묶어버리겠다.'

이렇게 다시 서로 교만하여 그저 이기는 말만 구하는데, 아무도 그들을 꾸짖는 사람이 없습니다. 그래서 니르그란타푸트라의 집에 사는 흰옷의 제자들은 모두 이 니르그란타푸트라의 여러 제자들을 싫어하고 걱정하고 있습니다.

왜냐하면 그들이 말하는 것이 다 나쁜 법과 율이라 그것은 벗어나는 길이 아니요, 바른 깨달음으로 나아가는 것이 아니며, 또한 '잘 가신 이의 말씀'이 아니었기 때문입니다.

그들은 서로를 무너뜨려 머무를 곳이 없었고, 의지할 데가 없었으며, 그들이 존경하는 스승 또한 여래·집착이 없는 분·바르게 깨친 분이 아니었습니다."

존자 아난다가 이 말을 듣고 곧 말하였다.

"어진 이 춘다여, 이 말을 듣게 되어서 붇다를 가서 뵙고 세존께 이 말을 받들어 올려야겠다.

어진 이 춘다여, 이제 함께 붇다께 나아가 세존께 이 일을 갖추어 말씀드리자. 어쩌면 이로 인해 붇다께 다른 법을 들을 수도 있을 것이다."

세존께 가서 바른 법 바른 스승이 아닐 때
화합이 이루어질 수 없음을 말씀드림

이에 존자 아난다는 사미 춘다와 함께 붇다께 나아가 붇다의 발에 절하였다. 존자 아난다는 물러나 한쪽에 앉고, 사미 춘다도 물러나 한쪽에 앉았다.

존자 아난다가 말씀드렸다.

"세존이시여, 오늘 사미 춘다는 저 있는 곳에 와 제 발에 머리를 대 절하고 한쪽에 앉았습니다. 저는 물었습니다.

'어진 이 춘다여, 어디서 오는 길이며, 어디서 여름 안거를 지냈느냐?'

춘다는 곧 저에게 이렇게 대답했습니다.

'저는 포후어에서 오는 길이며, 포후어에서 여름 안거를 지냈습니다.

존자 아난다시여, 포후어에는 한 니르그란타푸트라가 있었는데, 그는 그곳에서 목숨을 마쳤습니다. 그가 목숨을 마친 지 오래지 않아 니르그란타푸트라의 여러 제자들은 각기 서로 헐뜯어 깨뜨리며 화합하지 않았고, 각기 서로 헐뜯어 깨뜨리며 화합하지 못할 일만 말했습니다.

그래서 서로 싸우고 다투어 서로 얽어 묶으며, 서로 미워하고 같이 이렇게 다투었습니다.

〈나는 이 법을 아는데 너는 모른다. 너는 무슨 법을 아느냐? 내가 아는 것과 같으냐?

나는 가지런한데 너는 가지런하지 못하다. 나는 법에 서로 맞는데 너는 서로 맞지 않다. 너는 앞에 말해야 할 것을 뒤에 말하고, 뒤에 말해야 할 것을 앞에 말한다. 내가 빼어나고 너는 나만 못하다. 내가 너에게 일을 물으면 너는 대답하지 못하니 나는 이미 너를 눌렀다.

너는 다시 내게 물어야 한다. 만약 네가 움직이면 나는 거듭 너를 묶어버리겠다.〉

이렇게 다시 서로 교만하여 그저 이기는 말만 구하는데 아무도 그들을 꾸짖는 사람이 없습니다. 그래서 니르그란타푸트라의 집에 사는 흰옷의 제자들은 모두 이 니르그란타푸트라의 여러 제자들을 싫어하고 걱정하고 있습니다.

왜냐하면 그들이 말하는 것이 다 나쁜 법과 율이라 그것은 벗어나는 길이 아니요, 바른 깨달음으로 나아가는 것이 아니며, 또한 잘 가신 이의 말씀이 아니었기 때문입니다.

그들은 서로를 무너뜨려 머무를 곳이 없었고, 의지할 데가 없었으며, 그들이 존경하는 스승 또한 여래·집착이 없는 분·바르게 깨친 분이 아니었습니다.'

세존이시여, 저는 이 말을 듣자 두렵고 놀라 온몸의 털이 곤두섰습니다. 그리고 세존께서 가신 뒤에 어떤 비구가 있어 대중 가운데서 이런 다툼을 일으키지 않도록 해야겠다고 생각했습니다.

곧 이런 싸움과 다툼은 많은 사람을 이익 주지 못하고, 많은 사람에게 고통이 있게 되며, 바른 뜻도 아니요 요익됨도 아니며, 안온한 즐거움도 아니며, 나아가 하늘과 사람에게까지 지극한 괴로움과 걱정을 일으킬 것입니다.

세존이시여, 저는 한 비구가 세존 앞에 앉아 지극한 마음으로 세존을 공경하고 존중하며, '잘 가신 이'를 잘 보살피는 것을 보았습니다.

세존이시여, 저는 그것을 보고 곧 이렇게 생각했습니다.

'만약 이 비구로 하여금 세존께서 가신 뒤에 대중 가운데서 이런 싸움과 다툼을 일으키게 한다고 하자.

그러면 곧 그 싸움과 다툼은 많은 사람을 이익 주지 못하고, 많은 사람에게 고통이 있게 되며, 바른 뜻도 아니요 요익됨도 아니며, 안온한 즐거움도 아니며, 나아가 하늘과 사람에까지 지극한 괴로움과 걱정을 일으킬 것이다.'"

바른 법에 의지하지 않으므로 법에 대한 다툼이 일어남을 보이심

이에 세존께서 물으셨다.

"아난다여, 너는 어떤 대중 가운데에서 싸움과 다툼이 있는 것을 보았기에 그 싸움과 다툼은 많은 사람을 이익 주지 못하고, 많은 사람에게 고통이 있게 되며, 바른 뜻도 아니요 요익됨도 아니며, 안온한 즐거움도 아니며, 나아가 하늘과 사람에게까지 지극한 괴로움과 걱정을 일으킬 것이라고 하느냐?"

존자 아난다가 대답했다.

"세존이시여, 싸움과 다툼이 있다는 것은 더욱 늘어나고 오르는 계[增上戒] · 더욱 늘어나고 오르는 선정의 마음[增上心] · 더욱 늘어나고 오르는 살핌[增上觀]으로 인하여 대중 가운데서 나서 생겨나는 것입니다.

세존이시여, 이런 싸움과 다툼은 많은 사람을 이익 주지 못하고, 많은 사람에게 고통이 있게 되며, 바른 뜻도 아니요 요익됨도 아니며, 안온한 즐거움도 아니며, 나아가 하늘과 사람에까지 지극한 괴로움과 걱정을 일으킬 것입니다."

세존께서 말씀하셨다.

"아난다여, 이런 싸움과 다툼은 아주 적으니, 곧 더욱 늘어나고 오르는 계 · 더욱 늘어나고 오르는 선정의 마음 · 더욱 늘어나고 오르는 살핌으로 인함을 말한다.

아난다여, 만약 어떤 싸움이 도를 인하고 도의 자취[道迹]를 인해서 대중 가운데서 생겨나는 것이면 아난다여, 그런 싸움과 다툼은 많은 사람을 이익 주지 못하고, 많은 사람에게 고통이 있게 되며, 바른 뜻도 아니요 요익됨도 아니며, 안온한 즐거움도 아니라고 한다.

아난다여, 너는 그 가운데서 어떤 두 비구가 각기 뜻을 달리해 다음과 같이 싸움과 다툼을 일으키는 것을 볼 것이다.

'이것은 법이다, 이것은 법이 아니다, 이것은 율이다, 이것은 율이 아니다, 이것은 저지르는 것이다, 이것은 저지르는 것이 아니다.

가볍다, 무겁다, 뉘우쳐야 한다, 뉘우칠 것이 아니다, 보살펴야 한다, 보살필 것이 아니다, 남음이 있다, 남음이 없다, 일어난다, 일어나지 않는다.'

아난다여, 어떻게 생각하느냐? 다음과 같은 나의 법의 모임[法聚]을 스스로 알고 스스로 깨닫고 스스로 증득하겠는가?

그 법의 모임이란 네 곳 살핌[四念處]·네 가지 바른 끊음[四正斷]·네 가지 자재한 선정[四如意足]·다섯 가지 진리의 뿌리[五根]·다섯 가지 진리의 힘[五力]·일곱 갈래 깨달음 법[七覺支]·여덟 가지 바른 길[八支聖道] 등이다.

아난다여, 니르그란타푸트라는 사실 '온갖 것 아는 이'[一切知者, sarvajñāna]가 아니면서 스스로 '온갖 것 아는 이'라고 일컬었다.

아난다여, 만약 니르그란타푸트라가 온갖 것을 알고 온갖 것을 보는 자라면 그는 제자들을 위하여 '여섯 가지 다툼의 근본'[六諍本]을 세웠을 것이니, 그것은 곧 들으면 다툼을 그치게 되는 것이다."

이에 존자 아난다가 두 손을 맞잡고 붇다를 향해 말씀드렸다.

"세존이시여, 지금이 바로 그때입니다. 잘 가신 이시여, 지금이 바로 그때입니다.

만약 세존께서 여러 비구들을 위해 여섯 가지 다툼의 근본을 말씀하신다면 여러 비구들은 세존께 듣고 잘 받아 지닐 것입니다."

여섯 가지 다툼의 근본을 보여 화합의 길을 가르치심

세존께서 말씀하셨다.

"아난다여, 자세히 듣고 잘 사유하라. 내가 너희들을 위해 갖추어 분별해 말해주겠다."

존자 아난다가 말씀드렸다.

"그렇게 하겠습니다, 가르침을 받아 듣겠습니다."

성내고 번민해 스승을 공경하지 않고

법을 보지 못하며 계 보살피지 않음을 보이심

붇다께서 말씀하셨다.

"아난다여, 어떤 사람이 성내고 번민하면 그는 얽매어 묶인다.

아난다여, 사람이 성내고 번민하여 얽매어 묶이면 그는 스승을 공경하지 않고, 법을 보지 못하며, 계를 보살피지 않는 것이다. 그는 스승을 공경하지 않고, 법을 보지 못하며, 계를 보살피지 않고서는, 곧 대중 가운데서 이와 같은 다툼을 일으킨다.

곧 이런 싸움과 다툼이란 많은 사람을 이익 주지 못하고, 많은 사람에게 고통이 있게 되며, 바른 뜻도 아니요 요익됨도 아니며, 안온한 즐거움도 아니며, 나아가 하늘과 사람에까지 지극한 괴로움과 걱정을 일으킨다.

아난다여, 이와 같은 싸움과 다툼을 네가 안팎에서 보고서도 다하지 않으면, 너는 이 다툼을 끊기 위해 빨리 방편을 구해 배워서 아주 부지런히 정진해 바른 생각과 바른 지혜로 참아 물러나지 않게 해야 한다.

아난다여, 마치 어떤 사람이 불이 머리를 태우고 옷을 태우면, 빨리 방편을 구해 머리를 건지고 옷을 건지는 것과 같다.

아난다여, 이와 같은 싸움과 다툼을 네가 안팎에서 보고서도 다하지 않으면, 너는 그 다툼을 끊기 위해 너는 빨리 방편을 구해 배워서 아주 부지런히 정진해 바른 생각과 지혜로 참아 물러나지 않게 해야 한다.

아난다여, 이와 같은 싸움과 다툼을 네가 안팎에서 보아 이러한 다툼이 다했어도, 너는 그들의 마음을 거듭 보살피며 늘 방일하지 말아야 하니, 이 다툼을 끊어 그치려 하기 때문이다. 그렇게 하면 너는 그 싸움과 다툼의 뿌리를 끊게 될 것이다.

아난다여, 마치 어떤 사람이 불이 머리를 태우고 옷을 태우면, 빨리 방편을 구해 머리를 건지고 옷을 건지는 것과 같다.

이와 같은 싸움과 다툼이 안팎에서 다 없어짐을 보아도 너는 그들의 마음을 거듭 보살피며 늘 방일하지 말아야 하니, 이 다툼을 끊어 그치려 하기 때문이다. 그렇게 하면 너는 그 싸움과 다툼의 뿌리를 끊게 될 것이다."

나쁜 욕심과 삿된 견해로 스승을 공경하지 않고
법을 보지 못하며 계 보살피지 않음을 보이심

"이와 같이 말하지 않음[不語]·맺음[結]·아낌[慳]·질투[嫉]·아첨[諂]·속임[誑]·스스로 부끄러워하지 않음[無慚]·남에 부끄러움이 없음[無愧]·나쁜 욕심[惡欲]·삿된 견해[邪見] 등 이런 것들은 다 나쁜 성질로서 누르기 어렵다.

아난다여, 만약 어떤 사람이 이러한 나쁜 욕심과 삿된 견해 등 나쁜 성질들을 누르지 못하면, 그는 스승을 공경하지 않고, 법을 보지 못하며, 계를 보살피지 못한다.

그는 스승을 공경하지 않고, 법을 보지 못하며, 계를 보살피지 못하고서는 곧 대중 가운데서 이와 같은 다툼을 일으킨다.

그러면 곧 이 싸움과 다툼은 많은 사람을 이익 주지 못하고, 많은 사람에게 고통이 있게 되며, 바른 뜻도 아니요 요익됨도 아니며, 안온한 즐거움도 아니며, 나아가 하늘과 사람에까지 지극한 괴로움과 걱정을 일으킨다.

아난다여, 이와 같은 싸움과 다툼을 네가 안팎에서 보고서도 다하지 않으면, 너는 이 다툼을 끊기 위해 빨리 방편을 구해 배워서 아주 부지런히 정진해 바른 생각과 지혜로 참아 물러나지 않게 해야 한다.

아난다여, 마치 어떤 사람이 불이 머리를 태우고 옷을 태우면, 빨리 방편을 구해 머리를 건지고 옷을 건지는 것과 같다.

아난다여, 이와 같은 싸움과 다툼을 네가 안팎에서 보고서도 다하지 않으면, 너는 그 다툼을 끊기 위해 빨리 방편을 구해 배워서 아주 부지런히 정진해 바른 생각과 지혜로 참아 물러나지 않게 해야 한다.

아난다여, 이와 같은 싸움과 다툼을 네가 안팎에서 보아 이러한 다툼이 다했어도, 너는 그들의 마음을 거듭 보살피며 늘 방일하지 말아야 하니, 이 다툼을 끊어 그치려 하기 때문이다. 그렇게 하면 너는 그 싸움과 다툼의 뿌리를 끊게 될 것이다.

아난다여, 마치 어떤 사람이 불이 머리를 태우고 옷을 태우면, 빨리 방편을 구해 머리를 건지고 옷을 건지는 것과 같다.

이와 같은 싸움과 다툼이 안팎에서 다 없어짐을 보아도 너는 그들의 마음을 거듭 보살피며 늘 방일하지 말아야 하니, 이 다툼을 끊어 그치려 하기 때문이다. 그렇게 하면 너는 그 싸움과 다툼의 뿌리를 끊게 될 것이다."

• 중아함 196 주나경(周那經) 전반부

• 해설 •

니르그란타푸트라는 자이나교의 스승이다. 그 스승이 돌아간 뒤 그 제자들이 화합하지 못하고 서로 미워해 다투고 서로 빼어나고 못남을 따져 세간의 흰옷 입은 이들도 그들을 싫어하였다.

자이나교단의 다투는 모습을 사미 춘다가 보고 그 사실을 아난다께 말하니, 아난다가 그 말을 듣고 붇다 세존이 가신 뒤 남은 상가대중의 다툼을 염려해 사미 춘다와 함께 세존께 가서 상가의 다툼 그치는 법과 상가의 화합을 여쭙는다.

깨끗하고 맑은 업, 법과 율 깨뜨림이 있으므로 금하는 계[禁戒, śīla]를 세운 것이니, 계가 더욱 늘어남은 법과 율 허물어뜨림이 많음을 나타낸다.

또한 법과 율에 대한 다툼과 싸움이 많아지는 것은 더욱 늘어나는 계와 더욱 늘어나고 오르는 선정의 마음이 있음으로 인하는 것이니, 병이 있음으로 약이 있고 약이 늘어남으로 약에 대한 논란이 있는 것과 같다.

그 뜻을 경에서 아난다 존자는 '법과 율에 대한 싸움과 다툼이 있다는 것은 더욱 늘어나는 계로 말미암아 대중 가운데서 나서 생기는 것'이라 한다.

만약 그 다툼이 법 자체에 대한 본질적인 문제의 다툼이 되면 그 싸움은 더욱 커지고 늘어나 뭇 사람들에게 이익 주지 못하게 하니, 그 뜻을 경은 '싸움이 도(道)를 인하고 도의 자취를 인해서 대중 속에서 일어나면 그 다툼은 많은 사람에게 고통을 준다'고 말한다. 동아시아 불교에서 법의 참된 뜻에 돌아가지 못하고 선(禪)과 교(敎)의 종파싸움 선문 문파의 법맥논쟁에 골몰하는 것이 이런 따위 다툼과 싸움이다.

세존은 다툼의 근본을 여섯 가지[六諍本]로 요약해 보이시니, 성내고 번민함으로 스승을 공경하지 않고 법과 계율을 보살피지 않음과, 나쁜 욕심 삿된 견해들을 누르지 못함으로 스승을 공경하지 않고 법과 계율을 보살피지 않음이다.

이 여섯 가지 다툼의 근본을 뒤집어 읽으면, 삿된 견해·성내는 마음·탐욕을 떠나 스승을 공경하고 법과 율을 잘 보살피면 다툼이 사라지고 상가의 화합이 이루어지는 것이다.

삿된 견해를 떠나면 지혜[智]에 나아감이고, 탐욕을 떠나면 서원[願]에 나아감이며, 성냄을 떠나면 자비[悲]에 나아감이다.

지혜와 자비에 나아가는 이는 보디의 길을 가르치는 스승을 공경하지 않을 수 없고, 크신 스승 여래의 법과 율에 의거해 대중과 세간에 자비의 마음을 행하지 않을 수 없는 것이다.

존재의 진실인 여래의 법과 율에 의거해 살아가는 이, 그는 늘 대중 가운데서 다툼을 떠나 화합에로 나아갈 것이고, 성냄을 떠나 욕됨 참는 행[忍辱行]과 자비의 행으로 나아갈 것이다.

『화엄경』(「십지품」) 또한 탐욕과 다툼을 넘어 해탈의 넓고 큰 길에 나아가는 보디사트바의 서원을 이렇게 말한다.

> 범부는 삿된 지혜 그른 앎으로
> 늘 분함과 원한을 마음에 품고
> 다툼과 따지는 일 많이 일으켜
> 탐욕으로 구하는 경계 끝이 없으니
> 내가 반드시 세 가지 독 없애게 하리.
>
> 凡愚邪智不正解　常懷忿恨多諍訟
> 貪求境界無足期　我應令彼除三毒
>
> 어리석음의 큰 어두움에 얽매여 덮여
> 험한 길 삿된 견해의 그물에 들어
> 범부는 나고 죽음의 우리에 갇히고
> 원한의 마음에 걸려 있으니
> 내가 꼭 마라와 도적 꺾도록 하리.
>
> 愚癡大暗所纏覆　入大險道邪見網
> 生死籠檻怨所拘　我應令彼摧魔賊

다툼 그치는 법과 위로법을 행해 화합하면
여래가 늘 세상에 계심이니

"다시 아난다여, 일곱 가지 다툼 그치는 법[七止諍]이 있다.

첫째, 얼굴 앞에서 다툼 그치는 율[面前止諍律]을 주는 것이다.

둘째, 기억해서 다툼 그치는 율[憶止諍律]을 주는 것이다.

셋째, 어리석지 않음으로 다툼 그치는 율[不癡止諍律]을 주는 것이다.

넷째, 스스로 드러내어 다툼 그치는 율[自發露止諍律]을 주는 것이다.

다섯째, 사람을 불러 다툼 그치는 율[君止諍律]을 주는 것이다.

여섯째, 다니며 물어 다툼 그치는 율[展轉止諍律]을 주는 것이다.

일곱째, 걸레 버리듯 다툼 그치는 율[如棄糞掃止諍律]을 주는 것이다."

첫째, 얼굴 앞에서 다툼 그치는 율 주는 것을 분별해 보이심

"아난다여, 어떤 것이 '얼굴 앞에서 다툼 그치는 율'[面前止諍律]을 주는 것이며, '얼굴 앞에서 다툼 그치는 율'을 말미암아 어떻게 그 다툼을 끊는가?

아난다여, 한 사람이 한 사람을 가르쳐 꾸짖되 법과 율로써 보살피며, 스승처럼 가르쳐서 얼굴 앞에서 기뻐하게 한다.

또 한 사람이 두 사람, 한 사람이 많은 사람, 한 사람이 여러 사람을 가르쳐 꾸짖되 법과 율로써 보살피며, 스승처럼 가르쳐서 얼굴 앞에서 기뻐하게 한다.

두 사람이 두 사람을 가르쳐 꾸짖되 법과 율로써 보살피며, 스승처럼 가르쳐서 얼굴 앞에서 기뻐하게 한다.

또 두 사람이 많은 사람, 두 사람이 여러 사람, 두 사람이 한 사람을 가르쳐 꾸짖되 법과 율로써 보살피며, 스승처럼 가르쳐서 얼굴 앞에서 기뻐하게 한다.

많은 사람이 많은 사람을 가르쳐 꾸짖되 법과 율로써 보살피며, 스승처럼 가르쳐서 얼굴 앞에서 기뻐하게 한다.

또 많은 사람이 여러 사람, 많은 사람이 한 사람, 많은 사람이 두 사람을 가르쳐 꾸짖되 법과 율로써 보살피며, 스승처럼 가르쳐서 얼굴 앞에서 기뻐하게 한다.

여러 사람이 여러 사람을 가르쳐 꾸짖되 법과 율로써 보살피며, 스승처럼 가르쳐서 얼굴 앞에서 기뻐하게 한다.

또 여러 사람이 한 사람, 여러 사람이 두 사람, 여러 사람이 많은 사람을 가르쳐 꾸짖되 법과 율로써 보살피며, 스승처럼 가르쳐서 얼굴 앞에서 기뻐하게 한다.

아난다여, 이것을 '얼굴 앞에서 다툼 그치는 율'을 주는 것이라 하며, 이와 같이 '얼굴 앞에서 다툼 그치는 율'을 말미암아 그 다툼을 끊는다."

둘째, 기억해서 다툼 그치는 율 주는 것을 보이심

"아난다여, 어떤 것이 '기억해서 다툼 그치는 율'을 주는 것이며, '기억해서 다툼 그치는 율'을 말미암아 어떻게 그 다툼을 끊는가?

아난다여, 만약 어떤 사람이 계를 범하고도 기억하지 못하면, 여러 비구들은 그것을 보고 그에게 이렇게 말해야 한다.

'너는 일찍이 계를 범하고도 스스로 기억하지 못하는구나. 그대는 여러 사람에게서 기억하는 율[憶律]을 구해야 할 것이다. 여러 사람들은 반드시 그대에게 '어진 이의 기억하는 율'을 말해줄 것이다.'

아난다여, 만약 어느 곳에 여러 사람들이 화합해서 모이면, 그 비구는 거기 가서 가사 한 자락을 벗어 메고 신을 벗고 대중 속에 들어가, 나이 드시고 덕이 높은 비구들 발에 머리를 대 절하고, 길게 무릎 꿇고 두 손 맞잡고 이렇게 말해야 한다.

'여러 존자들이시여, 제가 일찍이 계를 범하고도 기억하지 못하는 것을 들어주십시오. 저는 지금 여러 대중에게서 기억하는 율을 구합니다. 여러 대중께서는 화합하여 저에게 기억하는 율 주시길 바랍니다.'

아난다여, 대중들은 그 비구를 위해 화합하여 모였으니, 반드시 그에게 기억하는 율을 주고, 법과 율로써 스승처럼 가르쳐서 얼굴 앞에서 기뻐하게 해야 한다.

아난다여, 이것을 '기억해서 다툼 그치는 율'을 주는 것이라 하며, 이와 같이 '기억해서 다툼 그치는 율'을 말미암아 그 다툼을 끊는다."

셋째, 어리석지 않음으로 다툼 그치는 율 주는 것을 보이심

"아난다여, 어떤 것이 '어리석지 않음으로 다툼 그치는 율'을 주는 것이며, '어리석지 않음으로 다툼 그치는 율'을 말미암아 어떻게 그 다툼을 끊는가?

아난다여, 만약 어떤 사람이 미친 기운이 일어나 마음이 뒤집히고, 미친 기운이 일어나 마음이 뒤집힌 뒤에 사문의 법이 아닌 깨끗하지 못한 짓을 많이 저지르고, 법다운 행을 따르지 않으며 또 어긋나는 말을 했다고 하자. 그가 뒤에 본마음으로 돌아왔을 때 여러 비구들은 그를 보고 말할 것이다.

'너는 일찍이 미친 기운이 일어나 마음이 뒤집히고, 미친 기운이 일어나 마음이 뒤집힌 뒤에 사문의 법이 아닌 깨끗하지 못한 짓을 많이 저지르고, 법다운 행을 따르지 않으며 또 어긋나는 말을 하였다.

어진 이는 뒤에 본마음으로 돌아왔다. 어진 이는 여러 대중에게서 어리석지 않은 율을 구해야 한다. 여러 대중들은 어진 이에게 어리석지 않은 율을 줄 것이다.'

아난다여, 만약 어느 곳에 여러 사람들이 화합해서 모이면, 그 비구는 거기 가서 가사 한 자락을 벗어 메고 신을 벗고 대중 속에 들어가, 나이 드시고 덕이 높은 비구들 발에 머리를 대 절하고, 길게 무릎 꿇고 두 손 맞잡고 이렇게 말해야 한다.

'여러 존자들이여, 저는 일찍이 미친 기운이 일어나 마음이 뒤집혔고, 미친 기운이 일어나 마음이 뒤집힌 뒤에는 사문의 법이 아닌 깨끗하지 못한 짓을 많이 저지르고 법다운 행을 따르지 않으며 또 어긋나는 말을 하였습니다.

저는 뒤에 본마음으로 돌아왔습니다. 저는 지금 여러 대중들에게 어리석지 않은 율을 구하오니 들어주십시오.

여러 대중들께서는 화합하여 저에게 어리석지 않은 율을 주시길 바랍니다.'

아난다여, 대중들은 그 비구를 위해 화합하여 모였으니, 반드시 그에게 어리석지 않은 율을 주고, 법과 율로써 스승처럼 가르쳐 얼굴 앞에서 기뻐하게 해야 한다.

아난다여, 이것을 '어리석지 않음으로 다툼 그치는 율'을 주는 것이라 하며, 이와 같이 '어리석지 않음으로 다툼 그치는 율'을 말미암아 그 다툼을 끊는다."

넷째, 스스로 드러내어 다툼 그치는 율 주는 것을 보이심

"아난다여, 어떤 것이 '스스로 드러내어 다툼 그치는 율'을 주는 것이며, '스스로 드러내어 다툼 그치는 율'을 말미암아 어떻게 그 다툼을 끊는가?

아난다여, 만약 어떤 사람이 계를 범했는데 말하는 사람이 있기도 하고 말하지 않기도 하며, 기억하는 사람이 있기도 하고 기억하지 못하기도 한다 하자.

그러면 아난다여, 만약 어느 곳에 여러 사람들이 화합해서 모이면, 그 비구는 거기 가서 가사 한 자락을 벗어 메고 신을 벗고 대중 속에 들어가, 나이 드시고 덕이 높은 비구들 발에 머리를 대 절하고, 길게 무릎 꿇고 두 손 맞잡고 이렇게 말해야 한다.

'여러 존자들이여, 제가 이러 이러한 계 범한 것을 들어주십시오. 저는 이제 여러 장로들과 덕 높으신 비구들께 지극한 마음으로 저의 죄를 드러내 스스로 말하고 나타내 보여 감히 덮어 감추지 않습니다. 앞으로 다시 잘 보살펴 지니고 다시 짓지 않겠습니다.'

아난다여, 여러 비구대중은 반드시 그에게 이렇게 물어야 한다.

'어진 이는 스스로 범한 줄을 아는가?'

그는 이렇게 답해야 한다.

'참으로 제가 범한 것을 봅니다.'

대중들은 다시 그에게 이렇게 말해야 한다.

'다시 잘 보살펴 지니고 다시 짓지 말라.'

아난다여, 이것을 '스스로 드러내어 다툼 그치는 율'을 주는 것이라 하며, 이와 같이 '스스로 드러내어 다툼 그치는 율'을 말미암아 그 다툼을 끊는 것이다."

다섯째, 사람을 불러 다툼 그치는 율 주는 것을 보이심

"아난다여, 어떤 것이 '사람을 불러 다툼 그치는 율'을 주는 것이며, '사람을 불러 다툼 그치는 율'을 말미암아 어떻게 그 다툼을 끊는가?

아난다여, 만약 어떤 사람이 부끄러움을 알지 못하고 보고 들은 것을 뉘우치지 않으며, 나쁜 욕심으로 남의 의심 받는다고 하자.

그는 계를 범하고서는 '어떤 곳을 안다'고 일컫고, '어떤 곳을 보았다'고 일컫는다.

'어떤 곳을 안다'고 일컬은 뒤에는 '어떤 곳을 보았다'고 일컫고, '어떤 곳을 보았다'고 일컬은 뒤에는 '어떤 곳을 안다'고 일컫는다.

그는 또 대중 가운데서도 '어떤 곳을 안다'고 일컫고, 대중 가운데 있으면서 '어떤 곳을 보았다'고 일컫는다.

'어떤 곳을 안다'고 일컬은 뒤에는 '어떤 곳을 보았다'고 일컫고, '어떤 곳을 보았다'고 일컬은 뒤에는 '어떤 곳을 안다'고 일컫는다.

아난다여, 그 비구를 위하기 때문에 대중은 서로 화합해 모여 다음과 같이 사람을 불러 다툼 그치는 율을 주어야 한다.

'그대는 도가 없고, 그대는 이치가 없으며, 그대는 악하여 착하지 않다. 무슨 까닭인가? 곧 그대는 계를 범한 뒤에 어떤 곳을 안다고 일컫고, 어떤 곳을 보았다고 일컫었다.

어떤 곳을 안다고 일컫은 뒤에는 어떤 곳을 보았다고 일컫고, 어떤 곳을 보았다고 일컫은 뒤에는 어떤 곳을 안다고 일컫었다.

또 그대는 대중 가운데서도 어떤 곳을 안다고 일컫고, 어떤 곳을 보았다고 일컫었다. 어떤 곳을 안다고 일컫은 뒤에는 어떤 곳을 보았다고 일컫었고, 어떤 곳을 보았다고 일컫은 뒤에는 어떤 곳을 안다고 일컫었기 때문이다.'

아난다여, 이것을 '사람을 불러 다툼 그치는 율'을 주는 것이라 하며, 이와 같이 '사람을 불러 다툼 그치는 율'을 말미암아 그 다툼을 끊는다."

여섯째, 다니며 물어 다툼 그치는 율 주는 것을 보이심

"아난다여, 어떤 것이 '다니며 물어 다툼 그치는 율'을 주는 것이며, '다니며 물어 다툼 그치는 율'을 말미암아 어떻게 그 다툼을 끊는가?

아난다여, 어떤 두 비구가 그 가운데 다음과 같이 작은 뜻에 다툼을 일으킨다고 하자.

'이것은 법이다, 이것은 법이 아니다, 이것은 율이다, 이것은 율이 아니다, 이것은 범하는 것이다, 이것은 범하는 것이 아니다.

가볍다, 무겁다, 말할 것이 있다, 말할 것이 없다, 보살필 것이 있다, 보살필 것이 없다, 남음이 있다, 남음이 없다, 뉘우칠 것이 있다, 뉘우칠 것이 없다.'

아난다여, 그 비구들은 이 다툼을 '물듦이 있는 곳'[猥處]에서 그쳐야 한다. 만약 물듦이 있는 곳에서 그치면 이 다툼은 그쳤다고 말할 수 있다.

그러나 만약 그것을 '물듦이 있는 곳'에서 그치지 못하면 이 다툼은 대중에게 알려야 한다. 만약 대중 속에서 그치면 이 다툼은 그쳤다고 말할 수 있다.

그러나 만약 대중 속에서도 그치지 않으면 아난다여, 서로 가까이 머무는 이들로서 그 가운데 만약 비구가 수트라(sūtra, 經)를 가졌고, 비나야(vinaya, 律)를 가졌으며, 아비다르마(abhidharma, 論)를 가졌으면, 이 비구들은 그 있는 곳에 가서 이 다툼의 일을 말해야 한다.

만약 그곳으로 가던 길에서 그치면 이 다툼은 그쳤다고 말할 수 있다. 그러나 만약 그곳으로 가던 길에서도 그치지 않으면 이 다툼은 다시 대중을 향해 말해야 한다.

만약 대중 앞에서 그치면 이 다툼은 그쳤다고 말할 수 있다. 그러나 만약 대중 앞에서도 그치지 않는다고 하자.

아난다여, 그렇다면 만약 많은 돕는 벗으로서 수트라를 가졌고, 비나야를 가졌으며, 아비다르마를 가진 이가 있다면, 그 비구들은 이 다툼을 그치게 할 것이니, 법과 율로써 스승처럼 가르쳐 얼굴 앞에서 기쁘게 할 것이다.

아난다여, 이것을 '다니며 물어 다툼 그치는 율'을 주는 것이라 하며, 이와 같이 '다니며 물어 다툼 그치는 율'을 말미암아 그 다툼을 끊는다."

일곱째, 걸레 버리듯 다툼 그치는 율 주는 것을 보이심

"아난다여, 어떤 것이 '걸레 버리듯 다툼 그치는 율'을 주는 것이며, '걸레 버리듯 다툼 그치는 율'을 말미암아 어떻게 그 싸움과 다

틈을 끊는가?

아난다여, 만약 머무는 곳에서 여러 비구대중이 서로 싸우고 미워하며 서로 미워하여 다투면 아난다여, 그 여러 비구들은 두 파로 갈라진다.

두 파로 갈라진 뒤에 만약 한 부파 가운데 장로와 덕이 높은 비구거나 그 다음 비구, 또는 한 부파의 종주(宗主)이거나 그 다음 사람이 있으면 아난다여, 이 비구는 저 비구들에게 이렇게 말해야 한다.

'여러 어진 이들이여, 우리들이 도가 없고 이치가 없고 우리들이 악하여 착하지 못한 것을 들어주십시오.

왜냐하면 우리들은 이 잘 말해진 법과 율에 의해 지극한 믿음으로 집을 나와 집 없이 도를 배우는 자들입니다. 그런데 서로 싸우고 서로 미워하며 서로 미워하여 다투고 있습니다.

여러 어진 이들이여, 이 다툼으로 인해 우리들이 계를 범했으면 '스툴라에야야'(sthūlāeyaya, 偸羅遮, 未遂重罪)를 내놓고 '집과 서로 응함'[家相應]을 내놓고는, 우리들 스스로를 위하고 여러 어진 이들을 위하므로, 우리들은 이제 여러 어진 이들을 향해 지극한 마음으로 스스로 잘못을 드러내어 스스로 말하고 스스로 드러내 보여 덮어 감추지 않습니다.

다시 잘 보살피고 지켜 다시는 짓지 않겠습니다.'

아난다여, 만약 이 부파 가운데서 한 비구라도 맞는 이가 없으면[無一比丘應者], 이 비구는 다시 저 둘째 부파로 가서 장로와 덕이 높은 비구의 발에 머리를 대 절하고 길게 무릎을 꿇고 두 손을 맞잡고 이렇게 말해야 한다.

'여러 존자시여, 우리들이 도가 없고 이치가 없고 우리들이 악하여 착하지 못한 것을 들어주십시오.

왜냐하면 우리들은 이 잘 말해진 법과 율에 의해 지극한 믿음으로 집을 버리고 집 없이 도를 배우는 자들입니다. 그런데 서로 싸우고 서로 미워하며 서로 미워해 다투고 있습니다.

여러 어진 이여, 이 다툼으로 인해 우리들이 계를 범했으면 '스툴라에야야'를 내놓고 '집과 서로 응함'을 내놓고는, 이제 여러 장로들과 존자들께 지극한 마음으로 스스로 잘못을 드러내어 스스로 말하고 스스로 드러내 보이고 감히 덮어 감추지 않습니다. 앞으로 다시 잘 보살펴 지키고 뒤에 다시 짓지 않겠습니다.'

아난다여, 그 비구들은 이 비구에게 이렇게 말해야 한다.

'어진 이여, 그대는 스스로 계 범한 것을 아는가?'

이 비구는 반드시 이렇게 대답해야 한다.

'참으로 스스로 계 범한 것을 압니다.'

그러면 그 비구들은 이렇게 말해야 한다.

'앞으로 다시 잘 보살펴 지키고 뒤에 다시 짓지 말아야 한다.'

둘째 부파 또한 이와 같다.

아난다여, 이것을 '걸레 버리듯 다툼 그치는 율'을 주는 것이라 하며, 이렇게 '걸레 버리듯 다툼 그치는 율'을 말미암아 그 싸움과 다툼을 그친다."

여섯 가지 위로하는 법을 보이심

"아난다여, 나는 이제 네가 여섯 가지 위로하는 법[六慰勞法]을 설하도록 하겠으니, 자세히 듣고 잘 사유해 생각하라."

존자 아난다가 말씀드렸다.

"그렇게 하겠습니다. 가르침을 받아듣겠습니다."

붇다께서 말씀하셨다.

"어떤 것이 여섯 가지 위로하는 법인가?

'몸의 사랑의 업'[慈身業]으로써 모든 범행인을 향하라. 이것이 위로하는 법이고 사랑하는 법이고 즐거운 법이다.

이것은 남을 사랑하게 하고 존중하게 하며, 받들게 하고 공경하게 하며, 닦게 하고 거둬주게 하여, 사문을 얻고 한 마음을 얻으며, 정진을 얻고 니르바나를 얻게 한다.

'입의 사랑의 업'[慈口業]과 '뜻의 사랑의 업'[慈意業] 또한 그러하다. 또 만약 '법의 이익'[法利]을 법다이 얻고 스스로 얻은 밥이 발우에 있거든 이와 같은 이익을 나누어[如是利分布] 여러 범행인들에게 베풀어라[施諸梵行]. 이것이 위로하는 법이요 사랑하는 법이요 즐거운 법이다.

이것은 남을 사랑하게 하고 존중하게 하며, 받들게 하고 공경하게 하며, 닦게 하고 거둬주게 하여, 사문을 얻고 한 마음을 얻으며, 정진을 얻고 니르바나를 얻게 한다.

또 만약 계가 있어서[有戒] 빠뜨림이 없고 뚫리지도 않으며, 더러움도 없고 검지도 않으며, 땅과 같아서 남을 따르지 않고 성인이 칭찬하는 바로서 갖추어 잘 받아 지니면, 이와 같은 계를 나누어[如是戒分布] 모든 범행인들에게 베풀어라[施諸梵行]. 이것이 위로하는 법이고 사랑하는 법이고 즐거운 법이다.

이것은 남을 사랑하게 하고 존중하게 하며, 받들게 하고 공경하게 하며, 닦게 하고 거둬주게 하여, 사문을 얻고 한 마음을 얻으며, 정진을 얻고 니르바나를 얻게 한다.

또 만약 '거룩한 견해'[聖見]가 있어서 나고 죽음 벗어나 밝게 보고 깊이 통달하여 바로 괴로움을 다할 수 있으면, 이와 같은 견해를 나누어[如是見分布] 모든 범행인들에게 베풀어라[施諸梵行]. 이것이 위로하는 법이고 사랑하는 법이고 즐거운 법이다.

이것은 남을 사랑하게 하고 존중하게 하며, 받들게 하고 공경하게 하며, 닦게 하고 거둬주게 하여, 사문을 얻고 한 마음을 얻으며, 정진을 얻고 니르바나를 얻게 한다.

아난다여, 내가 조금 전 말한 여섯 가지 위로하는 법이란 이 때문에 말한 것이다."

다툼 그치는 법과 위로하는 법 행하면 진리 안에서
길이 화합하게 됨을 보이심

"아난다여, 만약 너희들이 저 여섯 가지 다툼의 근본을 바로 끊은 자로서, 나아가 이 일곱 가지 다툼을 그치는 법[七止諍]으로, 설사 대중 가운데서 싸움과 다툼을 일으켜도, '걸레 버리듯 다툼 그치는 율'로 그치게 하고, 다시 이 여섯 가지 위로하는 법을 행한다 하자.

아난다여, 그러면 이와 같이 너희들은 내가 세상을 떠난 뒤에도 함께 어울려 화합하고 기뻐하며 싸우지 않을 것이다.

한 마음[一心]을 같이하고, 한 가르침[一敎]을 같이하며, 물과 젖이 하나로 합하듯 즐겁게 노닐어 다님이 내가 세상에 있을 때와 같을 것이다."

붇다께서 이렇게 말씀하시자, 존자 아난다와 여러 비구들은 붇다의 말씀을 듣고 기뻐하며 받들어 행하였다.

• 중아함 196 주나경 후반부

• 해설 •

비나야(vinaya)에서 일곱 가지 다툼 없애는 법[七滅諍法]과 아가마
(āgama, 阿含)의 일곱 다툼 그치는 법은 그 이름이 약간씩 다르나 그 뜻은
서로 통한다.

첫째, 얼굴 앞에서 다툼 그치는 법은 비나야에서 '현전 비나야'[現前毘
尼]를 말한다.

둘째, 기억해서 다툼 그치는 법은 비나야에서 '기억해서 그치는 비나
야'[憶念毘尼]를 말한다.

셋째, 어리석지 않아 다툼 그치는 법은 비나야에서 '어리석지 않은 상
태에서 미친 상태를 입증케 하는 비나야'[不疾毘尼]를 말한다.

넷째, 스스로 다툼 그치는 법은 비나야에서 '스스로 말함으로 다툼 그
치는 비나야'[自言治法]를 말한다.

다섯째, 사람을 불러 다툼 그치는 법은 비나야에서 '여러 사람의 의사
를 물어 다툼 그치는 비나야'[多覓毘尼]를 말한다.

여섯째, 다니며 다툼 그치는 법은 비나야에서 죄의 진술이 모순될 때
카르마를 통해 '죄의 모습을 다시 물어 다툼 그치는 비나야'[覓罪毘尼]
를 말한다.

일곱째, 걸레 버리듯 다툼 그치는 법은 비나야에서 '풀로 땅을 덮듯 화
해해서 그치는 비나야'[如草覆地毘尼]를 말한다.

걸레 버리듯 다툼 그친다는 것은 각기 자기 주장을 버리고 다른 주장에
귀기울여 서로 화해하는 입장을 말한다.

무거운 죄라도 아직 그 일 저지르기 전의 죄를 스툴라에야야라 하니, 이
죄는 뉘우침으로써 죄를 벗어날 수 있다.

그러나 상가대중의 신분만을 유지시키는 무거운 죄로서 승잔죄라면 상
가의 카르마를 통해서만 그 죄를 벗어날 수 있다.

죄의 있고 없음에 다툼이 발생하면 일곱 가지 법에 의해 카르마아차르야가 입회하는 현전상가에서 대중의 카르마에 의해 판결해야 한다.

죄가 있고 없음의 판단에 대중의 의사가 갈리면 갈라진 파의 큰 장로와 덕 있는 비구에게 다툼 없애 화해하도록 중재를 요청해야 한다.

다만 스툴라에야야의 허물이나 출가상가의 일이 아니고 세속의 일에 관계된 일[家相應]은 장로에게 물어서 다툼을 없앨 것이 없다. 상가의 다툼에 견해가 갈리어 중재 요청을 받으면 큰 장로와 윗자리 비구들은 두 다툼의 당사자인 비구를 불러 죄에 대한 뉘우침을 받고 다툼을 일으킨 허물에 대한 뉘우침을 받아 화해하도록 해야 한다.

상가대중은 다툼이 있으면 현전의 상가와 현전의 법과 율, 덕 높은 장로의 중재에 의해 그 다툼을 없애야 하며, 여섯 가지 위로하는 법으로 상가대중끼리 서로 보살피고 서로 거두어야 한다.

여섯 가지 법은 몸과 입과 뜻의 자비의 업을 행함이고, 거룩한 계와 법의 보시 거룩한 견해를 갖추어 서로 공경하고 서로 사랑함이다.

여래의 법과 율에 의거해 일곱 가지 다툼 그치는 법으로 여섯 가지 위로법을 행한다면, 설사 그 때와 곳이 여래가 계신 현전상가를 떠나더라도 여래의 사방상가를 떠남이 없이 길이 여래의 법의 몸[法身]과 몸을 같이할 것이다. 그리고 여래의 지혜의 목숨[慧命]과 목숨을 같이하며, 여래의 진리의 땅[淨土]과 그 머무는 곳을 같이할 것이다.

여래의 법을 따라 배우는 이들이 분별과 다툼을 떠나 한 마음의 사마디를 이루면 현전상가에서 사법의 화합을 이룰 뿐만 아니라, 세간법을 떠나지 않고 여래의 법의 몸을 보아 진리의 화합을 이룰 것이니, 『화엄경』(「입법계품」)은 말한다.

한량없는 달과 같은 지혜
시방 세계 널리 비치어
세간 어리석음의 가림 없애고

갖가지 몸을 나투어 보이면
그 모습 중생과 평등하리.

普照十方刹　悉滅世癡翳
現化種種身　相狀等衆生

그 몸은 시방 세계를 채워서
삼계의 존재바다 건네 해탈케 하고
묘한 몸은 시방에 두루하여서
중생 앞에 널리 나타나리.

充滿十方界　度脫三有海
妙身遍十方　普現衆生前

제4장

자비의 공동체

"비구여, 너는 이제 두려워하지 말라.
내가 몸소 너를 공양하여 조금도 불편이 없게 하리라.
나는 오늘 하늘위와 사람 가운데 홀로 우뚝 거닐어
짝할 이 없지만 또한 온갖 병든 이들을 살펴줄 수 있다.
건져 보살필 이 없는 이에게 건져 보살핌이 되어주고,
눈먼 이에게는 눈이 되어주며, 여러 병든 사람들을 건져준다."

연기론의 세계관에서 세계를 떠난 자기만의 나는 없으며, 나를 떠나 홀로 닫혀 있는 세계만의 세계도 없다. 그러므로 연기론에서 해탈은 세계와 동떨어진 자기내면의 영적 자아에 복귀하는 길이거나 자기를 버리고 초월적 신성에 돌아가는 길도 아니다.

연기론에서 바른 앎, 바른 견해는 연기법의 진실 그대로의 앎[如實知]이니, 진리 그대로의 앎[如眞智]을 지혜라 한다. 지혜에는 보는 나와 보여지는 세계에 같은 모습도 없고 다른 모습도 없으며, 나와 중생에 취할 모습이 없지만 머물러야 할 공함[空]도 없다.

저 중생과 세계에 취할 모습이 없지만 머물 공함도 없으므로, 연기의 가르침을 따라 세계의 진실을 깨달아 해탈하려는 상가의 대중은 연기의 세계관 그대로 스스로의 해탈을 세계와 중생의 해탈과 더불어 구현해간다.

위대한 스승 붇다는 스스로 참으로 해탈하기 위해서는 나[我, ātman]에서 나라는 모습 취함[我相]을 떠나고 사람[人, pudgala]에서 사람이라는 모습 취함[人相]을 떠나 끝없는 중생에 대해 한량없는 자비의 마음을 닦도록 가르친다.

여래의 법을 따라 배워 보디의 길을 걸으려는 상가대중은 스스로 크신 스승으로부터 법을 듣고 알았으면, 아직 알지 못하는 처음 배우는 이, 집에 머물며 흰옷 입은 이들에게 그 법을 설해 바른 법을 이해하도록 해주어야 한다.

연기의 진리를 살펴 나고 죽음과 니르바나에 모두 머물 모습이 없음을 바로 본 큰 중생[mahāsattva]은 스스로 고통바다를 건너되 뭇 삶들을 함께 건너도록 이끌어주어야 한다.

출가상가는 세간의 다섯 탐욕으로부터 멀리 떠나 집이 없이 아란 야에 머물며 마음의 해탈을 추구하는 공동체이지만, 상가는 곧 서로 이끌어 세간 중생과 함께 니르바나에 나아가는 자비의 공동체이며, 모습 없고 바람 없되[無願] 세간 구원의 크나큰 바람[大願]으로 가득 찬 서원의 집단이다.

곧 상가가 추구하는 공함[空]과 모습 없음[無相]과 바람 없음[無願]의 해탈의 문은 공함과 함이 없음에 머무는 길이 아니라, 모습에서 모습 떠나 진실의 모습[實相] 구현하는 행으로 발현되며, 구함과 바람이 없되 크나큰 서원으로 중생과 중생의 세간을 장엄하는 길이다.

지혜에 돌아가는 붇다 상가의 대중은 바로 크나큰 사랑[大慈]의 사람이 되고 크나큰 서원[大願]의 사람이 되어야 하는 것이다.

자비의 물로 세간 탐욕의 불과 번뇌의 티끌을 씻어주고 지혜의 향기, 해탈의 향기로 세간 중생의 땅을 장엄하는 마하사트바의 길이 상가의 길이니, 『화엄경』(「이세간품」)은 이렇게 가르친다.

보디사트바의 방편의 땅이
여러 중생 널리 이익되게 하고
보디사트바의 자비의 물이
모든 번뇌 깨끗이 씻어주며
보디사트바의 지혜의 불이
모든 미혹과 번뇌의 섶 태우네.

菩薩方便地　饒益諸衆生
菩薩慈悲水　澣滌諸煩惱

菩薩智慧火　燒諸惑智薪

보디사트바의 머묾 없는 바람
삼계의 허공 노닐어 다니고
보디사트바는 진기한 보배 같아
가난하고 곤궁한 액난 건져주며
보디사트바는 금강과 같아
뒤바뀐 견해를 꺾을 수 있네.

菩薩無住風　遊行三有空
菩薩如珍寶　能濟貧窮厄
菩薩如金剛　能摧顚倒見

보디사트바는 보배목걸이 같아
삼계의 몸을 아름답게 꾸미고
보디사트바는 마니구슬 같아
온갖 행을 늘려 키우며
보디사트바의 덕은 꽃과 같아
보디의 향기를 늘 일으키네.

菩薩如瓔珞　莊嚴三有身
菩薩如摩尼　增長一切行
菩薩德如華　常發菩提芬

보디사트바의 원은 꽃다발 같아
늘 중생의 머리를 묶어주고

보디사트바의 맑은 계의 향은
굳게 지니어 빠뜨려 범함이 없고
보디사트바의 지혜의 바르는 향
그 냄새 삼계에 널리 풍기네.

菩薩願如鬘　恒繫衆生首
菩薩淨戒香　堅持無缺犯
菩薩智塗香　普熏於三界

보디사트바는 온갖 중생을
잘 열어 저 언덕에 이끌어주며
보디사트바는 스스로 그렇게
온갖 것 아는 지혜의 경계 깨닫네.

菩薩善開導　一切諸群生
菩薩自然覺　一切智境界

1 자기해탈과 자비의 실천

자비는 억지로 짓는 행이 아니라, 지혜 그대로의 삶의 모습을 자비라 한다. 연기법의 지혜는 앎에 앎이 있는 앎이 아니라 모든 법이 연기이므로 공함을 깨달아 앎에 앎 없는 앎[無知之知]이다. 그렇듯 여래가 가르치는 자비 또한 보고 듣고 아는 것에 애착과 탐욕이 있는 사랑[愛見心]이 아니라 따짐이 없고 구함이 없는 큰 마음[無緣心]을 자비라 한다.

지혜의 측면에서 해탈이 미혹과 얽매임에서 벗어남이라면, 자비의 측면에서 해탈은 탐욕과 애착이 바람 없는 큰 바람[大願]과 자비의 마음으로 돌이켜짐이다.

그러므로 연기론에서 해탈은 얽매임과 묶임에서 벗어남이자 자비의 삶에 돌아감이다.

『금강경』에서는 해탈의 완성자 붓다를 '온갖 모습에서 모습 떠난 이를 붓다라 이름한다'[離一切相 卽名諸佛]고 한다. 경의 가르침처럼 나와 중생, 나와 세계의 모습에서 모습 떠나 모습 취함 없으면 지금껏 닫힌 마음은 나와 중생에 두 모습 없는 크나큰 자비의 마음[大

慈悲心]과 넓고 큰 서원의 마음[廣大誓願心]이 되는 것이니, 해탈의
완성이란 법계 진실 그대로의 자비와 서원의 완성인 것이다.

중국 화엄교(華嚴敎)에서 보인 해탈의 뜻으로 자비를 다시 살펴
보자. 화엄교에서는 해탈에는 다음 다섯 가지 뜻[五義]이 있다고 말
한다.

① 나고 죽음이 얽어맬 수 없음[生死不能縛] 나고 죽음에 실로 나고
죽음이 없음을 깨달으면 나고 죽음의 얽매임에서 벗어남을 말한다.

② 경계의 모습이 얽어맬 수 없음[境相不能縛] 보여지는바 세계와
중생의 모습이 공함을 깨달으면 경계의 모습에 얽매이지 않음을
말한다.

③ 드러나는 미혹이 얽어맬 수 없음[現惑不能縛] 보여지는바 경계
가 공한 줄 알면 현전하는 분별이 또한 사라지므로 경계를 아는
분별심에서 벗어남을 말한다.

④ 닫혀진 있음이 얽어맬 수 없음[有不能縛] 함이 있고 모습 있는
온갖 법이 있되 공한 줄 알면 존재의 있는 모습에서 벗어나게 됨
을 말한다.

⑤ 미혹이 얽어맬 수 없음[惑不能縛] 있음을 있음으로 보는 번뇌
가 미혹의 뿌리가 되는데, 있음이 있음 아닌 줄 알면 미혹이 본래
공해 미혹 밖에 보디가 없게 되므로 미혹의 장애에서 벗어남을 말
한다.

위 화엄교의 풀이로 보면 나와 중생의 있는 모습에서 벗어남이 해
탈인데, 나고 죽음의 굴레와 나와 중생의 있는 모습이 본래 있음 아

니므로 나와 중생의 공한 모습에도 머물 것이 없는 것이다.

그러므로 나고 죽음에서 해탈한 이는 끝내 나고 죽음이 없는 고요함에도 머묾 없이 크나큰 자비심으로 중생 세간 속에 돌아나오게 되는 것이니, 자비의 마음 넓고 큰 서원의 마음이 없는 해탈은 연기법의 해탈이 아닌 것이다.

『화엄경』(「이세간품」)은 번뇌 떠난 고요한 마음이 크나큰 서원의 행으로 발현됨을 이렇게 말한다.

길이 번뇌의 몸 떠난 보디사트바
자재한 해탈의 몸을 나타내고
법이 말할 수 없음을 알지만
갖가지 말로 법을 설해주네.

永離煩惱身　而現自在身
知法不可說　而作種種說

보디사트바의 마음은 늘 고요하여
청정하기 저 허공과 같지만
널리 모든 세계를 장엄하여서
온갖 중생에 나타내 보이네.

其心常寂滅　淸淨如虛空
而普莊嚴刹　示現一切衆

보디사트바의 이와 같은 광대한 행은 나와 중생의 모습에 취할 바 없는 보디의 마음 자체인 것이니, 보디의 행 밖에 중생 향한 자비의 행이 없는 것이다.

「십회향품」은 다시 이렇게 말한다.

보디사트바는 시방 세계 가운데
온갖 중생 남음 없이 널리 거두어
그 바탕의 성품 있지 않음 살피니
시방 세계 이르는 온갖 곳에서
중생에게 모든 공덕 잘 회향하네.

普攝十方世界中　一切衆生無有餘
觀其體性無所有　至一切處善迴向

지혜 있는 이 붇다의 법 밝게 알아서
이와 같은 행으로 잘 회향하여
온갖 모든 중생을 슬피 여기어
진실한 법 바로 사유하도록 하네.

智者了知諸佛法　以如是行而迴向
哀愍一切諸衆生　令於實法正思惟

늘 중생 사랑하는 마음 닦아
스스로 해탈하고 남을 위해 연설하라

이와 같이 들었다.

한때 붇다께서는 슈라바스티 국 제타 숲 '외로운 이 돕는 장자의 동산'에 계셨다.

그때 세존께서 여러 비구들에게 말씀하셨다.

"만약 중생들이 사랑의 마음으로 해탈함[慈心解脫]을 닦아 행하고, 그 뜻을 널리 펴서 사람들에게 연설하면 반드시 열한 가지 과보를 얻을 것이다.

어떤 것이 그 열한 가지인가?

첫째 누워서 편안함이고, 둘째 깨어도 편안함이며, 셋째 나쁜 꿈을 보지 않음이다.

넷째 하늘의 보살핌이고, 다섯째 사람이 사랑함이며, 여섯째 독을 받지 않음이다.

일곱째 군대의 해를 받지 않음이고, 여덟째 물의 침해를 받지 않음이며, 아홉째 불의 침해를 받지 않음이다.

열째 도적의 침해를 당하지 않음이고, 열한째 몸이 무너지고 목숨을 마친 뒤에는 브라흐마하늘에 태어남이다.

이것을 비구들이여, '사랑의 마음을 닦아 행하면 열한 가지 복을 얻는다'고 하는 것이다."

**사랑의 마음 닦아 얻는 열한 가지 좋은 과보를 보이시고
자비행을 당부하심**

그때 세존께서 곧 이 게송을 말씀하셨다.

　　만약 사랑의 마음 닦아 행하고
　　또한 방일하게 행하지 않는다면
　　모든 맺음은 차츰차츰 엷어져서
　　돌이켜 도의 자취 보게 되리라.

　　이 사랑의 마음을 행함으로써
　　반드시 브라흐마하늘에 태어나
　　빨리 니르바나의 사라짐 얻어서
　　함이 없는 곳에 길이 이르게 되리.

　　죽이지 않고 해치는 마음 없으며
　　또한 이기고 지는 뜻이 없어서
　　언제나 사랑의 마음을 행해
　　온갖 곳에 두루 가득하게 하면
　　끝내 원한의 마음 없게 되리라.

"그러므로 비구들이여, 방편을 구하여 사랑의 마음을 닦아 행해 널리 그 뜻을 펼쳐야 한다.

이와 같이 여러 비구들이여, 반드시 이렇게 배워야 한다."

그때 여러 비구들은 붇다의 말씀을 듣고 기뻐하며 받들어 행하

였다.

· 증일아함 49 목우품 +

· 해설 ·

해탈은 지혜의 마음이 아니면 이루어지지 않지만 지혜의 마음은 자비로
발현되므로 자비의 마음이 아닌 해탈은 없다.

그러므로 경은 자비의 마음으로 해탈함[慈心解脫]이라 하니, 자비의 마
음일 때 고요히 편안함과 늘 깨어 있음, 바깥 경계와 사람들로부터 해침을
받지 않는 삶의 공덕이 갖춰진다.

곧 자비의 마음일 때 지혜의 마음이고, 지혜의 마음은 나를 해칠 도적과
원수, 물과 불의 재난을 보지 않으니, 사랑의 마음일 때 경계의 바람과 독이
나의 삶을 흔들지 못한다.

지혜와 자비의 마음은 보고 들음 속에서 보고 들음 없고 누워 잠듦 속에
서 어두움이 없으니, 그는 깨어서도 늘 편안해 번뇌의 어지러움이 없고 누
워서도 편안해 나쁜 꿈이 없다. 여래의 지혜와 자비의 길이 이와 같지만 여
래는 중생의 집착 따라 다스림의 약[對治悉壇]을 달리 쓰신다.

곧 브라흐만에 대한 신앙이 보편화되어 있고 브라흐마 하늘에 나는 것이
해탈이라 여기는 대중의 정서를 따라, 여래 또한 브라흐만의 법으로 지혜와
자비의 길을 설하신다.

그러므로 여래는 사랑의 마음이 온 세상을 채우면 그가 브라흐마하늘에
태어나 니르바나의 함이 없는 곳에 이른다고 가르치신다.

그리고 자비의 완성자 여래가 바로 이 세간의 '브라마나 가운데 브라마
나'라고 가르치고, 때로 여래의 자비를 잘 따라 행하는 자를 '보디사트바 큰
브라흐마하늘왕'[菩薩大梵王]이라 가르치신다.

사랑의 마음 가엾이 여기는 마음 등으로
네 브라흐만의 집을 이루어야 한다

이와 같이 들었다.

한때 붇다께서는 슈라바스티 국 제타 숲 '외로운 이 돕는 장자의 동산'에 계시면서 여러 비구들에게 말씀하셨다.

"네 가지 평등한 마음이 있다. 어떤 것이 네 가지인가.

곧 사랑하는 마음·가엾이 여기는 마음·기뻐하는 마음·보살피는 마음이다.

무슨 까닭에 '브라흐만의 집'[梵堂]이라 하는가.

비구들이여, 알아야 한다. 브라흐만 가운데 큰 브라흐만을 천 브라흐만이라 이름한다.

그는 같이하는 이 없고 그 위를 지나는 자가 없어서 천 나라를 거느리니 이것은 그의 집이다. 그러므로 브라흐만의 집이라 이름한다.

비구들이여, 이 네 브라흐만의 집에 있는 세력으로 천 나라를 살필 수 있다. 그러므로 브라흐만의 집이라 이름한다.

그러므로 여러 비구들이여, 만약 어떤 비구가 욕계의 하늘을 건너 탐욕 없는 곳에 살려고 하면, 그 사부대중은 반드시 방편을 구해 이 '네 브라흐만의 집'[四梵堂]을 이루어야 한다.

이와 같이 여러 비구들이여, 반드시 이렇게 배워야 한다."

그때에 비구들은 붇다의 말씀을 듣고 기뻐하며 받들어 행하였다.

• 증일아함 29 고락품 +

우주 만유를 전변해내는 오직 하나인 최고의 신 브라흐만을 섬기는 브라마나들은 브라흐만에 합일함으로써 죽어서 저 브라흐만의 집에 들려고 하고, 가장 높은 브라흐마하늘에 나는 것을 최상의 복 얻는 길이라 여긴다.

그러므로 붇다 또한 방편으로 브라흐마하늘에 남을 보이시고 브라흐만의 방[梵室]으로 해탈의 법을 보이신다.

그러나 세간의 제사계급들인 브라마나들은 브라흐마하늘신에 공양하고 하늘신에 경배함으로써 저 하늘에 난다 말하나, 붇다는 지혜와 자비의 마음으로 미혹과 애착에서 해탈할 때 저 하늘에 난다고 가르치시며, 큰 사랑과 슬피 여김 · 따라 기뻐하는 마음과 평정의 마음, 이 네 가지 한량없는 마음이 바로 브라흐만의 네 가지 방[四梵室]이라 가르친다.

붇다의 가르침으로 보면 지혜로 인해 자비의 마음이 있고 자비의 마음으로 마음이 해탈하면 그 해탈의 마음이 브라흐만의 방인 것이니, 자비의 마음이 있는 그곳이 브라흐만의 하늘이고 그 하늘의 방인 것이다.

자비의 마음에는 저 중생과 세계가 넓고 큰 자비의 마음 밖이 아니니, 이 길이 여래가 가르치신 해탈의 한 길[解脫一路]이며 하나인 세계의 진실[唯一事實]인 것이다.

해탈의 한 길을 힘있게 나아가는 이, 그가 어찌 하늘의 하늘길 사람의 사람길에 자재하지 못하겠는가.

하늘길을 걸으면 브라흐마하늘 집의 주인이 될 것이고, 사람길을 걸으면 세간의 큰 영웅 사람 가운데 사자[人師子]가 될 것이다.

비구들이여, 사랑의 마음 행하는 이
그를 '가장 빼어남'[最勝]이라 이름하나니

이와 같이 내가 들었다.

한때 붇다께서는 슈라바스티 국 제타 숲 '외로운 이 돕는 장자의 동산'에 계시면서 여러 비구들에게 말씀하셨다.

"사랑의 마음을 행하고 사랑의 마음을 널리 펴야 한다.

사랑의 마음을 행하면 성내는 마음은 저절로 사라질 것이다.

왜 그런가. 비구들이여, 알아야 한다. 옛날 어떤 귀신이 있었는데 매우 사나웠다. 그가 인드라하늘왕의 자리 위에 와 앉아 있었다.

그때에 서른세하늘들은 아주 성을 내어 이렇게 말했다.

'어떻게 이 귀신은 우리 주인의 자리 위에 앉아 있는가.'

여러 하늘들이 성내는 마음을 일으킬수록 그 귀신은 더욱 단정해지고 얼굴 모습은 아주 남달랐다.

그때 인드라하늘왕은 '널리 모이는 강당'[普集講堂] 위에서 아름다운 여인들과 서로 같이 즐기고 있었다.

때에 어떤 하늘사람이 인드라하늘왕이 있는 곳에 가서 말했다.

'카우시카(Kauśika)여, 아셔야 합니다. 지금 어떤 나쁜 귀신이 높은 자리 위에 앉아 있습니다. 그래서 지금 서른세하늘들은 매우 성내는 마음을 품고 있습니다. 그러나 여러 하늘들이 성냄을 일으킬수록 그 귀신은 더욱 단정해지고 얼굴 모습이 아주 빼어납니다.'

인드라하늘왕은 생각하였다.

'그는 틀림없이 신묘한 귀신일 것이다.'

이때 인드라하늘왕은 그 귀신이 있는 곳으로 가, 서로 가기 멀지 않은 곳에서 스스로 이름을 일컬었다.

'나는 인드라하늘왕이다. 여러 하늘의 주인이다.'

인드라하늘왕이 스스로 이름을 일컫자 그 나쁜 귀신은 곧 못생긴 몸으로 변하고 얼굴 모습은 미워졌다.

그리고 그 나쁜 귀신은 이내 사라졌다.

비구들이여, 이런 방편으로 사랑의 마음을 행해 버려 떠나지 않으면 그 덕이 이와 같음을 알 수 있다."

인드라하늘왕의 보기를 드신 뒤, 사랑의 마음으로 해탈의 길에 나아가게 됨을 보이심

"또 비구들이여, 나는 옛날 일곱 해 동안 늘 사랑하는 마음을 닦아서 일곱 번의 이루는 겁과 사라지는 겁을 거치면서도 나고 죽음에 가고오지 않았다.

겁(劫, kalpa)이 무너지려 할 때에는 곧 '빛과 소리의 하늘'[光音天]에 났고, 겁이 이루려 할 때에는 곧 생각없는 하늘[無想天] 위에 났다. 때로 브라흐마하늘이 되어 여러 하늘들을 거느렸고 또 십천 세계를 거느렸다. 또 서른일곱 번 변하여 인드라하늘왕이 되었고 셀 수 없이 변해 전륜왕이 되었다.

비구들이여, 이런 방편으로도 사랑의 마음을 행하면 그 덕이 이와 같음을 알 수 있다.

다시 사랑의 마음을 행하면 몸이 무너지고 목숨을 마친 뒤에는 브라흐마하늘 위에 나고 세 갈래 나쁜 길을 떠나며 여덟 가지 어려움을 떠날 것이다.

다시 사랑의 마음을 행하면 바르고 좋은 나라에 태어날 것이다.

또 사랑의 마음을 행하면 얼굴 모습이 단정하고 모든 아는 뿌리가 빠뜨려지지 않고 몸의 모습이 온전히 갖춰지게 될 것이다.

다시 사랑의 마음을 행하면 여래를 몸소 뵙고 모든 붇다를 받들어 섬기며, 집에 있기[在家]를 좋아하지 않고 집을 나와[出家] 도를 배우게 되어, 세 가지 가사[三衣]를 입고 수염과 머리를 깎고 사문의 법을 닦고 위없는 범행을 닦게 될 것이다.

비구들이여, 알아야 한다. 마치 저 금강을 사람이 먹으면 그것은 끝내 소화하지 못하고 반드시 밑으로 흘려보내야 하는 것처럼, 사랑의 마음을 닦는 사람 또한 이와 같아서 여래가 세상에 나오면 반드시 보디의 길[菩提路]을 지어 위없는 범행을 닦게 될 것이다.

그리하여 '나고 죽음이 이미 다하고 범행은 이미 서고, 지을 바를 이미 지어 다시는 뒤의 있음 받지 않음'을 진실 그대로 알 것이다."

여래가 계시지 않는 험한 때에도 사랑의 마음으로 해탈 이루는 이가 있음을 보이심

그때에 존자 아난다는 세존께 말씀드렸다.

"만약 여래께서 세상에 나오시지 않았을 때 잘 행하는 사람이 집에 있기를 좋아하지 않으면 그는 어느 곳으로 향해 가야 합니까."

붇다께서 말씀하셨다.

"여래가 세상에 나오지 않았을 때에도 잘 행하는 사람이 집에 있기를 좋아하지 않고 스스로 수염과 머리를 깎고 고요하고 한가한 곳에 자기를 이겨 스스로 닦으면, 그는 그곳에서 모든 존재의 흐름[諸

有漏]을 다하고 샘이 없는 행[無漏行]을 이룰 것이다."

이때 아난다가 붇다께 말씀드렸다.

"어떠합니까, 세존이시여. 그 사람이 스스로 범행인 삼승(三乘)의 행을 닦으면 그 사람은 어느 곳으로 가게 됩니까?"

붇다께서 아난다에게 말씀하셨다.

"네가 말한 바와 같이, 나는 늘 삼승의 행을 말하고 과거와 미래 삼세의 모든 붇다들도 다 삼승의 법을 말씀할 것이다.

아난다여, 알아야 한다. 어떤 때에 중생의 무리들은 얼굴과 목숨이 더욱더 줄어들고 적어지며 몸은 시들어 약해지고 다시 위신력이 없으며, 여러 가지 성냄·미워함·어리석음·거짓 속임·미혹으로 하는 짓이 참되지 않을 것이다.

그리고 근기가 날카롭고 빠르더라도 더욱더 다투고 서로 싸우면서 주먹이나 기왓장이나 돌, 칼이나 몽둥이로 서로 해칠 것이다.

이때 중생의 무리들은 풀을 잡아도 곧 칼이 되어 그들의 목숨뿌리를 끊을 것이다.

그 가운데 중생으로 사랑의 마음을 행하는 자는 성냄이 없이, 그런 어지럽고 괴이함을 보고는 곧 두려움을 품어서 모두 그 나쁜 곳을 버리고 같이 달려가 산이나 들에 살면서, 스스로 수염과 머리를 깎고 세 가지 가사를 입고 위없는 범행을 닦으며 자신을 이겨 스스로 닦게 될 것이다.

그리하여 샘이 있는 마음을 다하고 해탈을 얻어 '샘이 없는 곳'[無漏處]에 들어가게 될 것이다.

그들은 각기 서로 다음과 같이 말할 것이다.

'우리는 이미 원수를 이겼다.'

아난다여, 알아야 한다. 그것을 이름하여 '가장 빼어남'[最勝]이라 한다."

이때 아난다가 붇다께 말씀드렸다.

"그 사람은 어느 부류에 속합니까. 성문의 부류입니까, 프라테카붇다[獨覺]의 부류입니까, 위없는 붇다의 부류입니까."

세존께서 아난다에게 말씀하셨다.

"그 사람은 바로 프라테카붇다의 부류에 있다고 말해야 한다. 왜냐하면 이 사람은 다 여러 공덕을 짓고 뭇 착함의 근본을 행하며 청정한 네 가지 진리를 닦고 모든 법[諸法]을 분별하기 때문이다. 대개 착한 법을 행한다는 것은 바로 사랑의 마음이다. 왜냐하면 어짊을 실천하고 사랑을 행하면[履仁行慈] 이 덕은 넓고 크기 때문이다.

나는 옛날 이 사랑과 어짊의 갑옷[慈仁之鎧]을 입고 '마라 따르는 이들'[魔官屬]을 항복받고 큰 나무 밑에 앉아 위없는 보디의 도[無上道]를 이루었다.

이런 방편으로도 사랑이 가장 으뜸이 되고 사랑이 가장 빼어난 법임을 알 수 있다.

아난다여, 알아야 한다. 그러므로 '사랑이 가장 빼어남'이라 이름한 것이다.

사랑의 마음을 행함이란 그 덕이 이와 같아 이루 다 헤아릴 수 없으니, 반드시 방편을 구해 사랑의 마음을 닦아 행해야 한다[修行慈心].

이와 같이 아난다여, 반드시 이렇게 배워야 한다."

그때에 아난다는 붇다의 말씀을 듣고 기뻐하며 받들어 행하였다.

• 증일아함 45 마왕품(馬王品) 五

저 인드라하늘왕이 제 자리 넘보는 귀신을 자비한 마음으로 타일러서 그 귀신을 조복하듯 사랑의 마음이 가장 강하고 가장 빼어나다.

사랑의 마음으로 온갖 바른 법의 선근이 갖춰지고, 이 사바의 어려운 세간에서 세 갈래 나쁜 길과 여덟 가지 어려움[八難]을 떠나며, 좋은 상호 좋은 복을 얻으며, 그 마음으로 끝내 범행을 이루고 보디를 이룰 것이다.

사랑의 마음이 없으면 이 세간이 '서로 싸워 죽이는 역사의 때'[刀兵劫]를 이루게 되니, 그때에는 중생이 풀을 잡아도 칼이 되어 서로의 목숨뿌리를 잃게 될 것이다.

그러나 사랑의 마음이 있으면 이 싸워 죽이는 파국의 역사 속에서도, 범행 닦는 이들이 바른 법을 닦아 샘이 없는 마음을 얻고 해탈을 얻을 것이니, 사랑의 마음이 가장 빼어나다.

붇다의 가르침을 직접 듣지 못해도 사랑의 마음을 행하는 자, 그가 바로 홀로 가르침을 행해 깨달음에 나아가는 이 곧 프라테카붇다이다.

붇다의 말씀을 직접 듣고 사랑의 마음을 행하는 보디사트바가 성문승이고, 붇다 계시지 않을 때 인연의 법을 사유해 사랑의 마음 행하는 보디사트바가 프라테카붇다이니, 보디사트바 밖에 성문과 연각이 없다.

『화엄경』(「이세간품」)은 방편 갖춘 보디사트바의 자비를 이렇게 말한다.

보디사트바의 큰 자비는
겹치고 겹친 구름과 같아
세 밝음이 번갯빛 일으키고
신통의 발 우레소리 떨쳐
널리 네 가지 변재로써
여덟 공덕의 물 비 내려
온갖 중생 흠뻑 적시어
번뇌의 뜨거움 없애주네.

菩薩大慈悲　譬如重密雲

三明發電光　神足震雷音

普以四辯才　雨八功德水

潤洽於一切　令除煩惱熱

보디사트바 가루라 새는

자재한 신통 굳센 발 삼고

방편의 용맹한 날개와

자비의 밝고 깨끗한 눈으로

온갖 것 공함을 통달한

지혜의 나무에 머물러

삼계의 큰 바다 살피어

하늘과 사람의 용을 붙잡아

니르바나의 언덕에 두네.

菩薩迦樓羅　如意爲堅足

方便勇猛翅　慈悲明淨眼

住一切智樹　觀三有大海

搏撮天人龍　安置涅槃岸

보디사트바 큰 브라흐마왕은

자재하게 삼계의 존재 뛰어나

업과 미혹 모두 끊어 없애니

사랑과 평등한 버림의 마음

모두다 갖추지 않음이 없네.

菩薩大梵王　自在超三有

業惑悉皆斷　慈捨靡不具

이와 같은 보디사트바의 다함없고 끝없는 자비의 행은 법계로써 몸을 삼는 지혜의 행이라 그 행이 다함없는 것이니, 경은 다시 이렇게 말한다.

보디사트바 바른 법의 해가
이 중생의 세간에 나타나
계행의 원만한 바퀴 굴리고
신통의 발로 빨리 내달리며
지혜의 빛을 환히 비추어
다섯 가지 진리의 뿌리와 힘
신묘한 법의 약을 길러서
번뇌의 어두움 없애주고
애욕의 바다 말려버리네.

菩薩正法日　出現於世間
戒品圓滿輪　神足速疾行
照以智慧光　長諸根力藥
滅除煩惱闇　消竭愛欲海

보디사트바 지혜의 빛나는 달은
법계로써 그 바퀴를 삼아
마쳐 다함마저 공함에 노닐어
세간에 나타나지 않음이 없네.

菩薩智光月　法界以爲輪
遊於畢竟空　世間無不見

보디사트바는 진실한 고요함의
으뜸가는 진리의 뜻에 머물러
갖가지로 널리 법을 펴 드날리지만

마음에 의지하는 바가 없네.

菩薩住眞實　寂滅第一義
種種廣宣暢　而心無所依

보디사트바는 모든 법의 모습
허깨비 같아 공적함을 알지만
자비와 크나큰 원의 힘
붇다의 위신의 힘으로써
여러 가지 신통 변화와
갖가지 한량없는 일 나투니
이와 같은 모든 공덕들을
그대들은 잘 듣고 받아지니라.

雖知諸法相　如幻悉空寂
而以悲願心　及佛威神力
現神通變化　種種無量事
如是諸功德　汝等應聽受

2 서로 사랑으로 이끄는 진리의 공동체

• 이끄는 글 •

여래의 지혜의 길은 자비의 길이다. 여래를 따라 보디의 길에 나아가는 상가대중은 현전상가 안에서도 늘 자비의 마음으로 상가대중을 섬겨야 하고, 세간의 뭇 삶들에게도 한량없는 마음의 자비를 행해야 한다.

자비가 중생[sattva]이 마하사트바(mahāsattva)가 되는 실천의 바탕이고, 거룩한 상가의 수에 드는[入僧數] 근본행이다. 그러므로 비나야(vinaya)에서 비구가 상가에 들어가는 다섯 법[入衆五法]도 '늘 사랑을 닦아 중생을 가엾이 여기는 마음'[修慈愍物]이 첫째 법이 되고, 여섯 화합하고 공경하는 법[六和敬]도 몸과 입과 뜻의 자비로 화합하고 공경함[身慈 口慈 意慈]이 여섯 공경의 뿌리가 된다.

상가대중 서로 사이의 자비의 마음은 '병든 이에 대한 보살핌'의 가르침에서 전적으로 드러난다.

붇다는 '병든 비구를 보살펴주는 것이 여래에게 공경하는 것과 같다'고 말씀하고, '아픈 비구를 잘 거두어주고 법을 설해 해탈에 이르도록 해야 한다'고 깨우쳐주신다.

『사분율』(四分律)에서 보이고 있는 '다섯 가지 바르게 병 간호하는 덕'[瞻病五德]은 다음과 같다.

첫째, 병든 비구가 먹을 수 있는 것을 가려서 먹을거리를 잘 챙겨주어야 한다.

둘째, 병든 비구의 똥오줌 등 더러운 배설물 등을 싫어하지 않아야 한다.

셋째, 병든 비구가 죽은 뒤 유품을 탐내지 말고 자비심으로 간호해야 한다.

넷째, 병에 맞는 약을 잘 대주어야 한다.

다섯째, 병든 비구를 위해 법을 잘 설해주어야 스스로의 법의 이익과 선근이 늘어나 자란다.

이와 같이 병든 이, 아파하는 이, 고통받는 이를 위해 그 아픔을 덜어주고 고통을 풀어주기 위해 따뜻이 보살펴주면, 그는 아픈 사람을 따뜻이 보살피는 사랑의 마음[慈心]으로 인해 다섯 가지 법이 이익[五利]을 얻는다.

다섯 가지 이익은 다음과 같다.

첫째, 몸과 마음에 큰 위력[大威勢]을 얻게 된다.

둘째, 칼이 그를 다치지 못하게[刀不傷] 된다.

셋째, 독이 그를 해치지 못하게[毒不害] 되어 남의 해침을 떠나 삶의 안락과 평화를 얻게 된다.

넷째, 사랑의 마음을 행하면 늘 그의 삶이 고귀해진다[生上種族].

다섯째, 가난에 빠지지 않고 삶의 풍요[多有資生]를 얻게 된다.

이처럼 온갖 어려움과 장애가 가득한 세간의 가시밭길 궁핍의 땅에서 자비가 진리의 식량[資糧]이 되고 법의 이익[法利]이 되니, 『화엄경』(「이세간품」)은 지혜의 약으로 중생 번뇌의 병 낫게 해주는 큰 의사 보디사트바의 자비를 이렇게 말한다.

보디사트바는 묘한 약과 같아
번뇌의 병을 모두 없애주고
보디사트바는 설산과 같아
지혜의 약을 키워내도다.

菩薩如妙藥　滅除煩惱病
菩薩如雪山　出生智慧藥

「입법계품」 또한 이렇게 말한다.

보디사트바의 행 말할 수 없고
온 세간이 사유할 수 없네.
두루 온갖 괴로움을 없애주고
널리 중생에게 즐거움을 주네.

菩薩行難稱　擧世莫能思
遍除一切苦　普與群生樂

세존이시여 아픈 비구가 있나이다,
그를 가엾이 여기어 한번 가보아주십시오

이와 같이 내가 들었다.

한때 붇다께서 슈라바스티 국 제타 숲 '외로운 이 돕는 장자의 동산'에 계셨다.

그때 어떤 비구가 있었는데 나이 젊고 새로 배우는 이로서, 이 법과 율에 집을 나온 지 오래되지 않았다. 그는 아는 이가 적어서, 홀로 한 나그네[客旅]가 되어 아무도 대주는 이가 없었다.

그는 변두리 마을의 객승들이 머무는 방에서 병에 걸려 아주 위독하였다.

그때 많은 비구들이 붇다 계신 곳에 찾아가서 붇다의 발에 머리대 절하고 한쪽에 물러앉아 붇다께 말씀드렸다.

"세존이시여, 한 비구가 있는데 나이 젊고 새로 배우는 이로서, 이 법과 율에 집을 나온 지 오래되지 않습니다. 그는 아는 이가 적어서, 홀로 한 나그네가 되어 아무도 대주는 이가 없이 병이 걸려 위독합니다. 그는 변두리 마을 객승의 방에 있습니다. 이 병으로 비구들이 많이 죽고 산 자가 없습니다.

거룩하신 세존이시여, 그를 가엾게 여기시어 그가 머무는 곳에 가주십시오."

대중의 뜻을 따라 세존께서 병든 비구를 찾아가서 문안하심

그때 세존께서는 잠자코 허락하셨다. 해질 무렵에 선정에서 깨어 나시어 그가 머물고 있는 곳에 이르셨다.

그 병든 비구는 멀리서 세존께서 오시는 것을 보고 평상을 붙들고 일어나려고 하였다. 붇다께서 비구에게 말씀하셨다.

"누워 쉬고 일어나지 말라. 어떤가, 비구여? 고통은 어떻게 참을 만한가?"

병든 비구가 붇다께 말씀드렸다.

"제 병은 차도가 없어 몸을 안온하지 않게 하며, 여러 고통은 더욱 늘어나 손쓸 길이 없습니다. 만약 힘센 장사가 마르고 약한 사람을 붙잡아 줄로 머리를 매고 두 손으로 세게 조른다면 아주 크게 고통 스러울 것입니다. 제가 지금 겪는 고통은 그보다 더합니다.

또 비유하면, 만약 소 잡는 사람이 날카로운 칼로 소의 배를 가르고 내장을 끄집어낸다면 그 소 배의 고통이 어떻게 견딜 수 있겠습니까? 제가 지금 겪는 배의 고통이 그 소보다 더합니다.

또 마치 두 힘센 장사가 한 약한 사람을 붙들어 불 위에 매달아놓고 두 발을 태우는 것과 같사오니, 지금 제 두 발의 뜨거움은 그보다 더합니다. 이와 같이 제 병의 고통은 늘어날 뿐 줄어들지 않습니다."

고통의 느낌이 공한 줄 살피면 잘 목숨 마칠 수 있음을 가르치심

붇다께서 병든 비구에게 말씀하셨다.

"내가 지금 너에게 묻겠으니 마음대로 내게 대답하라. 너는 마음 바뀌어 뉘우치지 않느냐?"

병든 비구가 붇다께 말씀드렸다.

"진실로 마음 바뀌어 뉘우치게 됩니다, 세존이시여."

붇다께서 병든 비구에게 말씀하셨다.

"너는 계율을 범한 일이 없느냐?"

병든 비구가 붇다께 말씀드렸다.

"세존이시여, 진실로 계율을 범하지 않았습니다."

붇다께서 병든 비구에게 말씀하셨다.

"진실로 계율을 범하지 않았는데 왜 마음을 바꾸어 뉘우치느냐?"

병든 비구가 붇다께 말씀드렸다.

"세존이시여, 저는 나이가 어리고 집을 나온 지도 오래되지 않아서 사람의 법을 벗어난 빼어나고 묘한 지견을 아직 얻지 못하였습니다. 그래서 저는 생각합니다.

'내가 목숨을 마칠 때 어느 곳에 나는지 알아야 한다.'

그 때문에 마음 바뀜과 뉘우침을 냈습니다."

붇다께서 비구에게 말씀하셨다.

"내가 이제 너에게 묻겠으니 마음대로 대답하라. 어떤가, 비구여? 눈이 있기 때문에 눈의 앎[眼識]이 있는가?"

병든 비구가 붇다께 말씀드렸다.

"그렇습니다, 세존이시여."

또 물으셨다.

"비구여, 어떻게 생각하느냐? 눈의 앎이 있기 때문에 눈의 닿음[眼觸]이 있고, 그 눈의 닿음의 인연으로 안의 느낌 곧 괴로운 느낌[苦受]·즐거운 느낌[樂受]·괴롭지도 않고 즐겁지도 않은 느낌[不苦不樂受]을 내느냐?"

비구가 붇다께 말씀드렸다.

"그렇습니다, 세존이시여."

귀 · 코 · 혀 · 몸 · 뜻에 있어서 또한 이와 같이 말씀하셨다.

"어떤가, 비구여. 만약 눈이 없으면 눈의 앎이 없겠는가?"

비구가 붇다께 말씀드렸다.

"그렇습니다, 세존이시여."

다시 물으셨다.

"비구여, 만약 눈의 앎이 없으면 눈의 닿음도 없겠는가. 눈의 닿음이 없으면 눈의 닿음의 인연으로 생긴 안의 느낌, 곧 괴로운 느낌 · 즐거운 느낌 · 괴롭지도 않고 즐겁지도 않은 느낌이 없겠는가?"

비구가 붇다께 말씀드렸다.

"그렇습니다, 세존이시여."

귀 · 코 · 혀 · 몸 · 뜻에 있어서 또한 이와 같이 말씀하셨다.

"그러므로 비구여, 이와 같은 법을 잘 사유하면 잘 목숨 마칠 수 있고, 뒷세상 또한 좋을 것이다."

그때 세존께서 그 병든 비구를 위해 갖가지 방법으로 설법하여 가르쳐 보이시고 기쁘게 해주신 뒤에 자리에서 일어나 떠나가셨다.

마침 없이 잘 목숨 마친 비구에게 해탈의 언약을 주심

그때 병든 비구는 세존께서 가신 뒤에 이내 목숨을 마쳤다.

그 비구가 목숨 마칠 때에 '모든 아는 뿌리'[諸根]는 기쁨에 차 있었고 얼굴 모습은 맑고 깨끗하며 살빛은 곱고 희었다.

그때 많은 비구들이 붇다께서 계신 곳으로 가 붇다의 발에 머리를 대 절하고 한쪽으로 물러앉아 붇다께 말씀드렸다.

"세존이시여, 저 나이 어린 비구는 병이 위독하더니 그 존자는 지금 이미 목숨을 마치고 말았습니다. 목숨 마칠 때 모든 아는 뿌리는 기쁨에 가득 차 있었고 얼굴 모습은 맑고 깨끗하였으며, 살빛은 곱고 희었습니다.

어떻습니까, 세존이시여. 이와 같은 비구는 어느 곳에 나며 어떻게 태어나겠습니까? 그리고 뒷세상은 어떠하겠습니까?"

붇다께서 여러 비구들에게 말씀하셨다.

"저 목숨을 마친 비구는 참으로 보배로운 사람이었다.

그는 내 설법을 듣고 분명히 알아 사무쳤고, 법에 두려움 없이 온전한 니르바나[parinirvāṇa]를 얻었다. 너희들은 그 사리에 공양해야 한다."

그때 세존께서 그 비구에게 으뜸가는 해탈의 언약[第一記]을 주셨다.

붇다께서 이 경을 말씀하시자, 여러 비구들은 그 말씀을 듣고 기뻐하며 받들어 행하였다.

• 잡아함 1025 질병경(疾病經) ①

• 해설 •

병들어 극심한 고통에 시달리는 나이 어린 비구를 찾아가 그에게 해탈의 법 일러주시는 것이 바로 뭇 삶들의 자애로운 어버이[四生慈父]로서 세존의 모습이다.

지금의 극심한 고통 때문에 죽은 뒤의 태어남을 걱정하는 비구의 모습은 항상함의 견해[常見]가 다하지 못함으로 일어나는 미래에 대한 두려움이다. 세존은 그에게 눈이 빛깔을 통해 눈의 앎을 일으키고 눈의 앎이 눈의 닿음을 내 닿음이 느낌을 내므로, 지금 쓰라린 고통의 느낌이 공한 것이고, 아는 자와 알려지는 것과 여섯 앎이 공한 것임을 깨우쳐주신다.

지금 나에게 주어진 온갖 것이 있되 공한 줄 알면, 지금 있음이 곧 있음 아니므로 뒤의 실체적 있음의 모습을 받음이 없으며[不受後有], 지금 보고 듣고 아는 모든 앎의 뿌리[識根]가 있되 공하므로 여러 아는 뿌리가 사라져도 사라짐이 없다.

이와 같이 몸의 아는 뿌리와 온갖 앎과 느낌이 남이 없음[無生]을 알면, 남이 없되 남 없음도 없이[無生而實無不生] 잘 날 수 있는 것[善生]이다.

아픈 비구가 이와 같은 여래의 말씀을 듣고 가되 감이 없이 갔으니, 그가 여래의 해탈의 언약 받고 나고 사라짐 없는 니르바나의 세계[nirvāṇa-dhātu] 가운데서 파리니르바나에 잘 든 이이다.

한 스승으로부터 같이 배우는 대중이 아픈 비구를 안위하기 위해 크신 스승께 청해 크신 스승을 병든 비구에게 인도해 스승께서 본래 병 없는 안락처를 보이시니, 자비를 생명으로 하는 상가의 아름다운 모습이 이 경에서 잘 드러난다.

또 병든 비구가 크신 스승의 거룩한 모습을 뵙고 자비의 가르침을 듣자 큰 지혜에 돌아가 니르바나의 세계에서 파리니르바나 하니, 『화엄경』(「입법계품」)의 다음 구절과 꼭 들어맞는 광경이다.

사카무니 위없는 세존께서는
온갖 공덕 빠짐없이 갖추시사
보는 이는 다 마음이 청정해져서
크나큰 지혜에 회향하도다.

釋迦無上尊 具一切功德
見者心淸淨 迴向大智慧

비구들이여, 한 스승을 같이 해 물과 젖처럼 서로 어울리지 못하는구나

이와 같이 들었다.

한때 붇다께서는 라자그리하 성 칼란다카 대나무동산에서 큰 비구들 오백 명과 함께 계셨다.

그때 라자그리하 성에 어떤 한 비구가 있었는데 그 비구는 병에 걸려서 매우 위중해 누운 채로 대소변을 보면서 제 힘으로는 잘 일어나지도 앉지도 못하고, 또 가서 돌봐주는 비구도 없었다.

그는 밤낮으로 붇다의 명호를 부르며 말하였다.

"어찌하여 세존께서는 저만 가엾게 여기지 않으십니까?"

그때 세존께서 하늘귀로 그 비구가 원망하고 부르짖으며 여래에게 귀의하는 소리를 들으시고, 여러 비구들에게 말씀하셨다.

"내 너희들과 함께 여러 방을 둘러보며 사는 곳들을 살피리라."

비구들이 말씀드렸다.

"그렇게 하시지요, 세존이시여."

병든 비구의 한탄을 듣고 병든 비구의 방을 찾아가 문병하심

그러자 바로 세존께서는 여러 비구들에게 앞뒤로 에워싸여 여러 방을 둘러보셨다. 그때 앓고 있던 비구는 세존께서 오시는 것을 멀리서 보고 곧 자리에서 일어나려고 했지만, 혼자서는 뒤척여 움직일 수도 없었다. 이때 여래께서 그 비구 있는 곳으로 가서서 말씀하셨다.

"그만두라, 그만두라. 비구여, 움직이지 말라. 나에게 니시다나가 있으니 나는 여기 앉으면 된다."

그때 바이쓰라바나하늘왕은 여래께서 마음속으로 무슨 생각을 하시는지 알고는 '아지랑이 같은 하늘세계'에서 사라져 붇다 계신 곳으로 와서는 머리를 대 발아래 절하고 한쪽에 서 있었다.

또 인드라하늘왕도 여래께서 마음속으로 무슨 생각을 하시는지 알고는 곧 붇다께로 왔다. 브라흐마하늘왕도 여래의 마음속 생각을 알고 브라흐마하늘에서 사라져 붇다 계신 곳으로 와서는 머리를 대 발아래 절하고 한쪽에 앉았다.

네 하늘왕도 여래의 마음속 생각을 알고 붇다 계신 곳으로 와서 머리를 대 발아래 절하고 한쪽에 서 있었다.

이때 붇다께서 병든 비구에게 말씀하셨다.

"지금 너의 병은 좀 덜하는가, 더하지는 않은가?"

비구가 붇다께 말씀드렸다.

"제자의 병은 갈수록 더하고 덜하지 않습니다. 참으로 의지할 데가 없습니다."

붇다께서 비구에게 말씀하셨다.

"간호인은 어디 있는가? 누가 와서 돌보아주는가?"

비구가 붇다께 말씀드렸다.

"지금 이렇게 병이 들었는데도 아무도 돌보는 사람이 없습니다."

붇다께서 비구에게 말씀하셨다.

"지난날 병들기 전에 너는 병자를 찾아가 문병한 일이 있는가?"

비구가 붇다께 말씀드렸다.

"병자들을 찾아가 문병한 일이 없습니다."

붇다께서 비구에게 말씀하셨다.

"너는 지금 바른 법 가운데서 좋은 이익이 없다. 왜냐하면 다른 아픈 사람들을 돌보러 가지 않았기 때문이다.

그러나 비구여, 너는 이제 두려워하지 말라. 내가 몸소 너를 공양하여 조금도 불편이 없게 하리라. 나는 오늘 하늘위와 사람 가운데 홀로 우뚝 거닐어 짝할 이 없지만 또한 온갖 병든 이들을 살펴줄 수 있다. 건져 보살필 이 없는 이에게 건져 보살핌이 되어주고, 눈먼 이에게는 눈이 되어주며, 여러 병든 사람들을 건져준다."

하늘신들의 도움도 물리치고 몸소 병든 비구의
똥오줌을 치우고 병의 근원을 설법하심

그때 세존께서 손수 더러운 것들을 치우고 다시 깔개[坐具]를 펴셨다. 이때 바이쓰라바나하늘왕과 인드라하늘왕이 붇다께 말씀드렸다.

"저희들이 알아서 이 병든 비구를 보살피겠습니다. 여래께서는 더 이상 힘든 일을 하지 마소서."

붇다께서 모든 하늘에게 말씀하셨다.

"너희들은 그만두라. 내가 스스로 때를 알아서 하리라.

옛날 일이 기억나는구나. 여래는 아직 보디의 도를 이루지 못하고 보디사트바의 행을 닦고 있을 때에 비둘기 한 마리를 위해 스스로 목숨을 바친 적이 있다. 그런데 하물며 지금은 보디의 도를 이루었는데 어찌 이 비구를 버리겠느냐?

끝내 그럴 수 없다. 또 인드라하늘왕도 일찍이 이 병든 비구를 돌보지 않았고, 또 세상을 보살피는 주인인 바이쓰라바나하늘왕 또한 이 비구를 돌보지 않았었다."

그러자 인드라하늘왕도 바이쓰라바나하늘왕도 모두 잠자코 대답을 못했다. 그때 여래께서는 손수 비를 들고 똥오줌을 치우고 다시 자리를 깔아주셨다. 또 그의 옷을 빨아주고 세 가지 법으로 살피시고는 병든 비구를 붙들어 앉히고 깨끗한 물로 목욕을 시켰다.

그러자 위에 있던 하늘들이 향수를 뿌렸다. 이때 세존께서는 그 비구를 목욕시킨 뒤에 평상 위에 앉히고 손수 밥을 먹여주셨다. 세존께서는 그 비구가 밥을 다 먹은 것을 살피시고는 발우를 치우고 곧 그에게 말씀하셨다.

"너는 이제 삼세(三世)의 병을 버려야 한다. 왜냐하면 비구여, 반드시 알아야 한다. 태어남[生]에는 태에서 지내야 하는 괴로움이 있다. 태어남으로 말미암아 늙음[老]이 있으니, 대개 늙게 되면 몸이 여위고 기운이 말라 없어진다.

늙음으로 말미암아 병듦이 있으니, 대개 병이 생기면 앉거나 눕거나 신음하게 되고 사백네 가지 병이 한꺼번에 몰려오게 된다.

병듦으로 말미암아 죽음[死]이 있으니, 죽게 되면 몸[形]과 정신[神]이 흩어져서 좋거나 나쁜 세계로 가게 되는 것이다.

죄가 큰 사람은 지옥에 들어가 칼산·칼나무·불수레·타는 화로에서 구리쇠 녹인 물을 마시게 될 것이다. 또는 축생(畜生)으로 태어나 사람들에게 부림을 당하고 풀을 먹으면서 한량없는 고통을 받을 것이다.

또 헤아릴 수 없고 셀 수 없는 겁 동안, 수십 요자나의 큰 키에 목구멍은 바늘처럼 작은 아귀의 몸이 되어 구리쇠 녹인 물을 그 입에 들이붓게 될 것이다.

그렇게 셀 수 없는 겁을 지나 겨우 사람의 몸을 얻더라도 몽둥이로 맞으며 이루 말할 수 없는 고문을 당할 것이다.

또 셀 수 없는 겁을 지나 하늘위에 태어나게 되더라도 사랑하는 이와 만나기도 하고 사랑하는 이와 헤어지기도 하면서 만족할 줄을 모르다가 성현의 도를 들은 뒤에야 괴로움을 떠나게 될 것이다."

병든 비구가 세 가지 밝음을 얻어 괴로움을 벗어남

"여기 온갖 괴로움을 벗어난 아홉 종류의 사람이 있으니, 아홉 종류란 누구누구인가?

곧 아라한으로 향하는 이 · 아라한을 얻은 이 · 아나가민으로 향하는 이 · 아나가민을 얻은 이 · 사크리다가민으로 향하는 이 · 사크리다가민을 얻은 이 · 스로타판나로 향하는 이 · 스로타판나를 얻은 이, 그리고 아홉 번째는 '성현의 도에 자질'[gotra, 種性]을 가진 사람들이다.

비구여, 이것을 다음과 같이 말한다.

'여래가 세상에 나타나는 것은 매우 만나기 어렵고, 사람의 몸을 얻기도 어려우며, 바른 나라에 태어나기도 어렵고, 선지식을 만나는 것 또한 그러하며, 설법을 듣는 것도 만나기 어려운 일이고, 법과 법이 서로 일어나는 것 또한 아주 어쩌다 있는 일이다.'

비구여, 알아야 한다. 지금 오늘 여래가 이 세상에 나타나 계셔서 바른 법을 들을 수 있고, 너는 모든 아는 뿌리[諸根]가 갖추어져 그 바른 법을 들을 수 있다.

그런데도 지금 힘쓰지 않는다면 뒤에 뉘우쳐도 미칠 수 없을 것이다. 이것이 바로 나의 가르쳐 깨우침이다."

그때 그 비구는 여래의 가르침을 듣고, 높으신 얼굴을 오래 바라보다가 곧 그 자리에서 세 가지 밝음[三明]을 얻어 번뇌의 흐름이 다하고 뜻이 풀렸다.

붇다께서 그 비구에게 말씀하셨다.

"너는 병의 근본을 알았느냐?"

비구가 붇다께 말씀드렸다.

"저는 이미 병의 근본을 알고 이 태어남과 늙음, 병듦과 죽음을 벗어났습니다. 이것은 다 여래의 신묘한 힘이 더해주신 것입니다.

네 가지 평등한 마음[等心]으로 온갖 중생 덮어 보살펴주심이 한량없고 이루 헤아릴 수 없어, 몸과 입과 뜻이 깨끗해졌습니다."

이때 세존께서는 갖추어 설법하시고 나서는 곧 자리에서 일어나 떠나가셨다.

병든 이들 서로 돌봐주도록 당부하시고
환자 돌보는 큰 공덕을 말씀하심

그때 세존께서 아난다에게 말씀하셨다.

"너는 지금 빨리 종[ghaṇṭā]을 쳐서 라자그리하 성에 있는 여러 비구들을 빠짐없이 '널리 모이는 강당'[普會講堂]에 모이게 하라."

아난다는 붇다의 분부를 받아 곧 비구들을 모두 '널리 모이는 강당'에 모으고 붇다께 나아가 말씀드렸다.

"비구들이 다 모였습니다. 세존께서는 때를 아시기 바랍니다."

세존께서 강당으로 나아가 자리에 앉아 비구들에게 말씀하셨다.

"너희들이 도를 배우는 것은 국왕이나 도적이 두려워 집을 나온 것이냐? 비구들이여, 믿음이 굳세 위없는 범행을 닦는 것은 태어남

과 늙음, 병듦과 죽음, 근심 · 슬픔 · 괴로움 · 번민을 버리고자 함이
고, 또 열두 고리의 서로 끌어 이어짐[十二牽連]을 벗어나고자 함
이다."

여러 비구들이 대답하였다.

"그렇습니다, 세존이시여."

붇다께서 여러 비구들에게 말씀하셨다.

"너희들이 집을 나온 것은 한 스승을 같이하여 물과 젖처럼 하나
로 어울리기 위함이다. 그런데도 서로를 보살피지 않는구나. 지금부
터는 부디 서로가 서로를 보살피도록 하라.

만약 병든 비구에게 제자가 없거든 반드시 대중 가운데서 차례를
정해 병자를 간호하도록 하라. 왜냐하면 이렇게 함을 떠나서 그 어
떤 일을 하는 곳에서든 그 복이 병자 보살피는 것보다 빼어남을 보
지 못하기 때문이다.

병자를 돌보는 것[瞻病者]은 여래를 돌보는 것과 다름이 없다[瞻
我無異]."

그때 세존께서 곧 게송으로 말씀하셨다.

　　만약 누군가 나에게 공양하고
　　과거 모든 붇다께 공양한다면
　　여래에게 베풀어준 높은 복덕과
　　병든 이 돌본 덕은 다름없으리.

세존께서 이 가르침을 설하시고 아난다에게 말씀하셨다.

"지금부터 여러 비구들이 서로서로를 돌보도록 하라. 만약 비구

가 알고도 행하지 않거든 법과 율을 살펴 행하라. 이것이 나의 가르쳐 깨우침[教誡]이다."

그때 여러 비구들은 붇다의 말씀을 듣고 기뻐하며 받들어 행하였다.

· 증일아함 44 구중생거품(九衆生居品) 七

· 해설 ·

상가의 대중은 서로 사랑으로 보살피고 서로 이끌어서 해탈의 길에 나아가는 이들이다. 뒤처지고 힘없는 이를 힘 있고 앞선 이가 이끌어주고 붙들어주어야 하며, 눈 어두운 이의 눈이 되어주고 귀 먹은 이의 귀가 되어주어야 한다. 아픈 이가 있으면 그의 똥오줌을 치워주고, 먹을거리와 마실 거리 약을 챙겨주고, 잘 법을 설해 병의 고통과 나고 죽음의 병을 해탈하도록 해야 한다.

여래는 위없는 지혜의 완성자이며 끝없는 자비의 실천자이다. 여래는 중생을 사랑으로 거둠으로써 중생의 섬김 받는 분이다. 여래는 아픈 제자 비구의 똥오줌을 치워주고 옷과 잠자리를 빨고 몸을 씻겨주시며, 단이슬의 법을 설해 몸의 고통뿐 아니라 삼세 죽음의 병까지 없애주신다.

그리고 여러 비구들에게 병든 비구를 간호하는 것이 여래에게 공양함과 다름없다 가르치신다.

여래의 거룩한 말씀을 듣고 여래의 자비하신 얼굴을 그윽이 우러러보고서는 병든 비구가 몸과 병과 병의 아픔이 공함을 깨달아 세 가지 지혜의 밝음을 얻었다. 여래의 자비의 힘이 이와 같으니 이 세간에 세존의 위신력을 넘는 큰 힘이 어디 있을 것이며 한량없는 자비의 마음으로 중생을 거두시는 이 세간의 크신 영웅[大雄]보다 힘센 세간의 영웅이 어디 있겠는가.

아난다가 간타(ghaṇṭā)를 쳐서 상가대중을 모으니 '여래의 제자들은 물과 젖처럼 화합하여 서로를 사랑으로 보살피고 세간에 지혜와 자비의 법을 전하라'고 다시 깨우침을 주신다.

화해와 평화, 자비의 교훈은 하늘을 덮고 땅을 덮으며 옛을 꿰뚫고 현재와 미래에 사무쳐서 다툼과 미움 속에서 갈등하는 뭇 삶들에게 영겁토록 삶의 지남[指南]이 되고 진리의 푯대가 되니, 여래의 자비 공덕을 어떻게 찬탄할까.

『화엄경』(「입법계품」)은 이렇게 말한다.

여래는 크나큰 자비로
이 세간에 출현하시사
널리 여러 중생 위하여
위없는 법바퀴 굴리시네.

如來大慈悲　出現於世間
普爲諸群生　轉無上法輪

여래는 셀 수 없는 겁에
괴롭게 힘써 중생 위하니
어떻게 모든 세간 중생이
큰 스승의 은혜 갚겠는가.

如來無數劫　勤苦爲衆生
云何諸世間　能報大師恩

차라리 한량없는 겁 동안
악한 세계 고통받는다 한들
끝내 여래를 버리지 않고
벗어남의 길 구해야 하리.

寧於無量劫　受諸惡道苦
終不捨如來　而求於出離

제5장

베풂의 공동체

"나는 이 대중 가운데서 어떤 한 법을
닦아 익히고 많이 닦아 익힘밖에 사람 가운데 복을 받고
하늘위의 복을 받으며 니르바나 증득함을 다시 보지 못했다.
그 한 법이란 널리 보시함을 말한다.
만약 어떤 사람이 널리 보시를 행하면 현세에서 물질을 얻고
힘을 얻으며 여러 덕을 갖추며 하늘위와 사람 가운데 받는
복이 한량없을 것이다. 그러므로 비구들이여, 보시를 행하여
아끼는 마음을 두지 말아야 한다."

• 이끄는 글 •

나와 세계, 나와 중생이 서로 의지해 일어남을 밝히는 연기론의
실천에서 나의 해탈은 늘 다른 이의 해탈과 더불어 구현된다.

스스로 보디에 돌아가고[菩提廻向] 실상에 돌아가는 행[實際廻
向]은 중생의 해탈과 번영, 삶의 풍요를 위한 행[衆生廻向]으로 발
현된다.

붇다는 처음 배우는 이에게 첫마음[初心]을 일깨우면서 '늘 붇다
와 다르마와 상가에 굳센 믿음으로 늘 삼보를 생각하며 계와 보시와
하늘을 생각하라' 가르치신다.

계를 잘 받아 지님은 이웃과 뭇 삶들의 성장을 장애하거나 해치는
행위를 그치며 뭇 삶들을 거두는 행이고, 보시와 하늘을 생각함은
늘 지금의 삶보다 나은 행복과 번영을 구현하는 행이자 더불어 나눔
으로써 나와 이웃의 삶을 풍요와 행복에 이끄는 행이다.

나[我]와 내 것[我所]에 실체가 있다는 집착으로 자기 소유를 늘
리기 위해 남의 것을 빼앗고 남의 불행 위에 자기 탐욕적 쾌락을 늘
리는 것이 빼앗음의 길이고 아낌의 길이며 억누름의 길이다.

그에 비해 나와 내 것에 실로 붙잡을 실체가 없으므로 내 것의 닫
혀진 있음을 버림으로써 크나큰 삶의 풍요와 공동번영의 행으로 나
아가는 것이 보시행이다.

보시에는 두 가지가 있으니, 재물보시[財施]와 법보시[法施]이다.

나의 물질적 소유를 나누어 이웃과 더불어 풍요로움에 나아가는
것이 재물보시라면, 해탈의 법을 미망과 얽매임 속에 있는 뭇 삶들
에게 가르쳐주어 해탈의 길에 이끄는 것이 법보시이다.

법보시는 탐욕[貪]의 묶음과 존재[有]의 얽매임, 무명(無明)의 얽

매임 속에 있는 중생을 해탈에 이끌고, 분노와 갈등, 불안과 두려움 속에 떨고 있는 중생에게 삶의 안락과 평화를 안겨주니, 이를 두려움 없는 마음의 보시[無畏施]라 한다.

붇다의 상가는 세간 대중으로부터 입을 옷·먹을 것·잠자리·의약품을 공급 받되, 세간 중생에게 여래의 보디의 길을 일러주고 세계의 연기적 진실을 밝혀주며 파라미타의 행에 이끌어주는 진리의 보시로 역사와 세간 대중 앞에 서는 공동체이다.

상가대중은 세 가지 가사와 발우를 지니고 날마다 밥을 빌어 몸을 기르며, 뜻으로 위없는 법을 구하고 세간에 법을 설해 세간의 복밭이 된다.

상가대중은 이처럼 세간의 중생을 위해 법의 보시와 갖가지 은혜로운 보시행을 지어간다. 그러나 상가는 그 어떤 대가나 갚음을 바라지 않고 여래의 법을 미망의 세간 중생에게 가르치는 전법의 집단, 진리의 교사집단이니, 참된 응공자는 복업을 짓되 복업의 모습을 취하지 않는다.

연기법의 진실을 깨달아 지혜의 삶을 사는 자, 그는 주는 자·받는 자·주는 물건의 공한 실상 그대로 다함없이 베푸는 자이고, 내 것을 나누어 재물과 진리의 법으로 중생에게 줌이 없이 주는 자이니, 그가 보시를 통해 진여법계(眞如法界)에 돌아가 단이슬의 니르바나를 얻는 자이다.

붇다의 상가는 세간에 공양함으로써 공양 받는[應供] 공동체이고, 세간을 섬기고 세간에 끝없이 베풂으로써 세간의 섬김 받는 아라한들의 공동체인 것이다.

『화엄경』(「이세간품」)은 지혜의 깃발을 세워 미망의 세간을 법보시로 깨우치는 보디사트바의 삶을 다음과 같이 말한다.

보디사트바의 힘은 휘장과 같아
번뇌의 티끌 막아줄 수 있고
보디사트바의 지혜는 깃발과 같아
나라는 교만의 적을 꺾을 수 있네.

菩薩力如帳　能遮煩惱塵
菩薩智如幢　能摧我慢敵

묘한 행은 비단의 띠가 되어
지혜를 아름답게 꾸미어주고
부끄러워함으로 옷을 지어서
여러 중생을 널리 덮어주네.

妙行爲繒綵　莊嚴於智慧
慚愧作衣服　普覆諸群生

보디사트바의 걸림 없는 수레는
머리띠 두르고 삼계를 벗어나며
보디사트바 큰 힘의 코끼리는
그 마음이 잘 조복되어 있네.

菩薩無礙乘　巾之出三界
菩薩大力象　其心善調伏

보디사트바 신통의 발 가진 말

뛰어 달려서 모든 존재를 벗어나며
보디사트바 잘 설법하는 용은
중생의 마음에 널리 비를 내리네.

菩薩神足馬　騰步超諸有
菩薩說法龍　普雨衆生心

이러한 보디사트바의 보시행에는 한량없는 중생이 나의 삶 밖
에 대상화되지 않는다. 그러므로 보디사트바는 스스로 성취한 한량
없는 복을 나 아니되 나 아님도 아닌 중생을 위해 회향하는 것이니,
「입법계품」 또한 보디사트바의 큰 서원을 다음과 같이 말한다.

나의 복은 매우 넓고 커서
저 허공처럼 다함 없나니
이 복으로 모든 여래 공양하고
온갖 중생 요익되게 하여주리.

我福甚廣大　如空無有盡
供養諸如來　饒益一切衆

1 보시 행하면 단이슬의 니르바나를 얻나니

• 이끄는 글 •

밥을 베풀고 먹을거리를 나누어 중생의 몸을 길러주고 가진 것을 나누어 다른 사람의 성장과 생활의 풍요에 도움을 주며, 해탈의 도를 설해 법을 베풀어줌으로써 중생의 지혜의 목숨을 길러주는 것이 보시의 길이다.

보시에는 재물보시와 법보시가 있지만 상가대중의 보시는 법보시가 그 바탕이 되어야 한다. 깨끗한 믿음과 지혜의 사람은 불안과 고통 속에 시달리는 중생에게 해탈의 도를 일러주고 두려움 없는 마음을 주어 삶에 안락과 평화를 주되, 또한 한 덩이 밥과 입을 거리 등을 나누어 중생의 육체적 생명을 보살펴주어야 한다.

온갖 중생은 먹지 않으면 죽는다. 중생에 먹을 것을 주면 그것은 죽어가는 목숨[命]을 살리는 것이고, 빛깔[色]과 힘[力]을 주는 것이며, 평안[安]을 주고, 힘이 없어 말도 못하는 이를 말할 수 있게 해줌[辯語]이다.

그러므로 배고픈 이에게 먹을 것을 주는 자는 긴 목숨과 아름다운 빛깔 굳센 힘과 안락, 말재간을 얻게 될 것이다.

보시에는 복된 과보가 따르지만 재물보시와 법보시가 지혜의 보시가 되려면 집착된 행[五種行]을 떠난 다음 다섯 가지 공덕의 보시가 되어야 한다.

첫째, 원수와 친함, 덕 있고 덕 없음을 가리지 않는 평등한 보시가 되어야 한다.

둘째, 보시 받는 자의 착함과 악함을 말하지 않아야 한다.

셋째, 상대방의 귀함과 천함, 출신성분을 가리지 않아야 한다.

넷째, 빌고 구하는 자를 가벼이 여기지 않고 정중한 마음으로 보시해야 한다.

다섯째, 빌고 구하는 자를 욕하고 모욕주어서는 안 된다.

이 다섯 가지 집착함이 없는 보시가 비로소 지혜와 공덕의 보시가 되게 하는 것이니, 공덕의 보시 행하는 자는 보시함으로써 삶의 풍요에 나아가고 해탈의 법맛[解脫法味]을 맛보게 될 것이다.

한 덩이 밥이라도 주면서 미움 내지 말라

이와 같이 들었다.

한때 붇다께서는 슈라바스티 국 제타 숲 '외로운 이 돕는 장자의 동산'에 계셨다.

그때 세존께서 여러 비구들에게 말씀하셨다.

"나는 오늘날 중생의 뿌리와 가는 곳[所趣]을 살펴 알고, 또한 보시의 갚음을 안다. 맨 뒤 한 덩이 남은 밥이라도 스스로 먹지 않고서 은혜롭게 다른 사람에게 베풀어주라.

그때 털끝만큼도 미워하는 마음을 일으키지 말아야 하니, 이렇게 미워하지 않고 보시하는 중생에 대해서는 보시의 과보를 알 수 없기 때문이다.

내가 다 아는 것처럼 보시의 과보가 평등한 보시의 갚음이 되려면 마음에 다름이 없어야 하는 것이다.

중생들은 평등하게 보시하지 못하여 스스로 밑으로 떨어지고, 늘 아끼고 미워하는 마음이 있어서 마음의 뜻을 얽어매는 것이다."

그때 세존께서 곧 게송으로 말씀하셨다.

저 여래가 가르쳐주는 말씀을
중생들은 스스로 깨닫지 못한다.
늘 널리 은혜롭게 보시 행하되

참된 사람 있는 곳 오롯이 향하라.

뜻과 성품이 깨끗하고 맑으면
그가 얻는 복은 배나 더 많지만
그 복을 평등하게 같이 나누면
뒤의 보시가 더 큰 과보 얻게 되리라.

베푸는 것 지금 매우 좋음이여
그 마음은 넓은 복밭을 향하고
이 사람 세상에서 떠나게 되면
반드시 하늘위에 나게 되리라.

저 좋은 곳에 가서 태어나므로
온갖 즐거움 스스로 즐기게 되어
상서롭고 좋은 것들 아주 기쁘니
온갖 것들 모자라고 짧음 없도다.

하늘의 위엄스런 덕의 업으로
하늘여인 에워싸 모셔 따르니
평등한 보시의 갚음 때문에
이러한 복된 도움 얻게 되도다.

그때 여러 비구들은 붇다의 말씀을 듣고 기뻐하며 받들어 행하였다.

• 증일아함 10 호심품(護心品) 六

• 해설 •

보시가 해탈의 저 언덕에 이르게 하는 다나파라미타(dāna-pāramitā)가 되려면 주는 행위가 지혜의 행이 되어야 하고, 지혜의 행이 될 때 주는 행위는 존재의 진실을 실현하는 행이 된다.

그러므로 『팔천송반야경』에서는 '프라즈냐(prajñā)가 다른 다섯 가지 파라미타를 이끈다'고 말하니, 지혜가 있을 때 그 보시는 해탈의 보시가 되고 평등한 보시가 된다. 지혜의 눈으로 보면 나와 내 것에는 실로 나가 없고 내 것이 없다. 나와 내 것이 없는 곳에서 아낌의 때를 떠나 한 덩이 밥이라도 남을 위해 베풀면, 그 행위는 법계의 진실에 돌아가는 것이 되므로 그 행에 반드시 복된 과보가 따른다.

여래는 먼저 보시하면 하늘의 복된 기쁨 얻게 됨으로 이끄시고서, 그 다음 베풂으로 인해 지금 내 것에 갇힌 곤궁과 고난, 탐욕과 아낌의 삶을 넘어 풍요와 위엄스런 덕, 법의 기쁨이 넘치는 새로운 삶에로 나아갈 수 있음을 가르친다.

보시가 비록 복된 일이지만, 받는 자를 내려다보는 오만한 마음 미워하는 마음으로 보시하면 해탈의 보시 파라미타의 보시가 되지 못한다.

보시의 완성자 붓다의 베푸는 행과 일상의 낱낱 행은 법계 그대로의 행[如法界行]이라 허공처럼 끝이 없으니, 『화엄경』(「여래출현품」如來出現品)에서는 여래의 경계를 이렇게 말한다.

어떤 사람이 자로 허공을 재고
다시 걸어감 따라 그 수를 헤아려도
저 허공의 끝을 얻을 수가 없듯이
여래의 경계 또한 이와 같도다.

如人持尺量虛空 復有隨行計其數
虛空邊際不可得 如來境界亦如是

제5장 베풂의 공동체 347

보시행으로 하늘의 복을 받고 니르바나 얻게 되나니

이와 같이 들었다.

한때 붇다께서는 슈라바스티 국 제타 숲 '외로운 이 돕는 장자의 동산'에 계셨다.

그때 세존께서는 여러 비구들에게 말씀하셨다.

"나는 이 대중 가운데서 어떤 한 법을 닦아 익히고 많이 닦아 익힘 밖에 사람 가운데 복을 받고 하늘위의 복을 받으며 니르바나 증득함을 다시 보지 못했다.

그 한 법이란 널리 보시함을 말한다."

붇다께서는 이어 여러 비구들에게 말씀하셨다.

"만약 어떤 사람이 널리 보시를 행하면 현세에서 물질을 얻고 힘을 얻으며 여러 덕을 갖추며 하늘위와 사람 가운데 받는 복이 한량없을 것이다.

그러므로 비구들이여, 보시를 행하여 아끼는 마음을 두지 말아야 한다.

이와 같이 비구들이여, 반드시 이렇게 배워야 한다."

그때에 비구들은 붇다의 말씀을 듣고 기뻐하며 받들어 행하였다.

• 증일아함 14 오계품(五戒品) 四

어떤 것이 있을 때 그 있음에서 실로 있음을 버려 떠나고, 어떤 것이 없을 때 그 없음에서 실로 없음을 버려 떠나며, 있음도 아니고 없음도 아닌 가운데 머물 것도 없음을 알아, 버려 떠나면 그가 참된 보시행자이다.

참된 보시행자는 주는 자와 받는 자, 주는 물건이 모두 공적한 곳에서 줌이 없이 주니, 그의 청정한 보시[淸淨施]는 하늘의 복을 넘어 니르바나 해탈의 복을 약속받게 될 것이다.

왜 그런가. 청정한 보시가 곧 해탈법계를 따르는 행이고, 평등한 보시가 진여법계에 들어가는 행이기 때문이다.

보디사트바에게는 막힘없는 법계가 온통 보시행을 행하는 곳이고 법계의 온갖 것이 여래인 중생에게 줌이 없이 주는 베풀 거리가 되니,『화엄경』(「십지품」)은 이렇게 말한다.

> 법계는 넓고 커서 끝이 없으니
> 보디사트바는 살펴서 밝게 알아
> 큰 연꽃을 그 가운데 두루 펼쳐서
> 중생과 평등한 한량없는 붇다께
> 법계에 두루한 그 꽃 널리 베푸네.
>
> 法界廣大無邊際　菩薩觀察悉明了
> 以大蓮華遍布中　施等衆生無量佛
>
> 중생 수는 한량없는 세계와 같아
> 묘한 보배 일산 그 가운데 가득하니
> 한 여래에게 이 보배 공양하고
> 온갖 붇다께 공양함도 다 이와 같네.
>
> 衆生數等無量剎　諸妙寶蓋滿其中
> 悉以供養一如來　供一切佛皆如是

바르는 향 견줄 수 없이 가장 빼어나
온갖 세간에 일찍이 없었던 것이네.
사람과 하늘의 위없는 스승께
이 빼어나고 드문 향을 공양하여
중생 수와 같은 겁을 다하오리라.

塗香無比最殊勝　一切世間未曾有
以此供養天人師　窮盡衆生數等劫

가루향 사루는 향 아주 묘한 꽃
뭇 보배와 입을 옷 꾸밈거리들
이와 같이 빼어난 것 공양하고서
한량없는 하늘과 사람의 스승들
기쁘게 받들어 섬겨 싫증 없으리.

末香燒香上妙華　衆寶衣服莊嚴具
如是供養諸最勝　歡喜奉事無厭足

2 보시의 한 행이 온갖 파라미타의 행이 되리

• 이끄는 글 •

온갖 법은 스스로 나지 않고 다른 조건[緣]을 빌려서 나지만, 그 조건 또한 다른 조건에 의해서 난 것이다. 이렇게 살피면 원인[因]도 공한 원인이고 조건[緣]도 공한 조건이다.

이렇게 인연의 모습을 살피면 인연(因緣)의 모습과 결과[果]의 모습은 저 허공과 같아 자취가 없고 끝이 없다.

인과의 공성(空性)을 알면 한 포기 풀, 한 그루 나무도 다만 땅과 물과 바람과 햇빛의 도움으로만 생겨나 자라는 것이 아니라 온전히 법계의 힘[法界力]으로 자라는 것이며, 허공의 은혜[虛空恩]로 자라는 것이다.

이렇게 지혜의 눈으로 연기의 진리를 아는 것이 모습 없는 은혜의 모습을 아는 것이고, 은혜를 아는 자가 은혜 갚는 보시행과 파라미타의 행으로 나아가게 된다.

경 가운데 은혜에 대해서는 네 가지 큰 은혜[四恩]를 말하고 있다. 네 가지 큰 은혜는 때로 나라의 은혜·부모의 은혜·스승의 은혜·다나파티의 은혜로 네 은혜를 말하기도 하고, 부모의 은혜·중생의 은혜·나라의 은혜·삼보의 은혜로 네 은혜를 말하기도 한다.

경은 출가사문들에게 상가에 먹을 것·입을 옷·잠자리·의약품을 대주는 시주(施主, dāna-pati)의 은혜 갚으라는 말씀으로 중생에 대한 은혜 갚음을 가르친다.

존재의 일어남과 존재의 이어감에는 다른 것을 의지하지 않는 그것만의 고립된 일어남과 이어감이 없다[法不孤起]. 그러므로 삶 자체를 깊이 살펴 그 진실을 알고 보면 삶이 곧 은혜로 이루어진 것이니, 은혜를 알아 은혜 갚을 줄 모르는 이는 진리를 모르는 자이고 법을 등지는 자이다.

『유가사지론』(瑜伽師地論)은 중생에 대한 보시 가운데 네 가지 베풀어주어야 할 곳[施處]을 말하니, 다음과 같다.

첫째 가난하고 의지할 곳 없는 이[有苦者]이고, 둘째 나에게 은혜 끼친 이[有恩者]이며, 셋째 가까이 사랑하는 이[親愛者]이고, 넷째 덕이 높아 빼어난 이[尊勝者]이다.

사람 가운데는 나에게 은혜 끼친 이나 가까운 친지나 권속들에게도 베풀지 않는 이가 있으므로 논(論)에서는 반드시 은혜 베풀어주어야 할 곳을 말하고 은혜 갚아야 할 네 곳을 말한다.

그러나 보디사트바의 보시행은 법계가 온통 은혜인 줄 알고 행하는 것이므로 그 행은 은혜 끼침과 은혜 끼치지 않음, 친함이나 친하지 않은 이에 평등한 보시행이고 법계의 은혜 갚는 행이 된다.

그렇다면 법계의 진리와 하나된 깊은 마음 끝없는 마음으로 중생과 세간을 받드는 것이 보디사트바의 은혜 갚는 행이 될 것이니 『수랑가마수트라』(首楞嚴經)는 말한다.

이 깊은 마음으로 티끌세계 받들면

이것이 붇다의 은혜 갚는 것이네.

將此深心奉塵刹　是則名爲報佛恩

『화엄경』(「이세간품」) 또한 일상의 삶 전체가 은혜 갚는 행이 되고 붇다 섬김의 행이 되는 보디사트바의 행을 이렇게 말한다.

보디사트바의 몸은 끝이 없어

널리 온갖 곳에 나타나서

복덕 지혜 갖춰 빼어나신 분

언제나 공경하고 공양하도다.

菩薩身無邊　普現一切處

常恭敬供養　最勝兩足尊

아름다운 향과 꽃과 좋은 음악

좋은 깃발과 보배 일산을

늘 깊고 깨끗한 마음으로써

모든 붇다께 받들어 공양하도다.

香華衆技樂　幢幡及寶蓋

恒以深淨心　供養於諸佛

보디사트바의 법계에 두루한 은혜 갚는 행에서 붇다에 대한 공경은 곧 중생에 대한 공경이고 공양이니, 「십인품」(十忍品)은 이렇게 말한다.

세간은 끝과 바탕 없어서
지혜에 들면 다 평등하나니
널리 모든 중생 교화하여서
그들이 모든 집착 버리게 하네.

世間無邊際 智入悉齊等
普化諸群生 令其捨衆著

깊고 깊은 법을 바로 살피어서
온갖 중생 이익되게 하여주고
이 베풂의 행 따라 지혜에 들어가
온갖 좋은 길을 닦아 행하네.

觀察甚深法 利益群生衆
從此入於智 修行一切道

시주의 물건 함부로 쓰지 말고
단이슬의 법맛 널리 베풀라

이와 같이 들었다.

한때 붇다께서는 슈라바스티 국 제타 숲 '외로운 이 돕는 장자의 동산'에 계셨다.

그때 세존께서 여러 비구들에게 말씀하셨다.

"시주[施主]인 다나파티(dāna-pati, 檀越)를 어떻게 살펴야 하겠느냐?"

그때 여러 비구들이 세존께 말씀드렸다.

"세존께서는 모든 법의 왕이십니다. 세존께서 여러 비구들에게 이 뜻을 말씀하여주시길 바랍니다.

저희들이 듣고서는 다 받들어 지니겠습니다."

그때 세존께서 여러 비구들에게 말씀하셨다.

"자세히 듣고 자세히 들어 잘 사유해 생각하라. 내가 너희들에게 그 뜻을 분별해주겠다."

"그렇게 하겠습니다, 세존이시여."

다나파티에 대한 사랑과 공경, 은혜 갚기를 당부하심

그때 여러 비구들이 붇다께 가르침을 받아들으니, 세존께서 말씀하셨다.

"시주인 다나파티를 공경해야 한다. 마치 자식이 어버이를 효성으로 따라 받들고 섬겨 어버이의 다섯 쌓임[五陰]을 길게 이롭게 해 드리는 것처럼, 너희들도 시주를 위하여 잠부드비파(Jambu-dvīpa, 南贍部洲)의 땅에서 갖가지 뜻을 나타내주어야 한다.

그리하여 시주인 다나파티가 사람으로서의 계율[戒]과 들음[聞], 사마디(samādhi)와 지혜(智慧) 이룰 수 있음을 살피라. 그러면 여러 비구들에게 많은 요익됨이 있어서 삼보 가운데서 걸림이 없을 것이다. 그리고 다나파티들은 너희들에게 입을 옷·먹을거리·앉을 자리·자리끼, 병들어 시든 이 낫게 해줄 약을 보시할 것이다.

그러므로 여러 비구들이여, 다나파티가 있는 곳에 사랑의 마음을 두어야 한다. 작은 은혜라도 늘 잊지 않아야 하는데 하물며 다시 큰 것이겠는가? 늘 사랑의 마음[慈心]으로 저 다나파티를 향해 몸과 입과 뜻의 청정한 행을 말해주고, 이루 헤아릴 수 없고 한정할 수 없이 몸으로 사랑을 행하고[身行慈], 입으로 사랑을 행하며[口行慈], 뜻으로 사랑을 행하라[意行慈].

그리하여 저 다나파티들이 보시한 물건이 끝내 헛되이 없어지지 않게 하면, 그 큰 과덕을 얻고 크나큰 복을 성취하며 큰 이름을 남겨서, 세간에 단이슬의 법맛이 흘러 널리 적시게 될 것이다.

이와 같이 여러 비구들이여, 반드시 이렇게 배워야 한다."

그때 세존께서 곧 게송으로 말씀하셨다.

보시로써 큰 재물을 이루게 되고
바라는 바 또한 성취되나니
나라의 왕이나 여러 도적이라도
그 물건을 빼앗지 못하게 되리.

보시로써 왕의 자리도 얻을 수 있고
전륜왕의 자리를 이어가게 되어
일곱 보배를 갖추어 이루게 되니
본래 보시가 이루어낸 공덕이네.

보시가 하늘의 몸을 이루며
머리에는 여러 보배관을 쓰고
여러 하늘여인과 같이 노니나니
본래 보시가 이루어낸 과보이네.

보시로 인드라하늘의 몸 이루니
하늘왕의 위력은 뛰어나도다.
천 개의 눈이 몸을 장엄했으니
본래 보시가 이루어낸 과보이네.

보시로 깨달음의 도를 이루고
서른둘 좋은 모습 갖추게 되며
위없는 법바퀴를 늘 굴리나니
본래 보시가 이루어낸 과보이네.

그때 여러 비구들은 붇다의 말씀을 듣고 기뻐하며 받들어 행하였다.

• 증일아함 10 호심품(護心品) 三

이 경은 시주에 대한 사랑과 공경, 은혜 갚는 행을 통해 온갖 중생에 대한 보시와 은혜 갚는 행을 당부하고 있다.

보시하는 자와 보시 받는 자는 실로 주고받음이 없는 법계의 처소에서 공경히 주고 겸허히 받아야 한다. 옷과 먹을 것, 잠자리와 약 등을 공양 받는 출가상가 대중은 다나파티에 대해 교만한 마음으로 보시를 받아서는 안 되며, 공경히 받고 겸허히 받들며 보시하는 이들을 계와 사마디와 지혜의 행에 이끌어야 한다.

진리의 은혜와 공덕으로 그들을 적셔주고 감싸주며 이끌어주지 않고 다만 받기만 하면, 지혜의 흐름 속에서 들어가 여래의 진리의 집에 사는 상가 대중이라 할 수 없다.

베풀어주는 자는 공경의 마음과 진실한 마음으로 줌이 없이 주어야 한다. 그러한 마음으로 내 것을 나누어 없는 이에게 주고 한 덩이 밥이라도 굶주린 이에게 주면 그 재물보시 행하는 자는 베풂으로 인해 더 나은 삶의 풍요에 나아가게 된다. 또한 서로 나눔의 행이 넘쳐나는 사회는 궁핍의 고난에 떨어지지 않고 함께하는 모든 이들의 공동의 번영과 행복의 삶이 이루어지게 된다.

나아가 집착 없는 지혜의 보시, 갚음을 구하지 않는 보시, 평등의 보시를 행하는 자는 그 모습 없는 보시[無相布施]의 공덕으로 깨달음의 도를 이루게 된다.

여래의 보디의 도를 따르는 자는 그가 가사를 걸친 사람이든 집에 살며 흰옷 입은 사람이든 재물과 법으로 늘 은혜를 끼치는 사람이며, 늘 은혜를 베풂으로써 늘어나고 줄어듦이 없는 법계진리의 공덕에 들어가는 사람이다.

은혜를 알고 은혜 갚으라

이와 같이 들었다.

한때 붇다께서는 마가다 국의 구역에서 노니시다가 차츰 바이살리 성으로 오셔서, 바이살리 북쪽에 있는 암라파알리 동산에서 큰 비구대중 오백 사람과 함께 계셨다.

그때에 암라파알리 여인은 세존께서 그 동산 가운데 와 계시면서 큰 비구대중 오백 사람과 함께하신다는 말을 들었다. 그때 그 여인은 보배깃털 수레[羽寶之車]를 타고 바이살리를 나와, 좁은 길 어귀에 다다라 세존 계신 곳에 이르자 스스로 수레에서 내려 세존께 나아갔다.

그때에 세존께서는 멀리서 그 여인이 오는 것을 보시고 곧 여러 비구들에게 말씀하셨다.

"모두들 마음을 오롯이하여 삿된 생각을 일으키지 말라."

이때 여인은 세존 계신 곳에 이르러 머리를 대 발에 절하고 한쪽에 앉았다. 그때에 세존께서는 아주 묘한 법을 말씀하셨다.

아주 묘한 법을 말씀하시고 나자 그 여인은 세존께 말씀드렸다.

"가르침대로 오직 그럴 뿐입니다, 세존이시여. 비구대중과 함께 저의 청을 받아주십시오."

세존께서는 잠자코 여인의 청을 받으셨다. 여인은 세존께서 잠자코 청을 받으신 것을 보고서는, 곧 자리에서 일어나 머리를 대 발에 절하고 오던 길로 돌아갔다.

암라파알리 여인에게 오백 어린이들이 공양청을
자신들에게 돌려주길 바람

그때에 바이살리의 남자와 여인, 늙은이·젊은이들은 세존께서 암라파알리 동산 가운데 계시면서 큰 비구대중 오백 사람과 함께 하신다는 말을 들었다.

때에 그 성의 오백 어린이들이 있었는데, 갖가지 보배깃털 수레를 탔다. 그 가운데 어떤 이는 흰 수레에 흰 말을 타고 옷과 일산[傘蓋]과 깃발과 모시는 이들[侍從]도 다 희었다. 또 어떤 이들은 붉은 수레에 붉은 말을 탔는데 옷과 일산과 깃발과 모시는 이들도 다 붉었다.

또 어떤 이들은 푸른 수레에 푸른 말을 탔는데 옷과 일산과 깃발과 모시는 이들도 다 푸르렀다. 또 어떤 이들은 노란 수레에 노란 말을 탔는데 옷과 일산과 깃발과 모시는 이들도 다 노란 빛이었다.

그 위엄스런 얼굴과 꾸밈이 여러 왕의 법과 같았다.

그들은 바이살리 성을 나와 세존 계신 곳으로 향하다가 아직 다다르기 전에 길에서 소수레를 달려 성안으로 들어가는 그 여인을 만났다. 그때에 여러 어린이들은 그 여인에게 물었다.

"그대는 여인으로서 수줍어해야 하는데, 어찌 소를 때려 수레를 몰아 성안으로 달려가오."

그 여인이 대답하였다.

"여러 어진 이들이여, 알아야 하오. 나는 내일 붇다와 비구스님들을 청하였습니다. 그래서 수레를 타고 달려가는 것이오."

어린이들은 대답했다.

"우리도 붇다와 비구스님들에게 공양을 드리고자 하오. 지금 그대에게 순금 천 냥을 줄 것이니 내일만은 우리가 공양하도록 해주시오."

여인이 대답했다.

"그만두시오, 좋은 집 자제들이여. 나는 들어줄 수 없소."

어린이들이 말했다.

"그대에게 이천 냥·삼천 냥·사천 냥·오천 냥 또는 백천 냥 금을 줄 것이니, 어쨌든 들어주어 내일 우리들이 붇다와 비구스님에게 공양하도록 해주시오."

여인이 대답하였다.

"나는 들어줄 수 없소. 왜냐하면, 세존께서는 늘 이렇게 말씀하셨기 때문이오.

'세상 사람은 두 가지 바람[二希望]을 버리지 못한다. 그 두 가지란 재물에 대한 바람과 목숨에 대한 바람이다.'

누가 내 목숨을 내일까지 보장하겠소. 내가 먼저 여래를 청하였으니 지금 곧 공양거리를 갖추어야 하오."

때에 그 어린이들은 각기 손을 흔들면서 말하였다.

"우리들 같은 이런 사람들은 저 여인만 같지 못하다."

그들은 이렇게 말하고 각기 스스로 나뉘어 갔다.

세존께서 어린이들에게 은혜 알아 은혜 갚는 행을 가르치심

때에 여러 어린이들은 붇다 계신 곳에 가서 머리를 대 발에 절하고 한쪽에 섰다.

세존께서는 어린이들이 온 것을 보고 비구들에게 말씀하셨다.

"너희들은 이 어린이들의 위엄스런 얼굴과 옷차림을 보라. 인드라하늘이 나가 노닐어 살필 때와 다름이 없구나."

그때 세존께서는 어린이들에게 말씀하셨다.

"세상에는 두 가지 일이 있어서 가장 얻기 어렵다.

어떤 것이 둘인가. 첫째는 은혜를 돌려 갚을 줄 아는 사람이요, 둘째는 작은 은혜를 지어도 늘 잊지 않음이니 하물며 다시 큰 은혜이겠는가. 이것을 여러 어린이들이여, '세상에는 가장 얻기 어려운 두 가지 일이 있다'고 하는 것이다.

어린이들이여, 알아야 한다. 은혜 갚기를 생각하고 또한 작은 은혜도 잊지 않도록 해야 하는데 하물며 큰 은혜이겠는가."

그때에 세존께서는 곧 이 게송으로 말하였다.

　　은혜를 알아 되갚을 줄 알고
　　사람들 가르쳐줌을 늘 생각하면
　　그 지혜로운 이 공경해 모시게 되고
　　그 이름 하늘과 사람들께 들리리.

"이와 같이 어린이들이여, 이와 같이 배워야 함을 알아야 한다."

그때 세존께서는 어린이들을 위하여 미묘한 법을 갖추어 말씀해 주셨다.

그들은 듣고는 각기 자리에서 일어나 머리를 대 발에 절하고 이내 물러나 떠나갔다.

세존께서 동산을 바친 여인에게
보시 공덕을 말씀하고 언약을 주심

이때에 그 여인은 그날 밤으로 갖가지 맛있는 반찬과 먹을거리를 마련하고 앉을 자리들을 펴고, 이른 아침에 세존께 나아가 말씀드렸다.

"때가 되어 바로 지금입니다. 세존께서는 누추한 집이지만 오셔서 살펴주시길 바랍니다."

때에 세존께서는 가사를 입고 발우를 가지고 앞뒤로 둘러싼 여러 비구들을 데리고 바이살리로 들어가 그 여인 집에 이르렀다.

그 여인은 세존께서 자리에 앉으신 것을 보고 손수 음식을 받들어 붇다와 비구스님들에게 올렸다.

붇다와 비구스님들이 공양을 마치자 맑은 물을 돌린 뒤에, 다시금으로 꾸민 작은 자리를 가지고 와서 붇다 앞에 앉았다.

그때 여인이 세존께 말씀드렸다.

"이 암라파알리 동산을 여래와 비구상가에 바쳐, 미래와 과거와 현재의 상가대중으로 하여금 여기서 지내시게 하겠습니다. 세존께서는 이 동산을 받아주시길 바랍니다."

그때에 세존께서는 그 여인을 위해 곧 그 동산을 받으셨다.

그리고 곧 이런 축원의 말씀을 하셨다.

과수원 가꾸어 시원한 것 베풀고
다리를 놓아 사람들을 건네주며
길 가까운 곳에 변소를 지어
사람들이 편안히 쉼 얻도록 하라.

그러면 낮이나 밤에 안온하여서

그 복이 이루 헤아릴 수 없으며

모든 법과 계행을 이루게 되고

죽어서는 반드시 하늘위에 나리.

그때에 세존께서는 이렇게 언약해주시고 곧 일어나 떠나셨다.

그때에 그 여인은 붇다의 말씀을 듣고 기뻐하며 받들어 행하였다.

• 증일아함 19 권청품(勸請品) 十一

• 해설 •

세존께서 암라파알리 동산에 머무시면서 암라파알리 동산을 상가에 기증받은 이 일은 붇다께서 니르바나에 드시기 얼마 전 바이샬리 근처에서 안거하실 때이다.

암라파알리 여인은 화류계 여성이다. 암라파알리 여인의 동산 기증은 슈라바스티 성의 제타 숲 아나타판다다 장자의 동산의 정사 기증과, 라자그리하 성의 벨루바가마 정사의 기증과 함께, 붇다의 교단에 대한 세 가지 큰 기증이다.

오백 어린이는 아주 높은 귀족, 잘 사는 집의 어린이들이니 여래께서는 그들에게는 은혜 끼쳐준 이들에 은혜 갚는 행을 보이시고, 자기가 배운 지식을 남과 공유하는 보시를 행해야 참으로 존중받게 됨을 가르치신다.

그에 비해 낮은 계층인 암라파알리 여인에게는 보시 공덕으로 늘 안온한 삶의 평화와 하늘의 복 얻게 될 것을 언약해주신다.

보시는 자기 주변의 가까운 사람, 자기에게 은혜 끼친 이들에게 은혜 갚고 물질로 베푸는 것만이 보시가 아니라, 길을 닦아 뭇 사람이 잘 다니게 하고 다리를 놓아 사람들을 건네주는 등 공공의 복리를 늘려주는 것이 큰 보시가 된다.

또한 굶주려 배고픈 이가 없는 세상, 헐벗음에 떨고 목마름에 지친 사람이 없는 건강한 사회, 전쟁과 질병이 없는 사회를 만들어가는 것이 큰 은혜 갚음이 되고 높은 보시가 된다.

달리 말하면 가진 것도 버리고 못 가진 것도 버리는 크나큰 버림의 행이 세간을 번영의 세계로 가꾸는 큰 보시행이 되는 것이다. 그러므로 있음에서 있음을 보고 없음에서 없음을 보는 환상의 세계관을 깨뜨려 진실 그대로의 지혜의 세계관을 일깨워주는 것이 높고 높은 법보시행이 되는 것이다.

있음과 없음에 평등한 마음 평등한 행으로 세간을 위해 일하는 법보시 행자가 여래의 참된 법의 자식이니, 『화엄경』(「십지품」)은 이렇게 말한다.

법의 성품 본래 고요해 모든 모습 없어
마치 허공이 분별하지 않음과 같네.
모든 취함과 집착 벗어나 말길을 끊어
진실하고 평등해 늘 청정도다.

法性本寂無諸相 猶如虛空不分別
超諸取著絕言道 眞實平等常淸淨

만약 모든 법의 성품 통달하여서
있음과 없음에 마음 움직임 없이
세간 건지려 부지런히 닦아 행하면
이 사람이 붇다의 입으로 출생한
참된 붇다의 법의 자식이라네.

若能通達諸法性 於有於無心不動
爲欲救世勤修行 此佛口生眞佛子

마이트레야여, 네 법으로 보시 행하면
온갖 파라미타 갖추어 보디 이루리

이와 같이 들었다.

한때 붇다께서는 슈라바스티 국 제타 숲 '외로운 이 돕는 장자의 동산'에 계셨다. 그때에 '마이트레야 보디사트바'가 세존 계신 곳에 이르러 그 발에 절하고 한쪽에 앉았다.

그때 마이트레야 보디사트바는 세존께 말씀드렸다.

"보디사트바 마하사트바는 몇 가지 법을 성취하여야 보시파라미타를 행하고 여섯 파라미타를 갖추어 위없고 바르며 참된 도를 빨리 이루게 됩니까."

붇다께서 마이트레야에게 말씀하셨다.

"보디사트바 마하사트바가 네 가지 법의 근본[四法本]을 행하면 여섯 파라미타를 갖추어 위없고 참되며 바른 깨달음을 이룰 것이다."

보디사트바의 네 가지 보시 서원 세워 닦도록 하심

"어떤 것이 네 가지인가. 보디사트바가 은혜롭게 위없는 붇다와 홀로 깨친 이들[獨覺]과 아래로 범부에까지 보시하게 되면, 모두 다 평등히 하여 사람을 가리지 않고 늘 이렇게 생각해야 한다.

'온갖 삶들은 먹음으로 말미암아 살고 먹지 않으면 죽는다.'

이것을 보디사트바가 이 첫째 법을 성취하여 여섯 파라미타를 갖추는 것이라 한다.

다시 보디사트바가 은혜로이 보시할 때에는 머리나 눈·골수·뇌·나라·재물·아내·자식 등을 즐겁게 보시하여 집착하는 생각을 내지 말아야 한다.

마치 죽을 사람이 때가 되어 다시 살아나면 기뻐 뛰면서 스스로 이기지 못하는 것처럼, 이때 보디사트바가 마음을 내어 기뻐하는 것도 이와 같아서 보시함에 원을 세워 집착의 생각 내지 않아야 한다.

다시 마이트레야여, 보디사트바가 보시할 때에는 그 공덕을 온갖 것에 미치게 하고, 자기만을 위해 위없고 바른 깨달음을 이루려 하지 않는다. 이것을 셋째 법을 성취하여 여섯 파라미타를 두루 갖추는 것이라 한다.

다시 마이트레야여, 보디사트바 마하사트바가 보시할 때에는 이렇게 사유한다.

'여러 중생 무리 가운데서 보디사트바가 가장 윗머리가 된다. 그는 여섯 파라미타를 갖추고 모든 법의 근본을 밝게 안다.

왜냐하면 그는 밥을 먹고는 모든 아는 뿌리가 고요하여서 금한 계를 사유하며, 성냄을 일으키지 않고 사랑의 마음을 닦아 행하며, 용맹하게 정진하여 착한 법은 늘리고 착하지 않은 법은 없앤다.

그는 늘 마음이 한결같아서 뜻이 어지럽지 않으며 변재를 갖추어 법문에는 끝내 차례를 넘지 않는다. 이 보시로 하여금 여섯 파라미타를 갖추고 보시파라미타를 이루도록 하기 때문이다.'

만약 보디사트바 마하사트바가 이 네 가지 법을 행하면 위없고 바른 깨달음을 빨리 성취하게 될 것이다.

그러므로 마이트레야여, 만약 보디사트바 마하사트바로서 보시하려 할 때에는 반드시 이런 서원을 세워 모든 행을 갖추어야 한다.

이와 같이 마이트레야여, 반드시 이렇게 배워야 한다.”

그때에 마이트레야는 붇다의 말씀을 듣고 기뻐하며 받들어 행하였다.

• 증일아함 27 등취사제품 五

• **해설** •

보시행이 삶의 실상 그대로의 보시가 될 때 바로 해탈의 보시가 되고 니르바나의 저 언덕에 이르게 하는 파라미타인 보시가 되니, 보시의 한 행으로 여섯 파라미타를 모두 갖추게 된다.

또 이처럼 실상 그대로의 법다운 보시를 행할 때 사트바는 보디사트바가 되니, 법다운 보시는 네 가지 법의 근본을 갖춘다.

첫째, 보디사트바가 붇다로부터 저 범부중생에 이르기까지 평등한 마음으로 보시하되 먼저 먹을 것을 베풀어 온갖 삶들의 목숨을 지켜주고 보살펴줌이다.

둘째, 보디사트바는 자기 가진 것들에 대해 모습 없음과 공함을 깨달아 아끼는 마음 없이 보시해야 한다.

셋째, 보디사트바는 보시의 공덕을 온갖 중생에 회향하여 온갖 중생이 보디에 나아가도록 하는 큰 원으로 보시해야 한다.

넷째, 보디사트바는 보시행을 통해 계 · 정 · 혜를 갖추어 위없는 보디를 성취하고 뭇 삶들 건질 원으로 보시해야 한다.

이와 같이 네 법으로 보시하면 그것이 파라미타인 보시가 되고 하나의 보시가 온갖 파라미타의 공덕 갖춘 보시가 된다.

이와 같이 보시하는 자, 그는 마이트레야 보디사트바와 함께 성불의 언약을 이미 받은 자이며, 마이트레야의 회상에서 마이트레야의 세상을 함께 볼 새로운 세상 정토의 대중인 것이다.

제2부
상가공동체의 구성

세간의 모든 사람의 모임은 애착이 그
바탕이 되거나 이해관계가 그 뿌리가 된다.
그러나 붇다의 상가는 참된 마음으로 도를
공경히 따르기 위해 모인 대중으로, 진리로
어울리고 여섯 가지 화합의 뜻으로 모인 대중이다.
상가는 스스로 몸과 입과 뜻의 자비의 업을
닦아 세간에 진리의 뜻을 넓히는 대중이므로
미망과 궁핍의 세간에 복밭이 되고 법으로
세간 중생을 받들므로 세간 무리 가운데
존귀한 곳이 되는 것이다.

출가·재가의 보디사트바, 상가대중

붇다의 상가대중은 여래 세존이라는 한 큰 스승[大師]을 같이 모시고 연기법의 세계관을 지지하고 따르며 해탈의 실천을 같이 행하는 제자의 무리들이니, 상가는 곧 한 분인 붇다[一佛]의 제자들이다.

한 붇다의 제자 가운데 출가제자(出家弟子)는 집을 버리고[捨家] 집이 아닌 데로 집을 나와[非家出家], 세 가지 가사와 발우만을 지닌 채 밥을 빌어 몸을 기르고 법을 빌어 지혜의 목숨을 기르며 법으로 세간에 공양한다.

그에 비해 재가제자(在家弟子)는 집에 머물며 생업을 꾸려가되 깨끗한 믿음으로 보시를 행하며 지혜를 닦는다.

출가제자는 남성 출가수행자인 비구(比丘, bhikṣu)와 여성 출가수행자인 비구니(比丘尼, bhikṣuṇī)와 스무 살 이전 구족계 받기 전의 남성 출가자인 사미(沙彌, śrāmaṇera)와 여성 출가자인 사미니(沙彌尼, śrāmaṇerikā), 사미니와 비구니 사이의 중간과정인 식차마나(式叉摩那, śikṣamāṇā)의 다섯 대중이다.

이 다섯 대중 가운데 비구 이백오십 계, 비구니 삼백사십팔 계의 구족계(具足戒, upasaṃpadā)를 지닌 비구·비구니 두 대중이 정식 요건을 갖춘 출가상가이다.

출가 다섯 대중[出家五衆] 가운데 비구의 뜻에, 출가 다섯 대중이 집을 나와 상가에 들어간 뜻이 다 담겨 있다.

『번역명의집』가운데 비구에 관한 정의를 살펴보면 다음과 같다.

비구는 빌어서 사는 이[乞士]이니 깨끗하게 생활하기 때문[淸淨活命]이다. 다시 비구는 번뇌 깨뜨림이니 삿된 견해와 번뇌를 깨뜨릴 수 있기 때문[能破煩惱]이다.

다시 비구는 두렵게 할 수 있음[能怖]이니 마라의 왕과 마라 따르는 이들을 두렵게 할 수 있기 때문[能怖魔王及魔民]이다.

다시 비구의 뜻에 대해 『정명경소』(淨名疏)는 이렇게 말한다.

비구는 여기 말로 옮기기도 하고 옮기지 않기도 한다. 옮긴다는 것은 다음과 같다.

옮기면 굶주림을 없앰[除饉]이다. 중생은 복이 엷은데 그 원인은 진리의 밥이 없는 데 있으니, 스스로 보디의 도와 니르바나의 과보 얻어감에 많이 굶주리고 삶이 궁핍해진다. 출가의 계행은 좋은 복밭[良福田]이라 중생의 선근을 내게 하고 굶주림과 궁핍을 없애주므로 굶주림을 없앰이라 한다.

옮기지 않는다는 것은 다음과 같다. 비구라는 이름은 세 가지 뜻[三義]을 머금으니, 지론(智論)은 첫째 악을 깨뜨림[破惡], 둘째 마라를 두렵게 함[怖魔], 셋째는 밥을 비는 이[乞士]라고 말한다.

첫째, 악을 깨뜨림이란 다음의 뜻이다. 처음 계를 받으면 곧 비구라 하니 세 가지 카르마[三羯磨]로 착함의 율의[善律儀]를 내고 악함의 율의[惡律儀]를 깨뜨리므로 악을 깨뜨림이라 한다.

행과 이해[行解]에 함께 통함에 나아가 말하면 계(戒)는 몸가짐의 그릇됨[形非]을 막고, 정(定)은 마음의 어지러움[心亂]을 막으며, 혜(慧)는 생각의 헛됨[想虛]을 깨우쳐 이성적이고 감성적인 미혹의 악[見思之惡]을 깨뜨리므로 악을 깨뜨림이라 한다.

둘째, 마라를 두렵게 함이란 다음의 뜻이다. 이미 악을 깨뜨리면 마라는 이렇게 생각한다.

'이 사람은 내 구역을 벗어날 뿐만 아니라 법의 등[法燈]을 전해 나의 권속을 교화해 나의 근원마저 비게 할 것이다.'

그러므로 두려움을 낸다. 이를 통틀어 '세 가지 마라[三魔] 또한 두려워한다'고 말한다.

셋째, 빌어서 사는 수행자란 다음의 뜻이다. '빌어서 살아가는 뜻이 맑고 아름다운 이'를 일컬으니, 세간의 집을 나온 사람은 안으로 맑고 높은 덕을 닦아 반드시 네 가지 삿됨을 떠나 깨끗한 생활방식[淨命]으로 스스로 머물러 중생을 복되게 하고 이익되게 한다.

교만한 마음을 깨뜨리고 겸손히 낮추며 스스로 굽혀, 밥을 빌어 구해 몸을 도우며[乞求資身] 맑고 아름다운 덕을 이루므로[成淸雅之德] 빌어서 사는 수행자라 한다.

재가대중에는 집에 머물며 수행하는 남성수행자인 우파사카(upāsaka, 優婆塞)와 여성 수행자인 우파시카(upāsikā, 優婆夷)의 두 대중이 있다. 집에 있는 수행자도 네 가지 법을 갖추어야 재가의 대중이 되는 것이다.

첫째, 붓다와 법과 상가에 대한 깨끗한 믿음을 갖추어야 한다[信具足]. 그리하여 목숨 다하도록 바른 믿음에서 물러나지 않고 우파사카와 우파시카로서 살아갈 것을 붓다와 상가대중 앞에 믿음의 서약을 해야 한다[三歸依戒].

둘째, 오계(五戒) 십계(十戒)의 계법을 받아 지녀 행해야 한다
[戒具足].

셋째, 출가 상가대중을 먹을거리 · 입을 것 · 잠자리 · 약의 네 가
지 일[四事]로 공양해야 하며, 이웃과 뭇 삶들에게 재물과 법으로
보시해야 한다[施具足].

넷째, 바깥길의 전적[外道典籍]을 의지해 삿된 견해를 따르지
않고, 붇다의 가르침과 연기법의 세계관을 의지해 지혜를 행하고
니르바나의 도에 나아가야 한다[慧具足].

이처럼 재가의 제자들도 이 네 가지 법을 갖추어야 집에 머무는
붇다의 제자가 되는 것이며, 보디를 행하는 재가의 보디사트바가
되는 것이다.

그러므로 대승의 실천운동가들은 상가가 출가중심적 선정주의
와 관념적 이론불교에 떨어질 때 출가와 재가의 구분을 강조하지 않
고 '한 붇다의 제자'[一佛弟子]로 '하나인 붇다의 진리의 수레'[一佛
乘]를 행하는 보디사트바(bodhisattva)를 말하게 된 것이다.

보디사트바를 실천주체로 내세우는 마하야나(mahāyāna)의 뜻으
로 보면 출가 비구 · 비구니는 가사[法衣]를 걸친 보디사트바이고, 재
가 우파사카 · 우파시카는 흰옷[白衣]을 걸친 보디사트바인 것이다.

제1장

서로 화합하는
사부대중

"비구가 깨끗한 계를 잘 지니고
비구니가 바른 법을 많이 들으며
집에 사는 우파사카 믿음 깨끗하고
우바시카의 믿음 또한 그러하면
이것을 여래의 착한 대중이라 하니
마치 햇빛이 스스로 비춤과 같네.

이 같으면 곧 여래의 좋은 대중이고
이것이 상가 가운데 좋은 이라네.
이 법은 곧 상가를 좋도록 하니
마치 햇빛이 스스로 비춤과 같네."

• 이끄는 글 •

상가는 출신계급·인종·직업이 다른 여러 부류의 사람들이 여래
의 법 안에서 하나되어 모인 공동체이다. 그러므로 상가는 화합을
생명으로 한다.

상가는 좁게는 여래의 법을 따라 집을 나온 사문[出家沙門]의 공
동체이지만, 넓게는 여래의 법에 함께하며 출가상가에 물질적 보시
로 공양하며 해탈의 도를 행하는 재가대중을 포함한다.

『번역명의집』에서는 법과 도를 공경히 따르고 대중이 화합함으로
상가의 수에 들어가게 됨을 다음과 같이 말한다.

상가(saṃgha)를 『대론』(大論)에서는 여기 말로 대중[衆]이라고
하였다. 여러 비구들이 한곳에서 어울려 모이는 것[一處和合]을 상
가라 한다. 비유하면 큰 나무들이 우거진 곳을 숲이라 함과 같다.
『정명소』(淨名疏)에서는 말하기를 '비나야에 네 사람 이상을 다
상가라 한다'고 하였다.

『율초』(律鈔)에는 이렇게 말했다.

"여기 말로 화합하는 대중이라 하는데 화합에는 두 가지 뜻이 있다.

첫째, 진리로 어울림[理和]이니, 니르바나를 같이 증득하기 때
문이다. 둘째, 일로 어울림[事和]이다.

일로 어울림에 따로 여섯 가지 뜻[六義]이 있다.

첫째 계로 어울림[戒和]이고, 둘째 닦음을 같이해 견해로 어울
림[同修見和]이다.

셋째 앎을 같이해 몸으로 어울림[同解身和]이고, 넷째 머묾을
같이해 이익으로 어울림[同住利和]이다.

다섯째 균등함을 같이해 입으로 어울림[同均口和]이고, 여섯째 다툼 없는 뜻으로 어울려 기쁨을 같이함[無諍意和同悅]이다."

쿠마라지바(Kumārajīva) 법사는 말한다.

"대중을 화합하려면 여섯 가지 법을 말미암는다.

첫째 자비의 마음으로 몸의 업을 일으킴이고, 둘째 자비의 마음으로 입의 업을 일으킴이며, 셋째 자비의 마음으로 뜻의 업을 일으킴이다.

넷째 밥을 얻을 때 발우의 밥을 덜어 윗자리와 아랫자리의 비구에게 공양함이고, 다섯째 계를 지님이 청정함이며, 여섯째 번뇌가 다한 지혜이다."

승조(僧肇)법사는 말한다.

"참된 마음이 아니면 여섯 가지 법을 갖추지 못하고, 여섯 가지 법이 아니면 뭇 대중과 화합하지 못한다. 대중과 화합하지 못하면 도를 공경히 따르지 못한다."

위의 여러 가지 뜻을 종합해보면, 상가란 니르바나와 해탈의 뜻을 위해 모인 대중으로서 화합하는 공동체이다.

세간의 모든 사람의 모임은 애착이 그 바탕이 되거나 이해관계가 그 뿌리가 된다. 그러나 붇다의 상가는 참된 마음으로 도를 공경히 따르기 위해 모인 대중으로, 진리로 어울리고[理和] 여섯 가지 화합의 뜻[事和]으로 모인 대중이다.

상가는 스스로 몸과 입과 뜻의 자비의 업을 닦아 세간에 진리의 뜻을 넓히는 대중이므로 미망과 궁핍의 세간에 복밭이 되고 법으로 세간 중생을 받들므로 세간 무리 가운데 존귀한 곳이 되는 것이다.

1 진리 안에서 하나되는 사부대중

• 이끄는 글 •

기성 브라마나 교단은 '브라흐마신에게 불로 제사하고 공양물 바침으로써 하늘에 난다'고 가르치고 만유의 전변자 브라흐만과 내가 하나됨[梵我一如]으로써 해탈한다고 말한다.

그에 비해 붇다는 재가대중에게 출가사문에 대한 공양과 뭇 생명에 대한 보시, 바른 윤리적 실천으로 하늘에 날 수 있다고 가르치신다[戒論, 生天論]. 또한 붇다는 탐욕은 깨끗하지 않다는 생각[欲不淨想]을 가르치시고, 번뇌를 떠나는 것이 지혜의 세계로 나아가는 요점이 된다[出要想]고 가르치신다.

붇다는 재가대중에게 보시와 지계로 하늘에 나는 복업을 닦으며 번뇌 떠나 니르바나에로 나아가도록 가르치시면서, 출가대중에게는 재가대중으로부터 먹을 것과 입을 것을 공양받고, 오롯이 선정과 지혜를 닦아 스스로 마음의 해탈을 이루고 법보시로 재가대중의 은혜 갚도록 하신다.

재가대중이 재물보시의 복업을 닦되 그 보시행이 지혜의 보시행이 되면 보시행이 지혜의 파라미타가 되고, 출가대중이 아란야행과 법보시를 닦되 그 법보시가 '한량없는 마음의 보시행'[無量施]이 되면 그 보시행이 '온갖 것 갖춘 보시'[一切施]가 된다.

출가와 재가의 구분을 떠나 깨끗한 믿음[淨信]과 지혜(智慧)가 여래의 제자에게 상가대중의 이름을 주는 것이니, 설사 머리 깎고 세 가지 가사와 발우를 쥐고 있더라도 믿음과 지혜가 없고 세간을 건질 큰 서원이 없으면 상가의 수에 들지 못한다.

『비말라키르티수트라』에서 라훌라 존자는 비말라키르티 거사가 설한 출가의 뜻에 대해 다음과 같이 회상한다.

라훌라시여, 출가란 함이 없는 법[無爲法]을 위함이니, 함이 없는 법 가운데는 얻을 이익도 없고 공덕도 없소[無利無功德].

출가란 저것도 없고 이것도 없으며 또한 가운데도 없고 예순두 견해를 떠나 니르바나에 머무는 것[處於涅槃]이니, 지혜로운 이가 받는 것이고 거룩한 이가 행하는 곳이오.

뭇 마라를 항복받고 다섯 길[五道]의 삶들을 건네주고 다섯 진리의 눈[五眼]을 깨끗이 하고 다섯 가지 진리의 힘[五力]을 얻고 다섯 가지 진리의 뿌리[五根]를 세우고, 남을 괴롭히지 않고 뭇 악한 일을 떠나 여러 바깥길의 무리들을 꺾는 것이오.

거짓 이름을 벗어나고 진흙탕을 벗어나 얽매어 묶임이 없고 내 것이 없고 받는 바가 없으며, 시끄러움과 어지러움이 없으며, 안으로 기쁨을 품고 저의 뜻을 보살펴주며 선정을 따라[隨禪定] 뭇 허물을 벗어나는 것[離衆過]이오.

만약 이와 같을 수 있으면 이것이 참된 출가[眞出家]인 것이오.

비말라키르티 거사의 경책처럼 출가상가는 이처럼 머리 깎고 가사 입고 홀로 사는 것으로만 출가상가의 수에 드는 것이 아니다. 스스로 지혜와 복덕을 닦아 이 혼탁한 세간에 지혜의 등불[慧燈]이 되고 이 궁핍의 세간에 좋은 복밭[良田]이 되는 이가 상가이니,『번역명의집』에서는 다음과 같이 말한다.

상가(saṃgha)를 또 좋은 복밭이라고 하니, 이에 대해『보은경』(報恩經)은 '상가대중은 삼계의 중생 세간을 벗어난 복밭이다'라고 말한다. 이는 비구가 계의 바탕[戒體] 갖추고 있어 계가 만 가지 착함의 뿌리가 됨을 말한다.

그러므로 세간 사람들이 돌아가 믿으며 공양하는 것이다.

상가의 기름진 땅에 복의 씨앗을 심으면 아름다운 복의 싹[嘉苗]을 낼 수 있으므로 상가를 좋은 복밭이라 하는 것이다.

법을 향하는 사부대중 햇빛이
스스로 빛남과 같나니

이와 같이 내가 들었다.

한때 붇다께서 슈라바스티 국 제타 숲 '외로운 이 돕는 장자의 동산'에 계셨다.

그때 세존께서 여러 비구들에게 말씀하셨다.

"네 가지 잘 조복하는 대중이 있다. 어떤 것이 그 네 가지인가?

곧 잘 조복하는 비구(bhikṣu) · 잘 조복하는 비구니(bhikṣuṇī) · 잘 조복하는 우파사카(upāsaka) · 잘 조복하는 우파시카(upāsikā)이니, 이것을 네 가지 대중이라고 한다."

네 대중이 모두 여래의 착한 상가대중임을 노래로 보이심

그때 세존께서 곧 게송을 말씀하셨다.

만약 말솜씨 있고 두려움이 없이
많이 들어 법을 깊이 통달하고서
법에 이르고 법에 향함 행하면
이들이 곧 여래의 착한 대중이다.

비구가 깨끗한 계를 잘 지니고
비구니가 바른 법을 많이 들으며

집에 사는 우파사카 믿음 깨끗하고
우파시카의 믿음 또한 그러하면
이것을 여래의 착한 대중이라 하니
마치 햇빛이 스스로 비춤과 같네.

이 같으면 곧 여래의 좋은 대중이고
이것이 상가 가운데 좋은 이라네.
이 법은 곧 상가를 좋도록 하니
마치 햇빛이 스스로 비춤과 같네.

붇다께서 이 경을 말씀하시자, 여러 비구들은 붇다의 말씀을 듣고 기뻐하며 받들어 행하였다.

(조복에 대하여 설하신 경에서와 같이 좋은 말솜씨[辯才]·부드러움[柔和]·두려움 없음[無畏]·많이 들음[多聞]·법을 통달함[通達法]·법을 설함[說法]·법을 따라 법에 향함[法次法向]·법행을 따름[隨順法行]에 대해서도 똑같이 말씀하셨다.)

• 잡아함 873 사종조복경(四種調伏經)

• 해설 •

거짓과 환상의 세계관을 떠나 법을 들어 법을 통달한 이가 여래의 상가대중이다. 법을 듣고 바르게 사유해 법을 행하고 세간을 위해 널리 법바퀴 굴리는 이들이 여래의 상가대중이다.

깨끗한 계 지니고 많이 들어 그 지혜 밝으며 사마디의 고요한 마음으로 어지러움 떠난 이가 여래의 상가대중이다.

잘 법을 듣고 따라 행해[法次] 법에 향하면[法向] 이런 이가 여래의 상가

대중이다.

붇다와 다르마와 상가에 그 믿음 깨끗한 이가 상가대중이고, 스스로의 맑고 밝은 행이 세간을 비추고 자비의 마음으로 뭇 삶들을 보살피는 이가 여래의 상가대중이다.

그러므로 『비말라키르티수트라』는 재가·출가의 형식에 관계없이 함이 없는 법[無爲法]에 나아가는 것이 출가라 말하니, 이 뜻을 천태선사는 이렇게 풀이한다.

만약 붇다의 성품[佛性]을 보아 두 가지 죽음의 집[二死家]을 벗어나야 바야흐로 참된 출가이니, 출가의 뜻은 네 구절을 갖춘다.

첫째, 모습과 마음이 함께 벗어나지 못함이다.

둘째, 모습은 벗어났으나 마음이 벗어나지 못함이다.

셋째, 모습은 벗어나지 못했으나 마음이 벗어남이니, 이는 곧 살피는 행으로 출가함[觀行出家]이다.

넷째, 모습과 마음이 함께 벗어남이다.

위의 천태선사의 뜻으로 보면 모습이 출가든 재가이든 그 뜻이 삼계의 물든 번뇌의 집을 벗어나야 곧 출가이고, 몸의 덩이가 있는 죽음과 변화의 몸을 타고 다니는 죽음 이 두 죽음의 집을 벗어나야 출가이다.

위 네 구절로 보면 모습과 마음 함께 벗어남이 참된 출가이다.

그렇다면 죽음의 집과 번뇌의 집을 나온 지혜로운 이, 이들이 있는 곳이 여래의 상가이고 이 같은 대중 있는 곳이 세간의 복밭이니, 이 복밭에 씨앗을 뿌리는 사람은 그 누구나 공덕의 열매를 얻고, 그 씨앗에 물을 주고 잘 기르는 사람은 그 누구나 단이슬의 법맛을 얻게 될 것이다.

주는 자와 받는 자, 주는 물건이 함께
공덕의 법 성취하니

이와 같이 들었다.

한때 붇다께서는 슈라바스티 국 제타 숲 '외로운 이 돕는 장자의 동산'에 계시면서 비구들에게 말씀하셨다.

"베풀려는 원[嚫願]에 아홉 가지 공덕[九德]이 있음을 말하겠으니 너희들은 잘 사유해 생각하라. 내가 이제 그 뜻을 펼쳐 말해주겠다."

이때에 비구들이 붇다의 가르쳐 깨우치심을 받아들이니, 세존께서 비구들에게 말씀하셨다.

"그 어떤 것을 베풀려는 원에 아홉 가지 공덕이 있다고 하는 것인가.

비구들이여, 알아야 한다. 시주(施主)인 다나파티[dāna-pati]도 세 가지 법을 성취하고 보시하는 물건도 세 가지 법을 성취하고, 물건을 받는 사람도 세 가지 법을 성취하는 것이다.

그 시주인 다나파티가 어떻게 세 가지 법을 성취하는가.

시주인 다나파티는 믿음[信]을 성취하고 서원(誓願)을 성취하고 또 산목숨을 죽이지 않게 되니, 이것을 '시주인 다나파티가 세 가지 법을 성취한다'고 하는 것이다.

베푸는 물건은 어떻게 세 가지 법을 성취하는가.

이 베푸는 물건은 빛깔[色]을 성취하고 냄새[香]를 성취하며 맛[味]을 성취하는 것이니, 이것을 '베푸는 물건이 세 가지 법을 성취한다'고 하는 것이다.

물건을 받는 사람은 어떻게 세 가지 법을 성취하는가.

이 물건을 받는 사람은 계[śīla]를 성취하고 지혜[prajñā]를 성취하며 사마디(samādhi)를 성취하는 것이니, 이것을 '물건을 받는 사람이 세 가지 법을 성취한다'고 하는 것이다.

이와 같이 베풂이 성취하는 이 아홉 가지 법을 통달하면 큰 과보를 얻고 단이슬의 '사라져 다한 곳'에 이르게 된다.

대개 시주가 되어 그 복을 구하려고 하면, 반드시 방편을 구해 이 아홉 가지 법을 성취해야 한다.

비구들이여, 반드시 이렇게 배워야 한다."

그때에 비구들은 붇다의 말씀을 듣고 기뻐하며 받들어 행하였다.

• 증일아함 44 구중생거품 二

• 해설 •

주는 자[施者]와 받는 자[受者], 주는 물건[施物]의 실상은 있되 공적하다[三輪空寂]. 있되 공한 실상 그대로[如實相] 줌이 없이 주고 받음 없이 받으면, 베풂의 행을 통해 주는 자와 받는 자는 함께 실상에 들어간다.

또 주는 물건과 베푸는 밥의 빛깔과 냄새와 그 맛은, 한 빛깔 한 냄새도 중도실상 아님이 없으니[一色一香無非中道], 실상을 살피는 지혜와 지혜의 보시가 이루어지면 물건은 모습에 모습 없는 진실의 모습을 성취할 것이다.

이 뜻을 여래는 상가대중에 밥을 베푸는 다나파티(dāna-pati)는 믿음[信]과 서원[願], 산목숨 죽이지 않는 바른 행(行)을 성취하고, 받는 자는 실라(śīla, 戒)·사마디(samādhi, 定)·프라즈냐(prajñā, 慧)를 성취한다 말씀하고, 베푸는 물건은 빛깔·냄새·맛을 성취한다고 가르치신다.

주는 자 받는 자, 주는 물건이 보시를 통해 함께 법계 공덕의 땅에 들어가니 보디사트바의 주고받는 행 밖에 니르바나가 없는 것이다.

2 출가와 재가는 서로 공경하며
서로 은혜 갚아야 한다

모습 있고 함이 있는 세간법 밖에 함이 없는 진제(眞諦)의 법이 있는 것이 아니라, 모습에 모습 없어서 온갖 함이 있는[有爲] 지음 가운데 함이 없음을 알면 세간법이 그대로 출세간의 진제가 된다.

그러므로 세간의 집에 살되[在家] 번뇌의 집을 벗어나고 탐욕의 물듦을 벗어나면, 그가 참으로 멀리 여읜 자[遠離者]이며 집에 있되 집에서 나온 자[出家]이다.

비록 수염과 머리 깎고 가사를 걸치고 세속의 집을 떠나 고요한 곳에 머물러 살되 번뇌의 흐름을 벗어나지 못하거나, 있음[有]을 깨뜨리고 공함[空]에 머물려는 집착이 남아 있으면, 그가 도리어 집을 나왔되 번뇌의 집에 머물고 공(空)의 둥지에 집을 지은 자이다.

재가 우파사카·우파시카는 세속 살림 속에서 보시를 행하고 복된 업을 닦되 그 보시를 지혜의 보시가 되게 해서 스스로 해탈의 길에 나아가야 하고, 출가의 비구·비구니도 밥과 입을 옷을 공양 받되 법으로 세간 대중을 섬겨 함이 없는 공덕의 세계에 나아가야 한다.

재가의 흰옷 입은 대중 또한 탐욕의 세간에서 진흙 가운데서 연꽃처럼 살아가면 그 또한 재가의 아라한 · 보디사트바가 되는 것이니, 붇다 당시 칫타장자 · 코끼리장자 · 쿳주타라우파시카가 바로 그런 사람이고, 비말라키르티 거사와 승만 부인이 그런 사람이다.

중국불교에서도 재가의 흰옷 가운데서 많은 현성이 출현하였으니, 마조선사(馬祖禪師)와 교류했던 방거사[龐蘊居士], 황벽선사(黃檗禪師) · 규봉선사(圭峰禪師)와 교류했던 배휴거사(裴休居士), 대혜선사(大慧禪師)와 교류했던 무진거사(無盡居士, 張商英), 화엄가(華嚴家)의 통현장자(通玄長者), 천태가(天台家)의 이화(李華) · 진관(陳瓘) · 양숙(梁肅)과 같은 이들이 그런 분들이다.

우리 불교의 재가거사 가운데 법의 눈[法眼]이 밝은 이로서 용성선사(龍城禪師)는 그의 『귀원정종』(歸源正宗)에서 윤필거사(尹弼居士) · 부설거사(浮雪居士), 조선조에 이건창(李建昌) · 김월창(金月窓) · 김정희(金正喜, 秋史) 같은 분들을 들고 있다.

이와 같이 세속의 집에 살든 아란야에 살든 깨끗한 믿음과 지혜가 있으면 재가 · 출가의 형식에 관계없이 모두 법의 눈을 얻고 해탈의 도를 얻을 수 있다. 재가의 다나파티와 출가상가는 오직 여래의 법과 율 가운데서 서로 화합하며 보디의 도를 구하여 이 세간에 법바퀴를 길이 굴려가야 할 것이다.

재가대중의 보시로 생활하는 출가사문도 늘 세간 뭇 대중의 은혜를 깊이 알아 법의 보시로 늘 그 은혜 갚기를 생각해야 한다. 출가해서 수도하는 것만으로 재가대중의 보시물을 당연히 받아서는 안 되며, 스스로의 수행을 부끄럽게 여기고 세간에 법으로 공양할 서원의 마음으로 먹을 것을 받고 입을 것을 받아야 한다.

스스로 해탈의 길을 밝혀 중생을 저 언덕에 건네주는 것이 시주의 은혜 중생의 은혜 갚는 길이다.

『현종론』(顯宗論)에서는 출가사문을 다섯 가지로 나누어 사문의 바른 행을 깨우쳐주고 있다.

다섯 가지 출가상가의 대중[五種僧]은 다음과 같다.

① 부끄러움이 없는 승려[無恥僧] 금한 계를 허물어 참된 보디의 가풍을 지키지 않고, 모습만 승려이지 그 행실은 세속의 물든 일에 빠져 사는 승려.

② 벙어리 염소 같은 승려[瘂羊僧] 여래의 삼장(三藏)의 가르침을 알지 못해 벙어리 염소처럼 설법하지 못하는 승려.

③ 패거리 승려[朋黨僧] 놀러 다니며 다툼질하고 꾀를 내어 패거리 만들기를 좋아하는 승려.

④ 세속에 물든 승려[世俗僧] 어두운 정신으로 날을 보내고 허망하게 삶을 지내면서 몸과 마음으로 세속 일에만 매달리는 승려.

⑤ 빼어난 뜻 통달한 승려[勝義僧] 밝은 지혜와 변재를 갖추어 중생을 따라 교법을 연설하여 세간 대중을 이롭게 하는 승려.

이 가운데 다섯째 '빼어난 뜻 통달한 승려'만이 참된 붇다의 출가 제자로 세속 대중의 은혜 잘 갚는 이라 할 것이니, 그 나머지 대중은 다나파티의 보시하는 한 톨 밥알도 녹이기 어려울 것이다.

중국 율종의 대조사 남산율사(南山律師)도 세간에 법의 이익을 주고 세간의 고통 해탈시키는 이가 참된 출가자임을 이렇게 말한다.

참되고 성실한 출가[眞誠出家]란 다음과 같다.

네 가지 원수[四怨, 四大]에 괴로움이 많음을 두려워하고 삼계의 덧없음을 싫어하여 여섯 친족의 지극한 사랑을 하직하고 다섯 욕망의 깊은 집착을 버리는 것이니, 이와 같을 수 있으면 참된 출가라 한다.

　이렇게 되면 삼보를 잇고 넓힐 수 있으며[紹隆三寶], 네 가지 삶들[四生]을 건네 벗어나게 하여[度脫四生] 이익됨이 깊고 깊으며 공덕이 한량없을 것이다.

믿음 깊은 우파사카가 아들을 가르치듯
시주 은혜 갚아야 한다

이와 같이 들었다.

한때 붇다께서는 슈라바스티 국 제타 숲 '외로운 이 돕는 장자의 동산'에 계셨다.

그때 세존께서 여러 비구들에게 말씀하셨다.

"비유하면 마치 어떤 어머니가 마음에 깊은 믿음을 품고 있는데, 외아들이 있어서 늘 이렇게 생각하는 것과 같다.

'어떻게 저 아들을 가르쳐야 사람다운 사람이 되게 할 수 있을까?'"

그때 여러 비구들이 세존께 말씀드렸다.

"세존이시여, 저희들은 이 뜻을 이해하지 못하겠습니다. 세존께서는 모든 법의 근본이십니다. 여래께서 말씀하신 것을 저희들은 받들어 받아들이지 않는 것이 없습니다.

세존께서는 비구들을 위해 이 깊은 법을 말씀해주시길 바랍니다. 저희들은 듣고서 받들어 행하겠습니다."

그때 세존께서 여러 비구들에게 말씀하셨다.

"자세히 듣고 자세히 들어 잘 사유해 생각하라. 내가 너희들을 위해 그 뜻을 분별해주겠다."

여러 비구들이 대답하였다.

"그렇게 하겠습니다, 세존이시여."

그때 여러 비구들이 붇다께 가르침을 받아들이니, 세존께서 말씀하셨다.

우파사카의 아들에 대한 가르침으로 바른 법의 길을 보이심

"비유하면 마치 우파사카가 마음에 깊은 믿음을 품고 그 아들에게 이렇게 가르치는 것과 같다.

'너는 지금 집에 있으면서 저 칫타 장자나 코끼리 동자[象童子]와 같이 되어야 한다.

왜냐하면 그들이 곧 잣대[限]이고 저울[量]이기 때문이다. 세존께 인증을 받은 제자라면 곧 칫타 장자이며 코끼리 동자라 할 수 있다.

또 아이야, 만약 네가 수염과 머리를 깎고 세 가지 가사를 입고 집을 나와 도를 배우려거든 저 사리푸트라처럼 되어야 하고, 목갈라야나 비구와 같이 되어야 한다.

왜냐하면 그들은 곧 잣대이고 저울이기 때문이다. 저 사리푸트라와 목갈라야나 비구라면 바른 법[正法] 배우기를 좋아하고 삿된 업[邪業]을 짓거나 그릇된 법을 일으키지 않는다.

가령 네가 물들어 집착하는 생각을 내면 곧 세 갈래 나쁜 세계에 떨어질 것이다. 그러므로 잘 생각하고 마음을 오롯이하여 아직 얻지 못한 것은 얻고 거두지 못한 것은 거두며 깨닫지 못한 것은 지금 반드시 깨달아야 한다.'

왜냐하면 여러 비구들이여, 믿음 있는 보시[信施]의 무거움은 참으로 녹이기 어려워서 사람들로 하여금 도에 이르지 못하게 하기 때문이다.

그러므로 비구들이여, 너희들은 물들어 집착하는 생각을 내지 말고, 이미 그런 마음이 생겼거든 반드시 없애야 한다.

이와 같이 비구들이여, 반드시 이렇게 배워야 한다."

그때 여러 비구들은 붇다의 말씀을 듣고 기뻐하며 받들어 행하였다.

• 증일아함 9 일자품(一子品) —

• 해설 •

자식을 낳아 잘 길러 사람다운 사람, 세간의 빼어난 이로 성장시키고자 하는 어버이의 마음과 정성은 얼마나 간절할 것인가. 세간의 높은 이름과 재물을 구하는 어버이라면 그 기준이 되는 인물이 세간의 권세 있는 자, 많이 가져 누리고 사는 자가 될 것이다.

그러나 재가의 사람으로 칫타 장자, 코끼리 동자, 출가의 수행자로 사리 푸트라나 목갈라야나와 같은 높은 지혜의 현성을 잣대로 삼고 저울을 삼으니 그 어버이 또한 현성에 가기 멀지 않은 사람이고, 이미 깨끗한 믿음의 바다에 들어선 사람이다.

깨끗한 믿음과 큰 서원의 마음으로 상가에 쌀을 바치고 옷을 드리며 잠자리와 약품을 올려드리면, 그 다나파티의 시주물이 어찌 가벼운 것이겠는가. 시주물 받는 이가 여래를 따라 해탈의 언덕에 올라 그 중생을 해탈의 언덕에 이끌 힘이 없으면 다나파티의 한 톨의 밥도 녹이기 어렵고 한 오라기의 옷도 걸치기 무겁다.

그러므로 여래는 믿음 있는 보시의 무거움을 경책하고 부지런히 정진하길 당부하시니, 이 말씀을 듣고 부끄럽지 않은 뒷세상 중생이 어디 있겠는가. 간절히 살피고 살필 일이다.

믿음 깊은 우파시카가 딸을 가르치듯
시주 은혜 갚아야 한다

이와 같이 들었다.

한때 붓다께서는 슈라바스티 국 제타 숲 '외로운 이 돕는 장자의 동산'에 계셨다.

그때 세존께서 여러 비구들에게 말씀하셨다.

"믿음이 깊은 우파시카가 외동딸을 두었다면 그는 그 딸을 어떻게 가르쳐 성취시키겠는가?"

그때 여러 비구들이 세존께 말씀드렸다.

"세존이시여, 저희들은 이 뜻을 이해하지 못하겠습니다. 세존께서는 모든 법의 근본이십니다. 여래께서 말씀하신 것을 저희들은 받들어 받아들이지 않는 것이 없습니다.

세존께서는 비구들을 위해 이 깊은 법을 말씀해주시길 바랍니다. 저희들이 듣고서 받들어 행하겠습니다."

그때 세존께서 여러 비구들에게 말씀하셨다.

"자세히 듣고 자세히 들어 잘 사유해 생각하라. 내가 너희들을 위해 그 뜻을 분별해주겠다."

여러 비구들이 대답하였다.

"그렇게 하겠습니다, 세존이시여."

그때 여러 비구들은 붓다께 가르침을 받아들이니, 세존께서 말씀하셨다.

믿음 깊은 우파시카의 딸에 대한 가르침으로 바른 법의 길을 보이심

"비유하면 믿음이 깊은 저 우파시카가 자기의 딸에게 이렇게 가르치는 것과 같다.

'네가 지금 집에 있으려거든 난다(Nanda)의 어머니인 쿳주타라 우파시카와 같이 되어야 한다.

왜냐하면 그는 곧 잣대이고 저울이기 때문이다. 세존께 인증을 받은 제자라면 곧 난다의 어머니인 쿳주타라 우파시카라 할 수 있다.

만약 네가 머리를 깎고 세 가지 가사를 입고 집을 나와 도를 배우려거든 케마(Khemā) 비구니나 우트팔라바르나(Utpalavarṇā) 비구니와 같이 되어야 한다.

왜냐하면 그들은 곧 잣대이고 저울이기 때문이다. 케마 비구니와 우트팔라바르나 비구니라면 바른 법 배우기를 좋아하고 삿된 업을 짓거나 그릇된 법을 일으키지 않는다.

가령 네가 물들어 집착하는 생각을 내면 곧 세 갈래 나쁜 세계에 떨어질 것이다. 그러므로 잘 생각하고 마음을 오롯이하여 아직 이루지 못한 것은 이룩하고 얻지 못한 것은 얻으며 깨닫지 못한 것은 지금 반드시 깨달아야 한다.'

왜냐하면 여러 비구들이여, 믿음이 있는 보시의 무거움은 참으로 녹이기 어려워서 사람들로 하여금 도에 이르지 못하게 하기 때문이다.

그러므로 비구들이여, 너희들은 물들어 집착하는 생각을 내지 말고, 이미 그런 마음이 생겼거든 없애야 한다.

이와 같이 비구들이여, 반드시 이렇게 배워야 한다."

그때 여러 비구들은 붇다의 말씀을 듣고 기뻐하며 받들어 행하

였다.

• 증일아함 9 일자품 二

• 해설 •

출가상가의 대중은 재가의 우파사카·우파시카의 믿음 어린 보시를 받아 생활하되, 법보시로 시주의 은혜와 세간 중생의 은혜를 잘 갚아야 한다.

붇다는 출가상가에 잘 배움과 은혜 갚음을 일깨우시기 위해, 스스로 깨끗한 믿음으로 삼보를 잘 섬겨 받들며 지혜의 보시 행할 줄 알며 그 자식에게까지 바른 행을 일러주는 우파사카·우파시카의 행으로 출가사문의 도를 보이신다.

출가상가를 잘 받들며 스스로 지혜를 행하는 재가대중의 행으로 출가사문의 길을 보이시니, 이 깨우침이 그대로 출가상가와 재가의 수행자가 법을 의지해 서로 돕고 서로 이끌어 니르바나의 저 언덕에 잘 건너가도록 당부하심이다.

또한 출가와 재가가 서로 힘을 합하고 힘을 더해 세간에 법바퀴가 늘 구르게 해야 함을 당부하심이다.

붇다께서 내세운 출가비구의 사표는 지혜와 변재 선정과 신통으로 으뜸가는 높은 윗자리 비구 사리푸트라와 목갈라야나이다.

또 크신 스승이 내세운 출가 비구니의 사표는 신통으로 신들마저 감동시키는 우트팔라바르나 비구니와 지혜가 밝은 케마 비구니이다.

재가 우파사카로서 사표는 지혜가 으뜸인 칫타 장자와 코끼리 동자이고, 재가 우파시카로 사표는 지혜가 으뜸인 쿳주타라이다.

붇다께서 출가상가에게 잘 법을 행해 시주의 은혜 갚도록 깨우치시고 재가대중에게는 깨끗한 믿음으로 보시 행하도록 가르치시면서, 출가와 재가의 사표로 내세운 제자들이 모두 지혜와 선정, 신통이 으뜸인 제자들이다.

그것은 곧 붇다의 상가가 윤회 속 중생 해탈의 나루가 되고 세간 가운데 공덕의 복밭이 되는 것은 상가의 닦아 행함의 바탕이 온갖 헛것과 거짓을 떠난 지혜의 바다이기 때문이고, 온갖 번뇌와 물든 마음을 떠난 사마디의 공덕장이기 때문이다.

곧 번뇌의 집을 나와 참으로 상가의 수에 드는 것은 붇다와 다르마와 상가에 귀의하여 계·정·혜로 공덕의 몸을 성취해야 하는 것이다.

『번역명의집』은 『사리푸트라 존자가 물은 수트라의 말씀』[舍利佛問經]을 이끌어 '출가의 길은 번뇌의 집을 나와 법의 몸과 지혜의 목숨을 이루고 공덕의 재물 성취하는 데 있음'을 다음과 같이 말한다.

> 출가란 그 어버이의 나고 죽음의 집[生死之家]을 벗어나 법의 문[法門] 가운데 들어와 미묘한 법[微妙法]을 받아 지니는 것이니, 대개 스승의 힘이다. 스승의 힘을 빌려 법의 몸[法身]을 내서 자라게 하고 공덕의 재물[功德財]을 내며 지혜의 목숨[慧命]을 기르는 것이니, 그 공덕은 더할 나위 없이 큰 것이다.

화엄회상(「입법계품」) 구도자 선재가 크신 스승 만주쓰리에게 바치는 다음 찬탄과 서원의 발언 속에 참된 출가의 길과 스승 섬김, 집에 머무는 길이 모두 나타나 있다. 구도자는 이렇게 말한다.

> 묘한 지혜의 청정한 해는
> 큰 슬피 여김의 원만한 바퀴라
> 번뇌의 바다를 말려버릴 수 있으니
> 바라오니 이 제자를 조금 살펴주소서.
> 묘한 지혜의 청정한 달은
> 큰 사랑의 때 없는 바퀴라
> 온갖 중생에게 편안함 베푸시니
> 바라오니 이 제자를 살펴주소서.
>
> 妙智淸淨日 大悲圓滿輪

能竭煩惱海 願賜少觀察
妙智清淨月 大慈無垢輪
一切悉施安 願垂照察我

온갖 법계의 왕이신 큰 스승
법의 보배가 앞에서 이끌어
허공에 노니심 걸림 없으니
바라오니 이 제자를 가르쳐주소서.
복과 지혜 갖춘 큰 상인의 주인
용맹하게 보디를 구하시사
널리 모든 중생 이롭게 하시니
바라오니 이 제자를 지켜주소서.

一切法界王 法寶爲先導
遊空無所礙 願垂教敕我
福智大商主 勇猛求菩提
普利諸群生 願垂守護我

몸에는 욕됨 참음의 갑옷을 입고
손에는 지혜의 칼을 쥐시고
자재하게 마라군대 항복 받으니
바라오니 이 제자를 건져주소서.

身被忍辱甲 手提智慧劍
自在降魔軍 願垂拔濟我

제2장

비구상가와 비구니상가

"상가의 사람이 법을 들으면 젊은 비구들은
높은 장로들을 공양하고 받들어 섬겨야 한다. 왜 그런가.
젊은 비구들이 높은 장로비구들을 공양하고 받들어 섬기면,
때때로 깊고 묘한 법을 들을 수 있기 때문이다.
깊은 법을 듣고서는 두 가지 바른 일을 성취할 수 있으니,
몸이 올발라짐이고 마음이 올발라짐이다.
그때 '생각의 깨달음 법'을 닦으면 생각의 깨달음 법이
만족하게 되고, 생각의 깨달음 법이 만족하게 되면
법을 가리고 법을 분별하며 법을 잘 사유하게 된다."

비구·비구니·우파사카·우파시카 사부대중이 모두 여래의 법을 따르는 여래의 제자대중이지만, 그 가운데 세속의 가정을 버리고 집이 아닌 데로 집을 나와 오로지 보디의 법을 구해 세간에 법바퀴 굴리는 출가 이부중이 가장 기본이 된다.

출가 이부중은 비구·비구니이다. 비구·비구니는 팔리어를 소리로 옮긴 말이고, 범어로 빅슈(bhikṣu)·빅슈니(bhikṣuṇī)이다. 이 책에서는 일반화되어 있는 비구·비구니로 통용한다.

출가상가는 출가대중의 두 계[出家二戒]를 받고 상가의 아란야에 머물며 걸식으로 생활하는 구도의 대중이니, 출가이계란 십계(十戒)와 비구·비구니의 구족계(具足戒)이다.

출가상가는 세간 다섯 욕망의 즐거움을 버리고 법의 즐거움[法樂]을 추구하는 대중이다. 상가대중은 법의 즐거움을 위해 세간의 괴로움과 즐거움의 티끌경계 속에서 그 티끌경계가 공함을 알아 잘 참아 견디는 자이고, 잘 참음으로 법의 기쁨을 얻는 자이다.

출가사문의 뜻풀이를 통해 『번역명의집』(飜譯名義集)은 출가상가의 이상을 다음과 같이 말한다.

쿠라마지바 법사는 사문(沙門, śramaṇa)에 대해 '붇다의 법이나 바깥길의 교단에서 출가한 이를 다 사문이라 이름한다'고 말한다.

승조법사는 이렇게 말한다.

"출가한 이를 모두 이름하는 것이다. 여기 말로 하면 '뜻으로 깨우쳐 부지런히 행하는 이'[義訓勤行]이니, 부지런히 행해 니르바나를 얻음이다."

아함경은 말한다.

"은혜와 애착을 버려 떠나고 집을 나와 보디의 도를 닦으며, 모든 아는 뿌리를 거두어[攝御諸根] 바깥 탐욕에 물들지 않고 온갖 곳에 사랑의 마음을 행하여[慈心一切] 다치거나 해치지 않으며, 즐거운 경계를 만나도 기뻐하지 않고 괴로운 경계를 만나도 슬퍼하지 않으며, 잘 참기를 땅과 같이 하므로 사문이라 한다."

옛 중국 문헌에서는 '사문은 이쪽 말로 하면 마음을 쉼[息心]이니, 머리털을 깎고 집을 떠나 애욕의 뜻을 끊고 탐욕을 씻어 함이 없음에 돌아간다[歸於無爲]'고 한다.

『서응경』(瑞應經)에서는 '마음을 쉬어 본원을 통달하므로 사문이라 한다'고 하였다.

어떤 이는 말한다.

'갖추어 말하면 슈라마나(śramaṇa)인데, 여기 말로 없앰의 도[乏道]이다. 좋은 복밭이 되기 때문에 중생의 굶주림과 가난[衆生饉乏]을 끊을 수 있음이고, 여덟 가지 바른 길을 닦기 때문에 온갖 삿된 길[一切邪道]을 끊을 수 있기 때문이다.'

그러므로 『열반경』(「가섭품」迦葉品)에서는 말한다.

"사문이란 곧 여덟 가지 바른 길이고, 사문의 과덕[沙門果]이란 도를 따라 마쳐 다해 길이 온갖 탐냄·성냄·어리석음을 끊는 것이다."

화엄가(華嚴家)는 또한 출가대중이 세간의 탐욕의 기쁨 떠나 얻는 다섯 가지 법의 기쁨으로 출가사문의 길을 이렇게 보인다.

첫째, 집을 나온 즐거움[出家樂]이니, 번뇌와 탐욕의 집을 떠난 즐거움을 말한다.

둘째, 멀리 여읨의 즐거움[遠離樂]이니, 세간의 물든 욕망의 세계[欲界]를 멀리 여읜 선정의 기쁨을 말한다.

셋째, 고요함의 즐거움[寂靜樂]이니, 욕망의 소용돌이가 다한 고요한 삶의 즐거움을 말한다.

넷째, 보디의 즐거움[菩提樂]이니, 모습과 공함의 두 가지 집착을 떠난 위없는 지혜의 즐거움을 말한다.

다섯째, 니르바나의 즐거움[涅槃樂]이니, 남음 없는 니르바나의 즐거움을 말한다.

위의 여러 풀이를 통해 살펴본 대로, 상가의 출가사문들은 세간의 탐욕의 세계를 멀리 떠나 법의 즐거움을 구하는 대중이다. 그러나 출가대중의 집 떠남[出家]은 다만 세간을 멀리 떠남이 아니라 크나큰 자재의 모습으로 세간에 돌아오기 위함이니, 세간으로의 복귀 없는 집 떠남은 참된 출가가 아니다.

출가의 길은 숨어 지냄[隱遁]과 좌망(坐忘)의 길과는 같지 않으니, 모습 떠남은 모습에 모습 없는 실상에 돌아가기 위함이고, 생각 떠남은 생각에 생각 없는 참생각을 쓰기 위함인 것이다.

그러므로 번뇌의 집을 벗어난 이는 생각 아니되 생각 아님도 아닌 참생각으로 모습과 사유의 바다에 노닐며 뭇 삶들을 다시 니르바나의 언덕에 이끄는 자이니, 그는 세간을 벗어나되 세간이 세간 아닌 법계에 다시 돌아오는 사람이다.

옛 조사는 이 뜻을 '풀을 벗어나 풀이 든다'[出草入草]고 했으니,

풀을 벗어나 풀이 드는 사람의 멀리 여읨은 어떤 것인가.

있음도 벗어나고 없음도 벗어나며 벗어난다고 함에서도 벗어나며, 나고 죽음에도 머물지 않고 니르바나의 고요함에도 머물지 않음인가. 그 사람은 지금 어디 있는가.

옛 사람[大慧]의 한 글귀를 돌이켜 살펴보자.

몇 소리 맑은 경쇠 울림

세간의 시비 밖인데

이 한낱 한가한 사람

하늘과 땅 사이로다.

數聲淸磬是非外　一箇閑人天地間

1 서로 돕고 이끌되 청정을 지키며
　바른 법 행하는 상가

• 이끄는 글 •

　상가(saṃgha)를 소리로는 승가(僧伽)라 옮기고 뜻으로는 대중의 화합[衆和合]·화합하는 대중[和合衆]이라 옮기니, 상가는 화합을 생명으로 한다.

　비구상가 대중과 비구니상가 대중도 서로 각기 현전상가의 조직을 이루어 살되, 서로 법으로 이끌고 보살펴서 세속의 탐욕의 마음으로 가까이해서는 안 된다.

　덕 있는 윗자리 장로비구와 새로 배우는 이들도 서로 이끌고 보살펴야 한다. 장로는 아랫사람을 사랑으로 잘 이끌어 가르쳐야 하고, 새로 배우는 이들은 윗 장로에 대해서 공경히 받들어 모시고 가르침을 받아 지니며 일상생활을 보살펴드려야 한다.

　'상가가 지닐 덕과 복밭을 말한 경'[諸德福田經]에서는 집을 떠나 법과 율을 받들어 지니며 화합해 살아가는 출가 상가대중의 다섯 가지 깨끗한 덕[僧五淨德]을 말하니, 다음과 같다.

　① 보디의 마음을 내 세속을 떠남[發心離俗]　출가한 사문은 용맹

한 마음을 내 세간 탐욕에 젖은 범부의 뜻을 버리고 붇다의 보디를 익히며, 그 도의 아름답고 묘함을 가슴에 품고 몸에 지니며 세간의 복밭이 되니, 이것이 첫 번째의 깨끗한 덕이다.

② 그 몸과 좋은 복색을 허물어뜨림[毁壞形好] 출가한 사람은 수염과 머리털을 깎아 몸의 모습을 허물어뜨리고, 세속의 번뇌 티끌이 붙은 옷[塵衣]을 버리고 여래의 가사를 입으며, 붇다의 몸가짐을 따라 갖추어 세간의 복밭이 되니, 이것이 두 번째 깨끗한 덕이다.

③ 가까이 사랑함을 길이 끊어버림[永割親愛] 붇다께 몸을 던져 집을 나온 사람은 부모의 가까이 사랑하는 뜻을 잘라 끊고, 한 마음으로 부지런히 힘써 보디의 도를 닦아야 부모의 낳아 길러준 덕을 갚고 겸해 세간의 복밭이 될 수 있으니, 이것이 세 번째 깨끗한 덕이다.

④ 몸과 목숨을 버림[委棄軀命] 출가한 사람은 몸과 목숨을 버려 돌아보아 아까워하지 않고 오직 한 마음으로 붇다의 도 증득하기를 구해야 한다. 또한 그렇게 해야 세간의 복밭이 될 수 있으니, 이것이 네 번째 깨끗한 덕이다.

⑤ 크나큰 진리의 수레를 구하고자 함[志求大乘] 출가한 사람은 늘 중생 건질 마음을 품어 부지런히 마하야나[大乘, mahāyāna]의 법을 구해 온갖 중생을 건네 해탈케 해주고 세간의 복밭이 되니, 이것이 다섯 번째 깨끗한 덕이다.

이 가운데 다섯 번째 대승을 구한다고 함은 불교의 시대구분으로서 테라바다 불교에 대한 대승이 아니라, 온갖 중생 건네주려는 붇다의 뜻이 곧 마하야나이므로 붇다의 뜻을 따라 크나큰 진리의 수레를 행해 갈 것을 서원함이다.

그렇다면 출가 상가대중은 위의 다섯 가지 깨끗한 덕을 갖춘 승려와 그렇지 못한 어리석은 대중으로 나눌 수 있으니, 『열반경』은 세 가지 출가 상가대중[三種僧]을 이렇게 말한다.

① 계를 범하는 이들과 뒤섞인 승려[犯戒雜僧] 비록 금한 계를 지키지만 이익됨 때문에 계 깨뜨리는 이들과 늘 가까이 지내고 사업을 같이하여 어지러운 곳에서 물든 업을 끼치어 익히어 계를 깨뜨리면, 이런 사람을 계를 범하는 이들과 뒤섞인 승려라 한다.

② 어리석은 승려[愚癡僧] 비록 아란야에 살지만 여러 아는 뿌리가 날카롭지 못하고 어둡고 무디어 수트라[經]·비나야[律]·아비다르마[論] 이 삼장(三藏, trīṇi-piṭakāni)을 알지 못하고, 여러 제자들이나 계 범한 이들에게 가르쳐 청정하게 참회토록 하지 못하면, 이런 사람을 어리석은 승려라 한다.

③ 청정한 승려[淸淨僧] 잘 여래의 뜻을 따르는 이는 그 본성품이 청정해 계율을 잘 지키고 경·율·론을 통달하여 여러 마라에게 방해받아 무너뜨려지지 않으며, 온갖 중생을 조복하고 이익되게 할 수 있어서 여러 계의 가볍고 무거운 모습을 말해준다. 그렇게 해서 '법을 보살피는 위없는 큰 스승'[護法無上大師]이라 부를 수 있으면, 이런 사람을 청정한 승려라 한다.

모든 출가대중이 모범 삼아 지향해야 할 청정한 승려는 스스로 계(戒)를 지켜 청정할 뿐 아니라 밝은 지혜[慧]로 붇다의 법을 통달하고 사마디[定]를 얻어 마라의 방해를 받지 않는 이이다.

청정한 승려란 온갖 중생 이익되게 할 큰 서원[願]을 갖추어 법과 율을 잘 남에게 가르쳐 이끌어주는 스승을 말한다.

이렇게 보면 여래의 진리의 깃발[法幢]을 따라 '사람과 하늘의 사표'[人天師表]가 될 수 있어야 청정한 승려라 할 수 있으니, 이 사람은 스스로를 여래의 지혜의 장엄으로 장엄할 뿐 아니라 세간을 여래의 법의 장엄으로 장엄하는 자이다.

비구와 비구니는 법으로 이끌고
법 아님으로 사귀지 말라

이와 같이 들었다.

한때 붇다께서는 슈라바스티 국 제타 숲 '외로운 이 돕는 장자의 동산'에 계셨다.

그때에 몰리야파구나 비구와 여러 비구니가 서로 같이 노닐던 곳과 그렇게 여러 비구니들이 서로 어울려 놀기를 좋아하였던 곳, 그곳에 있는 사람들이 몰리야파구나 비구를 꾸짖으며 나무랐다.

그러자 이때 여러 비구니들은 아주 성내는 마음을 품고, 근심하고 걱정하면서 기뻐하지 않았다.

만약 다시 어떤 사람이 비구니들을 헐뜯어 나무라면 이때 파구나 비구도 근심하고 걱정하면서 기뻐하지 않았다.

비구니들과 사귀는 파구나 비구를 다른 대중이 꾸짖으며
세존께 말씀드림

이때 많은 비구들이 파구나 비구에게 말하였다.

"그대는 왜 여러 비구니들과 가까이 지내고 비구니들 또한 그대와 사귀는가."

파구나는 대답하였다.

"내가 지금 여래께서 말씀하신 가르침과 깨우침[教誡]을 알기로는 음행을 범하는 것은 죄라고 말할 수 없는 것이오."

많은 비구들은 다시 말하였다.

"그만 닥쳐라. 비구여, 이런 말 말라. 여래의 가르침을 비방하지 말라. 여래의 가르침을 비방하는 자는 그 죄의 허물이 적지 않다.

또 세존께서는 셀 수 없는 방편으로 음행의 더러움을 말씀하셨는데, 음행을 익히는 이를 죄가 없다고 하는 것은 그럴 수가 없다.

너는 지금 이런 나쁜 견해를 버려야 한다. 그렇지 않으면 기나긴 밤에 괴로움 받음이 한량없을 것이다."

그러나 그 파구나 비구는 여전히 비구니들과 사귀면서 그 행을 고치지 않았다.

그때에 많은 비구들은 세존 계신 곳에 가서 머리를 대 발에 절하고 세존께 말씀드렸다.

"이 슈라바스티 성안에 한 비구가 있는데 파구나라고 합니다. 그는 여러 비구니들과 사귀고 또 비구니들도 파구나 비구와 사귀면서 가고 옵니다. 그래서 저희들은 그에게 가서 권유하여 그 행동을 고치게 하였지만, 그들은 갈수록 더욱 늘리어 뒤바뀐 견해를 버리지 않고 또 바른 법의 업을 따르지 않습니다."

파구나 비구를 여래께서 불러 계행에 대해 묻고
파구나를 꾸중하심

그때에 세존께서는 한 비구에게 말씀하셨다.

"너는 저 파구나 비구 있는 곳에 가서 여래께서 부른다고 일러라."

그 비구는 여래의 분부를 받고 곧 파구나 비구에게 가서 말하였다.

"그대는 알아야 하오. 여래께서 그대를 부르시오."

파구나 비구는 그 비구의 말을 듣고 곧 여래 계신 곳에 가서 머리를 대 발에 절하고 한쪽에 앉았다.

그때에 세존께서는 그 비구에게 물으셨다.

"너는 참으로 여러 비구니들을 가까이하는가."

파구나 비구는 대답하였다.

"그렇습니다, 세존이시여."

세존께서는 말씀하셨다.

"너는 비구인데 왜 비구니들과 서로 같이 사귀는가. 너는 지금 좋은 종족의 사람으로서 수염과 머리를 깎고 세 가지 가사를 입고 믿음이 굳세어 집을 나와 도를 배우고 있지 않은가."

파구나 비구는 말씀드렸다.

"그렇습니다, 세존이시여. 저는 좋은 종족의 사람으로서 믿음이 굳세어서 집을 나와 도를 배웁니다."

세존께서는 말씀하셨다.

"너의 법이 아닌데 왜 비구니와 서로 같이 사귀는가."

파구나 비구는 말씀드렸다.

"제가 여래의 말씀을 듣기로는 음행을 익히는 것, 그 죄는 대개 말할 만한 것이 못 됩니다."

세존께서는 말씀하셨다.

"너 어리석은 사람아, 여래가 음행을 익히는 것은 죄가 없다 했다고 어찌 그렇게 말하는가. 나는 셀 수 없는 방편으로 음행의 더러움을 말하였다. 그런데 너는 지금 어째서 '여래는 음행은 죄가 없다고 말씀하셨다'고 그렇게 말하는가.

너는 입의 허물을 잘 보살펴 기나긴 밤에 늘 그 죄를 받지 않도록 하라."

붇다께서는 이어 말씀하셨다.

"너는 지금 잠깐 그쳐라. 내가 여러 비구들에게 물어보아야겠다."

그때에 세존께서는 여러 비구들에게 말씀하셨다.

"너희들은 내가 여러 비구들에게 '음행은 죄가 없다'고 말한 것을 들어보았는가."

비구들은 말씀드렸다.

"말씀 그대로입니다, 세존이시여. 저희들은 여래께서 '음행은 죄가 없다'고 말씀하신 것을 듣지 못하였습니다. 왜냐하면 여래께서는 셀 수 없는 방편으로 음행의 더러움을 말씀하셨기 때문입니다. 그러니 만약 죄가 없다고 말씀하셨다면 이 뜻은 그럴 수 없습니다."

세존께서 말씀하셨다.

"잘 말하고, 잘 말했다. 비구들이여, 너희들 말과 같이 나는 셀 수 없는 방편으로 음욕의 더러움을 말하였다."

십이부경 외우고 익히는 뜻을 독사 잡는 사람의 비유로 말씀하심

그때에 세존께서는 거듭 말씀하셨다.

"너희들은 알아야 한다. 어떤 어리석은 사람이 진리의 행[法行]을 익힌다 하자.

곧 그 진리의 행이란 수트라(Sūtra, 契經)·게야(Geya, 重頌)·비아카라나(Vyākaraṇa, 授記)·가타(Gāthā, 孤起頌)·우다나(Udāna, 無問自說)·니다나(Nidāna, 因緣)·아바다나(Avadāna, 譬喩)·이티브리타카(Itivṛttaka, 本事)·자타카(Jātaka, 本生譚)·바이풀라(Vaipulya, 方廣)·아부타다르마(Adbhuta-dharma, 未曾有法)·우파데사(Upadeśa, 論議) 등을 말한다.

그가 비록 이런 법을 외우더라도 그 뜻을 알지 못하는 것은, 그 뜻을 살피지 않으며 또한 그 법을 따르지 않기 때문이다.

따라할 법에서 끝내 그 행을 따르지 않고 그 법만을 외우는 까닭은 사람들과 다투려 함을 따라 뜻으로 이기고 짐을 헤아리기 때문이다. 그것은 자기를 위한 것도 아니요 또 건져주는 것도 없으니, 법을 외우고서는 계율을 범하게 된다.

마치 어떤 사람이 머물던 마을을 나와 독사를 잡으려 하는데, 그가 만약 아주 큰 독사를 보고는 그리로 가서 왼손으로 뱀의 꼬리를 잡으면, 뱀은 머리를 돌려 그 손을 물어 그 갚음으로 곧 목숨을 마치게 되는 것처럼, 이것 또한 이와 같다.

만약 어떤 어리석은 사람이 그 법을 익히면, 십이부 경전을 헤아리지 않음이 없지만 또한 그 뜻을 살피지 못한다.

그런 까닭은 그가 바른 법의 뜻을 다하지 못하기 때문이다.

그런데 만약 어떤 잘 행하는 사람이 그 법을 보살펴 익혀서, 수트라 · 게야 · 비아카라나 · 가타 · 우다나 · 니다나 · 아바다나 · 이티브리타카 · 자타카 · 바이풀라 · 아부타다르마 · 우파데사 등 이런 법을 외우고는 그 뜻을 깊이 안다고 하자. 그는 그 깊은 뜻을 알기 때문에 그 가르쳐 깨우침을 따라하여 어기거나 빠뜨림이 없다.

그리고 그가 법을 외우는 까닭은 이기고 지는 마음으로 그와 다투는 것이 아니니, 그 법을 외워 익히는 것은 스스로 닦아서 바른 살핌이 미치도록 하려는 것이다.

그 법을 외우는 것에는 좋은 결과를 바라는 바가 있으니, 이 인연으로 말미암아 차츰 니르바나에 이르는 것이다.

이는 마치 어떤 사람이 그 마을을 나가 독사를 찾다가, 그가 독사를 보고는 손으로 쇠집게를 잡아 먼저 그 머리를 집은 뒤에 곧 목을 잡아 움직이지 못하게 하면, 설사 그 뱀이 꼬리를 돌려 그 사람을 해치려 하여도 끝내 이르지 못하는 것과 같다.

왜냐하면 비구들이여, 그 목을 잡았기 때문이다.

저 잘 행하는 이도 이와 같다. 모든 경전을 두루 외워 익히고 읽고 외워 두루하지 않음이 없이 그 뜻을 살피고 그 법을 따라서 끝내 어긋나 빠뜨림이 없으면, 그는 차츰 이 인연으로 말미암아 니르바나에 이르게 될 것이다.

왜냐하면 그는 바른 법을 잡았기 때문이다.

그러므로 비구들이여, 내 뜻을 아는 이는 반드시 받들어 행할 것을 생각하고, 내가 말한 뜻을 모르는 이는 거듭 와서 내게 물으라.

여래가 이제 지금 여기 계신데[如來方今現在], 뒤에 뉘우쳐도 이익이 없을 것이다."

계 허무는 이들을 서로서로 충고해 타락하지 않도록 당부하심

그때 세존께서는 여러 비구들에게 말씀하셨다.

"만약 어떤 비구가 대중 가운데서 이렇게 말한다 하자.

'여래가 말씀하신 금한 계를 나는 다 안다. 음행을 익히는 것은 죄라고 말할 것이 못 된다.'

비구들이여, 너희들은 그 비구에게 말해야 한다.

'그만 그치고, 그만 그쳐라. 그런 말 말라. 여래를 비방하여 그런 말 하지 말라. 여래께서는 끝내 그런 말씀을 하지 않으셨다.'

그래서 만약 그 비구가 그 범한 것을 고치면 좋지만, 그래도 그 행을 고치지 않거든 다시 두 번 세 번 말려 못하게 하라.

만약 그가 고치면 좋지만 그래도 고치지 않으면 아래로 떨어지고 말 것이다. 만약 다시 비구들이여, 이 일을 숨겨 드러나지 않도록 하면 여러 사람들도 아래로 떨어질 것이다.

이것을 비구들이여, 여래의 금한 계[禁戒]라 한다."

그때에 비구들은 붇다의 말씀을 듣고 기뻐하며 받들어 행하였다.

• 증일아함 50 예삼보품(禮三寶品) 八

• 해설 •

비구상가와 비구니상가는 상가의 법과 율을 지키며 법과 율로 이끌어주고 가르쳐주며 보살필지언정 법 아님[非法]으로 사귀어서는 안 된다.

저 파구나 비구가 비구니들과 사귀면서 '죄가 되지 않는다'고 말한 것은 입으로 여래의 십이부경을 외우되 그 뜻을 알지 못하기 때문이다.

여래의 가르침은 탐착으로 덩이의 밥과 감촉의 먹을거리를 찾는 중생의 삶을 돌이켜 법의 기쁨[法喜]과 선정의 기쁨[禪悅]으로 먹을거리를 삼도록 하시고 선정과 지혜로 니르바나의 성에 이르게 하심이다.

그러나 말만 외우고 뜻을 모르고 범행을 따라 행하지 않는 이들, 법을 외어 잘 외우는 것으로 남에게 자랑거리를 삼는 이들은 법을 어기고 계율을 범하고는 여래의 법으로써 다툼거리를 삼는다.

배움을 같이하는 벗[同學善知識]이나 가르쳐주는 스승[敎授善知識]은 그를 꾸짖어 죄업의 세계에 떨어지지 않도록 해야 하며, 대중의 카르마를 통해 그의 행실을 바로잡아야 한다.

배움을 같이하는 벗이 깨우쳐주지 않으면 그 사람도 아래로 떨어질 것이니, 삼가고 삼가야 할 것이다.

여래의 십이부경을 소리와 말로만 듣고 외우되 그 가르치는 뜻을 알아 선정과 지혜에 돌아가지 못한 사람들의 어리석음을, 『화엄경』(「광명각품」)은 이렇게 경책한다.

비유하면 환한 해가 비추지만
어린 아이가 그 눈을 닫고서
어찌 해를 보지 못하는가.
괴이하게 말함과 같나니
게으른 자들 또한 그러하도다.

譬如赫日照　孩稚閉其目
怪言何不睹　懈怠者亦然

어떤 사람이 손과 발이 없이
짚풀의 화살로써 두루 쏘아
큰 땅을 깨뜨리려 함과 같나니
게으른 자들 또한 그러하도다.

如人無手足　欲以芒草箭
遍射破大地　懈怠者亦然

마치 한 작은 털끝으로써
큰 바다의 물을 취해서
다 말려 다하려는 것과 같나니
게으른 자들 또한 그러하도다.

如以一毛端　而取大海水
欲令盡乾竭　懈怠者亦然

우리 법에서는 장로가 오면 서로 인사하고
공경하여 자리를 내드리오

이와 같이 내가 들었다.

한때 붇다께서는 슈라바스티 국 제타 숲 '외로운 이 돕는 장자의 동산'에 계셨다.

존자 마하카타야나는 바라나의 오니 못가에 있으면서, 많은 비구들과 함께 '가사 지니는 일'[持衣事] 때문에 식당에 모여 있었다.

때에 나이 많고 '몸의 여러 아는 뿌리'가 아주 시들어 삭은 브라마나는 식당으로 나아가 한쪽에 지팡이를 짚고 서 있었다.

상가에서 젊은이의 법과 늙은이의 법을 분별해 보임

한동안 잠자코 있다가 여러 비구들에게 말하였다.

"여러 장로들이여, 그대들은 어찌하여 늙은 사람을 보고 말도 하지 않고 문안도 하지 않으며, 공손히 앉으라고 말하지 않소."

때에 존자 마하카타야나는 대중 가운데 앉아 있다가 그 브라마나에게 말하였다.

"우리 법에서는 나이 드신 이가 오면, 다 서로 말하고 문안하며, 공경히 절하며 앉으시도록 하오."

브라마나는 말하였다.

"내가 보니 이 대중 가운데에는 나보다 더 늙은 이가 없는데, 공경히 절하고 앉도록 하지 않았소. 그런데 그대는 어떻게 '우리 법에서는 나이 드신 이를 보면 공경히 절하며 앉도록 한다'고 말하오."

마하카타야나는 말하였다.

"브라마나여, 만약 나이 늙어 여든이나 아흔이 되어 머리는 희고 이는 빠졌더라도, 만약 젊은이의 법을 성취하였으면 그는 나이 드신 이가 아니오.

다시 비록 나이 젊어 스물다섯이 되어 살결은 희고 머리는 검어 아름다운 빛깔이 넘치더라도, 나이 드신 이의 법을 성취하였으면 그는 늙은 사람의 수에 들어가오."

탐욕 떠남이 장로의 법임을 보이자 브라마나가 받아들임

브라마나는 물었다.

"어떤 것을 나이 여든이나 아흔이 되어 머리는 희고 이는 빠졌더라도 젊은이의 법을 성취하였다 하며, 나이 젊어 스물다섯이 되어 살결은 희고 머리는 검어 아름다운 빛깔이 넘치더라도 늙은 사람의 수에 든다고 하는 것이오?"

존자 마하카타야나가 브라마나에게 말하였다.

"다섯 가지 욕망의 공덕[五欲功德]이 있소. 곧 눈이 빛깔을 알아 사랑하고 즐겨 생각하며, 귀가 소리를 알고, 코가 냄새를 알며, 혀가 맛을 알고, 몸이 닿음을 알아 사랑하고 즐겨 생각하는 것이오.

이 다섯 가지 욕망의 공덕에서 탐냄을 떠나지 못하고 욕망을 떠나지 못하며 사랑을 떠나지 못하고 생각을 떠나지 못하며 흐림을 떠나지 못하면, 브라마나여, 이런 사람은 비록 나이 여든이나 아흔이 되어 머리는 희고 이는 빠졌더라도, 그는 젊은이의 법을 성취하였다고 이름하오.

또 나이 젊어 스물다섯이 되어 살결은 희고 머리는 검어 아름다운 빛깔이 넘치더라도, 다섯 가지 욕망의 공덕에서 탐냄을 떠나고 욕망을 떠나며 사랑을 떠나고 생각을 떠나며 흐림을 떠났으면, 그런 사람은 나이 젊어 스물다섯이 되어 살결은 희고 머리는 검어 아름다운 빛깔이 넘치더라도, 나이 드신 이의 법을 성취하여 나이 드신 이의 수에 들어가오."

그때에 브라마나는 존자 마하카타야나에게 말하였다.

"존자가 말한 뜻대로 내가 스스로 돌이켜 살피니 비록 늙었지만 아직 젊었고, 그대들은 비록 젊었으나 나이 드신 이의 법을 성취하였소. 세간에 일이 많아서 돌아갈까 하오."

존자 마하카타야나는 말하였다.

"브라마나여, 그대 스스로 때를 알아 하시오."

그때에 브라마나는 존자 마하카타야나의 말을 듣고, 기뻐하고 따라 기뻐하면서 본래 있던 곳으로 돌아갔다.

• 잡아함 547 집장경(執杖經)

• 해설 •

여래의 법에서는 새로 된 비구나 대중은 늘 장로를 공경히 맞이하고 따라 배우며 섬겨 모시고, 장로는 아랫사람을 사랑으로 이끌고 가르침을 베풀어 법에 이끈다.

그러나 나이 많은 것만으로 장로인 것이 아니라 여래의 법을 잘 듣고 그 뜻을 사유하며 범행을 행하여 다섯 욕망의 탐냄과 물든 뜻을 떠나 니르바나의 법맛[法味]을 즐기므로 장로인 것이다.

저 브라마나가 비록 나이 들었으나 그 견해가 삿되고 일생을 탐욕의 경계에 살았으며 여래의 상가대중을 시험해보려는 오만함이 있었으니, 그가 어찌 장로의 자격이 있겠는가.

카타야나 존자로부터 장로법을 듣고 그 뜻을 이해하고 수긍하니, 이제 비로소 장로가 된 것이다.

카타야나 존자가 나이 드심이 꼭 나이 든 이에게 있지 않고 나이 드심이 젊은이에게 없지 않다 하니, 옛 선사[道吾]의 다음 게송의 뜻을 살펴보자.

> 높음이 산꼭대기에 있지 않고
> 부유함이 복으로 꾸밈에 있지 않으며
> 즐거움이 천당에 있지 않고
> 괴로움이 지옥에 있지 않네.
> 서로 아는 이가 천하에 가득하나
> 마음 아는 이 몇 사람이나 될까.
>
> 高不在絶頂　富不在福嚴
> 樂不在天堂　苦不在地獄
> 相識滿天下　知心能幾人

2 비구상가

비구의 범어는 빅슈(bhikṣu)지만 팔리어의 소리 옮김인 비구 (bhikkhu, 比丘)를 일반적인 용어로 사용한다. 여기 말로 옮겨 비구 는 '굶주림을 없앰'[除饉]이다.

중생의 삶이 스스로를 도울 어떤 실천의 원인이 없고 복이 엷어서 그 행위의 과보 또한 가난하고 굶주리나, 집이 아닌 여래의 집[如來 家]으로 세속의 집을 나와 계행을 의지하면 계행이 좋은 밭[良田]이 되어 모든 굶주림과 가난을 없애주므로 굶주림을 없앰이라 말한다.

그러나 비구를 그 뜻을 옮기지 않고 그대로 사용하는 것은 비구에 세 가지 뜻이 갖춰져 있기 때문에 옮기지 않는 것이니, 세 가지 뜻은 다음과 같다.

① 악을 깨뜨림[破惡] 비구는 계·정·혜의 도를 닦아 온갖 미혹 과 번뇌의 악[見惑之惡]을 깨뜨리므로 악을 깨뜨림이라 한다.

② 마라를 두렵게 함[怖魔] 마라[魔]는 범어 마라(māra)이니 '죽 이는 자'[殺者]라는 뜻이다. 지혜의 목숨을 죽일 수 있으므로 그렇

게 말한 것이다. 비구가 이미 도를 닦을 수 있으면 마라는 자기경계와 자기권속이 텅 비어 버릴까 걱정해서 두려움에 떨므로 마라를 두렵게 함이라 한다.

③ 빌어서 사는 이[乞士]   비구가 아래로 밥을 빌어[乞食] 몸[色身]을 도와 기르고, 위로 법을 빌어[乞法] 지혜의 목숨을 도와 기르므로 빌어서 사는 이라 한다.

위의 비구의 세 가지 뜻은 문헌에 따라 다시 다른 표현으로 나타나고 있으니, 첫째 도적을 죽임[殺賊]이고, 둘째 두려움 내지 않음[不生]이며, 셋째 공양해야 할 이[應供]이다.

도적을 죽임이란 악 깨뜨림[破惡]을 좇아 이름을 얻은 것이다. 두려움 내지 않음이란 마라를 두렵게 함[怖魔]에서 그 이름을 받은 것이다. 공양해야 할 이란 빌어서 사는 이가 덕을 이룸으로 이름을 받은 것이다.

이처럼 비구상가의 대중은 집이 없이 집을 나와 여래의 집에 머물며, 밥을 빌고 법을 빌어 지혜의 목숨을 기르며, 온갖 미혹과 번뇌의 도적과 악을 깨뜨려서 세간 악의 세력 미혹의 힘을 꺾어 두렵게 하는 사람들이다.

비구는 가장 가난하지만 법 가운데서 가장 풍요로운 사람이며, 스스로 가진 것 없되 늘고 줆이 없는 공덕의 재물로 세간을 번영과 행복에 이끄는 사람이다.

비구는 세 가지 복된 업[三福業]으로 세간의 복밭이 되는 사람이니, 세 가지 복된 업은 보시의 복된 업[施福業], 평등의 복된 업[平等福業], 사유의 복된 업[思惟福業]이다.

집을 나온 비구나 집에 사는 수행자나 여래의 법을 따르는 이들은 모두 가난하고 헐벗은 이에게 옷과 밥을 나누고[財施], 두려움에 떠는 이에게 두려움 없음을 베풀고[無畏施], 법을 가르쳐 해탈에 이끄는 이[法施]이므로, 이를 '보시의 복된 업'이라 한다.

수행자는 계행을 잘 지켜 악한 생각 내지 않고 깨끗한 행이 단정하고 엄숙하며, 늘 평등한 자비의 마음, 사랑해 보살피는 마음으로 온갖 중생을 거두어 안온케 하고, 평등한 마음으로 세간을 행복과 번영에 이끌므로 '평등한 복업'이라 한다.

수행자는 지혜로써 늘 해탈의 법을 살피어 세간의 탐욕과 번뇌의 생각, 헛된 관념을 떠나 이 지혜의 사유로 세간 벗어날 좋은 복업을 지어 세간을 장엄하므로, '사유와 지혜의 복업'이라 한다.

세 가지 복된 업을 지으면 그가 곧 세간의 복밭이 되는 자이니, 세간 복밭이 됨에는 세 가지가 있다.

① 은혜 갚음의 복밭[報恩福田] 어버이와 스승을 공경하고 공양하여 은혜를 갚을뿐더러 그 모든 이가 복을 얻게 하므로 은혜 갚음의 복밭이라 한다.

② 공덕의 복밭[功德福田] 붇다와 다르마와 상가의 삼보를 공경하고 따라 배우면, 한량없는 공덕을 성취할뿐더러 나와 이웃이 모두 복을 받게 되므로 공덕의 복밭이라 한다.

③ 가난한 이 돕는 복밭[貧窮福田] 가난하고 헐벗은 이에게 자비의 마음을 일으켜 자기 가진 것이나 먹을 것, 입을 것을 주어 돕되 그 갚음을 구하지 않으면, 참으로 모습 없는 진리의 복을 얻으므로 가난한 이 돕는 복밭이라 한다.

위와 같이 세 가지 복된 업으로 세간에 세 가지 복밭을 짓는 이가 비구이고, 밥을 빌고 법을 빌어 '모습 있는 복'과 '모습 없는 진리의 복'으로 세간을 아름답게 가꾸는 이가 비구이다. 그러므로 법으로써 스스로를 이익되게 하고 세간을 요익되게 하는 비구의 길밖에 보디사트바의 행이 따로 없는 것이다.

비구라는 방편의 옷에서 방편을 취하지 않되 방편을 버리지 않는 자가 여래의 세간 교화의 뜻을 알고 그 일을 짊어지고 가는 참된 비구이리라.

『화엄경』(「입법계품」)은 다음과 같이 말한다.

여래께서 세간의 짓는 일 따르는 것
비유하면 환술사가 뭇 업 나타냄 같네.
다만 중생 마음 즐겁도록 하기 위함이라
일찍이 생각 일으킴을 분별치 않네.

隨順世間諸所作　譬如幻士現衆業
但爲悅可衆生心　未曾分別起想念

젊은 비구는 높은 장로를 공양하고
받들어 섬겨야 하니

이와 같이 내가 들었다.

한때 붇다께서는 슈라바스티 국 제타 숲 '외로운 이 돕는 장자의 동산'에 계시면서 여러 비구들에게 말씀하셨다.

"착하다! 비구들이여. 상가의 사람이 법을 들으면 젊은 비구들은 높은 장로들을 공양하고 받들어 섬겨야 한다.

왜 그런가. 젊은 비구들이 높은 장로비구들을 공양하고 받들어 섬기면, 때때로 깊고 묘한 법[深妙之法]을 들을 수 있기 때문이다.

깊은 법을 듣고서는 두 가지 바른 일을 성취할 수 있으니, 몸이 올발라짐[身正]이고 마음이 올발라짐[心正]이다.

그때 '생각의 깨달음 법'을 닦으면 생각의 깨달음 법이 만족하게 되고, 생각의 깨달음 법이 만족하게 되면 법을 가리고 법을 분별하며 법을 잘 사유하게 된다.

그때 방편으로 '법 가림의 깨달음 법'을 닦고, 나아가 '버림의 깨달음 법'을 닦아 익혀 만족하게 된다."

붇다께서 이 경을 말씀하시자, 여러 비구들은 그 말씀을 듣고 기뻐하며 받들어 행하였다.

• 잡아함 723 연소경(年少經)

• 해설 •

상가 화합의 기초는 대중이 붇다의 거룩한 해탈의 법을 공경하고 스승인 아차르야(阿闍梨, ācārya)를 공경함이다.

위없는 스승[無上師]인 붇다로 인해 이 세간에 법보와 승보가 세워지듯, 법을 가르치는 높은 장로비구를 새로 배우는 이들이 공경함으로써 상가의 화합과 법의 전승이 이루어지는 것이다.

상가의 스승인 아차르야는 '모범이 되는 이'[軌範], '행실을 바로잡는 이'[正行]를 말하는데, 남산율사(南山律師)는 아차르야를 '제자의 행실을 꾸짖어 바로잡을 수 있는 이'라고 한다.

위없는 여래의 해탈의 법도 그 법을 가르쳐주는 스승이 없으면, 배우는 이의 해탈의 법이 될 수 없다. 또한 여래의 법을 공경하고 여래의 법을 가르치는 스승을 공경하지 않으면, 여래의 법을 나의 삶에 받아들여 나의 법이 되게 할 수 없다.

그러므로 젊은 제자들은 중생을 해탈의 바른 행에 이끌며, 법과 율에 모범이 되는 스승과 장로의 법을 잘 받아 듣고 사유하고 닦아 행해야 한다.

그렇게 할 때, 크신 스승 여래의 법이 세간에 전해지고, 붇다의 법바퀴는 현전상가를 넘어 사방상가에 넓혀지고 사방상가를 넘어 법계 중생에게 넓혀지게 될 것이다.

악을 없애는 데는 좋은 스승
좋은 벗만 같은 것이 없다

이와 같이 내가 들었다.

한때 붇다께서 슈라바스티 국 제타 숲 '외로운 이 돕는 장자의 동산'에 계셨다.

그때 세존께서 여러 비구들에게 말씀하셨다.

"밖의 법 가운데서 아직 생기지 않은 악하여 착하지 않은 법은 생기게 하고, 이미 생긴 악하여 착하지 못한 법은 거듭 나게 하여 더욱 늘려 넓히는 데는, 나쁜 스승[惡知識]·나쁜 벗·나쁜 무리들만 같은 것을 나는 보지 못했다.

여러 비구들이여, 나쁜 스승·나쁜 벗·나쁜 무리들은, 아직 생기지 않은 삿된 견해는 생기게 하고, 이미 생긴 삿된 견해는 거듭 생겨나게 하여 더욱 늘려 넓힌다.

이와 같이 아직 생기지 않은 삿된 뜻·삿된 말·삿된 행위·삿된 생활·삿된 방편·삿된 생각·삿된 선정은 생기게 하고, 이미 생긴 것들은 거듭 생겨나게 하여 더욱 늘려 넓힌다."

악을 내는 데 나쁜 스승이 뿌리가 됨을 보이시고,
좋은 스승 의지하도록 하심

"비구들이여, 밖의 법 가운데서 아직 생기지 않은 악하여 착하지 않은 법은 생기지 못하게 하고, 이미 생긴 악하여 착하지 않은 법은 사라지게 하는 데는, 좋은 스승·좋은 벗·좋은 무리들과 같은 것을 나는 아직 보지 못했다.

비구들이여, 좋은 스승·좋은 벗·좋은 무리들은 아직 생기지 않은 삿된 견해는 생기지 못하게 하고, 이미 생긴 삿된 견해는 사라지게 한다. 또한 아직 생기지 않은 삿된 뜻·삿된 말·삿된 행위·삿된 생활·삿된 방편·삿된 생각·삿된 선정은 생기지 못하게 하고, 이미 생긴 것들은 사라지게 한다."

붇다께서 이 경을 말씀하시자, 여러 비구들은 붇다의 말씀을 듣고 기뻐하며 받들어 행하였다.

- 잡아함 778 선악지식경(善惡知識經)

• 해설 •

붇다의 법도 인연을 따라 일어나고 전해진다. 아무리 깊은 믿음으로 보디의 마음을 낸다 해도 좋은 벗, 좋은 스승이 이끌어주지 못하면 법이 날 수 없다.

천태선사(天台禪師)의 『수습지관좌선법요』(修習止觀坐禪法要)는 법의 이익을 일으키는 세 가지 선지식을 말하니, 배움을 같이하는 선지식[同學善知識], 가르치는 선지식[敎授善知識], 밖에서 보살피는 선지식[外護善知識]이다.

배움 같이하는 선지식은 바른 법과 범행을 같이 닦는 좋은 벗이고, 가르치는 선지식은 여래의 법과 율을 가르쳐주는 스승이고, 보살피는 선지식은 수행하는 이들을 보살펴주고 옷과 먹을 것을 대주는 대중을 말한다.

이렇게 보면 좋은 스승이 어찌 멀리 있겠는가. 더불어 사는 대중 속에 이미 스승이 있는 것이다.

또 율장[四分律]에서는 다음 다섯 가지 아차르야를 말하니, 아차르야란 모범이 되는 스승이다.

① 출가 아차르야[出家阿闍梨] 집을 나와 머리 깎고 상가에 입문할 때
의지하는 스승이다.
② 수계 아차르야[受戒阿闍梨] 계 받을 때 카르마를 해주는 스승이다.
③ 교수 아차르야[敎授阿闍梨] 수계 후 갖가지 사문의 몸가짐과 마음가
짐을 가르쳐주는 스승이다.
④ 경을 받는 아차르야[受經阿闍梨] 수트라를 따라 배우는 스승으로 경
의 뜻을 설해주는 분이다.
⑤ 의지해 머무는 아차르야[依止阿闍梨] 안거하며 좌선할 때 함께 머물
며[一宿] 배우는 스승이다.

다섯 가지 아차르야, 상가의 윗자리 스승은 계행에 빠뜨림이 없고[戒行
無失], 따라 행해야 할 법을 잘 세워주며[善建立法], 때때로 배울 것을 잘 잡
아 세워주며[善制立所學], 법과 율에 대한 의혹을 잘 끊어주고[善斷疑惑],
법을 가르쳐 번뇌의 집을 벗어나도록 해준다[敎授出離].
상가의 스승을 화상(和尙)이라고도 하니, 화상의 범어는 우파디야야
(upādhyāya)이다. 그 뜻은 '법의 힘을 내는 이'[力生]라 옮겨진다. 또는 '가
까이에서 따라 외움'[近誦]이라 옮겨지기도 하니, 이 뜻은 제자가 나이가 어
려서 스승을 떠나지 않고 늘 따르고 가까이해 경을 받아 외우기 때문이다.
의정(義淨)법사는 화상에 대해 다음과 같이 말한다.

우파디아야는 여기 말로 몸소 가르치는 스승[親敎師]이니, 세간의 업
을 벗어나 떠나도록 가르치기 때문이다.
그러므로 화상에는 두 가지가 있다.
첫째, 갖가지 행실에 대해 몸소 가르쳐주는 스승[親敎]이니, 업을 받는
스승[受業]이다.

둘째, 의지해 머무는 스승[依止]이니, 배움을 받는 스승[稟學]이다.

비나야(vinaya)에서는 이렇게 말한다.

　제자 문인이 스승을 뵙게 되면 반드시 일어나 서야 하고, 만약 몸소 가르쳐줌을 보게 되면 다른 일을 곧 버리고 의지해 머물러야 한다[卽捨 依止].

이와 같이 가르치는 스승으로 인해 제자는 법의 이익을 얻게 되는 것이니, 상가의 배우는 대중은 삿된 견해 물든 행을 전파하는 나쁜 벗 나쁜 스승을 멀리하고 바른 법 세워주는 옳은 스승 좋은 벗을 가까이해야 한다.

　그렇다면 이 세간의 많고 많은 스승과 벗 가운데 가장 좋은 벗은 누구이며 가장 뛰어난 스승은 누구인가.

　세간의 진실을 알아[世間解] 보디의 길 열어주는 붇다 세존이 그분이고, 진리의 모습대로 오신 여래가 그분이며, 니르바나의 땅에 잘 가시고 잘 이끄는 이[善逝 調御丈夫]가 그분이다.

3 비구니상가

상가의 기본원칙은 평등과 화합이다. 그러나 붇다의 상가 또한 시대상황과 세간의 풍조 속에서 일정한 제약을 받지 않을 수 없었으니, 바로 율장 가운데 팔경법(八敬法)을 통한 비구상가의 비구니상가에 대한 지도적 지위 설정이다.

비구니상가 또한 출가이계(出家二戒)를 받아 지녀야 하니, 십계(十戒)와 구족계(具足戒, upasaṃpanna, upasaṃpadā)이다. 비구의 구족계가 우파바사타 때 외우는 프라티목샤의 조항이 이백 조항임에 비해, 비구니계의 조항은 이백오십 계나 되는 것 또한 당시 여성 출가자 공동체를 인정하지 않았던 시대상황을 반영한 것이다.

율장의 비구니 스칸다(skandha, 揵度, 章)에는 붇다의 양모인 마하프라자파티의 출가를 허용하면서 붙인 제약조건으로 비구니상가의 팔경법(八敬法)이 있다.

이 여덟 가지 비구상가에 대한 비구니의 공경을 말하는 제약은 비구니상가를 비구상가의 지도 아래 두려는 뜻과 비구상가 · 비구니상가 서로의 협력과 협동의 뜻 두 측면이 있다.

『번역명의집』을 저술한 중국 천태가의 조사 보윤대사(普潤大師)
는 다음과 같이 팔경법을 게송으로 보인다.

일어나 절하고 비방 못하며
비구상가 허물 들어 말하지 못하며
비구상가를 따라 계를 받고
식차마나의 법을 행해야 하며
반 달마다 상가의 가르침 받고
안거한 뒤 상가에 가까이 가
자자의 법을 청해 행해야 한다.

禮不罵謗不擧過　從僧受戒行摩那
半月僧中求教授　安居近僧請自恣

팔경법 가운데 첫째, 백 세 비구니가 첫 안거를 난 비구[初夏比丘]
에게 예배해야 한다는 것이 대표적인 비구니상가에 대한 제약적 조
건이라 할 수 있다.

둘째, 비구니는 비구를 욕할 수 없다고 함과 셋째, 비구의 허물을
들추어 말할 수 없다고 함도 비구상가의 비구니상가에 대한 지도적
위치를 설정한 대목이다.

넷째, 비구니가 되려는 이는 먼저 식차마나의 계법을 행한 뒤에
구족계를 받을 때는 비구니상가와 비구상가 양쪽에서 계를 받아야
한다고 함은 협력과 지도의 관계로 보아야 한다.

다섯째, 비구니는 허물이 있으면 두 상가에서 참회해야 한다 함과
여섯째, 반 달마다 우파바사타에 대해 비구상가에 묻고 비구의 가르

쳐 깨우침[教識]을 들어야 함은 비구니상가는 비구상가의 지도성에 따라 상가의 참회법을 행해야 한다는 가르침으로 보아야 할 것이다.

일곱째, 안거가 끝나면 비구니는 두 상가에서 자자(自恣)를 행해야 한다 함과 여덟째, 비구니는 비구상가를 의지해서 안거해야 한다고 함은 차별의 규정이라기보다는 두 상가의 협력과 보살핌의 뜻이 더 강한 규정으로 보아야 할 것이다.

그러므로 이 여덟 가지 공경의 법 가운데 남녀 차별적 규제의 법은 변화된 시대상황에 따라 해소하고, 나머지 법들은 비구상가와 비구니상가가 상호 평등과 존중의 원칙 위에서 지도·협동해야 한다는 뜻으로 재해석되고 시대 속에서 새롭게 적용되어야 할 것이다.

그대는 누구의 가르침 받아
스스로 비구니라 말하는가

이와 같이 내가 들었다.

한때 붇다께서 슈라바스티 국 제타 숲 '외로운 이 돕는 장자'의 동산에 계실 때였다.

당시 왕의 동산 정사에 한 비구니가 있었는데, '머리 움직이는 이'[動頭]라고 이름하였다.

이른 아침에 가사를 입고 발우를 들고서 성에 들어가 밥을 빌었다. 밥을 빌고는 발우를 씻고 발을 씻고 앉을 자리를 거두어 지니고, '눈을 얻는 숲'[得眼林]에 들어가 한 나무 밑에서 몸을 바르게 하고 단정히 앉아서 '하늘이 머무는 선정'[天住]에 들었다.

그때 마라의 왕은 이렇게 생각했다.

'사문 고타마는 슈라바스티 국 제타 숲 '외로운 이 돕는 장자'의 동산에 계시는데, '머리 움직이는 이'라는 한 비구니가 이른 아침에 가사를 입고 발우를 들고서 슈라바스티 성에 들어가 밥을 빌었다.

밥을 빌고는 발우를 씻고 발을 씻고 앉을 자리를 거두어 지니고, '눈을 얻는 숲'에 들어가 한 나무 밑에서 몸을 바르게 하고 단정히 앉아서 '하늘이 머무는 선정'에 들었으니, 나는 지금 그곳에 가서 그를 어지럽혀야겠다.'

이렇게 생각한 마라의 왕은 마나바(māṇava, 어린이)로 변화하여 그곳에 가서 비구니에게 말하였다.

"아흔여섯 가지 도에서 그대는 어떤 것을 좋아하오?"
비구니가 대답하였다.
"그런 도를 나는 전혀 좋아하지 않소."
그러자 파피야스는 곧 게송을 말하였다.

　누구의 가르침 받아 머리를 깎고
　스스로 비구니라고 이름하는가.
　밖의 다른 길을 즐겨하지 않으니
　그대는 매우 어둡고 어리석도다.

**바깥길로 어지럽히는 마라에게 세존이 위없는
스승임을 노래로 보임**

그 비구니도 다시 게송을 말하였다.

　이 밖의 여러 가지 다른 길들은
　그 모두 삿된 견해에 묶여 있으며
　갖가지 여러 견해가 묶으므로
　끝내 마라의 그물에 떨어지도다.

　사카 종족의 크신 세존께서는
　무엇으로 견줄 수 없는 장부이시며
　온갖 종족 가운데 빼어나시사
　마라 누르시고 도량에 앉으셨네.

온갖 것 위로 높이 빼어나시사
온갖 일에서 모두다 해탈했으며
존재의 끝을 조복해 다하셨으니
저 붓다께서 나를 가르치셨네.

이분이 바로 나의 세존이시니
나는 그분이 가르치는 법을 좋아해
나는 지금 그 법을 이미 알고서
모든 묶음과 흐름을 아주 없앴네.

온갖 애욕의 흐름을 끊어 없애고
모든 무명의 어두움을 다 없애어
사라져 다한 니르바나 얻어서
샘이 없는 법에 편안히 머무네.
그러므로 마라의 왕 파피야스는
이기지 못할 줄을 알아야 하리.

그때 파피야스는 이렇게 생각하였다.
'이 비구니가 나의 마음을 잘 아는구나.'
그러고는 근심하고 슬퍼하며 뉘우치고 부끄러워하면서 자기 있
던 궁전으로 돌아갔다.

• 별역 잡아함 223

시대상황의 제약 속에서 붇다께서도 공동체로서 비구니상가를 비구상가의 지도 아래 두셨지만, 낱낱 실천주체로서 비구와 비구니에는 아무런 차별이 없다.

모두 한 붇다의 제자로 하나인 진리의 수레[一乘]를 타고 한맛[一味]인 해탈의 법맛을 얻을 수 있는 것이다.

마라가 창칼을 들고 무섭게 위협하는 모습이거나 아름다운 이성의 모습으로 유혹하는 것이 아니라, 마나바(māṇava)의 모습으로 등장하는 것은 여인으로서 머리 깎고 숲에서 선정 닦는 모습을 손가락질하고 수군거리는 세태가 마라의 모습으로 등장한 것이 아닌가 생각한다.

마라의 물음이 바로 뒤에서 수군거리는 사람들의 목소리를 반영하고 있다. 비구니 수행자가 이러한 안과 밖 마라의 뒤흔듦에 따라 흔들리지 않고, 위없는 스승 붇다를 따라 니르바나를 얻어 샘이 없는 법에 편히 머문다고 사자처럼 외치니, 참으로 세간의 크나큰 장부[大丈夫]라 할 만하다.

이런 분을 '세간의 복밭'이라 하고 '사람과 하늘의 사표'[人天師表]라 말하는 것이다.

나는 오늘 먼저 비구니 절에 가서 법을 설해주리라

이와 같이 내가 들었다.

한때 붇다께서는 슈라바스티 국 제타 숲 '외로운 이 돕는 장자의 동산'에 계셨다.

그때에 존자 아난다는 이른 아침에 가사를 입고 발우를 가지고, 밥을 빌러 슈라바스티 성으로 들어가다가 길 가운데서 '나는 지금 먼저 비구니 절에 가야겠다' 생각하고는 곧 비구니 절로 갔다. 여러 비구니들은 멀리서 존자 아난다가 오는 것을 보고, 얼른 앉을 자리를 펴고 앉기를 청하였다.

때에 여러 비구니들은 존자 아난다 발에 절하고 한쪽에 물러앉아 말하였다.

"우리 비구니들은 네 곳 살핌[四念處]을 닦아 마음을 매어 머무르는데, 앞과 뒤가 오르고 내림을 스스로 압니다."

존자 아난다는 비구니들에게 말하였다.

"잘 말하고 잘 말했소, 누이들이여. 그대들이 말한 바와 같이 배워야 하오. 무릇 네 곳 살핌을 닦아 익혀 마음을 매어 잘 머무르는 이는 이와 같이 앞과 뒤가 오르고 내림을 알아야 하오."

때에 존자 아난다는 여러 비구니들을 위해 갖가지로 설법하였고, 갖가지로 설법하고서는 자리에서 일어나 떠나갔다.

세존께서 네 곳 살핌의 길을 다시 보이심

그때에 존자 아난다는 슈라바스티 성에서 밥을 빌고 돌아와 가사와 발우를 거두어 들고, 발을 씻은 뒤에 세존 계신 곳에 나아가 붇다의 발에 머리를 대 절하고 한쪽에 물러앉아, 비구니들의 말을 세존께 갖추어 말씀드렸다.

붇다께서는 아난다에게 말씀하셨다.

"참 잘했다, 참 잘했다. 이와 같이 네 곳 살핌을 배워, 마음을 잘 매어 머무르면 앞과 뒤가 오르고 내림을 알게 된다.

왜 그런가. 마음을 밖에서 구하고[心於外求] 그런 뒤에 그 마음을 눌러 구하게 하여야[制令求其心], 흩어져 어지러운 마음과 해탈하지 못함을 모두 진실 그대로 알기[如實知] 때문이다.

만약 비구가 몸에서 몸을 살펴 생각함에 머무르게 되면, 그는 몸에서 몸 살펴 생각함에 머무르고서는 만약 몸이 잠에 빠지고 마음과 법이 게을러지면, 그 비구는 깨끗한 믿음을 일으켜야 하니 깨끗한 모습을 취하면 깨끗한 믿는 마음을 일으키게 된다[起淨信心].

깨끗한 모습을 기억하면 그 마음이 곧 즐거울 것이요, 즐거운 뒤에 기쁨을 내고, 그 마음이 기쁜 뒤에는 몸이 곧 편히 쉴 것이요, 몸이 편히 쉬면 곧 몸의 즐거움을 받을 것이다.

몸의 즐거움을 받은 뒤에는 그 마음이 안정될 것이요, 마음이 안정하면 곧 마음이 선정에 든 자이다.

그러므로 거룩한 제자는 반드시 이렇게 배워야 한다.

'나는 이 뜻에 의해 밖으로 흩어지는 마음을 거두어 쉬게 한다[外散之心攝令休息]. 그리하여 느낌의 생각[覺想]을 일으키지 않고 살핌의 생각[觀想]을 일으키지 않고서, 느낌이 없고 살핌이 없이 평등

한 생각[捨念]에 즐겁게 머무른다.'

즐겁게 머무르면 진실 그대로 알게 된다.

느낌과 마음과 법 살피는 생각 또한 이와 같이 말한다."

붇다께서 이 경을 말씀하시자, 존자 아난다는 붇다의 말씀을 듣고 기뻐하며 받들어 행하였다.

• 잡아함 615 비구니경(比丘尼經)

• 해설 •

아난다 존자가 비구니상가를 찾아가 법을 문답하고 법을 설하고 돌아와 세존께 그것을 말씀드리니 세존께서 다시 가르침을 주신다. 이것이 비구상가와 비구니상가가 여래께 배운 법과 율로 교류하고 협동하는 모습이다.

경의 내용은 짧지만 그 뜻을 바로 풀기는 어렵다.

네 곳 살핌에서 몸·느낌·마음·법은 살피는바 경계[所觀境]이지만, 살피는 바는 살피는 생각을 떠나 없으므로 네 곳 살핌이 실은 살피는 한 생각[現前一念] 밖에 있는 경계를 살핌이 아니다.

몸을 살펴 즐거운 느낌이 나면 느낌 살핌이 되고, 느낌이 공한 줄 알면 느낌 살핌이 마음 살핌이 되고, 마음 살핌이 모습 취함·지어감의 법 살핌이 되어 앞의 선정경계가 나되 선정경계에 취함이 없으면 앞의 선정경계를 의지해 뒤의 선정경계가 일어나지만, 선정경계는 지금 살피는 한 생각을 떠나지 않는다. 그 뜻을 경은 '생각을 살피는바 경계에 잘 매면 오르고 내림을 스스로 안다'고 한 것이리라.

닦아감의 차제를 살펴보자. 맨 처음 한 생각으로 몸과 느낌을 살피면 살피는바 경계에 마음을 매어 살피는 경계의 진실을 구하므로, 그 뜻을 방편으로 마음을 밖에서 구한다[心於外求]고 가르치신 것이리라. 그러나 경계는 마음인 경계라 살피는바 경계를 안의 마음에 거둘 때 온갖 경계가 곧 마음인 경계가 되니, 그 뜻을 '마음을 눌러 구함'이라 한 것이리라.

또 살피는바 경계가 마음인 경계라 마음에 거두어 경계를 살필 때 흩어진 마음[散心]이란 경계에 물든 마음으로 진실한 마음이 아님을 알게 된다. 그러므로 진실 그대로의 살핌은 마음으로 경계를 비추는 것이 아니라 경계를 마음에 거두어 경계인 마음이 공한 줄 알아 마음에서 마음을 쉬는 것이니, 그 뜻을 '밖으로 흩어지는 마음을 거두어 쉬게 함'이라 한 것이다.

몸 살핌을 들어 생각해보자. 몸을 살펴 몸이 마음인 몸인 줄 모르고 잠에 빠질 때 붇다와 다르마와 상가에 깨끗한 믿음을 일으켜서 삼보의 깨끗한 경계에 마음을 매어 잠과 졸음을 넘어서면, 몸과 마음이 쉬어 즐거워지니 몸 살핌이 느낌 살핌이 된다.

살피는바 느낌에 대해 밝고 또렷한 느낌이 있고 살핌이 있으면 비파사나가 또렷하지만 사마타가 없게 되니, 느낌과 살핌을 넘어서고 느낌과 살핌이 다한 선정의 즐거움도 취하지 않으면 생각이 청정해지고[念淸淨] 생각이 평정해진다[捨].

이와 같이 즐겁게 머무르면 몸과 마음을 진실 그대로 알게 된다.

비구니상가대중이 크신 스승의 법을 잘 받아 지니므로, 존자 아난다가 그것을 찬탄하고 세존께서 다시 그 뜻을 인정해 말씀해 보이신 것이니, 여래의 법이 온전히 배우는 이의 법이 될 때 배우는 이는 배울 것 없는 이[無學]가 되고 여래의 참된 법의 자식[眞法子]이 될 것이다.

여래는 지금 비구니가 비구니를 위해
계 설하는 것을 허락하노라

이와 같이 들었다.

한때 붇다께서는 바이살리 성의 '널리 모이는 강당'[普會講堂]에서 큰 비구대중 오백 사람과 함께 계셨다.

그때에 마하프라자파티(Mahāprajāpatī)는 바이살리 성의 '높은 누대의 절'[高臺寺]에서 큰 비구니대중 오백 사람과 함께 있었는데, 그들은 모두 아라한으로서 모든 흐름이 이미 다하였다.

그때에 마하프라자파티는 여러 비구들이 이렇게 말하는 것을 들었다.

'여래께서는 오래지 않아 니르바나에 드실 것인데, 석 달이 지나지 않아 쿠시나가라(Kuśinagara)의 두 그루 사라 나무 사이에서 니르바나에 드실 것이다.'

때에 마하프라자파티는 생각하였다.

'나는 여래께서 니르바나에 드시는 것을 차마 뵈올 수 없고 또 아난다께서 니르바나에 드는 것을 차마 볼 수 없다. 내가 지금 니르바나에 들어야겠다.'

마하프라자파티 비구니가 세존보다 먼저 니르바나에
들 것과 비구니가 비구니에게 계 설하도록 청함

마하프라자파티는 곧 세존 계신 곳에 가서 머리를 대 발에 절하고 한쪽에 앉아 말씀드렸다.

"제가 듣기에 세존께서는 오래지 않아 니르바나에 드시는데, 석 달이 지나지 않아 쿠시나가라의 두 그루 사라 나무 사이에서 니르바나에 드신다고 하셨습니다.

저는 세존과 아난다께서 니르바나에 드시는 것을 차마 볼 수 없습니다. 세존께서는 제가 먼저 니르바나에 드는 것을 들어주시길 바랍니다."

그때에 세존께서는 잠자코 허락하셨다. 마하프라자파티는 다시 말씀드렸다.

"지금부터는 세존이시여, 여러 비구니들을 위해 계율 설하도록 들어주십시오."

세존께서는 말씀하셨다.

"나는 지금 비구니가 도로 비구니들에게 계 설하는 것을 들어주겠다. 내가 본래 금한 계 베풀어 행하던 것 그대로 하여 틀림이 없게 해야 한다."

그때 마하프라자파티는 붇다의 발에 절하고 붇다 앞에 섰다. 그때 거듭 붇다께 말씀드렸다.

"저는 이제 다시는 여래의 얼굴을 뵈올 수 없고, 또 앞으로 오실 여러 붇다께서 태의 몸 받지 않고 길이 함이 없는 곳에 계시는 것[永處無爲]도 뵈올 수 없습니다. 오늘 그 거룩한 얼굴[聖顏] 떠나면 길이 다시는 뵐 수 없겠습니다."

오백 비구니도 니르바나에 들 것을 세존께 말씀드림

때에 마하프라자파티는 붇다와 아난다를 일곱 번 돌고, 또 여러 비구대중을 다 돌고는 곧 물러가 여러 비구니대중 가운데 돌아가 여러 비구니들에게 말하였다.

"나는 지금 함이 없는 니르바나의 세계에 들려고 한다. 왜냐하면 여래께서 오래지 않아 니르바나에 드시기 때문이다. 너희들은 각기 갈 데로 가라."

그때에 케마 비구니·우트팔라바르나 비구니·치리시[基利施] 비구니·사구리[舍仇梨] 비구니·사마 비구니·파타란차라 비구니·파라저라[婆羅枯羅] 비구니·카타야나 비구니·사야 비구니 및 오백 비구니들은 세존 계신 곳에 가서 한쪽에 섰다.

그때 오백 비구니 가운데서 케마 비구니가 맨 윗머리가 되어 붇다께 말씀드렸다.

"저희들 여러 사람들은 여래께서 오래지 않아 니르바나에 드신다는 말을 들었습니다. 저희들은 여래와 아난다께서 먼저 니르바나에 드시는 것을 차마 뵈올 수 없습니다.

세존께서는 저희들이 먼저 니르바나에 드는 것을 들어주시길 바랍니다. 저희들이 지금 니르바나에 들어가는 것이 맞겠습니다."

세존께서는 잠자코 허락하셨다.

마하프라자파티와 오백 비구니가 초월삼매로 니르바나에 들어감

때에 케마 비구니와 오백 비구니들은 세존께서 잠자코 허락하시는 것을 보고, 앞으로 나아가 붇다의 발에 절하고는 세 번 돌고 물러나 본래 있던 방으로 돌아갔다.

때에 마하프라자파티는 강당 문을 닫고 간타(ghaṇṭā, 乾椎)를 치고는 한데다 자리를 펴고 허공으로 올라가, 그 가운데서 앉기도 하고 눕기도 하며 거닐기도 하였다. 불꽃을 내되, 몸 아래서 연기를 내면 몸 뒤에서는 불을 내며, 온몸에서 불꽃을 놓는가 하면 온몸에서 연기를 놓았다.

왼쪽 옆구리에서 물을 내면 오른쪽 옆구리에서는 불을 내고, 오른쪽 옆구리에서 물을 내면 왼쪽 옆구리에서는 연기를 내었다. 앞에서 물을 내면 뒤에서는 불을 내며, 온몸에서는 불을 내는가 하면 온몸에서 물을 내었다.

그때에 마하프라자파티는 몇 가지 변화를 짓고는 본래 자리로 돌아와 두 발을 맺고 앉아, 몸을 바로하고 뜻을 바로하며, 생각을 매어 앞에 두고는 첫째 선정에 들었다.

첫째 선정에서 일어나 둘째 선정에 들어가고, 둘째 선정에서 일어나 셋째 선정에 들어가며, 셋째 선정에서 일어나 넷째 선정에 들었다.

또 넷째 선정에서 일어나 또 '허공의 곳 선정'[空處定]에 들어가고, 허공의 곳 선정에서 일어나 '앎의 곳 선정'[識處定]에 들어가며, 앎의 곳 선정에서 일어나 '있는 바 없는 곳 선정'[不用處定]에 들어가고, 있는 바 없는 곳 선정에서 일어나 '생각 있음도 아니고 생각 없음도 아닌 곳 선정'[有想無想處定]에 들어가며, 생각 있음도 아니고 생각 없음도 아닌 곳 선정에서 일어나 '모습 취함과 느껴 아는 것 사라진 선정'[想知滅定]에 들어갔다.

다시 모습 취함과 느껴 아는 것 사라진 선정에서 일어나 '생각 있음도 아니고 생각 없음도 아닌 곳 선정'에 들어갔고, 생각 있음도 아니고 생각 없음도 아닌 곳 선정에서 일어나 '있는 바 없는 곳 선정'에 들어갔으며, 있는 바 없는 곳 선정에서 일어나 '앎의 곳 선정'에 들어갔고, 앎의 곳 선정에서 일어나 '허공의 곳 선정'에 들어갔으며,

허공의 곳 선정에서 일어나 넷째 선정에 들어갔고, 넷째 선정에서 일어나 셋째 선정에 들어갔으며, 셋째 선정에서 일어나 둘째 선정에 들어갔고, 둘째 선정에서 일어나 첫째 선정에 들어갔다.

다시 첫째 선정에서 일어나 둘째 선정에 들어갔고, 둘째 선정에서 일어나 셋째 선정에 들어갔으며, 셋째 선정에서 일어나 넷째 선정에 들어갔고, 이미 넷째 선정에 들어가자 곧 니르바나에 들어갔다.

그때에 하늘땅이 크게 흔들렸다. 동쪽이 솟으면 서쪽이 꺼지고, 서쪽이 솟으면 동쪽이 꺼지며, 네 가쪽이 모두 솟으면 복판이 꺼졌다.

또 사방에서 시원한 바람이 일고 여러 하늘들은 허공에서 음악소리를 내고 욕계 여러 하늘들은 눈물을 흘리며 슬피 울었으니, 그것은 마치 봄하늘에 단비가 내리는 것 같았다.

신묘한 하늘들은 우트팔라 꽃과 찬다나(candana, 栴檀)를 부수어 그 위에 뿌렸다.

그때에 케마 비구니 · 우트팔라바르나 비구니 · 치리시 고타미 비구니 · 사구리 비구니 · 사마 비구니 · 파타란차라 비구니 · 카타야나 비구니 · 사야 비구니 등, 이와 같은 윗머리되는 오백 비구니들도 모두 한데 자리를 펴고 허공에 올라, 그 가운데 앉기도 하고 눕기도 하며 거닐기도 하면서 열여덟 가지로 변화를 짓고, 나아가 모습 취함과 아는 것 사라진 선정에 들어 각기 니르바나에 들었다."

세존께서 야수티를 시켜 다비 준비를 하도록 하니
두 사미니 또한 니르바나에 들어감

그때에 바이살리에 대장이 있었는데 야수티[耶輸提]라고 하였다.

그는 오백 어린이를 데리고 '널리 모이는 강당'에 모여 강설하고 있었다. 그때 그들은 멀리서 오백 비구니들이 열여덟 가지 변화 짓는 것을 보았다. 보고서는 기뻐 뛰어노는 것이 한량없었다. 그리고 각기 두 손을 맞잡고 그곳을 향하였다.

때에 세존께서는 아난다에게 말씀하셨다.

"너는 야수티 대장에게 가서 이렇게 전하라.

'빨리 오백 개의 평상과 오백 개의 앉을 자리, 오백 병의 타락웃물, 오백 병의 기름, 오백 수레의 꽃, 오백 상자의 향, 오백 수레의 섶나무를 마련하라.'"

그때에 아난다는 앞으로 나아가 말씀드렸다.

"세존께서는 그것으로 무엇을 하시려는지 모르겠습니다."

세존께서는 말씀하셨다.

"마하프라자파티가 이미 니르바나에 들었고, 오백 비구니도 이미 니르바나에 들었다. 우리들이 그 사리에 공양하려 하는 것이다."

그때에 아난다는 슬픔과 눈물이 어우러져 말하였다.

"마하프라자파티의 니르바나에 드심이 어이 그리 빠르신가."

그때 아난다는 손으로 눈물을 뿌리면서 야수티 대장 있는 곳으로 갔다. 때에 야수티는 멀리서 아난다가 오는 것을 보고 모두 일어나 맞이하면서 말하였다.

"잘 오셨습니다. 아난다시여, 무엇을 분부하시려 갑자기 오셨습니까."

아난다가 대답하였다.

"붇다의 심부름으로 부탁할 일이 있소."

대장은 모두 같이 물었다.

"무엇을 분부하시렵니까."

아난다는 말하였다.

"세존께서 대장에게 이렇게 분부하셨소..

'빨리 오백 개의 평상과 오백 개의 앉을 자리, 오백 병의 타락웃물, 오백 병의 기름, 오백 수레의 꽃, 오백 상자의 향, 오백 수레의 섶나무를 마련하라. 마하프라자파티와 오백 비구니가 모두 니르바나에 들었다. 우리들이 가서 그 사리에 공양하려 한다.' "

때에 대장은 슬픔과 눈물이 어우러져 말하였다.

"마하프라자파티의 니르바나에 드심이 어이 그리 빠르신가. 오백 비구니의 니르바나에 드심은 참으로 빠르구나. 지금부터는 누가 우리를 가르치고 보시하는 다나파티들을 교화하겠는가."

야수티 대장은 곧 오백 개의 평상과 오백 개의 앉을 자리, 오백 병의 타락웃물, 오백 병의 기름, 오백 수레의 꽃, 오백 상자의 향, 오백 수레의 섶나무 등 다비할 도구를 마련한 뒤에 세존 계신 곳에 가서 머리를 대 발에 절하고 한쪽에 서서 말씀드렸다.

"여래께서 분부하신 공양할 도구는 지금 다 마련되었습니다."

세존께서는 말씀하셨다.

"너는 지금 마하프라자파티의 몸과 오백 비구니의 몸을 메고 바이샬리 성을 나가 넓은 들이 있는 곳으로 가라. 나는 거기서 그 사리를 공양하겠다."

대장은 말씀드렸다.

"그렇게 하겠습니다, 세존이시여."

때에 장자는 곧 마하프라자파티 등의 몸이 있는 곳으로 가서 어떤 사람에게 말하였다.

"너는 지금 사다리를 놓고 담을 넘어 안에 들어가 천천히 문을 열어 소리가 나지 않게 하라."

그는 시키는 대로 곧 들어가 문을 열었다. 대장은 다시 오백 사람에게 분부하였다.

"각기 그 사리를 들어 평상 위에 놓도록 하라."

때에 두 사미니가 거기 있었다. 한 사람 이름은 난다요, 또 한 사람은 우파난다였다. 그 두 사미니는 대장에게 말하였다.

"그만두시오, 그만두시오. 대장이여, 그 여러 스승들을 시끄럽게 마십시오."

야수티 대장이 말하였다.

"그대들의 스승들은 자는 것이 아니오. 모두 니르바나에 드셨소."

두 사미니는 스승들이 니르바나에 들었다는 말을 듣고 마음에 두려움을 품고 스스로 사유하여 '익히어 모이는 법은 다 없어지는 법'임을 살폈다. 그래서 그들은 앉은 자리에서 세 가지 밝음[三明]과 여섯 가지 신통[六通]을 얻었다.

때에 그 사미니는 곧 허공을 날아 먼저 넓은 들판 가운데 이르러 열여덟 가지 변화를 지어 앉기도 하고 눕기도 하며 다니기도 하고 몸에서 물과 불을 내면서 변화가 한량없었다. 그러고는 남음 없는 [無餘, nirupadhiśeṣa] 니르바나 세계[nirvāṇa-dhātu]로 온전한 니르바나[parinirvāṇa]에 들어갔다.

여러 하늘신들이 오백 비구니의 몸을 다비해드릴 것을 청함

그때에 세존께서는 앞뒤로 둘러싼 여러 비구들을 데리고 마하프라자파티의 절에 가시어 아난다와 난다, 라훌라에게 말씀하셨다.

"너희들은 마하프라자파티의 몸을 들어라. 내 몸소 공양하겠다."

때에 인드라하늘왕은 세존 마음속 생각을 알고, 마치 서른세하늘에서 힘센 장사가 팔을 굽혔다 펴는 사이에 바이샬리에 와 세존 계신 곳에 이르러 머리를 대 발에 절하고 한쪽에 섰다.

그 가운데서 흐름이 다한 비구들은 모두 인드라하늘왕과 서른세하늘을 보았지마는, 흐름이 다하지 못하고 욕심이 있는 비구와 비구·비구니·우파사카·우파시카로서 아직 흐름이 다하지 못한 이들도 또한 인드라하늘왕과 서른세하늘을 보지 못하였다.

그때에 브라흐마하늘왕은 멀리서 여래의 마음속 생각을 알고, 브라흐마하늘들을 데리고 브라흐마하늘 위에서 사라져 세존 계신 곳에 이르러 머리를 대 발에 절하고 한쪽에 섰다.

또 바이쓰라바나(Vaiśravaṇa)하늘왕도 세존의 마음속 생각을 알고, 야크샤(yakśa) 귀신들을 데리고 여래 계신 곳에 이르러 머리를 대 발에 절하고 한쪽에 섰다.

또 드리타라스트라(Dhṛta-rāṣṭra)하늘왕은 간다르바(gandharva)를 데리고 동방으로부터 와서 여래 계신 곳에 이르러 머리를 대 발에 절하고 한쪽에 섰다.

또 비루다카(Virūḍhaka)하늘왕은 셀 수 없는 쿰바안라(Kumbhāṇḍa)를 데리고 남방으로부터 와서, 세존 계신 곳에 이르러 머리를 대 발에 절하고 한쪽에 섰다.

또 비루파크샤(Virūpākṣa)하늘왕은 여러 용신(龍神, nāga)들을 데리고 여래 계신 곳에 이르러 머리를 대 발에 절하고 한쪽에 섰다.

또 욕계·색계·무색계의 여러 하늘들[諸天]도 여래의 마음속 생각을 알고 세존 계신 곳에 이르러 머리를 대 발에 절하고 한쪽에 섰다.

그때에 인드라하늘왕과 바이쓰라바나하늘왕은 앞에 나와 붇다께 말씀드렸다.

"세존께서는 몸소 수고하지 마시길 바랍니다. 저희들이 그 사리에 공양하겠습니다."

세존께서 난다·라훌라·아난다와 같이 몸소 마하프라자파티의 평상을 들어 다비장에 가심

세존께서는 말씀하셨다.

"그만두라, 그만두라. 하늘왕들이여, 여래는 스스로 때를 안다.

이것은 여래가 행해야 할 일이요, 하늘이나 용이나 귀신들이 할 일은 아니다.

왜냐하면 부모는 자식을 낳아 많이 이익준 바가 있기 때문이다. 곧 젖을 먹이고 안아주면서 길러준 은혜는 무겁다. 그 은혜를 갚아야 한다. 은혜를 갚지 않으면 안 된다.

그리고 하늘들은 알아야 한다. 과거의 여러 붇다 세존들께서도 낳아주신 어머니가 먼저 니르바나에 들었다. 그런 뒤에 모든 붇다 세존들께서도 스스로 그 사리에 공양하셨다.

앞으로 오실 모든 붇다 세존들께서도 낳아주신 어머니가 먼저 니르바나에 드시면, 그런 뒤에 모든 붇다 세존들께서도 다 스스로 공양할 것이다.

이런 방편으로 여래가 스스로 공양해야 하고, 하늘·용·귀신들이 할 것이 아닌 줄을 알아야 한다."

그때에 바이쓰라바나하늘왕은 오백 귀신들에게 말하였다.

"너희들은 저 찬다나 숲속에 가서 찬다나 섶나무를 가져 오라. 화장해 공양해야겠다."

오백 귀신은 하늘왕의 말을 듣고, 곧 찬다나 숲속으로 가서 찬다나 섶나무를 가지고 넓은 들 사이로 왔다.

때에 세존께서 몸소 평상의 한 다리를 드시고, 난다가 한 다리를 들고, 라훌라가 한 다리를 들고, 아난다가 한 다리를 들고서 허공을 날아 그 무덤 사이 화장터로 갔다.

그 가운데 사부대중인 비구·비구니·우파사카·우파시카는 오백 비구니의 사리를 들고 그 무덤 사이로 갔다.

그때에 세존께서는 야수티 대장에게 말씀하셨다.

"너는 다시 평상 두 개, 앉을 자리 두 개, 섶나무 두 수레를 준비하여, 향과 꽃으로 두 사미니 몸을 공양하라."

야수티 대장이 붇다께 말씀드렸다.

"그렇게 하겠습니다, 세존이시여."

곧바로 대장은 공양할 도구를 마련하였다.

그때에 세존께서는 찬다나 나무를 여러 하늘들에게 전해주셨다.

이때 세존께서 다시 대장에게 말씀하셨다.

"너는 지금 그 오백 비구니의 사리를 가져다 각기 나누어 공양하고 두 사미니 또한 그렇게 하게 하라."

대장은 붇다의 분부를 받고 각기 나누어 공양하고 곧 가져다 다비하였다.

**마라프라자파티를 위해 게를 설하고 오백 비구니를 위해
스투파를 세우도록 당부하심**

때에 세존께서는 찬다나 나무를 마하프라자파티 몸 위에 놓고 다음 게송을 읊으셨다.

> 온갖 모든 행은 덧없으니
> 나는 것은 반드시 다하네.
> 나지 않으면 죽지 않으니
> 이 사라짐 가장 즐겁네.

그때에 여러 하늘과 사람들은 모두 그 무덤 사이에 구름처럼 모여 있어 하늘과 사람의 대중들 수는 십억 나유타였다.

때에 그 불이 꺼지자 대장은 다시 사리를 가져다 스투파(stūpa, 塔)를 세웠다.

세존께서는 대장에게 말씀하셨다.

"너는 지금 그 오백 비구니의 사리도 가져다 스투파를 세워라. 기나긴 밤에 복 받음이 한량없을 것이다. 왜냐하면, 세상에는 스투파를 세울 네 종류 사람이 있기 때문이다.

그 네 사람이란 누군가.

만약 어떤 사람이 여래·지극히 참된 이·바르게 깨친 분을 위해 스투파를 세우고, 전륜왕·성문·프라테카붇다를 위해 스투파를 세우면 한량없는 복을 받을 것이다."

그때에 세존께서는 여러 하늘과 사람들을 위해 미묘한 법을 연설하시어 기쁘게 하시자, 그때 하늘과 사람으로 일억의 대중이 모든

티끌과 때가 다하고 법의 눈이 깨끗하게 되었다.

그때에 여러 하늘과 사람·간다르바·아수라와 사부대중은 붇다의 말씀을 듣고 기뻐하며 받들어 행하였다.

• 증일아함 52 대애도반열반품(大愛道般涅槃品) —

• 해설 •

비구니는 구족계를 받을 때 팔경법에 따라 수계 아차르야로부터 계를 받고 다시 비구상가에 가서 구족계를 받도록 되어 있다.

마하프라자파티 비구니가 세존보다 먼저 니르바나에 들기를 청원하면서 비구니가 비구니에 계 설하도록 청하니, 세존께서 그 청을 받아들이신다. 이때 비구니가 설할 수 있는 계는 출가이계(出家二戒) 가운데 십계를 말한다.

마하프라자파티 비구니가 니르바나에 들려 하자 오백 윗자리 비구니들, 이미 아라한을 이룬 현성의 비구니들이 같이 니르바나에 들고, 다시 두 사미니가 따라 니르바나에 들었다.

오백 비구니와 두 사미니가 이미 아라한을 이루어 사마디에 자재하게 들고 나며, 사마디에 머묾이 없되 머물지 않음도 없는 초월삼매에서 니르바나에 드니, 거기에 어찌 나고 죽음이 있을 것인가.

세존께서 이모이자 양모인 마하프라자파티 비구니의 니르바나를 부모의 예로 모시어 바이샬리의 지역사령관 야수티에게 당부하여 다비의 물품을 준비케 한다.

그리고 다비해드리겠다는 하늘신의 청도 물리치고 붇다께서 어머니의 몸을 모신 평상을 앞에 드시고 혈족인 난다·아난다·라훌라가 각기 한 모서리를 잡게 하신다.

이는 붇다께서 사람[人, manuṣya]을 벗어나고 하늘[天, deva]을 벗어나며 세간을 벗어나신 분[出世間]이나, 사람으로서 사람의 도리를 다하고, 하늘로서 하늘 가운데 하늘의 위덕을 나투며, 세간 가운데 세간의 위없는 스승으로서 큰 가르침을 보이신 일이라 할 것이다.

이 거룩한 다비의 모임에 십억 나유타 대중이 함께했다 했으니, 이는 마음 없는 참마음이 한량없는 마음이 되고 세간의 수 떠난 고요한 니르바나의 법이 한량없는 수가 됨을 보이심인가.

세존께선 마하프라자파티 비구니를 부모의 예로 다비해드리고 오백 비구니 두 사미니의 다비를 장엄하게 치러주고는 또한 스투파를 세워 그 공덕을 기리게 하신다. 스투파를 세워 공덕을 기릴 네 곳이란 여래 · 전륜왕 · 성문 · 연각(緣覺)이니, 이 네 곳에 스투파를 세워 그 공덕을 기리면 한량없는 복을 받기 때문이다.

청량법사의 『화엄경소』(華嚴經疏)에서는 스투파를 일으키는 여섯 가지 뜻[起塔六意]을 다음과 같이 보인다.

첫째, 사람의 빼어남을 나타내기 위함[一爲表人勝]이니, 붇다와 현성의 뛰어난 공덕을 세간 대중에게 나타내 예경하고 귀의하도록 하기 위함이다.

둘째, 깨끗한 믿음을 내도록 함[令生淨信]이니, 물질적인 징표로써 붇다의 지혜와 법에 깨끗한 믿음을 내도록 함이다.

셋째, 향하는 마음을 나타내 뜻을 두도록 하기 위함[令標心有在]이니, 중생이 붇다의 공덕의 세계에 늘 마음을 향해 나아가도록 하기 위함이다.

넷째, 공양하여 복을 내도록 함[令供養生福]이니, 중생이 지극한 마음으로 공경하고 공양하여 복된 이익을 내도록 하기 위함이다.

다섯째, 은혜 갚는 행을 다하기 위함[爲報恩行畢]이니, 붇다와 현성 부모의 은혜를 갚아 끝없는 행원을 다하기 위함이다.

여섯째, 복을 내고 죄를 없애기 위함[生福滅罪]이니, 중생이 붇다와 현성의 스투파를 통해 늘 붇다의 공덕의 세계에 귀의하여 복을 내고 온갖 죄업을 없애도록 하기 위함이다.

그러나 바른 법이 시드는 뒷세상 사람들은 스투파를 세워 물질의 징표를 통해 참된 공덕의 세계에 돌아가지 못하고, 오직 스투파를 세우고 절을 짓고 불상을 모시는 것 자체를 목적으로 삼거나 스투파를 세우는 대가로 자신의 이기적 복락만을 구하니, 스투파 세우는 여섯 가지 뜻을 다시 돌이켜보아야 할 것이다.

그렇다면 어떻게 스투파를 세워야 붇다의 은혜를 갚을 수 있는가.

남양혜충선사(南陽慧忠禪師)의 공안(公案)처럼, 탑을 세우되 '꿰맴이 없고 이음새 없는 탑'[無縫塔]을 세워야 여래장의 공덕의 세계에 돌아가는 것인가. 혜충이 말한 '꿰맴이 없는 탑'은 어떤 것인가.

붇다의 빛이 세계를 비추고 세계의 사물이 붇다의 공덕 찬탄하는 소식 보아야 할 것이니, 『화엄경』(「비로자나품」毘盧遮那品)은 이렇게 말한다.

붇다의 몸이 널리 크고 밝은 빛 놓으니
빛깔과 모습 끝이 없어 아주 청정하도다.
구름처럼 온갖 땅을 가득 채우니
곳곳에서 붇다 공덕 드날려 말하도다.

佛身普放大光明　色相無邊極淸淨
如雲充滿一切土　處處稱揚佛功德

제3장

현전상가와 사방상가

"여래 · 지극히 참된 이 · 바르게 깨치신 분은
땅에 대해서 잘 분별하고 또한 땅의 요인에 집착하지 않고,
땅의 요인이라는 모습 취함을 일으키지 않는다.
왜 그런가 하면, 다 애욕의 그물을 깨뜨렸기 때문이다.
존재로 인해 남이 있고 남으로 인해
늙고 죽음이 있는데, 여래는 모두 없애 다했기 때문이다.
그러므로 여래는 가장 바른 깨달음을 이루신 것이다."

붓다 성도 후 아직 상가가 정착해서 머물 아라마(ārāma)가 세워지기 전에는 붓다와 상가대중이 모두 나무 밑이나 바위굴, 무덤 사이 한데서 선정을 닦다, 때에 맞춰 마을에 나가 밥을 빌어 생활하였다.

차츰 상가대중이 늘고 장자 거사들의 헌납으로 정사가 세워진 뒤에는 한곳의 정사를 중심으로 정사의 선실(禪室)이나 그 밖의 숲속 아란야 등에서 안거하여 선정을 닦다, 아침이 되면 머무는 곳에 나와 같이 경행(經行)하다 성읍에 들어가 밥을 빌고, 다시 머무는 곳으로 돌아왔다.

이처럼 붓다 계신 곳을 중심으로 모여 살던 비구대중은 그 수가 많아지면서 각기 다른 곳에서 집단생활을 하며 반 달마다 우파바사타할 때나 안거가 끝나고 자자(自恣)할 때 같이 모였다.

상가대중이 늘어나면서 일정한 장소를 중심으로 함께 우파바사타를 하고 카르마에 같이 참여하는 대중을 현전상가(現前僧伽)라 하고, 법과 율에 의거해 출가상가로서 수행하는 대중 전체를 사방상가(四方僧伽)라 하였다.

현전상가는 우파바사타를 같이할 수 있는 대중을 기본으로 한다.

율장에는 현전상가의 지역적 한계를 정하는 장이 있으니, 이것이 우파바사타-스칸다(upavasatha-skandha, 布薩揵度)로서 현전상가의 기초가 된다.

현전상가는 네 명의 대중을 기본으로 하며 안거할 때는 우파바사타의 장소에서 삼 요자나 안을 그 구역으로 하였다. 사방상가는 각 현전상가에서 우파바사타와 자자를 의무로 하면서 여래의 법과 상가의 율을 지키는 전체 대중을 말한다.

소박한 뜻으로는 사방상가란 상가대중에 안거와 유행(遊行)이 일반화되면서 일정한 아라마(ārāma)의 안거도량에 정착하는 대중을 현전상가라 부름에 대해, 유행하다 새로 아라마에 들어오는 나그네 승려를 그렇게 불렀다.

　　그러나 사방상가의 기본적인 뜻은 한 군데 모여 있는 비구상가·비구니상가 등 모든 현전상가 전체를 포괄하는 출가상가의 뜻이 된다. 그러다 차츰 사방상가는 출가의 뜻을 넘어서 여래의 법과 율에 의지하는 한량없는 대중의 뜻으로 확장된다.

　　아함경에서도 '나의 법을 따라 아라한을 이룬 대중이 한량없는 백천 만억'이라고 한 뜻이 바로 그러한 상가의 뜻이다.『비말라키르티수트라』에서도 출가사문에 대해 기성의 틀을 깨뜨리는 새로운 해석을 하고 있으니, 이것이 바로 보편적 실천주체로서 사방상가를 보는 당시의 시대정신을 반영한 것이다.

1 현전상가

속 이끄는 글 속

현전상가가 이루어지는 기본적인 지역의 경계[界]는, 비구들이 지금 머무는 곳[坐臥處]에서 하루 만에 가고 올 수 있는 범위 안의 지역이었으며, 우파바사타의 때가 되거나 대중의 카르마가 필요한 때에 같이 모여 의식을 치를 수 있었던 곳이다.

거리는 대개 삼 요자나 이내로 그 구역 안에 오고 가는 것을 방해하는 큰 강이나 골짜기 등이 없어야 한다.

현전상가는 네 사람 이상이면 모든 카르마를 행할 수 있는 기본 인원의 요건을 갖춘 것이지만, 출가를 위해 구족계를 받는 의식[受具式]이나 안거 뒤의 자자(自恣), 죄를 벗어나게 하는 카르마[出罪羯磨]는 행할 수 없다.

자자는 다섯 명의 현전상가에서도 행할 수 있으며, 열 사람 이상 현전상가에서만 구족계 의식을 행할 수 있으나, 아직 전교(傳敎)가 덜된 지역, 아주 치우친 지역에서는 다섯 명의 현전상가에서도 구족계 설하는 카르마를 행할 수 있다.

열 명의 상가에서는 '죄를 벗어나게 하는 카르마'를 제외한 모든 행사를 할 수 있으며, 스무 명 이상 상가에서는 '죄를 벗어나게 하는 카르마'도 행할 수 있다.

나중 지역 이동과 모임의 편의성을 위해 현전상가 구역 안[界內]이나 구역 밖[界外]에 독립적인 작은 구역[小界]을 설립하여 구족계를 설하고 받는[受具] 등의 카르마를 행하게 하였다.

이런 일시적 현전상가를 계장(戒場) 또는 계단(戒壇)이라 하였으니, 이것은 열 명 이상으로 구족계를 수지케 하기 위한 현전상가의 구성이라 할 수 있다.

나중 스무 명 이상의 '죄를 벗어나게 하는 카르마'를 위한 현전상가의 구성도 이루어졌다.

현전상가의 구역이 확정되지 않을 때[無界]에는 구역을 나타내는 표지로써 경계선을 정하고 대중에게 통보하고 의사를 묻는 카르마[白二羯磨]로써 그 구역을 확정하였다.

현전상가 성립의 기초는 우파바사타를 같이하는 구역[同一布薩界]이며, 비구대중이 머무는 두 곳을 묶어 하나의 우파바사타 구역으로 정할 수도 있다[結界].

한 우파바사타의 구역 안에 작은 구역으로서 계단(戒壇)을 갖는 현전상가를 '계단이 있는 큰 구역'[有場大界]이라 하는데, 계단을 위한 작은 구역의 일시적 현전상가는 최대 스무 명을 넘을 수 없다.

이처럼 여래의 상가는 비나야의 엄격한 규율에 따라 수행하였으나, 그 엄격함 가운데는 때와 곳, 사람과 상황의 변화, 특수한 경우에 따라 그 규율의 적용에 유연성이 있음을 알 수 있다.

구족계를 설하고 받는 카르마에서도 모여야 되는 현전상가의 숫자에 융통성을 두고 있고, 안거하는 구역도 대중의 의사에 따라 그 구역을 정할 수 있었다.

그러므로 오늘날 중국불교 총림의 엄격한 형식만 남고 실천정신이 왜곡된 대중 안거제도, 형식과 내용이 거의 사라진 우파바사타의 카르마를 시대에 맞게 조정하는 데, 붇다 당시 유연성이 있는 현전상가의 운영의 모습이 많은 참고가 되리라 생각한다.

또한 안거할 때 좌선수행을 기본으로 하지만 날마다 마을에 들어가 밥을 빌며 고행하고 아란야에 돌아와 좌선하다 크신 스승과 장로비구들로부터 설법을 듣고 문답하는 안거수행의 모습은, 오늘날 좌선수행의 형식에 치우치고 갇힌 안거제도의 개혁에도 많은 시사점을 주리라 생각한다.

어느 날 세존은 큰 비구대중
오백 사람과 함께하셨으니

이와 같이 들었다.

한때 붇다께서는 우가라의 대숲 가운데서 큰 비구대중 오백 사람과 함께 계셨다.

그때 세존께서 여러 비구들에게 말씀하셨다.

"나는 지금 너희들에게 묘한 법[妙法]을 말해주겠다.

이 법은 처음도 좋고 가운데도 좋고 마지막도 좋아 뜻과 이치가 깊고 그윽해 청정하게 범행을 닦아 행하는 것이다. 이 경은 '온갖 모든 법의 근본'[一切諸法之本]이라 이름하니 너희들은 잘 사유해 생각하라."

여러 비구들이 대답했다.

"그렇게 하겠습니다, 세존이시여."

이때 여러 비구들이 붇다의 분부를 받아들이니 붇다께서 말씀하셨다.

오백 대중의 현전상가에게 온갖 법에
스스로 있는 실체가 없음을 보이심

"저 경을 왜 모든 법의 근본이라 하는가.

이에 대해서 이렇게 말할 수 있다, 비구들이여. 범부의 사람은 현성의 가르침을 보지 않고, 또한 여래의 말씀의 가르침[如來言敎]을 보살피지도 않으며, 선지식을 가까이하지도 않고, 선지식의 가르침을 받아들이지 않는다.

그래서 저들은 이 땅을 진실이라 살피어 이렇게 안다.

'이것은 땅으로서 참으로 땅이다. 또한 다시 이것은 물이다. 또한 다시 이것은 불이다. 또한 다시 이것은 바람이다.'

네 가지 일[四事]이 합해 사람[人, pudgala]이 된 것인데, 어리석은 이들은 이를 즐기는 것이다.

하늘은 하늘인 줄 스스로 알아 하늘 가운데서 하늘을 즐긴다.

브라흐마하늘은 브라흐만인 줄 알고 큰 브라흐마하늘은 큰 브라흐마하늘이라 그보다 나은 이가 없다고 스스로 안다.

'빛과 소리의 하늘'은 서로 '빛과 소리의 하늘'을 말미암아 온 줄 스스로 안다.

'두루 깨끗한 하늘'은 서로 '두루 깨끗한 하늘'인 줄 스스로 안다.

'과덕이 진실한 하늘'은 스스로 서로 '과덕이 진실한 하늘'인 줄 안다. 그렇게 해서 어지럽게 여기지 않는다.

아비야타하늘은 아비야타하늘인 줄 스스로 안다.

'빈 곳의 하늘'은 '빈 곳의 하늘'인 줄 스스로 안다.

'앎의 곳의 하늘'은 '앎의 곳의 하늘'인 줄 스스로 안다.

'있는 바 없는 곳의 하늘'은 '있는 바 없는 곳의 하늘'인 줄 스스로 안다. '생각 있기도 하고 생각 없기도 한 하늘'은 '생각 있기도 하고 생각 없기도 한 곳의 하늘'인 줄 스스로 안다.

보는 자[見者]는 본다[見]고 스스로 안다.

듣는 자[聞者]는 듣는다[聞]고 스스로 안다.

하고자 하는 자[欲者]는 하고자 한다[欲]고 스스로 안다.

지혜로운 이[智者]는 지혜롭다[智]고 스스로 안다

하나의 무리는 하나의 무리라고 스스로 안다.

몇 가지 무리는 몇 가지 무리라고 스스로 안다.

다 갖춘 이는 다 갖춘 이라고 스스로 안다.

니르바나는 니르바나라고 스스로 안다.

그래서 그 가운데서 스스로 즐긴다.

이런 것들은 옳지 않으니, 그런 까닭은 지혜로운 이가 말함이 아니기 때문이다."

온갖 법에 집착할 것이 없음을 바로 살펴야 함을 보이심

"만약 거룩한 제자라면 성인을 가서 뵙고 그 법을 받들어 받으며 선지식을 따라 모시고 선지식을 가까이한다.

그래서 이 땅의 요인[地種]에 대해 그 온 곳을 분명히 알아 땅에 집착하지 않아서 물든 마음이 없다. 물·불·바람[水火風種]에 대해서 그 온 곳을 분명히 알아 집착 없음 또한 이와 같다.

사람과 하늘, 브라흐마하늘왕, 빛과 소리의 하늘, 두루 깨끗한 하늘, 과덕이 진실한 하늘, 아비야타하늘, 빈 곳의 하늘, 앎의 곳의 하늘, 있는 바 없는 곳의 하늘, 생각 있기도 하고 없기도 함의 하늘과 보고 들음과 생각해 아는 것[見聞念知]에 대해서 그 온 곳[所來處]을 분명히 알아 집착 없음 또한 이와 같다.

한 가지와 여러 가지 나아가서 니르바나에 대해서 그 온 곳을 분명히 알아 집착하지 않아서 니르바나라는 모습 취함[涅槃之想, nirvāṇa-saṃjñāna]을 일으키지 않는다.

그런 까닭은 다 진실하게 잘 분별하고 잘 살펴봄을 말미암기 때문이다.

만약 저 비구로서 흐름 다한 아라한이라면 지을 바를 이미 이루고 무거운 짐을 버리고 나고 죽음의 근원을 다해 평등하게 해탈하여, 그는 땅의 요인을 잘 분별해 땅이란 모습 취함을 일으켜 땅을 집착하지 않는다.

사람과 하늘, 브라흐마하늘, 나아가 생각 있기도 하고 없기도 한 하늘의 곳에 대해서 또한 이와 같다.

왜 그런가. 이는 다 탐욕과 성냄과 어리석음을 무너뜨렸기 때문이다.

비구들이여, 알아야 한다.

여래·지극히 참된 이·바르게 깨치신 분은 땅에 대해서 잘 분별하고 또한 땅의 요인에 집착하지 않고, 땅의 요인이라는 모습 취함 [地種之想]을 일으키지 않는다.

왜 그런가 하면, 다 애욕의 그물을 깨뜨렸기 때문이다.

존재[有]로 인해 남[生]이 있고 남[生]으로 인해 늙고 죽음이 있는데, 여래는 모두 없애 다했기 때문이다.

그러므로 여래는 가장 바른 깨달음[最正覺, anuttara-saṃbodhi]을 이루신 것이다."

좌선하여 묘한 뜻 사유하길 당부하심

붇다께서 이 법을 말씀하실 때, 이때 여러 비구들은 그 가르침을 받아들이지 않았으니 그것은 파피야스가 그 마음의 뜻을 막았기 때문이다.

붇다께서 말씀하셨다.

"이 경을 온갖 모든 법의 근본이라 이름하니, 나는 지금 갖추어 설했다. 이 경은 모든 붇다 세존께서 닦아 행하신 것이고 나도 지금 이미 갖추어 베풀어 행했다.

너희들도 나무 밑에 한가히 머물기를 생각하고 뜻을 바로 해 좌선해[端意坐禪] 묘한 뜻을 사유해야 한다[思惟妙義].

지금 하지 않는 자는 뒤에 뉘우쳐도 이익이 없다.

이것이 나의 가르쳐 깨우침이다."

이때 여러 비구들은 붇다의 말씀을 듣고 기뻐하며 받들어 행했다.

• 증일아함 44 구중생거품(九衆生居品) 六

• 해설 •

우가라 대나무동산에 세존과 함께 자리해 법을 듣는 오백 비구가 바로 현전상가(現前僧伽)이다.

붇다는 현전상가에 온갖 법의 근본이 되는 연기의 뜻을 가르치면서 현전상가 가운데 형식적으로 그 수를 채우는 대중과 참으로 법의 아들이 된 참된 상가의 뜻을 말씀하고 있다.

비록 상가의 한 숫자를 채우는 대중이라도 연기이므로 온갖 존재가 공한 줄 모르고, 땅을 땅이라 하고 물·불·바람·허공을 허공 등이라 하며, 색계의 하늘을 스스로 있는 색계의 하늘이라 하고, 텅 빈 곳의 하늘을 스스로 있는 텅빈 곳의 하늘이라 말하면, 그는 세간법의 진실을 등지는 자이다.

또한 보고 들어 아는 자를 실로 있는 아는 자라 말하면, 그는 참된 상가의 대중이 되지 못한다.

니르바나 또한 마찬가지다. 온갖 법이 공하고 그 공함도 공한 세간법의 진실 그대로의 삶에 니르바나라는 이름을 붙인 것이다.

그러므로 니르바나를 정해진 니르바나로서 취하면 그는 여래의 니르바나의 뜻을 모르는 이이고, 니르바나의 성에 돌아가지 못해 참된 상가의 수에 들지 못한다.

니르바나에 집착하지 않고 니르바나라는 모습 취함도 일으키지 않으며, 들어갈 상가의 수마저 깨뜨려 취하지 않는 자, 그가 바로 참된 상가의 대중이며 법왕이신 여래의 법의 자식인 것이다.

『금강경』은 아라한이라는 집착까지 끊어진 아라한의 길을 다음과 같이 말한다.

> "수부티여, 어떻게 생각하느냐. 아라한이 '내가 아라한의 도를 얻었다'고 생각할 수 있겠는가."
>
> "아닙니다, 세존이시여. 왜냐하면 실로 아라한이라 할 법이 없기 때문입니다. 세존이시여, 아라한이 만약 '내가 아라한의 도를 얻었다'고 생각하면 곧 나[我, ātman]·사람[人, pudgala]·중생[衆生, sattva]·목숨[壽, jīva]에 집착하는 것입니다."
>
> (중략)
>
> "세존이시여, 붓다께서는 '제가 다툼 없는 사마디[無諍三昧]를 얻은 사람들 가운데서 가장 으뜸이 되며 으뜸가는 욕심 여읜 아라한이다'라고 말씀하시지만, 저는 '내가 바로 욕심 여읜 아라한이다'라고 생각하지 않습니다.
>
> 세존이시여, 제가 만약 '나는 아라한의 도를 얻었다'라고 생각하면 세존께서는 '수부티는 아란야행[寂靜行]을 좋아하는 자[araṇyaka]이다'라고 말씀하지 않으실 것입니다. 수부티가 실로 행하는 바가 없으므로 '수부티가 아란야행 좋아하는 이다'라고 하시는 것입니다."

다른 비구들을 받아들여 같이 수행하는 것이 삼세 붇다의 법이니

이와 같이 내가 들었다.

한때 붇다께서는 슈라바스티 국 제타 숲 '외로운 이 돕는 장자의 동산'에 계시면서 여름 안거를 지내셨다. 그때에 많은 윗자리 성문[上座聲聞]들은 세존의 좌우에 있는 나무 밑 굴속에서 안거하고 있었다.

때에 많은 젊은 비구들은 붇다 계신 곳에 나아가 머리를 대 발에 절하고 한쪽에 물러나 앉았다. 붇다께서 젊은 비구들을 위해 설법하시어 가르쳐 보이고 기쁘게 하시고, 가르쳐 보여 기쁘게 하신 뒤 잠자코 계셨다.

여러 젊은 비구들은 붇다의 말씀을 듣고 기뻐하고 따라 기뻐하면서 자리에서 일어나 절하고 떠났다. 젊은 비구들은 윗자리 비구들 있는 곳에 가서 그들 발에 절하고 한쪽에 앉았다. 때에 윗자리 비구들은 생각하였다.

'우리는 이 젊은 비구들을 거두어 받아들여야 한다. 한 사람이 한 사람을 받고, 또는 한 사람이 둘·셋 여러 사람을 받아야 한다.'

이렇게 생각하고 곧 거두어 받아들이되, 한 사람이 한 사람을 받고, 한 사람이 둘·셋 여러 사람을 받았다.

그래서 어떤 윗자리 비구는 육십 명까지 받았다.

젊은 비구들을 거두어 함께 안거하는 윗자리 비구들을 찬탄하심

그때 세존께서는 보름날 우파바사타[布薩]할 때에 대중 앞에 자리를 펴고 앉으셨다. 그때 세존께서는 여러 비구들을 살피신 뒤에 비구들에게 말씀하셨다.

"참 잘하고 잘한 일이다. 나는 지금 비구들이 여러 바른 일을 행한 것을 기뻐한다. 그러므로 비구들이여, 부지런히 정진하여야 한다."

그 슈라바스티 국에서 달이 차오르는 때[滿迦低月]에 여러 곳 사람들 사이에서 노닐던 비구들은, 세존께서 슈라바스티 국에서 안거하신다는 말을 들었다.

그래서 달이 차오르는 때가 지나고서[滿迦低月滿已] 가사 짓기를 마친 뒤, 가사와 발우를 가지고 슈라바스티 국 사람 사이에서 노닐어 다니면서 슈라바스티에 이르러, 가사와 발우를 거두어들고 발을 씻은 뒤에, 세존 계신 곳에 가 머리를 대 발에 절하고 한쪽에 물러나 앉았다.

그때에 세존께서는 사람들 사이에 있던 비구들을 위해 갖가지로 설법하시어, 가르쳐 보이고 기쁘게 하신 뒤에 잠자코 계셨다.

그때에 사람들 사이에 있던 비구들은 붇다의 설법을 듣고 기뻐하고 따라 기뻐하면서, 자리에서 일어나 절하고 떠났다.

그들은 윗자리 비구들이 있는 곳에 가서 머리를 대 발에 절하고 한쪽에 물러나 앉았다. 때에 여러 윗자리 비구들은 생각하였다.

'우리는 이 사람 사이에 있던 비구들을 받아들여야 한다. 한 사람이 한 사람을 받고, 또는 둘·셋 그리고 여러 사람을 받아야 한다.'

그래서 곧 받아들이되, 한 사람이 한 사람을 받고 둘·셋 그리고 육십 명까지 받은 이도 있었다.

그 윗자리 비구들은 여러 사람 사이에 있던 비구들을 받아 가르쳐 깨우치고 가르쳐주는 데 앞뒤의 차례를 잘 알았다.

다른 대중 거두어 같이 니르바나에 이르름이
삼세 붓다의 법임을 보이심

그때 세존께서는 그 달 보름날 우파바사타할 때에 대중 앞에서 자리를 펴고 앉아 여러 비구들을 살피시고 비구들에게 말씀하셨다.

"참 잘하고 잘한 일이다. 비구들이여, 나는 너희들이 행한 바른 일을 기뻐하고 너희들이 행한 바른 일을 즐거워한다.

여러 비구들이여, 과거 여러 붓다에게도 비구대중이 행한 바른 일이 있었던 것이 지금 이 대중과 같았고, 미래 여러 붓다의 비구대중에게도 너희들이 행한 바른 일과 같은 이러한 바른 일이 있을 것이다.

왜 그런가. 지금 이 대중 가운데 여러 장로비구들로서 어떤 이는 첫째 선정, 둘째 선정, 셋째 선정, 넷째 선정과 사랑의 마음 · 가엾이 여기는 마음 · 기뻐하는 마음 · 평등한 마음과 허공의 곳 · 앎의 곳 · 있는 바 없는 곳 · 생각도 아니고 생각 아님도 아닌 곳의 선정을 얻어 갖추어 머무른다.

어떤 비구는 세 가지 묶음[三結]이 다해 스로타판나(srotāpanna, 入流)를 얻어 나쁜 세계로 가는 법에 떨어지지 않고, 반드시 바로 보디(bodhi)로 향해 일곱 번 하늘과 사람에 가서 났다가 괴로움의 끝을 마쳐 다할 것이다. 또 어떤 비구는 세 가지 묶음이 다하고 탐냄 · 성냄 · 어리석음이 엷어져 사크리다가민(sakṛdāgāmin, 一來)을 얻었다.

어떤 비구는 '욕계의 다섯 가지 묶음'[五下分結]이 다해 아나가민(anāgāmin, 不來)을 얻어 온전한 니르바나의 세계에 나 다시는 이 세상에 태어나지 않을 것이다.

어떤 비구는 한량없는 신통경계 곧 하늘 귀·남의 마음을 아는 지혜·지난 목숨 아는 지혜·나고 죽음 아는 지혜·흐름이 다한 지혜를 얻었다.

어떤 비구는 깨끗하지 않다는 살핌[不淨觀]을 닦아 탐욕을 끊고, 자비한 마음을 닦아 성냄을 끊고, 덧없다는 생각[無常想]을 닦아 '나'라는 교만을 끊고, '아나파나의 생각'을 닦아 느낌과 모습 취함을 끊었기 때문이다.

비구들이여, 어떻게 아나파나의 생각을 닦아 느낌과 모습 취함을 끊는가. 그 비구는 마을을 의지해 살면서, 나고 드는 숨을 살피고 나아가 나는 숨의 사라짐을 살펴, 나는 숨의 사라짐을 살피는 대로 배운다.

이것을 아나파나의 생각을 닦아 느낌[覺, vedāna]과 모습 취함[想, saṃjñā]을 끊는 것이라 한다."

붇다께서 이 경을 말씀하시자, 여러 비구들은 그 말씀을 듣고 기뻐하며 받들어 행하였다.

• 잡아함 815 포살경(布薩經)

• 해설 •

현전상가는 한 구역 안에 수행하며 한곳에서 우파바사타를 같이하는 대중이지만 유동적이다. 다른 곳에 법과 율의 스승을 찾아가거나 사람 사이에 노닐어 다니다가 안거하기 위해 다른 대중이 찾아올 때 현전상가의 대중은 그 대중을 받아들여야 한다.

이 경의 이야기처럼 한 사람이 한 사람을 받기도 하고, 한 사람이 육십 명의 대중을 받아들여 현전상가의 대중으로 삼아야 한다.

그리하여 앞서 스로타판나·사크리다가민·아나가민을 얻은 이는 뒤떨어진 대중과 새로 현전상가에 받아들인 대중을 이끌어 함께 파리니르바나에 들어가야 한다. 현전상가는 여기 이곳에 현전하고 있지만 그 대중의 수는 멈추어 있고 닫혀 있지 않다.

현전 대중의 수가 수 아닌 수인 줄 아는 자가, 참으로 붇다의 상가 안에 그 수를 채울 수 있다.

이 경의 경우처럼 나그네 승려가 아라마에 들어와 그곳에 머물며 같이 안거하면, 그는 나그네가 아니고 그 안거 대중의 한 구성원이고 현전 대중의 한 사람이다.

그러나 늘 사람이 사는 곳엔 미리 그곳에 터를 잡고 있는 이들이 주인이 되고 뒤에 그곳에 이르른 이가 나그네가 되어 서로 다툼이 있고 갈등이 있게 된다. 세존은 나그네를 받아들여 현전 대중이 되게 하는 것이 삼세 모든 붇다의 법임을 가르쳐 먼저 온 이가 텃세를 주장하지 못하고 뒤에 온 이가 문밖에서 서성거리지 않게 하신다.

여래의 법은 평등하여 위아래가 없고 넓고 넓어 주인과 나그네가 서로 어울려 다툼 없으니, 여래의 가르침 따라 위아래가 어울리고 안과 밖, 주인과 나그네가 서로 소통하면 여래의 상가뿐만 아니라 중생 세간의 다툼과 싸움의 터전이 화해와 평화의 땅이 될 것이다. 그렇게 될 때 주인과 나그네가 모두 세존으로부터 '참 잘하고 잘한 일이다'라고 칭찬받을 것이다.

2 사방상가

• 이끄는 글 •

함께 좌선하고 경행하며 누워 쉬는 일정한 곳[坐臥所] 안에서 같이 우파바사타할 수 있는 대중이 현전상가라면, 붇다의 법에 귀의해 보디의 법을 닦아 행하는 전체 상가의 대중이 사방상가이다.

사방상가는 지금 같은 구역 안에서 살지 않고 눈에 보이지 않더라도 붇다의 법을 실천하는 법의 무리를 모두 일컫는다. 사방상가의 범어는 차투르디사상가(caturdiśa-saṃgha)로서, 소리로 초제승(招提僧)이라 옮겨진다.

안거(安居, vārṣika)와 우파바사타[布薩, upavasatha], 자자(自恣, pravāraṇā)를 위한 최소 네 명, 구족하게는 스무 명 이상의 일정한 구역 안의 대중이 현전상가라면, 사방에 개방된 상가가 차투르디사 상가이다.

소박하게는 나그네 승려가 사방상가의 뜻이 되지만, 지역적 한계를 떠나 법을 따르는 대중이 사방상가의 뜻이 된다.

그러므로 그가 어느 때 어디에서 살더라도 탐욕의 집을 벗어나고 집착의 굴레를 뛰어넘어 지혜와 자비를 행하고 다섯 가지 진리의 몸을 성취하면 그가 곧 붇다의 상가대중이다.

붇다가 니르바나에 드신 뒤 출가상가가 형식적 계율주의에 흘러 바른 법을 행하지 않고 세간 중생의 참된 사표가 되지 못할 때, 출가 중심주의에 대한 비판을 통해 사방상가는 연기론적 세계관의 적극적 실천자의 뜻으로 재해석된다.

『비말라키르티수트라』의 편집은 바로 이러한 시대 대중의 요구가 반영되어 나타난 것으로, 경에서는 비말라키르티의 말을 통해 그런 입장이 강하게 표출된다.

그러한 비말라키르티 거사의 뜻은 라훌라 존자의 회상을 통해 다음과 같이 기술된다.

저 라훌라시여, 출가공덕의 이익을 말하지 않아야 합니다.

왜냐하면 실체적인 이익이 없고 얻을 공덕이 없는 것, 이것이 출가이기 때문입니다.

함이 있는 법은 이익이 있고 공덕이 있다 말할 수 있지만, 출가는 함이 없는 법[無爲法]이라 함이 없는 법 가운데는 이익이 없고 공덕이 없기 때문입니다.

또 비말라키르티 거사는 모습 있는 세간에 머물지 않고 니르바나의 공함에도 머물지 않은 자가 참으로 밥 비는 자이고 상가의 대중임을 카샤파 존자에게 다음과 같이 말한다.

카샤파시여, 만약 여덟 가지 삿됨을 버리지 않고[不捨八邪] 여덟 가지 해탈에 들어갈 수 있고[入八解脫], 삿된 모습으로 바른 법에 들며, 한 밥[一食]으로 온갖 중생에게 보시하고 모든 붇다와 뭇 현성에게 공양한다면 그런 뒤에라야 먹을 수 있을 것이오.

이와 같이 먹는 사람은 번뇌 있음도 아니고 번뇌 떠남도 아니며, 선정에 들어간 뜻도 아니고 선정에서 일어난 뜻도 아니며, 세간에 머묾도 아니고[非住世間] 니르바나에 머묾도 아니니[非住涅槃], 그에게 보시하는 자는 큰 복도 없고 작은 복도 없으며 늘어남도 아니고 줄어듦도 아닌 것이오.

이것이 바로 붇다의 도에 들어감이라 성문에 의지함이 아니오. 카샤파시여, 만약 이와 같이 밥을 빌어 먹으면 헛되이 남이 주는 밥을 먹는 것이 아니오.

『화엄경』(「정행품」淨行品) 또한 비구 보디사트바가 마을에 들어 밥을 빌 때는 다음과 같이 중생 해탈의 큰 서원 일으킴을 보인다.

마을 들어 밥을 빌 때 바라오니 모든 중생
깊은 법계 들어가 마음 장애 없어지이다.
남의 집 문에 서면 바라오니 모든 중생
온갖 모든 붇다 법의 문에 들어지이다.

入里乞食 當願衆生
入深法界 心無障礙
到人門戶 當願衆生
入於一切 佛法之門

만약 비구 · 비구니로서 다섯 가지 마음의 더러움과 묶음이 끊어지지 않으면

이와 같이 들었다.

한때 붇다께서는 슈라바스티 국 제타 숲 '외로운 이 돕는 장자의 동산'에 계셨다.

그때 세존께서 여러 비구들에게 말씀하셨다.

"만약 비구와 비구니가 마음의 다섯 가지 더러움[心五弊]이 끊어지지 않고, 마음의 다섯 묶음[五結]을 끊지 못했다면, 그 비구와 비구니는 밤낮으로 좋은 법[善法]이 줄어들고 더 늘어나지 않을 것이다."

끊어야 할 다섯 가지 더러움을 보이심

"어떤 것이 마음의 다섯 가지 더러움이 끊어지지 않은 것인가. 여기에 대해서는 이렇게 말할 수 있다.

비구가 '여래 계신 곳'[如來所]에 여우같이 의심하는 마음이 있으면, 해탈하지도 못하고 또한 바른 법에 들어가지도 못한다.

그 사람은 마음이 가르침을 외워 지님[諷誦]에 있지 않으니, 이것을 그 비구의 '마음의 더러움이 끊어지지 않았다'고 하는 것이다.

다시 비구가 '바른 법'[正法]에 의심하는 마음이 있으면, 해탈하지도 못하고 또한 그 바른 법에 들어가지도 못한다. 그 사람은 또한 가르침을 외워 지니지 못하니, 이것을 이 사람은 '마음의 더러움이 끊어지지 않았다'고 하는 것이다.

다시 비구가 '거룩한 상가'[聖衆]에 의심하는 마음이 있으면, 해탈하지 못하고 또한 화합하는 상가를 향해 마음을 베풀지 않는다. 또한 여러 실천법[道品法]에 마음을 두지 않으니, 이것을 이 사람은 '마음의 더러움이 끊어지지 않았다'고 하는 것이다.

다시 비구가 금한 계[禁戒]를 범하고도 스스로 그 허물을 뉘우치지 않으면, 그 비구는 이미 금한 계를 범하고도 스스로 뉘우쳐 고치지 않음이다. 또한 여러 실천법에 마음을 두지 않으니, 이것을 이 사람은 '마음의 더러움이 끊어지지 않았다'고 하는 것이다.

다시 비구가 마음과 뜻이 안정되지 못한 채 범행을 닦고는 이렇게 말한다 하자.

'나는 이 범행의 공덕으로 하늘위에 태어나 여러 신들과 같아질 것이다.'

그러나 그 비구는 이런 마음으로 범행을 닦기 때문에 마음을 여러 실천법에 오롯이 두지 않게 된다. 마음이 이미 여러 실천법에 있지 않으면, 이것을 '마음의 더러움이 끊어지지 않았다'고 하는 것이다.

이와 같은 비구는 마음의 다섯 가지 더러움이 끊어지지 않은 것이다."

끊어야 할 다섯 묶음을 보이심

"어떤 것이 비구가 다섯 묶음[五結]이 끊어지지 않은 것인가. 여기에 대해서는 다음과 같이 말할 수 있다.

비구가 게을러서 방편을 구하지 않는 것이니, 저 비구가 이미 게을러져 방편을 구하지 않으면, 이것을 이 비구는 '마음의 묶음이 끊어지지 않았다'고 하는 것이다.

다시 비구가 늘 거짓말하기를 매우 좋아하고 잠자는 것[眠寐]만 탐하는 것이니, 그 비구가 이미 거짓말하기를 좋아하고 잠자는 것을 탐하게 되면, 이것을 이 비구는 두 번째 '마음의 묶음이 끊어지지 않았다'고 하는 것이다.

다시 비구가 뜻이 안정되지 않아 늘 아주 어지러운 것[多亂]을 좋아하는 것이니, 그 비구가 마음이 이미 어지러워 안정되지 않으면, 이것을 이 비구는 세 번째 '마음의 묶음이 끊어지지 않았다'고 하는 것이다.

다시 비구가 아는 뿌리의 문[根門]이 안정되지 못하는 것이니, 그 비구가 이미 아는 뿌리의 문이 안정되지 못하면, 이것을 이 비구는 네 번째 '마음의 묶음이 끊어지지 않았다'고 하는 것이다.

다시 비구가 늘 시끄러운 저자에 있기를 좋아하고 고요한 곳에 있지 않는 것이니, 이것을 그 비구는 다섯 번째 '마음의 묶음이 끊어지지 않았다'고 하는 것이다."

번뇌의 더러움과 묶음을 병아리의 비유로 보이심

"만약 비구와 비구니에게 이 마음의 다섯 가지 더러움이 있고, 다섯 마음의 묶음이 끊어지지 않았으면, 그 비구와 비구니는 밤낮으로 좋은 법이 끊어져 늘어남이 없을 것이다.

비유하면 다음과 같다. 마치 달걀 여덟, 또는 열둘을 때를 따라 덮어 보살펴주지 않고, 때를 따라 품어주지 않으며, 때를 따라 잘 이끌어 보살피지 않고서, 그 닭이 이렇게 생각한다 하자.

'내 병아리들을 아무 탈 없이 보전하겠다.'

비록 이렇게 생각하더라도 그 병아리는 끝내 안온하지 못하다.

왜냐하면 모두가 때를 따라 이끌어 보살피지 못한 것 때문에 뒤에는 모두 끊어지고 무너져서 병아리를 이루지 못하는 것이다.

이 또한 이와 같아서, 만약 비구와 비구니가 다섯 마음의 묶음을 끊지 않고 다섯 가지 마음의 더러움을 없애지 못하면, 밤낮으로 좋은 법은 줄어들어 늘어나는 일이 없게 될 것이다.

만약 또 비구와 비구니가 다섯 마음의 묶음을 끊고 다섯 가지 마음의 더러움을 없애면 밤낮으로 좋은 법이 늘어나고 덜어져 줄지 않을 것이다.

비유하면 다음과 같다. 달걀 여덟이나 열둘을 때를 따라 보살펴주고 때를 따라 길러주며, 때를 따라 덮어 보살펴주면서, 그 닭이 이렇게 생각한다 하자.

'내가 병아리들을 온전하게 이루지 않게 하리라.'

비록 이렇게 생각하더라도 그 병아리들은 저절로 이루어져 안온하여 함이 없게 될 것이다.

왜냐하면 때를 따라 길러주어 아무 탈이 없게 하였기 때문에, 그때 그 병아리들은 곧 밖으로 나올 수 있게 되는 것이다.

이 또한 이와 같아서 만약 비구와 비구니가 다섯 가지 마음의 더러움을 끊고 마음의 다섯 묶음을 없애면, 그 비구와 비구니는 기나긴 밤에 좋은 법이 늘어나고 덜어져 줄어듦이 없을 것이다.

그러므로 비구와 비구니는 붇다에 대해 마음에 망설임과 여우 같은 의심이 없는 믿음을 베풀어 세우고, 거룩한 상가에 대해 마음에 망설임과 여우 같은 의심이 없는 믿음을 베풀어 세워야 한다.

또 계(戒)를 갖추고 마음과 뜻을 오롯이하고 바르게 해 어지러움이 없게 해야 한다. 또 마음을 일으켜 다른 법을 바라지 않아야 하고,

또 바라는 마음[僥倖]으로 범행을 닦으면서 '나는 이 법을 행하여 하늘이 되거나 사람의 몸이 되어 신묘하고 높고 귀한 사람이 될 것이다'라고 하지 말아야 한다."

삼보의 바른 법 따르는 공덕을 샘물의 비유로 보이심

"만약 다시 어떤 비구와 비구니가 붇다와 법과 거룩한 상가에 망설임과 여우 같은 의심이 없으며, 또 계를 범하거나 빠뜨려 잃음이 없다 하자.

나는 지금 너희들에게 말하고 거듭 당부한다. 그 비구는 두 곳으로 가게 되니, 곧 하늘위나 사람 가운데이다.

비유하면 마치 다음과 같다. 어떤 사람이 매우 뜨거운 곳에서 배고프고 목마를 때에, 마침 그늘져 시원한 곳을 만나고, 찬 샘물을 얻어 마시고 이렇게 말한다 하자.

'나는 아무리 그늘져 시원한 곳을 만나 찬 샘물을 마셨지만 아직도 배고픔과 목마름을 끊지 못했다.'

비록 이렇게 말하더라도 그 사람은 뜨거운 더위가 이미 다하고 주림과 목마름이 이미 없어진 것이다.

이 또한 이와 같다. 만약 비구와 비구니가 여래 계신 곳[如來所]에 여우 같은 의심과 망설임이 없으면, 그 비구는 곧 두 곳에 가게 될 것이니, 곧 하늘위나 사람 가운데이다.

만약 비구와 비구니라면 방편을 구해 마음의 다섯 가지 더러움을 끊고 마음의 다섯 묶음을 없애야 한다.

이와 같이 여러 비구들이여, 반드시 이렇게 배워야 한다."

그때 여러 비구들은 붇다의 말씀을 듣고 기뻐하며 받들어 행하

였다.

• 증일아함 51 비상품(非常品) 四

• 해설 •

그 누가 여래의 진리의 집의 가족이고 거룩한 상가의 대중인가.

함이 있고 지음이 있으며 무언가 되고자 하고 얻고자 해서 그 됨과 얻음으로 대중 위에 군림하려는 자는 참된 상가의 대중이라 할 수 없다.

상가의 대중은 구하는 마음으로 하늘신이 되고자 하거나 사람 몸으로 신묘하고 높은 자가 되고자 하지 않는다. 여래의 상가대중은 하늘이 하늘이 아니고 사람이 사람 아님을 깨달아 온갖 곳에 자재를 이루어 해탈의 삶을 살고 뭇 삶들을 안온과 니르바나에 이끄는 자이다.

그러므로 마음에 더러움이 있고 다섯 묶임이 있으면 비록 머리와 수염을 깎고 가사를 걸치고 발우를 들어도 여래의 법의 자식이 되지 못한다.

다섯 물듦은 여래와 다르마와 상가에 대해 망설여 의심함, 금한 계를 범하고 바른 실천법 행하지 않음이니, 이 같은 물듦이 있으면 상가에 몸을 담아도 상가의 수에 들지 못하고 법의 옷을 입어도 법의 자식이 되지 못한다.

다섯 묶음은 게으름과 그릇된 생활습관, 뜻이 흩어져 어지러움, 아는 뿌리의 문이 안정되지 못함, 아란야를 좋아하지 않음이니, 다섯 묶음이 있으면 상가에 몸을 담아도 세간 벗어난 장부라 할 수 없으며, '세간의 영웅'[世雄]이신 '잘 가신 이'[sugata]를 따라 니르바나의 저 언덕에 이르지 못한다.

그러나 그가 비록 집에 살며 흰옷을 입고 있어도 다섯 물듦과 묶음이 없으면 그는 진흙 속에 때묻지 않은 연꽃과 같고 허공이 걸림과 막힘이 없는 것과 같으니, 그가 거룩한 상가의 수 아닌 수가 되며 그가 여래의 법계의 집[法界家]의 자식이 되는 것이다.

다섯 가지 법의 몸 갖추면 그가 바로
세간의 복밭인 **빼**어난 상가이니

이와 같이 들었다.

한때 붇다께서는 슈라바스티 국 제타 숲 '외로운 이 돕는 장자의 동산'에서 셀 수 없는 대중을 위해 설법하고 계셨다.

그때에 그 자리에 있던 어떤 비구는 생각하였다.

'여래께서 내게 어떤 말씀해주시길 바랍니다.'

세존께서는 그 비구 마음속의 생각을 아시고 여러 비구들에게 말씀하셨다.

"만약 어떤 비구가 '여래께서 내게 어떤 말씀해주시길 바랍니다'라고 생각한다면, 그 비구는 계 갖춤이 청정하여 더러운 때가 없이 그침[止, śamatha]과 살핌[觀, vipaśyanā]을 닦아 행해, 한가하고 고요한 곳을 즐거워해야 한다.

다시 만약 비구가 입을 옷·먹을거리·자리끼·의약품을 구하고자 하면, 그도 계덕(戒德)을 성취하고 비어 한가한 곳에 있으면서 스스로 닦아 행해, '그침과 살핌에 같이 서로 맞아야'[與止觀共相應]한다."

계와 그침·살핌을 보이시고, 비구가 갖출 덕을 자세히 보이심

"만약 다시 비구가 만족할 줄 앎[知足]을 구하려 하면, 그도 계덕 갖추기를 생각하고 한가하고 고요한 곳[araṇya]에 있으면서 스스로 닦아 행해 그침과 살핌에 서로 맞아야 할 것이다.

다시 비구가 네 부류 무리들[四部衆] 국왕과 백성들과 모습이 있는 중생들로 하여금 스스로 본 것[所見]을 알도록 하려 하면, 그도 계덕 갖추기를 생각해야 한다.

다시 비구가 네 가지 선정[四禪]을 얻으려고 하면, 그도 그 가운데 뉘우치는 마음이 없이 변해 바뀌지 않고 계덕 성취하기를 생각해야 한다.

다시 비구가 네 가지 신통[四神足]을 얻으려고 한다면, 그도 계덕 성취하기를 생각해야 한다.

다시 비구가 하늘눈을 얻어 하늘과 사람의 소리를 사무쳐 들으려고 하면, 그도 계덕 갖추기를 생각해야 한다.

다시 비구가 남의 마음속의 생각과 모든 아는 뿌리의 빠뜨려 샘[諸根漏缺]을 알려고 하면, 그도 계덕 갖추기를 생각해야 한다.

다시 비구가 중생들 마음에 탐내는 마음이 있고 없음과, 성내는 마음이 있고 없음과, 어리석은 마음이 있고 없음을 진실 그대로 알고, 탐내 사랑하는 마음이 있고 없음과, 집착하는 마음이 있고 없음을 진실 그대로 알려고 한다 하자.

그리고 어지러운 마음이 있고 없음과, 빠른 마음이 있고 없음과, 적은 마음이 있고 없음과, 헤아리는 마음이 있고 없음과, 앓는 마음이 있고 없음과, 사마디의 마음 있고 없음과, 해탈한 마음이 있고 없음을 진실 그대로 알려고 한다 하자.

그러면 그도 계덕 갖추기를 생각해야 한다.

다시 비구가 한량없는 신통을 얻어 한몸을 나누어 셀 수 없는 몸을 만들고, 그것을 다시 합해 하나로 만들며 솟구치고 사라짐이 자재하게 몸을 변화하며, 나아가 브라흐마하늘까지 이르려 하면, 그도 계덕 갖추기를 생각해야 한다.

다시 비구가 지난 목숨[宿命]의 셀 수 없는 겁의 일을 기억해, 한 생·두 생 나아가 백 생·천 생·억 생과 이루는 겁과 무너지는 겁과 이루고 무너지는 겁이 헤아릴 수 없는 동안, '나는 일찍이 여기서 나서 저기서 죽었다, 이름은 무엇이고 성은 무엇이었으며, 저기서 죽어 여기 와서 났다'고, 이와 같이 셀 수 없는 겁의 일을 기억하려 하면, 그도 계덕 갖추어 다른 생각이 없어야 한다.

다시 비구가 하늘눈[天眼]을 얻어 중생들의 좋은 곳과 나쁜 곳, 좋은 모습과 나쁜 모습, 좋은 것과 나쁜 것을 진실 그대로 알아서 다음과 같이 보려 한다 하자.

'어떤 중생은 몸과 입과 뜻으로 악을 행하여 성현을 비방하다가 몸이 무너지고 목숨이 마친 뒤에는 지옥에 나며, 어떤 중생은 몸과 입과 뜻으로 착함을 행하여 성현을 비방하지 않고 바른 마음과 견해로 몸이 무너지고 목숨 마친 뒤에는 하늘위의 좋은 곳에 난다.'

이와 같이 보려고 하면, 그도 계덕 갖추기를 생각해야 한다."

다섯 가지 법의 몸 갖추어 흐름 다한 비구가 세간의 복밭임을 보이심

"다시 비구가 샘이 있음을 다해 샘이 없는 마음의 해탈[心解脫]과 지혜의 해탈[慧解脫] 이루기를 구해, '나고 죽음은 이미 다하고 범행은 이미 서고 지을 바를 이미 지어 다시 태의 몸 받지 않음'을 진실 그대로 알려고 하면, 그도 반드시 계덕 갖추기를 생각해야 한다.

그리하여 안으로 스스로 사유하여 어지러운 생각이 없게 하고 한가한 곳에 살아야 한다.

여러 비구들이여, 계덕 갖추기를 생각하여 다른 생각이 없게 하고 바른 몸가짐을 성취해 갖추어야 한다.

적은 허물도 늘 두려워해야 하는데, 하물며 큰 허물이겠는가.

다시 비구가 여래와 늘 이야기하려고 하면[如來共論], 계덕 갖추기를 생각해야 한다. 계덕을 갖추면 들음 갖추기를 생각하고, 들음을 갖추면 보시 갖추기를 생각하며, 보시를 갖추면 지혜 갖추기를 생각하고, 지혜가 갖춰지면 해탈과 해탈지견 갖추기를 생각해야 한다.

만약 비구로서 계의 몸[戒身, śīla-kāya]과 선정·지혜·해탈·해탈지견의 몸을 두루 갖추면, 그는 하늘[天, dava]·용[龍, nāga]·귀신의 공양을 받고 공경해 높이는 이가 되어 하늘과 사람들이 모두 받들게 된다.

그러므로 비구들이여, '다섯 가지 법의 몸'[五分法身]을 두루 갖추기를 생각하면 이 사람은 세간의 복밭으로서 그 위를 지나는 자가 없을 것이다.

이와 같이 여러 비구들이여, 반드시 이렇게 배워야 한다."

그때에 비구들은 붇다의 말씀을 듣고 기뻐하며 받들어 행하였다.

• 증일아함 37 육중품(六重品) 五

• 해설 •

비구·비구니로서 참으로 세간의 복밭이 되려면 계덕을 성취하고 지관(止觀)을 닦아 늘 그 삶이 지관의 밝음과 고요함[止觀明靜]에 서로 맞아야 한다.

온갖 지혜, 온갖 사마디, 갖가지 신통이 물듦 없고 어긋남이 없고 빠뜨림이 없는 생활의 덕 생활의 질서에서 일어나니, 상가의 대중은 늘 계덕(戒德)을 닦아 온갖 악을 멀리하고 온갖 시끄러움을 떠나며, 거룩한 성현을 비방하지 않고 늘 착한 행을 거두고 뭇 삶에 자비를 행해야 한다.

계덕이 없으면 선정과 지혜, 온갖 공덕이 날 수 없으니, 국왕·대신·백성·사부대중을 바른 견해에 이끌려 하거나 신통과 사마디 세 가지 밝음을 얻으려는 자는 반드시 계덕을 갖추어야 한다.

계덕이 갖추어지면 거룩한 가르침을 많이 들어[多聞] 그 뜻을 사유해 지혜에 나아가고 보시를 행해야 한다.

지혜와 보시가 갖춰지면 해탈이 갖춰지고 해탈이 갖춰지면 해탈의 지견으로 뭇 삶들을 해탈에 이끌게 된다.

다섯 가지 법의 몸[五分法身]을 갖춘 자, 그가 세간의 복밭이고, 때와 곳을 넘어선 여래의 상가 여래의 집[如來家]의 대중이 되고 권속이 되어, 하늘도 그를 공경하고 용과 귀신도 그를 받들어 섬기게 될 것이다.

계덕을 갖추고 선정과 지혜를 갖추어 해탈한 자, 그는 짓지 않으므로 짓지 못함이 없으며 보되 보지 않으므로 보지 못함이 없는 자이다.

그가 곧 들음 없음[無聞]으로 많이 들음[多聞]을 이룬 자이니, 그는 늘 여래와 같이 이야기를 나누는 자이고 중생에게 설함 없이 설하는 자이다.

또한 그는 세간을 위해 복된 업을 짓되 지은바 복덕의 과보를 받지 않음[不受福德]으로 세간의 복밭을 이룬 자이니, 그 누가 복덕을 취하지 않는 자의 모습 없는 복덕[無相福德]의 세계를 지나는 사람이겠는가.

제4장

뛰어난 출가제자와
재가제자들

"나의 성문 가운데 으뜸가는 비구로서, 위엄스런 얼굴이
단정하고 걸음걸이가 조용한 이는 바로 아쓰바짓 비구이고,
지혜가 끝이 없어 모든 의심을 밝게 푸는 이는
바로 사리푸트라 비구이다. 신통의 발이 가벼워 날아서 시방에
이르는 이는 바로 마하목갈라야나 비구이고, 용맹스럽게 정진하여
고행을 견디는 이는 바로 스로나코티빔샤 비구이며,
열두 가지 두타의 얻기 어려운 행을 행하는 이는
바로 마하카샤파 비구이다. 하늘눈이 으뜸가서 시방의 구역을
두루 보는 이는 바로 아니룻다 비구이고, 좌선하여 사마디에 들어
마음이 어지럽지 않은 이는 바로 레바타 비구이다."

여래의 법이 진리의 법이라고 하는 것은 여래의 가르침을 들은 제자들이 그 뜻을 사유하고 닦아 행하여, 스스로 깨닫고 스스로 니르바나의 해탈에 이르름으로 검증된다.

여래의 가르침을 믿고 행함으로 연기의 법이 온갖 삶과 세계의 진실임을 스스로 체득한 이들과, 연기법을 닦아 행하는 이들의 공동체가 끊어지지 않고 이어감으로써 가르침의 역사적 전승과 사회적 확산이 이루어진다. 기성 브라마나 교단의 세계관·실천관을 비판하고 출현한 붇다의 상가는 붇다가 세간에 머물러 계시던 때에 이미 천민에서 브라마나 계급까지 아우르는 광범위하고 강력한 수행집단·교육집단·전도집단으로 자리 잡았다.

출가수행승들의 상가는 붇다의 가르침을 받아 지니고 세간에 전파하는 데 전위적이고 중심적인 역할을 수행한다.

그러나 재가수행자들은 다만 출가상가로부터 가르침을 받고 상가에 공양물을 바치는 소극적이고 피동적인 대중이 아니라 그 스스로 당당한 진리의 주체로서 지혜와 보시를 행하는 이들이었다.

재가와 출가가 모두 삼보에 대한 믿음으로 제자의 이름을 얻고 보시와 계행, 파라미타의 행으로 사부대중의 이름을 얻는다.

삼보와 계에 대한 믿음이 보디의 식량[菩提資糧]이 되어 출가제자를 여래 상가의 비구·비구니대중이 되게 하고, 재가제자를 우파사카·우파시카 대중이 되게 한다. 또한 믿음이 출가·재가 제자를 모두 영겁의 목마름과 굶주림에서 건지어, 해탈의 법맛[解脫味]과 진리의 밥[法喜食]으로 그들의 삶을 채워주며 지혜의 목숨을 주는 것이다.

여래의 출가제자와 재가제자는, 바깥 모습만 보면 수염과 머리를 깎고 세 가지 가사를 걸치면 출가제자이고 세속의 흰옷을 입고 세속의 옷차림 몸가짐을 지니면 재가제자이다. 그러나 출가제자는 그에 따른 서원과 행이 있어야 하고, 재가제자는 그에 따른 서원과 행이 있어야 한다.

『화엄경』(「정행품」)은 발우에 밥을 받는 출가제자의 서원을 다음과 같이 보인다.

빈 발우를 보게 되면 바라오니 모든 중생
그 마음이 청정하여 번뇌 비어 없어지이다.
가득한 발우 보게 되면 바라오니 모든 중생
온갖 착한 법들을 가득 채워 갖춰지이다.

若見空鉢　當願衆生　其心淸淨　空無煩惱
若見滿鉢　當願衆生　具足成滿　一切善法

경은 또한 사문과 브라마나를 바라보는 재가제자의 서원을 다음과 같이 보인다.

만약 사문 보게 되면 바라오니 모든 중생
부드럽고 고요함 마침내 으뜸되어지이다.
브라마나 보게 되면 바라오니 모든 중생
범행을 길이 지녀 온갖 악 떠나지이다.

若見沙門　當願衆生　調柔寂靜　畢竟第一
見婆羅門　當願衆生　永持梵行　離一切惡

1 출가 비구제자와 출가 비구니제자

삼보에 대한 믿음과 계행과 보시는, 출가·재가를 모두 붇다의 제자가 되게 하는 기본 실천이며, 비파사나(vipaśyanā)와 사마타(śamatha)가 하나된 디야나(dhyāna, 禪)는 믿어 행하는 이를 니르바나의 땅에 이르게 하는 온갖 파라미타의 바탕이다.

그러므로 삼보에 대한 믿음이 없고 계행이 없고 디야나와 보시의 행이 없는 이는 붇다의 제자라 할 수 없다.

출가이계(出家二戒)에서 비구니 구족계와 비구 구족계는 그 계율의 조목이 다르나 십계(十戒)는 공통되며, 그 가운데 처음 오계(五戒)는 재가와 출가에 공통된다.

출가제자에게 공통되는 열 가지 계는 열 가지 배울 곳[學處]이라 하니, 다음과 같다.

첫째, 산목숨 죽이지 말 것.
둘째, 주지 않는 남의 것을 훔치지 말 것.
셋째, 범행이 아닌 짓을 하지 말 것.

넷째, 거짓을 말하지 않을 것.

다섯째, 술 마시지 말 것.

여섯째, 때 아닌 때에 먹지 말 것.

일곱째, 노래를 듣거나 춤추지 말 것.

여덟째, 꽃다발로 꾸미거나 향수를 바르지 말 것.

아홉째, 높고 큰 평상을 쓰지 말 것.

열째, 금은을 갖지 말 것이다.

금지의 뜻으로 세워진 이 열 가지 계(śīla)를 적극적으로 선을 행해[行善] 중생 거두는 행[攝衆生]으로 풀이해보자.

첫째, 산목숨 죽이지 않음은 죽어가는 목숨을 살리고 자비를 행함이다.

둘째, 훔치지 않음은 재물과 법으로 중생에 베풀어 삶을 풍요롭게 하고 안락하게 함이다.

셋째, 삿된 음행 하지 않음은 범행으로 물든 세간을 깨끗이 함이다.

넷째, 거짓말하지 않음은 스스로 진실을 말해 거짓과 속임수가 판치지 않는 세간을 만드는 일이다.

다섯째, 술 마시지 않음은 지혜롭게 살아 스스로 헛된 관념에 속지 않고 남을 속이지 않음이다.

여섯째, 때 아닌 때에 먹지 않음은 먹을거리에 탐착을 떠나 이웃과 먹을 것 입을 것을 함께 나누는 생활이다.

일곱째, 노래를 듣거나 춤추지 않음은 향락문화에 빠지지 않음이다.

여덟째, 꽃다발로 꾸미거나 향수를 바르지 않음은 겉치레와 형식주의에 빠진 삶을 벗어나는 일이다.

아홉째, 높고 큰 평상을 쓰지 않음이란 권세를 추구하거나 대중에게 군림하지 않고 겸허하게 살도록 함이다.

열째, 금은을 갖지 않음이란 물질적 소유에 탐착하지 않는 삶을 말한다.

그러므로 열 가지 계는 다만 악을 막는[止惡] 금지적 조항을 가르치는 것이 아니다. 계는 곧 악을 그치어 다른 생명 다른 사람의 삶을 해치거나 장애를 주지 않고 스스로 맑고 깨끗한 생활질서를 지니며, 상가를 화합으로 이끌고 세간과 이웃에 보시하고 자비로써 중생을 안락에 이끄는 행을 가르치고 있는 것이다.

위 열 가지 계에서도 알 수 있듯 출가수행자의 삶에서 일상에 필요한 생활용품밖에 모든 물건에 대한 개인적 소유는 금지된다.

출가수행자에게 쉴 곳과 머무는 곳으로서 정사와 정원은 모두 상가의 공동소유가 된다. 붇다 당시 출가수행자들의 공동체는 개인의 사적 소유를 부정하고 여래의 법의 재물[法財]만을 삶의 식량으로 삼아, 스스로 법의 맛을 즐기며 세간에 법을 전하는 자각된 주체들의 집단이었다. 그리고 여래와 아라한 스승에게 배우면서 뒤에 배우는 이 세간 대중을 차별없이 가르쳐 보디에 이끄는 교육자의 집단이었다.

이렇게 보면 보디사트바(bodhisattva)를 어찌 대승불교에서 새로 만든 뜻이라 하겠는가.

출가사문의 모임이야말로 붇다의 연기적 세계관으로 각성되고 단련된 지도적 인물들의 집단이고, 세간 대중에 대한 교화와 역사장엄에 대한 의지와 열망으로 충만된 전위적 보디사트바들의 공동체인 것이다.

나의 성문 가운데 으뜸가는 비구로서
더욱 빼어난 이를 들면

[1]

이와 같이 들었다.

한때 붇다께서는 슈라바스티 국 제타 숲 '외로운 이 돕는 장자의 동산'에 계시면서 여러 비구들에게 말씀하셨다.

"나의 성문 가운데 으뜸가는 비구로서, 너그럽고 어질며 널리 알아 잘 권해 교화하여 거룩한 대중들을 이끌어 기르면서 바른 몸가짐[威儀]을 잃지 않는 이는 바로 아즈냐타 카운디냐(Ājñāta-kauṇḍinya) 비구이다. 처음으로 법의 맛[法味]을 받아 듣고 네 가지 진리를 사유한 이 또한 아즈냐타 카운디냐 비구이다.

잘 권해 이끌어 사람들을 복으로 건네주는 이는 우다인(Udāyin) 비구이고, 빨리 신통을 이루어 그 가운데 뉘우침이 없는 이는 바로 마하나마(Mahānāma) 비구이다.

늘 허공을 날아다니면서 발로 땅을 밟지 않는 이는 바로 '좋은 팔꿈치'[善肘] 비구이고, 허공을 타고 다니면서 교화하되 뜻에 영화를 바람이 없는 이는 바로 바쉬파(Vāṣpa) 비구이다.

하늘위에 머물러 즐기며 사람 가운데 살지 않는 이는 바로 가밤파티(Gavāṃpati) 비구이고, '이 몸은 더러운 물이 흘러 깨끗하지 않다는 생각'[惡露想]을 살펴 닦는 이는 바로 바드리카(Bhadrika) 비구이다.

거룩한 상가를 잘 공양하되 네 가지 것으로 공양하는 이는 우루빌라 카샤파(Uruvilvā-kāśyapa) 비구이고, 마음의 뜻이 고요하여 모든 묶음을 항복한 이는 나디 카샤파(Nadī-kāśyapa) 비구이고, 모든 법을 밝게 살펴 아무 집착이 없는 이는 바로 가야 카샤파(Gayā-kāśyapa) 비구이다."

[2]

"나의 성문 가운데 으뜸가는 비구로서, 위엄스런 얼굴이 단정하고 걸음걸이가 조용한 이는 바로 아쓰바짓(Aśvajit) 비구이고, 지혜가 끝이 없어 모든 의심을 밝게 푸는 이는 바로 사리푸트라(Śāriputra) 비구이다.

신통의 발이 가벼워 날아서 시방에 이르는 이는 바로 마하목갈라야나(Mahāmaudgalyāyana) 비구이고, 용맹스럽게 정진하여 고행을 견디는 이는 바로 스로나코티빔샤(Śroṇakoṭīviṃśa) 비구이며, 열두 가지 두타(dhūta)의 얻기 어려운 행을 행하는 이는 바로 마하카샤파(Mahākāśyapa) 비구이다.

하늘눈이 으뜸가서 시방의 구역을 두루 보는 이는 바로 아니룻다(Aniruddha) 비구이고, 좌선하여 사마디에 들어 마음이 어지럽지 않은 이는 바로 레바타(Revata) 비구이다.

널리 권하고 이끌어 재계와 강설[齋講]을 베풀어 세우는 이는 바로 드라비아 말라푸트라(Dravya-malla-putra) 비구이고, 방사(房舍)를 지어 차투르디사 대중[招提僧, caturdiśa-saṃgha, 四方僧伽]에게 주는 이는 바로 '작은 드라비아 말라푸트라' 비구이다.

귀하고 큰 종족으로 집을 나와 도를 배우는 이는 바로 라스트라팔라(Rāṣṭrapāla) 비구이고, 뜻을 잘 분별해 도의 가르침을 펴서 연설하는 이는 바로 마하카타야나(Mahākātyāyana) 비구이다."

[3]

"나의 성문 가운데 으뜸가는 비구로서, 산가지[籌]를 잘 받아 금하는 법[禁法]을 어기지 않는 이는 쿤다파다니야카(Kundapadhaṇiyaka) 비구이고, 바깥길 수행자를 항복받아 바른 법을 실천하는 이는 바로 핀도라 바라드바자(Piṇḍola-bhāradvāja) 비구이다.

병을 잘 보아 약을 대주는 이는 바로 비즈냐나(Vijñāna) 비구이고, 옷과 먹을거리·자리끼 등 네 가지를 공양하는 이도 바로 비즈냐나 비구이다.

게송을 잘 지어 여래의 덕을 찬탄하는 이는 바로 방기사(Vaṇgīsa) 비구이고, 언론으로 밝게 가려서 의심해 막힘이 없게 하는 이도 바로 방기사 비구이다.

네 가지 변재(辯才)를 얻어 따져 묻는 대로 곧 대답하는 이는 바로 마하카우스틸라(Mahākauṣṭhila) 비구이고, 깨끗하고 한가하게 머물면서 사람 가운데를 좋아하지 않는 이는 바로 '뜻 굳센 비구[堅牢比丘]'이다.

밥을 빌며 욕됨[辱]을 잘 참아 추위와 더위를 피하지 않는 이는 바로 난디(Nandi) 비구이고, 홀로 한곳에 고요히 앉아 뜻을 오롯이 해 도를 생각하는 이는 바로 킴빌라(Kimbila) 비구이다.

한 번 앉으면 한 끼만 먹고[一座一食] 자리를 옮기지 않는 이는 바로 실라(Śīla) 비구이고, 세 가지 가사를 지켜 지니어 먹고 쉼에 여의지 않는 이는 바로 부미자(Bhūmija) 비구이다."

[4]

"나의 성문 가운데 으뜸가는 비구로서, 나무 아래 좌선하면서 뜻이 옮겨 바뀌지 않는 이는 바로 레바타(Revata) 비구이고, 몸을 괴롭게 한데 앉아 비바람을 피하지 않는 이는 바로 바차(Vaccha) 비구이다.

홀로 텅 비고 한가한 곳을 좋아하여 뜻을 오롯이해 사유하는 이는 바로 다사카[巴 Dasaka] 비구이고, 다섯 가지 누더기 옷[五納衣]을 걸치고 빛나는 꾸밈거리 붙이지 않는 이는 바로 니보[尼婆] 비구이다.

늘 무덤 사이를 좋아하고 사람들 가운데 있지 않는 이는 바로 우타라(Uttara) 비구이고, 늘 풀자리에 앉아 날마다 복됨으로 사람을 건네주는 이는 바로 루시닝[盧醯寧] 비구이다.

사람들과 더불어 이야기하지 않고 땅만 보고 걸어가는 이는 바로 우첸마니장[優鉗摩尼江] 비구이고, 앉고 일어서고 걸어감에 늘 사마디에 들어 있는 이는 바로 산디타[巴 Sandita] 비구이다.

먼 나라에 노닐어 다니기를 좋아하고 사람들에게 잘 가르쳐주는 이는 바로 달마루치(Dharmaruci) 비구이고, 거룩한 대중을 모아서 법의 맛을 논하기를 좋아하는 이는 바로 카마(Kamabh) 비구이다."

[5]

"나의 성문 가운데 으뜸가는 비구로서, 목숨이 매우 길어 끝내 빨리 죽지 않는 이는 바로 바쿠라(Vakkula) 비구이고, 늘 한가이 머묾을 좋아하여 대중 가운데 있지 않는 이도 바로 바쿠라 비구이다.

널리 설법하여 그 뜻과 이치를 잘 분별해주는 이는 바로 푸르나

(Pūrṇa) 비구이고, 계율을 받들어 지켜서 범함이 없는 이는 바로 우팔리(Upāli) 비구이다.

믿음의 해탈[信解脫]을 얻어 뜻에 망설임이 없는 이는 바로 바카린(巴 Vakkalin) 비구이고, 타고난 몸이 단정하여 세간 사람들과 아주 다른 이는 바로 난다(Nanda) 비구이며, 모든 아는 뿌리가 고요하여 마음이 변하여 바뀌지 않는 이도 바로 난다 비구이다.

말재간이 넘쳐 피어나 다른 이들의 의심과 막힘을 풀어주는 이는 바로 바드리카(Bhadrika) 비구이고, 널리 뜻을 말해주어 이치에 어긋남이 없는 이는 바로 사니(斯尼) 비구이다.

좋은 옷 입기를 좋아하고 행실이 본래 청정한 이는 바로 수부티(Subhūti) 비구이고, 늘 여러 뒤에 배우는 이들[後學]을 가르쳐주기 좋아하는 이는 바로 난다카(巴 Nandaka) 비구이며, 비구니 대중에게 계율을 잘 가르치는 이는 바로 수마나(Sumana) 비구이다."

[6]

"나의 성문 가운데 으뜸가는 비구로서, 공덕이 가득 넘치고 가는 곳마다 모자람이 없는 이는 바로 시바리(Sīvali) 비구이고, 뭇 행과 여러 실천법[道品]을 갖춘 이는 바로 우파세네 반간타풋타(巴 Upasene Vaṇgantaputta) 비구이다.

말하는 것이 부드럽고 기쁨이 넘쳐 남의 마음을 다치지 않게 하는 이는 바로 바다세나(巴 Bhaddasena) 비구이고, '아나파나의 생각'을 닦고 몸에 더러운 물 흐름[惡露]을 사유하는 이는 바로 마하카타야나(Mahākātyāyana) 비구이다.

나[我]가 덧없음을 헤아려 마음에 모습 취함이 없는 이는 바로 니우터우판[牛頭檊] 비구이고, 여러 가지로 논하여 마음을 시원하고 즐겁게 해주는 이는 바로 구나라카샤파(Kunara-Kāśyapa) 비구이다.

다 떨어진 나쁜 옷을 입고도 부끄러워함이 없는 이는 바로 모가라자(巴 Mogharaja) 비구이고, 계율을 헐지 않고 읽고 외움에 게으르지 않는 이는 바로 라훌라(Rāhula) 비구이다.

신통의 힘으로써 잘 숨고 잘 감추는 이는 바로 판타카(Panthaka) 비구이고, 몸을 잘 변화해 여러 신묘한 변화를 짓는 이는 바로 추다판타카(Cūḍapanthaka) 비구이다."

[7]

"나의 성문 가운데 으뜸가는 비구로서, 큰 종족으로 부유하고 귀하면서 타고난 성품이 부드럽고 온화한 이는 바로 사카라자(Sākyarāja) 비구이고, 밥을 비는 데 싫증냄이 없고 교화가 끝없는 이는 바로 파티파라[婆提波羅] 비구이며, 기와 힘이 넘쳐나 온갖 어려움에 두려움이 없는 이도 바로 포티파라 비구이다.

소리 울림이 맑게 트여 말소리가 브라흐마하늘에까지 들리는 이는 바로 라파나파티[羅婆那婆提] 비구이며, 몸이 향기롭고 깨끗하여 그 향기가 사방에 배어나는 이는 앙카사[鴦迦闍] 비구이다.

나의 성문 가운데 으뜸가는 비구로서, 때를 알고 사물에 밝아 이르는 곳마다 의심이 없고 기억한 것을 잊지 않으며, 많이 들음이 넓고 멀며 웃어른을 잘 받드는 이는 바로 아난다(Ānanda) 비구이고, 옷차림을 잘 꾸미어 길을 걸을 때에 그림자를 자주 돌아보는 이는 바로 카츠리[迦持利] 비구이다.

여러 왕들이 공경히 맞이하고 많은 신하들이 높이는 이는 바로 찬드라프라바(Candra-prabha) 비구이고, 하늘신들이 받들어서 아침마다 모셔 살피는 이는 바로 죠티시카(Jyotiṣka) 비구이며, 사람 모습을 버리고 하늘 모습을 본뜨는 이도 바로 죠티시카 비구이다.

여러 하늘의 스승이 이끌어서 바른 법을 주는 이는 바로 데바(Deva) 비구이고, 지난 목숨의 셀 수 없는 겁의 일을 저절로 기억하는 이는 바로 수빈다(Subinda) 비구이다."

[8]

"나의 성문 가운데 으뜸가는 비구로서, 성품의 바탕이 날카롭고 지혜가 깊고 먼 이는 바로 앙굴리말라(Aṅguli-mālya) 비구이고, 마라(māra)와 바깥길[外道]의 삿된 업을 잘 항복하는 이는 바로 사바가마(巴 Sabbakama) 비구이다.

물의 사마디[水三昧]에 드는 것을 어렵게 여기지 않는 이는 바로 칫타사리푸트라(Citta-Śāriputra) 비구이고, 아는 것이 넓어 남들이 공경히 생각하는 이도 바로 칫타사리푸트라 비구이다.

불의 사마디[火三昧]에 들어 시방을 널리 비추는 이는 바로 스바가타(Svāgata) 비구이고, 용(龍)을 항복하여 삼보[三尊]를 받들게 하는 이는 바로 나라카(Nālāka) 비구이다.

귀신을 항복하여 악(惡)을 고쳐 착함[善]을 닦게 하는 이는 바로 키타카(巴 Khitaka) 비구이고, 간다르바를 항복하여 착한 행을 부지런히 행하게 하는 이는 바로 바이로차(Viroca) 비구이다.

늘 공한 사마디[空定]를 즐거워하여 공의 뜻[空義]을 분별하는 이는 바로 수부티(Subhūti) 비구이고, 비어 고요함에 뜻을 두고 미묘한 덕의 업을 갖춘 이도 수부티 비구이다.

생각 없는 선정[無想定]를 행해 모든 생각을 버리는 이는 바로 기리마난다(巴 Giṛmananda) 비구이고, 바람 없는 사마디[無願定]에 들어가 뜻에 어지러움 일으키지 않는 이는 바로 '타는 불꽃'[焰盛] 비구이다."

[9]

"나의 성문 가운데 으뜸가는 비구로서, 사랑의 사마디[慈三昧]에 들어가 마음에 성냄이 없는 이는 바로 브라흐마닷타(巴 Brahmadatta) 비구이고, 슬퍼 여김의 사마디[悲三昧]에 들어 본래 업[本業]을 성취한 이는 바로 수시마(巴 Susīma) 비구이다.

기뻐하는 행의 덕을 얻어 여러 갈래 생각이 없는 이는 바로 사미디(巴 Samiddhi) 비구이고, 평등히 보살피는 마음[護心] 늘 지키어 뜻에 버려 떠나지 않는 이는 바로 위파카[躍波迦] 비구이다.

'타는 불꽃' 사마디를 닦아 끝내 혼자만 해탈하지 않는 이는 바로 다르미카(Dharmmika) 비구이고, 말씨가 거칠어 높고 귀한 이를 피하지 않는 이는 바로 필린다바차(Pilinda-vatsa) 비구이며, 금빛[金光] 사마디에 드는 이도 필린다바차 비구이다.

금강의 사마디[vajra-samādhi]에 들어 있어서 무너뜨릴 수 없는 이는 바로 아바야(Abhaya) 비구이고, 말하는 것이 또렷하고 밝아 겁내거나 나약하지 않는 이는 바로 수니타(巴 Sunīta) 비구이다.

늘 고요함을 좋아하여 마음이 어지러운 곳에 있지 않는 이는 바로 다르마(Dharma) 비구이고, 뜻으로는 이길 수 없어 끝내 누를 수 없는 이는 바로 수라다(巴 Suradha) 비구이다."

[10]

"나의 성문 가운데 으뜸가는 비구로서, 별자리를 환히 알아 길흉을 미리 아는 이는 바로 나가사말라(巴 Nāgasamāla) 비구이고, 늘 사마디를 좋아해 선정의 기쁨[禪悅]으로 밥을 삼는 이는 바로 바시스타(Vasiṣṭha) 비구이다.

늘 법의 기쁨[法喜]으로 밥을 삼는 이는 바로 수야사(須夜奢) 비구이고, 늘 욕됨 참음을 행해 욕됨이 와도 성냄을 일으키지 않는 이는 바로 '좋은 바람을 채워 밝음이 넘치는'[滿願盛明] 비구이다.

햇빛 사마디[日光三昧]를 닦아 익히는 이는 바로 메기야(巴 Meghiyā) 비구이고, 셈법에 밝아 틀림이 없는 이는 바로 니그로다(Nigrodha) 비구이다.

평등한 지혜를 분별하여 늘 잊거나 잃지 않는 이는 바로 사슴머리[鹿頭] 비구이고, 번갯불 사마디[電光三昧]를 얻어 두려움을 품지 않는 이는 바로 부미자((Bhūmija) 비구이다.

몸의 근본을 살펴 깨달아 흐름 다한 신통[漏盡通]을 얻은 이는 바로 드로나(Droṇa) 비구이고, 맨 뒤에 깨달아 흐름 다한 신통을 얻은 이는 수바드라(Subhadra) 비구이다."

• 증일아함 4 제자품(弟子品) 一 ~ 十

• 해설 •

중국 조사선(祖師禪) 불교의 법통주의로 말미암아 붇다께서 오직 마하카샤파 존자에게 '마음 도장'[心印]을 전하고 다른 현성들은 붇다의 마음 도장을 얻지 못했다는 생각이 널리 퍼져 있으나 이것은 사실이 아니다.

우파니샤드(Upaniṣad)의 밀전주의(密傳主義)를 깨뜨리고 뭇 삶들의 해탈을 지향하고 가림 없는 설법으로 해탈의 법을 보이셨던 여래의 상가에서 어찌 마하카샤파 존자만 아라한의 법을 얻고 붇다의 마음 도장[佛心印]을 얻었겠는가.

그렇게 말하는 자들은 붇다께 죄를 얻고 가림 없고 막힘없는 여래의 법계진리를 스스로 등지는 자이다.

마하카샤파 존자가 마음 도장을 얻었지만 카샤파 존자만 얻은 것이 아니며, 온갖 중생이 본래 니르바나되어 있지만 온갖 중생이 아라한의 과덕을 얻은 것은 아니다. 그러므로 여래의 마음 도장에 전함이 있다 해도 옳지 않고, 법의 등불과 법의 등불이 서로 전함이 없다 해도 옳지 않다.

경전 가운데 여래의 비구 현전상가로서 가장 큰 수가 천이백오십 대중인데, 경에서 그 모두 아라한을 얻었다 했고, 여래의 니르바나 바로 전에 먼저 니르바나에 든 오백 비구니 대중이 모두 아라한을 이루었다 했으니, 어찌 중국 선종(禪宗)의 '세 곳에서 마음 전함'[三處傳心]으로 여래의 법 전함을 한정할 것인가.

사리푸트라 존자와 목갈라야나 존자가 여래보다 먼저 니르바나에 들기 전에는 두 존자가 상가의 윗자리[上座] 맨 윗머리[上首] 제자였다. 선정에 대해서도 붇다는 '나의 제자 가운데 선정에 으뜸인 제자는 레바타 비구'라 말씀했으며, '금강삼매에 든 이는 아바야 비구'라고 말씀했으니, 어찌 선의 마음 도장이 카샤파 존자에게만 세 곳에서 전했겠는가.

다만 붇다 니르바나 이후 교단의 중심이 마하카샤파와 아난다 두 존자이고, 마하카샤파 존자가 두타행과 사마디행으로 으뜸가는 제자이므로 뒷세상 법의 표준을 마하카샤파의 두타행과 사마디행에 두기 위해 세 곳에 마음 전함을 세운 것이리라.

법을 듣는 대중의 본래 진실이 여래의 정법안장(正法眼藏)이니, 법을 듣는 대중이 이미 아라한을 이루면 이룬 그 자리가 여래의 마음 도장이 온전히 현전하는 곳이다. 그러므로 붇다의 마음 도장을 세 곳에서만 전했다 해도 옳지 않고, 세 곳에서 전함이 없다 해도 옳지 않은 것이 된다.

붇다가 설한 경의 끝에 '붇다께서 이 경을 설하시자 비구·비구니·우파사카·우파시카와 한량없는 하늘·용·아수라·긴나라가 다 크게 기뻐하고 받들어 행했다'고 했으니, 그 누가 여래의 법 밖에 있는 자이며 그 어떤 중생이 여래의 크나큰 자비의 가르침 밖에 내쳐진 자로 남아 있겠는가.

마하카샤파 존자가 여래의 정법안장을 전해 받을 때 온갖 중생이 함께 '바른 법의 눈 진리의 곳간'[正法眼藏]을 부촉받았지만, 카샤파에게는 전해 받았다 말하고 번뇌 속에 있는 우리 중생에게는 전해 받았다 말하지 않은 것은 왜인가.

옛 선사[大慧杲]의 한 노래를 들어보자.

　　화음산 앞의 백자 깊고 깊은 우물
　　그 가운데 찬 샘물 뼛골까지 차가운데
　　뉘 집 아가씨 와서 얼굴 그림자 비추는가.
　　그 나머지 비추지 않고 옷깃만 비추도다.

　　華陰山前百尺井　中有寒泉徹骨冷
　　誰家女子來照影　不照其餘照斜領

나의 성문 가운데 으뜸가는 비구니로서
더욱 빼어난 이를 들면

[1]

"나의 성문 가운데 으뜸가는 비구니로서, 오래전 집을 나와 도를 배워 국왕이 공경하는 이는 바로 마하프라자파티 고타미 (MahāprajāpatīGotamī) 비구니이고, 지혜롭고 총명한 이는 바로 케마 (巴 Khemā) 비구니이다.

신통[神足]이 으뜸이어서 여러 신들을 감동시키는 이는 바로 우트팔라바르나(Utpalavarṇā) 비구니이고, 두타법의 열한 가지 어려운 일을 행하는 이는 키사고타미(巴 Kisā-Gotamī) 비구니이다.

하늘눈이 으뜸이어서 비춤이 걸림없는 이는 바로 사쿨라(Sakulā) 비구니이고, 좌선하여 선정에 들어 뜻이 흩어지지 않는 이는 바로 사마(巴 Sāmā) 비구니이다.

뜻길[義趣]을 분별해 널리 도의 가르침을 연설하는 이는 바로 포투란사나[波頭蘭闍那] 비구니이고, 계율을 받들어 지녀 범하지 않는 이는 바로 파타차라(巴 Patācārā)비구니이다.

믿음의 해탈[信解脫]을 얻어 다시는 물러나지 않는 이는 바로 카타야나(Kātyāyana) 비구니이고, 네 가지 변재를 얻어 두려워 나약함을 품지 않는 이는 바로 '가장 빼어난'[最勝] 비구니이다."

[2]

"나의 성문 가운데 으뜸가는 비구니로서, 스스로 지난 목숨의 셀 수 없는 겁의 일을 아는 이는 바로 바다카필라니(Bhaddākapilānī 巴) 비구니이고, 얼굴 빛깔이 단정하여 남의 공경과 사랑을 받는 이는 바로 시마사[醯摩闍] 비구니이다.

바깥길의 무리들을 항복하여 바른 가르침[正敎]을 세우는 이는 바로 소나(巴 Soṇā) 비구니이고, 뜻길을 분별하여 갈래를 널리 말해 주는 이는 바로 다르마딘나(Dharmadinnā) 비구니이다.

거친 옷을 걸치고도 부끄러워함이 없는 이는 바로 웃타라(Uttara) 비구니이고, 모든 아는 뿌리가 고요하고 그 마음이 한결같은 이는 바로 '밝은 빛'[光明] 비구니이다.

옷을 잘 바루어 늘 법의 가르침대로 하는 이는 바로 젠티(巴 Jentī) 비구니이고, 여러 가지를 의논하며 의심해 막힘이 없는 이는 바로 단티카(巴 Dantikā) 비구니이다.

게송을 잘 지을 수 있어 여래의 덕을 찬탄하는 이는 바로 '하늘과 함께 하는'[天與] 비구니이고, 많이 듣고 널리 알며 은혜와 지혜로 아랫사람을 맞이하는 이는 바로 고피(Gopī) 비구니이다."

[3]

"나의 성문 가운데 으뜸가는 비구니로서, 늘 한가하고 고요한 곳에 살고 사람들 사이에 살지 않는 이는 바로 아바야(Abhaya) 비구니이고, 몸을 괴롭게 하여 밥을 빌며 귀하고 천함을 가리지 않는 이는 바로 비사카(Viśākhā) 비구니이다.

한곳에 한 번 앉으면 끝내 옮겨 바꾸지 않는 이는 바로 받다파라

[拔陀婆羅] 비구니이고, 두루 다니며 빌어 구하면서 널리 사람을 건네주는 이는 바로 마누허리[摩怒呵利] 비구니이다.

도의 과덕[道果]을 빨리 이루어 그 가운데 막히지 않는 이는 바로 다르마(Dharma) 비구니이고, 세 가지 가사를 지니어 끝내 버리고 떠나지 않는 이는 바로 수타마(須陀摩) 비구니이다

늘 나무 밑에 앉아 뜻을 바꾸지 않는 이는 바로 여수나[瑜須那] 비구니이고, 늘 한데[露地]에 있으면서 덮을 거리를 생각하지 않는 이는 바로 사타(奢陀) 비구니이다.

비어 고요한 곳을 좋아하여 사람들 사이에 있지 않는 이는 바로 우가라(優迦羅) 비구니이고, 늘 풀자리[草蓐]에 앉아 옷 꾸밈새를 붙이지 않는 이는 바로 이나(離那) 비구니이며, 다섯 가지 누더기 옷을 입고 거리에서 차례로 밥을 비는[分衛] 이는 바로 아노파나(巴 Anopana) 비구니이다."

[4]

"나의 성문 가운데 으뜸가는 비구니로서, 텅 빈 무덤 사이를 좋아하는 이는 바로 우카아마[優迦摩] 비구니이고, 사랑의 마음에 많이 노닐어 뭇 삶들을 슬피 여겨 생각하는 이는 바로 '맑고 밝은'[淸明] 비구니이며, 도에 이르지 못한 중생을 슬피 여기는 이는 바로 소마(Soma) 비구니이다.

도를 얻은 이가 있으면 기뻐하여 바람이 온갖 곳에 미치는 이는 바로 마타리(摩陀利) 비구니이고, 모든 행을 잘 지켜 보살펴서 뜻이 멀리 떠나지 않게 하는 이는 바로 카라가[迦羅伽] 비구니이다.

공함을 지키고 텅 빔을 잘 잡아[守空執虛] 실로 있음이 없다고 깨

달은 이[了之無有]는 바로 티포수[提婆修] 비구니이고, 마음으로 '모습 취함 없음'[無想]을 좋아하여 모든 집착을 없앤 이는 바로 햇빛[日光] 비구니이다.

'바람 없음'[無願]을 닦아 익혀 마음으로 늘 넓게 건져주는 이는 바로 마나파[末那婆] 비구니이고, 모든 법에 의심이 없고 사람 건네줌에 끝이 없는 이는 바로 비마다[毘摩達] 비구니이며, 널리 뜻을 말해 깊은 법을 분별해줄 수 있는 이는 바로 '널리 비추는'[普照] 비구니이다."

[5]

"나의 성문 가운데 으뜸가는 비구니로서, 마음으로 욕됨 참음을 늘 간직하는 것이 마치 땅이 모든 것을 받아들이는 것처럼 하는 이는 바로 다르마딘나(Dharmadinnah) 비구니이고, 사람을 잘 교화해 다나파티의 모임[檀會]을 만들게 하는 이는 바로 수야마(須夜摩) 비구니이며, 앉을 자리를 마련해주는 이 또한 수야마 비구니이다.

마음이 이미 길이 쉬어 어지러운 생각을 일으키지 않는 이는 바로 인디사[因陀闍] 비구니이고, 모든 법을 살펴 깨달음에 싫증냄이 없는 이는 바로 나가(Nāga) 비구니이다.

뜻이 강하고 용맹스러워 물들어 집착이 없는 이는 바로 구나라(拘那羅) 비구니이고, 물의 사마디[水三昧]에 들어 온갖 것을 널리 적시는 이는 바로 바수(婆須) 비구니이다.

'불꽃빛 사마디'[焰光三昧]에 들어 여러 중생들을 다 비추는 이는 바로 상티[降提] 비구니이고, '더러운 물이 흘러 몸이 깨끗하지 않음'을 살펴 연기(緣起)를 분별하는 이는 바로 차파라[遮波羅] 비구니이다.

모자란 것을 베풀어주어 많은 사람들을 길러주는 이는 바로 수카
(巴 Sukka) 비구니이고, 나의 성문 가운데 맨 뒤의 으뜸가는 비구니
는 바로 바다쿠나라케사(巴 Bhaddakuṇalakesa) 비구니이다."

• 증일아함 5 비구니품(比丘尼品) — ~ 五

• 해설 •

비구로서 맨 처음 상가에 들어 처음으로 법의 맛을 듣고 연기의 진리를
깨달은 이는 아즈냐타 카운디냐이고, 여래 니르바나 직전 맨 나중 가르침을
듣고 여래보다 먼저 니르바나 든 이는 수바드라이다.

비구니로서 맨 처음 상가에 들어 비구니상가가 있게 한 이는 마하프라자
파티 고타미이고, 맨 나중 비구니가 된 이는 바다쿠나라케사이다.

이처럼 여래는 온전한 니르바나[parinirvāna]에 들기 바로 전까지 교화의
수레바퀴를 멈추지 않고 저 바깥길을 걷던 늙은 수바드라 브라마나까지 비
구로 받아들여 니르바나의 길을 보이셨으니, 여래의 가르침을 통해 셀 수
없는 비구·비구니 대중이 법의 눈을 뜨고 해탈의 도를 얻었다.

세존의 니르바나를 차마 볼 수 없어 먼저 니르바나에 든 오백 비구니와
두 사미니가 이미 아라한의 도를 얻은 현성들이라면, 어찌 한두 분 꼽아 셀
수 있는 수의 비구니 현성만이 계셨겠는가.

여래의 진리의 집은 넓고 커서 차별이 없고 가림이 없는데 어떤 미혹된
이가 여래께도 남녀의 차별이 있었다고 말한다면, 그는 여래를 비방하는 허
물을 짓게 될 것이다.

이미 아나가민을 이루고 아라한을 이룬 현성의 지혜에는 모습에 모습이
없으니, 그 어떤 모습에 물든 치우친 견해가 있을 것이며, 무명의 흐름[無明
漏]이 다한 현성의 자비에 가림이 없으니, 그분들에게 비구와 비구니, 상가
안과 밖의 구별이 있었겠는가.

몸이 몸 아닌 몸인 줄 알아 여인의 몸으로 세간의 복밭이 된 비구니상가의 현성들을 통해, 중생의 부름 따라 갖가지 모습을 보여 중생 건지는 보디사트바 관세음(觀世音)의 '거룩하고 자애로운 어머니'[大聖慈母]의 모습을 보아야 할 것이다.

옛 선사[大慧果]의 한 노래를 들어보자.

관세음의 묘한 지혜의 힘이여.
세간의 괴로움을 건져주시네.
백 가지 꽃 피어 불타듯 한데
엿보아 살피면 볼 수가 없네.

觀音妙智力　能救世間苦
百華開爛漫　覷見沒可覰

2 재가 우파사카와 재가 우파시카

깨끗한 믿음으로 삼보를 받들고 세속의 생활 속에서 맑은 율행(律行)을 지키며 출가상가에 먹을거리·입을 옷·잠자리·의약품을 대주어 상가가 세간에 법의 깃대를 세우도록 보살펴주는 이는 우파사카·우파시카이다.

비록 흰옷 입은 생활인으로 생계를 위해 노동하고 사업을 경영하며 가정을 이루고 살아가되, 우파사카·우파시카는 진흙 속에서 연꽃이 때 묻음 없듯 범행을 행하며, 늘 이웃과 세상·출가상가에 가진 것을 나누어 공양하며 살아간다.

우파사카·우파시카는 스스로 법을 닦아 다섯 가지 법의 몸[五分法身]을 얻는 실천의 주체로서, 출가상가로부터 법을 들어 배우는 이들이자 상가를 보살피는 '외호선지식'(外護善知識)이다.

붇다의 가르침을 받은 재가대중은 마가다나 코살라 같은 강국의 빔비사라 왕이나 프라세나짓 왕에서부터 힘없고 가난한 불가촉천민에까지 이르고, 수닷타 장자처럼 많이 가진 자에서 가진 것 없는 하층민에 이른다.

또한 붓다의 상가에 귀의한 흰옷의 제자는 절대신을 섬기며 사회의 종교적 기득권을 쥐고 있었던 브라마나에서부터 신을 부정하고 극단적 고행의 길을 걸었던 바깥길 사문에까지 널리 이른다.

붓다의 가림 없는 평등한 자비의 마음은 붓다를 해치려 했던 아자타사트루(Ajātaśatru) 왕에서부터 소꿉놀이하다 모래의 공양거리를 붓다께 바친 어린아이에 이르기까지 모두 거두어 평등한 상가의 재가제자로 받아들인다.

붓다는 그들을 억지로 출가의 길에 이끌지 않고 각기 자기 생업의 현장에서 보디의 길을 걷게 하고, 많이 가진 자 힘있는 자에게는 베풂과 사랑의 덕을 닦게 하고, 못 가진 자 힘없는 자에게는 방일하지 않는 정진과 욕됨 참음의 길을 가르쳐 화합의 세간을 이루게 하신다.

현전 출가상가에서 평등과 화합, 지혜와 자비의 이상과 실천은 사방상가에 넓혀지고, 사방상가에서 화합과 하나됨의 이상은 출가·재가를 아우르는 사회공동체에 이어진다.

여래로부터 법을 들어 보디의 길에 나아가는 자, 그는 나와 너의 두 모습에 모습 없음을 깨달아 넓고 큰 마음[廣大心]으로 막힘없고 걸림 없는 법계[無障碍法界]에 돌아가는 자이다.

그러므로 참으로 여래의 상가에 든 이의 자기해탈의 실천은 굶주려 배고픔과 서로 싸워 죽임, 병들어 아픔 속에서 신음하는 이 역사현장을 정토의 새 세상, 해탈의 역사로 바꾸어가는 광대한 행[廣大行]으로 발현된다.

고난의 역사를 극복하고 구현된 해탈의 역사를 마이트레야의 새 세상이라 말하니, 그곳에서 기쁨을 누리는 대중은 누구인가.

지금 여래의 법을 듣고 따라 기뻐하고 기뻐하며 그 법을 받들어 행하는 출가 · 재가의 대중, 범행과 믿음이 깊은 모든 이들, 하늘[天, deva]과 용(龍, nāgā), 야크샤(yakṣa) · 아수라(asura) · 가루다(garuḍa) · 킴나라(kiṃnara), 온갖 귀신 마라(māra)의 무리들이 바로 그 대중인 것이다.

여래의 법에서는 출신과 계급, 지위의 높고 낮음, 가진 것의 많고 적음, 남과 여, 잘남과 못남의 차별이 없다. 그러므로 지금 보디에 믿음을 일으켜 삼계의 업을 벗어난 이가 이 세계를 정토의 땅으로 장엄할 수 있는 자이니, 『화엄경』(「십지품」)은 말한다.

삼계를 멀리 떠나되 장엄의 뜻을 내고
미혹의 불을 없앴지만 지혜의 불 일으켜
법에 둘이 없음 깨달아 아는 보디사트바
부지런히 바른 업을 짓고 지어서
세계가 다 공함을 밝게 알지만
이 세간의 땅 기쁨으로 장엄하도다.

遠離三界而莊嚴　滅除惑火而起焰
知法無二勤作業　了刹皆空樂嚴土

나의 제자 가운데 첫째가는 우파사카로서 더욱 빼어난 이를 들면

[1]

"나의 제자 가운데 첫째가는 우파사카(Upāsaka)로서, 처음으로 법의 약[法藥]을 듣고 현성의 깨달음을 이룬 이는 바로 두 상인[商客] 트라푸샤(Trapuṣa)와 발리카(Bhallika)이고, 지혜가 으뜸인 이는 바로 칫타(Citta) 장자이다.

신묘한 덕이 으뜸인 이는 바로 건티아라마[犍提阿藍]이고, 바깥길 무리를 항복하는 이는 바로 굽타(Gupta) 장자이다.

깊은 법을 잘 말할 수 있는 이는 바로 우파굽타(Upagupta) 장자이고, 늘 앉아 선정으로 사유[禪思]하는 이는 바로 하타카 알라바카(Hatthaka Āḷavaka)이고, 마라의 궁전을 항복하는 이는 바로 수라암바타(Sūra-ambaṭṭha) 장자이다.

복된 덕이 가득 넘치는 이는 바로 잘라(Jala) 장자이고, 큰 다나파티[施主]는 수닷타(Sudatta) 장자이며, 문족을 크게 성취한 이는 바로 멘다카(巴 Meṇḍaka) 장자이다."

[2]

"나의 제자 가운데 첫째가는 우파사카로서, 뜻길 묻기를 좋아하는 이는 바로 자눗소니(巴 Jāṇussoṇī) 브라마나이고, 날카로운 근기가 환히 밝은 이는 바로 브라흐마유(Brahmāyu)이다.

모든 붇다의 믿음 어린 심부름꾼은 바로 아싸로하 마나바(巴 Assāroha māṇava)이고, 몸에 나[我]가 없다고 생각하는 이는 바로 '거문고 듣기 좋아하는'[喜聞琴] 브라마나이다.

논의로 이길 수 없는 이는 바로 비추우[毘裘] 브라마나이고, 게송을 잘 짓는 이는 바로 우팔리(Upāli) 장자이며, 말하는 것이 아주 빠른 이도 바로 우팔리 장자이다.

좋은 보배를 기꺼이 주어 아끼는 마음이 없는 이는 바로 죠티시카(Jyotiṣka) 장자이고, 착함[善]의 근본을 세운 이는 바로 우그라 바이살리(Ugra Vaiaśālī)이다.

묘한 법을 잘 말할 수 있는 이는 바로 '가장 높아 두려움 없는'[最上無畏] 우파사카이고, 말하는 것에 두려움이 없고 사람의 근기를 잘 살피는 이는 바로 '바이살리를 다스리는 두마대장(頭摩大將)'이다."

[3]

"나의 제자 가운데 첫째가는 우파사카로서, 늘 은혜로운 보시를 좋아하는 이는 바로 빔비사라(Bimbisāra) 왕이고, 베푸는 것이 아주 적고 좁은 이는 바로 '밝은 빛의 왕'[光明王]이다.

착함의 근본을 세운 이는 프라세나짓(Prasenajit) 왕이고, 뿌리 없던 좋은 믿음을 얻어 기뻐하는 마음을 일으키는 이는 바로 아자타사트루(Ajātaśatru) 왕이다.

지극한 마음으로 붇다를 향해 뜻이 바뀌지 않는 이는 바로 우다야나(Udayana) 왕이고, 바른 법을 받들어 섬기는 이는 바로 '달빛'[月光] 왕자이다.

거룩한 대중[聖衆]을 받들어 공양하되 뜻이 늘 평등한 이는 바로 제타(Jeta) 왕자이고, 늘 남 건겨주기를 좋아하고 자기 자신만을 위하지 않는 이는 바로 싱하(Siṃha) 왕자이다.

남을 잘 공경하고 받들되 높고 낮음이 없는 이는 바로 아바야(Abhaya) 왕자이고, 얼굴 모습이 단정하여 남보다 뛰어난 이는 바로 닭머리[雞頭] 왕자이다."

[4]

"나의 제자 가운데 으뜸가는 우파사카로서, 늘 사랑의 마음을 행하는 이는 바로 부니(不尼) 장자이고, 마음으로 늘 온갖 무리들을 슬피 여겨 생각하는 이는 바로 마하나마(Mahānāma) 사카족이다.

늘 기뻐하는 마음[喜心]을 행하는 이는 바로 사카족인 발타(拔陀)이고, 늘 평등히 보살피는 마음[護心, 捨心]을 행하여 착한 행을 잃지 않는 이는 바로 비자세나[毘闍先] 우파사카이다.

욕됨을 잘 참아낼 수 있는 이는 바로 사하(巴 Sāha) 대장이고, 여러 가지로 잘 논의할 수 있는 이는 바로 비사카(Viśākhā) 우파사카이다.

현성의 침묵을 잘 행하는 이는 바로 난디파라(巴 Nandipala) 우파사카이고, 착한 행[善行]을 부지런히 닦아 쉼이 없는 이는 바로 웃타라(Uttara) 우파사카이다.

모든 아는 뿌리가 고요한 이는 바로 톈마[天摩] 우파사카이고, 나의 우파사카 제자 가운데 맨 뒤 깨달은 이는 바로 구이나마라(拘夷那摩羅) 우파사카이다."

• 증일아함 6 청신사품(清信士品) 一 ~ 四

나의 제자 가운데 첫째가는 우파시카로서
더욱 **빼어난** 이를 들면

[1]

"나의 제자 가운데 첫째가는 우파시카(優婆夷, Upāsikā)로서, 처음으로 도의 깨달음을 받은 이는 바로 난다(Nanda)와 난타바라 우파시카이고, 지혜가 으뜸가는 이는 바로 쿳주타라(巴 Khujjutarā) 우파시카다.

늘 좌선하기를 좋아하는 이는 바로 숩피야(巴 Suppiyā) 우파시카이고, 지혜가 밝은 이는 바로 비부(毘浮) 우파시카다.

설법을 잘하는 이는 앙갈사(鴦竭闍) 우파시카이고, 경전 뜻을 잘 연설하는 이는 바로 바드라파라수야마[Bhadrapara-Suyāma] 우파시카다.

바깥길의 무리들을 항복하는 이는 바로 바수타(婆修陀) 우파시카이고, 소리 울림이 맑게 트인 이는 바로 '근심 없는'[無憂] 우파시카다.

갖가지로 논의할 수 있는 이는 바로 바라타(婆羅陀) 우파시카이고, 용맹하게 정진하는 이는 바로 수두(須頭) 우파시카다."

[2]

"나의 제자 가운데 으뜸가는 우파시카로서, 여래를 공양한 이는 바로 말리카(Mallikā) 부인이고, 바른 법을 받들어 섬기는 이는 바로 수레바[須賴婆] 부인이다.

거룩한 상가를 공양한 이는 바로 사미(捨彌) 부인이고, 현재나 또는 앞으로 오거나 이미 가신 어진 수행자들을 우러러보는 이는 바로 '달빛'[月光] 부인이다.

다나파티[檀越, dāna-pati]에 으뜸인 이는 바로 '우레 번개'[雷電] 부인이고, 늘 사랑의 사마디를 행하는 이는 바로 '큰 빛'[摩訶光] 우파시카다.

슬피 여기는 마음을 행해 중생을 가엾이 여기는 이는 바로 바이데히(Vaidehī) 우파시카이고, 기뻐하는 마음[喜心] 끊어지지 않는 이는 바로 바드리카(Bhadrika) 우파시카다.

지켜 보살피는 업[守護業]을 행하는 이는 바로 난다(Nanda)의 어머니인 마하프라자파티(Mahāprajāpatī) 우파시카이고, 믿음의 해탈[信解脫]을 얻은 이는 '밝게 비추는'[照曜] 우파시카다."

[3]

"나의 제자 가운데 첫째가는 우파시카로서, 늘 욕됨 참음을 행하는 이는 바로 '근심 없는'[無憂] 우파시카이고, 공한 사마디[空三昧]를 행하는 이는 바로 비수세나[毘讐先] 우파시카다.

생각 없는 사마디[無想三昧]를 행하는 이는 바로 우나타(優那陀) 우파시카이고, 바람 없는 사마디[無願三昧]를 행하는 이는 바로 비말라(Vimalā) 우파시카다.

남 가르쳐주기 좋아하는 이는 쓰리(Śrī) 부인이고, 계율을 잘 지닐 수 있는 이는 양가르마[鴦竭摩] 우파시카다.

얼굴 모습이 단정한 이는 바로 '우레 불꽃'[雷焰] 우파시카이고,

모든 아는 뿌리가 고요한 이는 바로 '가장 빼어난'[最勝] 우파시카이며, 많이 듣고 널리 아는 이는 바로 니라(泥羅) 우파시카다.

게송을 잘 짓는 이는 바로 수닷타의 딸 수마가디(Sumagadhi) 우파시카이고, 겁내고 약함이 없는 이도 바로 수닷타의 딸 수마가디이며, 나의 성문 가운데 맨 뒤에 깨달은 우파시카는 바로 란[藍] 우파시카다."

• 증일아함 7 청신녀품(淸信女品) 一 ∼ 三

• 해설 •

동아시아 불교사에서 우파사카 · 우파시카를 '깨끗한 믿음의 수행자'라고 번역하였듯이, 우파사카 · 우파시카 또한 진리의 문 안 당당한 실천주체로서 여래의 법의 아들딸이다.

보디사트바 고타마가 고행 숲에서 고행의 길을 버리고 보디 나무로 나아가실 때나 위없는 보디를 이루신 여래가 법의 북을 치기 위해 카시로 떠날 때, 여래는 믿음 어린 우파사카 · 우파시카의 공양과 귀의를 받아 보디를 이루셨고, 그 귀의와 우러름으로 전법의 길을 떠나셨다.

붓다게 수자타 우파시카는 최초 공양자가 되고, 트라푸샤와 말리카 두 상인은 성도 후 첫 공양자가 되며, 우파사카 순타는 최후 공양자가 되니, 우파사카 · 우파시카의 믿음 어린 보시와 공양을 떠나 상가의 세간 전승은 있을 수 없다.

우파사카 · 우파시카는 출가상가의 외호대중이자 진리의 주체이며 세간의 복밭이니, 그들이 비록 물든 세간에 살되 세간의 모습이 본래 적멸되어 있음[本寂滅]을 알고 중생의 번뇌가 공한 줄 알면, 잘 세간법 떠나지 않고 니르바나에 나아가는 여래의 사방상가의 대중이 된다. 그가 바로 물든 세간에 살되 연꽃처럼 물듦 없이 세간을 진리의 힘으로 장엄하는 재가의 보디사트바인 것이다.

승보장 僧寶章 2

출가교단과 출가수행자의 생활

제3부
출가교단의 생활

붓다의 상가 또한 당시 사문집단의
한 유파였으므로 사문들의 일반적인
생활방식대로 집이 아닌 데로 집을 나와
걸식으로 생활하며 안거하고 좌선하였다.
그러나 붓다의 출가상가는 세속의
가정생활을 인정하며 신성을 향한 기도와
공양으로 생활했던 브라마나들과, 집을
나와 극단적 고행을 채택했던 사문집단의
두 치우침을 모두 넘어선다. 여래의
출가제자들은 집을 나와 집이 없이 멀리
떠나 살되 세속과 교류하고, 집에 다니며
밥을 빌어 생활하되 세간에 법을 전하고
법을 가르치는 은혜 갚음의 행을 통해 세간
대중의 믿음 어린 공양을 받아들였다.

• 이끄는 글 •

법과 율에 의거한 상가의 생활

1. 율장의 전승과 번역

붇다의 상가에서 대중의 생활은 처음 출가에서부터 안거와 유행, 우파바사타와 갖가지 대중의 카르마, 청법과 설법의 생활이 모두 여래의 다르마(dharma, 敎法)와 교단의 비나야(vinaya, 律)에 의해서 행해진다. 법과 율이 교단을 유지하는 두 사상적 축이 된다.

여래의 법은 수트라(sūtra, 經)·아비다르마(abhidharma, 論)·비나야(vinaya, 律)의 삼장(三藏, tri-piṭaka)과 십이부경(十二部經, dvādaśāṅga-buddha-vacana)의 가르침에 담겨 있다.

삼장의 구분은 처음 법과 율로 전승된 가르침에 여래의 법에 대한 논의가 덧붙여지면서 법장(法藏)이 수트라로 전승되고, 법에 대한 논의가 논장으로 전승되어 삼장의 틀이 갖추어졌다.

삼장 가운데 비나야는 금한 계의 조목인 프라티목샤(prātimokṣa)와 프라티목샤계의 조목에 대한 해설인 경분별(經分別, sūtravinaya)과 상가의 규율을 담은 스칸다(skandha)로 이루어졌다.

경분별은 계율 조목 자체인 경(sūtra)에 대해 해설을 붙인 것으로 프라티목샤의 주석으로 계율을 제정한 뜻, 판례, 법의 적용을 담고 있다. 프라티목샤는 악을 막아 착함을 내게 하는 금한 계[禁戒, śīla]를 지니어 구체적 상황 속에서 해탈을 얻게 하는 행위규범[別解脫]이고, 스칸다는 상가공동체 질서를 유지시키는 규율을 항목별로 묶어놓은 것이다.

율장은 오부(五部)가 전승되었으나, 그 가운데 사부(四部)의 율장이 중국으로 건너와 한역(漢譯)되었다.

율장은 수행자 개인의 생활 속에서 악을 막아 선을 짓게 하는 금지적 규범[止持戒]과 상가 규율을 적극적으로 서로 지켜가도록 하는 공동체의 규범[作持戒]을 담고 있다.

두 계[二戒 : 止持戒‧作持戒]는 모두 상가공동체의 생활 속에서 교법에 어긋나는 일, 상가의 화합을 깨거나 타인의 삶에 해를 끼치는 그릇된 행위가 일어났을 때, 그 범함과 근기에 따라 금하는 계를 제정하고 교단의 규율[律, vinaya]을 정하였다[隨犯制戒 隨根制戒].

십이부의 수트라는 붇다께서 니르바나에 드신 뒤 마하카샤파 존자와 아난다 존자가 중심이 되어 아난다의 송출과 장로 대중이 함께 외우는[合誦, saṃgīti] 공인의 절차를 통해 결집되었다.

그에 비해 비나야피타카(vinaya-piṭaka, 律藏)는 계 지킴에 으뜸가는 성문제자 우팔리 존자가 주도하여 팔십송율(八十誦律)의 마하비나야피타카(mahāvinaya-piṭaka, 大毘尼藏)를 송출하였다.

교단이 상좌부(上座部, Thera-vāda)와 대중부(大衆部, Mahāsaṅghika)의 두 부파로 분열되고 다시 그 밑으로 열여덟 부파가 분열됨으로써, 율장 또한 부파마다 각기 그 전승에 따라 차이점을 지닌 율장이 전해지게 되었다.

붇다께서 니르바나에 드신 뒤 카샤파(Kāśyapa)‧아난다(Ānanda)‧마디얀티카(Madhyantika)‧사나바신(Śāṇa-vāsin)‧우파굽타(Upagupta)로 교단의 지도 그룹이 이어질 때까지[五師相勝], 율장 해석에 다른 이설이 없이 전승되었다.

우파굽타 이후 그 제자들은 다섯 갈래로 나뉘어 율장에 관한 자기 주장을 펴게 되니, 그것이 사부(四部)와 오론(五論)이다.

한문으로 번역된 사부의 율장은 법장부(法藏部)의『사분율』(四分律) 육십 권, 화지부(化持部, 彌沙塞部)의『오분율』(五分律) 삼십 권, 설일체유부(說一切有部)의『십송율』(十誦律) 육십일 권, 대중부(大衆部)의『마하승지율』(摩訶僧祇律) 사십 권이다. 이 사부율에『해탈계경』(解脫戒經) 한 권을 더해 오부율(五部律)이라 한다.

오론은 설일체유부의『십송율』에 의거한『비나야마트리카론』(Vinaya-mātṛkā-śāstra, 毗尼母論)과 살바다부(薩婆多部, Sarvāstivāda)의『니카야비나야마트리카론』(摩得勒伽論, Nikaya-vinaya-mātṛkā),『사분율』을 풀이한『사만타파사디카론』(善見論, Samanta-pāsādikā),『십송율』을 풀이한『비나야비바사론』(薩婆多論, Sarvāstivāda-vinaya-vibhāṣā), 정량부(正量部)에 의거한『열두 가지 밝은 비나야의 론』(明了論, Vinaya-dvāviṃśati-prasannārtha-śāstra)이 있다.

중국에서는 조위(曹魏) 가평(嘉平) 2년 인도에서 달마칼라(dharmakāla, 法時)가 들어와 낙양에 이르러 카르마를 세워 계법을 받게 하여 중국에서 수계(受戒)의 출발이 되었다.

달마칼라는 대중부의 승지계본(僧祇戒本)을 번역하였으나, 중국 사분율종에서도 그를 율종의 조사(祖師)로 받든다.

백오십 년이 지나 요진(姚秦) 홍시(弘始) 6년 푼야타라(Puṇyatāra)와 쿠마라지바(Kumārajīva)가 함께『십송율』을 번역하였고, 다음 붇다야사스(Buddhayaśas, 覺明)와 축불념(竺佛念, Buddhasmṛti)이 함께『사분율』을 번역하여 율장이 전해지고 넓혀졌다.

그 뒤『마하승지율』과『오분율』이 번역되었지만 독자부(犢子部)의 율전은 번역되지 않았다.

2. 중국불교에서 율종의 성립과『사분율』

불교의 실천은 계·정·혜 삼학(三學)을 바탕으로 하고, 그 실천내용은 경·율·론 삼장에 수록되어 있다. 경·율·론 삼장이 각기 서로 삼학을 포괄하지만, 경(經, sūtra)이 선정의 내용을 기본으로 삼학을 말한다면, 논(論, abhidharma)은 지혜를 주된 내용으로 삼으며, 율(律, vinaya)은 계를 주된 내용으로 삼는다. 중국불교는 삼장의 번역이 이루어진 뒤, 그 번역된 불전에 의거해 종파를 형성함으로써 종파불교의 특성을 지닌다.

의거하는 경·율·론에 따라 종파를 형성해왔던 중국불교에서, 경전에 의거한 종파가 화엄종(華嚴宗)·열반종(涅槃宗) 등이라면, 논장에 의거한 종파는 구사종(俱舍宗)·성실종(成實宗)·삼론종(三論宗)이라 할 수 있다.

율전에 의거한 종파는 남산율종(南山律宗)이라 할 수 있으며, 천태율(天台律)은『범망경』(梵網經)에 의거해 대승 보디사트바의 계법[菩薩戒法]을 전하고 있다.

종파는 계·정·혜의 종지에 따라 선종(禪宗)·교종(敎宗)·율종(律宗)으로 분류될 수 있고, 천태의 종교는 선을 중심으로 선·교·율을 회통한 종파라 할 수 있다.

중국불교의 종파적 특성상 율장의 번역은 종파로서 율종을 탄생시키게 된다. 율종은『사분율』을 소의(所依)로 하는 종파이다.

동아시아 불교에서 율장의 연구와 전승이 법장부의『사분율』을 통해 이루어졌으므로, 우리는 사분율종의 기본 교의를 통해서 초기불교 상가의 생활상과 교단의 규율을 다시 살피지 않을 수 없다.

『사분율』은 붇다 니르바나 뒤 첫 백 년 뒤에 다르마굽타(Dharmagupta,

法藏) 존자가 송출된 율의 내용을 모아 엮은 것이다. 중국에서 율장이 번역된 이래 한문문화권에 교화의 인연이 깊은『사분율』만이 동아시아 불교에 널리 유포되어 율종 성립의 기초가 되었다.

붇다야사스의『사분율』번역 이후 이십가(二十家)의 주석이 있었으나, 그 가운데 세 가지가 정확한 주석으로 평가되니, 첫째 혜광율사(慧光律師)의「약소」(略疏)와 상부율사(相部律師)의「중소」(中疏), 지수율사(智首律師)의「광소」(廣疏)다.

혜광율사가 바로 화엄학과 율장에 정통했던 광통율사(光統律師)로서 그의 네 권『사분율소』가 사분율종의 기초를 다졌다.

「광소」를 쓴 지수의 제자 도선율사(道宣律師)는 삼장을 널리 통한 성사(聖師)로서『사분율』의 비나야에 통달하여 일승원돈의 묘계[一乘圓頓妙戒]를 이루어 세웠다.

도선율사는『사분율』에 관한『계본소』(戒本疏)·『갈마소』(羯磨疏)·『행사초』(行事鈔)의 율전 삼대부(三大部)를 지어 율종을 천명하였다.『비니의초』(毗尼義鈔)·『비구니초』(比丘尼鈔)를 함께 모아 율전의 오대부(五大部)라 한다.

도선율사가 종남산(終南山)에 머물렀으므로 도선의 율종을 남산율종(南山律宗)이라 한다.

『사분율』을 넓힌 중국의 율종으로는 법려(法礪)가 개창한 상부종(相部宗)과 회소(懷素)가 개창한 동탑종(東塔宗)이 있어서 남산종과 합해 율종의 삼가[律宗三家]라 일컬어졌으나 남산율종만이 후대까지 행해졌다.

율종은 남산율사 이후 주수율사(周秀律師)·도항율사(道恒律師)로 이어져오다 십오대 원조율사(元照律師) 때 다시 중흥되었다. 원조율사는 율장과 천태지관(天台止觀)을 모두 통한 종사로 『계본소행종기』(戒本疏行宗記) 등 남산율종 삼대부에 관한 저술이 있다.

중국 종파불교로서 사분율종의 기본 교의를 살펴보면 다음과 같다.

사분율종의 교판(敎判)으로 보면 붓다의 가르침은 '교화의 가르침'과 '눌러 그치게 하는 가르침', 이 두 가지[化制二敎]로 나뉜다.

교화의 가르침[化敎]은 '중생을 교화해 이익 주는 가르침'[化益之敎]으로 여래의 수트라[經]와 아비다르마[論] 가운데 선정[定]과 지혜[慧]를 열어주는 법문이다.

눌러 그치게 하는 가르침[制敎]이란 '눌러 경계하는 가르침'[制戒之敎]으로 비나야[律]가 밝힌 가르침이다. 이는 계법을 지키게 하는 법문으로서 바로 『사분율』·『오분율』·『십송율』 등의 비나야 법문이다. 율장은 수행자로서 지녀야 할 여러 바른 몸가짐[諸律儀]을 설해 '안의 출가상가'[內衆]를 통제하므로 눌러 그치게 하는 가르침이라 한다.

경과 논을 교화의 가르침이라 하고 율을 눌러 그치게 하는 가르침이라 하는, 교설의 구분은 또 교화와 행함의 두 가지 가르침[敎行二敎]으로도 말해진다.

그것은 곧 비나야가 붓다의 측면에서는 눌러 그치게 하는 가르침이 되지만, 그 깨우쳐 경계함을 받는 중생의 측면에서는 깨우침 대로 행하는 가르침[行敎]이 되기 때문이다.

남산율사는 눌러 그치게 하는 가르침인 비나야를 중심으로 붓다의 일대교설을 세 가지 종[三宗]으로 나누고, 대승의 뜻으로 비나야를 해석하며, 사분율종에 대승의 뜻을 부여한다. 곧 남산율종에서는 계법을 중심으로 여래 일대에 설한 선정과 지혜의 법문을 함께 거두어, 다음 세 가지 종으로 여래의 교설을 판석하고 있다.

첫째 실다운 법을 말하는 종[實法宗]이다.

둘째 거짓 이름임을 보이는 종[假名宗]이다.

셋째 중도를 보인 원교의 종[圓教宗]이다.

이 세 가지 종에 대한 교판의 내용을 간략히 살피면 다음과 같다.

① 실다운 법을 말한 종[實法宗] 존재는 공하지만 존재를 이루는 모든 법이 실로 있음을 보이는 일체유부종[有部宗] 등에서 말하는 계율의 종지이니, 이 종에서는 물질[色]이 계의 바탕[戒體]이 된다. 물질인 몸으로 계를 지키고 범하기 때문이고, 몸으로 계를 받아 지키면 겉으로 나타나지 않는 물질[無表色]의 공능(功能)을 내어 보디(bodhi)의 먼 방편을 이루기 때문이다.

② 거짓 이름임을 보이는 종[假名宗] 온갖 법[一切法]이 오직 거짓 이름일 뿐이라 주장하는 다르마굽타의 계율의 종지이니, 이 종에서는 물질도 아니고 마음도 아님[非色非心]으로 계의 바탕을 삼는다. 이 종에서 계를 지키고 범하는 몸과 마음이 모두 거짓 이름이기 때문이다.

③ 중도를 보인 원교의 종[圓教宗] 온갖 법의 중도의 진실을 밝힌 유식(唯識) 등 원교에서 계율의 종지이니, 이 종에서는 종자(種子)로서 계의 바탕을 삼는다. 이 종에서 계를 지키고 범하는 몸과 마음이 실로 있음이 아니지만 장식(藏識)의 종자는 실로 없음도 아니므로 종자로서 계의 바탕을 보이기 때문이다.

남산율사의 뜻으로 보면『사분율』은 법이 거짓 이름임을 보이는 종[假名宗]으로 방편의 가르침[權敎]이지만, 방편의 뜻을 열어 진실의 도에 돌아가면『사분율』의 계율이 일승원돈의 묘한 계[一乘圓頓妙戒]가 된다. 곧『사분율』에 의해 계의 바탕[戒體]를 잘 받아쓰면 장식(藏識)이 선업의 종자와 보디의 종자를 끼치고 익히어 보디사트바의 삼취정계(三聚淨戒)를 두렷이 닦게 되는 것이다.

방편의 율인『사분율』의 계법을 통해 진실의 도에 돌아가면 '원돈의 묘한 계'[圓頓妙戒]를 이룬다고 함이 남산율사의 뜻이니,『사분율』또한 원교종(圓敎宗)에 거두어지는 것이다.

천태가(天台家)의 입장으로 보면 실로 물듦이 없고 깨끗해짐이 없는 불성 자체, 나고 사라짐이 없는 존재의 중도실상 자체가 계의 바탕이다. 그러므로 불성의 계[佛性戒]를 설한『범망경』이 일승원교(一乘圓敎)의 율이 되는 것이며, 이 계를 받으면 차제와 치우침을 떠나 곧바로 붇다의 지위[佛位]에 들어가는 것이다.

이제『사분율』에 담긴 내용의 큰 줄기를 살펴보자.

『사분율』은 붇다께서 니르바나에 드신 뒤 백년 다르마굽타 존자가 상좌부(上座部, Thera-Vāda)의 율장 가운데 요점을 널리 뽑아 자기 견해에 계합된 것으로 율장을 이룬 것이다.

내용의 큰 흐름은 금한 계의 조목을 설한 프라티목샤와 상가 규율을 모은 스무 가지 스칸다이다.

사분(四分)의 네 가름은, 뜻으로 문단을 나눈 것이 아니라 글의 흐름을 따라 나눈 것이다. 곧 말이 그치는 곳[說所止]을 따라 한 가름[一分]씩 나누어, 이와 같이 네 번을 거듭해 한 권의 율을 이루므로

'사분율'이라 일컫게 되었다.

『사분율』의 첫째 가름[第一分]은 비구계본(比丘戒本)이다.

이 가운데 비구가 지켜야 할 이백오십 계를 설하고 금한 계를 범해 받는 죄를 밝히고 있으니, 비구가 범하는 죄는 다음과 같다.

첫째, 네 가지 파라지카[四波羅夷, catvāraḥ-pārājikā-dharmāḥ]이니, 극악한 죄로서 비구·비구니의 신분을 잃는다.

큰 음행·도둑질·사람을 죽임·법에 대해 큰 거짓말함 등 네 가지가 파라지카의 죄이다.

둘째, 상가바세사(saṃghāvaśeṣa)이니, 상가의 신분만 유지되는 죄로서 뜻으로 옮겨 승잔죄(僧殘罪)라 한다.

큰 음행 다음가는 비구의 성적인 허물과 죄, 상가의 질서와 화합을 깨는 무거운 죄이다. 스무 명 이상의 현전상가에서 '한 번 대중에 보고하고 세 번 카르마함'[一白三羯磨]으로써 대중의 충고를 따르면 죄에서 벗어날 수 있다.

비구계에는 열세 가지 승잔죄가 있다.

셋째, 정해지지 않은[不定, aniyata] 것으로서 숨은 곳에서 여인과 단둘이 있는 죄이다. 그 모습을 상가에 보고한 믿을 만한 우파시카에 의해 그 죄가 파라지카인지 상가바세사인지 파일제인지 판단된다.

넷째, 사타(捨墮, naiḥsargika-prāyaścittika)이니, 소리로 '니살기파일제'(尼薩耆波逸提)라 옮기고 상가의 행을 내버린다는 뜻으로 사타 또는 기타(棄墮)라 옮긴다. 돈이나 재물, 상가의 법도에 벗어난 가사 등 물건을 소지하는 죄, 축생을 죽인 죄 등이다.

우파바사타하는 현전상가 가운데서 참회하면 죄에서 벗어날 수 있다. 서른 가지 사타가 있다.

다섯째, 파일제(波逸提, śuddha-prāyaścittika)이니, 단타(單墮)라 한다. 때 아닌 때 먹는 죄, 작은 거짓말, 술 마시는 죄와 같이 세 사람 이하의 대중[別衆]에게 참회하면 벗어날 수 있는 가벼운 죄이다.

여섯째, 프라티데샤니야(pratideśanīya, 對首懺)이니, 한 비구에게 머리를 맞대 참회할 수 있는 죄이다. 위험한 아란야에서 밥 먹는 죄 등 네 가지 데샤니야의 죄가 기록되어 있다.

일곱째, 상가의 몸가짐에 대해 배워야 할 법[衆學]으로 칠십오 법이 있다. 옷 입는 법, 걸어 다니는 법 등이니, 이를 범하면 가벼운 죄가 됨을 나타낸다.

여덟째, 다툼 없애는 법[滅諍法]이니, 일곱 가지 다툼 없애는 법[七滅法]으로 이를 어기면 죄가 된다.

둘째 가름[二分]은 비구니계본(比丘尼戒本)과 계 받음[受戒]과 계 설함[說戒]의 두 가지 스칸다[二犍度]가 실려 있다.

계 받음의 스칸다에는 구족계 받는 요건과 절차가 실려 있으며, 계 설함의 스칸다에는 우파바사타에서 함께 모여 계 설하는 행사를 말하고 있다.

비구니계는 비구에 비해 그 규제 조항이 더 첨부되어 있으니, 바라이 죄는 여덟 가지이고, 상가바세사 죄는 열일곱 가지이고, 사타 죄는 서른 가지이며, 백칠십팔 파일제를 말하고 있다.

셋째 가름[三分]은 안거(安居)·자자(自恣)·옷[衣]·약(藥)·카티나 옷[功德衣], 카우삼비 국에서 생긴 일, 참파(Campā) 지방에서 생긴 일, 나쁜 비구 꾸짖는 법[訶責], 죄 숨기지 않는 사람 다스리는 법[人犍度], 죄 감춘 사람 다스리는 법[覆藏犍度], 나쁜 비구가 계 설함을 막는 법[遮犍度], 화합 깨뜨린 비구에 관한 법[破僧犍度], 다툼을 없애는 법[滅諍], 비구니에 관한 조항, 비구의 몸가짐에 관한 법까지 열여섯 스칸다가 수록되어 있다.

넷째 가름[四分]은 방사(房舍)와 그 밖의 지켜야 할 여러 가지 법[雜犍度], 오백 사람이 법과 율을 모은 이야기, 칠백 사람이 율을 모은 이야기가 실려 있다.

'오백 사람이 율을 모은 이야기'란 붓다 니르바나 바로 뒤 최초 법과 율을 결집할 때의 이야기로서, 마하카샤파 존자가 우팔리 존자에게 여래께서 제정하신 프라티목샤에 관해 물어서 율을 제정하게 된 인연을 적은 것이다.

'칠백 사람이 율을 모은 이야기'란 붓다 니르바나 드신 뒤 백년 무렵에 열 가지 일[十事]에 관한 계율 논쟁을 칠백 명의 아라한이 모여 그른 법[非法]으로 판정한 이야기이다.

이는 곧 브릿지푸트라 비구들이 열 가지 사항의 합법을 주장하여, 금은의 공양 받는 것을 보고 카우삼비의 야사스(Yaśas) 비구가 동서 비구들을 소집하여 열 가지 일의 적법성을 판단케 하여 그 가운데 아홉 가지 일[九事]을 그른 법으로 판정한 이야기이다.

이 사건이 최초 교단 분열의 주요 계기가 된다.

3. 초기 상가의 대중 규율을 말하는 『사분율』의 스무 가지 스칸다

계율에는 수행생활에 장애가 되는 그릇된 행을 그쳐서 해야 될 옳은 일을 행하게 하는 규범의 뜻[止持義]과, 수행공동체의 바른 질서를 보살펴 지키는 뜻[作持義]이 있다.

율장에 수행공동체의 규율인 비나야는 스칸다의 형태로 기술되어 있다. 스칸다는 글의 가름이 되는 장(章)의 뜻이니, 법의 모음[法聚]이라는 말로 번역되었다.

계소(戒疏)에는 '계를 받는 법과 계법이 각기 그 모인 곳을 달리하므로 스칸다라 한다'고 하였다.

율장에 '스무 가지 스칸다'[二十犍度]가 있으니 다음과 같다.

① 계 받는 스칸다[受戒犍度] 삼귀의계·십계·구족계 받는 법을 말하고 있으며, 구족계를 받아야 상가의 구성원이 됨을 밝히고 있다. 이 가운데 구족계 성립의 절차와 요건을 말하고 있으니, 스무 가지 스칸다의 바탕이 된다. 또 출가시키지 말아야 할 사람에 관한 출가금지의 조항[十遮十三難]을 두고 있다.

② 계 설하는 스칸다[說戒犍度] 매 반 달의 끝에 여러 비구들이 한곳에 모여 계를 설해 참회하는 법을 말하고 있으니, 범어로 우파바사타(upavasatha, 布薩)를 말한다.

우파바사타는 뜻으로 깨끗이 머묾[淨住]이라 옮긴다. 계 설함은 짓는 법[作法]에 나아가 말한 것이고, 우파바사타는 그 공능(功能)에 나아가 말한 것이다.

③ 안거 스칸다[安居犍度] 한여름 구십 일[一夏九旬] 동안 한 곳에 머물며 수도하는 법을 말하고 있다. 안거 동안 방과 침구의 분배에 관한 사항, 시주의 보시 받는 법, 외출의 규칙 등이 담겨 있다.

④ 자자 스칸다[自恣犍度] 여름 안거 마치는 날 다른 비구의 뜻에 맡겨[恣任他比丘] 자기가 지은 허물과 죄를 들어보이게 해, 저

와 내가 서로 가르쳐서 더욱더 깨우치는 법을 말하고 있다.

⑤ 가죽 쓰는 법의 스칸다[皮革犍度] 가죽신·가죽침구 사용하는 법과 그릇된 사용법을 말하고 있다. 붇다는 맨발로 길을 걸으셨으나 제자들이 발이 부르터 고생하는 것을 보시고 홑이나 겹으로 된 가죽신을 허용하게 됨으로 그 사용법을 말씀하신 것이다.

⑥ 가사 스칸다[衣犍度] 세 가지 법옷[法衣]에 관해 말하고 있다. 상가대중이 입는 옷의 기본은 떨어진 헝겊옷이지만 무명 등 열 가지 옷을 허락하시며 가사빛 물을 들여 입도록 하신다. 또 시주가 공양하는 옷 받는 법과 옷감을 잘 정돈된 논두렁처럼 오조(五條)·칠조(七條)·구조(九條)로 만들어 입도록 하신다.

⑦ 의약 스칸다[藥犍度] 약을 먹는 법[藥食法], 간병법, 몸이 약해졌을 때 먹는 음식을 말하고 있다.

⑧ 카티나 스칸다[迦絺那衣犍度] 공덕의 옷 받는 법[受功德衣法]을 말하고 있다. 카티나(kaṭhina, 功德衣)는 번역하면 굳세고 실다움[堅實]이고 또한 공덕이라고도 하는데, 안거 마친 뒤 신자들이 공양하는 가사를 말한다.

『명료론』(明了論)은 이렇게 말한다.

"간략하게 하므로 다만 카티나라 했으니, 여기 말로 옮기면 공덕이다. 여름 안거에 공덕이 있어 다섯 가지 이익이 있는 옷으로 그 공덕을 치하해주는 것[五利稱德]이니, 『사분율』은 '안거 마치면 공덕의 옷을 받아야 한다'고 하였다."

⑨ 카우삼비 스칸다[拘睒彌犍度] 카우삼비(Kauśāmbī)에 살던 비구들 가운데 어떤 비구가 계를 범하자 현전상가 대중이 두 패로 갈리어 그 비구의 죄 있음과 없음을 다투니, 화합하는 법을 가르

치신 것이다.

⑩ 참파 스칸다[瞻波犍度] 참파 성 비구들과 나그네 비구들 사이에 공양에 관해 벌어진 카르마의 성립 여부를 말하고 있다.

곧 본래 살던 비구가 나그네 비구들에 대한 공급을 끊음으로써 서로 죄 있음을 성토하는 카르마를 행하자, 이에 대해 세존은 법다운 카르마와 법답지 않게 따로하는 카르마[非法別衆羯磨]를 분별하시어, 법다운 카르마와 화합하는 카르마를 당부하시고 있다.

⑪ 꾸짖음의 스칸다[訶責犍度] 다투길 좋아하는 비구를 꾸짖는 법으로 '대중에 네 번 말하는 카르마'[白四羯磨]를 보여 죄 지은 이에 대한 징벌과 참회법을 가르치고 있다.

⑫ 죄 드러낸 사람의 스칸다[人犍度] 비구가 상가바세사 법[僧殘法]을 범하고 그 죄를 드러내 참회할 때, 그에 따라 카르마를 통해 근신하는 법, 참회하는 법을 보이고 있다.

⑬ 덮어 감춘 이의 스칸다[覆藏犍度] 상가바세사 죄를 범한 비구가 죄를 숨기다 '따로 머무는'[別住] 벌을 받으면서 다른 이에 대해 죄 주는 것에 대해 금지하는 법을 가르치고 있다.

범어 파리파사(parivāsa)는 뜻으로 '덮어 숨김'[覆藏]이라 옮겼는데 때로 '따로 머묾'[別住]이라 한다. 이는 지은 죄를 숨김으로 대중과 함께 생활하지 못하게 되는 징벌인데, 징벌을 받아 따로 머무는 이는 다른 이를 죄로써 카르마를 행할 수 없다.

『모론』(母論)은 말한다.

"어떤 것을 따로 머묾이라 하는가. 따로 한 방에 있으면서 다른 대중과 한곳에 있지 못하는 것이다. 비록 대중 가운데 들어가도 말할 수 없고 답할 수도 없다."

⑭ 막음의 스칸다[遮犍度] 우파바사타에서 계를 말할 때 죄 범한 비구를 막아 대중 가운데 들어오지 못하게 하는 법을 말하고 있다.

⑮ 상가 화합 깨뜨림의 스칸다[破僧犍度] 새로 상가에 든 오백 비구를 빼돌려 상가의 화합을 깨뜨린 데바닫타의 사건을 계기로 화합상가를 깨뜨리는 카르마를 금지하시고, 화합 깨뜨리는 갖가지 일의 인연을 말하고 있다.

⑯ 다툼 없앰의 스칸다[滅諍犍度] 일곱 가지 다툼 없애는 법[七滅諍法]을 말하고 있다.

⑰ 비구니 스칸다[比丘尼犍度] 비구니가 따로 행하는[別行] 갖가지 법을 말하고 있다. 팔경법(八敬法)이 포함된다.

⑱ 법 스칸다[法犍度] 비구가 행할 갖가지 몸가짐의 법[行法]을 말하고 있다.

⑲ 집과 방에 관한 스칸다[房舍犍度] 비구·비구니가 의지해 생활할 방사와 잠자리를 말하고, 방에서 생활하는 법·집과 방사 받는 법을 말하고 있다.

⑳ 갖가지 여러 법의 스칸다[雜犍度] 앞의 열아홉 가지 스칸다에서 빠진 법들을 모아놓았다. 발우에 관한 일, 손톱깎기 등 수도하는 데 필요한 자구(資具) 쓰는 법, 신통 나타내는 일, 붇다의 머리카락으로 탑 세우는 일 등 갖가지 법을 말하고 있다.

이상 스무 가지 스칸다는 다 붇다의 상가 제자들이 공동체 생활에서 함께 지키고 행할 규범[作持法]을 설명하고 있으니, 잘 살피면 초기교단 상가대중의 생활상을 알 수 있다.

스무 가지 스칸다 뒤에 오백 비구들이 율장을 결집한 이야기와 붇다 니르바나 백년 뒤에 벌어진 열 가지 일[十事]에 관한 칠백 비구의 카르마는 붇다 니르바나 이후 교단사의 주요한 큰 사건들이다.

붇다 니르바나 바로 뒤 사카족인 우파난다(Upananda, 跋難陀) 비구는 붇다의 니르바나를 슬퍼하는 대중에게 다음과 같이 말한다.

여러 비구들이여 슬퍼하지 마시오. 이제 우리들은 저 마하비라(mahāvīra, 大雄)에게서 자유를 얻었소.

그는 살아계실 때 '이는 맞는 일이고 이는 맞지 않는 일이다. 이는 해야 하고 이는 해서는 안 된다'고 가르쳤소.

우리들은 이제 하고 싶은 것을 할 수 있게 되었고, 하고 싶지 않으면 하지 않아도 좋게 되었소.

이 말을 듣고 마하카샤파 존자는 율장 결집의 필요성을 절감하고 오백 장로를 라자그리하 성에 모은다. 이에 대한 기록이 오백 사람의 율장 결집의 이야기이다.

붇다 니르바나 백년 뒤 계율 해석에 큰 논쟁을 일으킨 칠백 장로의 토론과 비나야의 결집은 브릿지푸트라 비구들이 제기한 열 가지 일[十事]에 대한 적법성 여부의 논쟁에서 발단되었으니, 열 가지 일은 다음과 같다.

① 다 먹고 나서 두 손가락으로 먹을 것을 집어 먹을 수 있는가.
② 마을 사이에서 거듭 먹을 수 있는가.
③ 절 안에서 따로 하는 무리의 카르마가 이루어지는가.
④ 경계 안에서 따로 하는 카르마를 뒤에 허락할 수 있는가.

⑤ 여기에서 이것을 행하고는 이것이 항상한 법이라 할 수 있는가.

⑥ 다 먹은 뒤에 물과 버터 등을 섞어서 먹을 수 있는가.

⑦ 몸에 약으로 지닌 소금을 먹을 것에 넣어서 먹을 수 있는가.

⑧ 시주와 술을 마실 수 있는가.

⑨ 조각 내 자르지 않은 좌복을 가질 수 있는가.

⑩ 금은을 받을 수 있는가.

이 열 가지 일에 대해 칠백 장로가 함께 모여 카르마를 행하여 법답지 않고 계율답지 않으며 붇다의 가르침이 아니라 판정하였다.

이 열 가지 일에 대한 계율의 적법성 논쟁과 아소카 왕 당시 아라한의 불완전성에 관한 다섯 가지 일[五事]의 쟁론을 계기로 계율의 정통성을 유지하려는[持律] 상좌부 교단과, 계율보다는 법을 숭상하려는[持法] 대중부 교단의 분열이 일어났다.

4. 브라마나와 바깥길 사문을 넘어선 중도의 생활

붇다의 연기론은 기존 브라마나들의 절대신성이 세계를 전변했다는 주장과 그에 반대하는 사문들의 적취적 세계관을 모두 부정한다. 그와 같이 상가의 생활 또한 세속 사람들의 탐욕을 추구하는 생활, 브라마나들의 신성과 합일하는 기도 생활과 바깥길 사문들의 극단적 고행을 넘어선다.

『열반경』에서는 붇다 당시 고행으로 해탈의 원인을 삼는 고행주의 사문들을 여섯 가지로 말하고 있다.

① **스스로 굶는 고행자**[自餓外道] 먹을거리를 바라지 않고 오래

도록 굶주림을 참는 것으로 해탈의 원인을 삼는다.

② 찬 못에 들어가는 고행자[投淵外道] 못에 들어가 추위를 참는 것으로 수행을 삼는다.

③ 불에 들어가는 고행자[赴火外道] 불의 뜨거움을 참는 것으로 해탈의 과덕을 얻으려 한다.

④ 벗은 채 한데서 앉는 고행자[自坐外道] 늘 몸에 옷을 걸침이 없이 추위와 더위에 아랑곳하지 않고 한데서 앉는 것을 집착해서 해탈 얻으려 한다.

⑤ 침묵하는 고행자[寂黙外道] 시체 버리는 곳, 무덤 사이, 고요한 곳에 살며 말하지 않음으로 수행을 삼아 해탈을 얻으려 한다.

⑥ 소나 개의 흉내 내는 고행자[牛狗外道] 소나 개의 행세를 내는 것이 하늘위에 날 수 있는 행이라고 믿어, 짐승 흉내 내는 행으로 해탈의 과덕을 얻으려 한다.

이 여섯 가지 극단적인 고행이 아니더라도 브라마나가 아닌 사문들의 일반적인 생활은 집을 나와 걸식하는 것을 기본으로 하였다. 사문이 아닌 브라마나들도 베다를 배우고 가정생활을 마친 뒤 만년에는 집을 나와 숲에서 생활하거나 유행하고 걸식하는 풍습이 있었다.

붇다의 상가 또한 당시 사문집단의 한 유파였으므로 사문들의 일반적인 생활방식대로 집이 아닌 데로 집을 나와 걸식으로 생활하며 안거하고 좌선하였다.

그러나 붇다의 출가상가는 세속의 가정생활을 인정하며 신성을 향한 기도와 공양으로 생활했던 브라마나들과, 집을 나와 극단적 고행을 채택했던 사문집단의 두 치우침을 모두 넘어선다.

여래의 출가제자들은 집을 나와 집이 없이 멀리 떠나 살되[遠離] 세속과 교류하고, 집에 다니며 밥을 빌어 생활하되 세간에 법을 전하고 법을 가르치는 은혜 갚음의 행을 통해 세간 대중의 믿음 어린 공양을 받아들였다.

율장[大犍度]에서는 출가생활의 기본 원칙으로 다음 네 가지 의지할 법[四依法]을 말한다.

첫째, 출가자의 먹음은 빌어서 먹음[乞食]을 기본으로 해야 한다.

둘째, 출가자의 입을 거리는 떨어진 옷[糞掃衣]을 기본으로 해야 한다.

셋째, 출가자의 생활은 나무 밑에 앉음[樹下坐]을 기본으로 해야 한다.

넷째, 출가자의 의약품은 소의 썩은 똥오줌[陳腐藥]을 기본으로 해야 한다.

붓다는 당시 사문들의 일반적인 생활방식대로 네 가지 기본 원칙을 세웠지만 대중의 요구와 상황에 따라 그 원칙을 유연하게 적용하게 하였다.

먼저 밥 비는 것을 살펴보자.

출가 수행자의 먹음은 빌어서 먹음이 원칙이다. 붓다 상가의 출가 수행자는 밥을 빌어 몸을 도와[資身] 육체적 생명을 유지하고, 법을 빌어 지혜의 생명[慧命]을 기르며, 법을 설해[說法] 세간의 은혜를 갚는 이들이다.

발우(鉢盂, pātra)는 수행자가 밥을 빌어서 담는 그릇으로, 흙으로 구워 만든 발우[瓦鉢]나 쇠발우[鐵鉢]였다. 발우에는 주식과 부식을 가리지 않고 믿음 어린 공양물이 바쳐졌으며, 비구는 먹을 양이 되면 발우가 채워지지 않아도 아란야에 돌아온다.

그리고 한낮[正午]이 되기 전에 얻은 밥을 먹고서는 남은 밥에 대해서는 밥을 빌어온 이가 '나는 다 먹었다, 이것은 남은 밥이다'라고 말하면 다른 사람이 먹어도 된다.

비구는 한낮이 되기 전까지 빌어온 밥을 하루 한 때만 먹어야 하고, 다른 때에 먹거나 여러 번 먹는 것은 파일제의 죄[śuddha-prāyaścittika, 單墮]를 범하는 것이 된다.

한낮이 지나 다음날 아침 해 뜨기 전까지는 먹을 수 있는 때가 아닌 것[非時]이다. 다만 덩이밥[摶食]만 금지되고 물처럼 마실거리는 먹어도 되고 환자가 약을 먹을 수는 있다.

상가대중이 정사에서 정주하게 되면서부터 밥을 빌기 전에 묽은 죽은 먹을 수 있게 하였으며, '약(藥)의 스칸다'에서는 죽의 열 가지 공덕을 말하고 있다.

밥은 빌어서 먹는 것이 기본이나 재가의 신자가 공양하는 다음 먹을거리에 대해 예외가 인정된다.

① 상가에 차례로 드리는 먹을 것[僧次食] 우파사카·우파시카가 날마다 한 사람이나 몇 사람의 비구를 차례대로 공양하는 것이니, 상가는 이 공양에 나가는 순서를 늘 정해놓고 차례대로 응하였다. 늘 차례대로 먹으므로 '항상한 먹음'[常恒食]이라 이름한다.

② 따로 청해서 먹음[別請食] 신자가 특정한 비구·비구니를 지명해 공양에 초대하는 것이다. 현전상가 모두를 청하는 것은 '모

두를 청해서 먹음'[請食]이라 한다.

③ 산대를 돌려서 먹음[行籌食] 가는 막대에 사람의 이름을 적어 제비를 뽑아 공양청에 응하는 것이다.

④ 보름날의 먹음[十五日食]과 초하룻날 먹음[月初日食] 매달 우파바사타 때 신자가 현전상가에 공양해서 먹는 것이 보름날에 먹음이고, 우파바사타의 먹음[布薩食]이라 한다. 반달이 지난 초하룻날에 신자의 공양을 받아 먹는 것을 초하룻날 먹음[月初食]이라 한다.

빌어서 먹음이 상가 식생활의 기본이지만, 위와 같은 예외적인 식생활이 인정된 것은 많은 대중의 정사에서의 집단생활·정주생활이 원인일 것이다.

상가대중이 늘어나면서 생활형편이 넉넉한 장자·거사들이 늘이는 먹을 것[常恒食]을 마련해 상가에 공양하게 된다. 전체 상가에 먹을거리를 지어 올리는 공양이 늘어남으로써 '빌어서 밥을 먹음'[乞食]과 '청함에 응해 밥을 먹음'[請食]이 함께 행해지게 된 것이다.

네 가지 의지법 가운데 둘째 상가의 옷 입는 법을 살펴보자.

여래는 상가의 옷 입음에 대해서도 많은 옷을 쌓아두는 세속생활과 맨몸으로 살아가는 바깥길 수행자들의 고행, 이 두 치우침에 대해 중도의 길을 가르치신다. 출가상가 대중의 옷은 시체를 싸서 화장터에 내다버린 떨어진 옷, 다 쓰고 버린 헝겊조각을 기워 만든 옷이므로 똥걸레옷[糞掃衣]으로 옮겨진다. 시장거리 가게 앞에 떨어진 헝겊들도 비구의 걸레옷이 된다.

율장의 법으로는 비구·비구니는 한 벌의 세 가지 옷[單三衣]만을 갖고 있어야 한다. 아래옷[下衣]을 안타라바사(antarvāsa)라 하고 윗옷[上衣]을 웃타라상가(uttarāsaṅga)라 하며, 겉옷[外衣]을 상가티(saṃghāṭī)라 한다.

아래옷은 치마 모양의 옷으로 청소할 때나 운력(運力)할 때 입는다. 윗옷은 아래옷과 함께 입는 것으로 실내에서 좌선하거나 설법 들을 때 입는다. 겉옷은 외출할 때나 옷을 모두 갖추어 입어야 할 때 걸치는 것으로 두 겹으로 되어 있다.

이 세 가지 옷보다 많은 옷을 지니면 '옷을 길게 함'[長衣]이라 하고, 옷을 길게 해 열 벌 이상 지니면 '긴 옷 지님의 계'[長衣戒]를 범하는 것이 된다.

비구가 입어야 할 세 가지 옷을 늘 지니지 않고 하룻밤이라도 이 옷을 떠나면 '하룻밤 가사 떠난 계'[離衣宿戒]를 범하게 된다.

떨어진 옷에 밥을 비는 것은 상가의 아름다운 전통으로 유지되어, 붇다 니르바나 드신 뒤 백 년이 되던 두 번째 결집 때 모인 칠백 여 장로들은 모두 떨어진 옷에 걸식으로 생활하는 비구들이었다.

그러나 붇다 당시에도 믿음 어린 신자로부터 좋은 옷감의 옷을 시주 받게 되는 경우가 있었으니, 이때에는 그 빛깔을 무너뜨려[壞色] 옷을 지어 입었다. 또 좋은 베라도 그 빛깔을 무너뜨린 뒤 떨어진 걸레처럼 잘라 잇대어 기워서 옷을 짓게 하였다.

그러므로 비구·비구니의 가사를 '빛깔을 천하게 한 옷'[色賤], '가위로 잘라 천하게 한 옷'[刀賤]이라 한다.

네 의지법 가운데 셋째 머무는 생활[住居]을 살펴보자.

상가대중은 붇다께서 성도 때 보디 나무 아래서 위없는 깨달음을 이루었듯 나무 밑에 앉아 생활하는 것[樹下坐]을 기본으로 한다.

붇다는 보디 나무 아래서 성도한 뒤에, 브라흐마하늘의 청함을 받아 바라나시로 떠나기 전까지 나무 밑에서 선정의 사유[禪思]로 머물렀다.

상가의 한곳에 머무는 생활은 라자그리하에 대숲정사[竹林精舍, Veṇuvana-vihāra]가 세워지면서부터이다. 그전까지 상가대중은 일정한 거처가 없이 숲의 나무 밑이나 바위굴, 무덤 사이, 한데서 머무르다 동틀 무렵 머물던 곳을 나와 경행(經行)하다 밥을 빌러 마을로 갔다. 또한 처음 정사가 세워졌을 때도 모든 대중이 다 정사에 기거하지는 않고 정사 안이나 밖, 나무 밑이나 숲속 한데서 좌선하고 쉬다 설법을 들을 때 한군데 모여 여래의 법문을 들었다.

대숲정사와 같은 집단생활의 거주처가 이루어진 뒤에도 대중은 아무데서나 제멋대로 기거하지 않고, '눕고 좌선하는 곳'[坐臥處]의 배분을 담당하는 책임자에게 신청하여 붇다 주변에서 좌선하고 성읍에 들어가 걸식하다 한곳에 모였다. 그런 곳이 그리드라쿠타(Gṛdhrakūṭa) 산[靈鷲山] · 비풀라 산의 '핍팔라(pippala) 굴'[七葉窟] · 시다림 · 온천굴 등이었다.

비구계본의 상가바세사법에서는 나무 밑의 생활 밖에 집을 지을 경우의 규정과 규정을 어길 때의 상가바세사의 허물을 이렇게 말하고 있다.

첫째, 시주가 없이 방을 짓지 말아야 하고, 시주가 있어서 짓더라도 대중의 지시를 받지 않거나 규정을 무시해서 짓지 말아야 한다.

스스로 재료를 얻어 방을 지을 경우 수행에 장애물이 없는 고요한 곳에 길이 열두 뼘, 너비 일곱 뼘 크기의 방을 만들어야 한다.

또 짓는 데에는 여러 비구를 초대하여 지을 곳을 지시받아야 한다. 규정을 어기거나 지시를 받지 않으면 상가바세사의 죄가 된다.

둘째, 시주가 지어주어도 대중의 지시를 받아 수행하기에 알맞은 크기의 방을 지어야 한다.

대개 비구들의 수행처인 정사는 홀로 험난한 곳을 피하면서 좌선할 수 있고 누워 쉴 수 있는 여러 채의 작은 방들로 이루어져 있다. 차츰 상가대중의 수가 늘어남으로써 안거지가 정착화되어 그 관리인[淨人]이 있게 되었고, 그 관리인들을 지휘하는 이[使淨人者]가 나오게 되었으며, 상가의 거주처는 상가아라마(saṃghārāma)의 큰 정원으로 발전되었다.

상가아라마의 큰 정사에는 비구대중의 개인 방·식당·경행처·연못·강당 등이 갖춰지게 되고, 한곳의 정착처에서 안거하다 먼 지방으로 유행하거나 전법의 길을 떠났다가 다시 본 안거처로 돌아오는 상가의 풍습이 형성되었다.

네 의지법 가운데 넷째는 병들었을 때 약을 먹는 방법[藥食]이다. 원래 수행자의 약은 소의 썩은 똥오줌을 쓰도록 하였다. 특히, 율장은 소의 오줌[牛溲] 끓인 물을, 하루 한 끼 먹는 사문들의 배앓이 약으로 쓰게 하였다.

그러나 여기에도 예외가 늘 인정되었으니, 병 따라 소의 배설물뿐아니라 소젖 가운데 삭힌 버터[熟酥]·날버터[生酥]·기름[油]·꿀[蜜]·설탕[糖] 등의 복용도 허용하였다.

약에 관한 스칸다에서는 위 다섯 가지 영양가 높은 먹을거리는 아플 때 칠일 동안 몸에 지니고 먹을 수 있게 했으므로 칠일약[七日

藥]이라 한다. 이레를 넘기면 '길게 약을 씀'[長藥]이 되어 계로써 금하고 있다.

　비구·비구니는 때 아닌 때 밥을 먹지 못하나 아플 때는 때 아닌 때 밥을 약으로 먹게 하였다. 때 아닌 때 먹는 약은 '칠일약'이 있고, 늘 지니고 다니다 아플 때 먹는 약이 있으니, 소금과 같은 것이다. 또 때때로 아플 때 마시는 국물[時漿]을 약으로 쓰게 했으니, 소젖[乳]·삭힌 젖[酪]·쌀즙·과일즙 등이다.

　이처럼 때때로 마시는 국물을 약이라 규정한 것은 하루 한 끼 먹는 상가의 수행자들이 한낮 이후 한밤이나 새벽의 허기를 채우도록 한 것인 듯하다.

　위의 네 의지법의 대강을 살펴보더라도 붇다는 늘 상가대중에게 세속의 쾌락에 탐닉하는 생활과 극단적 고행의 생활에 모두 치우치지 않도록 가르치신다. 붇다는 출가사문들이 수행자로서 검박하고 조촐하게 살게 하되, 몸을 건강하게 지탱케 해서 좌선·안거·유행·전법의 생활에 장애가 없도록 하였다.

　연기중도의 세계관은 몸과 물질세계를 탐착하는 탐욕의 삶과 몸을 괴롭혀서 정신의 자유를 추구하려는 고행의 삶을 넘어서게 한다.

　이러한 중도의 세계관대로 여래는 그 제자 대중으로 하여금 중도의 삶을 살게 하면서 그 중도의 삶을 계율로써 정형화하고 조직화하여, 계율을 바탕으로 중도의 지혜와 선정을 삶 속에서 실천하여 보디의 과덕[菩提果]을 이루게 하신 것이다.

제1장

법과 율
[法律]

"여래의 바른 법은 땅에 의해서도 부서지지 않고,
물·불·바람에도 부서지지 않는다. 그러나 나쁜 중생들이
세상에 나와, 여러 악을 즐겨 행하고 여러 악을
행하고자 하며, 여러 악을 성취하여, 법 아닌 것을 법이라 하고
법을 법 아니라 하며, 계율 아닌 것을 계율이라 하고
계율을 계율 아니라 하여, 서로 비슷한 법의 구절과
법의 맛이 불꽃처럼 일어나면,
여래의 바른 법은 여기서 사라지게 된다."

붇다 상가의 제자들은 출가에서부터 걸식 · 안거 · 우파바사타, 갖가지 카르마 등 출가공동체 생활의 온갖 일을 여래의 법과 율에 의거해 행한다.

법이 연기의 진리를 보인 여래의 교설로 수트라(sūtra, 經)의 십이부의 가르침이라면, 율은 수행자의 행위규범[止持戒]과 공동체의 규율[作持戒]로서 율장으로 편집되어 있다.

법과 율에 경에 대한 제자들의 논의가 모아져 논장[abhidharma-piṭaka]이 됨으로 경 · 율 · 론 삼장(三藏)이 이루어졌다.

율은 비나야(vinaya)이지만 세 가지 이름[三名]을 모두 포함하니, 비나야 · 실라 · 프라티목샤이다.

비나야는 잘 다스림[善治]의 뜻으로 탐냄 · 성냄 · 어리석음을 다스릴 수 있음이다. 또 고루어 누름[調伏]의 뜻이니 몸과 입과 뜻의 업을 고루어 그릇됨을 누름이다. 이 비나야의 뜻이 개인의 행위규범을 넘어 공동체의 조화로운 규율이 된다.

실라(śīla)는 그침[止]의 뜻으로 악을 그치어 선을 얻음이다. 또 경계해 막음[防止]이니 몸과 입과 뜻의 여러 좋지 못한 업을 막아 그침이다.

프라티목샤(prātimokṣa)는 해탈이니 미혹의 업과 얽매임을 멀리 떠나 자재를 얻을 수 있기 때문이다.

계율이 해탈로 읽을 때는 선정과 지혜를 이루어주는 몸가짐이고 행위의 바탕이 되나, 다시 계율이 선정과 지혜로 성취된 해탈의 행위가 됨을 뜻한다.

여래의 계율을 모은 율장[vinaya-piṭaka]은 세 부분으로 되어 있으니, 경분별(經分別)과 스칸다[犍度]와 덧붙임[付隨]이다.

경분별은 비구·비구니의 그릇된 행을 막는 프라티목샤의 조목과 그에 대한 해설을 말한다. 비구 이백 계와 비구니 삼백여 조의 계가 있다.

스칸다는 스무 개로 이루어졌으며 상가공동체의 규율을 말하고 있다.

덧붙임은 첫째 프라티목샤와 둘째 스칸다의 내용을 요약·정리·보충한 부분이다.

이처럼 그침과 다스림의 뜻이 강한 실라가 적극적 공동체의 행위규범으로서 비나야와 같이 쓰이고 해탈의 뜻과 같이 쓰이는 것은 실라의 금지가 자발적 자기통제의 행위규범임을 나타낸다.

실라의 자기통제적 행위규범은 스스로 경계한다는 뜻의 브라타(vrata), 그릇됨을 막아 보살핀다는 삼바라(saṃvara)와 같이 쓰였다. 그러나 붇다의 가르침에서 행위규범은 늘 존재의 진실 그대로 자기 행위의 질서이므로, 그 막아 보살핌은 자발성에 기초하여 타자에 대한 자비실천으로 발현되는 것이다.

실라에서 '죽이지 말라'고 함은 적극적으로 목숨을 살리고 생명을 사랑하라는 뜻이 되며, '훔치지 말라'는 것은 남의 것을 빼앗지 말고 남에게 늘 가진 것을 나누어 함께 풍요의 삶에 나아가라는 뜻이 되는 것이다.

비구들이여, 프라티목샤에 머물러
선정 닦고 사제를 살피라

이와 같이 내가 들었다.

한때 붇다께서는 슈라바스티 국 제타 숲 '외로운 이 돕는 장자의 동산'에 계셨다. 그때 붇다께서 여러 비구들에게 말씀하셨다.

"또한 다시 세 가지 배움[三學]이 있다. 어떤 것이 그 세 가지인가? 더욱 위로 오르는 계의 배움·더욱 위로 오르는 뜻의 배움·더욱 위로 오르는 지혜의 배움을 말한다.

어떤 것이 더욱 위로 오르는 계의 배움인가? 만약 비구가 계율인 프라티목샤의 율의(律儀)에 머물러 바른 몸가짐과 행할 곳을 갖추어 아주 작은 죄를 보더라도 곧 두려워하는 마음을 내면 계율을 받아 지녀 배우는 것이다.

어떤 것이 더욱 위로 오르는 뜻의 배움인가? 만약 비구가 탐욕과 악하여 착하지 못한 법을 여의고, 나아가 넷째 선정을 갖추어 머물면 더욱 위로 오르는 뜻의 배움이다.

어떤 것이 더욱 위로 오르는 지혜의 배움인가? 이 비구가 괴로움[苦]의 거룩한 진리를 진실 그대로 알고, 괴로움 모아냄[集]·괴로움이 사라짐[滅]·괴로움을 없애는 길[道]의 거룩한 진리를 진실 그대로 알면, 이것을 더욱 위로 오르는 지혜의 배움이라고 한다."

세 가지 배움으로 니르바나 얻음을 노래로 보이심

그때 세존께서 곧 게송으로 말씀하셨다.

　세 가지 배움을 잘 행해 갖추면
　이것이 곧 비구의 바른 행이니
　더욱 위로 오르는 계와 마음과 지혜
　세 가지 법 부지런히 정진해가라.

　용맹스럽게 그 성을 굳세게 하여
　모든 아는 뿌리 늘 지켜 보살펴
　낮과 같이 밤에도 그렇게 하고
　밤과 같이 낮에도 그렇게 하며
　앞과 같이 뒤에도 그렇게 하고
　뒤와 같이 앞에도 그렇게 하며
　위와 같이 아래서도 그렇게 하고
　아래 같이 위에서도 그렇게 하라.

　이와 같이 잘 지켜 보살펴가면
　한량없는 여러 사마디 모두 갖춰
　온갖 모든 곳을 널리 비추게 되리.
　이것을 깨달음의 자취라 하니
　으뜸가는 시원함을 모아내도다.

　무명의 다툼들을 버리고 떠나

묶음에서 마음이 잘 해탈했나니
나는 이 세간 깨달아 잘 아는 사람
지혜와 행을 모두 갖추었도다.

바른 생각을 잊지 않고 머무르면
그 마음에 해탈을 얻게 되어서
몸이 무너지고 목숨 마치게 되면
마치 등이 불이 다해 사라짐 같네.

붇다께서 이 경을 말씀하시자, 여러 비구들은 붇다의 말씀을 듣고 기뻐하며 받들어 행하였다.

• 잡아함 817 학경(學經) ②

• 해설 •

출가상가의 대중은 계·정·혜 세 가지 배움[三學]을 실천하는 진리의 집단이며 밥을 빌어 가장 낮은 모습으로 세간과 교섭하고 세간에 법을 전해 세간의 복밭이 되는 헌신의 집단이다.

계는 선정과 지혜의 원인이자 선정과 지혜가 행위 속에 발현된 결과이므로, 붇다는 낱낱 행위 속에서 해탈의 원인이 되는 행위규범을 밝혀 다시 해탈의 결과에 이끈다.

계·정·혜 세 가지 배움의 길은 자신의 실천이자 더불어 사는 세상과의 바른 관계의 길이며, 용맹스럽게 나아가 늘 사이 없이 행하는 길이다.

용맹스럽게 프라티목샤를 닦고 사마디를 닦는 자, 그가 니르바나의 길을 알고 세간을 알며 세간의 은혜를 알아 갚는다. 그러므로 프라티목샤에 잘 머문 이가, 지혜와 행을 갖추시어 중생을 해탈의 저 언덕에 잘 이끄신 이[調御丈夫] 여래를 따라 저 언덕에 잘 나아가는 것이다.

나쁜 길로 가는 열 가지 법이 있고
위로 오르는 열 가지 법이 있나니

이와 같이 내가 들었다.

한때 붇다께서는 슈라바스티 국 제타 숲 '외로운 이 돕는 장자의 동산'에 계시면서 여러 비구들에게 말씀하셨다.

"만약 열 가지 법을 이루게 되면 쇠창으로 물을 뚫는 것처럼, 몸이 헐어지고 목숨 마친 뒤에는 밑으로 나쁜 길, 지옥 가운데에 들어가게 된다.

어떤 것이 열인가.

곧 산목숨 죽임과 도둑질, 나쁜 음행, 거짓말, 발림말, 악한 말, 두말로 이쪽저쪽을 싸움 붙임, 질투, 성냄, 삿된 견해 일으킴이다.

만약 열 가지 법을 성취하면 쇠창으로 허공을 우러러 뚫는 것처럼 몸이 헐어지고 목숨 마친 뒤에는 위로 하늘위에 난다.

어떤 것이 열인가.

곧 산목숨 죽이지 않음과 도둑질·나쁜 음행 하지 않음, 거짓말·발림말·악한 말·두말하지 않음, 미움·성냄 일으키지 않음, 나아가 바른 견해를 냄이다."

붇다께서 이 경을 말씀하시자, 여러 비구들은 그 말씀을 듣고 기뻐하며 받들어 행하였다.

• 잡아함 1056 십법경(十法經)②

산목숨 죽이지 않고 뭇 삶들에게 사랑을 베풂[不殺生], 남의 것 뺏지 않고 늘 베풂[不偸盜] 등 열 가지 법은 비구·비구니가 지켜야 하고 우파사카·우파시카 온갖 중생이 지켜야 할 프라티목샤의 길이다.

산목숨 죽이고 남의 것 훔치며 거짓말하고 두말하는 등 열 가지 악한 법 지으면 아래로 떨어짐이 쇠창이 물을 뚫는 것 같고, 목숨을 살려놓아주고 남에게 베풀고 진실을 말하고 사랑과 자비를 베푸는 등 열 가지 착한 법 지으면 위로 오름이 쇠창으로 허공을 뚫는 것 같다 했으니, 그 비유의 뜻은 무엇인가.

착하고 악한 업이 공하되 그 과보가 끊어짐이 없음을 보이며, 진여가 무명(無明)의 끼치어 익힘을 받되[眞如受熏] 실로 받음 없음을 보이심인가.

옛 조사가 '오역죄를 지은 이가 우레와 벼락 소리를 듣는다'[五逆聞雷]고 했으니, 이 공안(公案)의 뜻이 떨어지는 곳[落處]은 어디인가. 여래의 위의 말씀과 같은 것인가.

옛 선사[長靈卓]의 한 노래를 들어보자.

칼바람에 나뭇잎 자주 떨어지고
산 높으니 해가 쉽게 가라앉네.
자리 가운데 사람을 볼 수 없는데
창밖에는 흰 구름이 깊고 깊네.

風勁葉頻落　山高日易沈
坐中人不見　窗外白雲深

어떤 것이 법 그대로의 행이며
율 그대로의 행입니까

나는 들었다, 이와 같이.

한때 붇다께서 참파(Campā) 국에 노니실 적에 강가못(恒伽池)의 언덕에 계셨다.

그때 존자 우팔리(Upāli)는 해질 무렵에 좌선하는 자리[燕坐]에서 일어나 붇다 계신 곳으로 나아가 붇다의 발에 머리를 대 절하고 물러나 한쪽에 앉아 여쭈었다.

"세존이시여, 만약 비구대중이 같이 화합하면서 다른 업을 짓고 다른 업을 말한다면, 이것은 법 그대로의 업[如法業]이며, 율 그대로의 업[如律業]입니까?"

세존께서 대답하셨다.

"아니다, 우팔리여."

'다툼 없애는 법'의 그릇된 적용이 법과 율에 맞지 않음을 답하심

존자 우팔리가 다시 여쭈었다.

"세존이시여, 만약 비구대중이 같이 화합하면서 '얼굴 앞의 율' [面前律]을 주어야 할 자에게 '기억의 율'[憶律]을 주고, '기억의 율' 을 주어야 할 자에게 '얼굴 앞의 율'을 준다면, 이것은 법 그대로의 업이며, 율 그대로의 업입니까?"

세존께서 대답하셨다.

"아니다, 우팔리여."

존자 우팔리가 다시 여쭈었다.

"세존이시여, 만약 비구대중이 같이 화합하면서 '기억의 율'을 주어야 할 자에게 '어리석지 않은 율'[不癡律]을 주고, '어리석지 않은 율'을 주어야 할 자에게 '기억의 율'을 준다면, 이것은 법 그대로의 업이며, 율 그대로의 업입니까?"

세존께서 대답하셨다.

"아니다, 우팔리여."

존자 우팔리가 다시 여쭈었다.

"세존이시여, 만약 비구대중이 같이 화합하면서 '어리석지 않은 율'을 주어야 할 자에게 '스스로 잘못을 드러내게 하는 율'[自發露 律]을 주고, '스스로 잘못을 드러내게 하는 율'을 주어야 할 자에게 '어리석지 않은 율'을 준다면, 이것은 법 그대로의 업이며, 율 그대로의 업입니까?"

세존께서 대답하셨다.

"아니다, 우팔리여."

존자 우팔리가 다시 여쭈었다.

"세존이시여, 만약 비구대중이 같이 화합하면서 '스스로 잘못을 드러내게 하는 율'을 주어야 할 자에게 '사람 이름을 불러 따지는 율'[君律]을 주고, '사람 이름을 불러 따지는 율'을 주어야 할 자에게 '스스로 잘못을 드러내게 하는 율'을 준다면, 이것은 법 그대로의 업이며, 율 그대로의 업입니까?"

세존께서 대답하셨다.

"아니다, 우팔리여."

존자 우팔리가 다시 여쭈었다.

"세존이시여, 만약 비구대중이 같이 화합하면서 '사람 이름을 불러 따지는 율'을 주어야 할 자를 꾸짖고, 꾸짖어야 할 자에게 '사람 이름을 불러 따지는 율'을 준다면, 이것은 법 그대로의 업이며, 율 그대로의 업입니까?"

세존께서 대답하셨다.

"아니다, 우팔리여."

법과 율에 맞지 않게 결정된 카르마의 내용에 대해 답하심

존자 우팔리가 다시 여쭈었다.

"세존이시여, 만약 비구대중이 같이 화합하면서 꾸짖어야 할 자를 아래에 두고, 아래에 두어야 할 자를 꾸짖는다면, 이것은 법 그대로의 업이며, 율 그대로의 업입니까?"

세존께서 대답하셨다.

"아니다, 우팔리여."

존자 우팔리가 다시 여쭈었다.

"세존이시여, 만약 비구대중이 같이 화합하면서 아래에 두어야 할 자를 위로 올리고, 위로 올려야 할 자를 아래에 둔다면, 이것은 법 그대로의 업이며, 율 그대로의 업입니까?"

세존께서 대답하셨다.

"아니다, 우팔리여."

존자 우팔리가 다시 여쭈었다.

"세존이시여, 만약 비구대중이 같이 화합하면서 위로 올려야 할 자를 내치고, 내쳐야 할 자를 위로 올린다면, 이것은 법 그대로의 업이며, 율 그대로의 업입니까?"

세존께서 대답하셨다.

"아니다, 우팔리여."

존자 우팔리가 다시 여쭈었다.

"세존이시여, 만약 비구대중이 같이 화합하면서 내쳐야 할 자에게 '기억의 율'을 주고, '기억의 율'을 주어야 할 자를 내친다면, 이것은 법 그대로의 업이며, 율 그대로의 업입니까?"

세존께서 대답하셨다.

"아니다, 우팔리여."

존자 우팔리가 다시 여쭈었다.

"세존이시여, 만약 비구대중이 같이 화합하면서 '기억의 율'을 주어야 할 자를 죄의 근본 좇음으로 다스리고, 근본 좇음으로 다스려야 할 자에게 '기억의 율'을 준다면, 이것은 법 그대로의 업이며, 율 그대로의 업입니까?"

세존께서 대답하셨다.

"아니다, 우팔리여."

존자 우팔리가 다시 여쭈었다.

"세존이시여, 만약 비구대중이 같이 화합하면서 근본 좇음으로 다스려야 할 자를 몰아내고, 몰아내야 할 자를 근본 좇음으로 다스린다면, 이것은 법 그대로의 업이며, 율 그대로의 업입니까?"

세존께서 대답하셨다.

"아니다, 우팔리여."

존자 우팔리가 다시 여쭈었다.

"세존이시여, 만약 비구대중이 같이 화합하면서 '몰아내야 할 자'

에게 '교만하지 않음'을 행하게 하고, '교만하지 않음'을 행하게 할 자를 몰아낸다면, 이것은 법 그대로의 업이며, 율 그대로의 업입니까?"

세존께서 대답하셨다.

"아니다, 우팔리여."

비나야의 적용과 그 판단이 법과 율에 맞지 않는 행에 함께한 대중의 죄와 허물을 보이심

존자 우팔리가 다시 여쭈었다.

"세존이시여, 만약 비구대중이 같이 화합하면서 교만하지 않음을 행하게 할 자를 다스리고, 다스려야 할 자를 교만하지 않음을 행하게 한다면, 이것은 법 그대로의 업이며, 율 그대로의 업입니까?"

세존께서 대답하셨다.

"아니다, 우팔리여. 만약 비구대중이 같이 화합하면서 다른 업을 짓고 다른 업을 말한다면, 이것은 법 그대로의 업이 아니요 율 그대로의 업이 아니므로, 대중에게 또한 죄가 있다.

우팔리여, 만약 비구대중이 같이 화합하면서 '얼굴 앞의 율'을 주어야 할 자에게 '기억의 율'을 주고, '기억의 율'을 주어야 할 자에게 '얼굴 앞의 율'을 준다면, 이것은 법 그대로의 업이 아니요 율 그대로의 업이 아니므로, 대중에게 또한 죄가 있다.

우팔리여, 만약 비구대중이 같이 화합하면서 '기억의 율'을 주어야 할 자에게 '어리석지 않은 율'을 주고, '어리석지 않은 율'을 주어야 할 자에게 '기억의 율'을 준다면, 이것은 법 그대로의 업이 아니요 율 그대로의 업이 아니므로, 대중에게 또한 죄가 있다.

우팔리여, 만약 비구대중이 같이 화합하면서 '어리석지 않은 율'을 주어야 할 자에게 '스스로 잘못을 드러내게 하는 율'을 주고, '스스로 잘못을 드러내게 하는 율'을 주어야 할 자에게 '어리석지 않은 율'을 준다면, 이것은 법 그대로의 업이 아니요 율 그대로의 업이 아니므로, 대중에게 또한 죄가 있다.

우팔리여, 만약 비구대중이 같이 화합하면서 '스스로 잘못을 드러내게 하는 율'을 주어야 할 자에게 '사람 이름을 불러 따지는 율'을 주고, '사람 이름을 불러 따지는 율'을 주어야 할 자에게 '스스로 잘못을 드러내게 하는 율'을 준다면, 이것은 법 그대로의 업이 아니요 율 그대로의 업이 아니므로, 대중에게 또한 죄가 있다.

우팔리여, 만약 비구대중이 같이 화합하면서 '사람 이름을 불러 따지는 율'을 주어야 할 자를 꾸짖고, 꾸짖어야 할 자에게 '사람 이름을 불러 따지는 율'을 준다면, 이것은 법 그대로의 업이 아니요 율 그대로의 업이 아니므로, 대중에게 또한 죄가 있다.

우팔리여, 만약 비구대중이 같이 화합하면서 꾸짖어야 할 자를 아래에 두고, 아래에 두어야 할 자를 꾸짖는다면, 이것은 법 그대로의 업이 아니요 율 그대로의 업이 아니므로, 대중에게 또한 죄가 있다.

우팔리여, 만약 비구대중이 같이 화합하면서 아래에 두어야 할 자를 위로 올리고, 위로 올려야 할 자를 아래에 둔다면, 이것은 법 그대로의 업이 아니요 율 그대로의 업이 아니므로, 대중에게 또한 죄가 있다.

우팔리여, 만약 비구대중이 같이 화합하면서 위로 올려야 할 자를 내치고, 내쳐야 할 자를 위로 올린다면, 이것은 법 그대로의 업이 아니요 율 그대로의 업이 아니므로, 대중에게 또한 죄가 있다.

우팔리여, 만약 비구대중이 같이 화합하면서 내쳐야 할 자에게 '기억의 율'을 주고, '기억의 율'을 주어야 할 자를 내친다면, 이것은 법 그대로의 업이 아니요 율 그대로의 업이 아니므로, 대중에게 또한 죄가 있다.

우팔리여, 만약 비구대중이 같이 화합하면서 '기억의 율'을 주어야 할 자를 근본 좇음으로 다스리고, 근본 좇음으로 다스릴 자에게 '기억의 율'을 준다면, 이것은 법 그대로의 업이 아니요 율 그대로의 업이 아니므로, 대중에게 또한 죄가 있다.

우팔리여, 만약 비구대중이 같이 화합하면서 근본 좇음으로 다스려야 할 자를 몰아내고, 몰아내야 할 자를 근본 좇음으로 다스린다면, 이것은 법 그대로의 업이 아니요 율 그대로의 업이 아니므로, 대중에게 또한 죄가 있다.

우팔리여, 만약 비구대중이 같이 화합하면서 몰아내야 할 자에게 '교만 없이 뉘우쳐 기쁘게 함'을 행하고, '교만 없이 뉘우쳐 기쁘게 함'을 행해야 할 자를 몰아낸다면, 이것은 법 그대로의 업이 아니요 율 그대로의 업이 아니므로, 대중에게 또한 죄가 있다.

우팔리여, 만약 비구대중이 같이 화합하면서 '교만 없이 뉘우쳐 기쁘게 함'을 행해야 할 자를 다스리고, 다스려야 할 자를 '교만 없이 뉘우쳐 기쁘게 함'을 행하게 한다면 이것은 법 그대로의 업이 아니요 율 그대로의 업이 아니므로, 대중에게 또한 죄가 있다."

법에 맞고 율에 맞아 대중에게 죄와 허물 없는 행을 보이심

"우팔리여, 만약 비구대중이 같이 화합하면서 자기가 지은 업에 따라 곧 이 업을 말하면, 이것은 법 그대로의 업이요 율 그대로의 업으로서 대중에게 또한 죄가 없다.

우팔리여, 만약 비구대중이 같이 화합하면서 '얼굴 앞의 율'을 주어야 할 자에게는 곧 '얼굴 앞의 율'을 주고, '기억의 율'을 주어야 할 자에게는 곧 '기억의 율'을 주며, '어리석지 않은 율'을 주어야 할 자에게는 곧 '어리석지 않은 율'을 준다 하자.

그리고 '스스로 잘못을 드러내게 하는 율'을 주어야 할 자에게는 곧 '스스로 잘못을 드러내게 하는 율'을 주며, '사람 이름을 불러 따지는 율'을 주어야 할 자에게는 곧 '사람 이름을 불러 따지는 율'을 준다 하자.

꾸짖어야 할 자는 곧 꾸짖으며, 아래에 두어야 할 자는 곧 아래에 두고, 위로 올려야 할 자는 곧 위로 올리며, 내쳐야 할 자는 곧 내치고, 기억할 것은 곧 기억하게 한다 하자.

그리고 근본 좋음으로 다스려야 할 자는 곧 근본 좋음으로 다스리고, 몰아내야 할 자는 곧 몰아내며, 교만하지 않음을 행하게 할 자에게는 곧 교만하지 않음을 행하게 하고, 다스려야 할 자는 곧 다스린다 하자.

그러면 이것은 법 그대로의 업이요 율 그대로의 업으로서, 대중에게 또한 죄가 없다."

우팔리에게 다시 바른 법과 율에 맞는 행을 당부하심

"우팔리여, 너는 반드시 짓는 업에 따라 곧 그 업 말하는 것을 배워야 한다.

그리고 '얼굴 앞의 율'[面前律]을 줄 자에게는 곧 '얼굴 앞의 율'을 주고, '기억의 율'을 주어야 할 자에게는 곧 '기억의 율'을 주며,

'어리석지 않은 율'을 주어야 할 자에게는 곧 '어리석지 않은 율'을 주어야 한다.

'스스로 잘못을 드러내게 하는 율'을 주어야 할 자에게는 곧 '스스로 잘못을 드러내게 하는 율'을 주며, '사람 이름을 불러 따지는 율'을 주어야 할 자에게는 곧 '사람 이름을 불러 따지는 율'을 주어야 한다.

그리고 꾸짖어야 할 자는 곧 꾸짖고, 아래에 두어야 할 자는 곧 아래에 두며, 위로 올려야 할 자는 곧 위로 올리고, 내쳐야 할 자는 곧 내치며, 기억해야 할 자는 곧 기억하게 해야 한다.

근본 좋음으로 다스려야 할 자는 곧 근본 좋음으로 다스리며, 몰아내야 할 자는 곧 몰아내고, 교만하지 않음을 행하게 할 자는 곧 교만하지 않음을 행하게 하고, 다스려야 할 자는 곧 다스려야 한다.

우팔리여, 너는 반드시 이와 같이 배워야 한다."

붇다께서 이렇게 말씀하시자, 존자 우팔리와 여러 비구들은 붇다의 말씀을 듣고 기뻐하며 받들어 행하였다.

• 중아함 197 우팔리경(優婆離經)

• 해설 •

상가는 여래의 다르마(dharma, 法)를 따라 사는 공동체이며 비나야(vinaya, 律)를 따르는 공동체이므로 법에 맞고 율에 맞는 업을 지어야 상가의 대중이라 할 수 있다.

우팔리가 물은 '다른 업을 짓고 다른 법을 지음'은 법과 율에 맞지 않는 행을 말함이고, 여래의 법과 율을 그릇 행하는 것을 말한다.

여래의 '일곱 가지 다툼 없애는 법'[七滅諍]은 지금 한역된 비나야 피타카(vinaya piṭaka, 律藏) 가운데 남산율종(南山律宗) 성립의 기초가 된 대표적 율전인 『사분율』 가운데 '스무 개 스칸다를 말한 곳'에 실려 있다.

일곱 가지 법은 다음과 같다.

다툼 없애는 법은 다음 일곱 가지 방법이 있다.

첫째는 눈앞에서 마주보고 다툼 없앰[現前毘尼]이고, 둘째는 지은 일을 기억해서 다툼 없앰[憶念毘尼]이다.

셋째는 미쳐서 그른 일 저지른 뒤 지금은 어리석지 않음을 고백하여 다툼 없앰[不癡毘尼]이다.

넷째는 스스로 지은 허물 말하게 함으로 다툼 없앰[自言毘尼]이다.

다섯째는 앞뒤 말이 어긋나므로 지은 곳을 찾아 말하게 함으로 다툼 없앰[白罪處所 覓罪相毘尼]이다.

여섯째는 사람 이름을 불러 따지고 여러 사람을 찾아다니며 죄의 모습 찾는 율[君律, 多人覓罪相毘尼]이다. 일곱째는 풀로 땅을 덮듯 두 견해가 갈린 사람들을 화해하여 다툼 없앰[如草覆地毘尼]이다.

이 가운데 현전의 비나야[現前毘尼]에 대해서는 『사분율』에 다음과 같은 일이 기록되어 있다.

붇다께서 슈라바스티에 계실 때, 비구 카알루다인과 여섯 비구들이 아치라바티(Aciravatī) 강가에서 목욕하였다. 카알루다인이 먼저 목욕하고 나오면서 옷을 잘못 바꿔 입고 나왔다.

그러자 다른 비구들이 카알루다인이 없는데 여섯 사람이 카르마를 행해 카알루다인을 성토했다.

이에 카알루다인이 붇다께 이 일을 물으니, 붇다께서 고의 여부를 물으시고 이렇게 말씀하셨다.

"범하지 않았다. 그러나 옷을 살피지 않고 남의 옷을 입으면 안 된다.

그러나 그 사람이 앞에 있지 않는데 갖가지 징벌을 위한 카르마를 지어서는 안 된다.

곧 꾸짖는 카르마, 물리치는 카르마, 의지할 스승 정하게 하는 카르마, 신자의 집에 가지 못하게 하는 카르마, 죄를 드러내게 하는 카르마, 내쫓는 카르마를 하지 말라.

만약 그 사람이 없는데 징벌의 카르마를 하게 되면 그 카르마는 이루어지지 않고 그 사람은 두스크리타 죄(duṣkṛta, 突吉羅罪)를 얻는다.

지금부터 비구들을 위해 현전의 비나야를 제정해 다툼을 없애도록 한다. 이와 같이 눈앞에서 보이는 법을 말하라."

현전의 비나야와 같이 다른 다툼 없애는 법도 그 다툼의 방향에 따라 그에 맞게 다툼 없애는 비나야가 적용되어야 하고 법에 맞게 징벌의 카르마를 지어야 한다.

그러므로 현전의 비나야로 다툼 없앨 것은 현전의 비나야를 써서 없애야 하고, 지은 죄를 기억케 하는 비나야로 다툼 없앨 것은 기억의 비나야를 써야 하며, 화해의 법으로 다툼 없앨 것은 화해의 비나야를 써야 한다.

그렇지 않고 현전의 비나야로 쓸 법을 기억의 법을 쓰게 하거나 억지 진술케 하는 비나야를 쓰면 그렇게 짓는 일[作事]은 모두 법에 맞지 않고 여래의 비나야에 맞지 않는 것이다.

우팔리의 두 번째 물음은 그 꾸짖어 다스리는 카르마와 징벌이 진실과 맞지 않을 경우를 물음이다. 곧 '꾸짖음의 카르마'로 다스릴 다툼에 대해 꾸짖지 않고 위로 받들거나, 아래에 둘 자를 위로 두고, 내쳐야 할 자를 죄의 근본만 찾게 함으로써 내치지 않는 경우이다.

이처럼 그 징벌의 내용과 다툼 없애게 하는 카르마가 진실에 어긋나게 되면 상가의 화합을 깨뜨리게 되니, 이를 막는 것은 모두 뒷세상 상가의 법과 율을 바로 세우기 위함이다.

붓다는 현전의 비나야 법을 제정하시면서 현전의 비나야법을 어긴 자가 두스크리타 죄를 범한다고 말씀하시어, 비나야의 법을 잘못 적용하거나 그 판단내용을 그릇되게 한 자 또한 죄를 범하는 것이라고 가르치신다.

여래께서 보인 비나야의 법과 징벌의 카르마는 죄 지은 자, 허물 지은 자를 허물 없는 청정과 해탈에 이르게 하는 방편의 도구이다.

죄가 죄가 아니되 죄 아님도 아니므로 비나야와 카르마가 있는 것이다. 그러므로 죄와 죄 다스리는 비나야가 모두 공한 줄 알고 비나야의 법을 행할 때, 바로 법(法, dharma) 그대로의 업[如法業]과 율(律, vinaya) 그대로의 행[如律行]으로, 프라티목샤의 해탈의 땅에 나아가게 될 것이다.

카샤파여, 다섯 가지 인연으로
여래의 법과 율이 사라지고 잊혀지나니

이와 같이 내가 들었다.

한때 붇다께서는 슈라바스티 국 제타 숲 '외로운 이 돕는 장자의 동산'에 계셨다.

그때에 존자 마하카샤파는 슈라바스티 국 동쪽 동산 므리가라마트리 강당에 있었다. 그는 해질녘 선정에서 깨어나, 붇다 계신 곳에 가서 머리를 대 발에 절하고 한쪽에 물러앉아 여쭈었다.

"세존이시여, 세존께서 앞의 여러 성문들에게 계율을 적게 만들었을 때에는, 비구들이 많이들 마음으로 즐겨 배워 익혔습니다.

그런데 지금은 무슨 까닭으로 성문들에게 계율을 많이 만들었는데도 여러 비구들이 즐겨 배워 익히는 것이 적습니까."

계율이 많아져도 닦아 익히는 이 없는 까닭을
다섯 가지 흐림[五濁]으로 답하심

붇다께서 말씀하셨다.

"그렇다, 카샤파여. 목숨이 흐리고[命濁], 번뇌가 흐리며[煩惱濁], 겁이 흐리고[劫濁], 중생이 흐리고[衆生濁], 견해가 흐려[見濁] 중생의 착한 법이 물러나 줄어들기 때문에 큰 스승이 여러 성문들에게 금한 계를 많이 만들어도 즐겨 배워 익히는 이들이 적은 것이다.

카샤파여, 마치 겁이 무너지려 할 때에는 참된 보배가 아직 없어지지 않았는데, 여러 비슷한 거짓 보배가 세간에 나오고, 거짓 보배가 세상에 나오면 참 보배는 곧 사라지는 것과 같다.

이와 같이 카샤파여, 여래의 바른 법이 사라지려 할 때에 서로 비슷한 모습의 법[相似像法]이 세간에 나오면, 바른 법은 곧 사라진다.

비유하면 큰 바다에서 많은 진기한 보배를 배에 실으면 배는 곧 가라앉는다. 그러나 여래의 바른 법은 이와 같지 않아서 차츰차츰 사라진다.

여래의 바른 법은 땅에 의해서도 부서지지 않고, 물·불·바람에도 부서지지 않는다.

그러나 나쁜 중생들이 세상에 나와, 여러 악을 즐겨 행하고 여러 악을 행하고자 하며, 여러 악을 성취하여, 법 아닌 것을 법이라 하고 법을 법 아니라 하며, 계율 아닌 것을 계율이라 하고 계율을 계율 아니라 하여, 서로 비슷한 법의 구절[法句]과 법의 맛[法味]이 불꽃처럼 일어나면, 여래의 바른 법은 여기서 사라지게 된다."

법과 율을 사라지지 않게 하는 다섯 인연을 밝히심

"카샤파여, 다섯 가지 인연이 있어 여래의 바른 법을 사라지게 한다. 어떤 것이 다섯인가.

만약 비구가 '크신 스승 계신 곳'[大師所]을 공경하지 않고 존중하지 않으며, 뜻을 낮추어 공양하지 않으며, 거기 의지해 머물고, 본받고 배우며 가르침을 따르지 않는다 하자.

그리하여 여러 범행 닦는 이로서 큰 스승이 칭찬하는 이들을 공경하거나 존중하지 않고, 뜻을 낮추어 공양하지 않으면서 그것을 의지해 머문다 하자.

그러면 이것을 카샤파여, 다섯 가지 인연 때문에 바른 법이 여기에서 사라진다고 한다.

카샤파여, 다섯 가지 인연이 있어 여래의 바른 법을 사라져 잊혀지거나 물러나지 않게 한다.

어떤 것이 다섯인가. 만약 비구가 '크신 스승 계신 곳'을 공경하고 존중하고 뜻을 낮추어 공양하면서 그것을 의지해 살고, 본받고 배우며 가르침을 따른다 하자.

그리하여 여러 범행 행하는 이로서 큰 스승이 칭찬하는 이들을 공경하고 존중하고 뜻을 낮추어 공양하면서 의지해 산다 하자.

그러면 카샤파여, 다섯 가지 인연이 여래의 법과 율을 사라지지 않게 하고 잊혀지지 않게 하며, 물러나지 않게 한다고 하는 것이다."

다섯 가지 바른 인연 존중하여 배우도록 당부하심

"그러므로 카샤파여, 반드시 이와 같이 배워야 한다.

'크신 스승 계신 곳을 공경하고 존중하고, 뜻을 낮추어 공양하면서 의지해 머물러야 한다. 그리고 본받고 배우며 가르침 따라야 하고, 여러 범행 닦는 이로서 큰 스승께서 칭찬하는 이들을 공경하고 존중하고 공양하면서 의지해 머물러야 한다.'"

붇다께서 이 경을 말씀하시자, 존자 마하카샤파는 기뻐하고 따라 기뻐하면서 절하고 물러갔다.

• 잡아함 906 법손괴경(法損壞經)

• 해설 •

계율이 많아짐은 중생의 허물이 많아짐을 뜻하고, 가르치는 법의 수[法

數]가 늘어남은 중생의 번뇌가 늘어남을 뜻한다.

이처럼 상가를 이끌 법과 율이 갖춰 있어도 상가대중이 닦아 익히지 않는 것은 다섯 가지가 흐리기 때문이다. 곧 목숨·번뇌·겁·견해·중생이 흐림이다.

첫째, 목숨이 흐림[命濁]은 삶이 병고에 찌들고 환경이 공해에 물든 것을 말한다. 둘째, 번뇌가 흐림[煩惱濁]은 중생이 탐욕·성냄·거짓됨이 많아 삿된 법에 휘둘려 어지러움을 말한다.

셋째, 겁이 흐림[劫濁]은 중생의 역사가 전쟁과 기아, 갖가지 질병으로 고통받는 것을 말한다. 넷째, 견해가 흐림[見濁]은 중생이 삿된 세계관과 환상에 젖어 사는 것을 말한다.

다섯째, 중생이 흐림[衆生濁]은 중생이 갖가지 악행을 지으며 악의 과보를 두려워하지 않고 좋은 공덕 짓지 않는 것을 말한다.

이 다섯 가지가 흐리기 때문에 세간 대중이 여래의 법과 율을 즐겨 배우지 않는 것이지만, 또 사람이 여래의 법을 행하지 않음으로 여래의 법이 시들고 보디사트바의 행원이 엷어지게 되어 중생 세간에 다섯 가지가 흐려지는 것이다.

여래의 실상의 법은 늘고 줌이 없고 나고 사라짐이 없다. 그러나 세간에 주지하는[世間住持] 삼보의 법은 법을 행하는 사람들의 인연을 따라 나고 사라지기도 하고 그 법이 시들기도 하고 융성하기도 하는 것이다.

무엇이 법을 시들게 하는가. 다섯 가지 인연이 있다.

첫째, 여래와 선지식을 공경하지 않고 존중하지 않음이다.

둘째, 뜻을 낮추어 여래의 법을 공경하지 않고 공양하지 않기 때문이다.

셋째, 여래의 법에 의지해 그 가르침을 따르지 않기 때문이다.

넷째, 큰 스승이 칭찬하는 범행자를 공경하지 않기 때문이다.

다섯째, 선지식에 공양하고 의지해 머물지 않기 때문이다.

법을 시들게 하는 이 다섯 인연을 떠나 크신 스승 여래 계신 곳을 공경하고 선지식을 공경하고 의지하면, 법의 씨앗이 진여의 땅에 내리고 법의 씨앗이 싹을 내고 꽃을 피우고 보디의 열매를 맺는 것이다.

이처럼 보디의 열매도 갖가지 실천의 인연이 아니면 나지 않지만, 번뇌와 보디가 모두 나되 남이 없음[生而無生]을 알아야 본래 니르바나의 땅을 떠남이 없이 해탈의 땅에 나아가는 자이고, 참으로 여래를 잘 섬기고 중생을 잘 거두는 자라 할 것이다.

마조선사(馬祖禪師)의 한 게송을 들어보자.

마음 땅을 때를 따라 말했으니
보디 또한 다만 그럴 뿐이네.
사법과 진리에 다 걸림 없으면
남 그대로 곧 나지 않음이네.

心地隨時說　菩提亦秖寧
事理俱無礙　當生即不生

사법과 진리가 걸림 없음을 바로 보면 범부의 번뇌 밖에 보디의 길이 없을 것이며, 꽃 피고 잎 지는 인연의 땅이 니르바나의 땅일 것이니, 옛 선사[智海淸]는 이렇게 말한다.

안개가 푸른 대를 휘감으니
산은 옥을 머금었고
이슬이 노란 꽃에 떨어지니
땅이 금을 솟구쳐 낸다.

煙籠翠竹山含玉　露滴黃花地涌金

제2장

출가(出家)

"비구들이여, 잘 집을 나와 스스로의 이익을
잘 얻으면, 이 넓은 세상에서 어느 때나 거룩한 곳에
태어나 모든 아는 뿌리가 갖춰지고,
어둡거나 어리석지 않으며, 반드시 말을 쓰지 않아도
좋은 말이나 나쁜 말이나 그 뜻을 알 수 있을 것이다.
나는 지금 이 세상에서 붇다가 되고, 여래·공양해야 할 분·
바르게 깨친 이·지혜와 행을 다 갖춘 이·잘 가신 이·
세간을 아시는 분·위없는 스승·잘 다루는 장부·
하늘과 사람의 스승·붇다 세존이 되어,
고요한 니르바나와 보디의 법을 설한다."

수행자가 여래를 따라 집이 아닌 곳으로 집을 나와 보디의 도를 배우는 것은 출자가의 열 가지 계와 구족계를 받음으로 공식화된다. 구족계를 받는 것은 출가상가의 집단의식이고 수행자로서의 자기 서약이며, 출가상가 구성원으로서 자격이 인정되는 입문절차이다.

구족계 받음에 대해서 설일체유부종(設一切有部宗) 『십송율』(十頌律)은 열 가지 구족계 받음[受具]을 말한다.

열 가지란 저절로 얻음[自然得], 진리를 보아 얻음[見諦得], 스스로 다짐해 얻음[自誓得], 논의로 얻음[論議得], 멀리 치우친 곳에서 다섯 명의 카르마로 얻음[邊五得], 여덟 공경법을 받아 얻음[受重得], 사람을 대신 보내 얻음[遣使得], '잘 왔구나' 말해줌으로 얻음[善來得], 삼귀의로 얻음[三歸得], 카르마로 얻음[羯磨得]이다.

여래 성도(成道) 바로 뒤 초기 상가에서는 삼보에 귀의하거나 '잘 왔구나 비구여'라고 말해줌으로써 바로 계를 갖추었다. 그러나 상가 대중이 늘어나면서 구족계 받는 의식은 세 스승[三師]과 일곱 증사[七證]가 있는 대중 카르마의 의식을 거쳐서 하는 공식절차로 형성되었다.

세 스승은 출가하는 이가 의지하는 스승[依止師], 가르치는 스승[敎授師], 수계절차를 진행하는 카르마의 스승[羯磨師]이다. 이 세 스승과 현전상가의 증명하는 대중이 함께해야 출가의 카르마가 성립되니, 출가의식은 네 번 현전상가의 대중에 아뢰는 카르마[白四羯磨]가 기본이다.

의지하는 스승을 화상(和尙)이라 하는데, 화상은 범어 우파디야야(upādhyāya)의 소리가 잘못 바뀌어 줄어든 말이다.

이처럼 출가의식 절차가 공식화되기 전 이미 비구·비구니가 된 대중의 구족계를 인정해줄 이론적 틀이 필요했으므로, 『십송율』은 다음 열 가지로 구족계 받음을 말하고 있다.

① 저절로 얻음[自然得] '붇다 세존은 스승 없이 저절로 구족계를 얻었다'고 말한 것이다. 세존께서 출가할 때 스스로 머리 깎음을 계구족(戒具足)의 일로 풀이함이다.

이를 대승의 뜻으로 보면 붇다는 위없는 보디의 완성자로서 붇다에게는 보디(bodhi) 그 자체가 계의 바탕[戒體]이 된다. 그러므로 세존은 본래 갖춘 계의 바탕을 온전히 드러낸 분이라 '계를 받고 잃음이 없는 것'이다.

② 진리를 보아 얻음[見諦得] 카시 사슴동산에서 다섯 고행자가 붇다께 사제와 중도의 교설을 듣고 연기법을 깨달아 출가제자가 된 것을 말한다.

다섯 고행자가 진리를 깨친 순서는, 맨 처음 카운디냐(Kauṇḍinya)이고 그 다음이 아쓰바짓(Aśvajit)과 마하나마(Mahānāma) 두 존자이고, 맨 뒤가 바드리카(Bhadrika)와 바스파(Vāṣpa) 두 비구이다.

카운디냐가 맨 처음 사제의 교설에서 깨치니, 세존은 그를 '맨 처음 지혜 얻은 이'란 말을 덧붙여 아즈냐타 카운디냐(Ājñāta-kauṇḍinya)라 불러주시니, 『십송율』은 그것을 '진리를 보아 구족계 얻음'으로 본 것이다.

그러나 『사분율』에서는 다섯 고행자가 깨달음을 통해 비구가 된 것을 모두 세존께서 '잘 왔구나'[善來]라고 말해줌으로 구족계가 갖춰진 것으로 풀이한다.

세존은 깨달음을 얻은 다섯 비구가 차례로 '저는 붇다 곁에서 깨끗한 범행을 닦으려 합니다'라고 말하면 그들에게 모두 다음과 같이 말씀하셨다.

"잘 왔구나 비구여, 나의 법 안에서 스스로 기뻐하고 범행을 닦아 괴로움의 뿌리를 다 없애라."

또 그 비구들도 비구로서 새롭게 인증되고 나서 모두 다음과 같이 말한다.

"저는 지금부터 바라나시 성에 들어가 밥을 빌고자 합니다. 세존께서는 저의 뜻을 들어주십시오."

그러면 붇다께서 그 비구들에게 다음과 같이 말씀하신다.

"비구여, 지금이 바로 그때이다."

이렇게 보면 『사분율』에서 다섯 비구의 구족계는 여래께서 '잘 왔구나' 불러주심으로 구족계 받음이 된다.

③ 스스로 다짐해 얻음[自誓得] 마하카샤파 존자의 비구되는 과정을 말한다. 카샤파 존자는 부유한 브라마나로서 결혼한 뒤 일 년 만에 부모가 돌아가시자 부부가 같이 출가한다.

스스로 머리 깎고 자기 옷을 잘라 상가티를 만들어 입고 세간의 아라한이 되었다.

라자그리하에서 나란다 가는 길 가운데 '다산을 기원하는 스투파'[多子廟]에서 세존을 뵙고 세존께 '세존은 저의 스승이시고 저는 세존의 제자입니다'라고 말씀드려 세존의 출가제자가 되었다.

그는 붇다의 곁에서 가르침을 들으며 여드레 만에 깨달음을 이루었다. 『십송율』은 이를 '스스로 세존의 제자임을 다짐해서 구족계 얻음'이라 기록한다.

④ 논의하여 얻음[論議得]   세존과 잘 법을 문답하여 구족계가 인정되는 경우이다. 일곱 살 '수파카 사미'가 열 가지 부정관(不淨觀)에 대해 붇다의 물음에 잘 대답함으로 비구로 인정됨이 그 경우이다. 아함경 가운데 여러 곳에서 지혜의 눈을 뜬 어린 사미(沙彌)에게 붇다께서 '이 사람이 큰 비구이다'라고 인정해주심과 같은 것이다.
또 『십송율』에 '소타(蘇陀)가 붇다의 물음을 그 뜻에 따라 잘 답하여 구족계를 얻었'고 함이 바로 문답하고 논의하여 얻음이다.

⑤ 멀리 치우친 곳에서 다섯 명의 카르마로 얻음[邊五得]   구족계 받는 카르마는 의지하는 스승[和尚], 카르마의 스승, 가르치는 스승, 이 세 스승[三師]과 일곱 증명하는 비구[七證]의 열 명의 카르마를 기본으로 한다. 그러나 치우친 곳의 현전상가의 숫자가 적을 때는 다섯 명의 카르마로 구족계를 설하고 받을 수 있다.

⑥ 여덟 공경법을 받아 얻음[受重得]   비구니는 정식 카르마 법에 의해 비구와 비구니 두 상가에서 구족계를 받아야 한다.
다만 마하프라자파티(Mahāprajāpatī)는 처음 붇다께 비구니가 될 때 여덟 공경하는 계[八敬法]을 받아서 되었으므로 이를 공경법을 받아 얻음[受重得]이라 한다.

⑦ 사람을 대신 보내 얻음[遣使得]   비구니가 비구니상가에서 계를

받고 비구상가에 다시 계를 받을 때 어쩔 수 없는 경우 대신 사람을 보내 받음을 말한다.

『십송율』에 판가칭비구니[半迦屬比丘尼]의 경우이니, 이는 장자의 딸인 미모의 여인으로 비구니 수계를 마친 뒤 비구상가로 가던 도중 악한들에게 위협을 받아 다른 비구니를 보내 수계하고 붇다로부터 인증된 경우이다. 이와 같이 어쩔 수 없는 사정이 있을 경우 대신 수계함을 인정한 제도이다.

⑧ '잘 왔구나' 말해줌으로 얻음[善來得] 출가상가의 구족계를 위한 카르마가 제정되기 전 여래께서 '잘 왔구나' 불러줌으로 구족계가 갖춰짐을 말한다.

『사분율』에서는 사슴동산의 다섯 비구, 야사스와 그 벗들, 우루빌라 카샤파 삼형제의 천 명 대중, 사리푸트라와 목갈라야나와 산자야 교단의 이백오십 명의 출가가 모두 '잘 왔구나' 말해줌으로 구족계를 얻은 출가라 말한다.

⑨ 삼귀의로 얻음[三歸得] 초기 상가에서 열 명의 카르마 법이 나오기 전 전법의 길에서 믿음 낸 이들에게 삼귀의로 구족계 준 것을 말한다.

⑩ 카르마로 얻음[羯磨得] 구족계 설함의 절차가 정비된 뒤의 상가의 구족계 받음이니, 열 명 이상의 현전상가에서 행할 수 있다.

계 받는 이가 의지하는 스승[依止師]을 정하고 가르치는 스승[敎授師]과 카르마의 스승[羯磨師]을 모시고 그 밖의 현전상가 대중[七

證師] 앞에서 구족계 받는 의식 치름을 말한다.

『선견론』(善見論)에서는 맨처음 계를 얻고 상가대중의 몸가짐을
갖춘 출가수행자의 모습을 다음과 같이 말한다.

　　잘 왔구나 해주시어 계를 얻고서
　　세 가지 법의 옷인 가사와 발우를
　　오른쪽 어깨 위에 꿰어 차니
　　발우 빛깔 푸른 우트팔라 꽃과 같고
　　몸에 걸친 깨끗하고 밝은 가사는
　　고운 빛깔 마치 붉은 연꽃 같아라.
　　바늘과 실 작은 도끼 몸에 지니고
　　물 거르는 주머니 등 도구 갖췄네.

　　善來得戒

　　三衣及瓦鉢 貫著左肩上

　　鉢色如靑鬱鉢羅華

　　袈裟鮮明如赤蓮華

　　針線斧子漉囊備具

1 세존의 법과 율을 따라 집을 나옴

• 이끄는 글 •

붇다의 초기 상가에서는 세존께서 '잘 왔다'고 말해주면 곧 비구의 신분을 얻었다. 그러나 우루빌라 카샤파 삼형제의 불을 섬기던 브라마나 대중과 산자야 교단의 수행자들이 상가에 들어오면서 그 가운데 옷 입고 밥을 빌며 밥 먹고 누워 잠자는 데서 그 몸가짐이 바르지 못한 무리들이 늘어나게 되었다.

또 비구들 가운데 많은 이들이 병들 때나 목숨 마칠 때 돌보아주는 이가 없어 홀로 외로이 죽음을 맞이하거나 간호하는 이가 없이 쓸쓸이 죽는 일이 많아졌다.

이에 세존께서는 새로 비구가 될 때 의지하는 스승을 정해 출가하여 그 화상을 잘 보살피도록 하고, 스승인 화상은 제자 비구를 잘 가르치는 제도를 세우셨다. 이것이 열 명 이상의 현전상가에서 의지하는 스승[依止師], 가르치는 스승[敎授師], 카르마의 스승[羯磨師] 이세 스승 앞에서 일곱 명 이상 현전상가의 증명으로 구족계 받는 제도이다.

구족계 받는 카르마는 구족계 받기를 청함과 허락함을 대중 앞에 말하는 카르마이므로 '네 번 아뢰는 카르마'[白四羯磨]라 한다.

『사분율』에 보면 제자가 화상을 정할 때는 다음처럼 할 것을 붇다는 가르친다.

지금부터 화상이 있으면 화상이 제자를 보살피되 자식처럼 하고 제자는 화상을 어버이같이 하여, 서로서로 공경하고 존중하여 보살피라. 이렇게 해야 바른 법이 오래 머물러 그 이로움이 넓고 클 것이다.

제자가 화상에게 다음처럼 청하면 화상은 가르쳐주어야 한다.

제자는 오른쪽 어깨를 드러내놓고 가죽신을 벗고 오른쪽 무릎을 땅에 대로 이렇게 말하라.

'저 ○○는 대덕을 화상으로 삼고자 합니다.

대덕께서 저의 화상이 되어주시길 바랍니다.

저는 대덕을 의지해 구족계를 받겠습니다.'

두 번 세 번 말하면 화상은 그에게 '좋다'고 하거나 '그렇다'고 하거나 '그대에게 가르쳐주겠다' 하거나 '청정히 해 방일치 말라'고 말하는 것으로 허락한다.

또 붇다는 '우파사카에게 삼귀의를 주는 것 말고는 열 사람의 현전상가를 채워서 구족계를 주되, 네 차례 대중에 아뢰는 카르마를 행하도록 하고 그 다음에 계를 주라'고 가르치신다.

계를 받는 이는 대중의 발에 절하고 오른쪽 무릎을 땅에 대 꿇고 합장해 이렇게 말해야 한다.

대덕 상가대중은 들으십시오.

저 ○○는 ○○화상에게 구족계를 받으려 합니다.

저 ○○는 ○○를 화상으로 하여 구족계를 받고자 하니, 허락해주십시오.

대덕 상가대중들은 저를 가엾이 여기어 건네주시기 바랍니다.

위와 같이 세 번 대중에게 아뢰면, 카르마를 잘할 수 있는 스승은 대중 앞에 다음과 같이 첫 번째 카르마를 행해야 한다.

대덕 상가대중이여, 들으십시오.

이 ○○가 구족계를 받으려고 해, ○○가 여러 대중들에게 와서 ○○를 화상으로 해 구족계 받으려고 하니 허락해주길 바랍니다.

대중들은 때가 되었으면 승인해 들어주십시오.

'○○가 구족계를 받되 ○○를 화상으로 삼겠습니다.'

이렇게 대중에 아룁니다.

카르마의 아차르야는 이렇게 말하고 대중의 동의를 '잠자코 있음'으로 구하고 이의가 있으면 말하도록 묻는다.

이것이 첫 번째 카르마이다.

이와 같이 두 번 세 번 대중의 동의를 구하는 카르마를 행하고서 다음과 같이 구족계 받는 일이 이루어짐을 대중에게 선언한다.

여러 대중이 이미 승인하시므로 ○○에게 구족계를 주되 ○○를 화상으로 삼았습니다.

대중이 승인하여 '잠자코 계심'으로 이 일을 이와 같이 지니겠습니다.

위에서처럼 세 번 동의를 구하는 카르마를 행한 뒤에 마지막 구족계 받음이 이루어졌음을 선언하는 것이 '대중에 네 번 아뢰는 수계의 카르마'[白四羯磨]이다.

붇다의 상가에 입문하는 것은 깨끗한 믿음을 내고 수염과 머리를 깎고 여래의 법과 율에 의거해 수행하고 공동체 생활을 하겠다는 서약과 스승을 정하는 카르마의 절차에 의해서 이루어진다.

그 문호는 출신계급에 관계없이 평등하게 열려져 있다. 그러나 수계한 뒤 상가 내부나 사회적으로 물의를 일으키는 예가 있으므로, 세존은 몇 가지 경우 계를 설해 제자 두지 못하도록 금지하고 있으니 다음과 같다.

① 구족계 받은 뒤 십 년이 되지 않은 비구가 제자를 두는 경우이다. 처음에는 누구나 카르마의 절차에 합당하면 화상이 되어 구족계를 설할 수 있도록 하였다. 그렇게 하자, 구족계 받은 지 얼마 되지 않은 비구들이 스스로 구족계를 설해 제자를 만들어 제대로 가르치지 못한 폐단이 생기므로 십 년이 넘는 비구가 제자를 두도록 한 것이다.

구족계 받은 지 이 년 된 바선(婆先) 비구가 제자를 두어 제대로 가르치지 못함을 꾸중하신 뒤에 붇다께서는 '법의 나이가 십 년이 된 비구가 남에게 구족계 주는 것을 허락한다'고 말씀하셨다.

② 법의 나이가 열 살이 되어도 어리석은 이는 계를 줄 수 없음

이다. 이는 곧 계 받은 지 십 년이 되었어도 스스로 교법을 모르므로 제자를 가르칠 줄 몰라 그 제자가 법답지 못한 행위를 하므로 붇다께서는 다음과 같이 말씀하셨다.

"지금부터 법의 나이가 열 살이 되어 지혜 있는 비구만이 남에게 구족계를 주도록 허락한다."

③ 법의 나이가 십 년이 되고 지혜가 있어도 제자를 잘 가르치지 않거나 대중상가의 카르마에서 그 제자의 허물에 대해 내린 징벌을 감추어 듣지 못하게 한 경우에는 제자를 둘 화상의 자격이 없는 것이다.

화상은 합당한 법을 행해야 화상으로서 자격이 있는 것이고, 그 제자에게 법과 옷과 먹을거리로써 보살필 수 있어야 하니, 그렇지 못하면 자격이 없는 것이다.

법으로 제자를 보살핀다 함은 가장 높은 계와 선정과 지혜로 가르침이고, 잘 배워 묻는 것과 경 외우기를 가르침이다.

옷과 먹을거리로 보살핌은 제자의 수행과 생활상의 어려움을 해결해주고 병들 때 약을 대주는 것이니, 법과 재물 두 가지로 보살피지 못하면 화상으로서 제자를 둘 자격이 없는 것이다.

제자 또한 화상의 가르침을 잘 받들어 따르고 화상의 생활상의 어려움들을 보살펴드려야 한다. 새로 비구가 되어 오 년이나 십 년 화상을 모시고 생활해야 하며 화상의 일상생활에 필요한 일을 돌보아드리고, 화상의 가르침과 지도를 받아 모든 일을 행해야 한다.

그렇지 못하면 제자로서 계 받아 지닐 자격이 없는 것이다.

위의 세 가지는 『사분율』의 수계(受戒) 스칸다에 나오는 내용이다.

계 설하는 비구에 대해서는 다섯 가지 법[五法]이 있는 이는 구족계 설할 수 없도록 금지하고 있으니, 다섯 가지 법은 다음과 같다.

첫째 연기의 법에 믿음 없는 이[無信], 둘째 스스로 부끄러워함이 없는 이[無慚], 셋째 남에 대해 부끄러워하지 않는 이[無愧], 넷째 게으른 이[懶惰], 다섯째 자주 잊어먹는 이[多忘] 등 이런 이들은 남의 스승이 되어 계를 설할 수 없다.

『사분율』의 '계 설하는 스칸다'[說戒犍度]에서는 여래께서 설법하는 자리에 죄 지은 비구가 죄를 감추고 앉아 있음으로 목갈라야나 존자가 그 죄 지은 비구를 내쫓자 세존이 이렇게 타이르신다.

"그대는 그렇게 하지 않았어야 했다. 그 죄 지은 비구를 '스스로 죄를 말하게 함'으로 다스렸어야 했다. 그렇게 해도 스스로 말하지 않으면 그때 '내쫓음'으로 다스리도록 해야 한다."

붇다는 이렇게 목갈라야나를 꾸중하시고 대중 스스로 계 설함과 죄에 대한 꾸짖음과 내쫓음의 카르마를 하도록 하되, 죄 지은 자가 죄를 뉘우칠 수 있는 길을 열어주게 하신다.

다만 타고난 신체적 결함이 있는 이나 극악한 죄를 범한 이의 구족계 받는 것을 금하는 것은 상가가 세간의 복밭으로 길이 전해지도록 하기 위함이고, 세간의 비난으로부터 여래의 상가를 보살피기 위함이다.

잘 왔다 비구들이여, 잘 집을 나와
해탈 얻으면 나와 남을 이롭게 하리라

이와 같이 내가 들었다.

한때 붇다께서 라자그리하 성 칼란다카 대나무동산에 계셨다.

그때 세존께서 여러 비구들에게 말씀하셨다.

"잘 왔다, 비구들이여. 잘 집을 나와 스스로의 이익을 잘 얻으면, 이 넓은 세상에서 어느 때나 거룩한 곳에 태어나 모든 아는 뿌리[根]가 갖춰지고, 어둡거나 어리석지 않으며, 반드시 말을 쓰지 않아도 좋은 말이나 나쁜 말이나 그 뜻을 알 수 있을 것이다.

나는 지금 이 세상에서 붇다가 되고, 여래·공양해야 할 분·바르게 깨친 이·지혜와 행을 다 갖춘 이·잘 가신 이·세간을 아시는 분·위없는 스승·잘 다루는 장부·하늘과 사람의 스승·붇다 세존이 되어, 고요한 니르바나와 보디의 법을 설한다.

그리하여 잘 가신 이·바르게 깨친 분에게 바로 향하게 한다."

새로 집을 나온 이들을 찬탄하신 뒤, 연기법의 진리를 보이심

"그 법은 다음과 같다.

'이것이 있기 때문에 저것이 있고, 이것이 일어나기 때문에 저것이 일어남이니, 곧 무명(無明)이 있으므로 행(行)이 있고, 행이 있으므로 앎[識]이 있으며, 앎이 있으므로 마음·물질[名色]이 있고, 마음·물질이 있으므로 여섯 들임[六入]이 있다.

여섯 들임이 있으므로 닿음[觸]이 있고, 닿음이 있으므로 느낌[受]이 있고, 느낌이 있으므로 애착[愛]이 있고, 애착이 있으므로 취함[取]이 있고, 취함이 있으므로 존재[有]가 있고, 존재가 있으므로 죽음·근심·괴로움의 큰 무더기가 일어난다.

무명이 사라지므로 행이 사라지고, 행이 사라지므로 앎이 사라지며, 앎이 사라지므로 마음·물질이 사라지고, 마음·물질이 사라지므로 여섯 들임이 사라진다.

여섯 들임이 사라지므로 닿음이 사라지고, 닿음이 사라지므로 느낌이 사라지고, 느낌이 사라지므로 애착이 사라지고, 애착이 사라지므로 취함이 사라지고, 취함이 사라지므로 존재가 사라지고, 존재가 사라지므로 죽음·근심과 괴로움의 큰 무더기가 사라진다.'"

바른 법을 위해 집을 나와, 스스로와 남을 이롭게 하길 당부하심

"이처럼 여러 비구들이여, 얻기 어려운 곳을 이미 얻으면 거룩한 곳에 나고, 모든 아는 뿌리가 갖춰지며, 무명과 지어감이 사라지고 나아가 큰 괴로움의 무더기가 사라지게 된다.

그러므로 비구들이여, 이와 같이 배워 스스로를 이롭게 하고 남도 이롭게 하며, 스스로와 남을 모두 이롭게 해야[自他俱利] 한다.

이와 같이 잘 집을 나오면 어둡지 않고 어리석지도 않아서 결과가 있고 즐거움이 있으며, 즐거운 과보가 있을 것이다.

또 입을 옷·먹을거리·앉을 자리·자리끼·의약품을 공양한 사람들도 모두 큰 결과와 큰 복과 큰 이익을 얻을 것이다.

그러므로 비구들이여, 반드시 이와 같이 배워야 한다."

붇다께서 이 경을 말씀하시자, 여러 비구들은 붇다의 말씀을 듣고 기뻐하며 받들어 행하였다.

• 잡아함 349 성처경(聖處經)

• **해설** •

'잘 왔다'고 말함으로써 새로 귀의한 제자들을 비구로서 인증하고 그들에게 법을 설하시니, 이는 초기 상가에서 비구대중을 받아들임이다.

붇다는 처음 바깥길에서 도를 행하던 무리들을 교화하실 때는 '보시와 계 지님으로 하늘에 남'[施戒生天] '탐욕은 깨끗하지 않다는 생각'[欲不淨想] '탐욕의 얽매임에서 벗어남이 즐거움이 된다'[出要]는 가르침으로 이끄신다. 그런 뒤 그들이 믿음의 뿌리가 굳세어지면 '잘 왔다'[善來]고 말씀해 비구로 받아들이고, '나의 법 가운데서 범행 닦아 괴로움의 뿌리를 다하라'고 당부하신다.

이와 같이 비구로 받아들인 제자가 우루빌라 카샤파, 나디 카샤파, 가야 카샤파 삼형제와 그 따르는 무리들인 천 명의 대중, 산자야 교단의 이백오십 대중이었다. 불 섬기는 브라마나와 산자야 사문의 제자, 이 큰 집단이 들어옴으로써 붇다의 상가는 단번에 인도사회에서 큰 출가자 집단으로 도약한다.

이 경은 큰 대중 집단이 상가에 들어온 뒤 그 대중에게 다시 여래 계신 곳[如來所]에 믿음의 뿌리를 굳세게 해주고 그들에게 연기의 진리를 다시 설하고 있다. 또한 잘 법을 받아 지니면 해탈의 과보가 있으리라 언약하시고, 비구상가에 공양을 바치는 이 또한 큰 복과 이익, 해탈의 과보 얻게 되리라 약속하고 계신다.

이처럼 탐욕의 집을 버리고[出家] 여래의 집에 들어선 이[入如來家], 그는 스스로 여래의 집안 사람으로 인정받고, 다시 여래로부터 세간에 큰 이익 주고 세간에 법의 깃발 세울 여래의 심부름꾼[如來使]으로, 해야 할 일을 부여 받은 사람인 것이다.

세존이시여, 저도 지금 바른 법과 율 안에서 비구의 신분을 얻을 수 있습니까

이와 같이 내가 들었다.

한때 붇다께서 라자그리하 성 칼란다카 대나무동산에 계셨다.

그때 '시바'라는 집을 나온 바깥길 수행자가 붇다 계신 곳으로 찾아와서 세존을 뵙고 서로 문안하여 위로한 뒤에 한쪽에 물러나 앉아서 붇다께 말씀드렸다.

"고타마시여, 어떤 사문·브라마나들은 이와 같은 견해로 이와 같이 말합니다.

'만약 어떤 사람이 알고 깨닫고 하는 것이 있으면, 그 온갖 것은 본래의 원인[因]이 지은 바[本所作因]이다.

그러므로 온갖 고행을 닦아 과거의 업을 다 없애고, 다시 새로운 업을 짓지 않고 모든 인연을 끊으면, 미래세에는 모든 흐름[諸漏]이 다시는 없게 될 것이다. 온갖 번뇌가 다 없어졌기 때문에 업이 다하고, 업이 다하기 때문에 괴로움도 다 없어질 것이며, 괴로움이 다 없어진 사람은 괴로움의 끝을 다할 것이다.'

이 견해에 대하여 지금 고타마는 어떻게 말씀하시겠습니까?"

고행에 의해 괴로움의 끝에 이를 수 없음을 보이심

붇다께서 시바에게 말씀하셨다.

"그 사문·브라마나들의 말은 실로 아득한 말이라 자세지도 않고 헤아림도 없으며, 어둡고 어리석고 옳지도 않으며 밝게 가림도 없다. 왜 그런가. 중생은 때로 풍병(風病)으로 인해 괴로움을 느끼고, 때로 담병(痰病)·가래병[唾病]으로 괴로움을 느끼고, 때로 네 가지 요소[等分]가 더하거나 줄어듦에 따라 괴로워하기도 하기 때문이다.

또한 때로 스스로 해치기도 하고, 때로 남이 해치기도 하며, 때로 바뀌는 철의 기운[節氣]으로 인해 괴로워하기도 하기 때문이다.

스스로 해친다고 한 것은 털을 뽑거나, 때로 수염을 뽑거나, 때로 늘 서서 손을 들고 있거나, 때로 땅에 꿇어앉아 있거나, 때로 재나 흙 위에 누워 있거나, 때로 가시덤불 위에 눕거나, 때로 나무공이[杵]나 널빤지 위에 눕는 것이다. 때로 쇠똥을 땅에 바르고 그 위에 눕거나, 때로 물속에 눕는 것이다. 때로 하루에 세 번씩 목욕을 하거나, 때로 한 발로 서서 몸이 해를 따르도록 하는 것 등이니, 이러한 온갖 괴로운 짓을 부지런히 행함이다. 시바여, 이것을 스스로 해치는 것이라고 한다.

남이 해친다고 한 것은, 때로 다른 사람이 손에 돌·칼·막대기 따위를 가지고 여러 가지 방법으로 몸에 해를 입히는 것을 남이 해치는 것이라고 말한다.

시바여, 또 바뀌는 철의 기운이 해친다고 한 것은, 겨울에는 몹시 춥고 봄철에는 매우 덥고 여름에는 추위와 더위가 한꺼번에 닥치는 것 따위를 바뀌는 철의 기운으로 해를 받음이라 한다.

이것은 세간의 진실한 것으로서 거짓된 것이 아니다.

시바여, 세간에는 이런 진실한 것이 있어서 풍병으로 해를 입기도 하고 나아가 바뀌는 철의 기운으로 해를 입기도 하니, 저 중생들은 그것들을 진실 그대로 깨달아 느끼는 것이다.

그대에게도 이런 근심이 있을 것이니, 풍병·담병·가래병과 나아가 바뀌는 철의 기운으로 인해 해를 입는 것을 진실 그대로 느끼는 것이다. 시바여, 만약 그 사문·브라마나들이 '모든 사람이 알고 느끼는 것은 다 본래의 원인이 지은 바[本所作因]이다'라고 한다면, 그는 이 세상의 진실한 일을 버리고 제 견해를 따라 헛된 거짓말을 하는 것이다."

여덟 가지 바른 삶의 길로 현재의 법에서 해탈할 수 있음을 보임

"시바여, 다섯 가지 원인[因]과 다섯 가지 조건[緣]이 있어 마음의 근심과 괴로움을 낸다. 어떤 것이 그 다섯인가?

곧 탐욕의 얽맴[貪欲纏]을 인해 탐욕의 얽맴을 조건으로 마음에 근심과 괴로움을 내고, 성냄·잠과 졸음[睡眠]·들뜸과 뉘우침[掉悔]·의심[疑]의 얽맴을 인해 성냄·잠과 졸음·들뜸과 뉘우침·의심의 얽맴을 조건으로 하여 마음에 근심과 괴로움을 낸다. 시바여, 이것을 다섯 가지 원인과 다섯 가지 조건이 마음에 근심과 괴로움을 내는 것이라고 한다.

시바여, 다섯 가지 바른 원인과 다섯 가지 바른 조건이 있으면 마음에 근심과 괴로움을 내지 않는다. 어떤 것이 그 다섯인가?

탐욕의 얽맴을 인해 탐욕의 얽맴을 조건으로 하여, 그 마음에 근심과 괴로움을 낸 사람이 그 탐욕의 얽맴을 여의면 마음에 근심과 괴로움이 생기지 않는다.

성냄·잠과 졸음·들뜸과 뉘우침·의심의 얽맴을 인해, 성냄·잠과 졸음·들뜸과 뉘우침·의심의 얽맴을 조건으로 하여, 마음에 근심과 괴로움을 낸 사람이 그 성냄·잠과 졸음·들뜸과 뉘우침·의심의 얽맴을 여의면 마음에 근심과 괴로움을 내지 않는다. 시바여, 이 것을 다섯 가지 바른 원인과 다섯 가지 바른 조건으로 마음에 근심과 괴로움을 내지 않는 것이라고 한다.

그래서 현재의 법에서 번뇌를 여의고 때[時]를 기다리지 않고 통달하여 드러내, 그 때문에 스스로 깨달아 알게 된다.

시바여, 다시 현재의 법에서 타오르는 번뇌를 떠나, 때를 기다리지 않고 통달하여 드러내, 그 때문에 깨달아 아는 것이란 곧 여덟 가지 바른 길이니 바른 견해[正見], 나아가 바른 선정[正定]이다.”

여래의 설법에 시바가 법의 눈을 얻어 세존의 출가제자가 됨

법을 설할 때 집을 나온 바깥길 수행자 시바는 티끌과 때를 멀리 여의어 법의 눈[法眼]이 깨끗하게 되었다.

그때 시바 바깥길 수행자는 법을 보고 법을 얻었으며, 법을 알고 법에 들어가 온갖 여우 같은 의심을 건너되 남을 말미암지 않고 바른 법과 율에 들어가 두려움 없음을 얻게 되었다.

그는 곧 자리에서 일어나 옷매무새를 고치고 나서 합장하고서 붇다께 여쭈었다.

“세존이시여, 저도 지금 저 바른 법과 율 가운데 집을 나와 구족계를 받고 비구의 신분을 얻을 수 있겠습니까?”

붇다께서 시바에게 말씀하셨다.

“시바여, 너는 지금 이 법과 율에 의해 집을 나와 도를 배우고 여러 범행을 닦을 수 있다.”

그는 곧 집을 나와 홀로 고요히 이렇게 사유하였다.

‘잘 행하는 사람이 수염과 머리를 깎고 가사를 입고 바른 믿음으로 집을 나와 도를 배우는 것은 범행을 닦아 스스로 깨달아 아는 데 있다. 그리하여 〈나의 태어남은 이미 다하고, 범행은 이미 서고, 지을 바를 이미 지어 다시는 뒤의 있음 받지 않음〉을 진실 그대로 아는 것이다.'

이와 같이 그는 잘 닦아 행해 마음이 해탈하여 아라한을 얻었다.

• 잡아함 977 시바경(尸婆經) ②

• 해설 •

붇다의 가르침 밖 바깥길의 세계관은 초월적 요인이든 원자적 요인이든 본래 있는 어떤 실체적 요인에 의해 또는 과거의 지은 것에 의해 지금의 존재가 있으므로 고행 등을 통해 다시 업을 짓지 않으면 해탈한다고 가르친다.

붇다는 주체가 느끼는 괴로움, 어떤 깨달아 앎은 갖가지 인연으로 어울려 나는 괴로움이고 느끼어 앎임을 가르친다. 그 느끼는 괴로움의 방향이 때로 몸의 병으로 나타나기도 하고 남의 해침이나 밖의 기운이 되기도 하지만, 그 모두는 지금 일어나고 있는 인연의 산물이다.

그러므로 고행으로 스스로를 해치거나 초월자에게 기도한다고 그 고통의 뿌리를 다하지 못한다. 괴로움을 내는 바깥 조건이 공한 줄 알고, 원인[因]과 조건[緣]이 어울려 나는 주체의 탐욕 · 성냄 · 잠과 졸음 · 들뜸과 뉘우침 · 의심의 묶음이 공한 줄 알아 그 묶음을 여의는 곳에서 해탈할 수 있다.

오직 연기의 진실을 알고 연기의 진실을 온전히 사는 여덟 가지 바른 삶의 길을 통해서 온갖 묶음에서 해탈할 수 있다는 여래의 가르침에 시바가 법의 눈이 열리어 출가의 뜻을 밝히니, 여래는 바로 그 자리에서 법과 율에 의해 도 배울 수 있음을 인정하신다.

이는 문답과 논의를 통해서 바로 비구가 되게 함[論議得]이니, 구족계 받는 형식과 절차가 없어도 여래의 뜻을 바로 알아듣고 법의 문에 들어와 여래의 법의 자식이 된 것이다. 그가 어찌 해탈하여 아라한이 되지 못하겠는가.

길을 달리하는 수행자가 구족계를 받으려면

이와 같이 내가 들었다.

한때 붓다께서는 라자그리하 성 칼란다카 대나무동산에 계셨다.

그때에 집을 나온 어떤 브릿지 종족은 붓다 계신 곳에 와서 서로 위로한 뒤에 한쪽에 물러앉아 여쭈었다.

"고타마시여, 여쭙고 싶은 것이 있는데 한가하시면 설명해주시겠습니까."

때에 세존께서는 잠자코 계셨다. 브릿지 종족 사람은 두 번 세 번 물었으나 세존께서는 또한 두 번 세 번 잠자코 계셨다.

때에 브릿지 종족은 붓다께 여쭈었다.

"저는 고타마와 같이 서로 따릅니다. 지금 묻는 것이 있는데 왜 잠자코 계십니까."

착하고 착하지 않은 법이 탐욕·성냄·어리석음의 인연으로 남을 보이시니 법의 눈을 뜸

때에 세존께서는 생각하셨다.

'이 브릿지 종족은 집을 나와 기나긴 밤 동안 순박하고 곧아 아첨하거나 거짓되지 않다. 지금 묻는 것은 모르기 때문이요, 일부러 시끄럽게 하려는 것이 아니다.

나는 이제 아비다르마(abhidharma, 阿毘曇)와 비나야(vinaya, 律)

로써 그를 받아들이겠다.'

이렇게 생각하신 뒤에 브릿지 종족에게 말씀하셨다.

"그대가 묻는 대로 해설해주겠소."

브릿지 종족은 말씀드렸다.

"어떻습니까. 고타마시여, 착한 법이 있습니까."

"있소."

브릿지 종족이 묻다께 말씀드렸다.

"저를 위해 착한 법과 착하지 않은 법을 말씀해주시어 제가 알 수 있도록 해주십시오."

묻다께서 브릿지에게 말씀하셨다.

"나는 지금 그대를 위해 간략히 착한 법과 착하지 않은 법을 말해 주겠소. 자세히 듣고 잘 사유하오, 브릿지여.

탐욕은 착하지 않은 법이고, 탐욕을 조복하면 곧 착한 법이오.

성냄과 어리석음은 착하지 않은 법이고, 성냄과 어리석음을 조복 하면 곧 착한 법이오.

(중략)

이것이 브릿지여, 내가 지금 이미 세 가지 착한 법과 세 가지 착하 지 않은 법을 말한 것이오.

이와 같이 거룩한 제자가 세 가지 착한 법과 세 가지 착하지 않은 법을 진실 그대로 알고, 열 가지 착하지 않은 법과 열 가지 착한 법을 진실 그대로 아는 자는, 탐욕이 남음 없이 사라져 다하고 성냄이 남 음 없이 사라져 다하며, 어리석음이 남음 없이 사라져 다한 것이오.

그러면 곧 온갖 샘 있음이 사라져 다하고 샘이 없이 마음이 해탈 하고 지혜가 해탈하여 현재법에서 스스로 알고 증득할 것이오."

(중략)

길 달리하는 수행자의 출가는 넉 달 동안 화상을 모시고 가사를 받아 머물러야 함을 보이심

브릿지는 말씀드렸다.

"마치 하늘이 크게 비 내리면 물이 아래로 따라 흐르는 것처럼, 고타마의 법과 율 또한 다시 이와 같습니다.

비구·비구니·우파사카·우파시카로서 남자거나 여자거나 흐름을 따라 니르바나로 향하고 니르바나로 따라 실려갑니다.

아주 기이합니다, 붇다와 법과 상가의 평등한 법과 율은.

길을 달리하는 집 나온 수행자들이 고타마 계신 곳에 와서 그 법과 율 안에서 비구가 되어 구족계를 받으려고 한다면, 얼마나 되어야 집 나옴[出家]을 들어주십니까."

붇다께서 브릿지에게 말씀하셨다.

"만약 집을 나온 길 달리하는 수행자가 이 바른 법과 율 안에 와서 집을 나와 구족계를 받으려고 하면, 넉 달 동안 화상(和尙, upādhyaya) 있는 곳에서 가사를 받고 머물러야 하오.

그러나 이것은 그 사람을 따라 대략 한계를 정해야 하는 것이오."

바깥길 따르던 브릿지가 여래의 법과 율에 귀의해 구족계를 받음

브릿지가 붇다께 말씀드렸다.

"만약 여러 길을 달리하는 집 나온 이가 바른 법과 율 안에 와서 집을 나와 구족계를 받고자 하면, 화상 계신 곳에서 가사를 받은 뒤에 넉 달을 채워야 집 나옴을 들어주십니다.

그러니 저도 지금 넉 달 동안 화상 계신 곳에서 가사를 받고 바른 법과 율 안에서 집을 나와 구족계를 받을 수 있습니다.

그러므로 저는 고타마의 법 안에서 집을 나와 구족계를 받고 범행을 닦아 지니겠습니다."

붇다께서 브릿지에게 말씀하셨다.

"내가 먼저 사람을 따라 대략 한계를 정한다고 말하지 않았느냐."

브릿지는 말씀드렸다.

"그렇습니다, 고타마시여."

그때에 세존께서는 여러 비구들에게 말씀하셨다.

"너희들은 저 브릿지를 건네주어 우리 바른 법과 율 안에서 집을 나와 구족계를 받도록 하라."

브릿지는 곧 바른 법과 율 안에서 집을 나와 구족계를 받았다.

그 브릿지 종족은 집을 나와 곧 바른 법과 율 안에서 구족계를 받아 비구 신분을 얻었다. 그러고는 반 달 동안 알아야 하고 보아야 하고 얻어야 하며 깨달아야 하고 증득하여야 할 것을, 다 배워 알고 다 보고 다 얻고 깨달아 여래의 바른 법을 다 증득하였다.

• 잡아함 964 출가경(出家經) 부분

• 해설 •

이 경에서는 집을 나와 붇다의 상가에 들어온 수행자들이 비구·비구니가 되기 위해 구족계 받아 지니는 카르마 법이 정비된 뒤, 바깥길 수행자들이 여래의 상가에 들어와 비구가 되는 절차를 밝혀주고 있다.

구족계 설하는 카르마가 제정된 뒤에는 의지하는 스승[依止師, upādhyāya-ācārya]과 카르마의 스승[羯磨師, karma-ācārya]과 계 가르쳐주는 스승[敎

授師, anuśasana-ācārya]을 모시고 일곱 사람 현전상가의 증명[七證]이 있으면 계를 설하고 받을 수 있다.

특히 바깥길 수행자 집단에 몸담았던 사람이 붇다의 상가에 들려고 하면 의지할 스승[和尙] 밑에서 넉 달 동안 배운 뒤 구족계를 받도록 하였다.

바깥길 수행자 브릿지는 착한 법과 착하지 않은 법이 탐욕·성냄·어리석음의 인연으로 난다는 가르침을 듣고, 곧바로 법의 눈을 열게 된다.

또한 여래의 법은 비구·비구니·우파사카·우파시카, 남자나 여자 그 누군들 믿음이 있는 이들은 법의 흐름에 들면[入流] 모두 니르바나로 향하고 니르바나로 실려감을 깨닫는다.

중생의 착하지 않음과 중생의 번뇌가 공해 중생의 번뇌의 땅이 니르바나의 처소인 줄 깨달으니, 그는 이미 바깥길의 사람이 아니라 여래 정법문중(正法門中)의 가족이 된 것이다.

바깥길의 교단에서 붇다 상가에 들어오는 입문 절차가 어려움을 걱정하는 브릿지에게 넉 달의 기한을 가르치신다.

다시 스승 밑에 머무는 넉 달의 그 기한도 사람 따라 달라짐을 가르쳐 바로 브릿지에게 구족계를 주어 상가의 수를 채우게 하시니, 여래의 법은 정할 바 법 없는 곳[無有定法]에서 법 아닌 법을 인연 따라 정해 쓰는 법이다.

브릿지 수행자처럼 기존의 그릇된 세계관 낡은 생활의 틀을 버려버리면 버리는 그 자리가 여래의 진리의 땅이고 니르바나의 법바다이니, 여래의 진리의 땅에 들어서면 곧 모든 차제를 넘어 계를 갖춤[戒具足]이고 공덕을 갖춤이며 여래의 장엄으로 나의 삶을 장엄함이다.

화엄회상(「입법계품」)에서도 '널리 깨끗한 덕과 맑은 빛 갖춘 밤의 신'[夜神] 선지식은 이미 여래의 진리의 땅에 들어선 구도자 선재를 이렇게 격려한다.

만약 믿어 아는 마음이 있어
삼세의 붇다 다 볼 수 있으면

그 사람의 눈은 맑고 깨끗해
모든 붇다의 바다에 들 수 있으리.

若有信解心　盡見三世佛
彼人眼清淨　能入諸佛海

여래의 한 털구멍이
사의할 수 없는 빛을 놓아
널리 모든 중생 비추시사
그 번뇌가 다 사라지게 하네.

如來一毛孔　放不思議光
普照諸群生　令其煩惱滅

모든 붇다 세간에 나오시면
그 크기 중생의 수와 같아
갖가지 해탈의 경계는
내가 알 수 있는 것 아니네.

諸佛出世間　量等衆生數
種種解脫境　非我所能知

온갖 모든 보디사트바들
붇다의 한 털구멍에 들어가나니
이와 같은 묘한 해탈은
내가 알 수 있는 것이 아니네.

一切諸菩薩　入佛一毛孔
如是妙解脫　非我所能知

2 스스로 해탈하고 온갖 중생을 해탈의 땅에 이끄는 삶

• 이끄는 글 •

세속의 집을 나와 붇다의 상가에 귀의한 출가제자는 비록 세속의 집을 나와 집이 아닌 데서 생활하지만 세상을 피해 숨어사는 둔세적 도인(道人)이 아니다.

또한 붇다와 다르마와 상가를 공경하고 섬기되 초월적 신성에 의지하고 신성에 하나됨으로써 해탈하려는 범신론적 신비주의자도 아니며, 신 앞에 제사 지내 공덕을 쌓으려는 제사장[司祭]도 아니다.

그는 비록 초월적 신성을 부정하되 신성을 부정함으로 내재적 영혼의 실체를 인정해 그 영적 실체를 붙잡기 위해 고행하는 영혼주의자도 아니다. 또한 중생에게 한량없는 자비의 마음을 펼치되 중생을 건져주어야 할 대상으로 삼아 중생이라는 어린 양 떼를 이끌고 구원의 저 언덕에로 끌고가는 목자(牧者)나 신과 인간을 중개하는 신의 대리자도 아니다.

그는 오탁(五濁)의 물든 세간과 온갖 함이 있음[有爲]의 시끄러움 속에서 청정과 안온을 추구하되 세간의 시끄러움과 물듦을 버리고 고요함과 함이 없음[無爲]을 구하는 좌망(坐忘)의 수행자도 아니다.

그는 중생의 다섯 쌓임이 공해 존재의 진실이 보디(bodhi)임을 믿고 해탈의 길을 가므로, 그는 중생이되 자각한 중생 곧 보디사트바(bodhisattva)이다. 또한 저 중생이 내가 아니되 나 아님도 아님을 알아 저 중생을 함께 깨달음에 이끎으로써[覺他] 진정한 자기성취를 이루는 자이므로, 그는 중생이되 크나큰 마음의 중생[大心凡夫] 곧 마하사트바(mahāsattva)이다.

아함경은 이런 뜻을 비구의 길은 '스스로를 이익되게 하고[自利], 남을 이익되게 하며[利他], 나와 남을 같이 이익되게 함[自他俱利]'이라 한다.

그는 생각을 일으켜 진리를 구하고 영혼을 찾는 자가 아니라 생각하되 생각함[能念]과 생각되어진 것[所念]의 연기적 진실이 공한 줄 알아 생각에서 생각 떠나고[於念離念] 모습에서 모습을 떠나[於相離相] 몸에 몸 없는 법의 몸[法身]을 이루고 삶의 고요함[止, śamatha]을 이루는 자이다.

그는 다시 생각 없음에서 생각 없음을 떠나 삶의 바른 살핌[觀, vipaśyanā]을 이루고, 끝내 생각과 생각 없음이 둘이 없는 선정[dhyana]을 이루고 지혜의 목숨[慧命]을 이루는 자이다.

그는 가진 것의 닫혀짐을 모두 버림으로써 실로 가짐이 없되, 못 가짐의 허무마저 넘어서서 한량없는 공덕의 재물 법의 재물[法財]을 써서 이 세간을 아름답게 장엄하는 자이다.

그는 세간을 섬김으로 섬김 받고[Arhan, 應供], 버림으로써 가짐 없이 크게 가지며, 스스로를 가장 낮춤으로써 '위없는 보디'[無上菩提]의 길에 나아가는 자이다.

그런 뜻에서 붇다의 출가제자 비구를 밥을 빌고[乞食] 법을 비는

[乞法]자라 하며, 온갖 번뇌의 도적을 죽이는 자[殺賊]라 하며, 마라 (māra)를 두렵게 하는 자[怖魔]라 하며, 세간에 두려움 없음을 베푸는 자[施無畏者]라 하며, 세간의 복밭[世間福田]이 되는 자라 하는 것이다.

그러므로 연기의 진실에 눈 어두우면 [無智] 바른 비구가 되지 못하고, 스스로 범행을 지키지 못하고 세간의 복밭이 되지 못하고도 부끄러운 줄 모르면 [無羞] 바른 비구가 아닌 것이며, 벙어리 염소 [啞羊]처럼 사리를 분별하지 못하고 중생을 위해 설법하지 못하면 바른 비구가 아닌 것이다.

스스로 보디의 땅에 서서 나와 중생을 함께 저 니르바나의 언덕에 이끄는 진실한 상가대중[實僧]이 번뇌의 집을 나온 바른 비구·비구니인 것이며, 큰 마음의 중생 마하사트바인 것이다.

화엄(華嚴)이 보이는 크나큰 보디사트바의 서원의 삶이야말로 출가사문이 가장 충실해야 할 삶의 모습이니, 「십회향품」은 이렇게 말한다.

여래의 길 잘 행하는 보디사트바는
이 세간에 있는 온갖 것들이
다 업의 인연을 좇아 얻게 됨을
바른 생각으로 그 진실 잘 살펴서
중생 건져 건네주려 모든 행 닦아
삼계를 널리 거두어 빠뜨림 없네.

菩薩正念觀世間　一切皆從業緣得
爲欲救度修諸行　普攝三界無遺者

무엇을 위해 집을 나와 범행을 닦으시오

이와 같이 내가 들었다.

한때 붇다께서는 마쿨라(Makula) 산에 계셨다. 때에 시자 비구가 있었는데 '라다'라고 하였다.

그때 많은 바깥길 집을 나온 수행자들이 존자 라다 있는 곳에 와서 서로 같이 문안한 뒤에 한쪽에 물러앉아 라다에게 물었다.

"그대는 무엇을 위해 사문 고타마 있는 곳으로 집을 나와 범행을 닦으시오."

라다는 대답하였다.

"물질에서, 근심·슬픔·번민·괴로움이 다해 욕심을 떠나 사라져 고요해지기 위해 여래 계신 곳으로 집을 나와 범행을 닦소.

그리고 느낌·모습 취함·지어감·앎에서, 근심·슬픔·번민·괴로움이 다해, 욕심을 떠나 사라져 고요해지기 위해 여래 계신 곳으로 집을 나와 범행을 닦소."

그때에 많은 바깥길 집을 나온 수행자들은 이 말을 듣고 마음이 기쁘지 않아 자리에서 일어나 꾸짖고 떠나갔다.

바깥길 수행자들에게 라다가 말한 출가의 뜻을
세존께서 인정하심

그때에 라다는 해질녘 선정에서 깨어나 붇다 계신 곳에 가서 발에 머리를 대 절하고 한쪽에 물러앉아 위의 일을 갖추어 붇다께 여쭈었다.

"세존이시여, 제가 세존을 비방하지는 않았습니까. 다른 사람이 와서 따져 묻고 꾸짖으면 지게 되지는 않겠습니까. 말씀대로 말하지 못하고[不如說說] 법 그대로 말하지 못하며[非如法說], 법을 따라 법을 말하지 못한 것[非法次法說]입니까?"

붇다께서는 라다에게 말씀하셨다.

"그대는 진실을 말하였다. 여래를 비방하지도 않았고 다른 사람이 와서 따져 묻고 꾸짖을 때에 지게 되지도 않을 것이다. 말씀대로 말하였고 법 그대로 말하였으며 법을 따라 법을 말하였다.

왜 그런가. 라다여, 물질은 근심·슬픔·번민·괴로움이다. 그것을 끊기 위해 여래 계신 곳으로 집을 나와 범행을 닦는 것이다.

느낌·모습 취함·지어감·앎은 근심·슬픔·번민·괴로움이다. 그것을 끊기 위해 여래 계신 곳으로 집을 나와 범행을 닦는 것이다."

붇다께서 이 경을 말씀하시자, 라다 비구는 붇다의 말씀을 듣고 기뻐하며 받들어 행하였다.

• 잡아함 115 단우고경(斷憂苦經)

• 해설 •

출가해서 범행을 닦는 것은 무엇을 위함인가. 어떤 영적 신비를 얻고자 함인가. 생각 일으켜 진리를 구하고 니르바나를 구하면 진리와 니르바나가 사물이 되는 것이니 붇다의 길과는 맞지 않는다.

다섯 쌓임에 얻을 것이 있으면 다섯 쌓임이 근심·슬픔·괴로움이 되는 것이니, 생각함[能念]과 생각되어지는 바[所念], 아는 마음[心]과 알려지는바 물질[色]에 실로 얻을 것이 없음을 깨달아 모습에 물든 마음과 관념에 갇힌 세계의 모습을 뛰어넘어 근심과 괴로움을 벗어나는 것이 보디의 길이고 범행의 길이다.

여래의 보디의 길을 따라 행하기 위해 여래 계신 곳으로 집을 나와 범행을 닦으니, 비구는 세속의 집을 나와[出家] 여래의 집[如來家]에 들고, 모습에 갇힌 세간을 벗어나[出世間] 모습이 모습 아닌 법계의 집에 들어가는 것[入法界]이다.

법계의 집에 들어가면 저 중생이 '나'가 아니되 '나 아님'도 아니며, 지금 보고 듣는 '나'는 '나'이되 '나 없는 나'가 되는 것이라, '나'의 성취가 중생의 성취 세계의 성취가 되는 것이다.

『화엄경』(「입법계품」)은 이렇게 말한다.

그대 법신은 청정하여
삼세에 다 평등하도다.
세계가 그 가운데 들어가
이루고 무너짐 걸림 없네.

汝法身淸淨　三世悉平等
世界悉入中　成壞無所礙

만약 여러 중생이 있어
그대 이름 듣거나 몸을 보면
모두 공덕의 이익을 얻어
보디의 도 이루게 되리라.

若有諸衆生　聞名及見身
悉獲功德利　成就菩提道

그대는 나이 한창인데 왜 가족과
슬피 헤어져 때 아닌 이익을 구하시오

이와 같이 내가 들었다.

한때 붇다께서는 라자그리하 성 칼란다카 대나무동산에 계셨다.

때에 어떤 비구가 있었는데, 그는 새벽녘 먼동이 틀 때에 타포다 강가에 나와 옷을 벗어 언덕에 두고 물에 들어가 목욕하였다.

목욕하고는 언덕에 올라와 한 가지 옷을 입고 몸이 마르기를 기다리고 있었다.

때에 어떤 하늘사람이 몸의 밝은 빛을 놓아 타포다 강가를 널리 비추면서 그 비구에게 말하였다.

"그대는 젊어서 집을 나와 얼굴은 곱고 희며, 머리는 검어 나이는 이제 한창이오.

다섯 가지 욕망을 익히고 구슬목걸이로 꾸미고 향수를 바르고 머리에 꽃단장해 다섯 즐거움을 스스로 즐겨야 하는데, 친족을 버리고 세속을 등지고 슬피 울면서 이별하였소.

그리고 머리와 수염을 깎고 가사를 입고 바른 믿음으로 집이 아닌 데로 집을 나와 도를 배우오. 어찌하여 현재 눈앞의 즐거움[現前樂]을 버리고 때 아닌 이익[非時之利]을 구하시오?"

집을 나온 이의 참된 즐거움을 말해주고
하늘사람을 세존께 인도함

비구는 대답하였다.

"나는 현재의 즐거움을 버리고 때 아닌 즐거움[非時樂]을 구하는 것이 아니오. 나는 지금이야말로 때 아닌 즐거움을 버리고 현재의 즐거움[現前樂]을 얻고 있소."

하늘사람이 비구에게 물었다.

"어떻게 때 아닌 즐거움을 버리고 현재의 즐거움을 얻소?"

"세존의 말씀대로라면 때 아닌 욕망은 맛은 적고 괴로움은 많으며, 이익은 적고 어려움은 많소. 나는 지금 현재의 법에서 이미 '불꽃같이 타오름'을 떠나, 때를 기다리지 않고 스스로 통달하여 현재에서 살피는 인연으로 스스로 깨달아 알았소.

이와 같이 하늘사람이여, 이것을 '때 아닌 즐거움을 버리고 현재의 즐거움을 얻었다'고 하는 것이오."

하늘사람이 다시 비구에게 물었다.

"어떤 것이 여래께서 말씀하신 '때 아닌 욕망은 즐거움은 적고 괴로움은 많다'는 것이며, 어떤 것이 '여래께서 말씀하신 현재의 즐거움으로서 때를 기다리지 않고 스스로 통달하여 스스로 깨달아 안다'고 하는 것이오?"

그 비구가 대답했다.

"나는 젊어서 집을 나왔기 때문에 여래께서 말씀하신 바른 법과 계율을 널리 말할 수 없소. 세존께서는 가까운 칼란다카 대나무동산에 계시오.

그대는 여래에게 가서 의심되는 바를 물어 여래께서 말씀하신 그대로 기억하여 받아 가져야 하오."

하늘사람이 다시 말했다.

"비구여, 여래 계신 곳에는 여러 힘 있는 하늘대중이 둘러싸고 있어, 내가 먼저 가서 물을 수 없고 쉽게 가지도 못하오. 비구여, 그대가 만약 먼저 세존께 말씀드릴 수 있다면 내가 따라갈 수 있소."

비구가 답했다.

"그대를 위해 가겠소."

"그렇습니다. 존자여, 내가 뒤를 따라가겠소."

때에 그 비구는 붇다 계신 곳에 가서 발에 머리를 대 절하고 한쪽에 물러앉아, 하늘사람과 주고받으며 묻고 답한 것을 세존께 갖추어 말씀드렸다.

"지금 세존이시여, 그 하늘사람의 말이 진실하다면 곧바로 올 것이요, 진실하지 않다면 오지 않을 것입니다."

때에 그 하늘사람이 멀리서 비구에게 말하였다.

"나는 벌써 여기 와 있소, 나는 벌써 여기 와 있소."

애착과 다툼 끊어진 해탈의 길을 노래로 보이심

그때에 세존께서는 곧 게송으로 말씀하셨다.

중생은 애착하는 생각을 따라
애착하는 생각으로 머무르나니
애착을 참다이 알지 못하므로
곧바로 죽음의 방편이 된다.

붇다께서는 하늘사람에게 말씀하셨다.

"네가 이 게송을 이해한다면 곧 물어보라."

하늘사람이 말씀드렸다.

"알지 못합니다, 세존이시여. 알지 못합니다, 잘 가신 이[善逝]여."

붇다께서는 다시 게송으로 하늘사람에게 말씀하셨다.

　만약 애착하는 것 바로 안다면
　거기에서 애착을 내지 않는다.
　저것과 이것에 있는 바가 없으니
　다른 사람들은 이 뜻 말할 수 없네.

붇다께서는 그 하늘사람에게 말씀하셨다.

"네가 이 뜻을 이해한다면 곧 물어보라."

하늘사람이 말씀드렸다.

"알지 못합니다, 세존이시여. 알지 못합니다, 잘 가신 이여."

붇다께서는 다시 게송으로 말씀하셨다.

　같음과 나음과 못함 보게 된다면
　곧 따져 말할 것이 생겨나지만
　세 가지 일에 움직이지 않으면
　아래와 가운데와 위가 없도다.

붇다께서는 그 하늘사람에게 말씀하셨다.

"네가 이 뜻을 이해한다면 곧 물어보라."

하늘사람이 말씀드렸다.

"알지 못합니다, 세존이시여. 알지 못합니다, 잘 가신 이여."

모습의 애착 넘어선 고요함을 노래하시니, 하늘사람의 뜻이 풀림

붇다께서는 다시 게송으로 말씀하셨다.

애착과 마음·물질을 끊어버리고
교만 없애 얽매이는 것이 없으면
고요하여 성냄을 쉬어 그치리.

묶음 떠나고 헛된 바람 끊어버리면
사람 세상과 하늘의 세상 가운데
이 세상과 저 세상 보지 않으리.

붇다께서는 그 하늘사람에게 말씀하셨다.

"이 뜻을 이해한다면 곧 물어보라."

하늘사람이 붇다께 말씀드렸다.

"이미 알았습니다, 세존이시여. 이미 알았습니다, 잘 가신 이여."

붇다께서 이 경을 말씀하시자, 그 하늘사람은 붇다의 말씀을 듣고 기뻐하면서 이내 사라져 나타나지 않았다.

- 잡아함 1078 산도타경(散倒吒經)

·해설·

하늘신의 물음에서 현재 눈앞의 즐거움[現前樂]과 비구의 답에서 현재 눈앞의 즐거움은 그 말은 같으나 뜻은 반대이다.

하늘신의 물음에서 눈앞의 즐거움은 지금 눈앞의 감각의 대상을 닿아 일어나는 즐거운 느낌 취하는 것을 말하고, 비구의 눈앞의 즐거움은 저 즐거운 느낌이 공하고 덧없이 사라져서 취할 것이 없으므로 취함 없음의 고요한 즐거움을 말한다.

하늘신은 현재의 탐욕의 경계에서 즐거움 취하지 않는 것을, 때에 맞는 이익 버리고 때 아닌 이익[非時之益]을 찾음이라 말한다. 그러나 비구의 뜻에서 현재의 탐욕의 즐거움은 찰나에 사라지는 즐거움이라 다음 때의 즐거움이 되지 못하므로 탐욕의 즐거움이 곧 때 아닌 즐거움[非時樂]이 된다.

하늘신이 말한 현재의 즐거움이 비구의 뜻에서 때 아닌 즐거움이 되고, 하늘신의 물음에서 때 아닌 이익이 비구의 뜻에서는 늘 현재인 즐거움, 길이 남이 없고 사라짐이 없는 즐거움이 된다.

비구가 하늘신을 이끌어 붙다께 나아가니 '사람과 하늘의 스승'[人天師]이신 붙다는 자비롭게 하늘신을 이끌어 애착 끊어진 해탈의 즐거움을 보이신다.

이것에 실로 이것이라 할 것이 없고 저것에 실로 저것이라 할 것이 없으므로 취하지 않고 바라지 않으면, 세간법의 같음[同]과 다름[異], 나음[勝]과 못함[劣]의 분별 떠나 늘 평등하고 고요해 얽맴 그치며, 이 세상에서 이 세상 보지 않으며 저 세상에서 저 세상 보지 않으리라.

연기의 진실을 바로 열어 가르치시는 여래의 말씀에 하늘신이 법의 눈을 여니, 하늘신은 하늘신의 몸을 버리지 않고 여래 사방상가의 한 대중이 되었다.

이 젊은 비구에게 더 말하지 말라

이와 같이 내가 들었다.

한때 붇다께서는 슈라바스티 국 제타 숲 '외로운 이 돕는 장자의 동산'에 계셨다.

때에 많은 비구들이 공양당(供養堂)에 모였는데 같이 가사를 짓기 위해서였다.

그때 어떤 젊은 비구가 있었는데 집을 나온 지 오래지 않았다. 이제 갓 이 법과 율에 들어왔으나 여러 비구들이 가사 짓는 것을 도우려 하지 않았다.

그래서 여러 비구들은 세존 계신 곳에 와서 머리를 대 발에 절하고 한쪽에 물러앉아 붇다께 말씀드렸다.

"세존이시여, 여러 비구들이 공양당에 모였는데 가사를 짓기 위해서였습니다. 어떤 젊은 비구가 있었는데 집을 나온 지 오래지 않았습니다. 이제 갓 이 법과 율에 들어왔으나, 여러 비구들이 가사 짓는 일을 도우려 하지 않습니다."

그때 세존께서는 그 비구에게 물으셨다.

"너는 참으로 여러 비구들이 가사 짓는 것을 도우려 하지 않았는가."

그 비구는 말씀드렸다.

"세존이시여, 제가 할 수 있는 대로 힘써 돕겠습니다."

젊은 비구가 아라한임을 여러 비구들에게 알려주심

세존께서는 그 비구가 마음으로 생각하는 것을 아시고 여러 비구들에게 말씀하셨다.

"너희들은 그 젊은 비구에게 더 말하지 말라. 왜냐하면 이 비구는 첫째 선정에서 넷째 선정까지 네 가지 늘어 오르는 마음의 법[四增心法]을 얻어, 사마디로 현재의 법에서 안락하게 머무르되[現法安樂住], 힘쓰지 않고 얻었기 때문이다.

그의 본마음의 하는 바란 곧 머리와 수염을 깎고 가사를 입고 집을 나와 도를 배워 더욱 나아가 닦아 배워 현재의 법에서 스스로 알아 증득하는 것이다.

그래서 '나의 태어남은 이미 다하고, 범행은 이미 서고, 지을 바를 이미 지어 뒤의 있음 받지 않게 됨'을 스스로 알아 증득하였다."

젊은 비구의 덕을 다시 노래로 보이심

그때 붇다께서는 곧 게송으로 말씀하셨다.

아주 낮고 못난 방편이거나
엷은 덕 적은 지혜가 아니라
바로 저 니르바나로 향해 나아가
번뇌의 쇠사슬을 벗어났으니
이 어질고 나이 젊은 이는
높은 수행자의 자리를 얻었도다.

탐욕 떠나 마음이 이미 해탈하여

니르바나에 들어 다시 나지 않으니
해탈한 이 맨 뒤의 몸을 가지고
뭇 마라의 군대 모두 꺾어 눌렀다.

붇다께서 이 경을 말씀하시자, 여러 비구들은 그 말씀을 듣고 기뻐하며 받들어 행하였다.

• 잡아함 1070 연소경(年少經)

• **해설** •

이제 갓 집을 나와 여래의 법과 율에 처음 들어와 나이 어린 비구라고 아랫자리의 비구가 아니다. 그가 사마디를 얻고 지혜를 얻어 현재법에서 이미 나고 죽음에서 벗어나 범행을 완성했으면, 그가 곧 아라한이고 높은 윗자리 비구이다.

가티나 옷을 짓는 운력(運力)에 같이 협조하지 않는 작은 허물을 지었으나, 그 일로 나이 어리나 지혜가 높은 아라한 윗자리 현성을 함부로 비난하거나 내쳐서는 안 되니, 세존께서는 그를 깨우쳐 그 비구의 높은 덕을 대중에게 알리고 대중이 그를 공경하게 하시는 것이다.

아직 비구가 되기 전 사미라도 법의 눈[法眼]을 이미 열고 여래의 연기의 진리를 깨쳤으면 몸은 비록 어려도 그가 바로 장로이고 높은 비구라 가르치신다. 그런 여래께서 이미 아라한인 젊은 비구의 덕을 어찌 찬탄해주시지 않으리.

그는 이미 니르바나의 언덕에 나아가 번뇌사슬 이미 벗어난 현성이며, 해탈의 못에 들어가 여덟 가지 공덕의 물을 마시고 해탈의 못물에 몸을 씻는 자이다.

그는 비록 나이 젊으나 번뇌의 얽맴 벗어나 여래의 해탈의 집[解脫家]에 들어서 마라의 군대를 꺾었으니, 그가 여래의 반자리에 함께 앉은 법왕의 맏아들[法王子]인 것이다.

그렇다면 일찍 이 문에 들어와 오래 닦았다고 빠른 것이 아니고 뒤에 이 문에 들어 이제 닦는다고 늦은 것이 아니라, 오직 여래의 가르침 따라 바른 뜻[正義]을 사유해 법바다에 들어간 자가 여래의 아들일 것이다.

『화엄경』(「십회향품」)은 이렇게 가르친다.

보디사트바는 이미 물질의 저 언덕 이르고
느낌 모습 취함 지어감 앎 또한 이와 같네.
세간의 나고 죽음의 흐름 뛰어 벗어나
그 마음 겸손히 낮춰 늘 청정하도다.

菩薩已到色彼岸 受想行識亦如是
超出世間生死流 其心謙下常淸淨

이것이 지혜로운 이 행할 도이고
온갖 모든 여래께서 말씀한 바이니
그 말씀 따라 사유해 바른 뜻에 들면
저절로 깨달아 보디 이루게 되리.

是爲智者所行道 一切如來之所說
隨順思惟入正義 自然覺悟成菩提

제3장

지계생활
[持戒]

"이백오십이 넘는 계이지만 차례를 따라
보름마다 와서 프라티목샤 수트라를 말해
스스로 배움 구하는 이들로 하여금 배우게 해서,
세 가지 배움을 말해야 모든 계를 다 거둘 수 있다.
어떤 것이 그 세 가지 배움인가? 더욱 위로 오르는 계의 배움·
더욱 위로 오르는 뜻의 배움·
더욱 위로 오르는 지혜의 배움을 말한다."

붇다께서 설한 계(戒)를 지니는 것은 삶의 구체적인 현장에서 악을 그치고[止惡] 상황에 맞는 착함을 행해[行善] 나와 더불어 사는 이들의 삶의 참된 공덕과 이익을 늘리기 위함[攝衆生]이다.

구체적인 상황 속에서 그칠 악과 행할 착함은 인연으로 규정되는 착함과 악함이라 착함과 악함이 공하고[善惡空], 착함도 아니고 악함도 아님 또한 공한 것[不善不惡亦空]이니, 계의 바탕[戒體]은 착하고 악한 행위의 중도의 진실[中道實相]이다.

이렇게 보면 계란 선정과 지혜로 삶의 중도실상에 나아가는 바탕이자 중도 그대로의 해탈의 행이며, 선정과 지혜의 구체적인 발현이 되는 것이다.

여래의 계법은 늘 행해서는 안 될 금지의 뜻[禁戒]을 통해 참으로 행해야 할 공덕을 보이는 것이니, '산목숨 죽이지 마라'는 금지의 뜻으로 자비의 마음을 뭇 삶에게 행하게 하시며, '훔치지 마라'는 금지의 뜻으로 늘 베풀고 함께 나누는 생활로 이끄시는 것이다.

여래의 출가상가의 제자는 사람과 하늘의 사표가 되어야 하므로 그에 요구되는 계법의 실천 또한 재가의 제자보다 깊고 넓으나, 반야[prajñā]밖에 계법이 없으므로 계법이 곧 막힘없고 걸림 없는 진리 그대로의 해탈의 행이 된다.

출가상가의 갖춘 계는 이백오십 비구계, 삼백사십팔 비구니계이니, 그 큰 조목[大科]은 다섯 가지 죄 범함[五犯]에 대한 금지[五種制]로 되어 있다.

출가상가의 계법은 죄에 대한 금지의 가르침으로 죄업을 돌이켜 공덕의 업에 나아가게 하고, 미혹과 고통의 삶을 지혜와 해탈의 삶에로 돌이키는 것이다.

출가상가가 범해서는 안 되는 다섯 가지 죄는 곧 파라지카(pārājika, 波羅夷)·상가바세사(saṃghāvaśeṣa, 僧殘)·나이사르기크-파야티카 (naiḥsargik-pāyattika, 波逸提)·프라티데샤니야(pratideśanīya, 波羅提 提舍尼)·두스크리타(duṣkṛta, 突吉羅)이니, 다음과 같다.

① 파라지카 비구·비구니의 자격을 잃게 되는 무거운 죄로, 이를 범하면 마치 사람의 목을 자름과 같이 붇다의 법 가운데 죽은 사람이다. 파라지카는 범행이 아닌 행위[非梵行, 음행], 도적질 [盜], 사람의 목숨을 끊음[殺], 윗사람의 법을 얻었다고 거짓말함 [大妄語]이다.

큰 거짓말이란 가장 높은 지혜의 법을 얻지 못하고 얻었다고 말하는 죄이다. 비구니에게는 음행에 대해 작은 음행마저 파라지카에 포함시키고, 무거운 죄를 덮는 죄, 다른 비구니의 간언을 듣지 않고 대중의 탄핵받는 비구를 따르는 죄가 비구니의 파라지카에 포함된다.

② 상가바세사 파라지카 다음의 무거운 죄이다. 목숨만 남기듯 상가의 신분만 유지되는 죄[僧殘罪]로서, 따로 머물게 함[別住]의 징벌로 다스린다.

스무 명 현전상가 앞에서 참회해야 죄를 벗어날[出罪] 수 있으니, 비구계 가운데 열세 가지 승잔과 비구니계에 열입곱 가지다.

성적인 욕망을 분출하거나 방사를 규격에 맞지 않게 짓거나 다른 비구대중의 그른 지시를 받거나, 다른 비구를 모함해 상가의 화합을 깨뜨리고서 충고받지 않거나 하는 죄 등이다.

③ 나이사르기카-파야티카 승잔에 비해 가벼운 죄로서, 때 아닌 때 먹음, 작은 거짓말함, 남을 헐뜯어 꾸짖음, 술 마심, 구족계 받지 않은 이와 함께 독송함 등이다. 『사분율』에서는 아흔두 가지 파야티카를 말하고 있으니, 생활상의 가벼운 허물과 죄를 말한다.

④ 프라티데샤니야 한 사람 비구 앞에서 참회하면 용서받을 수 있는 가벼운 죄로, 먹을거리에 관한 것이다.

비구의 예를 들면 친척 아닌 비구니에게 밥을 받지 않아야 하고, 먹을 때 비구니의 지시를 받아 행하지 않아야 하며, 보시로 가난하게 된 집에서 많은 공양 받지 않아야 하고, 위험한 아란야에서 밥을 먹지 않아야 하는데, 어기면 죄가 된다.

비구니에 대해서는 지나치게 좋은 유제품 · 기름 · 꿀 · 고기 등을 먹지 못하게 하는데, 어기면 죄가 된다.

⑤ 두스크리타 몸과 입의 두 업으로 범한 허물로, 지키기 어렵고 쉽게 범할 수 있는 것이다. 이 죄에는 비구 · 비구니가 범한 허물 가운데 보이지 않아 결정할 수 없는 허물[不定], 일곱 다툼을 없애는 법[七滅諍]을 어김, 뭇 대중이 배워야 할 규율[百衆學]을 어김이 포함된다.

이 다섯 묶음의 계법[五篇]에 미수죄에 해당하는 스툴라에야야(sthūlāeyaya)를 더해 '여섯 죄의 무더기'[六聚]라 한다. 스툴라에야야는 파라지카나 승잔이 아직 성취되지 않은 죄를 말한다.

다시 두스크리타에서 악한 말[惡說]을 따로 세워서 '일곱 무더기 죄의 법'을 이룬다. 두스크리타는 몸으로 지은 나쁜 짓으로 악한 짓[惡作]이라 옮기고 입으로 말한 죄는 악한 말[惡說]이 된다.

죄업은 그릇된 몸과 입과 뜻으로 지은 행위이므로 업은 공하여 고칠 수 있고 바꿀 수 있으며 윤회의 업을 해탈의 업으로 돌이킬 수 있다. 출가상가는 재가대중에 비해 무거운 도덕적 책무를 짊어지므로 재가대중에게 크게 허물되지 않는 것도 허물과 죄로 규정되지만, 그 허물과 죄도 대중 앞의 참회로 벗어날 수 있다.

붇다의 상가가 정한 계법을 어긴 죄업은 파라지카를 내놓고는 상가의 카르마에 의해서 그 죄에서 벗어날[出罪] 수 있다.

여래의 계법을 지키는 뜻은 중도적인 삶의 진실에 복귀하는 데 그 뿌리가 있다. 죄업의 굴레에 갇혀 그 죄업을 반복하거나 죄의식에 빠져 앞으로 나아가지 못하는 허물, 죄업이 공하므로 죄를 지어도 그 업보를 받지 않는다고 생각하거나, 짓는 일이 남에게 상처 주는 그릇된 일인 줄 모르는 뻔뻔함 등 이 모든 치우침을 넘어서야 여래가 가르친 실라(śīla)와 비나야(vinaya)를 잘 지킴이라 할 것이다.

그러므로 나날이 짓는 행위의 굴레 속에서 선업과 죄업이 공하되 그 공함도 공한 줄 알아, 악을 그침 없이 그치고 선을 지음 없이 짓는 자가 계를 통해 선정과 지혜에로 나아갈 수 있는 것이다.

1 계 지님이 출가수행과
모든 공덕의 바탕이 되니

• 이끄는 글 •

법신인 반야의 작용이 해탈이듯 계·정·혜의 세 가지 배움에서 계는 선정·지혜의 토대이되 선정·지혜의 작용이다. 이런 뜻은 계(戒, śīla)를 프라티목샤(prātimokṣa, 別解脫)라고 말함에서 잘 나타나 있다. 계행은 선정과 지혜의 원인이자 결과이다.

연기론에서 선정 없는 지혜와 지혜 없는 선정이 모두 있을 수 없듯, 계행 없는 선정과 지혜 또한 이루어질 수 없고 선정과 지혜 없는 계행 또한 이루어질 수 없다.

계가 해탈의 원인이 되고 결과가 되는 뜻을『잡아비담심론』(雜阿毗曇心論)에서는 네 가지 계 지킴[四種持戒]으로 밝히고 있다.

네 가지 계 지킴은 다음과 같다.

① 구해 바라는 계[希望戒] 해탈의 과보를 바라고 구하며 기다림의 뜻이다. 곧 좋은 과보를 바라는 계를 말하니, 하늘에 남이나 다른 좋은 곳에 나기를 바라고 금한 계를 굳게 지니는 것을 구해 바라는 계라 한다.

② 두려워하는 계[恐怖戒] 나쁜 세계에 떨어지거나 나쁜 이름을 두려워해서 금한 계 굳게 지키므로 두려워하는 계라 한다.

③ 깨달음의 법 따르는 계[順覺支戒] 일곱 깨달음 법을 따라서 그 마음을 장엄하여 금한 계 굳게 지니므로 깨달음 법 따르는 계라 한다.

④ 청정한 계[淸淨戒] 번뇌의 샘이 없는 계로 번뇌의 물든 때를 벗어날 수 있으므로 청정한 계라 한다.

이 네 가지 계 가운데 앞의 세 가지 계가 악을 그치고 선을 행하며 도법 행함을 뜻하므로 선정과 지혜의 원인이 되는 계이고, 뒤의 청정한 계는 번뇌 떠난 마음의 계이므로 선정과 지혜의 결과로서의 계이다.

이를 천태선사의 네 가지 가르침[四敎]의 뜻으로 살펴보자.

가르침을 듣고 계를 지키어 악을 끊는 것은 장교(藏敎)의 나고 사라지는 계[生滅戒]이다.

죄와 악이 공한 줄 알아 계 지킴에 실로 지킴 없음을 아는 것은 통교(通敎)의 남이 없는 계[無生戒]이다.

계를 지킴 없이 지키어 악을 끊음 없이 끊는 것은 별교(別敎)의 한량없는 계[無量戒]이다.

중도의 교설 따라 계행 지음과 짓지 않음을 모두 떠나는 것은 원교(圓敎)의 지음 없는 계[無作戒]이다.

그러므로 원교의 뜻으로 실상 그대로의 모습 없는 계법[實相戒]을 지킴 없이 지키면, 그가 계행을 통해 선정과 지혜를 온전히 행하는 참된 상가대중이고, 계행을 통해 법신과 반야에 나아가는 이 세간의 마하사트바인 것이다.

저는 세존이 계율 찬탄하심을 언짢게 생각했습니다

이와 같이 내가 들었다.

한때 붇다께서는 판카다 마을 판카다지 숲에 머물고 계셨다.

그때 세존께서 여러 비구들을 위해 '계와 서로 응하는 법'[戒相應法]을 설하시고 계법 제정함을 찬탄하셨다.

그때 존자 카샤파가 판카다 마을에 머물고 있었는데, 세존께서 계와 서로 응하는 법을 설하시고 이 계를 찬탄하셨다는 말을 듣고, 아주 마음에 참지 못하여 언짢아했다. 그래서 말했다.

"이 사문께서는 이 계를 몹시 찬탄하시고 이 계를 아주 심하게 제정하시는구나."

그때 세존께서는 판카다 마을에서 즐거워하시는 바를 따라 머무신 뒤에 슈라바스티 국을 향해 떠나셨다.

차례로 노닐어 다니시다 슈라바스티 국에 있는 제타 숲 '외로운이 돕는 장자의 동산'에 이르셨다.

**카샤파 존자가 그 허물을 뉘우치자 받아주시고
계법을 다시 보이심**

그때 존자 카샤파는 세존께서 가신 뒤 그리 오래되지 않아 곧 마음에 뉘우침을 내었다.

'나는 지금 이익을 잃어 크게 이익되지 못함을 얻었다.

세존께서 계와 서로 응하는 법을 설하시고 계 제정함을 찬탄하셨을 때, 세존 계신 곳에 마음에 참지 못해 언짢아하며 마음이 즐겁지 않아 이렇게 말했다.

〈이 사문께서는 이 계를 아주 심하게 제정하시고, 이 계를 몹시 찬탄하시는구나.〉'

그때 존자 카샤파는 밤이 지나고 이른 아침이 되자 가사를 입고 발우를 가지고 판카다 마을로 들어가 밥을 빌었다. 밥 빌기를 마치고 정사(精舍)로 돌아와 자리끼를 당부하고, 스스로 가사와 발우를 가지고 슈라바스티 성을 향해 떠났다.

차례로 노닐어 다니며 슈라바스티 성에 이르러 가사와 발우를 거두어 들고 발을 씻은 뒤에 세존 계신 곳으로 나아가 세존의 발에 머리를 대 절하고 붇다께 말씀드렸다.

"제 허물을 뉘우칩니다, 세존이시여. 허물을 뉘우칩니다, 잘 가신 이여. 저는 어둡고 어리석으며 착하지도 못해 잘 가리지 못했습니다. 그래서 저는 세존께서 비구들을 위해 '계와 서로 응하는 법'을 말씀하시고 계 제정함 찬탄하셨다는 말을 듣고, 세존 계신 곳에 참지 못하고 언짢아하며 마음으로 즐거워하지 않았습니다.

그래서 이렇게 말했습니다.

'이 사문께서는 이 계를 아주 심하게 제정하시고, 이 계를 몹시 찬탄하시는구나.'"

붇다께서 카샤파에게 말씀하셨다.

"그대는 어느 때, 나 있는 곳에 마음으로 참을 수 없고 언짢아하며 즐겁지 않은 마음을 내 이렇게 말했는가?

'이 사문께서는 이 계를 아주 심하게 제정하시고, 이 계를 몹시 찬탄하시는구나.'"

카샤파가 붇다께 말씀드렸다

"그때 세존께서는 판카다 마을 판카다지 숲속에서 비구들을 위해
계와 서로 응하는 법을 말씀하시고 이 계를 찬탄하셨습니다.

저는 그때 세존께 대해 마음에 참을 수 없고 언짢아하며 즐겁지
않아 이렇게 말했습니다.

'이 사문께서는 이 계를 아주 심하게 제정하시고, 이 계를 몹시 찬
탄하시는구나.'

세존이시여, 저는 오늘 스스로 죄를 알아 뉘우치며 스스로 죄를
보고 뉘우칩니다. 세존께서는 저를 가엾게 여기시어, 제가 허물 뉘
우치는 것을 받아주시길 바랍니다."

붇다께서 카샤파에게 말씀하셨다.

"그대는 어둡고 어리석으며 착하지 못해 잘 가리지 못함을 스스
로 알아 뉘우치는구나. 내가 비구들을 위해 계와 서로 응하는 법을
말하고 계 제정함 찬탄함을 듣고서, 나에 대해 참지 못하고 언짢아
하며 즐겁지 않아 이렇게 말했다.

'이 사문께서는 이 계를 아주 심하게 제정하시고, 이 계를 몹시 찬
탄하시는구나.'

그러나 카샤파여, 그대는 지금 스스로 알아 뉘우치고 스스로 보고
서 뉘우쳤으니, 미래세상에서는 바른 몸가짐의 계[律儀戒]가 생길
것이다.

지금 계를 그대에게 주겠으니 가엾이 여기기 때문이다.

카샤파여, 이와 같이 뉘우치는 사람은 착한 법이 늘어나고 자라서
끝내 물러나거나 줄어들지 않을 것이다.

왜 그런가. 만약 스스로 죄를 알고 스스로 죄를 보고서 허물을 뉘우치는 사람은 미래세상에서는 바른 몸가짐의 계가 생기고 착한 법이 더욱 늘어나고 자라서, 물러가거나 줄어들지 않기 때문이다."

계 비방하는 장로를 여래가 찬탄하지 않음을 보이심

"설사 카샤파가 윗자리[上座] 비구라 할지라도 계를 배우려고 하지 않고, 계를 무겁게 여기지 않으며, 그 계 제정함을 찬탄하지 않는다면, 이와 같은 비구는 내가 찬탄하지 않는다.

왜 그런가. 만약 큰 스승에게 찬탄받는 사람은 다른 사람들이 곧 서로 가까이하고 또한 공경하고 존중할 것이요, 만약 다른 사람이 그를 가까이하고 공경하고 존중하면 곧 그들과 견해를 같이하고 일을 같이할 것이기 때문이다.

그들과 일을 같이 하지 못하면 그는 기나긴 밤에 요익되지 못한 괴로움을 얻게 된다.

그러므로 나는 저런 장로(長老)들에 대해서는 찬탄하지 않나니, 처음에 계의 배움[戒學]을 즐거워하지 않았기 때문이다. 장로와 같이 가운데 나이, 젊은 나이의 비구 또한 이와 같다.

만약 윗자리 장로가 처음부터 계의 배움을 무겁게 여기고 계 제정함을 찬탄한다면 이와 같은 장로는 나의 찬탄을 받을 것이니, 그는 처음부터 계의 배움을 즐거워하였기 때문이다.

큰 스승께 찬탄을 받는 사람은 다른 사람들도 그를 서로 가까이하며 그를 존중하여 견해를 같이할 것이요, 견해를 같이하기 때문에 그는 미래세상 기나긴 밤에 뜻으로 요익하게 될 것이다.

그러므로 저 장로비구를 늘 찬탄해야 하니, 처음부터 계의 배움을 즐거워하기 때문이다. 가운데 나이, 젊은 나이의 비구 또한 이와 같다."

붇다께서 이 경을 말씀하시자, 여러 비구들은 붇다의 말씀을 듣고 기뻐하며 받들어 행하였다.

계 배움 즐겨하지 않으면 기나긴 밤에 요익됨이 없음을 보이심

이와 같이 내가 들었다.

한때 붇다께서는 슈라바스티 국 제타 숲 '외로운 이 돕는 장자의 동산'에 계셨다.

그때 세존께서 여러 비구들에게 말씀하셨다.

"만약 여러 윗자리 장로비구로서 처음부터 계 배움을 즐거워하지 않고 계를 무겁게 여기지 않는다 하자. 그리고 다른 비구가 처음부터 계 배움을 즐거워하고 계를 무겁게 여기며 계 제정함 찬탄하는 것을 보고도 그가 또한 때를 따라서 그것을 찬탄하지 않는다 하자.

나는 이런 비구들 있는 곳을 또한 찬탄하지 않을 것이니, 그는 처음부터 계 배움을 즐거워하지 않았기 때문이다.

왜 그런가. 만약 큰 스승이 그를 찬탄하면 다른 사람들 또한 그를 가까이하고 존중하여 견해를 같이할 것이기 때문이다.

견해를 같이하지 않으면 그 때문에 기나긴 밤에 요익되지 못한 괴로움을 받을 것이다.

그러므로 나는 저 장로들을 찬탄하지 않는다. 나아가 가운데 나이, 젊은 나이 비구 또한 이와 같다.

만약 윗자리 장로가 처음부터 계 배움을 무겁게 여기고 계 제정함을 찬탄한다면 그런 장로는 나의 찬탄을 받을 것이니, 처음부터 계 배움을 즐겨하였기 때문이다.

큰 스승에게서 찬탄을 받는 사람은 다른 사람들도 그를 가까이하고 또한 그를 존중하여 견해를 같이할 것이요, 견해를 같이하기 때문에 그는 미래세상 기나긴 밤에 뜻으로 요익하게 될 것이다.

그러므로 저 장로비구를 늘 찬탄해야 하니, 처음부터 계 배움을 즐거워하였기 때문이다. 나아가 가운데 나이, 젊은 나이의 비구 또한 이와 같다."

붇다께서 이 경을 말씀하시자, 여러 비구들은 붇다의 말씀을 듣고 기뻐하며 받들어 행하였다.

• 잡아함 830 붕가사경(崩伽闍經)·831 계경(戒經)

• 해설 •

두 경이 하나의 내용을 담고 있으므로 경을 서로 이어서 함께 풀이한다. 경의 가르침은 모두 상가의 윗자리 장로비구라 하더라도 계를 존중하지 않고 계 배움을 즐거워하지 않으면 여래가 그를 찬탄하지 않는다는 내용을 담고 있다.

이러한 깨우침의 말씀은 상가의 가장 높은 제자인 카샤파 존자가 여래께서 늘 계를 찬탄하고, 그릇된 일이 벌어지는 상황상황마다 많은 계를 제정하시는[隨犯隨制] 것에 대해서 언짢은 마음 일으킨 것이 그 발단이 된다.

뒤에 카샤파 존자가 그 마음을 뉘우치자 여래의 계법을 찬탄하는 것이 참된 장로의 덕임을 보이시고 그 뜻을 널리 대중에게 가르치신다.

카샤파 존자의 세존의 계법 제정에 대한 불만이 세존께서 판카다 마을의 판카다지 숲에 계실 때 일어났고, 그에 대한 뉘우침은 판카다 마을을 떠나 슈라바스티에 돌아와 계실 때 일이다.

그러므로 제타 숲에서 설해진 뒤의 경은 카샤파의 뉘우침을 받고 카샤파에 대한 가르침을 다시 여러 다른 대중에게 일깨워주신 것으로 볼 수 있다.

카샤파는 중국 선종에서 여래의 정법안장(正法眼藏)을 전해 받은 첫째 조사라고 신봉하듯 두타행과 선정으로 으뜸가는 윗자리 비구이다. 그가 처음 여래의 계법을 찬탄하지 않은 것도, 계법 없는 선정·지혜가 없고 선정·지혜 없는 계법이 있을 수 없는 세 가지 배움[三學]의 뜻에 잠깐 미혹함이 있었기 때문이리라.

카샤파 존자가 여래에게 품었던 불만을 참으로 뉘우치니, 여래는 프라티목샤를 스승 삼고 프라티목샤를 의지해야 선정·지혜 온갖 착한 법이 늘어날 수 있음을 다시 보이신다.

여래의 이러한 뜻을 받아 『화엄교』(華嚴敎, 孔目章 저술)에서는 세 가지 배움에서 계법과 선정·지혜가 둘 아닌 뜻을 계를 중심으로 하여 네 가지 계[四戒]로써 보인다.

곧 네 가지는 해탈의 계[解脫戒], 선정과 같이하는 계[定共戒], 도와 같이하는 계[道共戒], 끊음의 계[斷戒]이다.

여기서 선정과 같이하는 계, 도와 같이하는 계란 선정·지혜가 있을 때 저절로 계가 함께함을 말하고, 해탈계란 계법이 있을 때 미혹의 얽매임에서 벗어나 해탈함을 말하며, 끊음의 계란 탐냄·성냄·어리석음의 병을 끊으면 그 자리가 계의 성취임을 보인다.

법신과 반야와 해탈이 서로 떨어질 수 없듯 실상의 계[實相戒] 밖에 선정·지혜가 없으니, 카샤파 존자가 세존께 꾸지람받는 이 경을 보고서 선(禪)의 정법안장과 파라미타의 행이 둘이라 생각하는 선류(禪流)들은 깊이 깨우쳐야 할 것이다.

계덕의 향기 갖추어야 해탈의 열매 맺으리니

이와 같이 들었다.

한때 붇다께서는 슈라바스티 국 제타 숲 '외로운 이 돕는 장자의 동산'에 계시면서 비구들에게 말씀하셨다.

"저 서른세하늘의 파리자타(pārijāta, 晝度樹) 나무는 그 밑둥치의 넓이는 오십 요자나요, 높이는 백 요자나며, 동서남북의 그늘은 오십 요자나다. 서른세하늘들은 거기 넉 달 동안 있으면서 스스로 서로 즐겁게 논다.

비구들이여, 알아야 한다. 언제 그때가 되어 그 파리자타 나무의 꽃과 잎이 떨어져서 누렇게 땅에 시들어 있으면, 그때 여러 하늘들은 그 상서(祥瑞)를 보고 널리 즐거워하는 마음을 품고 기쁜 뜻이 이렇게 안에서 일어난다.

'이 나무는 오래지 않아 꽃이 피고 열매가 생길 것이다.'

비구들이여, 알아야 한다. 언제 그때가 되어 그 나무의 꽃과 열매가 모두 시들어 떨어져 땅에 버려져 있으면, 이때 서른세하늘들은 더욱 기뻐하면서 그들끼리 말한다.

'이 나무는 오래지 않아 잿빛이 될 것이다.'

비구들이여, 알아야 한다. 다시 얼마를 지나 그 나무가 잿빛이 되면 그 하늘들은 그 나무가 잿빛이 된 것을 보고 매우 기뻐하면서 그들끼리 말한다.

'이제 이 나무가 잿빛이 되었으니 오래지 않아 비단그물 같은 움이 생길 것이다.'

이때 서른세하늘들은 이 파리자타 나무에 이미 비단그물이 돋아난 것을 보고 나서 이렇게 생각한다.

'오래지 않아 마디가 생길 것이다.'

그들은 그것을 보고 다시 기뻐하면서 이렇게 생각한다.

'이 나무가 오늘 이미 마디가 생겼으니 오래지 않아 다시 피어날 것이다.'

비구들이여, 알아야 한다. 그때 그 나무가 차츰 피어난 것을 보고서 그 하늘들은 모두 기뻐하면서 이렇게 말한다.

'이 나무는 오래지 않아 차츰 피어나고 오래지 않아 다 꽃이 필 것이다.'

비구들이여 알아야 한다. 언제 때가 되어 그 나무가 널리 피어나면 모두 기뻐해 말한다. 그때 그 꽃향기는 바람에 거슬러 백 요자나 안에 맡지 않는 이가 없게 된다. 그때에 여러 하늘들은 넉 달 동안 그 가운데서 서로 즐거워하는데 그 즐거움은 이루 헤아릴 수 없다."

하늘꽃의 향기로 출가한 수행자의 계덕의 향기를 비유하심

"이 또한 이와 같아 현성의 제자로서 집을 떠나 도를 배우려고 하는 때는 마치 저 나뭇잎이 비로소 시들어 떨어지려고 하는 것과 같다.

다시 현성의 제자로서 처자와 재물을 버리고 믿음이 굳세어서 집을 떠나 도를 배우려고 머리와 수염을 깎는 것은 저 나무가 잎이 져 땅에 떨어지는 것과 같다.

비구들이여, 알아야 한다. 현성의 제자로서 탐욕의 생각이 없고 착하지 않은 법을 버리고 기쁨을 생각해 지니면서 첫째 선정에 뜻을 노니는 것은 저 나무가 잿빛이 되는 것과 같다.

다시 현성의 제자로서 느낌과 살핌이 쉬고 안으로 즐거움이 있어 그 한 마음을 오롯이하여, 느낌이 없고 살핌이 없으면 둘째 선정에 마음을 노닐게 되니, 이는 마치 저 나무에 비단그물 같은 움이 생기는 것과 같다.

다시 현성의 제자로서 생각하여 보살핌이 있고 몸의 즐거움을 스스로 깨달아 모든 현성들이 돕는 바 되어 보살피는 생각이 갖춰지면 셋째 선정에 노닐게 되니, 저 나무의 마디가 생기는 것과 같다.

다시 현성의 제자로서 괴로움과 즐거움이 이미 다하고 먼저 근심 걱정이 없어지며 괴로움도 즐거움도 없이 보살피는 생각이 청정하여 넷째 선정에 마음을 노니는 것은, 저 나무가 점점 피어나는 것과 같다.

다시 현성의 제자로서 샘 있음[有漏]이 다하고 샘 없음[無漏]을 이루어, 마음이 해탈하고 지혜가 해탈하여 현재의 법 가운데 스스로 즐거워하면서 '나고 죽음은 이미 다하고, 범행은 이미 서고, 지을 바를 이미 지어, 다시는 뒤의 몸을 받지 않을 줄을 진실 그대로 아는 것'은, 저 나무에 꽃이 활짝 피는 것과 같다.

이때의 현성의 제자는 계덕(戒德)의 향기가 사방 멀리 두루 풍기어 칭찬하지 않는 이가 없게 되니, 이것은 여러 하늘들이 넉 달 동안 스스로 즐기는 것과 같고, 네 가지 선정에 마음을 노닐면 그 행의 근본을 갖추게 된다.

그러므로 여러 비구들이여, 방편을 구해 계덕의 향기를 이루어야 한다.

이와 같이 비구들이여, 반드시 이렇게 배워야 한다.”

그때에 비구들은 붇다의 말씀을 듣고 기뻐하며 받들어 행하였다.

• 증일아함 39 등법품(等法品) 二

• 해설 •

하늘꽃이 지고 피는 것으로 수행자의 계덕의 향기가 이루어짐을 비유해 보이시고 있다.

계는 선정과 같이하는 계[定共戒]이니, 선정이 깊어지고 선정인 지혜가 이루어지면 계덕의 꽃이 열매 맺고 계덕의 향이 성취된다.

경의 비유로 보면 하늘꽃인 파리자타 나무의 꽃과 잎이 시들고 땅에 떨어짐은 수행자가 세속의 집과 처자, 재물을 버리고 집이 아닌 데로 집 나옴과 같고, 나무가 잿빛이 되는 것은 탐욕을 버리고 첫째 선정에 들어감과 같다.

잿빛이 된 나무에 새 움이 트는 것은 느낌과 살핌이 쉬어 둘째 선정에 들어감과 같고, 새로 꽃이 활짝 피는 것은 셋째 선정 · 넷째 선정과 같다.

하늘꽃이 시든 뒤 다시 활짝 피는 것처럼 넷째 선정은 온갖 물든 생각과 탐욕 경계가 사라져 선정이 곧 평등한 생각[捨念]이 되고, 선정이 곧 청정한 지혜[念淸淨]가 됨이다.

이처럼 선정이 지혜가 되는 곳이 바로 계덕의 향이 사방에 널리 풍김이고, 계가 지혜와 같이하고[道共戒] 선정과 같이하여[定共戒] 온갖 번뇌 끊어져[斷戒] 해탈의 향이 갖춰짐[解脫戒]이니, 하늘꽃이 활짝 피어 그 꽃향기가 백 요자나 안에 널리 풍김과 같다.

『화엄경』(「입법계품」) 또한 마하야나의 수레를 타고 계와 선정의 향으로 세간을 아름답게 가꾸려는 보디사트바의 서원을 다음과 같이 말한다.

　　깨끗한 행으로 깔개를 삼고
　　사마디로 돕는 여인을 삼으며

법의 북으로 묘한 소리 떨쳐서
바라오니 나의 이 수레에
모든 것 함께하여지이다.

梵行爲茵蓐　三昧爲采女

法鼓震妙音　願與我此乘

네 가지 중생 거두는 법은
다함없는 법의 곳간이 되고
공덕은 꾸미는 보배가 되며
나와 남에 부끄러워함
굴레와 멍에가 되어
바라오니 나의 이 수레에
모든 것 함께하여지이다.

四攝無盡藏　功德莊嚴寶

慚愧爲羈鞅　願與我此乘

늘 보시의 법바퀴를 굴리고
맑은 계의 향을 언제나 바르며
욕됨 참음으로 꾸밈을 굳세게 해
제가 이 수레 타게 하여지이다.

常轉布施輪　恒塗淨戒香

忍辱牢莊嚴　令我載此乘

2 늘 비구·비구니의 계법을 외워 지니며 선정과 지혜를 닦아야 하니

수행자는 여래의 법의 곳간[法藏]인 수트라에서 가르쳐 설해줌을 잘 듣고[聞] 그 뜻을 사유해[思] 닦아 행해야[修] 지혜의 흐름에 들고 니르바나를 성취하게 된다.

그와 같이 『사분율』의 '계 설함의 스칸다'[說戒犍度]는 여래의 계의 곳간[戒藏]인 비나야 가운데 보인 여래의 계의 조목들을 잘 외우고 잘 들어 몸과 입과 뜻을 거두어야 프라티목샤의 해탈[prātimokṣa, 別解脫]을 이룰 수 있다고 가르친다.

마을의 집에 들어가 밥을 빌어 살아가는 상가대중이 함께 모여 수트라를 설하고 들으며 다나파티의 공양을 받아 여드렛날·열나흘날·보름날[八·十四·十五] 대중이 함께 밥을 먹는 것은 처음 빔비사라 왕의 청에 의해 이루어졌다.

비나야 피타카[律藏, 四分律]에 보면 빔비사라 왕은 여러 브라마나들이 매달 8·14·15일에 모여 서로 먹을거리를 나누어 먹으며 서로 벗이 되어 노니는 것을 보고, 세존께 여래의 상가대중도 함께 모여 공양하며 법을 듣는 모임 갖도록 청을 드린다.

세존께서 빔비사라 왕의 청을 받아들여 붇다의 상가 또한 함께 모여 공양을 들고 법 설하고 듣는 모임을 갖게 하셨다.

또 대중이 함께 모여 설법하고 좌선하는데, 새로 계를 받은 비구들이 계를 듣지 못하고 계 배울 줄 모름을 걱정하시어 계 설함을 허락하셨다. 대중이 함께 모이는 날 계 설하는 것을 허락하셨는데, 너무 자주 계를 설하고 들음에 지친 모습을 보고 우파바사타하는 날에는 계를 노래로 설하도록 하신다.

대중의 수가 늘어나면서 우파바사타의 날짜를 모르는 대중이 많게 되므로 산가지를 지니어 날짜를 세도록 하시고, 흰 달[白月]과 검은 달[黑月]을 구분토록 하기 위해 산가지에 흰빛·검은빛을 칠해 보름 전의 산가지와 보름 뒤의 산가지를 구분케 하였다.

각기 자기 방에서 몇몇이 모여 계 설하는 것을 보시고, 일정한 구역 안의 대중의 수가 찰 때 같이 모여, 법다운 카르마를 지어 계를 설하고 듣도록 하셨다.

원래 실라(śīla)는 대중이 그릇된 행을 지을 때마다 악한 행을 그치도록 그 계법을 정한 것[隨犯隨制]이지만, 우파바사타의 날 그 금한 계의 조목을 함께 모여 외워 지님으로써 수행자는 일상생활에서 스스로 마음을 경계해 악을 그치고 착함을 늘려 행하게 된다.

그러므로 계법[śīla]은 악에 대한 금지의 가르침이지만 계법이 곧 착함 행하는 일이 되고 프라티목샤의 해탈이 되는 것이다.

연기법에서 악을 그치게 함[止惡]은 악만 그침이 아니라 착함의 실체성도 넘어서야 참으로 악을 그칠 수 있다. 선을 행함[行善] 또한 실체로서 착한 일을 행하는 것이 아니라 늘 새로운 상황 속에서 악 아닌 악을 쉬어 선 아닌 선을 구현케 하는 것이다.

계법을 프라티목샤라 함은 이처럼 선과 악의 실체를 깨뜨릴 뿐 아니라, 선과 악의 공함도 깨뜨려 악을 그침이 없이 그치고 선을 행함 없이 행해야 구체적인 행위 속에서 마음의 해탈을 이루기 때문이다.

그러므로 자주 계법을 듣고 나의 행위를 돌이켜, 함이 있는 행위[有爲行]를 함이 없고[無爲] 지음 없는 행[無作行]이 되게 할 때만, 지음 있고 함이 있는 일상의 행위 속에서 해탈이 현전하는 것이다.

위없는 보디의 법도 저절로 나는 것이 아니라 기쁜 마음으로 자주 수트라와 프라티목샤 그 가르침을 듣고 따라 행함으로 나는 것이니, 화엄회상(「입법계품」) 선지식 또한 구도자에게 다음과 같이 당부한다.

보디의 법 구하는 선재여
청정한 해탈의 문 내가 설하는 것
그대는 지금 듣고서 기쁨을 내
부지런히 닦아 마쳐 다하게 하라.

善財聽我說 淸淨解脫門
聞已生歡喜 勤修令究竟

나 또한 옛날 오랜 겁의 바다에서
크게 믿고 즐거워하는 마음을 내
청정함이 저 허공과 같이
늘 온갖 것 아는 지혜 살폈도다.

我昔於劫海 生大信樂心
淸淨如虛空 常觀一切智

이백오십이 넘는 계율을 보름마다 외우면

이와 같이 내가 들었다.

한때 붇다께서는 슈라바스티 국 제타 숲 '외로운 이 돕는 장자의 동산'에 계셨다.

그때 세존께서는 여러 비구들에게 말씀하셨다.

"이백오십이 넘는 계이지만 차례를 따라 보름마다 와서 프라티목샤 수트라(prātimokṣa-sūtra, 律藏)를 말해 스스로 배움 구하는 이들로 하여금 배우게 해서, 세 가지 배움[三學]을 말해야 모든 계를 다 거둘 수 있다.

어떤 것이 그 세 가지 배움인가? 더욱 위로 오르는 계의 배움[戒學]·더욱 위로 오르는 뜻의 배움[意學]·더욱 위로 오르는 지혜의 배움[慧學]을 말한다."

붇다께서 이 경을 말씀하시자, 여러 비구들은 붇다의 말씀을 듣고 기뻐하며 받들어 행하였다.

• 잡아함 819 학경④

• 해설 •

계는 악을 그치고 착한 법을 늘려 키우며[增長善法], 사마디와 지혜를 보살펴 일으킨다. 그러므로 출가상가 대중은 보름마다 함께 모여 프라티목샤 수트라를 외어 계법을 배워야 하니, 이것이 보름과 그믐에 함께 모여 우파바사타를 행함이다.

비구 이백오십 계, 비구니 삼백팔십 계를 외워 지니면 모든 계를 거둘 수 있다고 가르치시니, 구족계법을 잘 지키어 파라지카·상가바세사·파야티카·프라티데샤니야·두스크리타의 죄를 벗어나면 온갖 허물을 떠나고 온갖 착한 법을 늘릴 수 있기 때문이다. 또 계를 외워 잘 지님으로 사마디의 굳건한 뜻의 배움[意學]을 이루고 위로 오르는 지혜의 배움[慧學]을 이룰 수 있기 때문이다.

곧 비나야는 없앰[滅]과 그침[止]을 그 공능으로 하는 것이니, 실라(śīla)를 잘 지니어 번뇌와 악을 없애고 그쳐야 선정과 지혜를 보살펴 이루는 것이다. 이런 뜻을 보이기 위해 『사교의』(四教義)에서는 비나야가 뜻으로 없앰으로 옮길 수 있다고 말하며, '붇다께서 지음 있는 계와 지음 없는 계[無作戒]를 말씀한 것은 몸과 입의 악을 없앨 수 있기 때문이고, 그래서 비나야를 없앰이라 한다'고 하였다.

『원각경약초』(圓覺經略鈔) 또한 이렇게 말한다.

없앰에는 세 가지 뜻이 있다.
첫째, 업의 그릇됨을 없앰이다.
둘째, 번뇌를 없앰이다.
셋째, 니르바나의 과덕을 얻음이다.

위의 『사교의』와 『원각경약초』에서 말한 비나야는 그 어원적인 뜻이 아니고, 비나야를 지켜 행함으로 얻는 니르바나의 공덕을 잡아 보인 것이니, 프라티목샤의 과덕으로 비나야의 뜻을 삼은 것이다.

금한 계로써 견해의 병을 뛰어넘으라

이와 같이 들었다.

한때 붇다께서는 라자그리하 성의 칼란다카 대나무동산에서 큰 비구대중 오백 사람과 함께 계셨다.

때에 마하쿤티(Mahākunti)는 고요한 곳에 있으면서 이런 생각을 일으켰다.

'여러 가지 앞과 뒤 복판의 견해들을 어떻게 하면 알 수 있을까.'

그때에 마하쿤티는 때가 되자 가사를 입고 발우를 가지고 세존 계신 곳에 나아가 머리를 대 발에 절하고 한쪽에 앉아 말씀드렸다.

"지금 이 여러 견해들은 앞과 뒤가 서로 응합니다. 어떻게 이 견해들을 없앨 수 있으며, 또 다른 견해들이 나지 않도록 하겠습니까."

바른 계행으로 온갖 견해의 병 다스려
니르바나에 들어감을 보이심

세존께서는 말씀하셨다.

"여기에 대해서는 이렇게 보아야 한다. 쿤티여, 이 견해들의 일어나는 곳과 사라지는 곳은 다 덧없어 괴롭고 공한 것이다.

쿤티여, 이것을 알고 이 뜻을 세워야 한다.

견해의 법엔 예순두 가지[六十二見]가 있는데, 반드시 열 가지 착함[十善]의 땅에 머물러 이 견해들을 없애야 한다.

어떤 것이 열 가지인가.

쿤티여, 이렇게 생각하는 것이다. 남은 산목숨 죽이기를 좋아하지만 나는 산목숨 죽이지 않아야 한다.

남은 도둑질하기를 좋아하지만 나는 도둑질하지 않아야 한다.

남은 범행(梵行)을 깨뜨리지만 나는 범행을 행한다.

남은 거짓말하지만 나는 거짓말하지 않아야 한다.

남은 두말하여 이쪽저쪽 싸움을 붙이거나 발림말·나쁜 말을 하거나 질투·성냄·삿된 견해를 행하지만, 나는 바른 견해를 행한다.

쿤티여, 알아야 한다. 나쁜 길을 따라 바른 길을 만나려 하고, 삿된 견해를 좇아 바른 견해에 이르며, 삿됨을 돌이켜 바름으로 나아가려는 것은, 마치 어떤 사람이 자기가 물에 빠져 있으면서 남을 건네주려 하여도 끝내 그리될 수 없는 것과 같다.

자기가 니르바나에 이르지 못하고 다른 사람이 니르바나 얻게 하는 것, 이런 일은 그렇게 될 수 없다.

마치 어떤 사람이 스스로 물에 빠지지 않으면 남을 건네주는 것이 그럴 수 있는 것처럼, 스스로 온전한 니르바나에 들고서 다른 사람을 니르바나에 들게 하는 것은 그럴 수 있는 것이다.

그러므로 쿤티여, 다음과 같이 생각해야 한다.

'산목숨 죽임을 떠나 산목숨 죽이지 않고 니르바나에 들며, 도둑질을 떠나 도둑질을 하지 않고 니르바나에 들며, 음행을 떠나 음행하지 않고 니르바나에 들어가리라.

거짓말을 떠나 거짓말하지 않고 니르바나에 들며, 발림말을 떠나 발림말을 하지 않고 니르바나에 들며, 거친 말을 떠나 거친 말을 하지 않고 니르바나에 들며, 이쪽저쪽 싸움을 붙이지 않고 니르바나에 들어가리라.

　질투를 떠나 질투하지 않고 니르바나에 들며, 성냄을 떠나 성내지 않고 니르바나에 들며, 삿된 견해를 떠나 바른 견해를 얻어 니르바나에 들어가리라.'"

범부들의 잘못된 견해, 그릇된 세계관을 널리 분별해 보이심

"쿤티여, 알아야 한다. 범부들은 이런 생각을 낸다.

　'내가 있는가, 내가 없는가. 내가 있기도 하고 없기도 한가. 세상은 항상한가, 덧없는가. 세계는 끝이 있는가, 끝이 없는가. 목숨이 곧 몸인가, 목숨과 몸은 다른가. 여래는 죽는가, 죽지 않는가. 죽음은 있는가, 죽음은 없는가. 누가 이 세계를 지었는가.'

　여러 삿된 견해를 내고는 이렇게 생각한다.

　'브라흐마하늘이 이 세계를 만들었는가, 땅주인이 이 세계를 베풀어놓았는가. 브라흐마하늘이 이 중생들을 만들고 땅주인이 이 세상을 만들었는가. 중생은 본래 없던 것이 지금 있고 본래 있던 것이 지금 없는가.'"

　그때에 세존께서는 곧 다음 게송으로 말씀하셨다.

　'저절로 브라흐마하늘이 있다.'
　이것은 브라마나들의 말이다
　이 견해는 바르고 참되지 않으니
　저 브라마나가 보는 바일 뿐이다.

　우리 주인이 연꽃을 지어 내었고

브라흐마하늘은 다 그 가운데 났고
땅주인이 브라흐마하늘 내었다.
만약 이와 같이 말한다고 하면
저절로 남과 말이 서로 맞지 않는다.

땅주인은 크샤트리아 종족과
브라마나 종족의 부모이다.
그러면 어찌 크샤트리아들과
브라마나가 다시 서로 내겠는가.

그들이 태어난 곳을 찾아보면
저 모든 하늘들이 말하는 것
이것은 찬탄해 기리는 말이나
도로 스스로 굴레를 쓰는 것이다.

저 브라흐마하늘이 사람 내었고
땅주인이 이 세상을 만들었다.
또는 다른 이가 만들었다고 하면
이 말은 뉘라서 진실 살필 것인가.

성냄과 탐욕에 깊이 미혹되어
이 세 가지 일이 함께 같이 모여서
마음은 자재함을 얻지 못한데
내가 세간에서 빼어나다고 하고

하늘신이 세간 만들었다 하지만
또한 브라흐마하늘이 낸 것 아니네.
설사 브라흐마하늘 지었다 해도
이것은 어찌 허망한 말이 아니랴.

견해의 자취 찾으면 더욱 많으나
진실 찾으면 허망타 말하게 되리.
그 행은 각기 달라 같지 않으니
이런 행은 진실한 행이 아니다.

여러 견해의 병을 계행과 사마디, 지혜로 다스리도록 당부하심

"쿤티여, 알아야 한다. 중생 무리들의 보는 바가 같지 않고 그 생각은 각기 다르다. 그 여러 견해들은 모두 덧없는 것이니, 이런 견해를 품으면 그것은 모두 덧없어 변해 바뀌는 법이다.

그러므로 이렇게 다짐해야 한다.

'남은 산목숨 죽이더라도 우리는 산목숨 죽임을 떠나야 한다.

남은 비록 도둑질하더라도 그것을 멀리 떠나야 한다.

그래서 그런 행을 익히지 않고 그 마음을 오롯이하여 어지럽지 않게 하며, 사유하여 깊이 헤아려 그 삿된 견해가 일어남과 나아가 열 가지 나쁜 법을 모두 버리고 그 행을 익히지 않아야 한다.

남은 성을 내더라도 우리는 욕됨 참음을 배우고, 남이 질투하는 마음 품어도 우리는 그것을 버려야 한다.

남이 교만 일으켜도 우리는 그것 버리기를 생각해야 한다.

남은 스스로를 기리고 다른 사람을 헐더라도 우리는 스스로를 기리고 다른 사람을 헐지 않아야 한다.

남은 욕심 줄이지 않더라도 우리는 욕심 줄임을 배워야 한다.

남은 계율을 범하더라도 우리는 그 계율을 닦아야 한다.

남은 게으르더라도 우리는 정진하여야 한다.

남은 사마디를 행하지 않더라도 우리는 사마디를 행하여 반드시 이렇게 배워야 한다.

다른 사람은 어둡고 어리석더라도 우리는 지혜를 행하여 그 법을 살피고 분별할 수 있으면 삿된 견해는 사라지고 또 다른 견해도 생기지 않을 것이다.”

이때에 쿤티는 여래의 가르침을 받고는 한가하고 고요한 곳에서 사유하고 이렇게 깊이 헤아려보았다.

좋은 종족의 사람들이 집을 떠나 도를 배우려고 세 가지 가사를 입는 것은 위없는 범행을 닦으려는 것이다.

그리하여 그는 범행을 잘 닦아 '나고 죽음은 이미 다하고 범행은 이미 서고, 지을 바를 이미 지어 다시는 뒤의 있음 받지 않음'을 진실 그대로 알았다. 이때 쿤티는 곧 아라한을 이루었다.

그때에 쿤티는 붇다의 말씀을 듣고 기뻐하며 받들어 행하였다.

• 증일아함 47 선악품(善惡品) 九

• 해설 •

중생의 봄[見]과 앎[知]은 보는 바[所見]와 응하고 아는 바[所知]와 응하는 봄과 앎이다. 보는 바와 아는 바가 인연으로 나고 사라지는 것이라 실로 볼 것이 없고 실로 알 것이 없으니, 봄에 실로 봄이 없고 앎에 실로 앎이 없다.

실로 앎[能知]과 알 것[所知]이 없는 곳에서 실로 알 것을 두어 그 앎을 고정화하는 것이 견해의 길이니, 갖가지 견해의 길은 붇다의 수트라에서 예순두 가지 견해의 길로 분별된다.

여래의 지혜의 길은 봄[見]에 실로 봄이 없되[無見] 봄 없음도 없으니[無無見], 견해에서 견해를 넘어설 때 견해에 물듦 없는 사마디가 이루어지고, 사마디가 이루어질 때 온갖 물든 견해로 일으킨 악을 그치고 착함을 늘려 키워 해탈의 땅에 머물 수 있다. 프라티목샤가 선정과 지혜의 바탕이지만 다시 선정과 지혜의 결과가 되니, 계와 선정 지혜는 앞뒤가 없다.

그러므로 견해를 떠날 때 바른 계행이 성취되지만, 바른 계행으로 앎에서 앎을 떠나지 못한 견해의 길을 다시 지혜의 길로 돌이킬 수 있는 것이다.

곧 견해를 넘어설 때 디야나와 열 가지 착한 프라티목샤가 이루어지고, 다시 열 가지 악이 없는 프라티목샤의 착한 법일 때 견해를 넘어선 지혜와 사마디를 이루고 니르바나의 성에 들 수 있다.

그러므로 바른 견해와 바른 실라(śīla)의 행은 둘이 없으니, 여래는 그릇된 견해, 그릇된 계법의 집착을 깨뜨려야 사마디와 자비의 길에 나아갈 수 있음을 보이신다.

세계관이 잘못되면 그 행이 잘못되는 것이니, 저 브라마나들이 주장한 '브라흐마하늘의 실재' '브라흐마신이나 땅을 관장하는 권능자에 의한 세계와 생명의 창조' '브라마나의 계급적 우월성'의 견해가 진실과 부합되지 못한 어리석음의 뿌리이고, 어리석음과 탐욕과 성냄, 이 세 가지 일이 마음의 해탈에 장애가 됨을 가르치신다.

오직 세계의 진실과 서로 응하는 지혜, 지혜와 응하는 바른 행위만이 해탈의 길이고 니르바나의 길이니, 원인이 진실하지 않고서는 그 결과가 진실할 수 없기 때문이다.

바른 계행으로 사랑과 보시 행하면,
늘 굳센 몸과 목숨 재물을 얻게 되리라

이와 같이 들었다.

한때 붇다께서는 슈라바스티 국 제타 숲 '외로운 이 돕는 장자의 동산'에 계시면서 여러 비구들에게 말씀하셨다.

"세 가지 굳세지 못한 것이 있다. 어떤 것이 세 가지인가.

몸이 굳세지 못하며, 목숨이 굳세지 못하며, 재물이 굳세지 못하다. 이것을 비구들이여, 세 가지 굳세지 못한 것이 있다고 하는 것이다.

여기에 대해서는 이렇게 말할 수 있다. 비구들이여, 이 세 가지 굳세지 못함 가운데서 방편을 구해 세 가지 굳셈을 성취하여야 한다. 어떤 것이 세 가지인가.

굳세지 못한 몸에서 굳셈을 찾고, 굳세지 못한 목숨에서 굳셈을 찾으며, 굳세지 못한 재물에서 굳셈을 찾는 것이다."

굳세지 못한 몸·목숨·재물에서 굳셈 찾는 길을 보이심

"어떻게 굳세지 못한 몸에서 굳셈을 찾는가.

겸손하고 공경히 절하여 때를 따라 문안하는 것이니, 이것을 굳세지 못한 몸에서 굳셈을 찾는 것이라 한다.

어떻게 굳세지 못한 목숨에서 굳셈을 찾는가.

바르게 행하는 남자와 여인이 몸과 목숨이 다하도록 산목숨 죽이지 않고, 칼이나 몽둥이로 치지 않으며, 늘 부끄러워할 줄을 알고 자비한 마음을 가져 온갖 중생을 널리 생각하는 것이다.

또 몸과 목숨을 다하도록 도둑질하지 않는 것이니, 곧 늘 은혜로운 보시를 생각하여 아끼는 마음이 없는 것이다.

또 몸과 목숨을 다하도록 음행하지 않는 것이니, 곧 남의 여인과 관계하지 않는 것이다.

또 몸과 목숨을 다하도록 거짓말하지 않는 것이니, 곧 늘 지극히 성실함을 생각하여 세상 사람을 속이지 않는 것이다.

또 몸과 목숨을 다하도록 술을 마시지 않는 것이니, 곧 생각이 어지럽지 않아 붇다의 금한 계율을 지키는 것이다.

이것을 굳세지 않은 목숨에서 굳셈을 찾는다고 하는 것이다.

어떻게 굳세지 못한 재물에서 굳셈을 찾는가.

만약 바르게 행하는 남자와 여인이 늘 은혜로운 보시를 생각해 사문·브라마나나 여러 가난한 이에게 베풀어준다 하자.

그래서 밥을 필요로 하는 이에게는 밥을 주고, 마실 거리를 필요로 하는 이에게는 마실 거리를 주며, 입을 옷·먹을거리·앉을 자리·자리끼·의약품·집과 성(城) 등 필요로 하는 도구를 모두 주면, 이것을 굳세지 못한 재물에서 굳셈을 찾는다고 하는 것이다.

이것을 비구들이여, '세 가지 굳세지 못한 것에서 세 가지 굳셈을 찾는다'고 하는 것이다."

다시 보시로 굳셈 구하도록 당부하심

그때 세존께서는 곧 다음 게송을 말씀하셨다.

이 몸이 아주 굳세지 못하며
목숨 또한 굳세지 못함 알고
재물은 없어지는 법임을 알아
이 가운데 굳셈을 구해야 하네.

사람의 몸은 매우 얻기 어렵고
목숨도 오래 머무르지 않으며
재물은 닳아 없어지는 법이니
기쁘게 은혜로운 보시 생각하라.

그때 여러 비구들은 붇다의 말씀을 듣고 기뻐하며 받들어 행하였다.

• 증일아함 21 삼보품(三寶品) +

• 해설 •

중생이 탐착하여 놓지 않으려 하고 늘 잃지 않으려 하는 것에 세 가지가 있으니 몸[身]과 목숨[命]과 재물[財]이다.

이 세 가지가 있되 공한 줄 모르므로 있음을 붙들고 그 없어짐을 두려워하므로 그 삶이 참으로 위태로운 것이며, 이 세 가지가 찰나찰나 덧없이 바뀌는 것인데 항상한 것으로 집착하므로 그 현재의 있음이 두려움의 원천이 되는 것이다.

취하는바 몸의 모습이 모습 아닌 줄 알면 스스로의 몸을 낮춰 뭇 삶들을 공경하고 어진 이를 섬기니, 그 사람이 위태로운 몸을 떠나 안락한 법의 몸[法身]에 나아가는 이이다.

그 목숨의 이어감이 덧없되 실로 나고 사라짐이 없는 줄 알면, 스스로와 남의 닫힌 목숨뿌리를 떠나 '넓고 큰 마음'[廣大心]에 돌아가므로 남을 해치거나 죽이지 않고, 나의 것을 늘 베풀어 이웃과 뭇 삶들을 이익되게 하고 안락하게 하니, 지혜와 자비의 목숨[慧命]에 나아감이다.

눈에 보이는 재물이 내 것이되 실로 내 것이라 할 것이 없는 줄 알아, 늘 보시하고 어려운 이를 도우며 현성과 밥 비는 수행자에게 입을 옷·먹을거리·잠자리·약을 대드리면, 그는 지금 눈에 보이는 굳세지 못한 재물을 떠나 무너짐이 없는 공덕의 재물, 법의 재물[法財]을 얻는 것이다.

계행이 지혜인 계행이므로 계행이 곧 굳세지 못하고 덧없으며 위태롭고 불안한 중생의 몸과 목숨을 돌이켜 지혜의 목숨[慧命], 법의 몸[法身], 다함 없는 공덕의 재물을 얻게 한다.

계행이 법신에서 일어나 법신을 이루어주는 행이므로 계행이 곧 공덕의 밭이며 공덕의 곳간이니, 여래의 계행을 잘 받들어 지니며 프라티목샤의 수트라를 외워 지니는 자, 그는 니르바나 해탈의 땅에 들어선 것이다.

3 계 지님의 공덕

• 이끄는 글 •

금한 계 잘 지킴이 선정과 지혜의 토대가 되지만, 바른 계행은 선정과 함께하는 계[定共戒]이고 지혜와 함께하는 계[道共戒]이므로 계행 갖춤이 사마디와 지혜 갖춤이 되고 니르바나의 성에 들어감이 된다. 그런 뜻에서 『월등삼매경』(月燈三昧經)은 계를 지킴이 보디의 근본이 되고 해탈에 드는 요긴한 문이 된다고 말한다. 『월등삼매경』에 의하면, 수행자가 붇다가 설한 바른 계행과 깨끗한 행[梵行]을 잘 지키면 다음 열 가지 해탈의 이익을 얻는다고 말한다.

① 지혜와 원을 가득 채움[滿足智願] 수행자가 금한 계를 잘 지키면 몸과 마음이 청정해지고 지혜의 성품이 밝아져 온갖 지혜와 온갖 서원을 만족하지 않음이 없게 된다.

② 붇다께서 수행할 때 배운 것과 같게 됨[如佛所學] 붇다는 계·정·혜로 보디를 이루었으므로 새로 배우는 수행자도 계를 바탕으로 붇다의 가르침을 닦아 행하면 붇다의 배운 바와 같아진다.

③ 지혜로운 이가 헐뜯지 않음[智者不毀] 수행자가 계행이 청정

해지면 몸과 입에 허물이 없어서 지혜로운 이들이 기뻐해서 헐뜯지 않는다.

④ 서원을 물리지 않음[不退誓願] 수행자가 깨끗한 계를 굳게 지니어 보디를 증득하려는 서원이 넓고 깊으면 용맹스럽게 정진해 뒤로 물러서지 않는다.

⑤ 바른 행에 편안히 머묾[安住正行] 수행자가 계율을 굳게 지니면 몸과 입과 뜻의 업이 다 청정해 바른 행에 편히 머물러 버리지 않게 된다.

⑥ 나고 죽음의 괴로움을 버림[棄捨生死] 수행자가 깨끗한 계율을 굳게 지니면 죽임과 도둑질, 깨끗하지 못한 행, 거짓말, 어리석은 행이 없어서 나고 죽음을 벗어나 길이 윤회의 괴로움에서 벗어나게 된다.

⑦ 니르바나를 바라고 기뻐함[慕樂涅槃] 수행자는 계율을 지니어 망상을 끊으므로, 나고 죽음의 괴로움은 싫어하고 니르바나의 참된 즐거움을 기뻐하고 바라게 된다.

⑧ 얽맴이 없는 마음을 얻음[得無纏心] 수행자가 계의 덕이 두렷 밝으면 마음 바탕이 빛나고 깨끗해 온갖 번뇌와 업연에서 해탈하여 얽매임의 걱정거리가 없어지게 된다.

⑨ 빼어난 사마디를 얻음[得勝三昧] 수행자가 계 지킴이 청정하여 마음이 어지럽지 않으면 곧 사마디를 성취하여 선정의 고요함이 나타나 모든 샘이 있는 번뇌의 세계 벗어나게 된다.

⑩ 믿음과 공덕의 재물이 모자라지 않게 됨[不乏信財] 수행자가 계율을 지키면 분다의 법에 바른 믿음의 마음을 갖추어 온갖 공덕 갖춘 법의 재물을 내 모자람이 없게 된다.

열 가지 공덕이 있으므로 여래는
비구들에게 금한 계를 말해준다

이와 같이 들었다.

한때 붇다께서는 슈라바스티 국 제타 숲 '외로운 이 돕는 장자의 동산'에 계셨다.

그때 세존께서 비구들에게 말씀하셨다.

"열 가지 공덕[十事功德]이 있으므로 여래는 비구들에게 금한 계[禁戒]를 말해준다. 어떤 것이 열 가지인가?

첫째, 거룩한 상가[聖衆]를 받들어 섬기고 화합하고 따른다.

둘째, 거룩한 상가를 안온하게 한다.

셋째, 나쁜 사람을 항복받는다.

넷째, 부끄러움 있는 비구들[諸慚愧比丘]을 괴롭지 않게 한다.

다섯째, 믿지 않는 사람[不信之人]으로 하여금 믿음의 뿌리[信根]를 세우게 한다.

여섯째, 이미 믿음이 있는 사람은 그 믿음을 곱절로 늘게 한다.

일곱째, 현재의 법에서 샘 있음[有漏]을 다할 수 있다.

여덟째, 뒷세상 모든 번뇌의 병[諸漏之病]을 없애 다한다.

아홉째, 바른 법을 오래 세간에 머무르게 한다.

열째, 어떤 방편으로 바른 법이 오래 머무르는가를 늘 생각해 사유한다.

이것을 비구들이여, 열 가지 공덕이 있어서 여래가 여러 비구들에게 금한 계를 설한다고 함이다.

그러므로 비구들이여, 방편을 구해 금한 계를 성취하여 잃지 않도록 해야 한다. 이와 같이 여러 비구들이여, 반드시 이렇게 배워야 한다."

그때 여러 비구들은 붇다의 말씀을 듣고 기뻐하며 받들어 행하였다.

• 증일아함 46 결금품(結禁品) －

• 해설 •

여래의 금한 계는 이미 일어난 그릇된 허물을 거울 삼아 다시 그 허물을 반복하지 않도록 깨우쳐 가르침[敎誡]이다. 금한 계를 범하지 않고 잘 지키면 스스로 삶의 질서가 건강해지고 편안해지므로 사마디와 지혜를 이루게 된다.

그렇게 되면 배움 같이하는 상가대중과 세간 중생에 대해서는 상가공동체의 화합과 질서를 깨뜨리는 이는 눌러 조복하고[制伏] 믿음 없는 이는 믿음을 세워주며, 이미 믿음이 굳세어 잘 닦아 행하는 이는 더욱 힘써 믿음뿌리를 보살펴 선근이 자라게 한다.

이처럼 상가의 대중이 법의 땅에 굳건히 서서 계법으로 믿음의 착한 뿌리를 잘 자라게 하면, 스스로 현재의 법에서 샘 있음을 다하고 상가는 세간의 복밭이 되고 법의 깃발이 되어 바른 법이 길이 세간에 머무르게 되고 뒷세상 뭇 삶들이 번뇌 떠나 안락의 삶을 누리게 된다.

곧 금한 계는 짓는 행이 선정에 맞지 않고 지혜에 맞지 않으며 자비에 맞지 않으므로 여래께서 다시 범하지 못하도록 금해 범행에 이끄는 가르침이다. 그러므로 금한 계를 잘 지키면 선정과 지혜, 자비의 삶을 이루고 삼보의 진리를 역사에 이어가고 사회 속에 넓혀[紹隆三寶] 바른 법이 길이 세간에 사라지지 않고 머물게 되는 것이다.

프라티목샤를 잘 거두면 세 배움을
닦아 익혀 만족하게 되니

이와 같이 내가 들었다.

한때 붇다께서는 슈라바스티 국 제타 숲 '외로운 이 돕는 장자의 동산'에 계셨다. 그때 세존께서 여러 비구들에게 말씀하셨다.

"만약 비구가 계를 갖추어 머문다면 프라티목샤를 잘 거두어가지고, 바른 몸가짐으로 행할 곳을 갖추어서 아주 작은 죄를 보아도 두려워할 줄을 알게 된다.

비구가 계를 갖추어 머문다면 프라티목샤를 잘 거두어가지고, 바른 몸가짐으로 행할 곳을 갖추어서 아주 작은 죄를 보아도 두려워할 줄을 알며, 계 배움[戒學]을 평등하게 받고 세 가지 배움[三學]을 닦아 익혀 만족하게 된다.

어떤 것이 세 가지인가? '더욱 위로 오르는 계의 배움'[增上戒學] · '더욱 위로 오르는 뜻의 배움'[增上意學] · '더욱 위로 오르는 지혜의 배움'[增上慧學]이다.

계 배움 더욱 늘어남을 보이심

"어떤 것이 '더욱 위로 오르는 계의 배움'인가? 이 비구가 계는 원만하게 갖추었으나 선정도 적고 지혜도 적다 하자.

그렇다면 이렇게 저렇게 나뉜 작은 계에 대해서 잘 거두어가지고, 바른 몸가짐으로 행할 곳을 갖추고 나아가 계의 배움을 받아 지니어,

이와 같이 알고 이와 같이 보면 세 가지 묶음[三結]을 끊게 된다.

그것은 곧 몸의 삿된 견해[身見]·삿된 계의 집착[戒取見]·의심[疑], 이 세 가지 묶음을 끊는 것을 말한다.

이 세 가지 묶음을 끊으면 스로타판나(srotāpanna, 入流)를 얻어 나쁜 세계에 떨어지지 않으며, 반드시 곧바로 '바른 보디'에로 향하며 일곱 번 하늘과 사람의 세계에 가서 나고는 괴로움의 끝[苦邊]을 마쳐 다하게 된다."

선정 닦는 뜻의 배움 더욱 늘어남을 보이심

"어떤 것이 '더욱 위로 오르는 뜻의 배움'인가? 이 비구가 선정을 원만하게 갖추고 사마디도 원만하게 갖추었으나 지혜는 적다 하자.

그렇다면 이렇게저렇게 나누어진 작은 계라 하더라도 범하면 곧 따라 뉘우치고, 나아가 계를 배워[學戒] 받아 지니어서 이와 같이 알고 이와 같이 보면 '다섯 가지 낮은 곳의 묶음'[五下分結]을 끊게 된다. 그것은 곧 몸의 삿된 견해·삿된 계의 집착·의심·탐욕·성냄[瞋恚] 등의 '다섯 가지 낮은 곳의 묶음'을 끊게 됨을 말한다.

그 다섯 가지 낮은 곳의 묶음을 끊으면 '색계에 남이 있는 니르바나'[生般涅槃]를 얻고, 아나가민(anāgāmin)이 되어 이 세상에 다시는 돌아오지 않으니, 이것을 더욱 위로 오르는 뜻의 배움이라고 말한다."

지혜의 배움 더욱 늘어남을 보이심

"어떤 것이 '더욱 위로 오르는 지혜의 배움'인가? 이 비구가 계를 배워 원만하게 갖추고 선정을 원만하게 갖추며 지혜도 원만하게 갖춘다 하자.

그러면 그는 이와 같이 알고 이와 같이 보아 '탐욕의 샘이 있음'[欲有漏]에서 마음이 해탈하고, '존재의 샘이 있음'[有有漏]에서 마음이 해탈하며, '무명의 샘이 있음'[無明有漏]에서 마음이 해탈하고, 해탈지견이 있게 된다.

그리하여 '나의 태어남은 이미 다하고 범행은 이미 서고, 지을 바를 이미 지어 다시는 뒤의 있음을 받지 않는다'고 스스로 안다.

이것을 '더욱 위로 오르는 지혜의 배움'이라고 말한다.

붇다께서 이 경을 말씀하시자, 여러 비구들은 붇다의 말씀을 듣고 기뻐하며 받들어 행하였다.

　• 잡아함 822 니르바나경(涅槃經) ①

　• 해설 •

견해의 병이 다하지 못하면 연기의 진리를 깨치지 못하고, 연기의 진리를 깨치지 못하면 진리인 지혜가 현발하지 못하며, 진리인 지혜가 발휘되지 못하면 곳과 때를 따라 해탈의 행이 나오지 못한다.

이를 계·정·혜로 보면 견해가 다한 사마디가 이루어지지 않으면 지혜가 나오지 못하고, 지혜가 아니면 바른 계행이 생활 속에서 실현되지 못한다.

계가 선정을 이루게 하고 선정이 지혜를 드러내지만, 선정인 지혜와 지혜인 선정으로 프라티목샤의 계행과 해탈의 행이 갖춰진다.

그러므로 계는 원만하나 선정과 지혜가 원만하지 못하면 그 계가 원만하지 못함이니 더욱 계의 배움을 늘려야 한다. 선정이 원만하나 계행과 지혜가 원만하지 못하면 실은 그 계행 또한 원만하지 못함이니, 그 계행이 원만하면 그 뜻의 배움인 선정이 더욱 위로 오르게 된다.

지혜가 원만하나 계행과 선정이 원만하지 못하면 지혜가 원만하지 못할 뿐더러 계와 선정이 원만하지 못함이다.

그 계행을 선정인 계행과 지혜인 계행이 되게 하는 곳에 계·정·혜가 모두 원만해지는 해탈의 길이 있으니, 계·정·혜가 원만하면 탐욕[欲]과 존재[有]와 무명(無明)의 온갖 샘이 있는 번뇌를 떠나 해탈하고 해탈하므로 해탈지견이 생기는 것이다.

계·정·혜·해탈·해탈지견의 하나라도 빠지면 다른 행도 원만하지 못함이라 참된 법의 몸[法身]을 이루지 못한 것이니, 계행의 실천, 별해탈의 행이 없는 선정과 지혜가 어디 있겠는가.

가르침대로 진실을 행하는 자가 선정인 계행, 지혜인 계행을 실천하는 자이니, 『화엄경』(「십지품」) 또한 이렇게 말한다.

큰 스승의 말씀대로 닦아 행해서
진실한 말 가운데 편히 머물면
모든 붇다의 집 더럽히지 않고
보디사트바의 계 버리지 않으리.

如說而修行　安住實語中
不汚諸佛家　不捨菩薩戒

아난다여, 범행을 닦은 이와 닦지 않은 이가 뒷세상을 같이할 수 있습니까

이와 같이 내가 들었다.

한때 붇다께서는 슈라바스티 국 제타 숲 '외로운 이 돕는 장자의 동산'에 계셨다.

그때에 존자 아난다는 이른 아침에 가사를 입고 발우를 가지고 슈라바스티 성으로 가 차례로 밥을 빌다가 '사슴처럼 머무는[鹿住] 우파시카' 집에 이르렀다.

'사슴처럼 머무는 우파시카'는 멀리 존자 아난다를 보고 얼른 앉을 자리를 펴고 말씀드렸다.

"존자 아난다시여, 지금 앉으십시오."

범행 닦은 이와 닦지 않은 이가 한길에 같이 난다는 뜻을 물음

때에 '사슴처럼 머무는 우파시카'는 머리를 대 아난다 발에 절하고 한쪽에 물러앉아 말씀드렸다.

"어떤 것을 '세존께서 법을 아신다'[世尊知法]고 말합니까. 제 아버지 푸르나는 먼저 범행을 닦아 탐욕 떠나 깨끗하며, 향이나 꽃을 몸에 붙이지 않고, 여러 범부의 더러운 일들을 멀리하였습니다.

제 숙부 이시닷타는 범행을 닦지 않았으나 만족할 줄을 알았습니다. 그 두 사람이 함께 목숨 마치자 세존께서는 이렇게 말씀하셨습니다.

'그 두 사람은 같이 한길에 나고 같이 태어남을 받아, 같이 뒷세상에서 사크리다가민(sakṛdāgāmin)을 얻어 투시타하늘에 났다가, 한 번 이 세상에 와서는 괴로움의 끝을 마쳐 다할 것이다.'

어떻습니까, 아난다시여. 범행을 닦은 이와 범행을 닦지 않은 이가 같이 한길에 나고 같이 태어남을 받아 뒷세상을 같이할 수 있습니까."

아난다는 말하였다.

"누이여, 너는 지금 그만 그쳐라. 너는 세간 중생들의 근기의 차별을 알지 못한다. 그러나 여래께서는 세간 중생들 근기의 낮고 못함을 다 아신다."

이와 같이 말하고 자리에서 일어나 거기서 떠났다.

때에 존자 아난다는 정사에 돌아와 가사와 발우를 거두어 들고 발을 씻은 뒤에 붇다 계신 곳에 가서, 머리를 대 발에 절하고 한쪽에 물러앉아 '사슴처럼 머무는 우파시카'가 한 말을 널리 세존께 말씀드렸다.

계행의 완성은 마음과 지혜의 해탈 속에 있음을 보이심

붇다께서는 아난다에게 말씀하셨다.

"저 '사슴처럼 머무는 우파시카'가 어떻게 중생 세간 근기의 낮고 못함[根之優劣]을 다 알 수 있겠느냐. 그러나 아난다여, 여래는 중생 세간 근기의 낮고 못함을 다 안다.

아난다여, 어떤 사람은 계를 범하고 그는 다시 마음의 해탈과 지혜의 해탈을 진실 그대로 알지 못하면서, 그가 일으킨 계 범함을 남음 없이 없애고 남음 없이 사라지게 해 남음 없이 탐욕이 다하기도 한다.

또 어떤 사람은 계를 범하고 마음의 해탈과 지혜의 해탈을 진실 그대로 알아, 그가 일으킨 계 범함을 남음 없이 없애고 남음 없이 사라지게 해 남음 없이 탐욕이 다하기도 한다.

그에 대해 어림대어 헤아리는 자는 이렇게 말한다.

'여기에 또한 이럴 법이 있고 저기에 또한 이럴 법이 있다. 곧 반드시 같이 한길에 나고 같이 태어남을 받으며 뒷세상을 같이해야 한다.'

그러나 그렇게 어림대어 헤아리는 사람은 기나긴 밤에 뜻의 요익됨이 아닌 괴로움을 얻을 것이다.

아난다여, 그 계율을 범한 사람이 마음의 해탈에 대해 진실대로 알지 못하면서 일으킨 계 범함을 남음 없이 없애고 남음 없이 사라지게 해 남음 없이 탐욕이 다하면, 이 사람은 물러남이요 '빼어난 나아감'[勝進]이 아닌 줄을 알아야 한다.

그러므로 나는 그 사람을 물러나는 무리[退分]라 한다.

아난다여, 어떤 사람이 계를 범하고 그가 마음의 해탈과 지혜의 해탈에 대해 진실대로 알고서 일으킨 계 범함을 남음 없이 없애고 남음 없이 사라지게 해 남음 없이 탐욕이 다하면, 이 사람은 '빼어나게 나아가 물러나지 않음'[勝進不退]을 알아야 한다.

그러므로 나는 그 사람을 '빼어나게 나아가는 무리'[勝進分]라 한다.

여래가 아니고 이 두 가지에 사이가 있음[有間]을 누가 다 알 수 있겠느냐. 그러므로 아난다여, 어림대어 사람들을 헤아려서 취하지 말라. 어림대어 사람들을 헤아리면 병이 될 것이요, 어림대어 사람을 헤아리면 스스로 그 걱정거리를 부를 것이다.

오직 여래만이 사람을 알 수 있을 뿐이다. 두 가지 계를 범함과 두 가지 계를 지님 또한 이와 같다.

그가 마음의 해탈과 지혜의 해탈에 대해 진실대로 알지 못하면서 그가 일으킨 계 지님[持戒]을 남음 없이 없애버리거나, 만약 들떠 움직이는 사람이 마음의 해탈과 지혜의 해탈에 대해 진실대로 알지 못하면서 그가 일으킨 들뜸을 남음 없이 없앤다 하자.

그리고 만약 성내 원한을 가진 사람이 마음의 해탈과 지혜의 해탈에 대해 진실대로 알지 못하면서 그가 일으킨 성냄을 남음 없이 없앤다 하자. 그리고 만약 괴롭게 탐내는 사람이 마음의 해탈과 지혜의 해탈에 대해 진실대로 알지 못하면서 그가 일으킨 탐욕을 남음 없이 없애거나, 더러움과 깨끗함을 없애거나 남음 없이 탐욕이 다한다 하자.

그렇다 해도 그는 빼어나게 나아가는 사람이 아닌 줄 알아야 한다.

더러운 물듦이 깨끗해지는 것 또한 이와 같으니, 여래만이 사람들의 근기의 차별을 알 수 있다."

계행과 지혜의 끝이 다르지 않음을 말씀하심

"아난다여, '사슴처럼 머무는 우파시카'는 어리석고 지혜가 적어 내가 한결같이 설법함에 대해 여우같이 의심이 생긴 것이다. 어떠냐, 아난다여. 여래가 말한 것에 어찌 둘이 있겠느냐."

아난다는 붇다께 말씀드렸다.

"아닙니다, 세존이시여."

붇다께서는 말씀하셨다.

"잘 말하고 잘 말했다. 여래의 설법에 만약 둘이 있다면 그럴 수 없는 것이다. 아난다여, 만약 푸르나가 계를 지니고 이시닷타도 같이 계를 지녔다 해도, 푸르나는 이시닷타가 어느 곳에 나고 어떻게 태어남을 받고 뒷세상이 어떤 줄을 알지 못할 것이다.

만일 이시닷타가 성취한 이 지혜를 푸르나도 성취하였다 해도, 이시닷타 또한 푸르나가 어느 곳에 태어나고 어떻게 태어남을 받으며 뒷세상이 어떠한지 알지 못할 것이다.

아난다여, 저 푸르나는 '계 지님'이 빼어나고 이시닷타는 지혜가 빼어나다. 그러므로 그들이 함께 목숨을 마쳤을 때에 나는 이렇게 말한 것이다.

'그 두 사람이 같이 한길에 나고 같이 태어남을 받으며 뒷세상에서도 이 사크리다가민을 같이하여 투시타하늘에 났다가 한 번 이 세상에 와서는 괴로움의 끝을 마쳐 다할 것이다.'

그 둘에 사이 있음[彼二有間]을 여래가 아니고 누가 알겠느냐.

그러므로 아난다여, 사람들을 어림대어 헤아리지 말라. 어림대어 헤아리면 스스로 덜어 줄임을 낼 것이다.

오직 여래만이 사람을 알 수 있을 뿐이다."

붇다께서 이 경을 말씀하시자, 존자 아난다는 그 말씀을 듣고 기뻐하며 받들어 행하였다.

• 잡아함 990 녹주우바이경(鹿住優婆夷經) ①

• 해설 •

연기법에서 온갖 법의 차별은 어떤 결과의 원인과 조건이 되는 업의 모습[因緣業相]에 의해 규정된 차별이다. 그러므로 차별된 모습이 공하여 차별 속에 평등이 있고 다름 속에 같음이 있다.

그러므로 붇다께서 같음을 말씀해도 그 같음은 다름의 같음이고, 다름을 말씀해도 그 다름은 같음 속의 다름이다.

지혜가 있고 계행이 없는 이와 범행이 있으나 지혜가 모자란 이에 대해 붇다께서 '한길에 같이 난다'[同生一趣]고 하심은 지혜가 지극하면 끝내 범행의 성취에 이르고, 범행이 지극하면 다시 사마디와 지혜에 이르게 됨을 보이신 것이다.

그 같다 함은 지금 계행과 사마디, 지혜에 선근 지은 이들이 물러서지 않고 나아가면 끝내 니르바나의 성에 들어설 수 있음을 보이신 것이지 같은 과보 받음을 보이신 것이 아니다. 같다 해도 거기에 사이가 있는 것이며 업보가 달라도 다르지 않음이 있는 것이다.

그러나 모든 실천의 완성은 지혜이니, 끝내 지혜 없는 범행의 완성이 없는 것이다. 그러므로 지금 계를 지키지 않고 범행 갖추지 못한 이가 그 그릇된 행을 참회하여 죄가 남음 없이 하려 해도, 지혜로 중생의 업과 죄가 본래 남이 없음[本不生]을 살펴보아야 참으로 죄업에서 벗어나 마음의 해탈, 지혜의 해탈 이루게 되는 것이다.

이것이 바로 범행의 길이 지혜와 한길이 됨을 보이신 여래의 뜻이다.

실로 같음도 아니고 다름도 아닌 곳에 같다 하신 뜻이 있으니, 같다 하신 뜻을 알면 계행으로 지혜의 해탈에 이르게 되고, 범행으로 끝내 마음의 해탈, 지혜의 해탈을 이루어 계와 지혜를 모두 갖춘 크나큰 장부[mahāsattva]가 될 것이다.

계 없는 지혜와 지혜 없는 범행이 끝내 한길에 만나는 소식은 무엇인가.

옛 선사[蔣山泉]는 이렇게 노래한다.

　　한 가지는 우거지고 한 가지 말랐는데
　　가운데 푸른 잎이 성긴 틈을 붙들었네.
　　노란 꾀꼬리가 천 가지 말 알 수 있어
　　곁 사람 돌팔매질 받지 않게 되었네.

　　一枝榮 一枝枯　中心綠葉更扶踈
　　黃鸝任解千般語　免得傍人彈子無

제4장

함께 모여 논의하여 결정하고
대중행사를 진행함
[羯磨]

"과거 오래고 먼 옛날 모든 붇다 세존도
모두 하루에 한 끼를 드셨고 모든 성문들도
하루에 한 끼를 들었다. 앞으로 오실 모든 붇다와
제자대중 또한 하루 한 끼를 들 것이다.
왜냐하면 그것은 도를 행하는 요긴한 법이기 때문이다.
그러므로 반드시 하루에 한 끼를 먹어야 한다.
만약 하루에 한 끼를 먹을 수 있으면
몸은 가볍고 편하여 마음이 열리게 될 것이다.
마음이 열리면 온갖 착함의 뿌리를 얻을 것이요,
착함의 뿌리를 얻으면 곧 사마디를 얻을 것이며,
사마디를 얻으면 진실 그대로 알게 될 것이다."

경전에 여래의 설법을 듣는 현전상가의 숫자가 많을 때 천이백오십 명의 비구라고 기술되고 있듯, 붇다의 상가는 수천 명에 달하는 비구·비구니 대중이 사방상가를 이루고 있었다. 이처럼 여러 다른 계급, 여러 지역 출신, 나이 어린 사미부터 붇다보다 더 나이든 장로까지 많은 대중이 모인 곳의 논의와 의사결정은 늘 대중 전체에 통과되는 방식, 함께 모여 결의하는 방식으로 이루어졌다.

상가대중이 모여 일을 결정하고 추진하는 집단적 의사결정의 방식을 카르마(karma, 羯磨)라 한다. 현전상가 대중 전원 참석의 상가화합에 의한 결정에 의해, 상가공동체의 인사와 운영에 관한 여러 사안들이 집행되므로 이를 상가의 카르마, 줄여서 카르마라 한다.

남산율사는 『명료논소』(明了論疏)를 이끌어 카르마에 대해 이렇게 말한다.

옮기면 업(業)이다. 몸가짐[律儀]을 짓는 것이 업이라 또 짓는 것[所作]이라 옮긴다.

백론(百論)은 일[事]이라고 말한다. 만약 뜻으로 옮기면 '일을 갖춤'[辨事]이라 하니, 베풀어 지어서 법을 이루면 반드시 중생 건져줌을 이루는 공[成濟之功]이 있음이다.

천태선문(天台禪門)에서는 짓는 법[作法]이라 옮기니, 온갖 카르마는 반드시 네 가지 법을 갖추어야 한다.

첫째 법(法)이고, 둘째 일[事]이고, 셋째 사람[人]이고, 넷째 구역[界]이다.

첫째 법에도 카르마에 세 가지가 있다.

처음 마음으로 생각하는 법[心念法]이니, 마음을 내서 경계를 생각해 입으로 뜻을 스스로 전하는 것이라 말하지 않고 앞의 일[前事] 가림이 아니다.

둘째 머리 맞대는 법[對首法]이니, 각기 같이 얼굴 마주해 법을 집행함[秉法]이다.

셋째 대중의 법[衆法]이니, 네 사람 이상이 카르마를 집행하여[秉於羯磨] 세 번의 카르마로써 하는 것이다. 앞의 한 번 아룀[單白]에 통하므로 네 번 아룀[白四]이라 한다.

카르마에는 우파바사타(upavasatha)와 자자(自恣, pravāraṇā), 출가상가의 입문의식이라 할 수 있는 구족계 받는 의식, 죄와 허물을 범한 이에 대한 징벌과 죄에서 벗어나게 함[出罪], 정사(精舍)의 운영, 사람에 대한 주요한 결정[人事]이 포함된다.

카르마를 집행하는 법에는 크게 세 가지 형식이 있다.

① 한 번 알림의 카르마[單白羯磨] 전원 출석의 화합상가에서 카르마 아차르야(karāmacārya, 羯磨師)가 전원에게 통고해 알리는 카르마를 말한다. 예를 들면 자자날에 카르마 아차르야가 다음과 같이 대중에 알림이다.

"오늘은 자자날입니다. 이제 자자를 행하고자 합니다."

이렇게 대중에게 통고해 말함으로 카르마가 성립되기 때문에 한 번 알림의 카르마라 한다.

② 두 번 말함의 카르마[白二羯磨] 결정된 사안을 전체 상가에

통고하고 그에 대한 찬반을 묻는 카르마이다. 예를 들면 우파바사타의 장소를 어느 곳으로 정하고서 그에 대해 다음과 같이 찬반을 묻는 카르마이다.

대중에서 뽑힌 카르마 아차르야는 다음과 같이 말한다.

"상가의 대덕들이시여, 저의 말씀을 들어주십시오. 상가는 ○○정사 ○○곳을 우파바사타의 장소로 정하고자 합니다."

이것이 상가에 첫 번째 알림이다.

이어서 카르마 아차르야는 다음과 같이 말한다.

"상가의 대덕들이여, 저의 말씀을 들어주십시오. 상가에서 ○○정사 ○○곳을 우파바사타의 장소로 정하는 것에 찬성하는 대덕은 잠자코 계시고 찬성하지 않는 대덕은 의견을 말씀해주십시오."

이렇게 외치면 이것은 찬반을 묻는 것이니, 이것이 두 번째 대중에 알려 물음이다. 이때 누군가 반대하면 그 카르마는 성립되지 못하고, 모두 잠자코 있으면 카르마가 성립된다.

대중이 잠자코 있음으로 동의하면 카르마 아차르야는 끝으로 이렇게 카르마의 성립과 결정을 선언한다.

"상가는 ○○정사 ○○곳을 우파바사타의 처소로 정했습니다.

상가는 그것을 인정했으므로 잠자코 계셨습니다.

저는 이와 같이 알고 있습니다."

③ 네 번 대중에 말함의 카르마[白四羯磨]   처음 제안하는 발언과 그에 대한 첫 번째 의견을 묻는 카르마를 말하고, 다시 두 번 반복해서 찬반을 묻는 카르마이다.

구족계 받음을 예로 들면 다음과 같다.

처음 카르마 아차르야는 다음과 같이 첫 번째 카르마의 말을 한다.

"이곳에서 ○○는 ○○장로를 화상으로 하여 구족계를 받고자 합니다. 상가에 준비되어 있으면 상가는 ○○장로를 화상으로 해 ○○에게 구족계를 주게 됩니다.

○○장로를 화상으로 해 ○○에게 구족계 주는 것을 허락하는 대덕은 잠자코 계십시오. 그렇지 않은 분은 의견을 말씀하십시오."

이렇게 통고하고 의견을 물음이 첫 번째 카르마의 말이다.

전원이 침묵해서 승인하면 카르마 차르야는 위의 말을 두 번 더 반복해서 묻는다.

이와 같이 세 번의 카르마의 말에 침묵하면 카르마 아차르야는 다음과 같이 말한다.

"상가는 ○○장로를 화상으로 ○○에게 구족계를 주겠습니다. 상가가 찬성하기 때문에 잠자코 계셨습니다.

저는 그렇게 이해합니다."

이와 같이 세 가지 카르마법을 정하시고서 붇다께서는 『사분율』의 마지막에서 다음과 같이 모아 말씀한다.

세 가지 카르마가 있어 온갖 카르마를 거둔다. 어떤 것이 세 가지인가. 한 번 말함의 카르마[單白羯磨], 두 번 말함의 카르마, 네 번 말함의 카르마이다. 이 세 가지 카르마가 온갖 카르마를 거둔다.

또 구족계 설하는 카르마, 징벌과 죄 벗어남의 카르마에 관해 다음과 같은 원칙을 다시 말씀한다.

　세 가지 법이 있으면 구족계를 주지 못하니, 계를 깨뜨리고 바른 견해를 깨뜨리고 바른 몸가짐[威儀]을 깨뜨린 사람이다. 이런 세 가지 법이 있으면 구족계를 주지 말라.

　세 가지 법이 있으면 구족계를 주어야 하니, 계를 깨뜨리지 않고 바른 견해를 깨뜨리지 않으며 바른 몸가짐을 깨뜨리지 않는 것이다. 이런 세 가지 법이 있으면 구족계를 주라.

　비구에게 세 가지 법이 있으면 대중은 꾸짖는 카르마를 주어야 하니, 계를 깨뜨리고 바른 견해를 깨뜨리고 바른 몸가짐을 깨뜨림이다. 이런 세 가지 법이 있으면 꾸짖는 카르마를 주어야 한다.

　물리치는 카르마, 의지시키는 카르마, 세속 다나파티의 집에 가지 못하게 하는 카르마와 허물을 드러내게 하는 카르마도 이와 같다.

　허물 드러냄을 당한 사람에게 세 가지 법이 있으면 풀어주는 카르마를 해주지 말지니, 볼 것을 보지 않고 참회할 것을 참회하지 않고, 버릴 것을 버리지 않는 것이다. 이런 세 가지 법이 있으면 풀어주는 카르마를 해주지 말라.

『사분율』에 의거하면 한 번 말하는 카르마는 사타죄의 벗어남, 사미의 출가, 카티나 옷 받는 법, 우파바사타의 계 설함, 자자 등 서른아홉 가지이다.

　두 번 말하는 카르마는 크고 작은 방을 만듦, 상가의 물건을 나눔, 소임자 선출 등 쉰일곱 가지가 있다.

네 번 말하는 카르마는 구족계 받음, 꾸짖음, 벌로 다스림, 다툼 없 앰, 상가바세사 죄의 벗어남 등 서른여덟 가지가 있다.

『사분율』에서는 이 세 가지 카르마가 모두 합해 백삼십사 개의 카르마가 되고, 그 밖의 율장에서는 백한 개 카르마가 나온다.

이처럼 상가는 모든 일을 카르마라는 대중 논의와 합의의 절차에 의거해서 결정하고 진행했다. 붇다 당시부터 비나야의 이러한 엄정한 규율이 없었으면 여래의 상가는 오늘날까지 인류역사상 가장 합리적이고 민주적인 공동체로서 전승될 수 없었을 것이고, 미래 만대에 이르도록 중생의 복밭이 될 수 없을 것이다.

1 대중에게 알려서 행함

• 이끄는 글 •

상가대중에 알리기만 하면 카르마가 이루어지는 것이 바로 우파바사타와 자자의 카르마이다.

상가의 행사일에 규정된 문안을 대중 앞에 읽는 것이 알림의 형식이다.

우파바사타의 때 계 설함을 알리는 구체적 방식에 대해서는 『사분율』에 이렇게 말한다.

비구들이 언제쯤 계 설할지 알지 못하니 붇다께서 말씀하셨다.

"때를 미리 정하거나 해 그림자를 계산하거나 대 쪼개는 소리를 내거나 땅 치는 소리를 내거나 연기를 내거나 소라를 불거나 북을 치거나 종을 치거나 한 뒤 소리로 이렇게 외치라.

'여러 대중들이시여, 우파바사타하고 계 설할 때가 되었소.'"

이렇게 해서 대중이 모이면 카르마 아차르야가 '우파바사타의 날'임을 선언함으로써 우파바사타의 카르마는 성립된다.

자자의 때에도 대중이 모두 모이면 카르마 아차르야가 '오늘이 자자날임'을 선언함으로써 자자의 카르마가 성립된다.

곧 때가 되면 카르마 아차르야는 다음과 같이 말한다.

오늘은 우파바사타날입니다.
상가가 준비되었으면 우파바사타를 행하고자 합니다.

이렇게 말함으로써, 우파바사타의 카르마가 성립되는 것이다.

안거가 끝나는 날 자자(自恣)를 할 때에도 카르마 아차르야는 이렇게 말한다.

오늘은 프라바라나(pravāraṇā)의 날입니다.
상가가 준비되었으면 프라바라나를 행하고자 합니다.

이렇게 말함으로써, 프라바라나의 카르마가 성립되는 것이다.

프라바라나의 카르마가 성립되면 여래 또한 상가의 한 구성원으로 대중 앞에 맨 먼저 나서서 안거 동안의 몸과 입과 뜻의 허물을 묻고 대중의 점검을 받는 것이다.

오늘은 대중이 모여 '새해를 받는 날'이니

이와 같이 들었다.

한때 붇다께서는 슈라바스티 성의 동쪽 므리가라마트리 동산 가운데 큰 비구대중 오백 사람과 함께 계셨다. 이때 세존께서 칠월 보름날, 들판 한데다 자리를 펴고 앉으시자 비구대중은 앞뒤로 둘러쌌다.

붇다께서는 아난다에게 말씀하셨다.

"너는 한데서 빨리 간타(ghaṇṭā, 鐘)를 쳐라. 왜냐하면 오늘 칠월 보름날은 '새해를 받는 날'[受歲日]이기 때문이다."

그때에 존자 아난다는 오른쪽 무릎을 땅에 대고 길게 꿇어 앉아 두 손을 맞잡고 곧 이 게송을 말씀드렸다.

깨끗한 눈은 같이 짝할 이 없어
잘 다듬지 않은 일 없으시며
큰 지혜로 물듦과 집착 없으신 이
무엇을 새해 받음이라 합니까.

그때에 세존께서는 다시 게송으로 아난다에게 대답하셨다.

해 받음은 세 가지 업을 깨끗이 함이니

몸과 입과 뜻으로 지은 업이네.
비구들은 둘씩 짝지어 마주하여
제 스스로 이름을 일컬으면서
지은 허물 스스로 드러내 말하네.

오늘은 대중이 모여 새해 받는 날
나 또한 깨끗한 뜻으로 받나니
그 허물의 바탕 들추어주길 바라네.

그때에 아난다는 다시 게송으로 뜻을 여쭈었다.

과거의 강가아 강 모래알 수 붇다와
프라테카붇다들과 성문제자들도
이 법이 다 같은 붇다의 법입니까.
오직 이 사카무니만 그럽니까.

그때에 붇다께서는 다시 게송으로 대답하셨다.

강가아 강 모래알 수의 과거 붇다와
그 제자들의 맑고 깨끗한 마음
그것은 다 모든 붇다들의 법이니
지금의 사카무니만이 아니다.

프라테카붇다만은 이 법 없으니

해 받음도 없고 또 제자가 없어

짝하는 좋은 벗 없이 홀로 가면서

남을 위해서 법을 말하지 않네.

앞으로 오실 붇다 세존들께선

강가아 강 모래처럼 셀 수 없지만

그분들도 모두 이 해를 받나니

지금 고타마의 법과 같도다.

• 증일아함 32 선취품(善聚品) 五 전반부

• 해설 •

새해를 받는 날[受歲日]은 여름 안거를 마치고 자자(自恣)하게 되면, 그날로 새로 법의 나이[法臘]를 받게 됨을 말한다.

이 경은 안거가 끝나는 날 간타를 쳐서 대중을 모두 모이게 하고 '오늘이 자자의 날이고 법의 나이 받는 날임'을 선언함으로써 자자의 카르마가 성립됨을 보이고 있다. 크신 스승 세존께서도 자자의 날 모인 대중 앞에서 스스로 맨 처음 세존의 몸과 입과 뜻의 행실에 관해 그릇된 것으로 보여지고[見] 들려지고[聞] 의심나는 일[疑]을 드러내어 점검받으며 새해를 받으신다.

이처럼 세간의 위없는 스승 세존께서 스스로 대중 앞에서 맨 먼저 안거 동안 몸과 입과 뜻의 행실에 대해 점검받고 검증받으니, 세존의 이 법은 평등하여[是法平等] 높고 낮음이 없기[無有高下] 때문이다.

세존은 다시 대중 앞에 자신의 행실을 온통 드러내 검증받는 이 법이 과거·현재·미래의 붇다의 법임을 보이시니, 세존의 법은 감추어둘 안의 법이 공하고 붙들어야 할 밖의 법이 모두 공하여[內外俱空], 안과 밖이 밝게 서로 사무쳤기[內外明徹] 때문이고, 삼세의 법에 얻을 것이 없어 삼세에 통했기 때문이다.

여래의 믿음의 북을 치리니
모든 여래의 제자대중은 널리 모이라

이때 존자 아난다는 이 말씀을 듣고 기뻐 뛰면서 스스로 이기지 못했다. 곧 강당에 올라가 손에 간타를 들고 이렇게 말하였다.

"나는 지금 이 여래의 믿음의 북[信鼓]을 치리니 모든 여래의 제자대중은 다 널리 모이라."

그리고 다시 이 게송을 외웠다.

마라의 힘과 원수들을 항복받고
모든 묶음 없애어 남음이 없네.
빈 들 한데에서 간타를 치리니
비구들은 듣고서 모두 모이라.

나고 죽음의 바다 흐름 건너려
이 법을 듣고자 하는 모든 사람들
이 묘한 울림의 소리를 듣고서는
모두다 구름처럼 여기 모이라.

간타를 쳐 대중을 모으고 세존이 먼저 대중 앞에 허물을 물으심

그때에 존자 아난다는 간타를 치고 나서 세존 계신 곳에 와서 머리를 대 발에 절하고 한쪽에 서서 세존께 말씀드렸다.

"지금이 바로 이때입니다. 세존께서는 무엇이든 시키시길 바랍니다."

이때 세존께서는 아난다에게 말씀하셨다.

"너는 차례를 따라 앉아라. 여래가 스스로 때를 알아 하겠다."

이때에 세존께서는 풀자리에 앉아 여러 비구들에게 말씀하셨다.

"너희들도 다 풀자리에 앉아라."

비구들은 대답하였다.

"그렇게 하겠습니다, 세존이시여."

때에 비구들은 각각 풀자리에 앉았다.

그때에 세존께서는 잠자코 비구들을 바라보시고는 곧 여러 비구들에게 분부하셨다.

"나는 지금 새해를 받고자 한다. 나는 대중에게 허물이 없었는가. 또 몸과 입과 뜻을 범하지 않았는가."

여래께서 이 말을 말씀하셨으나, 여러 비구들은 잠자코 대답하지 않았다. 세존께서는 두 번 세 번 여러 비구들에게 말씀하셨다.

"나는 지금 새해를 받고자 한다. 그런데 내가 대중에게 허물이 없었는가."

사리푸트라가 세존께 허물 없음을 말씀드리고 세존을 찬탄함

그때에 존자 사리푸트라가 곧 자리에서 일어나 길게 꿇어앉아 두 손을 맞잡고 세존께 말씀드렸다.

"여러 비구대중은 여래의 몸과 입과 뜻에 허물 없음을 살핍니다.

왜냐하면 세존께서는 오늘 건너지 못한 이를 건너게 하고 벗어나지 못한 이를 벗어나게 하며, 온전한 니르바나에 들지 못한 이를 온전한 니르바나에 들도록 하셨습니다.

건져줄 이 없는 이들을 건져 보살피며, 앞 못 보는 장님에게는 눈이 되어주시고 병든 이를 위해서는 큰 의왕이 되셨습니다.

세존께서는 삼계에서 홀로 높아 미칠 이가 없으며, 가장 높고 가장 위가 되어 도의 뜻을 아직 일으키지 않은 이는 도의 뜻을 내게 하셨습니다.

깨지 못한 여러 사람을 세존께서는 깨게 하시며, 아직 법을 듣지 못한 이는 법을 듣게 하고, 헤매는 이를 위해서는 바른 법으로써 지름길을 지어주셨습니다.

이런 일 때문에 여래께서는 여러 대중에게 허물이 없으시며, 몸과 입과 뜻의 허물이 없으십니다."

오백 대중의 허물 없음을 말씀하시고
사리푸트라의 지혜를 찬탄하심

때에 사리푸트라는 세존께 말씀드렸다.

"저는 지금 여래를 향해 스스로 말씀드립니다. 제가 여래와 비구 대중에게 허물이 없습니까."

세존께서는 말씀하셨다.

"사리푸트라여, 그대는 지금 몸과 입과 뜻으로 지은 그릇된 행이 전혀 없다. 왜냐하면 그대의 지금 지혜는 아무도 따라갈 이가 없다. 그 지혜는 곧 갖가지 지혜·한량없는 지혜·끝없는 지혜·짝할 이 없는 지혜·빠른 지혜·날랜 지혜·깊고 깊은 지혜·평등한 지혜다.

그리고 욕심 줄이어 만족할 줄을 알며[少欲知足] 고요한 곳을 즐겨하고 여러 방편이 많으며, 생각이 어지럽지 않아 '온갖 것 지니는 사마디'[總持三昧, dhāraṇī-samādhi]의 바탕과 뿌리를 갖추었으며, 계를 성취하고 사마디를 성취하고 지혜를 성취하여 해탈을 성취하고 해탈지견을 성취하였다.

용맹스럽되 참을 줄 알며, 말하는 것에 악이 없고, 그른 법을 하지 않으며, 마음의 성품이 조용하여 사납고 급하지 않아서 전륜왕의 태자가 왕위를 이어받아 법바퀴를 굴리는 것처럼, 사리푸트라도 이와 같아서 위없는 법바퀴[無上法輪]를 굴리고 있다.

그 법바퀴는 여러 하늘이나 세상 사람, 용·귀신·마라와 마라의 하늘들은 본래 굴리지 못하는 것이다.

지금 그대의 말은 언제나 법의 뜻 그대로라[常如法義] 일찍이 이치에 어긋남이 없다."

그때에 사리푸트라는 붇다께 말씀드렸다.

"이 오백 비구들도 새해를 받아야 하는데, 이 오백 사람도 다 여래에 대하여 허물이 없습니까."

세존께서는 말씀하셨다.

"이 오백 비구들의 몸과 입과 뜻의 행을 꾸짖지 않는다.

왜냐하면, 사리푸트라의 대중 가운데는 아주 청정하여 더러움이 없기 때문이다. 지금 이 대중 가운데 가장 작고 낮은 사람도 스로타판나(srotāpanna)를 얻어 반드시 위로 올라 '물러나지 않는 법'[不退轉法]에 이를 것이다.

이 때문에 나는 이 대중을 나무라지 않는 것이다."

방기사가 게를 지어 세존과 오백 제자대중을 찬탄함

그때에 방기사는 대중 가운데 있다가 곧 자리에서 일어나 세존 계신 곳 앞에 가 머리를 대 붇다의 발에 절하고 말씀드렸다.

"저는 지금 말씀드리고 싶은 것이 있습니다."

세존께서는 말씀하셨다.

"말하고 싶은 것이 있으면 지금이 바로 그때이다."

방기사는 곧 붇다 앞에서 붇다와 비구대중을 찬탄하여 이 게송을 말했다.

이 보름의 맑고 깨끗한 날에
오백 비구들이 함께 모였으니
모든 묶임과 얽맴이 다 풀리고
애착이 없어 다시는 나지 않도다.

마치 저 위력이 큰 전륜왕이
여러 많은 신하들께 둘러싸이어
모든 세계를 널리 두루 다스려
하늘위와 이 세간 사람 가운데
가장 높고 높은 우두머리로서
사람들의 길잡이가 되는 것 같네.

제자들은 즐겁게 따르는 무리로
세 밝음과 여섯 신통 환히 밝혔네.
모두 참된 붇다의 자식들이라
더러운 티끌과 때가 아주 없어서
탐욕과 애욕의 가시 모두 끊으니

오늘 세존께 스스로 귀명하도다.

크신 스승 세존이 방기사를 인정하시고 그 뜻을 치하하심

그때 세존께서 방기사가 말한 것을 옳다 하셨다.

그러자 방기사는 이렇게 생각했다.

'여래께서 오늘 내가 말한 것을 옳다고 하셨다.'

그러고는 기뻐 뛰면서 스스로 이기지 못했다.

곧 자리에서 일어나 붇다께 절하고 물러나 본래 자리[本位]로 돌아왔다.

그때에 세존께서는 여러 비구들에게 말씀하셨다.

"내 성문제자 가운데 게송 짓기로 으뜸가는 제자는 바로 방기사 비구이다. 또 그 말한 것에 의심해 따짐이 없는 이 또한 방기사다."

그때에 비구들은 붇다의 말씀을 듣고 기뻐하며 받들어 행하였다.

• 증일아함 32 선취품 五(후반부)

• 해설 •

간타를 쳐서 대중을 모이게 한 뒤 자자의 카르마가 이루어진 뒤 크신 스승 세존께서 스스로 먼저 대중 앞에 몸과 입과 뜻의 업의 청정을 물으신다.

지혜가 으뜸인 사리푸트라 존자가 자신이 이끄는 오백 대중 앞에서 세존이 위없는 보디의 완성자이고 세간의 큰 의왕이라 찬탄을 바치고 세존의 몸과 입과 뜻에 허물 없음을 말씀드린다.

그뒤 사리푸트라가 스승인 세존과 자신을 따르는 오백 제자대중에게 허물을 물어 청정을 확인받고, 다시 오백 비구가 자자를 행해 세존으로부터 그 청정을 인정받는다.

이 경에서 안거가 끝나는 보름날 안거 대중이 모여 자자를 행하는 것처럼, 상가에서 대중이 함께 모여 짓는 일[行事]을 카르마라 하고 카르마를 업이라 옮기니, 이는 카르마의 대중행사가 스승과 제자, 장로와 처음 배우는 비구가 평등히 함께 행하는 일이기 때문이다.

비나야에서는 말한다.

만약 카르마를 짓는데 '아룀의 법'[白法]대로 아뢰지 않고 카르마의 법대로 카르마를 짓지 않으면, 이와 같이 차츰 계를 허물어뜨리게 되어 바른 법[正法]을 사라지게 한다.

반드시 비나야의 글귀를 따라서 늘리거나 줄이지 마라.

위의 경에서 세존도 상가에 정해진 카르마 법을 조금도 어기지 않고 몸소 대중 앞에서 자자의 카르마를 행하신다. 방기사가 그 같은 세존과 사리푸트라를 따르는 오백 대중을 노래로 찬탄하니, 세존께서 방기사를 여래의 성문제자 가운데 게송 짓기로 으뜸가는 제자로 크게 인정하신다.

여래의 넓고 큰 진리의 집에서 법왕은 자손들을 자비로 이끌어 보살피고 자손은 위없는 법왕을 우러러 귀명하니, 스승과 제자가 어울려 부르는 노래가 하늘을 다하고 땅을 다하며 삼세의 때를 다하되 그 다함마저 다한다.

스승과 제자들이 함께 부르는 모습 없는 겁 밖의 법의 노래[劫外歌]가 때와 곳을 넘어 중생 앞에 늘 들리나니, 오늘 이때 사람들[今時人] 가운데 누가 늘 다함없는 법의 노래 듣는 자인가.

여래의 거룩한 모습에서 실로 그 모습도 보지 않고 지금 소리 들음 속에서 듣되 들음 없는 이가 겁 밖의 노랫소리 듣는 자인가.

그 사람은 누구인가.

2 알리고 의견을 구해 결정하거나, 세 번 되풀이해 의견을 구해 결정함

• 이끄는 글 •

일정한 구역 안에 같이 안거하는 대중이 모두 모인 화합상가에서 대중에게 어떤 사항을 통고하고 의사를 물어서 집행하거나, 세존과 윗자리 비구가 어떤 일에 대한 과정을 자세히 듣고서 대중에게 그에 대한 결정사항을 알려주는 것이 '두 번 말함의 카르마'[白二羯磨]이다.

그에 비해 어떤 사항을 세 번 대중에게 묻고 반대 의견이 없으면 네 번째 결정을 선언하는 것은 '네 번 말함의 카르마'[白四羯磨]이다.

곧 두 번 말함의 카르마의 대표적인 예가 우파바사타의 장소를 어떤 곳으로 정할지 그에 대해 어떤 결정된 사항을 대중에 통고하고 반대 의견이 없으면 결정된 것으로 선언하는 것이다.

중요 의안에 대한 찬반을 세 번 반복해서 묻고서 대중이 잠자코 말 없으면 동의하는 것으로 보아 결정된 것으로 선언하는 것이 네 번 말함의 카르마이다.

네 번 대중에 말함의 카르마가 필요한 사항은 출가대중의 상가 입문의식인 구족계 받음, 죄로 대중을 징벌함, 일곱 가지 법으로 상가

대중의 다툼을 없애는 카르마, 상가바세사의 죄에서 벗어남[出罪] 등의 주요 안건이다.

상가바세사보다 작은 죄는 카르마의 절차가 필요없이 윗자리 비구나 화합상가에 스스로 죄를 드러내 참회함 등으로 죄에서 벗어날 수 있다.

상가에서 모든 주요한 일의 결정, 상가 구성원이 지은 무거운 죄의 판단과 죄 벗어남의 일은 모두 대중 결의의 카르마를 통해서만 이루어질 수 있으니, 『번역명의집』은 비나야를 이끌어 이렇게 말한다.

"만약 카르마를 하며 아뢰는 법대로 아뢰지 않고 카르마 법대로 카르마하지 않아서, 이와 같이 차츰 계가 허물어지게 되면 바른 법을 사라지게 한다. 그러니 비나야의 문구를 따라 늘리거나 줄이지 말라."

『마하승지율』에서는 '카르마답지 않으면 상가의 일을 행할 수 없다'[非羯磨地不得行僧事]고 말한다.

또한 상가의 결의는 카르마 아차르야의 물음에 침묵의 동의를 모든 대중에게서 받아내지 못하면 카르마가 성립되지 못한다.

이는 상가 구성원 한 명에게까지도 동의를 구하고 협력의 의사를 구하려 하는 것이니, 요즈음 말로 하면 전원합의제의 의사결정 방식인 것이다.

널리 모이는 강당에 비구들을 모아
라훌라의 방을 정해주시다

이와 같이 들었다.

한때 붇다께서는 슈라바스티 국 제타 숲 '외로운 이 돕는 장자의 동산'에 계셨다. 그때에 슈라바스티 성 가운데 한 장자가 있었는데 라훌라를 위하여 '좌선하는 집'[坐禪屋]을 지어 주었다.

그때에 라훌라는 며칠 동안 그 집에 머무르다가 뒤에 곧 사람 사이에 노닐어 다녔다. 때에 장자는 가만히 이런 마음을 내었다.

'나는 지금 가서 존자 라훌라를 뵈어야겠다.'

때에 장자는 라훌라 방을 보았는데, 아주 고요하여 사람이 머무는 것을 보지 못했다. 보고서는 여러 비구들에게 말하였다.

"존자 라훌라는 지금 어디 계십니까."

여러 비구들은 대답하였다.

"존자 라훌라는 지금 사람 사이에 노닐어 교화하십니다."

장자가 라훌라에게 주었던 방을 다른 비구에게 주도록 함

장자는 말하였다.

"여러 어진 이들께서 다음 사람을 보내어 내 방에 머무르게 하시길 바랍니다. 세존께서도 말씀하셨습니다.

'과수원을 만들고 다리나 배를 만들며 길 가까이 뒷간을 만들어 그것으로 은혜롭게 보시하면 기나긴 밤에 늘 복을 받고 계법을 성취

하여 죽은 뒤에는 하늘위에 난다.'

이 때문에 나는 라훌라를 위해 집을 지어드린 것입니다. 그런데 지금 라훌라 존자는 내 방을 좋아하지 않습니다. 여러 어진 이들께서 다음 사람을 보내어 이 방에 머무르게 하시길 바랍니다."

여러 비구들은 대답하였다.

"장자의 분부대로 하지요."

때에 여러 비구들은 곧 한 비구를 보내어 그 방 가운데 머물게 하였다.

이때에 존자 라훌라는 생각하였다.

'나는 세존을 떠난 지 너무 오래되었다. 지금 가서 문안드려야겠다.'

때에 존자 라훌라는 세존 계신 곳에 가 머리를 대 발에 절하고 한쪽에 잠깐 앉아 있다가 곧 자리에서 일어나 자기 방으로 돌아왔다.

라훌라가 사실을 세존께 말씀드리니 그 까닭을 묻도록 하심

그는 어떤 비구가 그 방 가운데 머물고 있는 것을 보았다. 보고서는 그 비구에게 말했다.

"누가 내 방을 그대에게 주어 머물게 하였소?"

그 비구는 대답하였다.

"여러 대중이 나를 보내어 이 방에 머물게 하였습니다."

때에 라훌라는 도로 세존 계신 곳에 와서 이로 인해 이 일의 근본을 세존께 갖추어 말씀드렸다.

"알 수 없습니다, 여래시여. 여러 대중 스님들이 제 방을 다음 비구에게 맡기어 다른 수행자가 머물러 살게 할 수 있습니까."

세존께서는 말씀하셨다.

"너는 그 장자의 집에 가서 장자에게 이렇게 말하라.

'내가 행한 법에는 몸과 입과 뜻의 행에 어떤 허물이 있지 않았습니까. 몸의 세 가지·입의 네 가지·뜻의 세 가지 허물은 아닙니까.

장자는 먼저 방을 나에게 주었는데 뒤에 다시 상가대중에게 주었습니다.'"

이때 라훌라는 붇다의 분부를 받고 곧 장자의 집으로 가서 그에게 말하였다.

"나에게 몸의 세 가지·입의 네 가지·뜻의 세 가지 허물이 없었습니까."

장자는 말하였다.

"나 또한 라훌라의 몸과 입과 뜻의 허물을 보지 못했습니다."

라훌라가 장자에게 말했다.

"그렇다면 왜 내 방을 뺏어 다른 상가대중에 주었습니까."

장자가 말하였다.

"나는 방이 비어 있는 것을 보았습니다. 그러므로 다른 대중에게 보시한 것입니다. 그리고 나는 그때에 다시 생각하였습니다.

'존자 라훌라는 반드시 내 방을 좋아하지 않는다.'

그래서 그것을 보시했을 뿐입니다."

이때 라훌라는 장자의 말을 듣고는 곧 도로 세존 계신 곳에 돌아와 이 인연을 여래께 갖추어 말씀드렸다.

청정한 보시를 말씀하고, 방을 돌려주게 하심

때에 세존께서는 곧 아난다에게 말씀하셨다.

"빨리 간타를 쳐서 이 제타 숲 정사에 있는 비구들을 널리 모이는 강당[普會講堂]에 모이게 하라."

아난다는 붇다의 분부를 받고 비구들을 불러 모두 널리 모이는 강당에 모았다.

그때에 세존께서는 비구들에게 말씀하셨다.

"나는 지금 은혜로운 보시의 청정함을 말하겠으니, 너희들은 잘 사유해 생각하라."

비구들이 붇다의 가르침을 받아들으니, 세존께서는 말씀하셨다.

"그 어떤 것을 은혜로운 보시의 청정함이라 하는가. 여기에 대해서는 이렇게 말할 수 있다. 비구들이여, 만약 어떤 사람이 물건을 보시하고는 뒤에 도로 그것을 빼앗아 다른 사람에게 주면, 이것을 보시가 고르지 못함이라 하니, 평등한 보시가 아니다.

만약 어떤 사람이 어떤 사람의 물건을 빼앗아 다른 거룩한 상가에게 주고, 만약 어떤 사람이 거룩한 상가에게서 도로 빼앗아 다시 다른 사람에게 주면, 이것은 평등한 보시가 아니요, 또한 청정한 보시도 아니다.

전륜왕이 스스로 경계에서 자재함을 얻는 것처럼 비구는 자기 가사와 발우에서 자재함을 얻는다. 만약 그 사람의 입에서 허락함을 보지 않고 남의 물건을 가져다 다른 사람에게 주면 그것은 평등한 보시가 아니다.

나는 지금 여러 비구들에게 말한다. 베풀어주는 이[施主]가 주는 것을 보았는데, 받는 이[受主]가 주는 것을 보지 않으면 이것은 평등한 보시가 아니다.

만약 비구가 목숨을 마치게 되면 반드시 이 한 방을 가지고[持此

一房] 대중 가운데서 카르마를 맺어, 이렇게 밝게 대중들에게 외쳐 알려야 한다.

'아무 비구가 목숨을 마쳤소. 지금 이 방을 가지고 대중이 처분하는 데 맡겨두겠소.

어떤 사람을 이곳에 두려 하오. 거룩한 대중의 분부를 따르겠소.

여러 어진 이들이여, 지금 '아무 비구'[某比丘]를 머물도록 하려는데, 각기 이것을 인정하시오.'

그래서 만약 대중이 듣지 않으면 이렇게 두 번 세 번 말하고 또한 이렇게 말해야 한다.

'만약 대중 가운데 한 사람이라도 들어주지 않는데 그것을 주면 그것은 평등한 보시가 아니요 곧 섞이고 흐린 물건이 되오.'

그러므로 지금 그 방을 라훌라에게 돌려주니 깨끗하게 받아야 한다."

그때에 비구들은 붇다의 말씀을 듣고 기뻐하며 받들어 행하였다.

• 증일아함 47 선악품 八

• **해설** •

라훌라의 경우처럼 주어진 시주물이나 방사를 다시 빼앗아 본래 주었던 비구의 허락 없이 남에게 주는 일이 생겨나므로 그렇게 하지 못하도록 계를 정하시려고, 비나야법에 의해 간타를 쳐서 알리고, 방을 돌려주니 두 번 알림의 카르마가 된다.

그러나 방을 쓰던 비구가 목숨 마치면 그 방을 물려줌에 대해서는 통보만으로 카르마가 이루어지지 않는다. 대중을 모아 비구의 목숨 마침을 알리고 새로 그 방을 쓸 비구를 지정하여 대중의 뜻을 물어 세 번 반복해서 뜻을 들어야 한다.

세 번 물어 대중이 잠자코 인정하면 그 방을 새로 지정한 비구가 쓰도록 대중에게 선언해야 하니, 이것은 네 번 말함의 카르마가 된다.

시주인 장자와 받는 비구인 라훌라 사이에 주었던 것을 도로 다른 이에게 준 사건이 발생함으로써 한 번 시주하고 다시 시주한 물건을 빼앗지 못하도록 하고, 받은 사람의 허락 없이 남에게 주지 못하도록 하는 비나야를 제정하신다.

또 시주물에 대한 다툼이 생기거나 물건의 주인이 바뀔 경우 대중의 카르마를 통해 그 문제점을 해결하도록 하시고 있다.

앞에서 『번역명의집』이 천태선문(天台禪門)의 글에서 이끌어 보인 바 있듯, 카르마의 짓는 법[作法]은 법(法) · 일[事] · 사람[人] · 장소[界] 이 네 법을 갖추어야 하니, 비나야의 법에 따라야 하고 그 법에 해당하는 사람과 일이 있어야 하고 카르마를 행할 구체적인 장소가 있어야 한다.

카르바의 법에도 세 가지가 있으니, 생각하는 법을 말로 표현해야지 속으로만 생각해서는 안 되며, 서로 눈앞에 얼굴을 마주보고 카르마를 행해야지 홀로 행해서는 안 되며, 네 사람 이상의 대중 속에서만 카르마를 집행할 수 있다.

법 · 일 · 사람 · 장소 이 네 법을 갖추고 세 가지 법[心念法 對首法 衆法]으로 카르마하는 것[以三羯磨]은 한 번 말함[單白]의 카르마에도 통하는 것이다.

물음의 수만 다르므로 '한 번 말함'이나 '네 번 말함'이라 분별하는 것이다.

때 아닌 때 밥을 빈 비구의 일을
의논하려 한다, 간타를 쳐라

이와 같이 들었다.

한때 붇다께서는 슈라바스티 국 제타 숲 '외로운 이 돕는 장자의 동산'에 계셨다.

그때 세존께서는 여러 비구들에게 말씀하셨다.

"나는 늘 하루에 한 끼를 먹으므로 몸이 가볍고 편하며 기력이 강성하다. 너희 비구들도 하루에 한 끼를 먹으면 가볍고 편하며 기력이 강성하여 범행을 닦을 수 있을 것이다."

그때에 밧다알리가 말씀드렸다.

"저는 하루에 한 끼만을 먹을 수 없습니다. 왜냐하면 기력이 약하기 때문입니다."

세존께서는 말씀하셨다.

"너는 다나파티(dāna-pati, 施主)의 집에 가거든 한 부분[一分]만 먹고 한 부분은 가지고 돌아오도록 하라."

밧다알리가 말씀드렸다.

"저는 또한 이 법을 행하지 못하겠습니다."

세존께서는 말씀하셨다.

"네가 재법(齋法) 무너뜨리는 것을 들어주겠으니, 하루에 세 때를 먹으라."

밧다알리가 말씀드렸다.

"저는 이 법도 베풀어 행할 수 없습니다."

세존께서는 잠자코 대답하지 않으셨다.

우다인이 저녁에 밥을 빌다 장자의 부인을 낙태시킴

그때에 우다인(Udāyin)은 해가 저물어가는데 가사를 입고 발우를 가지고 성에 들어가 밥을 빌었다. 그때 날이 아주 어두워졌다. 우다인은 차츰 어느 장자 집에 이르렀다.

그 장자의 부인은 아이를 배고 있었다. 사문이 문밖에서 밥 비는 소리를 듣고 곧 부인이 손수 밥을 가지고 나와 보시하려 하였다.

그런데 우다인은 얼굴빛이 매우 검었는데, 게다가 마침 하늘에서는 곧 비가 내릴 듯 곳곳에서 번개가 쳤다.

그때에 장자 부인은 문을 나와 사문의 매우 검은 얼굴빛을 보고 갑자기 놀라고 두려워 '이 귀신'하고 소리쳤다. 그리고 저절로 외쳤다.

'아이고, 귀신을 보았구나.'

곧바로 태아를 다쳐서 아이가 목숨을 마쳤다.

그때에 우다인은 바로 정사에 돌아와 슬픔과 근심으로 언짢아서, 앉아 스스로 사유하여 뉘우쳤으나 어쩔 수 없었다.

그때에 슈라바스티 성에는 이와 같은 나쁜 소리가 있었다.

'사문 사캬 종족의 제자가 남의 아이를 주문으로 떨어뜨렸다.'

그 가운데 어떤 남녀들은 저이끼리 이렇게 말하였다.

'요즘의 사문들은 행동에 절도가 없고 먹음에 때를 알지 못하니, 집에 있는 흰옷과 무엇이 다른가.'

그때에 많은 비구들은 여러 사람들이 이렇게 말하는 소리를 들었다.

'사문 사카 종족의 제자들은 절도를 모르고 가고 옴에 거리낌이 없다.'

그 가운데서 계율을 가지는 비구나 계율이 온전히 갖춰진 이들은 스스로 원망하고 꾸짖었다.

'실로 우리들의 옳은 일이 아니다. 먹음에 제한이 없고 밥 빌러 오 감에 때가 없으니, 실로 이는 우리들의 잘못이다.'

그들은 서로 같이 이끌어 붇다 계신 곳에 이르러 머리를 대 발에 절하고, 이 인연을 갖추어 세존께 말씀드렸다.

세존께서는 비구에게 말씀하셨다.

"너는 가서 우다인을 불러 오너라."

그 비구는 붇다의 분부를 받고 곧 가서 우다인을 불렀다.

때에 우다인은 붇다께서 부르신다는 말을 듣고, 곧 세존 계신 곳에 와서 머리를 대 발에 절하고 한쪽에 앉았다.

그때에 세존께서는 우다인에게 물으셨다.

"너는 참으로 어제 저녁 무렵 성에 들어가 밥을 빌다가 장자 집에 이르러 장자 부인의 태가 떨어지게 했느냐."

우다인은 말씀드렸다.

"그렇습니다, 세존이시여."

세존께서는 말씀하셨다.

"너는 왜 때를 가리지 않았느냐. 또 비가 오려는데 성에 들어가 밥을 빌었느냐. 이는 옳은 일이 아니다. 그리고 그것은 좋은 종족의 사람이 집을 나와 도를 배우면서 먹는 것에 탐착하는 짓이다."

그때에 우다인은 곧 자리에서 일어나 세존께 말씀드렸다.

"지금부터 뒤로는 다시 범하지 않겠습니다. 세존께서는 저의 참회를 받아 들어주시길 바랍니다."

간타를 쳐 대중을 모아 하루 한 끼 먹는 법을 설하심

그때에 세존께서는 아난다에게 말씀하셨다.

"빨리 간타를 쳐서 비구들을 모두 널리 모이는 강당에 모아라."

아난다는 붇다의 분부를 받고 곧 여러 비구들을 강당에 모으고 붇다 앞에서 말씀드렸다.

"비구들은 모두 모였습니다. 세존께서는 지금이 때인 줄 아십시오."

그때에 세존께서는 곧 강당으로 가시어 한복판에 앉아 비구들에게 말씀하셨다.

"과거 오래고 먼 옛날 모든 붇다 세존도 모두 하루에 한 끼를 드셨고 모든 성문들도 하루에 한 끼를 들었다. 앞으로 오실 모든 붇다와 제자대중 또한 하루 한 끼를 들 것이다.

왜냐하면 그것은 도를 행하는 요긴한 법이기 때문이다. 그러므로 반드시 하루에 한 끼를 먹어야 한다.

만약 하루에 한 끼를 먹을 수 있으면 몸은 가볍고 편하여 마음이 열리게 될 것이다. 마음이 열리면 온갖 착함의 뿌리[善根]를 얻을 것이요, 착함의 뿌리를 얻으면 곧 사마디를 얻을 것이며, 사마디를 얻으면 진실 그대로 알게 될 것이다.

무엇을 진실 그대로 아는가. 곧 '괴로움의 진리'를 진실 그대로 알고, '괴로움 모아냄의 진리'와 '괴로움 사라짐의 진리'와 '괴로움을 없애는 길의 진리'를 진실 그대로 알 것이다.

너희들 좋은 종족의 사람들이 이미 집을 나와 도를 배우고 세간의 여덟 가지 업을 버렸으면서 때를 알지 못한다면, 저 탐욕을 가진 사람들과 무슨 차별이 있겠는가.

브라마나에게는 따로 브라마나의 법이 있고 바깥길에게는 따로 바깥길의 법이 있다."

밧다알리의 청으로 밥 빌고 밥 먹는 법과 율을 제정하심

이때에 밧다알리가 세존께 말씀드렸다.

"과거의 모든 붓다와 앞으로 오실 모든 붓다도 모두 하루에 한 끼를 드신다면 세존께서도 비구들을 위하여 때를 한정하여 먹게 하시길 바랍니다."

세존께서는 말씀하셨다.

"여래에게 또한 이런 지혜가 있다. 다만 아직 범하는 이가 없었기 때문에 그냥둔 것이다. 반드시 눈앞에 죄가 있어야 제한을 하는 것이다."

그때에 세존께서는 비구들에게 말씀하셨다.

"나는 오롯이 하루에 한 끼 먹는다[一坐而食]. 너희들 또한 하루에 한 끼를 먹어야 한다.

이제 너희들은 한낮에만 먹고[日中而食] 때를 지나서는 안 된다[不得過時].

또 너희들은 밥 비는 법[乞食之法]을 배워야 한다. 어떤 것이 비구가 배울 밥을 비는 법인가.

비구는 목숨을 버티는 것으로 길을 삼아, 얻어도 기뻐하지 않고 얻지 못해도 근심하지 말라. 먹을 것을 얻었을 때에는 사유하여 먹고 탐착하는 마음이 없어야 한다.

그래서 다만 이 몸이 모습을 보존하도록 해 묵은 병을 없애고 새 병을 다시 짓지 않으며, 기력을 가득하게 해야 한다.

이와 같음을 비구들이여, 밥을 비는 법이라 한다.

너희 비구들은 한 번 앉아 먹어야 한다. 어떻게 비구가 한 번 앉아 먹는 것인가. 일어나면 먹는 법을 범하는 것이니 다시 먹지 말아야 한다. 이와 같음을 '한 번 앉아 먹는 것'[一坐而食]이라 한다.

너희 비구들은 먹을거리를 얻어서 먹어야 한다[得食而食之]. 어떻게 비구가 얻어서 먹는가. 이에 대해서는 이렇게 말할 수 있다.

비구가 이미 음식을 얻었다면 다시 무엇이 이것과 같겠는가. 먹고서 다시 얻은 것은 또다시 먹지 않아야 한다.

이와 같이 비구는 먹을 것을 얻어서 먹는다.

너희 비구들은 세 가지 가사[三衣]를 입고 나무 밑에 앉거나 한가하고 고요한 곳에 앉거나, 한데 앉아 고행하고 누더기 옷을 입으며 무덤 사이에 머물고 해진 나쁜 옷을 입어야 한다. 그렇게 하는 까닭은 여래는 욕심 줄인 사람을 찬탄해 말하기 때문이다.

나는 지금 너희들에게 분부한다. 카샤파 비구처럼 하여야 한다. 왜냐하면 카샤파 비구는 스스로 '두타(dhūta)의 열한 가지 법'을 행하고, 또 남에게 그 요긴한 법을 행하도록 하기 때문이다.

나는 지금 너희들에게 분부한다. 반드시 '잘난 얼굴 비구'[面王比丘, vadana-rāja]처럼 하여야 한다. 왜냐하면 잘난 얼굴 비구는 나쁘고 해진 옷을 입고 꾸밈거리를 붙이지 않기 때문이다.

비구들이여, 이것이 나의 가르쳐 깨우침[敎誡]이니 부디 생각해 닦아 익히라. 이와 같이 비구들이여, 반드시 이렇게 배워야 한다."

아난다가 밧다알리 비구를 데리고 와 참회시키자 받아주심

그때에 밧다알리는 석 달이 지나도록 세존 계신 곳에 나아가지 않았다. 그래서 아난다는 석 달이 지나자 밧다알리 비구 있는 곳에 가서 말하였다.

"지금 여러 상가대중들은 모두 누더기 옷을 깁고 있소. 이와 같아서 여래께서는 곧 사람 사이에 노닐어 다니실 것이오. 그러므로 지금 가서 뵈옵지 않으면 뒤에 뉘우쳐도 이익이 없을 것이오."

때에 아난다는 밧다알리를 데리고 세존 계신 곳에 이르러 머리를 대 발에 절하고 세존께 말씀드렸다.

"오직 그러했습니다. 세존이시여, 저의 참회를 들어주십시오.

지금부터 뒤로는 다시 범하지 않겠습니다. 여래께서는 금한 계를 제정하였으나 제가 받지 않았습니다. 용서해주시길 바랍니다."

이와 같이 두 번 세 번 되풀이하였다.

때에 붇다께서 말씀하셨다.

"네가 허물 뉘우치는 것을 들어준다. 뒤에는 다시 범하지 말라. 왜냐하면 너는 스스로 이렇게 생각했기 때문이다.

'셀 수 없는 나고 죽음에서 때로 나귀·노새·낙타·코끼리·말·돼지·염소 따위가 되어 풀로 이 네 요소[四大]로 된 몸을 길렀고, 때로 지옥에서 뜨거운 쇠구슬을 먹었으며, 또는 아귀가 되어 늘 고름과 피를 먹었고, 또는 사람이 되어 오곡을 먹었으며, 하늘사람이 되어 저절로 된 단이슬을 먹었었다.

이렇게 셀 수 없는 겁 동안에 온갖 몸과 목숨을 받아 서로 다투면서 조금도 싫증내 물릴 줄 몰랐었다.'

밧다알리여, 알아야 한다. 마치 불이 섶을 얻어 조금도 싫증내 물릴 줄 모르고 또 큰 바다가 온갖 흐름을 삼키어 싫증내 물릴 줄 모르는 것처럼, 범부들도 이와 같이 먹을 것을 탐내어 싫증내 물릴 줄 모른다."

밧다알리가 세존의 가르침대로 닦아 아라한을 이룸

그때에 세존께서는 다음 게송으로 말씀하셨다.

　나고 죽음이 끊이지 않는 것
　다 탐욕을 말미암기 때문이네.
　원망과 미움으로 그 악 기르는 것
　어리석은 사람이 익히는 바이네.

"그러므로 밧다알리여, 욕심 줄여 만족할 줄 알기를 생각하고, 탐욕의 생각과 온갖 어지러운 생각을 일으키지 말라.
　이와 같이 밧다알리여, 반드시 이렇게 배워야 한다."
　그때에 밧다알리는 붇다의 깨우침을 듣고서 한가하고 고요한 곳에서 스스로 힘쓰고 이렇게 꾸짖었다.
　'좋은 종족의 사람이 집을 나와 도를 배우는 것은 위없는 범행을 닦아서, 태어남은 이미 다하고 범행은 이미 서고, 지을 바를 이미 지어 다시는 뒤의 있음 받지 않을 줄을 진실 그대로 아는 것이다.'
　때에 밧다알리는 곧 아라한을 이루었다.
　그때에 세존께서는 비구들에게 말씀하셨다.
　"나의 제자 가운데 으뜸가는 성문으로, 많이 먹고 마시는 이는 밧다알리[吉護] 비구가 바로 그 사람이다."

그때에 비구들은 붇다의 말씀을 듣고 기뻐하며 받들어 행하였다.

• 증일아함 49 목우품(放牛品) 七

• 해설 •

한 끼 먹고 배고파하는 밧다알리의 뜻을 따라주기 위해 밥 먹는 대중의 법을 완화해주자 우다인이 때 아닌 때 밥을 빌다 임신한 어느 장자 부인을 놀라게 하는 바람에 태아를 떨어뜨린 죄를 범했다. 범함이 있는 곳에서 범함을 따라 금하는 계(戒, śīla)를 제정하고 상가의 율(律, vinaya)을 제정하시는 것이니, 붇다는 간타를 쳐서 대중을 널리 모이는 강당에 모아 새로 정한 계율을 알리신다.

죄 범함을 듣고 새로 계율을 정해 알림은 두 번 알림의 카르마에 해당한다.

카르마가 이루어진 곳에서 붇다는 비구들의 밥 비는 법, 밥 먹는 법과 떨어진 옷 입는 법, 나무 아래 머무는 법을 다시 깨우쳐 보이시고, 카샤파 비구와 '잘난 얼굴 비구'의 두타법을 대중이 따라 행하도록 하신다.

여래의 법에서 상가대중은 하루 한 끼 빌어서 먹어야 하고, 떨어진 누더기 세 옷[三衣]으로 생활하며, 나무 밑이나 한가한 곳, 화려하지 않은 좌선실에서 머물러 정진해야 한다.

상가대중이 행할 열두 가지 두타법 가운데 그 중심이 빌어서 생활하는 것[乞食]이다. 상가대중이 밥 먹는 법은 세 가지 먹음[三種食]이 있지만, 늘 빌어서 먹는 것이 기본이다.

세 가지 먹음은 공양청을 받아 먹음[受請食], 대중이 같이 먹음[衆僧食], 빌어서 먹음[常乞食]이다.

빌어서 먹을 때는 한 곳에 만족하지 않고 남에게 복을 지어주기 위해 일곱 집[七家]을 가서 밥을 빌도록 했으니, 승조법사는 걸식의 뜻을 네 가지로 말한다.

첫째, 여러 중생을 복으로 이익되게 함[福利群生]이다.

둘째, 자신의 교만을 꺾어 누르기 위함[折伏憍慢]이다.

셋째, 몸에 괴로움이 있음을 알기 위함[知身有苦]이다.

넷째, 막혀 집착함을 없애기 위함[除去滯著]이다.

이와 같이 출가사문은 중생의 이익을 위하고 자신의 교만과 집착을 없애기 위해서 밥을 빌어, 빌어온 밥을 하루 한 끼 먹고 낮이 지나면 먹지 않는다. 한낮이 지나면 먹지 않는 것[中後不食]에 대해서는 다섯 가지 복[五福]을 말한다.

첫째, 음욕을 줄인다[少婬].

둘째, 잠을 줄인다[少睡].

셋째, 한 마음을 얻는다[得一心].

넷째, 내리는 바람 기운이 없어진다[無有下風].

다섯째, 몸이 안온해져 병이 안 생긴다[身得安穩不作病].

밧다알리나 우다인처럼 하루 한 끼 먹으라는 가르침을 듣지 않고 밤에 밥을 빌다 태아를 다치게 한 일로 인해 비나야를 정하시니, 때 아닌 때 먹는 것[非時食]은 파야티카(pāyattika)의 죄에 해당한다고 사분계(四分戒)는 말하고 있다.

이처럼 여래가 하루 한 끼 빌어서 먹도록 하고 두타법을 가르치는 것은 고행 그 자체를 목적으로 하는 것이 아니고, 욕심 줄여 만족할 줄 알게 하고 사마디와 지혜 닦도록 하는 것이니, 그것이 다함없는 법의 재물 얻는 길이기 때문이다.

또한 때 아닌 때 많이 먹고 화려한 집에서 생활하며 좋은 비단을 걸치고 꾸밀 거리, 많은 재물을 지니는 것은 실로 덧없는 세간의 물질을 탐착하다, 무너짐 없고 사라짐 없는 지혜의 목숨과 공덕의 재물을 잃기 때문이다.

제5장

우파바사타와
프라바라나

"저희들은 세존의 몸이나 입이나 마음에서
꾸짖을 만한 일을 보지 못합니다. 왜냐하면, 세존께서는
길들지 못한 이를 길들게 하고, 고요하지 못한 이를
고요하게 하며, 안온하지 못한 이를 안온하게 하고,
온전히 니르바나 이루지 못한 이를 온전히 니르바나
이루게 하십니다. 여래께서는 도를 알아 도를 말씀하시며
도로 향합니다. 그런 뒤에 성문을 성취시켜,
도를 따르고 도를 받들며 스승의 가르침을 받들게 하여,
그 가르쳐주심대로 '진여의 좋은 법'
즐거워함에 바로 향하게 합니다."

• 이끄는 글 •

우파바사타(upavasatha, 布薩)와 프라바라나(pravāraṇā, 自恣)는 상가대중이 한곳에 모여 계를 설하고 한해의 안거생활을 반성하는 행사이므로, 모두 상가의 정사를 중심으로 한 정착생활을 전제로 한다.

초기 상가에서는 우파바사타와 프라바라나가 카르마로 확정되지 않았다. 두 법 모두 기성 교단인 브라마나와 사문들의 집회의 관습과 그들 기성 교단의 붇다의 상가에 대한 비판적 태도와 무관하지 않다.

『사분율』의 '계 설함의 스칸다'[說戒犍度]에 보면 처음 반 달마다 우파바사타하는 제도를 정착하게 된 것이 빔비사라 왕의 간청에 의한 것이었음을 알 수 있다.

빔비사라 왕이 세존께 다음과 같이 말씀드렸다.

지금 이 성에 있는 브라마나들이 매달 세 번, 여드레·열나흘·보름날에 모이는데, 두루 가고 오면서 서로 벗이 되어 먹을 것을 대접합니다.

세존께서는 비구들에게 분부하시어 달마다 세 번, 여드레·열나흘·보름날에 모이게 하시고, 여러 사람들이 서로 가고 오면서 서로 벗이 되어 먹을 것을 대접하도록 해주시길 바랍니다.

저와 여러 신하들도 다 모이겠습니다.

먹을 것을 함께 모여 공양하는 날을 제정하도록 하는 왕의 청을 받아들여 세존께서 비구들이 한곳에 모여 서로 음식으로 공양하고 친교할 수 있는 시간을 갖도록 하였다.

그리고 이것이 계기가 되어 반 달마다의 우파바사타 때 계를 설하고 수트라를 설하는 행사를 공식화하였다.

우파바사타가 함께 밥을 나누어 먹고 계를 듣고 법을 듣는 날이므로 한문불교권에서 우파바사타는 '재를 받음'[受齋]이라 옮겨진다.

또 우파바사타를 늘려 키움[增養]이라 말하니, 재법(齋法)을 받아 지니어 착한 뿌리[善根]를 늘려 키우기 때문이다.

『마하승지율』(摩訶僧祇律)은 우파바사타에서 계율을 받아지님으로 다음 다섯 가지 이익을 얻는다고 말한다.

첫째, 붇다의 법을 세움[建立佛法]이다.
둘째, 바른 법이 오래 머물도록 함[令正法久住]이다.
셋째, 의심하고 뉘우치는 사람이 남에게 물을 수 없도록 함[不欲有疑悔請問他人]이다.
넷째, 승가대중으로 죄를 범한 자가 의지하도록 함[爲依止]이다.
다섯째, 여러 곳에 노닐고자 하는 이가 걸림 없게 됨[無有礙]이다.

우파바사타 제도가 기성 교단과의 관계 속에서 정착되었듯이 안거도 마찬가지다.

『사분율』'안거 스칸다'[安居犍度]에 의하면 안거제도의 정립도 '안거생활도 하지 않는 사카무니 제자들'이라고 하는 거사들의 비난에서 비롯되었다.

한 해의 세 철을 가리지 않고, '여섯 무리 어지러운 비구들'[六群

比丘]이 사방으로 돌아다니며 여름철 소나기에 옷과 발우, 앉을 자리와 바늘통 따위를 물에 떠나보내고, 풀과 나무를 꺾고 벌레들을 죽이며 돌아다니는 것을 보고 거사들이 사카 종족 사문의 제자들을 싸잡아 비난한다.

비구들이 그 비난과 여섯 무리 비구들의 행태를 세존께 말씀드리자, 세존께서 여섯 무리 비구들을 다음과 같이 꾸중하시고 안거제도를 세우신다.

너희들이 한 것은 옳지 않다. 바른 몸가짐이 아니고 청정한 행이 아니며, 사문의 법이 아니고 법을 따르는 행이 아니어서 행할 바가 아니다.

그런데 어찌하여 여섯 무리 비구여, 봄·여름·겨울 없이 세간으로 돌아다니다 여름철 넘치는 강물에 옷과 발우, 앉을 자리, 바늘통을 물에 띄워 없애버리고 풀과 나무를 밟아 죽이느냐.

여섯 비구의 그릇된 행과 그에 대한 거사들의 비난이 계기가 되어 세존은 여름 석 달의 안거를 제정하시고, 안거 끝나는 날을 '법의 나이 새로 받는 날'[受歲日]로 정하시게 되니, 이것이 프라바라나의 시작이다.

또 한 철의 안거를 마친 뒤 먹을거리의 풍족함으로 안락함을 삼는 그릇된 안거와 함부로 남의 허물 들추는 비구들의 어지러운 행을 보시고, 함께 모여 차례대로 대중 앞에 허물 드러내 검증받는 자자 제도를 세웠다.

안거하는 동안 좌선하여 사마디 닦음으로 안락함을 삼지 않고, 먹을거리가 풍족하여 먹을 것 때문에 다투지 않음으로 안락함을 삼는 비구들에게 다음과 같이 깨우치신다.

너희들 어리석은 사람들이 제멋대로 즐거움이라 여기지만 사실은 괴로움이요, 너희들 어리석은 사람들이 제멋대로 걱정거리 없다 하지만 사실은 걱정거리다.

너희들 어리석은 사람들이 안거해 산 것이 마치 원수끼리와 같았고 흰 염소와 같았다. 왜 그런가. 나는 셀 수 없는 방편으로 비구들에게 다음과 같이 가르쳤기 때문이다.

'서로서로 가르치고 서로서로 말을 들어주고 더욱더 깨우쳐주라.'

그런데 너희들 어리석은 사람들은 위와 같이 벙어리의 법을 받았다. 이로부터 이와 같은 벙어리의 법을 받지 마라. 만일 벙어리의 법을 행하면 두스크리타의 죄이다.

위와 같이 넉넉한 먹을거리로 편히 지내는 것을 안거로 삼지 말고, '서로서로 가르치고 서로서로 말을 들어 깨우쳐주라'는 깨우침을 듣고서 말씀의 뜻과는 달리 제멋대로 청정한 비구의 죄를 드러낸 비구에 대해서는 다시 다음처럼 말씀했다.

다른 죄 없는 비구의 일을 드러내지 말라. 만약 일이 있는 비구를 드러내고자 하면 먼저 그에게 말해서 알게 해, 듣기를 구한 뒤에 들어보이라.

또 허물 짓지 않은 청정한 비구와 허물 지은 여섯 무리 비구가 서로 먼저 남의 허물에 대해 듣기를 구하려 하므로, 남의 허물 들추는 다섯 가지 원칙을 이렇게 말씀했다.

지금부터 다섯 가지 법이 갖춰지면 허물 듣기를 구하게 한다. 어떤 것이 다섯 가지인가.

첫째, 때를 바로 알아 때 아닌 때에 하지 않음이다.

둘째, 진실 그대로 하고 거짓으로 하지 않음이다.

셋째, 이익 있음으로써 하고 이익 없음으로써 하지 않음이다.

넷째, 부드러움으로써 하고 거침으로써 하지 않음이다.

다섯째, 어진 마음으로써 하고 성내는 마음으로써 하지 않음이다.

이 원칙에서 때 아닌 때에 하지 말라고 하심은 자자는 늘 안거가 끝나는 보름날 대중이 모두 모인 화합상가에서 하도록 하심이다.

진실 그대로 하라 하심은 남의 허물이나 자신의 허물을 진실대로 말하지 않고 거짓 꾸미지 말라 하심이니, 남의 허물을 거짓 꾸며서 말함은 요즈음 말로 하면 무고죄에 해당한다.

이익 있음으로 말하라 함은 남의 허물을 말하고 듣는 것이 상가의 화합과 발전에 도움이 될 때 해야지, 허물 들춤이 도리어 상가에 해가 될 때는 그것을 삼가라는 뜻이다.

부드러움으로 하고 자비의 마음으로 하라 함은, 남의 허물을 듣되 자비로 그 허물을 고치어 이끌 마음으로 해야지 그를 미워하는 마음, 그와 싸워 이기려는 마음으로 하지 말라 함이다.

또한 허물 없는 상가대중이 위의 다섯 가지 법을 갖추고 허물 있는 대중의 말을 들으려 하는데도 허물 있는 비구가 제멋대로 말하지 않거나 자리를 옮기지 못하게 하시고, 차례가 없이 한꺼번에 시끄럽게 자자를 하지 못하도록 하시고 다음과 같이 깨우치신다.

자자를 위해 남에게 떠나지 말라고 하고서 자기가 떠나지 말아야 하며, 남에게 떠나지 않겠다고 하고서 도로 떠나지 말아야 한다.
지금부터 안거를 끝내고는 자자를 하도록 허락한다.
또한 차례 없이 그리고 진실되지 않게 그릇되게 자자하는 것을 막도록 허락한다.
그릇되게 하는 자자에 대해서 듣기를 요구하지 말라.
왜 그런가. 자자란 바로 듣는 것이기 때문이다.

이와 같이 여래는 카르마를 통해 스스로 허물을 드러내 검증받을 뿐 아니라 남의 허물 들추는 태도와 원칙을 보여 그릇됨을 서로 깨우쳐주되, 그 깨우침이 오직 상가의 이익을 위함이 되고 자비의 깨우침이 되어 서로 다투지 못하게 하셨다.
위에서 살핀 바처럼 상가의 자자는 서로 성토하고 비판해서 전체의 화합을 깨뜨리기 위함이 아니다. 자자는 개인과 공동체의 허물과 잘못을 진실 그대로 드러내 다시 그 과오에 빠짐이 없이 미래의 새로운 번영과 발전을 이루기 위함인 것이다.

1 반 달마다 우파바사타를 행해
늘 프라티목샤를 배워야 하니

우파바사타의 카르마는 반 달마다 일정한 구역의 현전상가가 다 모이는 화합상가에서 계를 설하는 대중행사이니, 카르마 아차르야가 우파바사타의 때를 알림으로 이루어진다.

『사분율』에 보면, 붇다께서는 '비구들이 한곳에 모여 프라티목샤 말하도록 허락한다'고 하시면서, 우파바사타의 계 설하는 아차르야는 다음과 같이 말해야 한다고 가르치신다.

상가의 대덕들이시여, 내가 이제 프라티목샤의 계를 말하겠으니 그대들은 자세히 듣고 잘 사유하시오.

만약 스스로 범한 것이 있는 줄 알면 곧 참회하시오.

범하지 않았으면 잠자코 계십시오.

잠자코 계시므로 여러 대덕들이 청정한 줄 알겠습니다.

만약 다른 이가 묻더라도 이렇게 대답하십시오.

이와 같이 해 비구가 대중에게 세 번 물어 스스로의 죄를 물어 기억하게 해도 참회하지 않으면 고의로 거짓말한 죄를 얻습니다.

고의로 거짓말하는 것은 도를 장애하는 법이라고 붇다께서 말씀하셨습니다.

만약 그 비구가 죄 있음을 기억하여 청정해지고자 하면 참회해야 하니 참회하면 안락할 수 있습니다.

프라티목샤는 계이니 스스로 바른 몸가짐을 거두어 머무는 곳과 행하는 곳과 아는 뿌리와 얼굴과 머리에 뭇 착한 법을 모아서 사마디를 성취합니다.

나는 이제 계를 말하고 맺으며 일으키고 연설해 넓히고 열어 드러내 반복하여 분별하겠습니다.

그러므로 여러 대덕들이여, 나는 지금 계를 설하겠습니다.

붇다께서는 다시 우파바사타의 모임에 대해, 다음과 같이 가르치신다.

" '함께 한곳에 모인다 함'은 같이 카르마를 하기 위해 한곳에 모임이다.

같이 참여하고자 함[欲]을 전하는 이가 있으면 그 하고자 함[欲]을 대신 가지고 오게 하라. 그러면 지금 당장 눈앞에서 꾸짖을 자도 꾸짖지 않게 되는 것이다.

그러므로 '한곳에 모여야 한다'고 말한다.

'자세히 듣고 잘 사유한다'고 함은 뜻을 단정히 하고 마음을 오롯이해 법을 듣는 까닭에 자세히 듣고 잘 사유한다고 함이다.

범한 것이 있다 함은 범한 일을 아직 참회하지 않은 것이다.

범하지 않았다 함은 범하지 않았거나 이미 범한 것을 참회한 것이다.

다른 이가 물어도 '이렇게 대답하라' 함은, 비유하면 낱낱 비구가 서로 물으면 짐짓 거짓말로 답하는 경우와 같다. 그러므로 '거짓 없이 이렇게 답하라' 하신 것이다.

붇다께서 도 장애하는 법이라고 하셨으니, 어떤 도를 장애하는가.

첫째 선정·둘째 선정·셋째 선정·넷째 선정·공함[空]·모습 없음[無相]·바람 없음[無願]의 문을 장애하고, 스로타판나·사크리다가민·아나가민·아라한의 과덕을 장애함이다.

참회하면 안락하다고 하니, 어떤 안락을 얻는가.

첫째 선정, 나아가 넷째 선정, 공함·모습 없음·바람 없음을 얻으며, 스로타판나의 과덕과 나아가 아라한의 과덕을 얻음이다.

그러므로 참회하면 안락하다고 한 것이다."

(중략)

또 비구들이 날마다 계를 설해 지치니, 붇다께서 말씀하셨다.

"날마다 계를 설하지 말라. 지금부터는 우파바사타하는 날에만 계를 설하도록 허락한다."

비구들이 어떤 날짜를 모르므로 붇다께서 말씀하셨다.

"지금부터는 날짜를 세어두라."

(중략)

또 날짜를 세었으나 잊는 바가 많으니 붇다께서 말씀하셨다.

"산가지를 만들라."

(중략)

또 붇다께서 한곳에 모여서 게를 설하라 하심을 듣고 비구들이 여러 군데서 모여 기다리므로 붇다께서 말씀하셨다.

"지금부터는 많은 사람이 모이는 곳에 따라 가서 계를 설하라."

이와 같이 우파바사타의 카르마는 상가공동체에서 현전상가를 규정하는 가장 기본되는 규율이 된다.

이날 각기 자기 아란야에서 선정을 닦고 경행하고 걸식하던 수행자들은 우파바사타의 처소에 함께 모여 계를 외우고 경을 들으며 스스로를 반성하니, 우파바사타에서 계를 외움이 바로 선정과 지혜의 씨앗을 내는 공덕의 밭이 된다.

보름마다 프라티목샤를 배우게 하시나 따라 배울 수 없습니다

이와 같이 내가 들었다.

한때 붇다께서는 브릿지(Vṛji, 巴 Vajji) 마을에 머무셨는데, 존자 브릿지푸트라(Vṛjiputra)가 붇다 곁에서 모시고 있었다.

그때 브릿지푸트라가 붇다 계신 곳에 이르러 붇다의 발에 머리를 대 절하고 한쪽에 물러앉아 붇다께 말씀드렸다.

"세존이시여, 붇다께서는 이백오십이 넘는 계를 말씀하시어 좋은 종족의 사람들로 하여금 차례를 따라 보름마다 와서, 프라티목샤 수트라(prātimokṣa-sūtra)를 말하게 하시고, 여러 좋은 종족의 사람들로 하여금 하고 싶은 대로 배우게 하셨습니다.

그러나 세존이시여, 저는 지금 배우는 것을 따라 배워갈 수 없습니다."

브릿지푸트라에게 세 가지 배움을 다시 당부하심

붇다께서 브릿지푸트라에게 말씀하셨다.

"너는 때를 따라 세 가지 배움[三學]을 배울 수 있겠느냐?"

브릿지푸트라가 붇다께 말씀드렸다.

"해낼 수 있습니다, 세존이시여."

붇다께서 브릿지푸트라에게 말씀하셨다.

"너는 반드시 때를 따라 위로 오르는 계의 배움·위로 오르는 뜻의 배움·위로 오르는 지혜의 배움을 행해야 한다.

때를 따라 부지런히 힘써 위로 오르는 계의 배움·위로 오르는 뜻의 배움·위로 오르는 지혜의 배움을 하고 나면, 오래지 않아 모든 샘이 있음[有漏]을 다하고, 샘이 없이[無漏] 마음이 해탈하고 지혜가 해탈하여 현재의 법에서 스스로 알아 증득할 것이다.

그리하여 '나의 태어남은 이미 다하고 범행은 이미 서고, 지을 바를 이미 지어 다시는 뒤의 있음을 받지 않는다'고 스스로 알 것이다."

그때 존자 브릿지푸트라는 붇다의 말씀을 듣고 기뻐하고 따라 기뻐하면서 절하고 떠나갔다.

그때 존자 브릿지푸트라는 붇다의 가르쳐 깨우침[教誡]과 가르쳐 주심[教授]을 받고서 홀로 한 고요한 곳에서 이렇게 오롯이 정진해 사유하였다.

'좋은 종족의 사람들이 집을 나와 세 가지 가사를 입고 도를 배우는 것은 위없는 범행을 닦는 것이니, 곧 〈태어남은 이미 다하고 범행은 이미 서고, 지을 바를 이미 지어 다시는 뒤의 몸을 받지 않음〉을 진실 그대로 아는 것이다.'

브릿지푸트라는 이와 같이 잘 닦아 지혜가 해탈하고 마음이 해탈하여 아라한을 얻었다.

• 잡아함 829 발기자경(跋耆子經)

• 해설 •

많은 프라티목샤 계의 조목 외우는 것을 싫어하고 계 외우는 우파바사타의 형식을 좋아하지 않는 비구에게, 계를 외움[誦戒]이 계를 배움[戒學]이고 계를 배움이 선정 배움[定學]과 지혜 배움[慧學]임을 깨우쳐 그를 바른 행에 이끄신다.

우파바사타의 카르마는 온전히 세 가지 배움[三學]을 잘 배워 샘이 있는 마음을 다하기 위함이니, 가르침 듣고 잘 사유해 닦는 이, 그가 어찌 지혜의 흐름에 들지 않겠는가. 프라티목샤 잘 받아 외워 지니는 이, 그는 이미 아라한의 과덕에 약속된 자이다.

우파바사타 때 프라티목샤를 외워 지니는 것은 프라티목샤가 사마디와 지혜를 보살펴 온갖 공덕의 재물을 내기 때문이니, 설사 선정을 얻은 현성이라 해도 우파바사타에 참석하지 않는 비구를 여래는 꾸중하시는 것이다.

『사분율』에 보면 마하카핀나 존자가 우파바사타의 형식에 큰 뜻을 두지 않고 스스로를 우파바사타에 참석하여 계를 설하든 설하지 않든 '으뜸가는 청정을 얻었다'고 생각하는 것을 아시고 여래는 다음과 같이 깨우쳐주신다.

그렇다 카핀나여, 그대 말과 같이 그대가 계를 설하러 가든 가지 않든 그대는 늘 으뜸가는 청정에 머물러 있다.

그러나 카핀나여, 계 설하는 법을 공경하고 존중하고 받들어 섬겨야 한다. 그대가 만약 우파바사타하는 일을 공경하고 존중하고 받들어 섬기지 않으면 누가 그렇게 하겠느냐.

그러므로 그대는 가서 계를 설해야 한다. 가지 않으려 하지 말라. 가되 걸어서 가고 신통으로 가지 말라.

여래도 지금 가겠다.

잘 보시하고 우파바사타 행하는가를
하늘신들도 늘 살펴보나니

이와 같이 내가 들었다.

한때 붇다께서는 슈라바스티 국 제타 숲 '외로운 이 돕는 장자의
동산'에 계시면서 여러 비구들에게 말씀하셨다.

"달마다 여드렛날에 네 큰 하늘왕은 큰 신하들을 보내어 세간을
이렇게 살피며 다니게 한다.

'어떤 사람이 부모와 사문·브라마나에게 공양하고, 종친을 존중
하여 여러 복덕을 지으며, 현세의 악한 행을 보고 뒷세상 죄를 두려
워하며, 보시를 행해 복을 짓고, 재계를 받아 지니는가.

또 매달 여드레·열나흘·보름날과 달로는 정월·오월·구월에
계를 받아 우파바사타를 행하는가.'

또 열나흗날이 되면 태자를 보내어 이렇게 세간을 살핀다.

'어떤 사람이 부모나 사문·브라마나에게 공양하고 나아가 계를
받아 우파바사타를 행하는가.'

계를 받아 우파바사타를 행하면 하늘신이 기뻐함을 보이심

보름날이 되면 네 큰 하늘왕[四大天王] 스스로 세간에 내려가 중
생을 이렇게 살핀다.

'어떤 사람이 부모나 사문·브라마나에게 공양하고 계를 받아 우
파바사타를 행하는가.'

비구들이여, 그때 세간에 부모와 사문·브라마나를 공양하고 계를 받아 우파바사타를 행하는 사람이 많이 없으면, '네 큰 하늘왕'은 곧 '서른세하늘'이 함께 모여 법을 듣는 강당[集法講堂]에 가서 인드라하늘에 말한다.

'하늘왕이여, 아셔야 합니다. 지금 세간에는 부모와 사문·브라마나에게 공양하고 나아가 계를 받아 우파바사타를 행하는 사람이 많이 없습니다.'

때에 서른세하늘 대중들은 그 말을 듣고 언짢아서 서로 말한다.

'지금 세간 사람들은 어질지도 않고 착하지도 않으며, 좋지도 않고 법답지도 않으며, 진실한 행이 없다. 그리하여 부모와 사문·브라마나에게 공양하지 않고, 나아가 계를 받아 우파바사타를 행하지 않는다. 이 죄 때문에 하늘 무리는 줄어들고 아수라 무리는 차츰 늘어나고 넓어질 것이다.'

비구들이여, 그때에 세간에 만약 많은 사람이 부모와 사문·브라마나에게 공양하고, 나아가 계를 받아 우파바사타를 행하면, 네 큰 하늘왕은 서른세하늘이 모여 법을 듣는 강당에 가서 인드라하늘에 말한다.

'하늘왕이여, 아셔야 합니다. 지금 세간에는 많은 사람이 부모와 사문·브라마나에게 공양하고, 나아가 계를 받아 우파바사타를 행합니다.'

때에 서른세하늘은 매우 즐거워 더욱 서로 말한다.

'지금 세간은 어질고 거룩하며 진실하고 법다워, 많은 사람이 부모와 사문·브라마나에게 공양하고, 나아가 계를 받아 우파바사타를 행한다. 이 복덕 때문에 아수라 무리는 줄어들고 여러 하늘 무리는 늘어나 넓어질 것이다.' "

때에 인드라하늘은 여러 하늘이 기뻐하는 줄을 알고 곧 게송으로 이렇게 말한다.

> 만약 사람들이 매달 여드레와
> 열나흘과 또 보름날이 되고
> 그리고 달로는 정월 오월 구월에
> 여덟 가지 재를 받아 지니면
> 마치 내가 닦아 행하는 것처럼
> 그들 또한 이처럼 닦아가리라.

아라한의 우파바사타 행한 공덕은 하늘의 복덕 넘음을 보이심

그때에 세존께서는 여러 비구들에게 말씀하셨다.
"그 인드라하늘이 말한 게송은 이러했다.

> 만약 사람들이 매달 여드레와
> 열나흘과 또 보름날이 되고
> 그리고 달로는 정월 오월 구월에
> 여덟 가지 재를 받아 지니면
> 마치 내가 닦아 행하는 것처럼
> 그들 또한 이처럼 닦아가리라.

그러나 이것은 옳은 말이 아니다. 왜 그런가.
그 인드라하늘은 탐욕과 성냄과 어리석음의 걱정거리를 스스로 가지고 있어서, 태어남·늙음·병듦·죽음과 근심·슬픔·번민·괴로움을 벗어나지 못하였기 때문이다.

만약 아라한 비구로서, 모든 흐름이 이미 다하고 지을 바를 이미 지어 모든 무거운 짐을 벗어버리고[離諸重擔], 모든 존재의 묶음을 끊어[斷諸有結] 마음이 잘 해탈하고서 이런 게를 말한다 하자.

> 만약 사람들이 매달 여드레와
> 열나흘과 또 보름날이 되고
> 그리고 달로는 정월 오월 구월에
> 여덟 가지 재를 받아 지니면
> 마치 내가 닦아 행하는 것처럼
> 그들 또한 이처럼 닦아가리라.

이와 같이 말한다면, 그것은 곧 옳은 말이다.

왜 그런가. 아라한 비구는 탐욕과 성냄과 어리석음을 떠나 태어남·늙음·병듦·죽음과 근심·슬픔·번민·괴로움을 벗어났기 때문이다. 그러므로 이 게송은 옳은 말이 되는 것이다."

붇다께서 이 경을 말씀하시자, 여러 비구들은 그 말씀을 듣고 기뻐하며 받들어 행하였다.

• 잡아함 1117 월팔일경(月八日經)

• 해설 •

매달 여드레·열나흘·보름날 여덟 가지 깨끗한 재법(齊法)을 받아 지니며 반 달마다 우파바사타 하는 것은 저 브라마나들이 함께 모여 재일을 지키는 풍습에 따른 것이다.

비록 브라마나들의 풍습에 따랐지만 브라마나들의 재일과 상가의 재일은 그 내용이 다르다.

저들은 함께 먹을거리 나누어 먹고 저 브라흐마하늘신에 공양 올림으로 재일의 뜻을 삼으나, 상가는 같이 모여 법을 설하고 계를 설해 법으로 공양함[法供養]으로 뜻을 삼는다. 재일날 우파시카가 행하는 여덟 가지 재는 여덟 가지 계법을 상가의 아란야에서 받아 지님이니, 이 행사가 동아시아 불교권에서는 팔관재일의 행사로 전승되었다.

출가상가 대중이 우파바사타하는 것은 프라티목샤의 계법을 보살펴 사마디에 나아가고 지혜에 나아가 모든 존재의 짐을 벗고 존재의 묶음을 끊어 해탈의 저 언덕에 이르기 위함이다.

그러므로 아라한 비구의 재일 지킴과 우파바사타를 행함은 하늘의 복을 넘어서고 세간의 함이 있는 기쁨의 세계를 넘어서 법의 기쁨을 얻게 하는 것이니, 하늘신이 도리어 아라한 비구의 우파바사타하는 일을 우러러 공경하고 보살펴 그 선근을 늘려주는 것이다.

왜 그런가. 여래의 우파바사타 법은 하늘신에 공양하는 브라마나와 사문들의 재일 지킴과 제사 지냄을 넘어 온갖 법의 나고 사라짐 없는 참모습을 밝히기 때문이다.

이처럼 프라티목샤의 계가 선정과 지혜를 보살펴 법의 몸[法身]을 얻게 하고 해탈을 보살펴 해탈지견을 일으키므로, 여래는 상가대중이 이 우파바사타의 행사에 빠져서는 안 된다고 가르치셨다.

또한 금한 계를 설할 때도 여덟 가지 어려운 일이나 다른 일이 있을 때를 제외하고는 계 설함을 간략하게 줄여서 설할 수 없도록 하였다.

여덟 가지 일[八事]은 왕과 도적의 일, 물·불·병의 일, 사람과 사람 아닌 무리의 일, 벌레의 장난이다.

다른 일은 대중이 모이기에 자리가 좁거나 대중이 병든 때이니, 이때만 계를 간략히 설하도록 허락하셨다.

계 설함을 간략히 할 때는, 금한 계 가운데 어떤 때는 아흔 가지 파야티카까지만 설하기도 하고, 어떤 때는 열세 가지 상가바세사까지만 설하기도 하며, 일이 급할 때는 네 가지 파라지카만 설하기도 한다.

그때에는 늘 생략한 계에 대해서 '대중이 늘 들은 바입니다'라고 말해야 한다. 생략할 때에도 늘 카르마의 아차르야가 말한 뒤에 간략히 계를 말해야 한다.

『사분율』을 보면 계 설하기 전에 카르마의 아차르야는 대중에게 다음과 같이 물어야 한다.

> 화합상가는 모였습니까.
> 구족계를 받지 않은 사람은 나갔습니까.
> 오지 않은 비구는 함께 하고자 하는 뜻과 청정을 알리셨습니까.
> 비구니가 와서 가르침을 받도록 누군가를 보냈습니까.
> 이제 상가의 화합은 무엇을 위함입니까.

그러면 대중은 '계를 설하는 카르마를 위해서 모였습니다'라고 대답한다.

우파바사타의 날 현전상가가 함께 모였을 때 '카르마를 이끄는 스승'이 대중에게 모임의 뜻과 대중의 청정을 물은 뒤에 대중의 침묵의 동의를 통해 계를 설하는 카르마가 시작되는 것이다.

이처럼 상가의 우파바사타는 브라흐만에 공양하는 브라마나의 재일과 달리, 상가의 스승과 제자, 장로와 새로 배우는 이들이 함께 모여 서로의 청정을 확인하고 여래의 다르마와 비나야를 같이 외우며, 범행의 길에서 뒤쳐진 이들을 이끌어주고 보디의 길에서 어긋나는 이들을 깨우쳐주는 법공양의 모임이었던 것이다.

우파바사타의 날 법을 따르는 대중이 함께 상가아라마에 모여 계를 설하고 들으며 먹을거리를 나누어 먹되 서로를 법으로써 공양하는[法供養] 현전상가의 모습이, 화엄회상(華嚴會上)에서는 시방에 두루한 여래의 지혜의 빛을 시방의 보디사트바들이 함께 모여와 찬탄하는 법의 모임으로 확장된다. 「비로자나품」은 이렇게 말한다.

그대들은 붇다의 밝은 빛과
화신 붇다 사의할 길이 없어서
온갖 궁전 가운데 고요히
사마디에 계심 살피라.

汝觀佛光明　化佛難思議
一切宮殿中　寂然而正受

그대들은 반드시 붇다의 몸
빛의 그물 아주 청정하여서
온갖 것에 평등하게 모습을 나눠
시방에 두루 가득함을 살피라.

汝應觀佛身　光網極淸淨
現形等一切　遍滿於十方

여러 보디사트바의 대중들
시방에서 함께 모여 옴을 살피니
모두 마니의 보배구름 놓아서
눈앞에서 붇다를 찬탄하도다.

觀諸菩薩衆　十方來萃止
悉放摩尼雲　現前稱讚佛

2 세존도 대중과 함께 자기반성의
   시간을 가지셨으니

• 이끄는 글 •

프라바라나(pravāraṇā, 自恣)의 카르마는 상가대중이 한 철의 안거를 마치고 '스스로 아란야에 머물러 사마디와 지혜 잘 닦았는가' 반성하며, 안거생활 동안 지은 허물에 대해 대중으로부터 검증받는 날이다.

프라바라나의 카르마를 잘 마치면 상가대중은 그때 비로소 새로운 한 해의 '법 나이'[法臘]를 받는다.

『사분율』(四分律)에서 세존은 '자자의 카르마'[自恣羯磨]에 대해서 절차와 법도를 다음과 같이 제정하신다.

자자의 카르마는 화합상가에서 행해야 하고, 윗자리 비구부터 차례대로 행해야 한다.

같은 곳에서 모여서 행해야 하고, 상가의 이익과 화합을 위해 남의 허물을 자비로 들추어야 하며, 대중은 자비로 들추는 남의 이야기를 들어주어야 하고, 허물 지은 이는 참회해야 한다.

그리고 자자의 카르마를 이끌 카르마의 아차르야[karmācārya, 羯磨師]를 뽑는 절차와 법다운 자자의 카르마를 다음과 같이 말씀한다.

마음대로 자자하지 말고 윗자리 비구부터 차례대로 자자하라. 자자를 이끄는 사람 뽑는 '두 번 말함의 카르마'를 허락하나니, 다섯 가지 법[五法]이 있는 사람은 자자의 카르마 아차르야로 뽑지 못한다.

곧 집착해 사랑하는 사람, 성내는 사람, 겁내는 사람, 어리석은 사람, 자자할 이와 자자하지 않을 이를 알지 못하는 사람이다.

이 다섯 가지 법 갖춘 이는 자자의 카르마 아차르야로 뽑지 못한다.

다음 다섯 가지 법이 있는 사람을 자자의 카르마 아차르야로 뽑아야 한다.

곧 집착해 사랑하지 않고 성내지 않고 겁내지 않고 어리석지 않은 사람, 자자할 이와 자자하지 않을 이를 아는 사람이다.

이런 다섯 가지 법 갖춘 이를 카르마해주는 사람으로 뽑아야 한다.

카르마할 수 있는 이런 윗자리 비구나 그 다음 윗자리, 계율을 외울 수 있는 사람, 계율을 못 외어도 카르마할 수 있는 사람이나, 이런 이를 뽑아 대중에게 '두 번 말함의 카르마'에 의해 허락을 받아 카르마를 행해야 한다.

또 세존은 자자할 때의 갖가지 지켜야 할 법들을 자세히 보이시니, '비나야의 법에 맞지 않는 카르마', '화합하지 않는 대중의 카르마'를 금지하시고, 카르마 집행하는 이로 하여금 다음과 같이 자자를 시작하도록 가르치신다.

대덕들은 들으십시오, 오늘은 대중이 자자하는 날입니다.
대중은 때가 되었으면 승인해 허락해주십시오.
대중이 오늘 화합했으므로 자자를 하겠습니다.
저는 지금 이렇게 아룁니다.

또 허물 지은 비구 무리[六群比丘]가 법답지 않게 따로 자자하는 것을 보시고, 법답지 않고 화합하지 않는 프라바라나의 카르마를 금지하시며 다음과 같이 가르치신다.

하지 말아야 할 이 네 가지 자자가 있으니, 법답지 않게 따로 하는 무리로 자자하거나, 법답지 않게 화합한 무리로 자자함이고, 법답지만 따로 하는 무리로 자자하거나, 법답지만 화합하지 않는 무리로 자자함이다. 이 네 가지 자자를 하지 말라.
(중략)
법답게 화합한 무리로서 자자한다면 이런 자자는 하여야 한다. 이것이 내가 허락한 자자이다.

여러 대중이여, 여래의 몸과 입과 뜻에 꾸짖을 만한 일은 없는가

이와 같이 내가 들었다.

한때 붓다께서는 라자그리하 성 칼란다카 대나무동산에 머물며 여름 안거를 지내셨는데, 큰 비구대중 오백 사람과 함께하셨다.

그들은 다 아라한으로서, 모든 흐름이 이미 다하고 지을 바를 이미 지었으며, 모든 무거운 짐을 버리고 존재의 묶음을 끊어 없애고, 바른 지혜로 마음이 잘 해탈하였다.

한 비구만은 빼놓으니 곧 존자 아난다이다.

그러나 세존께서는 '그는 현재의 법에서 아는 것 없는 깨달음[無知證]을 얻을 것'이라고 언약하셨다.

그때에 세존께서는 그달 보름날 프라바라나하실 때에 이르러 대중 앞에 자리를 펴고 앉으셨다.

앉고 나서 여러 비구들에게 말씀하셨다.

"나는 브라마나가 되어 온전한 니르바나[parinirvāṇa]를 얻고, 이 맨 뒤 끝의 몸을 가지고 큰 의사[大醫師]가 되어 모든 칼과 가시를 뽑는다. 나는 브라마나가 되어 온전한 니르바나를 얻고, 이 맨 뒤 끝의 몸을 가지고 위없는 의사[無上醫師]로서 칼과 가시를 뽑을 수 있다.

너희들은 나의 아들이니 붓다의 입에서 났고[從佛口生], 법의 교화를 좇아 났으며[從法化生], 법의 남은 재물을 얻었다[得法餘財].

여러 비구들이여, 반드시 나의 허물을 받아 살펴보아야 한다. 여래의 몸이나 입, 마음에 꾸짖을 일을 그냥 두도록 하지 말라."

사리푸트라가 세존께 허물 없음을 말씀드리고 세존을 찬탄함

그때에 존자 사리푸트라는 대중 가운데 있다가 자리에서 일어나 옷을 바루어 붙다께 절한 뒤에 두 손을 맞잡고 말씀드렸다.

"세존께서는 이제 이렇게 말씀하셨습니다.

'나는 브라마나가 되어 온전한 니르바나를 얻고, 이 맨 뒤 끝의 몸을 가지고 큰 의사가 되어 모든 칼과 가시를 뽑는다.

너희들은 나의 아들이니 붙다의 입에서 났고, 법의 교화를 좇아 났으며, 법의 남은 재물을 얻었다.

반드시 나의 허물을 받아 살펴보아야 한다. 여래의 몸이나 입, 마음에 꾸짖을 일을 그냥 두도록 하지 말라.'

그러나 저희들은 세존의 몸이나 입이나 마음에서 꾸짖을 만한 일을 보지 못합니다. 왜냐하면, 세존께서는 길들지 못한 이를 길들게 하고, 고요하지 못한 이를 고요하게 하며, 안온하지 못한 이를 안온하게 하고, 온전히 니르바나 이루지 못한 이를 온전히 니르바나 이루게 하십니다. 여래께서는 도를 알아 도를 말씀하시며 도에로 향합니다.

그런 뒤에 성문(聲聞)을 성취시켜, 도를 따르고 도를 받들며 스승의 가르침을 받들게 하여, 그 가르쳐주심대로 '진여의 좋은 법'[眞如善法] 즐거워함에 바로 향하게 합니다.

그러므로 저는 세존에게서 꾸짖을 만한 몸과 입과 마음의 행을 전혀 보지 못합니다."

• 잡아함 1212 회수경(懷受經) 전반부

세존이시여, 저와 여러 상가대중의
허물됨 살펴주소서

사리푸트라가 세존께 말씀드렸다.

"저는 이제 세존 계신 곳에서 저의 보고[見] 듣거나[聞] 의심하는 [疑] 죄로써, 몸과 입과 마음에 꾸짖을 만한 일이 있는가, 그 허물됨 받아 살펴주시길 바랍니다."

붇다께서는 사리푸트라에게 말씀하셨다.

"나는 그대에게서 보고 듣거나 의심하여 몸과 입과 마음에 꾸짖을 만한 일을 보지 못한다.

무슨 까닭인가. 그대 사리푸트라는 계율을 지니고 많이 들었으며, 욕심 줄이어 만족할 줄 알며, 멀리 떠남을 닦아 행해, 방편에 부지런히 정진하기 때문이다.

그리하여, 바른 사마디[正受]로 날래고 빠른 지혜, 밝고 날카로운 지혜, 벗어나는 지혜, 싫어해 떠나는 지혜, 큰 지혜, 넓은 지혜, 깊은 지혜, 견줄 데 없는 지혜, 지혜의 보배를 성취하였기 때문이다.

그리고 그 지혜를 가르쳐 보이고 기뻐하게 하며, 가르쳐 보이고 기뻐하게 하는 것을 늘 찬탄하면서 대중을 위해 설법하되, 일찍이 지치거나 게으른 일이 없었기 때문이다.

비유하면, 전륜왕의 맏아들은 관정(灌頂)을 받아야 하는데도 아직 관정을 받지 않았지만, 이미 관정의 의식과 법에 머물러[住於儀法], 아버지의 법대로 굴려야 할 것은 반드시 따라서 굴리는 것과 같다.

그대도 지금 이와 같다. 그대는 나의 맏아들이니[爲我長子] 관정을 받게 되어 있지만 아직 관정을 받지는 않았다.

그러나 그 의식과 법에 머무르기 때문에 내가 굴려야 할 법바퀴는 그대 또한 따라 굴린다.

그리하여 일어나는 바 없음[得無所起]을 얻어 모든 존재의 흐름을 다해[盡諸有漏] 마음이 잘 해탈하였다.

이와 같이 사리푸트라여, 나는 그대 있는 곳에서 보고 듣고 의심하여 몸과 입과 마음에 꾸짖을 만한 일을 전혀 보지 못한다.”

사리푸트라가 세존의 법의 아들임을 선언하시고,
오백 제자 또한 지혜 해탈 얻은 이들임을 말씀하심

사리푸트라는 말씀드렸다.

“세존이시여, 만약 저에게서 보고 듣고 의심하여 몸과 입과 마음에 꾸짖을 만한 일이 없다면, 이 오백 비구들에게도 보고 듣고 의심하여 몸과 입과 마음에 꾸짖을 만한 일이 없습니까.”

붇다께서는 말씀하셨다.

“나는 이 오백 비구에게서도 보고 듣고 의심하여 몸과 입과 마음에 꾸짖을 만한 일을 보지 못한다.

왜냐하면 이 오백 비구들은 다 아라한으로서 모든 흐름이 이미 다하고, 지을 바를 이미 지었으며, 무거운 짐을 이미 버리고, 온갖 존재의 묶음을 끊고, 바른 지혜로 마음이 잘 해탈하였기 때문이다.

오직 한 비구를 내놓으니, 곧 아난다를 말한다.

그러나 나는 ‘그가 현재의 법 가운데서 아는 것이 없는 깨달음[無知證]을 얻는다’고 언약한다.

그러므로 나는 이 오백 비구들에게도 보고 듣거나 의심하여 몸과 입과 마음에 꾸짖을 만한 일을 보지 못한다."

　사리푸트라가 붇다께 말씀드렸다.

　"세존이시여, 이 오백 비구에게서 보고 듣거나 의심하여 몸과 입과 마음에 꾸짖을 만한 일이 이미 없다면, 이 가운데 몇 비구가 함께하는 해탈[俱解脫]을, 몇 비구가 지혜의 해탈[慧解脫]을 얻었습니까."

　붇다께서는 말씀하셨다.

　"이 오백 비구 가운데서 아흔 비구는 세 가지 밝음[三明]을 얻었고, 아흔 비구는 함께하는 해탈을 얻었고, 나머지는 지혜의 해탈을 얻었다.

　사리푸트라여, 이 여러 비구는 모든 휘날려 굴러감을 떠나[離諸飄轉], 거짓되게 감싸는 살갗[皮膚]이 없고 참된 알맹이[眞實]가 굳세다."

방기사가 세존과 사리푸트라의 오백 대중을 찬탄함

　때에 존자 방기사는 대중 가운데 있다가 생각하였다.

　'나는 지금 붇다와 대중의 얼굴 앞에서 〈법의 나이 받는 노래[懷受偈]〉로 찬탄해야겠다.'

　그리고 곧 자리에서 일어나 옷을 바루어 붇다께 절한 뒤에, 오른쪽 무릎을 땅에 대고 두 손을 맞잡고 말씀드렸다.

　"세존이시여, 말씀드리고 싶은 것이 있습니다. 잘 가신 이여, 말씀드리고 싶은 것이 있습니다."

　붇다께서 방기사에게 말씀하셨다.

　"말하고 싶은 것을 따르라."

때에 방기사는 곧 게송으로 말하였다.

　　달마다 보름의 청정한 날에
　　그 거룩한 대중 오백 사람이
　　온갖 묶음 모두다 끊어 없애니
　　온갖 있음이 다한 큰 선인이로다.

　　맑고 깨끗하게 서로 가까이하고
　　맑고 깨끗하여 넓게 해탈하여서
　　모든 존재 다시는 받지 않으니
　　나고 죽음 이미 길이 끊어졌도다.

　　지을 바를 이미 모두 지어서
　　온갖 번뇌의 흐름이 다함 얻으니
　　다섯 가지 덮음의 구름 사라지고
　　근본 애욕 그 가시를 뽑아버렸네.

　　사자처럼 두려워하는 바 없이
　　온갖 남음 있음을 아주 떠나서
　　모든 존재의 원수 같은 묶음 없애
　　남음 있는 경계를 벗어났으니
　　모든 존재의 흐름 그 원수와 적들
　　모두다 이미 숨고 항복하였네.

그것은 마치 저 전륜왕이
따르는 여러 붙이 품어 받으며
사랑의 마음으로 널리 교화하면
온 세상이 모두 받드는 것 같네.

마라와 원수와 도적 항복받아서
세간의 위없는 길잡이 되셨으니
믿고 공경하는 마음으로 받들면
세 밝음을 얻어 늙고 죽음 없애리.

그러면 그들도 법의 아들되어
휘날려 구르는 걱정거리 없이
모든 번뇌의 가시를 뽑게 되니
해 종족의 후손에게 경례합니다.

붙다께서 이 경을 말씀하시자, 여러 비구들은 그 말씀을 듣고 기뻐하며 받들어 행하였다.

• 잡아함 1212 회수경 후반부

• 해설 •

세존께서 라자그리하 성 칼란다카 대나무동산에서 여름 안거를 마치시니 오백 대중이 함께하였다.

안거 마치고 오백 대중이 한곳에서 프라바라나의 카르마를 행해 새 법나이를 받게 되니, 대중은 카르마의 아차르야를 뽑고 나서 카르마의 아차르야가 선언함에 따라 스스로 자기 허물을 반성해 대중의 점검받으며, 대중은 서로서로 다른 상가대중에 대해 보거나 들은 허물 또는 의심나는 일[見聞疑]을 들추어 깨우친다.

이렇게 서로 가르쳐서 뉘우치게 하여 스스로의 잘못을 고쳐 바른 법에 나아가고 상가의 화합을 이루고 상가의 복된 이익을 늘려 키운다.

이 경에서 카르마의 집행자가 누구인지 드러나지 않으나 사리푸트라 존자가 가장 윗자리 제자로서 프라바라나를 집행하는 카르마의 아차르야인 듯하다.

오백 비구 가운데 모든 대중이 다 마음과 지혜가 해탈한 아라한이나 존자 아난다만은 아직 아라한을 얻지 못했다.

그러나 그는 이미 많이 들음[多聞]으로 으뜸가는 제자로서 이미 믿음의 땅에 굳건히 서 있으므로 여래로부터 현재법에서 '아는 것 없는 깨달음'의 언약을 받았다. 그는 아직 아라한이 아니나 이미 지혜의 흐름 가운데 있어서 여래의 니르바나의 땅을 벗어나지 않은 해탈의 현성이다.

세존이 오백 대중의 위없는 스승이고 온전한 니르바나의 성취자이고 온갖 법의 근본이 되신 분이나, 세존은 '윗자리부터 차례로 자자하라'는 상가의 비나야대로 맨 처음 대중 앞에 스스로의 허물을 물으신다.

그 마음이 이미 남이 없으므로 사라짐이 없고, 그 마음이 니르바나되어 있으므로 다시 적멸할 것이 없으며, 안과 밖이 모두 공함을 체달하여[體內外空] 안에 얻을 것이 없고 밖에 구할 것이 없어서[內無所得 外無所求] 마음에 마음 없으신 여래께 어찌 티끌이 있고 때가 있으며 허물 있을 것인가.

사리푸트라가 세존의 온전한 니르바나와 세존의 허물 없으심을 찬탄하니, 크신 스승 세존께서 사리푸트라가 법왕의 아들이 되어 여래를 따라 여래의 법바퀴 굴림을 인증하신다.

법왕의 집에 티끌 없고 때 없으니, 안과 밖에 장애 없는 니르바나의 땅에 그 자리를 언약 받은 법왕의 아들 또한 티끌이 없고 장애가 없는 것이다.

오백 아라한 또한 이미 모든 존재의 흐름 다하고[盡諸有漏] 마음의 해탈을 얻은 이들이니, 그들의 몸과 입과 뜻에 어찌 번뇌의 때와 상가의 화합을 깨뜨리는 업의 장애가 있겠는가.

방기사가 일어나 법왕이신 세존과 법왕의 아들들인 오백 대중을 찬탄하여 여래의 법의 비[法雨] 그 은택에 젖은 기쁨을 노래한다.

이처럼 상가대중이 여래의 집, 여래의 법 가운데서 서로서로 가르치고 서로서로 찬탄하고 서로서로 북돋우면, 오탁(五濁)의 세간에 공덕의 재물은 날로 늘어나고 단이슬의 법맛[甘露法味]이 넘쳐 번뇌의 불에 타는 세간 중생을 길이 적셔줄 것이다.

중국 율종(律宗)의 대조사 남산율사(南山律師, 道宣)는 이 경에서처럼 진리 안에서 스승과 제자가 서로 이끌고 거둠으로써만, 세간에 지혜의 바람[智慧風]이 불게 됨을 다음과 같이 말한다.

붇다와 다르마와 상가가 넓고 큰 것은 실로 스승과 제자가 서로 거두고 서로 두텁게 만남을 말미암은 것이다.

재물과 법 두 가지로 건져주고[財法兩濟] 날로 수행의 업이 깊어져서 행이 오래되고 덕이 굳세지는 것[行久德固]은, 다 이 스승과 제자의 서로 거둠을 의지한다.

요즈음 참된 가르침이 땅에 떨어져 느려지고[眞教陵遲] 지혜의 바람이 불지 않는 것은 세속 사람들이 상가대중을 업신여기기 때문이다. 또 도에서 그른 법이 나오는 것[道出非法]은 모두 스승에게 이끌어 거두는 마음이 없고 제자에게 받들어 행할 뜻이 없기 때문이다.

둘이 서로 떨어져 허망하게 더러운 경계에 흘러다니니 도를 빛나게 하려 한들 어찌 그럴 수 있겠는가.

제6장

안거(安居)

"만약 여러 바깥길의 집을 나온 이들이 와서
너희들에게 이렇게 묻는다 하자.
'사문 고타마는 두 달 동안 어떻게 좌선하였는가.'
그러면 너희들은 이렇게 대답해야 한다.
'여래는 두 달 동안 아나파나의 생각으로 좌선하면서
사유하여 머무셨다.'
왜 그런가. 드는 숨일 때는 드는 숨을 생각하여
진실대로 알고, 나는 숨일 때는 나는 숨을 생각하여
진실대로 알며, 길거나 짧거나 온갖 몸에 드는 숨 생각을
깨달아 진실대로 알며, 몸의 행이 쉰 드는 숨 생각을
진실대로 알고, 나아가서는 나는 숨 생각이
사라짐을 진실대로 알았다."

여름 비오는 철[雨期] 석 달 출가수행자들은 밖으로 나다니는 것을 삼가고 한곳에 머물며 좌선(坐禪)과 밥을 빎[乞食] 우파바사타의 카르마[布薩, 羯磨]로 생활해야 한다.

안거 때에 나다니며 풀과 나무, 벌레들을 밟아 죽이고 소나기에 수행자의 몸에 지닌 물건들을 잃어버리면, 세간의 비난을 불러일으켜서 삼보 비방하는 죄를 짓게 하고, 수행자 스스로 아란야행과 두타의 검박한 생활을 저버리게 된다.

안거의 뜻을 남산율사(南山律師)는 다음과 같이 말한다.

몸과 마음을 고요함에 거두는 것을 편안히 함[安]이라 하고, 이곳에 머물기를 반드시 기약하는 것을 머묾[居]이라 한다.

고요한 곳에서 미묘한 도의 바른 법칙[微道之正軌]을 사유하는데 이치로는 반드시 날짜를 빌려 수행의 공덕에 나아가고 마음과 행을 채찍질해 정진하는 것이다.

수행의 조건[緣]을 따르고 공부하는 곳[處]에 의지하여 뜻으로 오직 법의 이익을 우러르고, 뜻을 흐트러뜨려 도를 어지럽게 하고 깨끗한 업 방해하는 것을 허락지 않는다.

그러므로 비나야는 세 때를 모두 규제하여 뜻을 도를 행함에 두게 한다. 글이 치우쳐 여름철만 잡아 보이지만 뜻은 다음 세 허물[三過]에 있다.

첫째, 일 없이 노닐어 다니며 수행을 막고 업을 일으킴이다.

둘째, 중생의 목숨을 다치고 해치어 자비를 어김이 실로 깊음이다.

셋째, 하는 일이 그릇되어 세간의 비방을 부름이다.

남산율사가 말하고 있는 이와 같은 허물 때문에 붇다께서 비나야로 안거제도를 두신 것이다. 그 근본 뜻은 목숨 보살핌[護命]에 있으니, 안거 기간에는 두 발을 맺고 앉아 좌선하는 것을 기본으로 해야 한다. 안거의 절차에 대해서는 『사분율』에서 이렇게 가르친다.

안거할 때 수행자는 안거할 아란야의 장로에게 다음과 같이 말해야 한다.
"저는 여기에서 여름 안거를 하겠습니다.
장로시여, 한 마음으로 살펴 생각해주십시오.
저 ○○비구는 ○○마을 ○○절의 ○○방에서 석 달 동안 여름 안거를 하겠으니, 방이 무너졌으면 고쳐주십시오."

만약 안거할 곳에 의지해야 할 사람이 없을 때는, 안거하는 뜻을 내면 곧 안거를 이룬다.
『사분율』에서 붇다는 가르치신다.

안거할 뜻을 내면 그대로 안거를 이룬다.
지금부터 비구들이 의지할 사람이 없으면, 마음으로 안거하길 생각해서 안거하도록 허락한다.

또 안거하러 왔지만 아직 안거할 뜻을 못 내거나 안거날이 되었을 때 아직 한 발이 안거할 아란야의 경계에 들어오지 못했더라도 안거는 이루어진다.

붇다는 가르친다.

안거를 하기 위해서 왔으면 그대로 안거가 된다.

안거 대중이 모이면 방과 잠자리를 나누고 관리하는 책임자를 대중의 카르마로 뽑아 관리케 해야 하며, 뽑힌 책임자는 평상과 잠자리를 고르게 나누고 대중의 뜻을 물어 그 일을 행해야 한다.

또 안거 시작하는 날에 날짜를 맞추지 못한 상가대중을 위해 붇다는 한 달 뒤의 안거[後安居]를 할 수 있도록 허락해 다음과 같이 말씀한다.

뒤의 안거를 하도록 허락한다. 두 가지 안거가 있으니 앞의 안거[前安居]와 뒤의 안거이다. 앞의 안거란 앞의 석 달에 머무는 것이요, 뒤의 안거란 뒤의 석 달을 머무는 것이다.

또한 안거의 처소 또한 작은 방, 산속의 굴, 통나무 속에서 안거함도 허락하고, 의지하는 사람도 상가의 장로가 아니라도 소 먹이는 사람, 기름 짜는 이, 나무 켜는 사람을 의지해서 안거함도 허락하셨다.

또 안거하는 동안 옷과 발우, 앉을 자리, 바늘통, 약초 등의 일과 그 밖의 설법·다비 치르는 등의 일이 있으면, 그 일을 해결하기 위해서 이레 동안 나갔다 돌아오는 것도 허락하셨다.

나아가 사정에 따라 경계 밖에 나갔다 오는 기한을, 대중의 허락을 받아 보름이나 한 달 동안도 가능하도록 하셨다.

　석 달 기한을 채우지 못하면 법의 나이를 받을 수 없으나, 수행에 장애가 되는 어려움이 발생하면 안거 도중 그 경계를 떠나는 일도 가능케 하셨으니, 붇다의 안거의 비나야는 엄격하되 부드럽고 규율이 분명하되 규율에 얽매지 않는 자유로운 안거법이었다.

　붇다는 가르치신다.

　만약 비구가 자기가 사는 곳에서 앞의 안거를 하거나 뒤의 안거를 하거나 하는 곳이 목숨과 범행을 지켜가기에 어려운 일이 보이거든, 그 비구는 시주에게 몸소 가거나 사람을 시켜 보내서 다른 곳으로 옮기기를 바라야 한다. 만약 그 말을 들어주면 좋고, 들어주지 않으면 그곳을 떠나야 한다.

1 여래의 안거

여래는 온갖 곳 온갖 때 온갖 지음이 선정 아님이 없으니, 여래는 가고 오되 가고 옴이 없고 한곳에 머물되 실로 머묾이 없다.

여래는 이곳에 머물되 이곳이 아니고 저곳에 머물되 저곳이 아니니, 이곳에 살되 저곳을 떠나지 않고 저곳에 살되 이곳을 떠나지 않는다.

여래는 홀로 산숲이나 나무 밑, 빈들이나 동굴 속에 계시되 온갖 중생을 늘 보살펴 생각해주시며, 저잣거리 성읍에 들어가시어 사람 사이에 노닐되 하늘땅에 짝할 바 없이 홀로 거니신다.

여래는 삼계 중생 속에서 중생과 살아가시며 길잡이 되고 등불이 되고 섬이 되고 집이 되시지만 몸과 마음이 삼계 밖에 벗어나셨다.

여래는 가고 머물고 말하고 잠잠하고 먹고 마심을 보이시되 실로 한 법도 지음이 없으시고, '사라져 다한 사마파티'[Nirodhasamāpatti, 滅盡定]를 일으켜 움직이지 않으시되, 온갖 몸가짐을 나타내신다 [不起滅定 現諸威儀].

이것이 여래의 머묾이고 이것이 여래의 안거이니, 여래의 머묾 없는 거룩한 머묾의 뜻을 알아 여래를 따라 지혜의 흐름에 들어가면, 이것을 '배워가는 이의 머묾'[學住]이라 한다.

배워가는 이의 머묾에 머무는 이, 그 또한 여래를 따라 끝내 머묾 없는 법계의 처소[法界處]에 들어가리라.

『화엄경』(「입법계품」)은 가고 오되 가고 옴이 없고 머물되 머묾 없는 여래의 머묾을 다음과 같이 노래한다.

비록 의지함 없되 머물지 않음 없고
비록 이르지 않음 없되 가지 않음은
허공 속 그림 같고 꿈에 보는 것 같으니
붇다의 몸 이와 같이 살펴야 하리.

雖無所依無不住　雖無不至而不去
如空中畫夢所見　當於佛體如是觀

삼계에 있고 없는 온갖 법들은
붇다와 더불어 비유할 수 없으니
비유하면 산숲의 새와 짐승들
허공을 의지하되 머묾 없음 같네.

三界有無一切法　不能與佛爲譬諭
譬如山林鳥獸等　無有依空而住者

나는 두 달 동안 안거하려 한다
비구들은 오고 가지 말라

이와 같이 내가 들었다.

한때 붇다께서는 이차낭갈라(Icchānaṅgala) 숲 가운데 계셨다. 그때 세존께서는 여러 비구들에게 말씀하셨다.

"나는 두 달 동안 좌선하려 한다. 여러 비구들은 다시 오고 가지 말라. 오직 밥을 가져오는 비구와 우파바사타할 때는 내놓는다."

그때에 세존께서는 이렇게 말씀하시고 곧 두 달 동안 좌선하시니, 오직 밥을 가져올 때나 우파바사타할 때는 내놓았다.

어떤 비구도 감히 오고 가지 않았다.

여래의 안거가 아나파나의 생각으로 좌선하여 머무심을 보이심

세존께서는 좌선하여 두 달이 지난 뒤 선정에서 깨어나 비구대중 앞에 앉아 말씀하셨다.

"만약 여러 바깥길의 집을 나온 이들이 와서 너희들에게 이렇게 묻는다 하자.

'사문 고타마는 두 달 동안 어떻게 좌선하였는가.'

그러면 너희들은 이렇게 대답해야 한다.

'여래는 두 달 동안 아나파나의 생각[ānāpānasmṛti, 出入息, 念]으로 좌선하면서 사유하여 머무셨다.'

왜 그런가. 나는 이 두 달 동안 아나파나를 생각해 오래 머물러 사유하였기 때문이다. 드는 숨일 때는 드는 숨을 생각하여 진실대로 알고, 나는 숨일 때는 나는 숨을 생각하여 진실대로 알며, 길거나 짧 거나 온갖 몸에 드는 숨 생각을 깨달아 진실대로 알며, 몸의 행이 쉰 드는 숨 생각을 진실대로 알고, 나아가서는 나는 숨 생각이 사라짐 을 진실대로 알았다.

나는 그것을 다 안 뒤에는 이렇게 생각하였다.

'이것은 거친 사유로 머무르는 것이다. 나는 지금 이 사유를 쉬고 다시 다른 미세한 생각을 닦아 머물리라.'

그때에 나는 거친 사유를 쉬고 곧 다시 미세한 사유에 들어 오래 머물렀다.

때에 세 하늘사람이 있었는데, 아주 높고 묘한 빛깔이었다. 그들 이 밤을 지내고 내가 있는 곳에 왔다.

한 하늘사람은 이렇게 말했다.

'사문 고타마는 때가 이르렀다.'

다시 한 하늘사람은 이렇게 말했다.

'이것은 때가 이른 것이 아니다. 이때가 이르려 하고 있다.'

세 번째 하늘사람은 이렇게 말했다.

'아직 때가 이른 것이 아니요, 이르려 하는 것도 아니다. 이는 선 정을 닦아 머묾이니, 바로 아라한의 고요함일 뿐이다.'"

위없는 여래의 머묾을 보이심

붇다께서는 여러 비구들에게 말씀하셨다.

"만약 바로 말한다면 그것은 성인의 머무름[聖住]이요, 하늘의 머 무름[天住]·브라흐만의 머무름[梵住]·배우는 이의 머무름[學住]

· 배울 것 없는 이의 머무름[無學住] · 여래의 머무름[如來住]이다.

배우는 이[學人]는 얻지 못한 것은 얻어야 하며, 이르지 못한 것은 이르러야 하며, 증득하지 못한 것은 증득하여야 한다.

그리고 배울 것 없는 이[無學人]가 현재의 법에서 즐겁게 머무는 것[現法樂住]은, 곧 아나파나의 생각을 말함이니 이것이 바른 말이다.

왜 그런가. 아나파나의 생각은 곧 성인의 머무름 · 하늘의 머무름 · 브라흐만의 머무름, 나아가서는 배울 것 없는 이가 현재의 법에서 즐겁게 머무름이기 때문이다.”

붇다께서 이 경을 말씀하시자, 여러 비구들은 그 말씀을 듣고 기뻐하며 받들어 행하였다.

• 잡아함 807 일사능가라경(一奢能伽羅經)

• 해설 •

여래도 안거의 비나야를 제정하시면 스스로도 석 달의 안거에 들어가시고, 마을에 들어가 밥을 빌어 하루 한 때 드시고 우파바사타와 프라바라나를 대중과 더불어 행하신다.

자자하실 때는 차례를 따라 맨 먼저 스스로의 허물을 대중에게 묻고, 카르마하는 비구가 정해지면 여래도 대중과 함께 카르마 비구의 인도를 따랐다.

여래가 안거하시어 좌선하는 자리는 온갖 법이 공하고 그 공함도 공한 법의 자리[諸法畢竟空爲座]이니, 여래는 산과 숲에 계셔도 산과 숲이 아니고 정사와 들에 계셔도 정사와 들이 아니다.

하늘에 안거해도 사람을 떠나지 않으며, 사람 사이에 안거해도 사람에 머물지 않는다.

여래는 멀리 떠나 계시되[遠離] 여기 이곳을 떠나지 않으며[不離此處] 여기 이곳에 있되 온갖 곳에 두루하시니, 여래의 안거하는 곳[安居處]을 무엇이라 말할 것인가.

옛 조사가 '걸어가면서 물소를 탄다'[步行騎水牛]고 했으니, 바로 여래의 안거처를 보임이리라.

오가는 사람을 끊고 여래께서 숲속에서 안거하시니, 하루 한 번 밥때에 밥을 가져오는 비구와 우파바사타 때를 내놓고는 아무도 오고 가서는 안 된다.

들고 나는 숨을 살펴 사마디에 들어 계시니, 드는 숨이 오는 곳이 없고 나는 숨이 나가는 곳이 없으므로 숨을 보는 여래의 마음도 들고 남이 없고 나고 사라짐이 없다.

여래의 머묾은 머묾 없는 머묾이니, 머물되 머묾 없음이 여래의 사마타(śamatha)요 머묾 없이 머묾은 여래의 비파사나(vipaśyanā)이다.

사마타와 비파사나가 하나된 곳이 여래의 디야나(dhyāna)이고 여래의 안거처이며, 그곳이 바로 법계의 처소[法界處]인 것이다.

세존께서는 지금 서른세하늘 푸른빛
돌 위에서 안거하신다오

이와 같이 내가 들었다.

한때 붇다께서는 서른세하늘의 푸른빛 부드러운 돌 위에 계셨는데, 파리차타알라 나무와 구비타라 향나무에 가기 멀지 않았다.

붇다는 거기서 여름 안거를 지내면서 어머니와 서른세하늘을 위해 설법하셨다.

그때에 존자 마하목갈라야나는 슈라바스티 국 제타 숲 '외로운 이 돕는 장자의 동산'에서 안거하고 있었다.

때에 여러 사부대중들은 존자 마하목갈라야나 있는 곳에 이르러 머리를 대 발에 절하고 한쪽에 물러앉아 존자 마하목갈라야나에게 말씀드렸다.

"세존께서 여름 안거하시는 곳을 아십니까."

존자 마하목갈라야나가 대답하였다.

"내가 듣기에 세존께서는 서른세하늘의 푸른빛 부드러운 돌 위에 계시는데, 파리차타알라 나무와 구비타라 향나무에 가기 멀지 않소. 붇다는 거기서 여름 안거를 지내면서 어머니와 서른세하늘을 위해 설법하신다 하오."

때에 사부대중들은 존자 마하목갈라야나의 말을 듣고 기뻐하고 따라 기뻐하면서 제각기 자리에서 일어나 절하고 떠나갔다.

사부대중이 세존께 문안드려주길 목갈라야나 존자에게 청함

때에 사부대중들은 석 달의 안거를 지낸 뒤에, 다시 존자 마하목갈라야나 있는 곳에 가서 머리를 대 발에 절하고 한쪽에 물러앉았다. 존자 목갈라야나는 사부대중을 위해 여러 가지로 설법해 가르쳐 기쁘게 하고, 가르쳐 기쁘게 한 뒤에 잠자코 있었다.

사부대중들은 자리에서 일어나 머리를 대 절하고 존자 마하목갈라야나에게 말씀드렸다.

"존자 마하목갈라야나시여, 아셔야 합니다. 저희들이 세존을 뵈옵지 못한 지 이미 오래되었습니다.

대중들은 아주 배고프고 목마르듯 세존을 뵙고자 합니다.

존자 마하목갈라야나시여, 만약 수고를 거리끼지 않으시면 저희들을 위해 서른세하늘에 가시어 세존께 이렇게 문안드려주시기 바랍니다.

'병이 없고 번민이 없으시며 지내기에 가벼우시고 머물기에 안락하십니까.'

또 세존께 말씀드려주십시오.

'잠부드비파의 사부대중들은 세존을 뵙고자 하나, 신통력이 없어 서른세하늘에 올라가 세존께 절하지 못합니다.

그러나 서른세하늘은 스스로 신통력이 있어 사람 가운데 올 수 있습니다. 세존께서는 저희들을 가엾이 여기시어 이 잠부드비파로 돌아오시길 바랍니다.' "

존자 마하목갈라야나는 잠자코 허락하였다.

사부대중들은 존자 마하목갈라야나가 잠자코 허락한 줄을 알자 제각기 자리에서 일어나 절하고 떠나갔다.

마하목갈라야나가 사마디로 하늘에 이르러 하늘의 모임에 함께함

그때에 존자 마하목갈라야나는 사부대중들이 돌아간 줄을 알고 곧 '사마디'(samādhi)에 들어 그 사마디의 힘대로[如其正受], 마치 힘센 장사가 팔을 굽혔다 펴는 사이에 슈라바스티 국에서 사라져 서른세하늘의 푸른빛 부드러운 돌 위에 나타났는데, 파리차타알라 나무와 구비타라 향나무에 가기 멀지 않았다.

그때에 세존께서는 서른세하늘의 무리들 한량없는 붙이들에게 둘러싸이어 설법하고 계셨다.

존자 목갈라야나는 멀리서 세존을 뵈옵고 뛸듯이 기뻐하며 이렇게 생각하였다.

'오늘 세존께서 여러 하늘대중들에게 둘러싸이어 설법하시는 것이 잠부드비파의 모임과 다르지 않다.'

그때에 세존께서는 존자 마하목갈라야나의 생각을 아시고 마하목갈라야나에게 말씀하셨다.

"마하목갈라야나여, 그들 스스로의 힘 때문이 아니다. 내가 여러 하늘들을 위해 설법하려고 하면 그들은 곧 와서 모이고, 그들을 가게 하려고 하면 그들은 곧 돌아간다. 그들은 마음 따라 오고 마음 따라 가는 것이다."

그때에 존자 마하목갈라야나는 붇다의 발에 머리를 대 절하고 한쪽에 물러앉아 붇다께 말씀드렸다.

"갖가지 여러 하늘대중이 구름처럼 모였습니다. 저 하늘대중 가운데는 일찍이 붇다께 설법을 듣고 무너지지 않는 깨끗한 믿음을 얻어, 몸이 무너지고 목숨을 마친 뒤 여기 와서 태어난 이가 있습니까."

여러 하늘들이 청정한 믿음으로 하늘에 태어난 대중임을 보이심

붇다께서는 존자 마하목갈라야나에게 말씀하셨다.

"그렇다, 그렇다. 이 가운데 여러 하늘대중이 구름처럼 모인 것은 지난 목숨에서부터 법을 들어, 붇다에 대한 무너지지 않는 깨끗한 믿음과 다르마와 상가에 대한 무너지지 않는 깨끗한 믿음을 얻고 거룩한 계[聖戒]를 성취하여, 몸이 무너지고 목숨을 마치고는 여기 와서 태어났다."

때에 인드라하늘은 세존께서 존자 마하목갈라야나와 함께 여러 하늘대중들을 칭찬하시는 것을 보고, 존자 마하목갈라야나에게 말하였다.

"그렇소, 존자 마하목갈라야나여. 이 가운데 갖가지 대중의 모임은 다 지난 목숨에서 바른 법을 들어 붇다에 대한 무너지지 않는 깨끗한 믿음과 다르마와 상가에 대한 무너지지 않는 깨끗한 믿음을 얻고 거룩한 계를 성취하여, 몸이 무너지고 목숨을 마치고 여기 와서 태어났소."

때에 한 비구는 세존께서 존자 마하목갈라야나와 인드라하늘과 함께 이 대중의 좋은 모습을 인정해 말씀하시는 것을 보고, 존자 마하목갈라야나에게 말하였다.

"그렇습니다, 그렇습니다. 존자 마하목갈라야나여, 이 가운데 갖가지 여러 하늘들이 여기 와서 모인 것은 다 지난 목숨에서 바른 법을 들어 붇다에 대한 무너지지 않는 깨끗한 믿음과 다르마와 상가에 대한 무너지지 않는 깨끗한 믿음을 얻고 거룩한 계를 성취하여, 몸이 무너지고 목숨을 마치고 여기 와서 태어났습니다."

때에 한 하늘사람은 자리에서 일어나 옷을 여미고 오른쪽 어깨를 드러내고 두 손을 맞잡고 붇다께 말씀드렸다.

"세존이시여, 저도 붇다에 대한 무너지지 않는 깨끗한 믿음을 성취하였기 때문에 여기 와서 태어났습니다."

다시 어떤 하늘사람은 말했다.

"저는 법에 대한 무너지지 않는 깨끗한 믿음을 얻었습니다."

또 어떤 이는 말했다.

"상가에 대한 무너지지 않는 깨끗한 믿음을 얻었습니다."

또 어떤 이는 말했다.

"거룩한 계를 성취하였기 때문에 여기 와서 태어났습니다."

이와 같은 여러 하늘들이 한량이 없는 천의 숫자인데, 다 세존 앞에서 각기 '스로타판나 법을 얻었다'고 말하고 곧 붇다 앞에서 사라져 나타나지 않았다.

잠부드비파 사부대중의 요청으로 이레 뒤에
파나사 나무 밑으로 돌아오심

때에 존자 마하목갈라야나는 하늘대중들이 떠난 것을 알고 오래지 않아, 자리에서 일어나 옷을 여미고 오른쪽 어깨를 드러내고 붇다께 말씀드렸다.

"세존이시여, 잠부드비파의 사부대중들은 머리를 대 붇다의 발에 절하고, 세존께 이렇게 문안드립니다.

'병이 없고 번민이 없으시며 지내기에 가벼우시고 머물기에 안락하십니까. 사부대중들은 아주 배고프고 목마르듯 세존을 뵙고자 합니다.'

또 세존께 말씀드리겠습니다.

'잠부드비파의 사부대중들은 세존을 뵙고자 하나, 신통력이 없어 서른세하늘에 올라가 세존께 절하지 못합니다.

그러나 서른세하늘은 스스로 신통력이 있어 사람 가운데 올 수 있습니다. 세존께서는 저희들을 가엾이 여기시어 이 잠부드비파로 돌아오시길 바랍니다.'"

붇다께서는 목갈라야나에게 말씀하셨다.

"그대는 그곳에 돌아가 저 잠부드비파 사람들에게 이렇게 말하라.

'이레 뒤면 세존은 서른세하늘에서 잠부드비파의 상카스야 (Sāṃkāśya) 성 바깥 문밖에 있는 파나사(panasa) 나무 밑으로 돌아갈 것이다.'"

존자 마하목갈라야나는 세존의 분부를 받고 곧 사마디에 들어, 마치 힘센 장사가 팔을 굽혔다 펴는 듯한 사이에 서른세하늘에서 사라져 잠부드비파에 이르러 사부대중들에게 말하였다.

"여러분들은 알아야 하오. 세존께서는 이레 뒤에 서른세하늘에서 잠부드비파의 상카스야 성 바깥 문밖에 있는 파나사 나무 밑으로 돌아오실 것이오."

기약하신 대로 이레가 되자 세존께서 서른세하늘에서 잠부드비파의 상카스야 성 파나사 나무 밑에 내려오셨다.

하늘과 용과 귀신 나아가 브라흐마하늘들도 다 따라 내려왔으니, 이에 곧 이 모임의 이름을 '하늘에서 내려온 곳'[天下處]이라 하였다.

- 잡아함 506 제석경(帝釋經)

• 해설 •

감[去]에서 실로 감을 보고 옴[來]에서 실로 옴을 보는 중생의 눈에는 여래가 여기를 떠나 저기 계신다 말하지만, 여래는 저기 계시되 여기 이곳을 떠나지 않고, 여기 이곳에 계시되 여기 이곳에 머물지 않는다.

저 하늘중생을 제도하기 위해 하늘에 안거하시며 하늘왕과 하늘대중을 위해 설법하시며, 하늘무리들이 지난 목숨 사람의 몸일 때 붙다와 다르마, 상가와 거룩한 계에 믿음 굳센 이가 하늘무리가 됨을 보이셨지만, 여래는 여기 이곳을 떠남이 없고 저기 저곳에 머묾이 없다.

저곳에 실로 머묾이 있다면 저곳을 떠나 여기 이곳에 어찌 다시 오실 것이며, 여기 이곳을 실로 떠남이 있다면 어찌 여기 이곳에 다시 올 수 있을 것인가.

감이 없이 가고 옴이 없이 오며 머묾 없이 머무는 여래의 안거의 뜻을 아는 이가, 참으로 여래 계신 곳[如來所]에 바른 믿음을 이루어 지혜의 흐름에 들고[入流], 배울 것 없는 아라한의 지위를 이루고 거룩한 하늘무리의 대중이 되리라.

경에서 하늘대중이 여래의 설법자리에 오는 것이 하늘대중 스스로의 힘이 아니라 하니, 무슨 뜻일까.

온갖 지음은 스스로의 힘도 아니고 남의 힘도 아니며 나와 남의 힘을 떠남도 아니니, 스스로의 힘도 아니고 스스로의 힘 아님도 아님이 법계의 힘[法界力]이고 여래의 힘[如來力]이다. 하늘대중의 오고감도 마음이 아니고 마음 아님도 아닌 법계의 힘으로 오고감이니, 이를 여래의 마음 따라 오고 간다 하신 것이다.

그러므로 스스로의 지금이 스스로의 힘도 아니고 스스로의 힘 아님도 아닌 줄 알고, 저 서른세하늘 푸른빛 부드러운 돌이 실로 있음도 아니고 없음도 아님을 볼 수 있는 자가, 여기 사바의 땅을 떠나지 않고 여래의 푸른빛 부드러운 돌 위 여래의 반자리[半座]에 함께 앉으리라.

『화엄경』(「세주묘엄품」世主妙嚴品) 또한 이곳저곳에 머물지 않되 이곳저곳을 떠나지 않는 여래의 머묾 없는 머묾과 안거를 다음과 같이 보인다.

붇다께서 장엄한 바 넓고 큰 세계
온갖 가는 티끌 수와 평등하여라.
가는 티끌 수 넓고 큰 세계 가운데
깨끗한 붇다의 제자 가득하여서
이루 사유할 수 없고 말할 수 없는
가장 묘한 법을 비처럼 내리네.

佛所莊嚴廣大刹　等於一切微塵數
淸淨佛子悉滿中　雨不思議最妙法

이 모임 속 붇다께서 앉음을 보듯
온갖 티끌 가운데 다 이와 같나니
붇다의 몸 감이 없고 또한 옴이 없지만
있는바 국토에 모두 밝게 나타나네.

如於此會見佛坐　一切塵中悉如是
佛身無去亦無來　所有國土皆明現

그 가운데 보디사트바의 닦는 행과
한량없는 모든 지위 여러 방편을
모두다 나타내어 보여주시고
사유할 수 없는 진실한 진리 설하여
모든 중생 법계에 들게 하시네.

顯示菩薩所修行　無量趣地諸方便
及說難思眞實理　令諸佛子入法界

2 출가 사문들과 여러 제자들의 안거

• 이끄는 글 •

　세속의 집을 벗어나 여래의 진리의 집에 들어온 출가상가의 제자들은 여름 한철 석 달 동안의 안거가 바로 출가생활의 핵심이 된다.

　안거는 4월 16일부터 7월 15일까지 석 달이 기본이지만, 가운데 안거[中安居]와 뒤 안거[後安居]를 함께 인정하여 세 안거를 둔다.

　뒤 안거가 5월 16일부터 석 달의 안거라면, 가운데 안거는 4월 17일부터 5월 15일 사이에 안거에 들어 석 달을 채우는 것을 말한다.

　출가제자는 재가의 우파사카·우파시카로부터 옷과 먹을 것, 잠자리와 의약품을 보시 받아 조촐히 살아가며, 우파바사타 때에 계를 설하고 들으며 좌선과 걸식으로 생활하여 늘 욕심을 줄여[少欲] 만족할 줄 알아야 한다[知足].

　안거가 시주의 공양물에 의지하여 사마디를 닦고 지혜를 닦는 생활이므로 안거하는 처소에는 다음 다섯 가지 허물[五過]이 없어야 한다.

　첫째, 마을에서 지나치게 멂이니, 시주물을 구하되 얻기 어렵기 때문이다.

둘째, 성읍에 너무 가까움이니, 수도의 업을 방해하기 때문이다.

셋째, 모기나 등에 등 벌레의 어지러움이니, 사람의 발을 물어 목숨을 다치게 하기 때문이다.

넷째, 의지할 만한 스승[依止師]이 없음이니, 의지할 스승은 다음 다섯 가지 덕을 갖춘 분이다.

가르침을 듣고자 하면 듣게 하고, 이미 들은 사람은 청정케 하여 의심을 풀어주며, 법에 통달케 하여, 삿된 견해를 없애, 바른 견해를 얻게 하는 것이 스승이 갖추어야 할 덕이다.

다섯째, 먹을거리와 의약품을 대줄 시주가 없음이다.

이 다섯 가지 허물이 없어야 그곳에서 안거할 수 있다.

그러나 안거하다 다른 곳에 많은 이익이 있고 먹을거리가 넉넉하고 좋은 옷을 얻는다는 말을 듣고 의지하는 스승을 떠나 안거처를 옮겨서는 안 된다. 또한 안거의 청을 받고 까닭 없이 안거의 경계를 이탈하거나 허락 받은 기한에 돌아오지 않으면 안거 깨뜨린 죄를 얻는다.

『사분율』에서 붇다는 다음과 같이 가르친다.

어떤 비구가 앞의 안거하던 곳에서 다른 곳이 많은 이익과 옷가지 얻는다는 말을 듣고 그곳으로 가면, 그 비구는 앞의 법 나이[前歲]를 잃으니 본래의 약속을 어기므로 죄를 얻는다.

어떤 비구가 여기에서 남에게 '앞의 안거하라'[前安居]는 청을 받았다가 경계 밖으로 가서 우파바사타를 한 뒤 다른 곳으로 가면, 그 비구는 앞의 안거를 깨뜨리니 본래의 약속을 어기므로 죄를 얻는다.

(중략)

어떤 비구가 남에게 앞의 안거하라는 청을 받고 경계 밖에서 우파바사타를 한 뒤, 안거하던 곳으로 와서 방과 잠자리를 받은 뒤 까닭 없이 떠나면, 그는 앞의 안거를 깨뜨리니 본래의 약속을 어기므로 죄를 얻는다.

어떤 비구가 남에게 앞의 안거하라는 청을 받고 경계 밖에서 우파바사타를 한 뒤, 사는 곳에 다시 돌아와서 이레 동안 경계 밖에 나가는 허락을 받고 경계 밖에 나갔다가 마음으로 돌아오려 했으나 오지 못한다 하자. 그러면 그 비구는 앞의 안거를 깨뜨리니 본래의 약속을 어기므로 죄를 얻는다.

어떤 비구가 남에게 앞의 안거하라는 청을 받고 경계 밖에서 우파바사타를 한 뒤, 사는 곳에 다시 돌아와 이레 동안 경계 밖에 나가는 허락을 받고 경계 밖에 나갔다가 이레 안에 돌아오면, 그 비구는 앞의 안거를 이루니 본래의 약속을 어기지 않으므로 죄가 없다.

세존이시여, 석 달 안거 동안
대중과 함께 저의 공양 받아주소서

이와 같이 내가 들었다.

한때 붇다께서 슈라바스티 국 제타 숲 '외로운 이 돕는 장자의 동산'에서 여름 안거를 지내셨다.

그때 '외로운 이 돕는 장자'가 붇다 계신 곳으로 찾아와 머리를 대발에 절하고 한쪽에 물러나 앉았다. 붇다께서 그를 위해 설법하여 가르쳐 보이시고 기쁘게 해주셨다.

갖가지로 법을 설해 가르쳐 보이시고 기쁘게 해주시자, 그는 자리에서 일어나 옷을 여미고 붇다께 절을 올린 뒤에 합장하고 붇다께 말씀드렸다.

"세존께서는 여러 대중들과 함께 석 달 동안 제가 드리는 입을 옷과 먹을거리, 병에 맞는 의약품을 받아주시길 바랍니다."

그때 세존께서 잠자코 허락하셨다.

이때 '외로운 이 돕는 장자'는 붇다께서 잠자코 청을 받아주신 줄알고는 자리에서 일어나 자기 집으로 돌아갔다.

안거 대중에 네 가지 일로 수닫타 장자를 찬탄하심

석 달이 지난 뒤, 그는 붇다 계신 곳으로 찾아와 머리를 대 발에 절하고 한쪽에 물러나 앉았다.

붇다께서 '외로운 이 돕는 장자'에게 말씀하셨다.

"참 잘했다, 장자여. 석 달 동안 입을 옷·먹을거리와 병에 맞는 의약품을 공양하였구나. 너는 위로 올라가는 길을 잘 꾸미고 깨끗이 닦았으니 미래세상에서는 반드시 편안하고 즐거운 과보를 얻을 것이다.

그러나 너는 지금 잠자코 이 법을 즐겁게 받아들이지 말라. 너는 부지런히 힘써 때때로 '기쁨과 즐거움 멀리 여읨'[遠離喜樂]을 배워 갖추어 몸으로 증득해야 한다."

이때 '외로운 이 돕는 장자'는 붇다의 말씀을 듣고 기뻐하고 따라 기뻐하면서 자리에서 일어나 떠나갔다.

사리푸트라가 세존께 다섯 법 떠남과 만족하게 됨을 말씀드림

그때 존자 사리푸트라가 대중들 가운데 앉아 있다가 '외로운 이 돕는 장자'가 떠난 것을 알고 붇다께 말씀드렸다.

"기이하십니다, 세존이시여. '외로운 이 돕는 장자'를 위해 잘 설법하시고, '외로운 이 돕는 장자'를 이렇게 잘 권해 북돋우셨습니다.

'너는 석 달 동안 여래의 대중에게 갖추어 공양하여 위로 오르는 길을 깨끗이 닦았으니, 미래세상에 즐거운 갚음을 받을 것이다.

그러나 너는 이 복을 잠자코 즐거워해 집착하지 말라. 너는 반드시 때때로 기쁨과 즐거움 멀리 여읨을 배워 갖추어 몸으로 증득해야 한다.'

세존이시여, 만약 거룩한 제자들로 하여금 기쁨과 즐거움 멀리 여읨을 배워 갖추어 몸으로 증득하게 한다면, 그들은 다섯 가지 법[五法]을 멀리 여의고 다섯 가지 법을 닦아 만족하게 될 것입니다.

어떤 것이 다섯 가지 법 멀리 여읨[遠離五法]이냐 하면, 다음과 같습니다.

곧 탐욕이 기른 기쁨을 끊고, 탐욕이 기른 근심을 끊으며, 탐욕이 기른 평정을 끊고, 착하지 않음이 기른 기쁨을 끊고, 착하지 않음이 기른 근심을 끊는 것이니, 이것을 다섯 가지 법을 멀리 여읨이라 합니다.

다섯 가지 법을 닦아 가득히 한다는 것[修滿五法]은 무엇이냐 하면, 다음과 같습니다.

곧 따라서 기뻐함[隨喜], 즐거워 기뻐함[歡喜], 편안히 쉼[猗息], 즐거워함[樂], 한 마음[一心]입니다."

붇다께서 사리푸트라에게 말씀하셨다.

"그렇다, 그렇다. 만약 거룩한 제자가 '기쁨과 즐거움 멀리 여읨' 을 닦아 배워 갖추어 몸으로 증득하면, 다섯 가지 법을 멀리 여의고 다섯 가지 법을 닦아 가득히 할 것이다."

붇다께서 이 경을 말씀하시자, 여러 비구들은 붇다의 말씀을 듣고 기뻐하며 받들어 행하였다.

· 잡아함 482 희락경(喜樂經)

· 해설 ·

석 달의 안거에 상가대중은 믿음 있는 우파사카 · 우파시카로부터 입을 옷 · 먹을거리 · 잠자리 · 의약품을 공양 받아 좌선하며 생활한다.

공양 받는 상가대중은 사마디를 잘 닦음으로 공덕의 세계로 나아가고, 공양하는 재가대중 또한 상가에 공양함으로써 세간의 복락을 얻고 선정과 지혜의 길에 들어설 수 있다.

보시하여 얻은 복락을 취하면 함이 있는 복덕[有爲福]의 과보에 머물지만, 복을 지어 얻은 기쁨과 즐거움을 멀리 떠나면 복덕을 취하지 않으므로

[不取福德] 지혜의 흐름에 들고 보디의 길에서 물러나지 않게 된다.

또 보시하고 사마디 닦아 세간의 탐욕에서 벗어난 마음의 기쁨과 즐거움을 얻지만 그 기쁨과 즐거움에 머물면 그 기쁨에 갇혀 해탈의 참된 법의 기쁨을 맛보지 못하게 된다. 그러므로 여래는 장자에게 '잠자코 이 기쁨의 법을 받아들이지 말라'고 가르치고, '기쁨과 즐거움마저 멀리 여읨을 배워 몸으로 증득하라'고 가르치신다.

그것은 선정의 고요함과 즐거움 또한 인연의 모습이라 공한 줄 알고 그 기쁨에 머물지 않아야 선정과 지혜가 하나된 보디의 길에 나아갈 수 있기 때문이다.

사리푸트라 존자가 세존의 이 가르침을 바로 알아듣고 여래를 찬탄하고 다섯 가지 법 멀리 여읨과 다섯 가지 법 닦아 원만히 함[修成五法]을 말씀드리니, 세존께서 '그렇고, 그렇다'라고 크게 찬탄해주신다.

떠날바 다섯 가지 법이 구함이 있고 집착이 있으므로 함이 있고 다함이 있는 즐거움이라면, 원만히 하는바 다섯 가지 법은 함이 없고 지음 없는 해탈의 기쁨을 얻음 없이 얻음을 말한다.

사리푸트라가 여래의 큰 찬탄을 받으니, 이는 법왕의 아들[法王子]이 법왕이 굴린 법바퀴를 잘 따라 굴려 법왕의 찬탄을 받는 모습이라 할 것이다.

비구들이여, 많이 나다니지 않는 사람은
다섯 가지 공덕 있나니

이와 같이 들었다.

한때 붇다께서는 슈라바스티 국 제타 숲 '외로운 이 돕는 장자의 동산'에 계시면서 여러 비구들에게 말씀하셨다.

"길게 노닐어 다니는 사람은 다섯 가지 어려움이 있다. 어떤 것이 다섯 가지인가.

첫째, 늘 나다니는 사람은 법의 가르침을 외우지 못한다.

둘째, 외웠던 법은 잊어버린다.

셋째, 사마디를 얻지 못한다.

넷째, 사마디를 얻고서는 잃어버린다.

다섯째, 법을 듣고도 지니지 못한다.

이것을 비구들이여, '많이 노닐어 다니는 사람은 다섯 가지 어려움이 있다'고 하는 것이다."

잘 안거하는 비구의 다섯 공덕을 말씀하심

"비구들이여, 알아야 한다. 많이 노닐어 다니지 않는 사람은 다섯 가지 공덕이 있다. 어떤 것이 다섯인가.

첫째, 일찍이 법을 얻지 못했다가도 법을 얻게 된다.

둘째, 이미 얻은 법은 잊어버리지 않는다.

셋째, 많이 들어 지니는 바가 있게 된다.

넷째, 사마디를 얻을 수 있다.

다섯째, 사마디를 얻고는 잃지 않는다.

이것을 비구들이여, '많이 노닐어 다니지 않는 사람은 다섯 가지 공덕이 있다'고 하는 것이다.

그러므로 여러 비구들이여, 많이 노닐어 다니지 말라.

이와 같이 비구들이여, 반드시 이렇게 배워야 한다."

그때에 비구들은 붓다의 말씀을 듣고 기뻐하며 받들어 행하였다.

• 증일아함 33 오왕품(五王品) 七

• 해설 •

출가상가의 대중은 고요한 곳에 머물러 늘 사마디로 정진하며 부질없이 나다녀서는 안 된다. 특히 안거 기간에는 안거 맺은 경계 밖으로 나가지 못하고, 어쩔 수 없는 일로 나가려면 대중에 허락을 받아야 하며, 나가더라도 이레 만에 돌아와야 한다.

나다니지 않으면 얻게 되는 공덕이란 곧 법을 많이 들어[多聞] 잊지 않고[不忘] 잘 받아지님[受持]과, 사마디[三昧]를 얻어 잃지 않음[不失]이다.

수행자가 사마디를 얻지 못하게 하는 여섯 가지 흩어져 어지러움[六種散亂]이 있으니, 밖으로 나다니면 여섯 가지 어지러움이 더욱 일어나 사마디에 장애가 있다. 『아비달마잡집론』(阿毘達磨雜集論)에서 말하는 여섯 가지 어지러움은 다음과 같다.

① 마음바탕이 어지러움[自性散亂] 감성적 앎인 눈과 귀의 앎 등 다섯 앎[五識]이 바깥 경계를 향해 치달려 고요한 선정에 어긋나는 것이다.

② 바깥 경계에 흩어져 어지러움[外散亂] 선근을 닦아갈 때 밖의 다섯 탐욕의 경계 위에 그 마음이 내달려 흩어져서 고요할 수 없는 것이다.

③ 안으로 흩어져 어지러움[內散亂] 선정을 닦을 때에 가라앉음과 들뜸을

일으키고 여러 티끌경계를 맞들여 집착해서 고요한 선정을 잃는 것이다.

④ 거짓 모습을 일으켜 어지러움[相散亂] 남들이 자기에게 덕 있음을 믿도록 하려고 거짓으로 선근 닦는 모습을 나타내 이 때문에 닦아온 선근의 법이 차츰 물러나 사라지는 것이다.

⑤ 집착이 거칠고 무거워 어지러움[麤重散亂] 선근의 법을 닦을 때 나와 내 것이라는 집착과 아만(我慢)과 삿된 견해를 일으켜, 이로 말미암아 삿된 집착의 거칠고 무거운 힘 때문에 닦은 선근의 법이 길이 청정하지 못하게 되는 것이다.

⑥ 구하는 뜻을 지어 어지러움[作意散亂] 구하는 마음으로 하늘의 복이나 세간 선정을 닦아, 그것을 성취하지 못하기 때문에 어지러움을 일으키는 것이다.

여섯 가지 흩어진 마음을 떠나 아란야에 잘 머물러 사마디를 얻으면, 그가 중생을 위해 지혜의 해가 되고 다함없는 공덕의 곳간이 되는 것이니 『화엄경』(「범행품」梵行品)은 이렇게 가르친다.

> 가르침대로 잘 닦아 행하게 되면
> 지혜의 밝은 빛 깨끗한 해와 같고
> 뭇 행을 갖춤 보름달과 같으며
> 공덕은 큰 바다처럼 늘 넘쳐서
> 때가 없고 걸림 없음 허공 같으리.
>
> 智慧光明如淨日　衆行具足猶滿月
> 功德常盈譬巨海　無垢無礙同虛空

착한 법이 늘어나면 그 머무는 곳에 살며 멀리 다니지 말라

이와 같이 들었다.

한때 붇다께서는 슈라바스티 국 제타 숲 '외로운 이 돕는 장자의 동산'에 계셨다.

그때 세존께서 여러 비구들에게 말씀하셨다.

"만약 어떤 비구가 마을에 의지해 살면서, 착한 법은 사라지고 악한 법이 늘어나거든 그 비구는 이렇게 배워야 한다.

'나는 지금 이 마을에 머물러 살면서 악한 법이 늘어나고 착한 법은 차츰 줄어들고 있다. 생각이 하나에 오롯이하지 못해 샘 있음[有漏]을 다하지 못하고, 함이 없는 안온한 곳[無爲安隱之處]에 이르지 못하고 있다.

내가 얻는 입을 옷·먹을거리·자리끼·병에 맞는 의약품도 힘들게 애쓰고야 겨우 얻을 수 있다.'

그는 다시 이렇게 배워야 한다.

'나는 지금 이 마을 가운데 머물러 살면서 악한 법이 늘어나고 착한 법은 차츰 줄어들고 있다. 나는 또한 입을 옷·먹을거리·자리끼·병에 맞는 의약품 등을 위해 와서 사문이 된 것이 아니다.

내가 구해 바라는 것은 지금 그 결과를 얻지 못하였다.'

그러면 또 그 비구는 반드시 마을을 멀리 떠나가야 한다."

공덕이 줄면 떠나되 착한 법이 늘어도 공양물에 애착 버리게 하심

"만약 다시 어떤 비구가 마을에 의지해 살면서 착한 법은 더욱 늘어나고 악한 법은 없어지지만, 그가 얻는 입을 옷·먹을거리·자리끼·병에 맞는 의약품 등은 애를 써야만 얻어지거든 그는 이렇게 배워야 한다.

'나는 지금 이 마을에 머물러 살면서 착한 법은 더욱 늘어나고 악한 법은 사라지고 있지만, 내가 얻는 여러 가지 공양거리는 힘들게 애를 써야만 얻을 수 있다.

나는 입을 옷 때문에 집을 나와 도를 배우고 범행을 닦는 것이 아니다. 내가 도를 배우는 것은 구해 바라는 것을 반드시 이루고자 함이니, 그렇게 되면 반드시 몸과 목숨이 다하도록 받들어 섬겨 공양함을 받을 것이다.'"

그때 세존께서는 곧 이런 게송을 말씀하셨다.

입을 옷과 먹을거리 평상과 자리끼
이와 같이 편안케 하는 모든 것에
탐욕해 집착하는 생각 내지 말고
또한 그로써 이 세간에 오지 말라.

좋은 입을 거리 구하기 위해서
집을 나와 도를 배우는 것 아니고
집을 버리고 나와 도를 배우는 것은
반드시 그 바람 이루려 함이네.

비구는 맞는 때를 잘 찾아 살펴
몸이 다하도록 그 마을에 머물며
그곳에서 온전한 니르바나 이루어
그 목숨의 뿌리와 바탕 다하라.

머무는 곳에서 선근이 늘면 많이 다니지 말고 머물도록 하심

"이때 그 비구가 만약 사람 사이 고요한 곳의 노닐어 지낼 만한 마을에 있으면서, 착한 법이 더욱 늘어나고 악한 법은 저절로 사라지거든, 그 비구는 몸과 목숨을 다하도록 그 마을 가운데 살며 멀리 노닐어 다니지 말아야 한다."

이때 아난다가 세존께 말씀드렸다.

"여래께서는 늘 이렇게 말씀하지 않으셨습니까.

'몸의 네 큰 요인[四大]은 먹음[食]을 의지해 보존할 수 있고, 또 네 요인은 마음으로 생각하는 법[心所念法]을 의지하며, 모든 착한 법은 마음을 의지해 생긴다.'

또 그 비구는 마을을 의지해 살면서 정신을 힘들게 하고 애써야 입을 것과 먹을 것을 구합니다. 그런데 그 비구가 어떻게 착한 법을 낼 수 있기에 그 마을에 머물러 멀리 노닐어 다니지 않아야 합니까?"

붇다께서 아난다에게 말씀하셨다.

"입을 옷·먹을거리·자리끼·병에 맞는 의약품에 세 가지가 있다.

만약 어떤 비구가 네 가지 공양거리에만 생각을 오롯이해 참으로 하고자 함을 이루지 못한다면, 그 의지한 것들이 곧 괴로움이 된다.

그러나 만약 '만족할 줄 아는 마음'[知足之心]을 내고, 모습 취해 집착함을 내지 않는다면[不起想著] 여러 하늘과 사람들이 그 기쁨을 대신해줄 것이다. 비구라면 반드시 이렇게 배워야 한다.

나는 이로 말미암아 이 뜻을 말한 것이다.

그러므로 아난다여, 비구라면 반드시 '욕심 줄여 만족할 줄 앎'[少欲知足]을 깊이 생각해야 한다. 아난다여, 반드시 이렇게 배워야 한다.”

그때 아난다는 붓다의 말씀을 듣고 기뻐하며 받들어 행하였다.

• 증일아함 45 마왕품(馬王品) 三

• 해설 •

여래 상가의 안거법은 규정된 틀을 강요하지 않으니, 여래는 때로 비구가 나무 밑·숲속·통나무 속에서도 안거할 수 있도록 허락하시고, 소 먹이는 사람과 기름 짜는 사람을 의지해서 안거토록 허락하신다.

또한 배 위에서 사는 사람과 나무 켜는 사람을 의지하고, 마을에 의지해서 안거토록 허락하시며, 배 위의 안거를 허락하실 뿐 아니라 배 위에서 안거하는 이가 의지해 살던 배가 다른 곳으로 이사 가면 배를 따라가도록 하셨다.

그러나 안거하는 곳이 선근을 줄게 하고 마라의 장애가 많아 선정에 도움을 주지 않으면 그곳을 떠나야 한다고 가르치신다.

또 선근은 늘려주지만 살림살이가 어려운 곳에서는 그곳을 떠나지 말고 공양물에 대한 집착 떠남을 배워야 한다고 깨우치신다.

가르침에 의하면 선근이 늘고 악한 법 사라지는 좋은 곳이라면 마을이든 배 위든 그 어느 곳이든 평생 그곳에 살며 사마디[三昧]를 닦고, 만족함을 아는 마음과 집착 없는 마음을 내야 한다. 그리하여 그곳에서 법의 기쁨[法喜]과 법의 이익[法利]을 길러야 하는 것이니 그곳이 아란야이고 두렷한 깨달음[圓覺]의 도량이다.

제7장

좌선(坐禪)

존자 사리푸트라는 다시 물었다.

"어진 이 레바타여, 이 소뿔 사라 숲 동산은
아주 사랑해 즐길 만하오. 밤이 되면 밝은 달이 뜨고,
모든 사라 나무들은 다 묘한 향기를 풍기는 것이
마치 하늘꽃과 같소. 어진 이 레바타여, 어떤 비구가
이 소뿔 사라 숲 동산을 더욱 피어나게 할 수 있겠소?"

존자 레바타가 대답하였다.

"존자 사리푸트라여, 어떤 비구는 편안히 앉기를
좋아하여 안으로 그침을 행해,
좌선을 그만두지 않고 바른 살핌을 성취하고,
늘 한가히 살기를 좋아하여 편안하고 고요한 곳을 즐깁니다.
이와 같은 비구라면 이 소뿔 사라 숲 동산을
더욱 피어나게 할 수 있을 것입니다."

• 이끄는 글 •

출가사문은 가사와 발우를 지닌 조촐한 살림살이로 마을에 들어
가 밥을 빌어 생활하며, 바른 몸가짐을 지니고 프라티목샤와 수트라
를 받아 지니고 숲속 비어 한가한 곳[空閑處]이나 일 없는 곳[無事
處]에 몸과 뜻을 바로하여 좌선한다.

사문이 갖추어야 할 바른 행 바른 몸가짐이 많으나 그 모든 행의
바탕은 디야나(dhyāna)이고 사마디(samādhi)이다.

또한 가고 머물고 앉고 서며, 말하고 밥 먹고 누워 쉼이 선정 아님
이 없지만, 몸을 단정히 해 '두 발 맺고 앉아 선정 닦음[坐禪]'이 사
마디를 닦는 기본법이다.

『사분율』 가운데 상가대중의 '여러 가지 일을 말하는 스칸다'[雜
犍度]에서도, 갖가지 바른 몸가짐을 지니고 계율을 지니는 것이 모
두 선정을 닦고 바른 지혜 이루기 위함임을 다음과 같이 보인다.

비구가 이와 같이 삿된 주문 외움, 삿된 생활을 떠나고 거룩한
계율을 닦아 모으면 안으로 집착함이 없어 그 마음이 안락할 것
이다. 눈으로 빛깔을 보지만 형상을 취하지 않고, 눈이 빛깔에 이
르지 않으며, 눈의 아는 뿌리가 굳세고 고요히 머물러 탐욕 없고
근심 없으면, 온갖 악하여 착하지 않은 법에 빠지지 않고 프라티
목샤의 조목을 굳게 지키어 눈의 아는 뿌리를 잘 지킬 것이다.

귀·코·혀·몸과 뜻도 이와 같이 될 것이다.

이와 같이 여섯 아는 뿌리를 잘 보살펴 지니고 조복해 쉬게 해
야 한다. 그것은 마치 평평한 땅의 네거리에서 코끼리·말의 수레
를 끌 때 잘 수레를 모는 이가 왼손에 고삐 잡고 오른손에 채찍 잡

고 보살펴 지님과 조복해 쉬게 함을 잘 배워야 하는 것과 같다.

비구도 이와 같아 여섯 가지 아는 뿌리 보살펴 지님과 조복해 쉼을 잘 배워야 한다.

(중략)

비구는 이와 같이 거룩한 계율이 있으므로 여러 아는 뿌리를 거룩하게 하여 먹을거리에 만족함을 알며, 초저녁이나 새벽녘에 깨어나 정진하고 낮에 다니거나 앉을 때도 늘 한 마음으로 온갖 번뇌 없앨 것을 생각한다.

그는 초저녁에 다니거나 앉을 때 늘 한 마음으로 온갖 번뇌 없앨 것을 생각하고, 한밤에도 오른쪽 옆구리를 땅에 대고 두 발을 포개고 누워 여러 생각이 일어나려 하면 밝은 모습에 생각을 매어 마음을 어지럽지 않게 한다. 새벽녘에 일어나 좌선하거나 다니거나 앉았거나 늘 한 마음으로 온갖 번뇌 없앨 것을 생각한다.

(중략)

어떤 것이 비구의 한 마음인가. 다니고 드나들 때나 좌우를 돌아보고 굽혔다 폈다 하거나 옷과 발우를 잡고 법을 받을 때나, 대소변을 볼 때나 자거나 깰 때나, 앉거나 서거나, 말하거나 잠자코 있을 때 등 이와 같은 온갖 때에 늘 한 마음이 되는 것이니, 이것이 한 마음이다.

(중략)

비구가 이와 같이 거룩한 계를 지키어서 온갖 공덕의 뿌리를 얻고, 먹을거리에 만족함을 알고, 초저녁과 새벽녘에 깨어나 정진하고, 늘 한 마음으로 어지러움이 없이 고요한 곳이나 나무 밑에 있기를 좋아한다 하자. 또한 산속의 굴이나 한데 쓰레기 더미 옆이나 무덤 사이 강가에 있기를 좋아한다 하자.

그는 밥 빌기를 마치고 돌아와서는 발을 씻고 옷과 발우를 거두고, 두 발을 맺고 앉아[跏趺坐] 몸을 곧게 하고 뜻을 바로하여 생각을 눈앞에 모은다.

그는 아끼고 탐내는 마음을 끊고 마음이 그것과 어울리지 않는다. 성냄을 끊어버려서 원망과 미워함이 없어져서 마음이 성냄 없음에 머무르며, 청정하여 성냄이 없이 늘 어진 마음을 가진다.

또한 어리석음을 없애서 그와 어울리지 않고, 생각을 밝음[明]에 매어두고 생각이 어지럽지 않다.

교만을 끊어버려서 그와 어울리지 않고, 안의 마음이 고요하여 교만한 마음이 깨끗해지며, 의심을 끊어버려서 그 마음을 한결같이 착한 법에 둔다.

위와 같이 붇다께서 가르치는 선정은 앉거나 다니거나 자거나 깨거나 그 마음이 온갖 어지러움을 떠나 한 마음이 되는 것이고, 한 마음이 되는 것은 그 마음이 실상의 마음이 됨이다.

실상(實相)이란 온갖 법이 인연으로 나되 남이 없음[生而無生]이니, 단정히 앉아 지금 드러난 이 한 생각[現前一念]이 실로 남이 없음[無生]을 살피는 것이 실상을 생각함[端坐念實相]이고, 실상을 생각하여 실상을 통달하면 생각에서 생각을 떠나고[於念離念], 생각 없음에서 생각 없음마저 떠나[無念而無無念], 선정이 지혜가 되고 지혜가 다시 해탈의 행이 되는 것이다.

좌선하여 번뇌 다하면 사라 숲 동산을
더욱 피어나게 하리라

나는 들었다, 이와 같이.

한때 붇다께서 브릿지 국을 노니실 적에 소뿔 사라[Gosiṅgasāla vanadāya, 牛角婆羅] 숲에 계셨다.

그때 존자 사리푸트라, 존자 마하목갈라야나, 존자 마하카샤파, 존자 마하카타야나, 존자 아니룻다, 존자 레바타, 존자 아난다 등 아는 것이 많으며 높고 큰 비구제자들 또한 브릿지 국에 노닐다가 소뿔 사라 숲에 있으면서 모두 붇다께서 머무시는 나뭇잎 집가에 머물렀다.

이에 존자 마하목갈라야나, 존자 마하카샤파, 존자 마하카타야나, 존자 아니룻다는 밤이 지나고 이른 아침에 존자 사리푸트라가 있는 곳으로 갔다. 존자 아난다는 멀리서 그 여러 존자들이 떠나는 것을 보고 존자 레바타에게 말씀드렸다.

"어진 이 레바타여, 저 존자 마하목갈라야나, 존자 마하카샤파, 존자 마하카타야나, 존자 아니룻다가 밤이 지나고 이른 아침이 되자 존자 사리푸트라 있는 곳에 가십니다.

어진 이 레바타여, 우리도 저 여러 존자들과 함께 존자 사리푸트라 있는 곳에 가십시다. 저분들을 따라가면 존자 사리푸트라로부터 얼마간의 법을 들을 것입니다."

이에 존자 마하목갈라야나, 존자 마하카샤파, 존자 마하카타야나,

존자 아니룻다, 존자 레바타, 존자 아난다는 밤이 지나고 이른 아침에 존자 사리푸트라가 있는 곳으로 갔다.

사리푸트라 존자가 머무는 숲을 더욱 아름답게 하는 일을 물음

존자 사리푸트라는 멀리서 여러 존자들이 오는 것을 보았다. 존자 사리푸트라는 여러 존자들을 위해 말하였다.

"잘 왔소. 어진 이 아난다여, 잘 왔소. 아난다여, 잘 왔소.

아난다는 세존의 시자로서 세존의 뜻을 잘 알고, 늘 세존의 칭찬과 여러 지혜로운 범행 닦는 이들의 칭찬을 받고 있소. 나는 이제 어진 이 아난다에게 묻겠소.

이 소뿔 사라 숲 동산은 매우 사랑해 즐길 만하오. 밤이 되면 밝은 달이 뜨고, 모든 사라 나무들이 묘한 향기를 풍기는 것이 마치 하늘 꽃과 같소. 어진 이 아난다여, 어떤 비구가 이 소뿔 사라 숲 동산을 더욱 피어나게 할 수 있겠소?"

아난다와 레바타의 답을 들음

존자 아난다가 대답하였다.

"존자 사리푸트라여, 어떤 비구는 널리 배우고 많이 듣고 잘 지녀 잊지 않으며 널리 들은 것을 쌓아둡니다. 그가 말하는 법(法)이란 처음도 묘하고 가운데도 묘하고 마지막 또한 묘하며, 뜻[義]이 있고 무늬[文]도 있으며, 두루 갖추고 청정하여 범행을 드날립니다.

이와 같은 모든 법을 널리 배우고 많이 들어 천 번이 되도록 깊이 되새겨 익히고, 뜻으로 사유해 살핀 것은 밝게 보아 깊이 통달하니, 그가 말하는 법은 간단하고 긴요하며 날래고 빨라 바른 뜻과 서로 맞아 모든 묶음을 끊고자 합니다.

존자 사리푸트라여, 이와 같은 비구라면 이 소뿔 사라 숲 동산을 더욱 피어나게 할 것입니다."

존자 사리푸트라는 다시 물었다.

"어진 이 레바타여, 어진 이 아난다 비구는 이미 아는 대로 말하였소. 어진 이 레바타에게 이제 다시 묻겠소.

어진 이 레바타여, 이 소뿔 사라 숲 동산은 아주 사랑해 즐길 만하오. 밤이 되면 밝은 달이 뜨고, 모든 사라 나무들은 다 묘한 향기를 풍기는 것이 마치 하늘꽃과 같소. 어진 이 레바타여, 어떤 비구가 이 소뿔 사라 숲 동산을 더욱 피어나게 할 수 있겠소?"

존자 레바타가 대답하였다.

"존자 사리푸트라여, 어떤 비구는 편안히 앉기[燕坐]를 좋아하여 안으로 그침[止, śamatha]을 행해, 좌선을 그만두지 않고 바른 살핌[觀, vipaśyanā]을 성취하고, 늘 한가히 살기를 좋아하여 편안하고 고요한 곳을 즐깁니다.

존자 사리푸트라여, 이와 같은 비구라면 이 소뿔 사라 숲 동산을 더욱 피어나게 할 수 있을 것입니다."

하늘눈의 으뜸인 아니룻다에게 물어 그 답을 들음

존자 사리푸트라는 다시 물었다.

"어진 이 아니룻다여, 어진 이 레바타 비구가 이미 아는 대로 말하였소. 내가 이제 다시 묻겠소.

어진 이 아니룻다여, 이 소뿔 사라숲 동산은 아주 사랑해 즐길 만하오. 밤이 되면 밝은 달이 뜨고, 모든 사라 나무들은 다 묘한 향기를 풍기는 것이 마치 하늘꽃과 같소. 어진 이 아니룻다여, 어떤 비구가 이 소뿔 사라 숲 동산을 더욱 피어나게 할 수 있겠소?"

존자 아니룻다는 대답하였다.

"존자 사리푸트라여, 어떤 비구는 하늘눈[天眼]을 얻고 하늘눈을 성취하여 일천 개의 세계를 적은 방편으로 잠깐 동안에 다 봅니다.

존자 사리푸트라여, 이는 마치 눈이 밝은 사람이 높은 누각 위에 서 있으면서 그 아래 한데[露地] 있는 일천 흙구덩이를 적은 방편으로 잠깐 동안에 다 보는 것과 같습니다.

존자 사리푸트라여, 이와 같이 어떤 비구는 하늘눈을 얻고 하늘눈을 성취하여 일천 세계를 적은 방편으로 잠깐 동안에 다 봅니다.

존자 사리푸트라여, 이와 같은 비구라면 이 소뿔 사라 숲 동산을 더욱 피어나게 할 수 있을 것입니다."

논의가 으뜸인 카타야나에게 물어 그 답을 들음

존자 사리푸트라가 다시 물었다.

"어진 이 카타야나여, 어진 이 아니룻다 비구가 이미 아는 대로 말하였소. 나는 이제 다시 묻겠소.

어진 이 카타야나여, 이 소뿔 사라 숲 동산은 아주 사랑해 즐길 만하오. 밤이 되면 밝은 달이 뜨고, 모든 사라 나무들은 다 묘한 향기를 풍기는 것이 마치 하늘꽃과 같소. 어진 이 카타야나여, 어떤 비구가 이 소뿔 사라 숲 동산을 더욱 피어나게 할 수 있겠소?"

존자 마하카타야나가 대답하였다.

"존자 사리푸트라여, 마치 두 비구 법사(法師)가 함께 깊고 깊은 아비다르마(abhidharma)를 논하면서, 그 묻는 것을 잘 풀이해 다 알고 답 또한 걸림 없으며 법 설하는 말솜씨가 빠르다면, 존자 사리푸트라여, 이와 같은 비구라면 이 소뿔 사라 숲 동산을 더욱 피어나게 할 것입니다."

아란야행과 선정에 으뜸인 마하카샤파에게 물어서 그 답을 들음

존자 사리푸트라가 다시 물었다.

"존자 마하카샤파여, 어진 이 카타야나 비구가 이미 아는 대로 말하였소. 내가 이제 다시 묻겠소.

존자 마하카샤파여, 이 소뿔 사라 숲 동산은 아주 사랑해 즐길 만하오. 밤이 되면 밝은 달이 뜨고, 모든 사라 나무들은 다 묘한 향기를 풍기는 것이 마치 하늘꽃과 같소. 존자 마하카샤파여, 어떤 비구가 이 소뿔 사라 숲 동산을 더욱 피어나게 할 수 있겠소?"

존자 마하카샤파가 대답하였다.

"어진 이 사리푸트라여, 어떤 비구는 스스로 일이 없이 일이 없음[無事]을 칭찬하여 말하고, 스스로 욕심 줄여 욕심 줄임[少欲]을 칭찬하여 말하며, 스스로 만족함을 알고 만족함 아는 것[知足]을 칭찬하여 말합니다.

스스로 멀리 떠나 홀로 살기[遠離獨住] 좋아하며, 멀리 떠나 홀로 살기 좋아함을 칭찬하여 말하고, 스스로 부지런한 정진 닦아 행하며, 부지런한 정진 닦아 행함을 칭찬하여 말하고, 스스로 바른 생각[正念]과 바른 지혜를 세우고, 바른 생각과 바른 지혜 세우는 것을 칭찬하여 말합니다.

스스로 선정을 얻고[得定] 선정 얻는 것을 칭찬하여 말하며, 스스로 지혜가 있고 지혜를 칭찬하여 말합니다. 스스로 모든 흐름이 이미 다하고, 모든 흐름이 이미 다함을 칭찬하여 말하며, 스스로 목마르듯 우러름을 권해 일으켜 기쁨을 성취하고, 목마르듯 우러름을 권해 일으켜 기쁨 성취함[成就歡喜]을 찬탄해 말합니다.

존자 사리푸트라여, 이와 같은 비구라면 이 소뿔 사라 숲 동산을 더욱 피어나게 할 것입니다."

신통으로 으뜸인 목갈라야나에게 물어서 그 답을 들음

존자 사리푸트라가 다시 물었다.

"어진 이 목갈라야나여, 존자 마하카샤파는 이미 아는 대로 말하였소. 내가 이제 다시 묻겠소.

어진 이 목갈라야나여, 이 소뿔 사라 숲 동산은 아주 사랑해 즐길 만하오. 밤이 되면 밝은 달이 뜨고, 모든 사라 나무들은 다 묘한 향기를 풍기는 것이 마치 하늘꽃과 같소. 어진 이 목갈라야나여, 어떤 비구가 이 소뿔 사라 숲 동산을 더욱 피어나게 할 수 있겠소?"

존자 마하목갈라야나가 대답하였다.

"존자 사리푸트라여, 어떤 비구는 크고 자재한 선정[如意足]이 있고 큰 위덕[大威德]이 있으며, 큰 복[大福祐]이 있고 큰 위신[大威神]이 있으며, 자재하기 한량없는 신통[如意足]이 있습니다. 그는 한량없는 신통을 행하여 하나를 변화시켜 여럿을 만들고, 여럿을 합해 하나를 만들되, 하나는 곧 하나에 머뭅니다.

그는 바로 봄[見]이 있고 앎[知]이 있어서 돌벽을 뚫고 지나가는 것이 허공의 걸림 없음과 같고, 땅에 드나드는 것이 마치 물과 같으며, 물을 밟는 것이 땅과 같아 빠지지 않고, 허공에 올라가 두 발을 맺고 앉는 것이 마치 새와 같습니다. 그리고 크고 자재한 선정이 있고, 큰 위덕이 있으며, 큰 복이 있고 큰 위신이 있어, 지금 이 해와 달을 손으로 움켜잡고 몸은 브라흐마하늘까지 이릅니다.

존자 사리푸트라여, 이와 같은 비구라면 이 소뿔 사라 숲 동산을 더욱 피어나게 할 것입니다."

마하목갈라야나 존자가 다시 사리푸트라 존자께 물음

존자 마하목갈라야나가 물었다.

"존자 사리푸트라여, 저와 여러 존자들은 각기 자기가 아는 대로 말하였습니다. 제가 이제 묻겠습니다.

존자 사리푸트라여, 이 소뿔 사라 숲 동산은 아주 사랑해 즐길 만합니다. 밤이 되면 밝은 달이 뜨고, 모든 사라 나무에서 묘한 향기를 풍기는 것이 마치 하늘꽃과 같습니다. 존자 사리푸트라여, 어떤 비구가 이 소뿔 사라 숲 동산을 더욱 피어나게 하겠습니까?"

존자 사리푸트라가 대답하였다.

"어진 이 목갈라야나여, 어떤 비구는 마음씀을 따라 자재하면서도[隨用心自在] 마음을 따르지 않소[不隨心].

그가 만약 머무는 곳을 따라 선정에 들었다가 오전에 노닐어 다니고자 하면 그는 곧 선정에 들었다가 오전에 노닐어 다니며, 그가 만약 머무는 곳을 따라 선정에 들었다가 한낮이나 해질녘 노닐어 다니고자 하면 그는 곧 선정에 들었다가 한낮이나 해질녘 노닐어 다닙니다.

어진 이 목갈라야나여, 마치 왕이나 왕의 대신에게는 옷이 매우 많고 여러 가지 묘한 빛깔의 옷이 있어서, 그가 만약 오전에 입고자 하면 곧 가져다 입고, 한낮이나 해질녘 입고자 해도 곧 가져다 입는 것과 같소. 어진 이 목갈라야나여, 이와 같이 어떤 비구는 마음씀을 따라 자재하면서도 마음을 따르지 않소.

그가 만약 머무는 곳을 따라 선정에 들었다가 오전에 노닐어 다니고자 하면 그는 곧 선정에 들었다가 오전에 노닐어 다니며, 그가 만약 머무는 곳을 따라 선정에 들었다가 한낮이나 해질녘 노닐어 다니고자 하면 그는 곧 선정에 들었다가 한낮이나 해질녘 노닐어 다닙니다.

어진 이 목갈라야나여, 이와 같은 비구라면 이 소뿔 사라 숲 동산을 더욱 피어나게 할 것이오.”

존자 사리푸트라가 말하였다.

“어진 이 목갈라야나여, 나와 여러 어진 이들은 이미 각기 아는 대로 말하였소. 어진 이 목갈라야나여, 우리는 이제 저 여러 어진 이들과 함께 붇다 계신 곳에 가서 지금까지 이 일을 말한 것 가운데서 누가 가장 잘 말하였는가를 알아봅시다.”

세존께서 먼저 아난다의 많이 들음을 찬탄하심

이에 존자 사리푸트라, 존자 마하목갈라야나, 존자 마하카샤파, 존자 마하카타야나, 존자 아니룻다, 존자 레바타, 존자 아난다 등은 붇다 계신 곳으로 나아갔다.

여러 존자들은 붇다의 발에 머리를 대 절하고 물러나 한쪽에 앉았다. 존자 아난다 또한 붇다의 발에 머리를 대 절하고 물러나 한쪽에 섰다.

존자 사리푸트라가 말씀드렸다.

“세존이시여, 오늘 어진 이 마하목갈라야나, 어진 이 마하카샤파,

어진 이 카타야나, 어진 이 아니룻다, 어진 이 레바타, 어진 이 아난다 등은 밤이 지나고 이른 아침이 되자 저 있는 곳에 왔었습니다.

저는 멀리서 여러 어진 이들이 오는 것을 보고 그 어진 이들을 위하여 이렇게 말했습니다.

'잘 왔소. 어진 이 아난다여, 잘 왔소. 아난다여, 잘 왔소.

아난다여, 세존의 시자로서 세존의 뜻을 잘 알고, 늘 세존의 칭찬과 여러 지혜로운 범행 닦는 이들의 칭찬을 받고 있소. 나는 이제 어진 이 아난다에게 묻겠소.

이 소뿔 사라 숲 동산은 매우 사랑해 즐길 만하오. 밤이 되면 밝은 달이 뜨고, 모든 사라 나무들이 묘한 향기를 풍기는 것이 마치 하늘 꽃과 같소. 어진 이 아난다여, 어떤 비구가 이 소뿔 사라 숲 동산을 더욱 피어나게 할 수 있겠소?'

어진 이 아난다가 곧 제게 이렇게 대답하였습니다.

'존자 사리푸트라여, 어떤 비구는 널리 배우고 많이 듣고 잘 지녀 잊지 않으며 널리 들은 것을 쌓아둡니다. 그가 말하는 법이란 처음도 묘하고 가운데도 묘하고 마지막 또한 묘하며, 뜻[義]이 있고 무늬[文]도 있으며, 두루 갖추고 청정하여 범행을 드날립니다.

이와 같은 모든 법을 널리 배우고 많이 들어 천 번이 되도록 깊이 되새겨 익히고, 뜻으로 사유해 살핀 것은 밝게 보아 깊이 통달하니, 그가 말하는 법은 간단하고 긴요하며 날래고 빨라 바른 뜻과 서로 맞아 모든 묶음을 끊고자 합니다. 존자 사리푸트라여, 이와 같은 비구라면 이 소뿔 사라 숲 동산을 더욱 피어나게 할 것입니다.'"

세존께서는 찬탄하셨다.

"잘 말하고 잘 말했다. 사리푸트라여, 진실로 아난다 비구가 말한 것과 같다. 왜냐하면 아난다 비구는 많이 들음[多聞]을 성취하였기 때문이다."

레바타의 좌선과 아니룻다의 하늘눈을 찬탄하심

존자 사리푸트라는 말씀드렸다.

"세존이시여, 어진 이 아난다가 이렇게 말한 뒤에 저는 다시 어진 이 레바타에게 이렇게 물었습니다.

'어진 이 레바타여, 어진 이 아난다 비구는 이미 아는 대로 말하였소. 내가 이제 다시 묻겠소.

어진 이 레바타여, 이 소뿔 사라 숲 동산은 아주 사랑해 즐길 만하오. 밤이 되면 밝은 달이 뜨고, 모든 사라 나무들은 다 묘한 향기를 풍기는 것이 마치 하늘꽃과 같소. 어진 이 레바타여, 어떤 비구가 이 소뿔 사라 숲 동산을 더욱 피어나게 할 수 있겠소?'

어진 이 레바타가 곧 제게 대답하였습니다.

'존자 사리푸트라여, 어떤 비구는 편안히 앉기[燕坐]를 좋아하여 안으로 그침[止]을 행해, 좌선을 그만두지 않고 바른 살핌[觀]을 성취하고, 늘 한가히 살기를 좋아하여 편안하고 고요한 곳을 즐깁니다. 존자 사리푸트라여, 이와 같은 비구라면 이 소뿔 사라 숲 동산을 더욱 피어나게 할 수 있을 것입니다.'"

세존께서는 찬탄하셨다.

"잘 말하고 잘 말했다. 사리푸트라여, 레바타 비구가 말한 것과 같다. 왜냐하면 레바타 비구는 늘 좌선을 즐기기 때문이다."

존자 사리푸트라가 말씀드렸다.

"세존이시여, 어진 이 레바타가 이렇게 말한 뒤에 저는 다시 어진 이 아니룻다에게 물었습니다.

　'어진 이 아니룻다여, 어진 이 레바타 비구가 이미 아는 대로 말하였소. 내가 이제 다시 묻겠소.

　어진 이 아니룻다여, 이 소뿔 사라 숲 동산은 아주 사랑해 즐길 만하오. 밤이 되면 밝은 달이 뜨고, 모든 사라 나무들은 다 묘한 향기를 풍기는 것이 마치 하늘꽃과 같소. 어진 이 아니룻다여, 어떤 비구가 이 소뿔 사라 숲 동산을 더욱 피어나게 할 수 있겠소?'

　존자 아니룻다는 곧 제게 대답하였습니다.

　'존자 사리푸트라여, 어떤 비구는 하늘눈을 얻고 하늘눈을 성취하여 일천 개의 세계를 적은 방편으로 잠깐 동안에 다 봅니다.

　존자 사리푸트라여, 이는 마치 눈이 밝은 사람이 높은 누각 위에 서 있으면서 그 아래 한데에 있는 일천 흙구덩이를 적은 방편으로 잠깐 동안에 다 보는 것과 같습니다.

　존자 사리푸트라여, 이와 같이 어떤 비구는 하늘눈을 얻고 하늘눈을 성취하여 일천 세계를 적은 방편으로 잠깐 동안에 다 봅니다.

　존자 사리푸트라여, 이와 같은 비구라면 이 소뿔 사라 숲 동산을 더욱 피어나게 할 수 있을 것입니다.' "

　세존께서는 찬탄하셨다.

　"잘 말하고 잘 말했다. 사리푸트라여, 아니룻다 비구가 말한 것과 같다. 왜냐하면 아니룻다 비구는 하늘눈을 성취하였기 때문이다."

카타야나의 법사행(法師行)과 마하카샤파의
일 없는 행[無事行]을 찬탄하심

존자 사리푸트라는 말씀드렸다.

"세존이시여, 어진 이 아니룻다가 이렇게 말한 뒤에 저는 다시 어진 이 카타야나에게 물었습니다.

'어진 이 카타야나여, 어진 이 카타야나여, 이 소뿔 사라 숲 동산은 아주 사랑해 즐길 만하오. 밤이 되면 밝은 달이 뜨고, 모든 사라나무들은 다 묘한 향기를 풍기는 것이 마치 하늘꽃과 같소.

어진 이 카타야나여, 어떤 비구가 이 소뿔 사라 숲 동산을 더욱 피어나게 할 수 있겠소?'

존자 마하카타야나가 곧 제게 대답하였습니다.

'존자 사리푸트라여, 마치 두 비구 법사가 함께 깊고 깊은 아비다르마를 논하면서, 그 묻는 것을 잘 풀이해 다 알고 답 또한 걸림 없으며 법 설하는 말솜씨가 빠르다면, 존자 사리푸트라여, 이와 같은 비구라면 이 소뿔 사라 숲 동산을 더욱 피어나게 할 것입니다.'"

세존께서는 찬탄하셨다.

"잘 말하고 잘 말했다. 사리푸트라여, 카타야나 비구가 말한 것과 같다. 왜냐하면 카타야나 비구는 법을 잘 분별하는 법사이기 때문이다."

존자 사리푸트라가 말씀드렸다.

"세존이시여, 어진 이 카타야나가 이렇게 말한 뒤에 저는 다시 마하카샤파에게 물었습니다.

'존자 마하카샤파여, 어진 이 카타야나 비구가 이미 아는 대로 말하였소. 내가 이제 다시 묻겠소.

존자 마하카샤파여, 이 소뿔 사라 숲 동산은 아주 사랑해 즐길 만하오. 밤이 되면 밝은 달이 뜨고, 모든 사라 나무들은 다 묘한 향기를 풍기는 것이 마치 하늘꽃과 같소. 존자 마하카샤파여, 어떤 비구가 이 소뿔 사라 숲 동산을 더욱 피어나게 할 수 있겠소?'

존자 마하카샤파가 곧 제게 대답하였습니다.

'어진 이 사리푸트라여, 어떤 비구는 스스로 일이 없이 일이 없음[無事]을 칭찬하여 말하고, 스스로 욕심 줄여 욕심 줄임[少欲]을 칭찬하여 말하고, 스스로 만족함을 알고 만족함 아는 것[知足]을 칭찬하여 말합니다.

스스로 멀리 떠나 홀로 살기 좋아하며, 멀리 떠나 홀로 살기 좋아함을 칭찬하여 말하고, 스스로 부지런한 정진 닦아 행하며, 부지런한 정진 닦아 행함을 칭찬하여 말하고, 스스로 바른 생각과 바른 지혜를 세우고, 바른 생각과 바른 지혜 세우는 것을 칭찬하여 말합니다.

스스로 선정을 얻고 선정을 얻는 것을 칭찬하여 말하며, 스스로 지혜가 있고 지혜를 칭찬하여 말합니다. 스스로 모든 흐름이 이미 다하고, 모든 흐름이 이미 다함을 칭찬하여 말하며, 스스로 목마르듯 우러름을 권해 일으켜 기쁨을 성취하고, 목마르듯 우러름을 권해 일으켜 기쁨 성취함을 찬탄해 말합니다.

존자 사리푸트라여, 이와 같은 비구라면 이 소뿔 사라 숲 동산을 더욱 피어나게 할 것입니다.' "

세존께서 찬탄하셨다.

"잘 말하고 잘 말했다. 사리푸트라여, 카샤파가 말한 것과 같다. 왜냐하면 카샤파 비구는 늘 일 없음[無事]을 행하기 때문이다."

목갈라야나의 자재한 선정과 신통을 찬탄하심

존자 사리푸트라가 말씀드렸다.

"세존이시여, 존자 마하카샤파가 이렇게 말한 뒤에 저는 다시 어진 이 목갈라야나에게 물었습니다.

'어진 이 목갈라야나이여, 존자 마하카샤파가 이미 아는 대로 말하였소. 내가 이제 다시 묻겠소.

어진 이 목갈라야나여, 이 소뿔 사라 숲 동산은 아주 사랑해 즐길 만하오. 밤이 되면 밝은 달이 뜨고, 모든 사라 나무들은 다 묘한 향기를 풍기는 것이 마치 하늘꽃과 같소. 어진 이 목갈라야나여, 어떤 비구가 이 소뿔 사라 숲 동산을 더욱 피어나게 할 수 있겠소?'

존자 마하목갈라야나가 곧 제게 대답하였습니다.

'존자 사리푸트라여, 어떤 비구는 크고 자재한 선정이 있고 큰 위덕이 있으며, 큰 복[大福祐]이 있고 큰 위신[大威神]이 있으며, 자재하기 한량없는 신통이 있습니다. 그는 한량없는 신통을 행하여 하나를 변화시켜 여럿을 만들고, 여럿을 합해 하나를 만들되, 하나는 곧 하나에 머뭅니다.

그는 바로 봄[見]이 있고 앎[知]이 있어서 돌벽을 뚫고 지나가는 것이 허공의 걸림 없음과 같고, 땅에 드나드는 것이 마치 물과 같으며, 물을 밟는 것이 땅과 같아 빠지지 않고, 허공에 올라가 두 발을 맺고 앉는 것이 마치 새와 같습니다.

그리고 크고 자재한 선정이 있고, 큰 위덕이 있으며, 큰 복이 있고 큰 위신이 있어, 지금 이 해와 달을 손으로 움켜잡고 몸은 브라흐마 하늘까지 이릅니다.

존자 사리푸트라여, 이와 같은 비구라면 이 소뿔 사라 숲 동산을 더욱 피어나게 할 것입니다.' "

세존께서는 찬탄하셨다.

"잘 말하고 잘 말했다. 사리푸트라여, 목갈라야나 비구가 말한 것과 같다. 왜냐하면 목갈라야나 비구는 큰 신통[如意足]이 있기 때문이다."

사리푸트라의 씀이 없이 자재하게 마음 쓰는 행을 찬탄하심

이에 존자 마하목갈라야나가 곧 자리에서 일어나 가사 한 자락을 벗어 메고 두 손을 맞잡고 붇다를 향하여 말씀드렸다.

"세존이시여, 저와 여러 존자들은 그렇게 말한 뒤에 곧 존자 사리푸트라에게 말했습니다.

'존자 사리푸트라여, 저와 여러 존자들은 각기 자기가 아는 대로 말하였습니다. 제가 이제 묻겠습니다.

존자 사리푸트라여, 이 소뿔 사라 숲 동산은 아주 사랑해 즐길 만합니다. 밤이 되면 밝은 달이 뜨고, 모든 사라 나무에서 묘한 향기를 풍기는 것이 마치 하늘꽃과 같습니다. 존자 사리푸트라여, 어떤 비구가 이 소뿔 사라 숲 동산을 더욱 피어나게 하겠습니까?'

존자 사리푸트라가 곧 저에게 대답하였습니다.

'어진 이 목갈라야나여, 어떤 비구는 마음 씀을 따라 자재하면서도 마음을 따르지 않소. 그가 만약 머무는 곳을 따라 선정에 들었다가 오전에 노닐어 다니고자 하면 그는 곧 선정에 들었다가 오전에 노닐어 다니며, 그가 만약 머무는 곳을 따라 선정에 들었다가 한낮이나 해질녘 노닐어 다니고자 하면 그는 곧 선정에 들었다가 한낮이나 해질녘 노닐어 다닙니다.

어진 이 목갈라야나여, 마치 왕이나 왕의 대신에게는 옷이 매우 많고 여러 가지 묘한 빛깔의 옷이 있어서, 그가 만약 오전에 입고자 하면 곧 가져다 입고, 한낮이나 해질녘 입고자 해도 곧 가져다 입는 것과 같소. 어진 이 목갈라야나여, 이와 같이 어떤 비구는 마음 씀을 따라 자재하면서도 마음을 따르지 않소.

그가 만약 머무는 곳을 따라 선정에 들었다가 오전에 노닐어 다니고자 하면 그는 곧 선정에 들었다가 오전에 노닐어 다니며, 그가 만약 머무는 곳을 따라 선정에 들었다가 한낮이나 해질녘 노닐어 다니고자 하면 그는 곧 선정에 들었다가 한낮이나 해질녘 노닐어 다닙니다.

어진 이 목갈라야나여, 이와 같은 비구라면 이 소뿔 사라 숲 동산을 더욱 피어나게 할 것이오.'"

세존께서는 찬탄하셨다.

"잘 말하고 잘 말했다. 목갈라야나여, 사리푸트라 비구가 말한 것과 같다. 왜냐하면 사리푸트라 비구는 마음 씀을 따라 자재하기 때문이다."

여러 존자 비구들의 행이 여래의 행임을 보이시되
좌선행으로 번뇌 다함이 바탕이 됨을 말씀하심

이에 존자 사리푸트라가 곧 자리에서 일어나 가사 한 자락을 벗어 메고 두 손을 맞잡고 붓다를 향하여 말씀드렸다.

"세존이시여, 저와 여러 어진 이들이 이렇게 말한 뒤에 저는 다시 말하였습니다.

'어진 이 목갈라야나여, 나와 모든 어진 이들은 이미 각기 아는 대로 말하였소.

어진 이 목갈라야나여, 우리는 이제 저 여러 어진 이들과 함께 붇다 계신 곳에 가서 지금까지 이 일을 말한 것 가운데서 누가 가장 잘 말하였는가를 알아봅시다.'

세존이시여, 저희들 가운데 누가 가장 잘 말하였습니까?"

세존께서는 대답하셨다.

"사리푸트라여, 모두가 다 좋다. 왜냐하면 이 모든 법은 다 내가 말한 것이기 때문이다. 사리푸트라여, 내 말을 들으라. 이와 같은 비구들이라면 이 소뿔 사라 숲 동산을 더욱 피어나게 할 것이다.

사리푸트라여, 어떤 비구는 그가 의지해 사는 성이나 마을을 따라 밤을 지내고 이른 아침에 가사를 입고 발우를 가지고 마을에 들어가 밥을 빌며 몸을 잘 지켜 보살피며, 모든 아는 뿌리[諸根]를 잘 거두어 그 생각[念]을 잘 세운다.

그는 밥을 빈 뒤 오후가 되면 옷과 발우를 거두어 들고, 손과 발을 씻고, 니시다나를 어깨에 메고, 일 없는 곳에 이르거나 나무 밑 또는 비어 편안하고 고요한 곳에 이르러 니시다나를 펴고 두 발을 맺고 앉는다. 그리하여 두 발 맺고 앉음을 풀지 않고 나아가 흐름을 다하게 된다.

그가 곧 두 발 맺음을 풀지 않고 흐름을 다하게 되면, 사리푸트라여, 이와 같은 비구라면 이 소뿔 사라 숲 동산을 더욱 피어나게 할 것이다."

붇다께서 이렇게 말씀하시자 비구들은 붇다의 말씀을 듣고 기뻐하며 받들어 행하였다.

• 중아함 184 우각사라림경(牛角娑羅林經)

주체의 앎활동밖에 저 세계가 따로 없으니, 그 마음이 계·정·혜의 거룩한 향으로 충만하면 그가 머물러 사는 세계가 아름답고 미묘한 향으로 장엄된다.

아난다와 레바타, 사리푸트라와 목갈라야나, 마하카샤파와 아니룻다, 마하카타야나 등 거룩한 성문제자들이 모여 계의 향과 사마디의 향을 풍기니, 머물러 사는 '소뿔 사라 숲'이 아름다운 진리의 향으로 장엄된다.

여러 제자들이 각기 다른 실천의 향을 풍기는 것 같으나, 아난다의 많이 들음[多聞行]은 사마디인 많이 들음이고, 레바타의 좌선행(坐禪行) 또한 사마디인 좌선행이며, 아니룻다의 하늘눈[天眼]도 사마디인 하늘눈이다.

또한 마하카타야나의 법사행(法師行)이 사마디인 법사행이고, 마하카샤파의 두타행(頭陀行)도 사마디인 두타행이며, 목갈라야나의 신통(神通) 또한 사마디인 신통이고, 사리푸트라의 자재한 지혜[自在行] 또한 사마디인 지혜이다.

여러 존자들의 다른 이름의 실천행이 오직 사마타인 비파사나이고 비파사나인 사마타라 사마디(samādhi)와 디야나(dhyāna)밖에 다른 행이 없으며, 다섯 가름 법의 몸[五分法身]밖에 다른 행이 없다.

그러므로 그 뜻을 세존은 '그대들 모두가 다 좋다'고 하시며, '이 모든 법이 다 내가 말한 법이다'라고 찬탄하신 것이다.

상황을 따르고 중생을 따르며 경계를 따라 각기 다른 실천의 이름이 세워지나, 그 바탕은 사마디이고 디야나이니, 일 없는 곳에 돌아와 두 발 맺고 고요히 앉아 사마디에 드는 좌선행밖에 만행(萬行)이 없다.

그 뜻을 세존은 '고요한 곳에 두 발 맺고 앉아 몸과 마음 바로하여 사마디를 닦아 온갖 흐름 다해야 한다'고 가르치시니, 마음에 마음 없고 몸에 몸 없는 사마디행밖에 하늘눈과 법의 눈이 없고, 많이 들어 잘 설함이 없으며, 세간 구제의 행이 없음을 보이신 것이다.

곧 사마디행이 정토장엄의 행이니, 이와 같이 잘 사마디를 닦고 이와 같이 잘 듣고 잘 설하며 잘 자재하게 마음 쓰면 어찌 사라 숲만 아름답게 피어나게 할 것인가.

천년만년토록 뒷세상 중생의 삶의 터전을 진리의 향으로 아름답게 가꾸어주리라.

지혜와 선정이 그 사람을 가장 아름답게 하고 삶의 터전을 아름다운 곳 거룩한 곳이 되게 하니, 『화엄경』(「승야마천궁품」昇夜摩天宮品)은 이렇게 가르친다.

> 보배왕 여래의 세간 비추는 등불이
> 모든 좋은 것 가운데 가장 위없으니
> 일찍이 세간 등불이신 저 여래께서
> 이 청정한 법의 궁전에 들었으므로
> 이곳이 가장 상서롭고 좋은 곳이다.
>
> 寶王如來世間燈　諸吉祥中最無上
> 彼曾入此淸淨殿　是故此處最吉祥
>
> 기쁜 눈 여래의 봄은 걸림 없어서
> 모든 좋은 것 가운데 가장 위없으니
> 일찍이 기쁜 눈이신 저 여래께서
> 이 장엄한 법의 궁전에 들었으므로
> 이곳이 가장 상서롭고 좋은 곳이다.
>
> 喜目如來見無礙　諸吉祥中最無上
> 彼曾入此莊嚴殿　是故此處最吉祥
>
> 요익케 하시는 여래 세간 이롭게 하사
> 모든 좋은 것 가운데 가장 위없으시니
> 일찍이 저 중생을 요익케 하시는 여래께서

이 때 없는 법의 궁전에 들었으므로
이곳이 가장 상서롭고 좋은 곳이다.

饒益如來利世間　諸吉祥中最無上
彼曾入此無垢殿　是故此處最吉祥

가심 없는 여래가 논함 가운데 영웅이라
모든 좋은 것 가운데 가장 위없으니
일찍이 빼어난 논의이신 저 여래께서
이 넓은 눈의 궁전에 들었으므로
이곳이 가장 상서롭고 좋은 곳이다.

無去如來論中雄　諸吉祥中最無上
彼曾入此普眼殿　是故此處最吉祥

고행하는 여래는 세간 이롭게 하사
모든 좋은 것 가운데 가장 위없으니
일찍이 고행으로 이롭게 하는 여래께서
이 널리 장엄하는 궁전 들었으므로
이곳이 가장 상서롭고 좋은 곳이다.

苦行如來利世間　諸吉祥中最無上
彼曾入此普嚴殿　是故此處最吉祥

선정과 사마디를 통해서만 붇다의 아들이 되니

이와 같이 내가 들었다.

한때 붇다께서는 라자그리하 성 칼란다카 대나무동산에 계셨다. 그때 존자 마하목갈라야나는 라자그리하 성의 그리드라쿠타 산에 있었다. 그때 존자 마하목갈라야나가 여러 비구들에게 말하였다.

"한때 세존께서는 라자그리하 성에 계셨고 나는 그리드라쿠타 산에 머물고 있었소. 나는 홀로 한 고요한 곳에서 이렇게 생각하였소.

'어떤 것을 거룩한 머무름[聖住]이라고 하는가?'

다시 이렇게 생각하였소.

'만약 어떤 비구가 온갖 모습[相]을 생각하지 않고, 모습 없는 마음의 사마파티[無相心正受]를 몸으로 증득하여 갖추어 머물면, 이것을 거룩한 머무름이라고 한다.'

나는 이렇게 생각하였소.

'나도 이 거룩한 머무름에서 온갖 모습을 생각하지 않고 모습 없는 마음의 사마파티를 몸으로 증득하여 갖추어 머물러서 오래도록 머물러야 한다.'

그런데 오래도록 머물고 나서 모습 취하는 마음이 생겨났소.

그때 세존께서는 내 마음속 생각을 아시고, 마치 힘센 장사[力士]가 팔을 굽혔다 펴는 동안에 신통의 힘으로 대나무동산 정사[竹園精舍]에서 사라져, 그리드라쿠타 산에 있는 내 앞에 나타나 나에게 말씀하셨소.

'목갈라야나여, 그대는 반드시 거룩한 머묾에 머물러서 방일함을 내지 말라.'

나는 세존의 가르침을 듣고, 곧 온갖 모습을 여의고 모습 없는 마음의 사마파티를 몸으로 증득하여 갖추어 머물렀소.

이와 같음이 세 번에 이르렀고, 세존께서도 또한 세 번이나 오셔서 나를 가르치셨소.

그대는 반드시 거룩한 머묾에 머물러서 방일함을 내지 말라.'

나는 그 가르침을 듣고 나서, 곧 온갖 모습을 여의고 모습 없는 마음의 사마파티를 몸으로 증득하여 갖추어 머물렀소."

목갈라야나가 사마디를 증득하고서
스스로 여래의 법의 아들임을 선언함

"여러 대덕들이여, 만약 붇다의 아들을 바로 말한다면 곧 내 몸이니, 나는 '붇다의 입'으로부터 태어났고 '법의 교화'로부터 태어났으며 붇다의 법 한 부분을 얻었소.

왜냐하면 나는 곧 붇다의 아들로서 붇다의 입으로부터 태어났고, 법의 교화로부터 태어났으며, 붇다의 법 한 부분을 얻어, 적은 방편으로도 디야나(dhyāna)와 해탈(解脫), 사마디(samādhi, 三昧)와 사마파티(samāpatti, 正受)를 얻었기 때문이오.

비유하면 전륜왕의 태자는 비록 관정의식[灌頂式]을 치르지 않았더라도 이미 왕의 법을 얻었고, 부지런히 방편을 쓰지 않더라도 다섯 가지 욕망의 공덕[五欲功德]을 얻는 것과 같소.

나 또한 이와 같아서 붇다의 아들이 되어, 방편에 부지런히 힘쓰지 않아도 선정과 해탈, 사마디와 사마파티를 얻었으며, 세존께서 신통의 힘으로 하루 동안에 세 번이나 내가 있는 곳에 오셔서 세 번이나 내게 가르침을 주셨으며, '큰 사람의 자리'[大人處]에 나를 세우셨소."

존자 마하목갈라야나가 이 경을 말하자, 여러 비구들은 그 말을 듣고 기뻐하며 받들어 행하였다.

• 잡아함 502 무상경(無相經)

• 해설 •

모습[相]에서 모습 떠나지 못하면 진여의 문[眞如]에 들지 못하고, 생각[念]에서 생각 떠나지 못하면 법의 흐름[法流]에 들지 못한다.

진여에 들어가는 것을 여래의 집에 태어났다고 말하고, 법의 흐름에 들어간 것을 여래의 목숨을 이었다고 말하는 것이니, 진여에 들고 법의 흐름에 든 이가 여래의 법의 아들이다.

목갈라야나 존자가 세존의 깨우쳐주심으로 모습 없는 마음의 사마파티를 얻어 여래의 맏아들이 되었으니, 이 일은 목갈라야나 존자만의 일이 아니다.

지금 중생이 중생이 되는 것은 모습에 갇혀 모습 벗어나지 못하고 생각에 빠져 생각 아닌 지혜를 발현하지 못하기 때문이다. 중생이 생각에 생각 없고 모습에 모습 없음을 깨달아 진여의 문을 열고 법의 흐름에 들어가면, 곧 보디사트바가 되는 것이며, 곧 큰 마음의 중생[大心凡夫, mahasattva]이 되는 것이다.

그러므로 중생의 마음을 버리고 보디의 처소를 구하면 길이 법의 흐름을 등지는 것이고, 중생의 마음이 마음 아닌 마음인 줄 알면 중생의 처소[衆生處]가 곧 큰 사람의 자리[大人處]인 것이다.

제8장

세상에 노닐어 다님
[遊行]

"반드시 스스로 자신을 닦아 진리의 행을
불꽃처럼 일으켜 '가장 거룩하고 높은 이'에게
스스로 귀의해야 한다. 만약 비구들이 스스로 자신을 닦고
법의 즐거움을 일으킨다면 이런 사람들은 바로 여래인
나의 몸이 스스로 낸 사람이다.
어떤가, 비구여. 스스로 불꽃처럼 법의 즐거움을
일으켜 헛된 거짓이 없이 가장 높고
거룩한 이에게 귀의할 수 있는가?"

연기의 진리를 잘 살피는 이는, 가고 오되 가고 옴이 없고[無去來], 머물되 머묾이 없음[無住]을 알 수 있다. 가고 옴이 없으므로 가고 오되 여래의 진리의 도량에 머물며, 머묾이 없으므로 여래의 집[如來家]을 떠나지 않고 사람 사이에 노닐어 다닐 수 있다.

여래는 출가상가의 제자들에게 '고요한 곳'[寂靜處] '멀리 떠난 곳'[遠離處]에 머물며 안거하라 가르치되, 늘 사마디의 마음으로 세간에 노닐어 다니며[游行], '사람 사이에서 법을 설하고 밥을 빌며 살아가라' 가르치신다.

여래 또한 보디 나무 아래서 깨달음을 이루신 뒤 다섯 수행자를 만나기 위해 카시로 가실 때에도 불볕 더위 속을 맨발로 걸으셨다. 마지막 니르바나의 때에도 바이살리에서 안거한 뒤 옛 고향 카필라국이 있는 북쪽을 향해 맨발로 걷다 쿠시나가라 흙먼지 날리는 성터 사라 나무 사이에서 파리니르바나에 드셨다.

걸어가되 한 걸음도 감이 없고, 감이 없이 늘 세간 사람 사이에 노닐어 다님 속에 여래의 삶의 길이 있다.

붇다는 스스로 맨발로 땅을 걸었으나 발이 부르튼 비구, 추운 지방에서 온 이, 발이 약한 이 그리고 험한 곳을 가는 이에게는 가죽신과 여러 신발을 신을 수 있도록 허락하셨다.

그리하여 제자들에게 신발을 신고 벗으며, 보관하고 수리하는 법, 신을 수 있는 신발과 신지 말아야 할 신발에 관해 자세히 가르쳤으니, 이것이 곧 『사분율』의 '가죽에 관한 스칸다'[皮革犍度]이다.

또 『사분율』의 법스칸다[法犍度]에 보면, 고요한 곳에 안거하는 비구가 마을로 밥을 빌러 길을 나서면서 아란야의 방문 단속하는 법, 길에서 걸어가는 법을 다음과 같이 가르치신다.

　아란야에 사는 비구가 마을에 들어가서 밥을 빌고자 하면, 새벽에 손을 깨끗이 씻고 옷걸이가 있는 곳에 가서, 한 손으로 옷을 잡고 한 손으로 옷을 끌어내 펼치고 털어보아 뱀이나 독한 벌레가 없게 한 뒤 허리띠와 상카크시카(saṃkakṣikā, 僧祇支) 속옷을 입으라.

　속옷을 펼쳐 털어본 뒤 큰 가사를 접어서 머리 위나 어깨 위에 얹고, 발우를 깨끗이 씻어서 실주머니에 넣거나 수건에 싸거나 발우 주머니에 넣으라.

　몸에 감은 옷과 발 씻는 기구와 담요와 이불을 얹어두고, 길 다니는 가죽신과 이슬 터는 지팡이를 꺼내 들라.

　그는 다시 문 열쇠를 가지고 방에서 나와 문을 닫고 굳센가 굳세지 않은가 밀어본 뒤 굳세지 않으면 다시 자물쇠를 잠그고, 굳세거든 새끼줄을 안으로 넣어서 잠근 뒤 사방을 둘러보아 보는 이가 없거든 열쇠를 감추라.

　만일 누가 보거나 굳세지 않거든 가지고 가든지 다시 굳센 곳을 찾아 숨기라.

　길을 갈 때 늘 착한 법을 생각하고 사람을 만나면 먼저 인사하라.

　만약 마을에 들어가려거든 잠깐 길에서 비껴서 발우를 땅에다 놓고 큰 가사를 내려서 펼쳐 흔들어본 뒤 입으라.

　마을 곁에 그릇 파는 곳이 있거나 집이 있거나 일하는 사람이 있거든 길 다니는 가죽신과 이슬 터는 지팡이를 맡겨두라.

　마을에 들어갈 때는 거리의 모습과 빈 곳의 모습, 저자의 모습, 쓰레기 더미의 모습을 살펴야 한다.

세속 사람의 집에 들어갈 때는 첫째 대문의 모습과 나아가 일곱째 대문의 모습을 살펴야 한다.

아란야에서 좌선하며 경행하다 가까운 곳의 마을과 성읍에 들어갈 때는 위와 같이 아란야의 처소를 단속하고 길을 나와 단정히 걷고 법답게 몸가짐을 가져야 한다.

또 먼 길을 나서서 나그네가 되어 다른 곳 아란야에 들를 때는 다음과 같이 행하도록 가르치신다.

나그네 비구는 나그네 비구의 법을 따라 좇으라.

따를 법은 다음과 같다.

나그네 비구가 아란야에 들어가고자 하면 붇다의 스투파나 성문의 스투파나 윗자리 비구가 있는가를 알아야 하고, 신었던 가죽신을 벗어서 손에 들어야 한다.

(중략)

나무에다 가죽신을 털지 말고 돌이나 나무토막이나 울타리에 털든지 신짝을 마주 털라.

문앞에 이르거든 손으로 더듬어보아 문고리가 있으면 열고, 열수가 없으면 천천히 두드려서 안 사람이 듣게 하여야 한다.

듣지 못하면 크게 두드리고 그래도 열리지 않으면, 옷과 발우를 곁에 사람에게 쥐고 있으라 하고 울타리나 담이 낮은 곳으로 가 담을 넘어 들어가 문을 열라.

그리하여 붇다는 나그네 비구들이 새로 들어간 도량에서 손발을 씻고, 본래 살던 이들에게 아란야의 여러 가지 환경과 계시는 윗자리 장로에 대해 묻고서 장로에게 예배하게 한다.

그렇게 해서 새로 온 비구들이 그 도량의 질서대로 따라 행하도록 하시고, 나그네 비구들과 본래 살던 비구들이 서로 돕고 서로 이끌어서 밥과 죽을 나누어 먹고 방을 나누어 쓰며 함께 좌선 수행하도록 한다.

이처럼 나그네 비구가 나그네 비구의 법을 따르고, 본래 살던 비구가 본래 살던 비구의 법을 따라 서로 화합하면, 나그네 비구와 본래 살던 비구가 어울려 새로운 현전상가가 이루어지는 것이다.

비구들의 노닐어 다님,
마치 들의 나는 새와 짐승처럼 자유롭나니

이와 같이 내가 들었다.

한때 붇다께서는 슈라바스티 국 제타 숲 '외로운 이 돕는 장자의 동산'에 계셨다. 때에 많은 비구들은 코살라 국 사람 사이에서 노닐어 다니다 한 숲속에서 여름 안거를 지냈다.

그 숲속에는 하늘신[天神]이 살고 있었다. 그는 보름날에 여러 비구들이 안거를 마쳐 새해를 받는다[受歲]는 말을 듣고 아주 근심하고 슬퍼하였다. 다른 하늘신들이 그에게 물었다.

"그대는 왜 갑자기 슬퍼하고 근심하며 괴로워하오. 그대는 기뻐해야 하오. 여러 비구들은 계율을 가져 청정하여 오늘 안거를 마치고 새해를 받소."

숲속의 하늘신은 대답하였다.

"나는 비구들이 오늘 안거 마치는 줄을 아오. 그것은 저 부끄러움이 없는 바깥길 닦는 이들의 새해를 받음과 같지 않소.

그러나 정진하는 비구들이 안거를 마치고 가사와 발우를 가지고 내일 다른 곳으로 가고 나면 이 숲은 비게 될 것이오."

하늘신이 비구의 노닐어 다님을 찬탄함

비구들이 떠난 뒤에 숲속의 하늘신은 게송으로 말하였다.

지금 내 마음은 즐겁지 않아
다만 텅 빈 숲의 나무만 보네.
청정한 마음으로 법을 말하며
많이 들은 거룩한 여러 비구들
고타마 세존의 제자들께선
지금은 다 어느 곳으로 갔는가.

때에 어떤 하늘사람은 게송으로 말하였다.

어떤 이는 마가다 국에 가 이르고
어떤 이는 코살라 국에 가 이르며
또 어떤 이는 바즈라의 땅에 이르러
곳곳에서 멀리 여읨을 닦아 행하니
그것은 마치 들의 나는 새와 짐승이
즐기는 바를 따라 노님 같아라.

• 잡아함 1331 우척경(憂戚經)

• 해설 •

상가대중이 한철 석 달의 안거를 마치고 자자(自恣)를 행하면 선정의 기
쁨으로 밥을 삼아 새로이 법의 나이를 받는 것이니, 이 자자를 행하고 길 떠
남이 참으로 기쁜 날이다.

숲을 지키던 하늘신이 선정 닦던 비구들이 길 떠남을 슬퍼하지만, 비구
상가의 사마디에서는 숲을 떠나 사람 세상에 노닐어가되 안거하던 숲을 떠
남이 없고, 마가다 국에 이르고 코살라 국에 이르되 실로 가 이르름이 없다.

비구상가의 머물러 사마디 닦던 곳과 나는 새처럼 자유로이 노니는 곳은

그 어디인가. 생각생각이 보디의 마음[菩提心]이 되고 사마디의 마음[三昧心]이 되면, 가는 곳곳이 바로 니르바나의 길[涅槃路]이 되리라.

니르바나의 길은 가되 감이 없고 이곳에 있되 모든 붇다와 중생과 함께하는 길이니, 『화엄경』(「범행품」)은 이렇게 말한다.

중생 위해 큰마음 낸 보디사트바
시방 국토 그 가운데 모두 들어가
온갖 빛깔 모습 다 나타내 보이니
붇다의 복과 지혜 넓어 끝없듯이
인행 닦음 잘 따르되 집착 없도다.

十方國土悉趣入　一切色形皆示現
如佛福智廣無邊　隨順修因無所著

가는 곳 시방중생을 다 위안하고
온갖 짓는 일은 다 진실하여서
늘 사마디의 깨끗한 마음으로
중생에게 다른 말 하지 않나니
모든 붇다가 늘 잘 보살펴주리.

十方衆生悉慰安　一切所作皆眞實
恒以淨心不異語　常爲諸佛共加護

비구가 늘 한곳에만 오래 살면 다섯 가지 그른 법이 있게 된다

이와 같이 들었다.

한때 붓다께서는 슈라바스티 국 제타 숲 '외로운 이 돕는 장자의 동산'에 계셨다. 그때 세존께서 여러 비구들에게 말씀하셨다.

"만약 어떤 비구가 늘 한곳에 오래 머무르면, 다섯 가지 그른 법이 있게 된다. 어떤 것이 그 다섯 가지인가?

비구가 한곳에 오래 머무르면 그 마음에 그 집을 집착하여 남이 빼앗아갈까 두려워한다.

마음에 재산을 집착하여 다시 남이 빼앗아갈까 두려워한다.

또 재물을 많이 모으는 것이 마치 흰옷의 세상 사람과 같게 된다.

또한 가까이하는 사람을 집착하여 남이 가까이하는 사람 집에 가지 못하도록 한다. 스스로 늘 흰옷의 세상 사람들과 같이 서로 오고 간다.

이것을 비구들이여, '한곳에 오래 머무는 사람은 이 다섯 가지 그른 법이 있다'고 하는 것이다. 그러므로 여러 비구들이여, 반드시 방편을 구해 한곳에 오래 머무르지 말아야 한다.

이와 같이 여러 비구들이여, 반드시 이렇게 배워야 한다."

그때 여러 비구들은 붓다의 말씀을 듣고 기뻐하며 받들어 행하였다.

• 증일아함 33 오왕품(五王品) 八

한곳에 오래 머무르지 않는 사람에게는
다섯 가지 공덕이 있으니

이와 같이 들었다.

한때 붇다께서는 슈라바스티 국 제타 숲 '외로운 이 돕는 장자의 동산'에 계셨다.

그때 세존께서 여러 비구들에게 말씀하셨다.

"한곳에 오래 머무르지 않는 사람에게는 다섯 가지 공덕이 있다. 어떤 것이 다섯 가지인가?

첫째, 집을 탐하지 않는다. 둘째, 살림살이 도구를 탐하지 않는다.

셋째, 재물을 많이 모으지 않는다. 넷째, 친족들에게 집착하지 않는다.

다섯째, 흰옷의 세상 사람들과 같이 서로 오고 가지 않는다.

이것을 비구들이여, '한곳에 오래 머무르지 않는 사람에게는 다섯 가지 공덕이 있다'고 하는 것이다.

그러므로 여러 비구들이여, 반드시 방편을 구해 이 다섯 가지 일을 행해야 한다. 이와 같이 여러 비구들이여, 반드시 이렇게 배워야 한다."

그때 여러 비구들은 붇다의 말씀을 듣고 기뻐하며 받들어 행하였다.

• 증일아함 33 오왕품 九

• 해설 •

어떤 때 여래는 자주 나다니는 비구의 열 가지 허물을 말씀하고, 어떤 때 한곳에 오래 머무는 사람들의 다섯 허물을 말하니, 나다님이 허물됨인가, 오래 머묾이 허물됨인가.

자주 나다님은 처소에 안주하지 못하고 이곳저곳을 기웃거리며 그 마음과 생활이 움직임을 말하고, 한곳에 오래 머묾은 머물러 있는 곳에 막히고 처소에 집착함을 말함이리라.

이곳저곳의 처소가 공한 줄 알아 가고 오되 가고 옴이 없고 머물되 머묾 없으면, 그는 가고 오되 진여(眞如)를 떠나지 않고 머물되 모습을 집착하거나 고요함에 빠지지 않게 된다.

온갖 법에 나고 사라져 움직이는 모습도 없고 늘 머물러 있는 고요한 모습도 없는 줄[無有常住 亦無起滅] 알면, 그는 곧 머물러 있는 바탕 없음으로부터[從無住本] 불꽃 일듯 온갖 법을 세움 없이 세우는 자이니, 그에게는 무슨 허물이 있을 것이며 여래께서는 그에게 무슨 꾸중을 내릴 것인가.

옛 선사[天童覺]는 다음과 같이 말한다.

공(空)에 빠지고 고요함[寂]에 걸리며
손을 다치고 바람에 상하는 것은
모두 납승의 가는 길이 되지 못한다.
사람 다니는 저자에 곧장 들지 말고
남이 앉는 평상이나 자리에 앉지 말라.
바름[正] 가운데서 현묘함[玄]을 세우지 않고
치우침[偏] 가운데서 사물에 붙지 않아야
붙잡아 머묾과 놓아 다님에 자유로우리.

沉空滯寂 犯手傷風 俱未是衲僧去就
直須莫入人行市 莫坐他牀榻
正不立玄 偏不附物
方能把住放行 有自由分

왕의 일 때문에 분별을 일으켜
사람 사이에 가고자 하는가

이와 같이 들었다.

한때 붇다께서는 슈라바스티 국 제타 숲 '외로운 이 돕는 장자의 동산'에 계셨다.

그때 많은 비구들은 널리 모이는 강당[普會講堂]에 모여 각기 이런 논의를 일으켰다.

"지금 프라세나짓 왕은 그른 법[非法]을 행하고 성인의 계율과 가르침[聖律敎]을 범하고 있다. 그는 비구니가 아라한의 도를 얻을 것이라고 예언하여 열두 해 동안 궁 안에 가두어 두고 서로 같이 어울려 통하고 있다.

또 붇다와 법과 비구상가를 섬기지 않고 아라한을 향한 깊은 믿음의 마음이 없으니, 그는 곧 붇다와 법과 거룩한 상가를 믿는 마음이 없는 것이다. 우리들은 멀리 떠나 이 땅에서 살지 않아야 한다.

왜냐하면 왕이 그른 법을 행할 때 그 왕의 큰 신하들도 그른 법을 행할 것이며, 큰 신하가 그른 법을 행하면 그 곁의 벼슬아치들도 그른 법을 행할 것이며, 벼슬아치들이 이미 그른 법을 행하면 여러 백성의 무리들도 그른 법을 행할 것이다.

그러니 우리는 여기서 먼 나라에 가서 빌어 구하고 이 나라에 살지 말자. 그러면 다른 나라의 풍속의 돌아감도 볼 수 있고, 이미 풍속의 돌아감을 보게 되면 곧 다른 곳들도 볼 수 있을 것이다."

왕의 일로 길 떠나려는 비구들에게
세간 나라의 일 논의하지 말도록 하심

그때 세존께서는 하늘 귀로 이 비구들이 각기 이런 논의 일으킴을 들으시고 곧 여러 비구들 있는 곳에 가시어 한복판에 앉으셨다.

그때 붇다께서 여러 비구들에게 말씀하셨다.

"너희들은 여기 모여 무엇을 의논하는가?"

많은 비구들이 말씀드렸다.

"저희들은 여기서 이렇게 의논하였습니다.

'프라세나짓 왕은 주로 그른 법을 행하고 성인의 계율과 가르침을 범하고 있다. 그는 비구니를 열두 해 동안 깊은 궁 안에 가두고 엉뚱하게 예언하며 여인으로 그를 대하고 있다.

또 도를 얻은 수행자의 행은 삼계(三界)를 뛰어넘는 것인데, 저 왕은 붇다와 법과 상가를 섬기지 않고 아라한을 향한 깊은 믿음의 마음이 없다. 이미 이 마음이 없다면 그는 곧 거룩한 삼보[三尊]에 마음이 없는 것이다.

우리는 멀리 노닐어 여기에 반드시 머물지 말아야 한다.

왜냐하면 왕이 그른 법을 행할 때에는 그 신하와 벼슬아치 백성들 또한 다시 악을 행하기 때문이다. 그리고 세간 풍속 돌아가는 법도 볼 수 있을 것이다.'"

세존께서는 말씀하셨다.

"너희들은 나라 일[國界之事]을 의논하지 말라. 또한 다시 반드시 스스로 자기를 이겨 사유해서 안으로 살피고 잘 헤아리고 분별하여야 한다.

이런 논의를 말하는 것은 지극한 이치에 맞지 않고, 또 사람으로

하여금 범행을 닦아 '사라져 다해 함이 없는 니르바나의 처소'[滅盡無爲涅槃之處]에 이르지 못하게 한다."

해탈의 법인 네 곳을 살펴 사유하도록 가르치심

"반드시 스스로 자신을 닦아 진리의 행을 불꽃처럼 일으켜 '가장 거룩하고 높은 이'[最尊]에게 스스로 귀의해야 한다.

만약 비구들이 스스로 자신을 닦고 법의 즐거움을 일으킨다면 이런 사람들은 바로 여래인 나의 몸이 스스로 낸 사람이다.

어떤가, 비구여. 스스로 불꽃처럼 법의 즐거움[法樂]을 일으켜 헛된 거짓이 없이 가장 높고 거룩한 이에게 귀의할 수 있는가?

이에 대해서는 이렇게 말할 수 있다.

비구가 안으로 몸에서 몸을 살피면 마음이 그치니, 스스로 그 마음을 거두어[自攝其心] 어지러운 생각을 없애버리면[除去亂想] 근심과 슬픔이 없어진다.

밖으로 몸에서 몸을 살피면 마음이 그치니, 스스로 그 마음을 거두어 어지러운 생각을 없애버리면 근심과 슬픔이 없어진다.

다시 안팎으로 몸에서 몸을 살피면 마음이 그친다.

안으로 느낌[痛]을 살피고, 밖으로 느낌을 살피고, 안팎으로 느낌을 살피며, 안으로 마음[心]을 살피고, 밖으로 마음을 살피고, 안팎으로 마음을 살피며, 안으로 법(法)을 살피고, 밖으로 법을 살피며, 안팎으로 법을 살피면 마음이 그친다. 스스로 그 마음을 거두어 어지러운 생각을 없애버리면 근심과 슬픔이 없어진다.

이와 같이 비구는 스스로 그 행을 불꽃처럼 왕성하게 하고 법의 즐거움을 일으켜 가장 높고 거룩한 이에게 스스로 귀의할 수 있어야 한다.

만약 미래나 현재의 비구들이 스스로 불꽃처럼 일으켜 그 행의 근본을 잃지 않는다면 그들은 바로 여래인 내가 낸 사람인 것[我之所生]이다."

세간의 그른 법을 참으로 바르게 해줄 열 가지 법을 말씀하심

"그러므로 비구들이여, 만약 의논하고 싶은 것이 있으면 열 가지 일을 의논해야 한다. 무엇이 열 가지인가?

그것은 곧 부지런히 정진하는 비구가 욕심 줄여[少欲] 만족할 줄을 알며[知足], 용맹스런 마음이 있어서[有勇猛心] 많이 들어 남을 위해 설법하며[多聞說法], 무서움과 두려움이 없고, 계율을 갖추고, 사마디를 성취하고, 지혜를 성취하고, 해탈을 성취하며, 해탈지견을 성취하는 것이다.

너희들이 무언가를 의논한다 하면, 반드시 이 열 가지 일을 의논해야 한다. 왜 그런가. 그 일은 온갖 것을 윤택하게 하여 요익됨이 많고, 범행을 닦아 사라져 다한 곳, 함이 없는 니르바나의 세계에 이르게 하기 때문이다. 이렇게 의논하는 것이 사문의 뜻[沙門義]이다.

그러므로 반드시 생각하고 사유하여 마음에서 떠나게 하지 말라.

이와 같이 비구들이여, 반드시 이렇게 배워야 한다."

그때 여러 비구들은 붇다의 말씀을 듣고 기뻐하며 받들어 행하였다.

• 증일아함 47 선악품(善惡品) 七

• 해설 •
세간을 잘 아시는 이[世間解]이고, 잘 중생을 길들여 이끄시는 크신 장부

[調御丈夫]이신 붇다께서, 만년의 프라세나짓 왕의 그른 법 행함과 잘못된 정치, 코살라 국의 패망의 기운을 어찌 아시지 못할 것인가.

다만 그른 것을 실로 그른 것으로 세워두고 실로 옳음을 세워 그 그름을 비판하고 그 그름을 마주하면 그름에 대한 참된 비판이 되지 못하기 때문에 비구들에게 세속 정치를 담론하지 말라 가르치신 것이다.

그름이 실로 그름이 아니고 옳음이 실로 옳음 아닌 곳에서 깨뜨림 없이 그름을 깨뜨리는 비판이 바로 여래의 계와 사마디와 지혜의 비판인 것이다. 그러므로 여래의 제자인 상가대중은 다만 세상의 악과 대결하는 세간 비판이 아니라 여래를 따라 다섯 가지 법의 몸을 성취하여 그름을 깨뜨림 없이 깨뜨리고[不破而破] 옳음을 세움 없이 세우는[不立而立] 역사 비판의 길로 나아가야 하는 것이다.

안으로 몸과 느낌, 마음과 법을 살피는 것이 주체[六根]를 반성하는 것이라면, 밖으로 몸과 느낌, 마음과 법을 살피는 것은 객체[六境]를 반성하는 것이며, 안과 밖으로 몸과 느낌, 마음과 법을 살피는 것은 나의 일상 나의 마음[六識]을 돌이켜 살피는 것이다.

안과 밖으로 몸과 느낌, 마음과 법을 살피는 것은 자아와 세계의 있되 공한 모습을 총체적으로 살피는 것이니, 온갖 법이 있되 공하고 공하되 연기한 줄 알아 세상의 그름이 그름 아닌 그름인 줄 알아 그름을 옳음으로 돌이키는 곳에 자비의 비판과 지혜의 비판이 있다.

지혜와 자비로 깨뜨림 없이 깨뜨리고 세움 없이 세우는 이가, 어찌 나고 사라지는 왕의 법(王法)을 따라 그 마음이 일어나고 시들며, 덧없는 그 법을 따라 가고 머묾이 있겠는가. 나고 사라지는 의지처를 떠나 남이 없고 사라짐 없는 니르바나의 세계를 깨달아 그 법으로 중생과 세간에 법의 이익을 끼쳐주어야 하리라.

세간의 옳음과 그름 선과 악이 모두 공한 곳에서 세간 중생의 괴로움을 없애주고 세간의 국토를 진리의 땅으로 장엄하는 여래의 교화를, 『화엄경』(「비로자나품」)은 다음과 같이 말한다.

그대는 붇다의 신통이
털구멍에서 불꽃 구름을 내
세간을 환히 비추어서
밝은 빛 다함없음을 살피라.

汝觀佛神通　毛孔出焰雲
照耀於世間　光明無有盡

세존의 빛이 비추는 곳
중생은 다 안락하나니
괴로움이 있으면 다 사라져서
마음에 큰 기쁨을 내네.

世尊光所照　衆生悉安樂
有苦皆滅除　心生大歡喜

도량에서 묘한 음성을 내면
그 소리 아주 깊고 멀어서
중생의 괴로움을 없애주나니
이것이 붇다의 신통이네.

道場出妙音　其音極深遠
能滅衆生苦　此是佛神力

제9장

밥을 빌어 진리의
몸을 기름
[乞食]

"만약 부지런히 정진하는 비구로서 욕심 줄이고,
만족할 줄을 알며, 용맹스런 마음이 있고, 많이 들어
남을 위해 설법하며, 두려움이 없고 무서워함이 없으며,
계율을 갖추고, 사마디를 성취하며, 지혜를 성취하고,
해탈을 성취하며, 해탈지견을 성취하는 것이다.
만약 너희들이 의논하려 해도 이 열 가지 일을 의논해야 한다.
왜냐하면 그것들은 온갖 것을 윤택하게 하고, 범행을 닦아
니르바나의 사라져 다한 곳에 이르게 하기 때문이다.
너희들은 이미 집을 나와 도를 배우면서 세속을 떠났다.
그러므로 부지런히 사유해 마음에서 떠나지 않도록 해야 한다."

몸이 있고 목숨이 있는 중생은 먹어야 산다. 중생의 먹음은 덩이를 입으로 씹어 먹고[段食] 닿아 먹고[觸食] 하고자 함으로 먹고[思食] 앎으로 먹는다[識食].

출가사문은 스스로의 몸을 낮추어 덩이밥을 빌어서 법을 구하고 보디에 나아가므로, 밥을 먹되 중생의 네 가지 먹음[四食]을 돌이켜 다섯 가지 진리의 먹음[五食]으로 돌이킨다.

다섯 가지 진리의 먹음은 선정의 기쁨을 먹음[禪悅食]·법의 기쁨을 먹음[法喜食]·바람의 먹음[願食]·바른 생각의 먹음[念食]·해탈의 먹음[解脫食]이다.

출가수행자는 이처럼 밥을 먹되 그 먹음을 해탈의 먹음으로 돌이키는 자이므로, 마을에 들어가 밥을 빌어 덩이밥을 먹되 네 가지 이익을 위해서 그 밥을 먹어야 한다[四利須食].

네 가지 이익은 다음과 같다.

첫째, 보디의 도를 위해 몸을 도와 지탱하기 위해 먹어야 하니[資身爲道], 이 몸의 힘을 기르고 몸과 목숨을 붙들어 보디의 도에 나아가기 위해 먹음이다.

둘째, 몸 가운데 벌레를 기르기 위해 먹어야 하니[養身中蟲], 이 몸은 한 털구멍에 구 억 마리의 벌레가 있고 셀 수 없는 세포 미생물이 모여 이루어진 것이므로 몸을 살림으로 몸을 이루는 온갖 벌레와 미생물을 함께 먹여 살리기 위해 먹음이다.

셋째, 보시하는 이에게 복을 주기 위해 먹어야 하니[生施者福], 보시하는 밥을 먹고 위없는 도를 이루어 보시하는 이가 함께 복된 이익 얻게 하기 위해 먹음이다.

넷째, 굶음으로 수행을 삼는 바깥길의 삿된 견해 깨뜨리기 위해 먹어야 하니[破餓外道], 먹지 않음을 해탈의 원인으로 삼아 해탈의 과덕을 얻으려는 바깥길 고행주의자의 삿된 견해 깨뜨리기 위해 먹음이다.

출가상가의 대중은 마을에 들어가 일곱 집을 다니며, 남은 밥 주는 밥을 빌어서 먹어야 한다[七家食]. 상가의 먹음은 빌어서 먹음[乞食]을 기본으로 해서 예외적으로 공양의 청을 받아먹거나[請食] 대중이 함께 먹는 것[衆食]을 허용하였으니, 그밖에 먹는 것은 모두 삿된 방식의 먹음[邪命食]이 된다.

사문이 행해서는 안 될 삿된 방식의 먹음에는 네 가지가 있다.

첫째, 입을 아래로 먹음[下口食]이니, 밭에 씨앗 뿌리거나 탕약을 지어서 옷과 밥을 구해 살아가는 것을 말한다.

둘째, 입을 위로 해서 먹음[仰口食]이니, 별자리를 보거나 셈법으로 옷과 밥을 구해 살아가는 것을 말한다.

셋째, 입을 모나게 해서 먹음[方口食]이니, 권세가에 붙어 사방에 심부름꾼 노릇해서 옷과 밥을 구해 살아가는 것을 말한다.

넷째, 네 모서리 입으로 먹음[維口食]이니, 갖가지 주술을 배워 점을 쳐주고 옷과 밥을 구해 살아가는 것을 말한다.

출가상가의 대중은 하루 한 때, 한낮이 지나기 전 한자리에서 먹어야 하니, 곧 모든 붇다께서 법으로 먹는 때[法食時]이다.

『법원주림』(法苑珠林)에 목숨 가진 이들의 네 가지 밥 먹는 때를 말하고 있으니, 다음과 같다.

첫째, 하늘이 먹는 때[天食時]이니, 여러 하늘신이 먹는 맑은 아침[淸旦時]을 말한다.

둘째, 법으로 먹는 때[法食時]이니, 한낮[午時] 삼세의 모든 붇다가 법으로 잡수시는 때를 말한다. 이때를 지나면 때가 아닌 것이다.

셋째, 축생이 먹는 때[畜生食時]이니, 축생이 먹는 해가 지는 때를 말한다.

넷째, 귀신이 먹는 때[鬼神食時]이니, 귀신이 먹는 어두운 밤[昏夜]을 말한다.

해가 진 뒤에 먹고 한밤에 먹으면 축생과 귀신의 먹음을 따르는 것이므로, 출가상가의 대중은 한낮이 지나면 먹지 않는다. 붇다께서 법으로 밥을 드시는[法食] 한낮의 한 때에 여래를 따라 먹기 때문이다.

나중 허기를 못 이기는 사미나 비구를 위해 아침에 죽이나 미음을 들도록 한 것은 하늘의 먹음을 따라 새벽에 먹도록 한 것이다.

또 출가상가의 대중은 밥을 빌되 일곱 집을 넘지 않아야 하니 먹을거리에 탐냄을 없애기 위함이다. 또 귀천을 가리지 않고 일곱 집에 평등히 빌어야 하니 그 마음을 평등히 하기 위함이다.

『보운경』(寶雲經)에서는 얻은 밥은 넷으로 갈라[乞食四分] 나누어 먹어야 한다고 가르치니, 자비의 마음과 보시의 마음으로 밥을 먹음이다. 넷으로 나눠 먹음은 다음과 같다.

첫째, 범행을 같이 닦는 이와 함께 먹음이다. 밥을 빌어서 얻어 온 밥을 방을 지키는 이나 늙고 병들어 걷지 못하는 이를 위해 함께 나눔이다.

둘째, 가난한 이에게 주어 같이 먹음이다. 밥을 빌 때 가난하고 굶주린 이를 만나면 그에게 연민의 마음을 내 얻은 밥을 나눔이다.

셋째, 귀신들에게 나누어줌이다. 밥을 빌면 그 밥을 깨끗한 그릇에 한 조각 덜어서 해거름에 배고픈 귀신들에게 주어 굶주림을 없애주는 것이다.

넷째, 스스로 먹음이다. 밥을 빌어 위의 세 가지 가름을 내놓고 스스로 먹어 도를 행하므로 시주의 믿음 어린 보시를 헛되이 받지 않는 것이다.

비구들이여, 저 카샤파처럼 집착 없이 밥을 빌라

이와 같이 내가 들었다.

한때 붇다께서 슈라바스티 국 제타 숲 '외로운 이 돕는 장자의 동산'에 계셨다.

그때 세존께서 여러 비구들에게 말씀하셨다.

"어떤 비구는 남의 집에 들어가려고 할 때에 이렇게 생각한다.

'저 집에서는 틀림없이 나에게 보시할 것이다. 그러니 보시 않도록 하지 말아야 한다. 그는 한꺼번에 다 주고 차츰 주지 않을 것이요, 많이 주고 조금 주지 않을 것이며, 좋은 것을 주고 나쁜 것을 주지 않을 것이요, 빨리 주고 늦게 주지 않을 것이다.'

이와 같은 마음으로 남의 집에 들어갔다가 만약 그가 보시하지 않거나, 나아가 늦게 주거나 하게 되면, 이 비구는 마음에 굴욕감을 느끼고, 이 때문에 그 마음이 물러나 빠지며 스스로 막혀 걸림을 낼 것이다."

집착과 구함 없이 밥을 비는 바른 자세를 보이심

"다시 어떤 비구는 남의 집에 들어가려고 할 때에 이렇게 생각한다.

'집을 나온 사문이 갑자기 남의 집에 이르렀으니, 무엇 때문에 반드시 보시를 얻고, 그가 보시 안 하지는 않으리라 생각할 것인가.

그리고 한꺼번에 다 주고 차츰 조금씩 주지 않을 것이요, 많이 주고 조금 주지 않을 것이며, 좋은 것을 주고 나쁜 것을 주지 않을 것이요, 빨리 주고 늦게 주지 않을 것이라 생각할 것인가.'

이와 같이 생각하고 남의 집에 갔다면, 만약 그가 주지 않거나 나아가 늦게 주더라도 그 비구는 마음에 굴욕감을 느끼지도 않고, 또한 물러나 빠져서 스스로 막혀 걸림을 내지 않을 것이다.

오직 카샤파 비구만이 이와 같은 생각으로 남의 집에 들어간다.

그러므로 여러 비구들이여, 반드시 이와 같이 배워서 이와 같은 생각으로 남의 집에 들어가야 한다.

곧 이렇게 생각해야 한다.

'집을 나온 사문이 갑자기 남의 집에 이르렀으니, 무엇 때문에 반드시 보시를 얻고, 그가 보시 안 하지는 않으리라 생각할 것인가.

그리고 한꺼번에 다 주고 차츰 조금씩 주지 않을 것이요, 많이 주고 조금 주지 않을 것이며, 좋은 것을 주고 나쁜 것을 주지 않을 것이요, 빨리 주고 늦게 주지 않을 것이라 생각할 것인가.'"

붇다께서 이 경을 말씀하시자, 여러 비구들은 붇다의 말씀을 듣고 기뻐하며 받들어 행하였다.

• 잡아함 1137 시여경(施與經)

• 해설 •

출가수행자가 구하는 마음으로 밥을 빌다 그 구함이 채워지지 않으면 욕됨을 느끼고 스스로 뒤로 물러나는 마음을 내고 성냄을 일으킬 것이다.

저 카샤파 존자처럼 구하는 마음 없이 밥을 빌면, 구함이 없으므로 설사 밥을 빌지 못하거나 나쁜 밥을 적게 얻어도 성내지 않고 욕됨을 일으키지 않을 것이다.

여래의 가르침은 밥 비는 일을 통해 온갖 구함 없는 행을 보이심이니, 세간의 온갖 일 온갖 지음 가운데서 구함이 없이 일하고 지음 없이 지으면 그는 짓는 일 가운데서 늘 안락하여 뒤로 물러섬이 없을 것이다.

비구가 발우를 들고 마을의 집에 들어가는 것이 곧 보디사트바가 보디의 마음 떠나지 않고 세간에 들어가는 모습이니, 『화엄경』(「입법계품」)은 말한다.

바르게 행하는 보디사트바는
깊은 마음 더욱 빼어난 마음으로
아첨과 속임을 멀리 떠나서
갓가지 결정된 바른 앎으로
중생의 이 세간에 널리 들도다.

深心增勝心　遠離於諂誑
種種決定解　普入於世間

바르게 행하는 보디사트바는
세간의 모든 경계 가운데서
바른 뜻을 알고 법을 알아서
복덕을 모두 이루어 채우니
지혜는 날카로운 칼과 같도다.

於諸境界中　知義亦知法
福德悉成滿　智慧如利劍

밥을 빌러 마을에 들어가면 몸의 참모습을 살피라

이와 같이 들었다.

한때 붇다께서는 슈라바스티 국 제타 숲 '외로운 이 돕는 장자의 동산'에 계셨다.

그때 세존께서 여러 비구들에게 말씀하셨다.

"이 세상에는 전투할 수 있는 다섯 부류 건장한 사람이 나온다.

어떤 것이 그 다섯인가?

어떤 사람은 갑옷을 입고 무기를 들고 군대에 들어가 싸우다가 멀리서 바람먼지를 보기만 해도 곧 두려워한다.

이를 첫 번째 전투하는 사람이라고 한다.

다시 두 번째 전투하는 사람은 갑옷을 입고 무기를 들고 군대에 들어가 싸우려 할 때, 만약 바람먼지를 보아도 두려워하지 않지만, 높은 깃발만 보게 되면 곧 두려움을 품어 나아가 싸우지 못한다.

이를 두 번째 전투하는 사람이라고 한다.

다시 세 번째 전투하는 사람은 갑옷을 입고 무기를 들고 군대에 들어가 싸우려 할 때, 바람먼지나 높은 깃발을 보고도 두려움을 품지 않지만, 활과 화살을 보면 곧 두려워하며 싸우지 못한다.

이를 세 번째 전투하는 사람이라고 한다.

다시 네 번째 전투하는 사람은 갑옷을 입고 무기를 들고 군대에 들어가 싸우려 할 때, 바람먼지를 보거나 높은 깃발을 보거나 활과 화살을 보아도 두려움을 품지 않는다. 다만 싸움터에 들어갈 때 곧 남에게 붙잡히거나 목숨뿌리가 끊기게 되면 두려워한다.

이를 네 번째 전투하는 사람이라고 한다.

다시 다섯 번째 전투하는 사람은 갑옷을 입고 무기를 들고 군대에 들어가 싸우려 할 때, 바람먼지를 보거나 높은 깃발을 보거나 활과 화살을 보거나, 또는 적에게 붙잡혀 죽음에 이르더라도 두려움을 품지 않는다. 그는 적군의 경계를 깨뜨려 밖이 없게 하고 그 땅 사람들을 다스린다.

이를 다섯 번째 전투하는 사람이라고 한다.

이와 같이 비구들이여, 세간에 이 다섯 가지 사람이 있는 것이다."

다섯 전투하는 사람으로 비구의 행에 견주어 보이심

"지금 이 비구대중들 가운데도 이러한 다섯 가지 사람이 있어 이 세상에 나온다. 어떤 것이 그 다섯인가?

어떤 비구는 다른 마을을 노닐다가 그 마을의 어떤 여인이 단정함이 견줄 수 없고, 얼굴이 복사꽃빛과 같다는 말을 듣는다.

그는 그 말을 듣고 나서 때가 되면 가사를 입고 발우를 가지고 그 마을에 들어가 밥을 빌다가, 아름다움이 견줄 수 없는 여인의 얼굴을 보고는 곧 탐욕의 생각을 일으켜 세 가지 가사[法衣]를 버리고 붇다의 금한 계[禁戒]를 도로 바치고 세속의 집에 살게 된다.

이는 마치 저 첫 번째 전투하는 사람이 바람먼지를 조금만 보고도 곧 두려워하는 것이 이 비구와 비슷하다.

다시 어떤 비구는 마을에 단정함이 견줄 수 없는 여인이 살고 있다는 말을 듣는다. 그리고 때가 되면 가사를 입고 발우를 가지고 그 마을에 들어가 밥을 빌다가, 그 여인을 보고 탐욕의 생각을 내지는 않는다. 다만 그 여인과 서로 놀면서 말을 주고받게 되면 그같이 노는 것으로 인해 법복(法服)을 버리고 다시 흰옷이 된다.

이는 마치 두 번째 전투하는 사람이 저 바람먼지를 보고 두려워하지는 않지만, 다만 높은 깃발을 보면 곧 두려움을 품는 것과 같으니, 이 비구 또한 이와 같다.

다시 어떤 비구는 마을에 여인이 있어 얼굴이 단정하여 세상에 보기 드물고 복사꽃빛과 같다는 말을 듣는다. 그리고 때가 되면 가사를 입고 발우를 가지고 그 마을에 들어가 밥을 빌다가, 그 여인을 보아도 탐욕의 생각을 일으키지 않고, 설사 여인과 같이 놀아도 다시 탐욕의 생각을 일으키지 않는다. 다만 그 여인과 서로 손을 맞잡고 서로 만지게 되면, 그 가운데 곧 탐욕의 생각을 일으켜 세 가지 가사를 버리고 다시 흰옷이 되어 가정의 업[家業]을 익힌다.

마치 저 세 번째 전투하는 사람이 적진(敵陣) 속에 들어가 바람먼지를 보거나 높은 깃발을 보고도 두려워하지 않다가 활과 화살을 보고는 곧 두려움을 품는 것과 같다.

다시 어떤 비구는 마을에 얼굴이 단정하여 세상에 보기 드문 여인이 살고 있다는 말을 듣는다. 그리고 때가 되면 가사를 입고 발우를 가지고 그 마을에 들어가서 밥을 빌다가, 그 여인을 보게 되어도 탐욕의 생각을 일으키지 않고, 서로 이야기를 나누더라도 탐욕의 생각을 일으키지 않는다.

다만 그 여인과 같이 서로 안아 비틀고 때리면, 그 가운데 곧 탐욕의 생각을 일으켜 법복을 버리고 가정의 업을 익힌다.

마치 저 네 번째 전투하는 사람이 적진에 들어가 적에게 잡히거나 목숨을 잃고 벗어나오지 못하는 것과 같다."

다섯 번째 비구의 바른 행을 자세히 보이심

"다시 어떤 비구는 마을에 의지해 살며 그런 여인이 그 마을에 살고 있다는 말을 듣는다. 그러나 그 비구는 때가 되어 가사를 입고 발우를 가지고 마을에 들어가 밥을 빌다가, 그 여인을 보게 되더라도 탐욕의 생각을 일으키지 않고, 서로 말을 건네며 웃더라도 탐욕의 생각을 일으키지 않으며, 설사 서로 안아 비틀고 때리더라도 탐욕의 생각을 일으키지 않는다.

이때 비구는 이 몸속의 서른여섯 가지 나쁘고 더러우며 깨끗하지 못한 것들을 살피고 이렇게 생각한다.

'누가 이런 것에 집착하는가, 무엇을 말미암아 탐욕을 일으키는가? 이 탐욕은 어느 곳에 머무는가, 머리로부터 나오는가, 몸의 바탕[形體]에서 나오는가?'

그 온갖 것들을 살피면 있는 바 없음을 환히 알게 되니[了無所有], 머리에서 발끝까지 또한 이와 같다. 오장(五臟)이 붙어 있는 곳도 취할 모습이 없고 또한 온 곳도 없다.

이렇게 그가 인연의 근본[緣本]을 살펴보면 그 뿌리가 공하여 좇아온 곳[所從來處]을 알지 못한다.

그는 또 이렇게 생각한다.

'나는 이 탐욕이 다 인연(因緣)을 따라 생기는 것이라고 살핀다.'

그 비구는 이렇게 살피고 나서는 탐욕의 흐름[欲漏]에서 마음이 해탈을 얻고, 존재의 흐름[有漏]에서 마음이 해탈을 얻으며, 무명의 흐름[無明漏]에서 마음이 해탈하고는 곧 해탈의 지혜를 얻는다. 그리하여 '태어남은 이미 다하고 범행은 이미 서고, 지을 바를 이미 지어 다시는 뒤의 있음을 받지 않는다'라고 진실 그대로 다 안다.

이는 마치 저 다섯 번째 전투하는 사람이 많은 적군을 어려워하지 않고 스스로 노닐어 다니며 교화하는 것과 같다.

이런 까닭에 나는 지금 말한다.

'이 사람은 탐욕을 버리고 두려움이 없는 곳[無畏之處]에 들어가 니르바나의 성[涅槃城]에 이르렀다.'

이것을 비구들이여, '이 다섯 부류 사람이 있어서 이 세상에 나온다'고 하는 것이다."

탐욕 떠나도록 게송으로 당부하심

그때 세존께서 곧 이 게송을 설하셨다.

탐욕이여, 나는 너의 바탕을 안다.
뜻이 지어가고 모습 취해 생긴다.
나는 짓고 모습 취함 내지 않으니
그러면 너는 있지 못하게 된다.

"그러므로 여러 비구들이여, 너희들은 몸의 더러움과 음행의 깨끗하지 않은 행을 살펴서 물질의 탐욕[色欲]을 없애야 한다.

이와 같이 여러 비구들이여, 반드시 이렇게 배워야 한다."

그때 여러 비구들은 붇다의 말씀을 듣고 기뻐하며 받들어 행하였다.

• 증일아함 33 오왕품 三

• 해설 •

이 경에서 붇다는 싸움터에서 전쟁하는 다섯 부류 군인으로 용맹스럽게 탐욕의 경계 뛰어넘는 비구의 행을 비유하신다.

다섯 부류 군인 가운데 앞의 네 군인의 두려움은 적의 깃발과 적의 무기, 두려워해야 할 적을 실로 있는 것으로 보기 때문에 느끼게 되는 것이다. 그에 비해 다섯 번째 군인이 두려움 없는 것은 두려워할바 적을 보지 않기 때문이다.

두려움 없는 군인은 두려워할 적을 보지 않고 용맹하게 나아가 적을 무찔러 적의 경계를 깨뜨려 나의 경계와 적의 경계에 안과 밖이 없게 한다.

그렇듯 용맹스럽게 정진하여 지혜의 흐름에 들어선 비구 또한 안의 마음[內心]과 바깥 경계[外境]가 모두 공한 줄 알아 안과 밖이 하나로 통해 모습 없는 한 모습[無相一相]이 된다.

저 취할바 탐욕의 경계, 아름다운 빛깔, 부드러운 닿음의 경계가 있되 공하여 좇아온 곳이 없는 줄 알아 취하지 않고 붙잡지 않으면, 아는 마음에 마음이 없어서[於心無心] 마음이 해탈하고 지혜가 해탈하여 해탈의 지견이 생긴다. 탐욕의 경계는 억지로 눌러 그치는 것이 아니고 탐할바 경계가 공한 줄 알아 취함 없고, 취함 없으므로 마음에서 마음이 사라지되 머물 마음 없음까지 보지 않으므로 니르바나의 성에 들어가는 것이다.

이와 같이 밥을 먹고 이와 같이 세간에 들어가 밥을 비는 자, 그는 세간을 떠나지 않고 법계에 들며 덩이밥을 빌어서 먹되 늘 선정의 기쁨[禪悅]으로 밥을 삼는 자이다.

그는 구함 없고 바람 없는 크나큰 서원으로 밥을 삼아 중생을 다시 단이슬의 법맛으로 윤택케 하고 세간을 해탈의 기쁨으로 안락케 할 것이다.

사문 고타마의 법의 아들은 네 가지 삿된 방법으로 먹을거리 구하지 않나니

이와 같이 내가 들었다.

한때 붇다께서는 라자그리하 성 칼란다카 대나무동산에 계셨다. 그때 존자 사리푸트라 또한 라자그리하 성 칼란다카 대나무동산에 있었다. 그때 존자 사리푸트라 이른 아침에 가사를 입고 발우를 가지고 라자그리하 성에 들어가 밥을 빌었다.

밥을 빌고서는 어느 나무 밑에서 밥을 먹었다.

그때 '깨끗한 입'[淨口]이라고 하는 바깥길 집을 나온 여자 수행자가 있었다. 그는 작은 볼일로 라자그리하 성을 나오다가 존자 사리푸트라가 어떤 나무 밑에 앉아 밥을 먹는 것을 보고는 물었다.

"사문께서는 공양하고 계십니까?"

존자 사리푸트라가 대답하였다.

"예, 먹고 있소."

사문의 먹음이 네 가지 방법의 먹음이 아님을 답함

다시 물었다.

"어떻습니까? 사문께서는 입을 아래로 함[下口]으로 먹습니까?"

대답하였다.

"그렇지 않소, 누이여."

다시 물었다.

"그럼 입을 위로 함[仰口]으로 먹습니까?"

대답하였다.

"그렇지 않소, 누이여."

다시 물었다.

"어떻습니까? 그럼 입을 모나게 함[方口]으로 먹습니까?"

대답하였다.

"그렇지 않소, 누이여."

다시 물었다.

"그러면 네 모서리 입[四維口]으로 먹습니까?"

대답하였다.

"그렇지 않소, 누이여."

다시 물었다.

"제가 '사문께서는 공양하고 계십니까?' 하고 물었을 때 저에게 '먹고 있소'라고 대답하셨습니다.

그런데 제가 '입을 위로 함으로 먹습니까' 하고 물으니 저에게 '아니다'라고 대답하셨고, 제가 '입을 아래로 함으로 먹습니까' 하고 물어도 저에게 '아니다'라고 대답하셨습니다.

또 제가 '입을 모나게 함으로 먹습니까' 하고 물어도 저에게 '아니다'라고 대답하셨고, 제가 '네 모서리 입으로 먹습니까' 하고 물어도 저에게 '아니다'라고 대답하셨습니다.

이렇게 말씀하신 데에는 어떤 뜻이 있습니까?"

네 가지 방법으로 먹지 않음의 뜻을 보임

존자 사리푸트라가 말하였다.

"누이여, 지금 있는 여러 사문·브라마나로서 일에 밝은 사람[明於事者]이, 땅의 법[橫法]에 밝아 삿된 생활[邪命]로 먹을거리를 구하는 사람이면, 이와 같은 사문·브라마나는 입을 아래로 함으로 먹는 사람이오.

만약 여러 사문·브라마나로서 별자리를 우러러 살펴 삿된 생활로 먹을거리를 구하는 사람이면 이와 같은 사문·브라마나는 입을 위로 함으로 먹는 사람이오.

만약 여러 사문·브라마나로서 남의 심부름을 하는 삿된 생활로 먹을거리를 구하는 사람이면 이와 같은 사문·브라마나는 입을 모나게 함으로 먹는 사람이오.

만약 여러 사문·브라마나로서 여러 가지 의술로써 갖가지로 병을 다스려서 삿된 생활로 먹을거리를 구하는 사람이면, 이와 같은 사문·브라마나는 네 모서리 입으로 먹는 사람이오.

누이여, 나는 이 네 가지 삿된 생활에 빠져서 먹을거리를 구하지 않소.

그러나 누이여, 나는 다만 바른 법으로써 먹을거리를 구해 스스로 살아갈 뿐이오. 그러므로 네 가지로 먹지 않는다고 말한 것이오."

상가의 깨끗한 먹음을 찬탄하고 죽은 여인이 투시타하늘에 태어남

그때 '깨끗한 입'이라는 바깥길 집을 나온 여인은 존자 사리푸트라의 말을 듣고 그 말을 기뻐하고 따라 기뻐하면서 떠나갔다.

그때 '깨끗한 입'이라는 바깥길 집을 나온 여인은 라자그리하 마을의 네거리로 나가 찬탄하여 말하였다.

"사문 사카의 아들들은 깨끗한 생활로 스스로 살아가고 아주 깨끗한 생활방식으로 스스로 살아갑니다.

보시를 하고자 하는 모든 사람들은 사문 사카의 아들들에게 보시해야 합니다. 만약 복을 짓고자 하는 사람이면 사문 사카의 아들들 있는 곳에 복을 지어야 합니다."

그때 여러 바깥길 집을 나온 수행자들은 '깨끗한 입'이라는 여자 수행자가 사문 사카의 아들들을 찬탄하는 소리를 듣고, 질투하는 마음을 일으켜 그 '깨끗한 입'이라는 여자 수행자를 해쳤다.

그 여인은 목숨을 마친 뒤에 투시타하늘에 태어났으니, 존자 사리푸트라 있는 곳에서 믿음의 마음을 내었기 때문이다.

• 잡아함 500 정구경(淨口經)

• 해설 •

어떻게 먹는 것이 깨끗한 입[淨口]의 먹음이고 바르게 먹음[正食]인가.

위와 아래가 아니되 위와 아래를 떠나지 않고, 왼쪽과 오른쪽이 아니되 왼쪽과 오른쪽을 떠나지 않아야 바른 먹음이 된다.

또 지음 있는 일의 대가로 먹을거리를 구해 먹는 것에 탐내는 마음으로 먹지 않으며, 먹되 먹음 없이 먹어야 바른 먹음이고, 깨끗한 입의 먹음이다.

땅의 일로 먹을거리를 구하거나 터를 보아주는 등 아래를 향하는 일을 지어 먹을거리를 받아 사는 것은 입을 아래로 하는 먹음이고, 별자리를 보아주고 먹을거리를 구해 살아가면 입을 위로 하여 먹음이다.

남의 심부름하는 등 남의 옆자리에 서는 일로 먹을거리를 구해 먹으면 입을 모나게 해서 먹음이고, 의술로 병을 다스려주고 그 대가로 먹을거리를 구하면 네 모서리 입으로 먹음이다.

바른 먹음[正食]은 보자니야(bhojanīya)라 한다. 보자니야의 먹음은 그 먹을거리 얻는 방법이 네 가지 삿된 방식[四邪命食]이 아니어야 하고, 그 먹을거리가 바르지 못한 먹을거리[不正食] 곧 카다니야(khādanīya)가 아닌 먹을거리로서 찐 밥, 마른 밥 등 깨끗한 음식[淨食]이어야 하며, 그 먹는 때가 한낮이 지난 '때 아닌 때'[非時]가 아니어야 한다.

깨끗한 먹을거리를 구함 없는 마음으로 바르게 얻어 위와 아래, 왼쪽과 오른쪽에 치우침 없이 먹되, 먹음 없는 이는 바른 입[正口]으로 먹는 자이고 깨끗한 입[淨口]으로 먹는 자이다.

깨끗한 입으로 먹는 자, 그는 한 톨의 밥알을 먹되 그 먹음을 온갖 중생과 함께하여 먹으며, 한 모금의 물을 마시되 그 마심으로 목마른 이 모두를 함께 적셔주며 마시는 자이다.

그가 법의 기쁨[法喜]으로 먹는 자이고, 스스로 해탈의 밥[解脫食]을 먹고 해탈의 법맛[解脫法味]을 온갖 중생에 널리 베푸는 자이다.

비구들이여, 세상에 나가되
열 가지 법을 위해 밥을 빌라

이와 같이 들었다.

한때 붇다께서는 슈라바스티 국 제타 숲 '외로운 이 돕는 장자의 동산'에 계셨다.

그때 많은 비구들은 널리 모이는 강당[普會講堂]에 모여 다른 주장[異論]을 하였다.

"이 슈라바스티 성은 밥을 빌기 어려워서 비구들이 편안히 살 곳이 아니다. 우리는 한 사람을 세워서 차례로 밥을 비는 것이 좋겠다.

그 밥을 비는 비구가 입을 옷·먹을거리·자리끼·병에 맞는 의약품 등을 마련하면 모자람이 없게 될 것이다."

그때 대중 가운데 있던 한 비구가 여러 사람들에게 말하였다.

"우리는 여기서 밥을 빌 수가 없다. 모두 같이 마가다 국으로 가 거기서 밥을 빌도록 하자. 거기는 곡식이 풍성하고 먹을거리가 아주 넉넉하다."

다시 어떤 비구는 말하였다.

"우리가 그 나라에서 밥을 비는 것은 옳지 않다. 왜냐하면 아자타사트루(Ajātaśatru) 왕이 그 나라를 다스리는데, 그는 주로 그른 법[非法]을 행하고 있다. 또 그는 부왕을 죽였고, 데바닫타와 벗이 되었다. 이런 까닭에 그곳에서 밥을 비는 것은 옳지 않다."

다시 어떤 비구는 말하였다.

"지금 저 코살라 국의 땅은 백성이 불처럼 번성하고 재물이 넉넉하고 보배가 많다. 거기 가서 밥을 비는 것이 옳다."

다시 어떤 비구는 말하였다.

"우리가 그 땅에서 밥을 비는 것은 옳지 않다. 왜냐하면 비루다카(Virūḍaka) 왕이 그 땅에서 다스리고 있기 때문이다.

그는 아주 사납고 못돼 어질지 못하고, 그 백성들도 사납고 거칠어 싸우기를 좋아한다. 이런 까닭에 거기서 밥을 빌어서는 안 된다."

다시 어떤 비구가 말하였다.

"우리는 우다야나(Udayana) 왕이 다스리는 카우샴비(Kauśāmbī) 국의 바라나시 성으로 가는 것이 옳다. 그는 붇다의 법을 깊이 믿어 뜻이 흔들리지 않는다. 우리가 거기 가서 밥을 비는 것이 옳으니, 바라는 바가 어긋남이 없을 것이다."

왕의 법이나 나라의 형편에 따라 걸식하려는 비구들을 꾸중하심

그때 세존께서는 하늘귀로 이 비구들이 각기 다른 주장하는 것을 들으시고, 곧 입으신 옷을 바로 추스르시고 비구들이 있는 곳으로 가 한가운데 앉아 물으셨다.

"너희들은 여기 모여 무엇을 의논하려 하며, 또 무슨 일을 말했는가?"

이때 비구들이 붇다께 말씀드렸다.

"저희들은 여기 모여 각기 이런 논의들을 일으켰습니다.

'지금 슈라바스티 성에서는 곡식이 귀해 밥을 빌 수가 없다. 모두 같이 마가다 국으로 가 거기서 밥을 빌자. 그 나라는 재물이 넉넉하고 보배가 많아 구하는 것을 얻기 쉽다.'

그러자 그 가운데 어떤 비구가 말하였습니다.

'우리가 그 나라에서 밥을 비는 것이 옳지 않다. 왜냐하면 저 아자타사트루 왕은 그 나라를 다스리면서 주로 그른 법을 행한다. 또 그는 부왕을 죽이고 데바닫타와 벗이 되어 있다. 이런 까닭에 그곳에서 밥을 비는 것이 옳지 않다.'

그 가운데 다시 어떤 비구가 말하였습니다.

'지금 코살라 국은 백성이 불처럼 번성하고 재물이 넉넉하고 보배가 많다. 그 나라에 가서 밥을 비는 것이 옳다.'

그러자 또 어떤 비구가 말하였습니다.

'우리들이 거기서 밥을 비는 것이 옳지 않다. 왜냐하면 비루다카 왕이 그곳을 다스리는데 그는 사람됨이 흉악하고 어질지 못하고 싸우기를 좋아한다. 이런 까닭에 거기서 밥을 빌 수 없다.'

다시 어떤 비구가 말하였습니다.

'우리는 우다야나 왕이 다스리는 카우삼비 국의 바라나시 성으로 가는 것이 옳다. 그는 붇다의 법을 깊이 믿어 뜻이 흔들리지 않는다. 거기서 밥을 비는 것이 옳으니 바라는 바가 어긋남이 없을 것이다.'

저희들이 여기서 의논한 것은 바로 이것을 말합니다."

세존께서는 말씀하셨다.

"너희들은 왕이 다스리는 그 나라를 칭찬하거나 비방하지 말고, 또 그 왕들의 빼어나고 못남을 논하지도 말라."

그때 세존께서는 곧 다음 게송으로 말씀하셨다.

    사람이 착함과 악한 행 짓게 되면
    그 행의 바탕에는 원인이 있다.

행을 짓는 사람은 그 갚음 얻으니
끝내 허물어져 없어지지 않는다.

사람이 착함과 악한 행 짓게 되면
그 행의 바탕에는 원인이 있다.
착함 지으면 착한 갚음을 받고
악한 행은 악의 과보를 받는다.

"그러므로 비구들이여, 이런 뜻을 일으켜 나랏일을 의논하지 말라. 이런 의논으로 말미암아서는 니르바나의 사라져 다한 곳에 이를 수 없고, 또 사문의 바르게 행하는 법을 얻을 수도 없다.

설사 이런 의논을 한다 해도 이것은 바른 업이 아니다."

의논해야 할 열 가지 일을 보이시고
니르바나의 길 찾도록 당부하심

"너희들은 열 가지 일에 대한 논의를 배워야 한다. 어떤 것이 열 가지인가?

만약 부지런히 정진하는 비구로서 욕심 줄이고, 만족할 줄을 알며, 용맹스런 마음이 있고, 많이 들어 남을 위해 설법하며, 두려움이 없고 무서워함이 없으며, 계율을 갖추고, 사마디를 성취하며, 지혜를 성취하고, 해탈을 성취하며, 해탈지견을 성취하는 것이다.

만약 너희들이 의논하려 해도 이 열 가지 일을 의논해야 한다.

왜냐하면 그것들은 온갖 것을 윤택하게 하고, 범행을 닦아 니르바나의 사라져 다한 곳에 이르게 하기 때문이다.

너희들은 이미 집을 나와 도를 배우면서 세속을 떠났다. 그러므로 부지런히 사유해 마음에서 떠나지 않도록 해야 한다.

여러 비구들이여, 반드시 이렇게 배워야 한다.”

그때 여러 비구들은 붇다의 말씀을 듣고 기뻐하며 받들어 행하였다.

• 증일아함 47 선악품 六

• 해설 •

좋은 것 풍요로운 것도 공하고, 나쁜 것 옳지 못한 것도 인연으로 일어나 공하다. 옳고 그름을 실로 있는 것으로 세워놓고 그 옳음을 실체화해서, 옳음을 좇아 그름을 배척하면 참으로 그름을 비판하지 못한다.

또한 지금 있는 곳 그 나라 왕의 그른 정치를 피해서 다른 나라 왕의 옳음과 자비로움을 좇아가는 것도 그들의 은혜를 많이 받기 위한 탐착이 있는 것이다.

옳은 일 하는 이를 따라 기뻐하되 탐착하는 마음이 없고, 그른 일 그른 짓에 동조하지 않고 그 일에 힘을 더해주지 않되, 자비의 마음으로 그른 짓 하는 이를 진여의 문에 이끌고 좋은 업 복덕의 땅에 이끌어야 한다. 그러므로 밥을 빌어 세간에 복밭이 되는 이는 탐착의 마음을 버리고 세간에 노닐어 다니며 옳은 이와 그른 이를 함께 해탈에 이끌고, 가진 자와 못 가진 자를 모두 늘고 줆이 없는 법의 재물에 이끌어야 한다.

열 가지 논의해야 할 법이란 스스로 만족함을 알아[知足] 탐욕을 그치고 [止欲], 무서워함이 없고 두려움 없는 마음으로[無畏無恐] 많이 들어[多聞] 스스로 배운 것을 세상에 가르치는 것[與人說法]이다.

그리고 실라와 비나야를 갖추고[戒律具足], 사마디를 이루고 프라즈냐를 이루며 해탈과 해탈지견을 이루는 것이 출가사문이 늘 논의해야 할 법이다.

열 가지 법이 참된 공덕과 법의 재물에 이끄는 해탈의 법이므로 출가상가의 대중은 오직 이 열 가지 법을 말하고, 그밖에는 거룩한 침묵을 지켜 세간의 복밭이 되어야 한다.

밥을 빌되 이 열 가지 법을 성취하기 위한 크나큰 서원의 마음으로 마을에 들어가 평등한 마음으로 밥을 빌어야 한다.

밥을 빌어 살아가는 비구에게 악한 사람이 오면 악이 악이 아니되 악 아님도 아님으로 알아 다스리고, 착한 사람이 오면 그 착함이 착함이 아니되 착함 아님도 아님으로 알아 다스려서, 끊음 없이 악을 끊고 지음 없이 선을 짓게 해 선과 악을 함께 니르바나에 이끌어야 한다.

니르바나의 사라져 다한 곳[涅槃滅盡處], 그곳은 선과 악이 공하되 선악의 공함 또한 공하여 진여의 땅에 온갖 공덕의 씨앗을 갖추어 온갖 것을 법의 비[法雨]로 윤택케 하고 온갖 것을 법의 재물[法財]로 풍요롭게 하기 때문이다.

니르바나의 땅에 가득한 공덕의 재물, 그것은 가진 자의 가짐을 가짐 없는 가짐이 되게 하여 더 큰 안락에 나아가게 하고, 못 가진 자의 못 가짐을 없음 아닌 없음이 되게 하여 다시는 삶에 궁핍과 배고픔이 없게 하기 때문이다.

제10장

법을 들음
[聽法]

"때를 따라 법을 들으면 다섯 가지 공덕이 있다.
그러니 때를 따라 받들어 법을 받아 차례를 잃지 말라.
어떤 것이 그 다섯인가?
첫째, 일찍 들어보지 못했던 법을 듣게 된다.
둘째, 들었던 법은 거듭 읊어 외우게 된다.
셋째, 견해가 삿된 데로 기울지 않는다.
넷째, 여우 같은 의심이 없게 된다.
다섯째, 깊고 깊은 뜻을 알게 된다."

연기법의 가르침은 실상인 지혜의 언어적 표현이다. 수행자가 실상인 지혜의 세계에 들어가려면 그 가르침을 잘 받아 듣고[聞] 스스로 그 뜻을 사유하여[思] 닦아 행해야 한다[修].

이미 깨친 분의 가르침을 듣지 않고 스스로 사유하기만 하면 그 행은 실천의 지침이 없이 행하는 것이므로 위태롭고, 가르침을 듣기만 하고 스스로 사유하지 않으면 행해야 할 내용이 없게 되고 가르침을 스스로 체득해 전할 수도 없는 것이다.

상가의 출가수행자는 늘 붇다와 상가의 윗자리 비구들로부터 법을 듣고 계율을 들어야 하며, 나무 밑이나 숲속 또는 정사와 동굴에서 들은 가르침의 뜻을 사유하여 금한 계를 지니고 사마디를 닦으며, 사마디를 통해 지혜의 흐름에 들어가야 한다.

대승불교의 『유가사지론』(瑜伽師地論)은 수행자는 다음 다섯 가지 마음가짐[五種想]으로 스승으로부터 법을 들어야 한다고 가르친다.

① 보배 같다는 생각을 지음[作寶想] 수행자는 법을 들을 때 여래의 바른 법이 보배처럼 존귀하고 드물게 있어 얻기 어렵다고 생각한다.

② 눈과 같다는 생각을 지음[作眼想] 수행자는 법을 들을 때 이 법이 마치 눈[眼]과 같아서 나의 어두움을 열어 지혜를 내게 한다고 생각한다.

③ 해의 밝음이라는 생각을 지음[作明想] 수행자는 법을 들을 때 여래의 바른 법이 햇빛의 밝음처럼 온갖 것을 평등히 비춘다고 생

각한다.

④ 큰 과덕과 빼어난 공덕 얻게 한다는 생각을 지음[作大果勝功德想] 수행자는 법을 들을 때 이 법이 나로 하여금 니르바나와 큰 보디의 빼어난 공덕의 과보 얻게 한다고 생각한다.

⑤ 죄업을 없애 큰 기쁨 얻게 된다는 생각을 지음[作無罪大適悅想] 수행자는 법을 들을 때 반드시 현재법 가운데서 비록 니르바나와 큰 보디를 아직 얻지 못해도 법의 진실 그대로 지관(止觀)을 닦아 행하면 모든 죄업의 때를 떠나 큰 기쁨[大悅樂] 얻는다고 생각한다.

위의 『유가사지론』의 가르침대로 법을 듣는 사문은 이 가르침이 나고 죽음의 어두운 밤길 밝히는 해와 같고, 눈 어둔 이에게 눈이 되어준다는 간절한 뜻으로 그 법을 받아 지녀야 한다.

여래의 가르침은 연기의 실상을 열어 보이는 가르침이고 속박의 땅에서 니르바나의 저 언덕에 이끄는 해탈의 법이다. 그러므로 설사 법을 말하는 법사가 허물이 많고 모자람이 많더라도, 그 법사가 법의 눈이 밝다면 그 법을 듣는 수행자는 법사의 허물과 모자람을 보지 않고 오직 간절히 법을 들어야 한다.

『유가사지론』은 법을 들을 때 법사의 허물에 대해, 다섯 가지 다른 뜻[異意]을 내어 법을 받아 듣지 않으려 해서는 안 되고, 오직 순결하고 깨끗한 마음[純淨心]으로 귀기울여 법을 들어야 한다고 가르친다.

논(論)은 법사에 대해 다섯 가지 다른 뜻 냄을 경계하니, 다음과 같다.

① 스승의 계를 깨뜨림에 대해 다른 뜻 내지 않음[於壞戒不作異意] 법을 들을 때 한 마음으로 믿어 받아 법을 말하는 스승의 계 깨뜨린 허물을 보지 말아야 한다.

② 출신의 하찮음에 대해 다른 뜻 내지 않음[於壞族不作異意] 법을 들을 때 한 마음으로 믿어 받아 법을 말하는 스승의 낮은 출신과 종족에 대해 허물을 보지 말아야 한다.

③ 못난 모습에 대해 다른 뜻 내지 않음[於壞色不作異意] 법을 들을 때 한 마음으로 믿어 받아 법을 말하는 스승의 못생긴 모습에 대해 허물을 보지 말아야 한다.

④ 글이 짧은 것에 대해 다른 뜻 내지 않음[於壞文不作異意] 법을 들을 때 한 마음으로 믿어 받아 법을 말하는 스승의 글이 짧고 말이 화려하지 못함에 대해 허물을 보지 말아야 한다.

⑤ 법사의 못된 성격에 대해 다른 뜻 내지 않음[於壞美不作異意] 법을 들을 때 한 마음으로 믿어 받아 법을 말하는 스승의 성격이 못돼 좋은 말로 법을 말하지 못함에 대해 허물을 보지 말아야 한다.

물[水]은 그 물이 비록 흐리더라도 때와 티끌을 씻어주는 공능이 있고, 횃불은 횃불을 잡은 그 사람이 착한 사람이든 악한 사람이든 어두움을 깨뜨려 길을 밝히는 공능이 있다.

그러므로 배우는 이, 법을 듣는 이는 법 설하는 법사의 허물을 보지 않고 그 가르침을 잘 받아들여, 보디에 나아가는 진리의 식량[菩提資糧]을 삼아야 할 것이다.

선지식의 설법을 기쁜 마음으로 들으러 가는 대중의 모습을,『화엄경』(「비로자나품」)은 이 세간 법의 주인[法主] 세존을 뵈러가는 모습으로 다음과 같이 표현한다.

> 그대들은 성안에 널리 알려
> 빨리 큰 북을 치도록 하라.
> 있는 사람들 모두 모이어
> 같이 가 붇다를 뵙도록 하라.

> 普告諸城內　疾應擊大鼓
> 共集所有人　俱行往見佛

> 타는 향 연꽃의 일산과
> 반달 같은 보배구슬 목걸이
> 셀 수 없는 묘한 옷가지들
> 그대들은 비처럼 뿌리라.

> 香焰蓮華蓋　半月寶瓔珞
> 及無數妙衣　汝等皆應雨

> 온갖 공양거리 지니고
> 위없는 붇다를 향해
> 마음에 큰 기쁨을 내
> 처자와 권속들이 함께
> 세간의 높은 이 가서 뵈어라.

> 一切持向佛　心生大歡喜
> 妻子眷屬俱　往見世所尊

1 많이 들은 거룩한 제자

• 이끄는 글 •

여래의 성문(聲聞)제자는 많이 들은 거룩한 제자[多聞聖弟子]라고 한다. 많이 들은 제자란 여래의 말씀을 다만 많이 기억하는 것을 말하는가.

제자가 들은 법은 여래가 보이는바 진리[所詮理]를 말로 나타내는 법[能詮法]이고 미혹을 깨뜨려 지혜에 이끄는 법이다.

많이 들은 제자는 여래의 가르침을 듣고 잘 사유하는 이[正思惟]가 많이 들은 이이고, 잘 사유하여 바로 닦아 행하는 이[正修行]가 많이 들은 이이다.

그러므로 천태선사(天台禪師)의 『법화문구』(法華文句)는 비록 말씀을 듣고 그 뜻을 사유하되 자기가 이해한 뜻에 갇혀 바로 행하지 못해 작은 과덕에 머무는 이는 '여래의 큰 도를 뒤로 물리는 성문'[退道聲聞]이라 한다. 그에 비해 말씀의 뜻을 깊이 사유하여 모든 방편을 떠나 진실에 나아가는 성문은 '마하야나의 성문'[大乘聲聞]이 된다고 말한다.

『월등삼매경』(月燈三昧經)에서는 많이 들음의 열 가지 이익[多聞

十種利益]을 통해 수행자의 바르게 들음, 많이 들음의 뜻을 보이고
있으니, 경의 뜻을 살펴보자.

① 수행자는 많이 들음으로 온갖 번뇌의 미혹을 알아 번뇌에서
벗어날 수 있다[知煩惱助].

② 수행자는 많이 들음으로 온갖 깨끗한 범행을 알아 위없는 보
디에 나아갈 수 있다[知淸淨助].

③ 수행자는 많이 들음으로 세간·출세간의 온갖 법을 밝게 알
아 의혹을 멀리 떠나게 된다[遠離疑惑].

④ 수행자는 많이 들음으로 온갖 삿되고 바른 법을 밝게 알아
삿된 견해 가진 이를 바르게 한다[作正直見].

⑤ 수행자는 많이 들음으로 온갖 선악의 과보를 밝게 알아 그른
행을 멀리 떠난다[遠離非道].

⑥ 수행자는 많이 들음으로 온갖 삿된 바깥길을 밝게 알아 여래
의 바른 길에 늘 편히 머문다[安住正路].

⑦ 수행자는 많이 들음으로 여래장 단이슬의 문을 열어 위없는
법의 맛을 보고 중생의 선근을 늘려준다[開甘露門].

⑧ 수행자는 많이 들음으로 계·정·혜 세 가지 배움[三學]을
닦아 붇다의 보디의 과덕에 가까이 간다[近佛菩提].

⑨ 수행자는 많이 들음으로 지혜의 밝은 빛을 지어 기나긴 밤
어두운 길에 헤매는 중생을 빼내 맑고 시원한 니르바나의 즐거움
을 준다[爲作光明].

⑩ 수행자는 많이 들음으로 온갖 법이 원래 공함을 깨달아 넓고
큰 원을 세워 중생을 교화하며, 중생이 빠진 악도를 두려워하지

않는다[不畏惡道].

이 열 가지 이익은 많이 들음의 결과로서 이익됨이다. 원인은 결과를 이루어낼 때 원인의 이름을 얻는 것이니, 설사 법사로부터 가르침을 많이 듣는다 해도 그 많이 들음이 이 열 가지 이익된 결과에 이르지 못하면 많이 들음이라 이름할 수 없다.

그러므로 많이 듣고 그 말[語]에 갇혀 뜻[義]을 사유하지 않는 이, 자기 관념[識]에 갇혀 지혜[智]에 나아가지 못하는 이는 많이 들은 거룩한 제자가 되지 못한다.

또 가르침을 많이 들어도 말씀대로 선정을 닦지 않는 이, 많이 듣고서 보디에 나아가지 못하고 중생을 건네줄 큰 원[大願]을 세우지 않는 이는 많이 들은 거룩한 제자가 되지 못한다.

『화엄경』(「광명각품」)은 많이 듣기만 하고 지혜에 돌아가지 못하는 수행자의 허물을 다음과 같이 깨우친다.

어떤 사람이 왕궁에 태어나도
굶주림 받고 추위에 떨듯이
바른 법을 닦아 행하지 않고
많이 듣기만 함 또한 이와 같도다.

如有生王宮　而受餒與寒
於法不修行　多聞亦如是

세존이시여, 어떤 것이 많이 들음입니까

이와 같이 내가 들었다.

한때 붇다께서 슈라바스티 국 제타 숲 '외로운 이 돕는 장자의 동산'에 계셨다.

그때 어떤 비구가 붇다 계신 곳에 찾아와 붇다께 절하고 물러나 한쪽에 서서 붇다께 말씀드렸다.

"세존께서는 '많이 들음'[多聞]을 말씀하시는데, 어떤 것이 많이 들음입니까?"

붇다께서 그 비구에게 말씀하셨다.

"참 잘 묻고 잘 물었다. 네가 지금 나에게 많이 들음의 뜻을 물었느냐?"

비구가 붇다께 말씀드렸다.

"그렇습니다, 세존이시여."

많이 들음이 오온의 공한 실상 깨달아 아는 데 있음을 보이심

붇다께서 비구에게 말씀하셨다.

"자세히 듣고 잘 사유하라. 너를 위해 말해주겠다.

비구여, 알아야 한다. 만약 물질[色]에 대해서 '이것은 즐겨지지 않음[厭]을 내야 하고, 탐욕 떠나야 할 법으로서 사라져 다해 고요한 법이다'라고 듣는다 하자.

그러면 이것을 많이 들음이라 한다.

이와 같이 느낌[受]·모습 취함[想]·지어감[行]·앎[識]에 대해서 '이것은 즐겨하지 않음을 내야 하고, 탐욕 떠나야 할 법으로서 사라져 다해 고요한 법이다'라고 듣는다 하자.

그러면 이것을 많이 들음[多聞]이라 한다.

비구여, 이것을 여래가 말한 '많이 들음'이라 한다."

이때 그 비구는 붇다의 말씀을 듣고 기뻐하여 뛰면서 절하고 물러갔다.

• 잡아함 25 다문경(多聞經)

• 해설 •

많이 들은 이가 들은 법[所聞法]은 세계의 실상이고 나의 삶의 진실이다. 가르침 들음을 통해 지금 보고 듣고 알고 있는[見聞覺知] 나의 삶의 지평을 반성함으로써 세계의 실상에 돌아가지 못하면 많이 들음이라 이름하지 못한다.

여래의 법은 세계를 향한 주체의 앎과 알려지는 세계가 모두 있되 공한 연기의 실상이다. 아는 마음인 느낌·모습 취함·지어감·앎은 알려지는 것을 통해 일어난 마음이므로 있되 공하고, 저 알려지는바 물질세계는 마음이 알 수 있는 세계이고 마음인 세계로 주어지므로 또한 있되 공하다.

그러므로 다섯 쌓임이 공함을 보이는 진실의 가르침을 잘 들어 소리를 듣되 들음 없고, 들음 없되 소리 아닌 소리를 잘 듣는 이가 많이 들은 이[多聞者]이다.

다섯 쌓임의 법이 탐욕 떠날 법이라 알고 다섯 쌓임이 사라져 다해 고요한 법이라고 알면, 그가 바로 비록 들되[雖聞] 들음[能聞]과 듣는 바[所聞]가 실로 없음을 알아, 많이 듣되 늘 진여(眞如)를 떠나지 않는 자이고, 진여를 떠나지 않고 잘 듣고 잘 말할 수 있는 자이다.

만약 비구가 그 마음을 오롯이 하나로 해 바른 법을 들으면

이와 같이 내가 들었다.

한때 붇다께서 슈라바스티 국 제타 숲 '외로운 이 돕는 장자의 동산'에 계셨다.

그때 세존께서 여러 비구들에게 말씀하셨다.

"만약 비구가 그 마음을 오롯이 하나로 해 바른 법을 귀 기울여 들으면, 다섯 가지 법[五法]을 끊고 일곱 가지 법[七法]을 닦아 익혀 더욱 나아감을 만족하게 할 것이다.

어떤 것이 다섯 가지 법을 끊는 것인가? 곧 탐욕의 덮음[貪欲蓋] · 성냄의 덮음[瞋恚蓋] · 잠과 졸음의 덮음[睡眠蓋] · 들뜸과 뉘우침의 덮음[掉悔蓋] · 의심의 덮음[疑蓋]이니, 이것을 다섯 가지 법을 끊는 것이라고 한다.

어떤 것이 일곱 가지 법을 닦아 익히는 것인가? 곧 생각의 깨달음 법[念覺支] · 법 가림의 깨달음 법[擇法覺支] · 정진의 깨달음 법[精進覺支] · 쉼의 깨달음 법[猗覺支] · 기쁨의 깨달음 법[喜覺支] · 선정의 깨달음 법[定覺支] · 버림의 깨달음 법[捨覺支]을 말한다. 이 일곱 가지 법을 닦아 익히면 더욱 나아감이 만족하게 될 것이다.

붇다께서 이 경을 말씀하시자, 여러 비구들은 붇다의 말씀을 듣고 기뻐하며 받들어 행하였다.

• 잡아함 709 칠각지경(七覺支經)

• 해설 •

지혜를 덮어 어둡게 하는 탐냄·성냄·졸음·뉘우침·의심 등 다섯 가지 덮음의 뿌리는 무엇인가. 사물을 보고 듣고 알 때 보는 바와 듣는 바에 실로 볼 것이 있고 들을 것이 있다고 생각해 그 보고 들음과 앎이 보는 바와 듣는 바에 가리고 물듦이다.

일곱 갈래 깨달음 법의 뿌리는 무엇인가. 보고 듣고 알 때 보는 바와 듣는 바에 실로 볼 것이 없고 들을 것이 없음을 되살피는 것이고, 보고 듣고 아는 활동에 실로 앎[能知]이 없음을 되살피는 것이다.

그러므로 그 마음을 오롯이해 바른 법을 귀기울여 듣고 연기의 법을 사유하면, 알되 앎이 없음을 알아 앎에서 앎을 떠나고, 아는바 모습에 모습 없음을 알아 모습에서 모습을 떠나게 된다. 그렇게 앎에서 앎을 떠나 아는 바 없이 아는 그 사람이, 많이 들어 다섯 덮음을 끊고 일곱 갈래 깨달음 법 닦아 익히는 사람이다.

『화엄경』(「광명각품」)의 다음 게송은 많이 들어 말만 기억할 뿐 들음을 통해 지혜와 해탈에 나아가지 못하는 이들의 허물을 깨우치는 게송인데, 일부 선류들은 교(敎)를 부정하고 선(禪)만 닦아야 함으로 게송의 뜻을 치우치게 이해한다. 경은 말한다.

어떤 사람이 남의 보배를 세지만
스스로는 반 푼의 돈이 없듯이
바른 법을 닦아 행하지 아니하고
많이 듣기만 함 또한 이와 같네.

如人數他寶　自無半錢分
於法不修行　多聞亦如是

많이 듣기만 하는 이 꾸짖는 경의 뜻은 여래의 가르침을 잘 듣고 잘 따라 행하면 누구나 니르바나의 문에 들어설 수 있음을 보이고자 함이니, 「광명각품」은 다시 말한다.

과거 미래 현재의 여러 인도자들
한 법이라도 법을 설해주시면
법을 듣는 중생은 그 누구라도
보디의 도 얻지 않음이 없네.

過去未來世　現在諸導師
無有說一法　而得於道者

뜻 어지러운 이에게 선정을 찬탄하고
어리석은 이에게 지혜를 찬탄해주며
어짐 없는 이에겐 큰 사랑을 찬탄하고
성내고 남을 해치는 이에게는
크게 가엾이 여기는 마음 찬탄하네.

亂意讚禪定　愚癡讚智慧
不仁讚慈愍　怒害讚大悲

슬퍼하는 이에게 기뻐함 찬탄해주고
마음 굽은 이에게 평정함 찬탄해주니
이와 같이 차제로 닦아간다면
차츰 모든 붇다의 법 갖추게 되리.

憂慼爲讚喜　曲心讚歡捨
如是次第修　漸具諸佛法

2 많이 들음의 공덕

• 이끄는 글 •

여래의 가르침은 언어의 방편으로 중생에게 연기의 실상을 열어 해탈의 삶에 이끈다. 그러므로 위없는 스승의 거룩한 가르침을 듣고 또 들으면, 들음의 끼쳐 익히는 힘[熏習力]으로 미혹의 구름을 걷어 내고 지혜의 문을 열어 니르바나의 성에 들어가게 된다.

『대장엄경』(大莊嚴經)은 '수트라를 듣는 여덟 가지 공덕'[聞經八 種功德]을 다음과 같이 말한다.

첫째, 수행자가 깨끗한 믿음으로 몸을 깨끗이 해 붇다의 수트라 를 들으면, 몸의 모습이 단정해져 못나고 나쁜 모습이 없게 된다 [端正好色].

둘째, 수행자가 용맹하게 정진하는 힘으로 붇다의 수트라를 들 으면, 온갖 것을 항복받을 수 있는 위세와 복의 힘을 얻는다[力勢 强盛].

셋째, 수행자가 붇다의 수트라를 듣고 그 깊은 뜻을 알아 마음 이 진리와 계합해 통달하면, 온갖 법의 모습을 밝게 깨달아 걸림이 없게 된다[心悟通達].

넷째, 수행자가 붇다의 수트라를 듣고 온갖 법의 모습을 통달하면, 묘한 말재간을 얻어 한 구절의 뜻으로 다함없는 진리를 연설할 수 있게 된다[得妙辯才].

다섯째, 수행자가 붇다의 수트라를 듣고 깊고 묘한 뜻을 사유하면, 마음을 거두게 되어 망상이 나지 않고 고요히 선정에 들게 된다[獲諸禪定].

여섯째, 수행자가 붇다의 수트라를 듣고 그 뜻을 널리 알면, 본래 갖춘 지혜를 열어 사무쳐 비추어 걸림이 없게 된다[智慧明了].

일곱째, 수행자가 붇다의 수트라를 듣고서 물든 세속을 집착해 즐기지 않게 되면, 곧 집을 나와 도를 배워 다시 들은 법으로 세간을 교화해 세간의 인도자가 된다[出家殊勝].

여덟째, 수행자가 붇다의 수트라를 듣고서 경을 의지해 다시 연설하면, 법 듣는 이의 법의 몸[法身]을 내게 되어 곧 따르는 권속을 이루어서 더욱 흘러 퍼져 날로 번성하게 된다[眷屬强盛].

이처럼 『대장엄경』은 수트라를 듣게 되면 스스로의 삶이 청정해지고 지혜가 밝아져 세간의 뛰어난 인도자가 되어 진리의 권속을 늘리게 된다고 가르친다.

그렇다면 왜 수트라의 가르침을 듣고 법의 말씀을 들으면 몸과 마음이 깨끗해지고 사마디를 얻고 지혜를 얻으며 교화의 방편을 얻어 세간의 인도자가 될 수 있는가.

인간은 행위로 주어지는 주체이며 행위는 세계를 통해 일어난다. 그러므로 세계의 실상을 여는 여래의 거룩한 말씀을 듣고 스스로 사유하고 말하며 말씀대로 행하면, 그 삶이 실상 그대로의 삶이 되어 스스로의 삶이 맑고 아름다워질 뿐 아니라 깨친바 법대로 세계와 중생을 아름답게 장엄할 수 있게 되는 것이다.

스스로의 삶밖에 저 중생과 세계가 없으니, 스스로의 삶이 가르침을 따라 보디로 회향하게 되면[菩提廻向] 그 삶의 힘이 세계 장엄과 중생 성취에 끝내 회향되는 것[衆生廻向]이다.

법의 모습이 이와 같으므로[法如是故] 이같이 행하면 이 같은 삶의 진실이 실현되는 것이다.

그러므로 여래의 법이 세간에 으뜸가는 법의 재물이니, 『화엄경』(「여래출현품」如來出現品)은 다음과 같이 배워가는 보디사트바에게 당부한다.

이 법이 세간 넘는 으뜸의 재물이고
이 법이 온갖 중생 건져 건네주며
이 법이 깨끗한 도를 내게 하니
그대들은 반드시 지녀 방일치 마라.

此爲超世第一財　此能救度諸群品
此能出生淸淨道　汝等當持莫放逸

때를 따라 법을 들으면 다섯 공덕이 있나니

이와 같이 들었다.

한때 붇다께서는 슈라바스티 국 제타 숲 '외로운 이 돕는 장자의 동산'에 계셨다.

그때 세존께서 여러 비구들에게 말씀하셨다.

"때를 따라 법을 들으면 다섯 가지 공덕이 있다.

그러니 때를 따라 받들어 법을 받아 차례를 잃지 말라.

어떤 것이 그 다섯인가?

첫째, 일찍이 들어보지 못했던 법을 듣게 된다.

둘째, 들었던 법은 거듭 읊어 외우게 된다.

셋째, 견해가 삿된 데로 기울지 않는다.

넷째, 여우 같은 의심이 없게 된다.

다섯째, 깊고 깊은 뜻[甚深之義]을 알게 된다.

때를 따라 법을 들으면 이 다섯 가지 공덕이 있다. 그러므로 여러 비구들이여, 반드시 방편을 구해 때를 따라 법을 들어야 한다.

이와 같이 여러 비구들이여, 반드시 이렇게 배워야 한다."

그때 여러 비구들은 붇다의 말씀을 듣고 기뻐하며 받들어 행하였다.

• 증일아함 36 청법품(聽法品) —

여래의 법을 들어서 잊지 않고 사유하고 스스로의 삶을 돌이켜 살피면, 여우 같은 의심 떠나고 삿된 견해를 떠나 깊고 깊은 뜻을 알게 된다.

왜 그럴 수 있는가.

여래의 말씀은 다만 말이 아니라 한량없는 공덕 갖춘 법의 바다이기 때문이다.

또 여래의 가르침은 다만 말이 아니라 여래가 깨친바 실상인 가르침이고, 듣는 중생의 삶의 진실인 가르침이라 그 가르침은 지금 바로 이때를 떠나지 않고 눈앞의 삶[現法]에서 증험되며, 듣는 자 스스로의 실천을 통해 검증되기 때문이다.

이 경은 법을 들어서 얻는 공덕으로 바르게 법 들음을 보이고 있으니, 바르게 들어서 법바다에 들어갈 때만 스스로 공덕의 주인이 될 수 있다.

중생이 중생의 삶을 쳇바퀴처럼 반복하는 것은 무명의 업이 삶을 관성대로 굴러가게 하기 때문이다.

그러므로 한 법을 들었다고 그만두면 들은 법은 '나'의 삶에 체현될 수 없으니 들은 법은 거듭 읊어 외워야 하고, 듣지 못한 법도 새롭게 받아들여야 한다. 자주 들은 법이라는 생각[慣聞想]을 짓거나 처음 들은 법이라 아득히 어렵다는 생각[懸崖想]을 지으면 잘 법을 들은 사람이 아니다.

듣고 듣되 들음을 통해 '나의 생각함'을 돌이켜 살펴, 비록 생각하되 실로 생각함[能念]과 생각하는 바[所念]가 없는 줄 알면 삿된 생각 여우 같은 의심 떠나 여래의 진여의 문[眞如門]에 들어가리라.

깨끗한 믿음으로 많이 들어 행하는 자는
해탈의 땅에 나아가니

이와 같이 내가 들었다.

한때 붇다께서 슈라바스티 국 제타 숲 '외로운 이 돕는 장자의 동산'에 계셨다.

그때 세존께서 여러 비구들에게 말씀하셨다.

"거룩한 제자가 깨끗한 믿음의 마음으로 법 들음에 오롯이 정진하면 다섯 가지 법을 끊게 될 것이요, 일곱 가지 법을 닦아 익혀 그것을 원만하게 갖추게 할 것이다.

어떤 것이 그 다섯인가?

탐욕의 덮음·성냄의 덮음·잠과 졸음의 덮음·들뜸과 뉘우침의 덮음·의심의 덮음이니, 이 덮음들이 곧 끊어진다.

어떤 것이 그 일곱 가지 법인가? 생각의 깨달음 법·법 가림의 깨달음 법·정진의 깨달음 법·쉼의 깨달음 법·기쁨의 깨달음 법·선정의 깨달음 법·버림의 깨달음 법이다.

이 일곱 가지 법을 닦아 익혀 원만하게 갖추는 것이다.

깨끗한 믿음이란 마음의 해탈[心解脫]을 말하고, 지혜란 지혜의 해탈[慧解脫]을 말한다. 탐욕이 마음을 물들인 자는 깨끗한 믿음을 얻을 수 없고 즐겁지도 않으며, 무명이 마음을 물들인 자는 지혜가 청정하지 않다.

그러므로 여러 비구들이여, 탐욕을 떠난 사람은 마음이 해탈하고 무명을 떠난 사람은 지혜가 해탈할 것이다.

만약 그 비구가 탐욕을 떠나 마음이 해탈하여 몸으로 증득하고, 무명을 떠나 지혜가 해탈하면, 이것을 비구가 애욕의 얽맴과 묶음[愛縛結] 그리고 거만을 끊고 사이가 없는 평등한 지혜[無間等]로 괴로움의 끝을 마쳐 다함이라고 한다."

붇다께서 이 경을 말씀하시자, 여러 비구들은 붇다의 말씀을 듣고 기뻐하며 받들어 행하였다.

• 잡아함 710 청법경(聽法經)

• 해설 •

여래의 가르침은 세간의 갖가지 견해에 또 하나의 견해를 더함이 아니고, 온갖 견해가 공해 견해 세울 것이 없는 곳에서 봄[見]이 없이 세간을 보는 지혜의 길이다. 가르침을 듣고 봄에 실로 봄이 없는 줄 알아 온갖 견해의 길을 뛰어넘으면, 지혜의 밝음을 막는 다섯 가지 덮음을 끊고, 일곱 갈래 바른 살핌에 나아간다.

세계를 보는 앎활동과 알려지는 세계의 실상을 살펴 마음에서 온갖 견해, 물든 생각을 떠나면 마음의 해탈을 이루고, 마음의 공함에 집착하는 무명을 떠나면 지혜의 해탈을 이룬다.

많이 듣고 견해에서 견해를 떠나고 앎에서 앎을 떠나지 못하며, 견해에다 견해를 더하는 이는, 마음의 해탈·지혜의 해탈에 이르지 못하니, 참으로 많이 들은 이가 되지 못한다.

많이 들어[多聞] 법 들음에 뜻을 오롯이한 자는 본래 그러한 진여의 법에 깨끗한 믿음 얻게 되니, 그는 듣되 들음 없는 이[聞而不聞]이고, 들음 없되 들음 없이 잘 듣는 이[不聞而善聞]이다.

『화엄경』(「광명각품」) 또한 여래의 가르침을 잘 듣는 이는 들음을 통해 붇다와 같은 공덕에 땅에 이르러 세간 중생을 해탈의 언덕에 이끌게 됨을 다음과 같이 말한다.

바르게 법을 듣는 보디사트바가
법을 듣고 믿어 앎에 의혹 없으면
법의 성품 공적한 줄 알아 두려움 없이
여섯 길 중생 모습 따라 시방 두루해
뭇 어리석은 이 널리 가르쳐주니
이것이 보디사트바의 바른 행이네.

聞法信解無疑惑 了性空寂不驚怖
隨形六道遍十方 普敎群迷是其行

바르게 법을 듣는 보디사트바는
시방에 법을 구해 뜻에 다름 없이
중생 위해 공덕 닦아 만족케 하고
있고 없는 두 모습 모두 없애니
이 사람이 붇다를 참으로 본 것이네.

十方求法情無異 爲修功德令滿足
有無二相悉滅除 此人於佛爲眞見

제11장

법을 설함
[說法]

"비구들이여, 너희들은 집을 나온 사람이니
반드시 법을 논해야 하고 또한 현성의 말 없음을
버리지 않아야 한다. 왜냐하면 비구들은 한곳에 모이면
두 가지 일을 해야 하기 때문이다. 어떤 것이 두 가지인가?
첫째 함께 법을 논하는 것이요, 둘째 현성의 말 없음이다.
너희들이 이 두 가지를 아울러 논한다면 끝내
안온함을 얻고 때에 맞음을 놓치지 않을 것이다.
너희들은 아까 어떤 법다운 뜻을 논의하였느냐?"

잘 말하는 자는 잘 들어야 하고 잘 가르치는 자는 잘 배워야 한다. 법을 말하는 자는 스스로 법을 듣고 그 뜻을 사유해 삶 속에서 법을 체달한 자가 잘 말할 수 있다.

이런 뜻에서 『법화경』(「법사품」法師品)은 다섯 가지 법사[五種法師]를 말하면서, 법사란 여래의 수트라의 법을 받아 지니고[受持], 경을 읽고[讀經] 경을 외우는[誦經] 이, 잘 해설해 남을 가르치는[解說] 이, 베껴 쓰거나 인쇄하여 널리 유포하는[書寫] 이라고 한다.

『법화경』의 뜻은 법을 남에게 가르치는 법사는 스스로 잘 배워 받아 지니고, 받아 지닌 경을 늘 읽고 외우며 그 뜻을 통달해 해설하고 널리 펴는 이란 뜻을 담고 있다.

여기서 받아 지님은 다만 소리와 글귀를 받아 지니는 것이 아니라 언어를 통해 뜻을 알고 뜻을 통해 실천에 나아가, 마음과 모습이 공한 진여의 세계에 들어감이다.

그러므로 법을 잘 받아 지니고 잘 말하는 법사는 여래의 진리의 방에 들어가[入如來室] 온갖 법이 공한 자리에 앉아 세간의 온갖 비방과 박해에 흔들림 없는 인욕의 옷[忍辱衣]을 입고 법을 말하는 자이다.

법사는 언어를 통해 스스로 진리에 나아가고 언어를 통해 중생을 여래의 집에 이끌어들인다.

법사에게 법의 말은 그냥 말이 아니라 진리에 나아가는 나침반이고 지혜[般若]인 말이며, 중생을 니르바나의 저 언덕에 건네주는 방편의 배이다.

『유가사지론』은 다음 여덟 가지 말[八種言]을 갖추어야 법사가 된다고 가르친다.

① 기뻐하고 즐거워할 말[可喜樂言]　법사는 수트라의 글에 의거해서 말하고 알아듣지 못하면 비유로 말하되, 글귀를 말함이 맑고 아름다워 듣는 이가 다 기뻐하고 즐거워한다. 이것을 법사가 갖출 기뻐하고 즐거워할 말이라 한다.

② 열어내주는 말[開發言]　법사는 법을 설해 깊이 숨은 뜻을 열어주어 환히 알도록 하고 다시 거칠고 낮은 뜻을 열어주어 그 가운데 깊고 묘함을 알게 해 크고 작은 근기들이 다 이익 얻도록 한다. 이것을 법사가 갖출 열어내주는 말이라 한다.

③ 따짐을 잘 풀이하는 말[善釋難言]　법사는 설법하는 데 의심해 따짐이 있고 물음이 있으면 반드시 풀이해 뜻과 이치가 분명하도록 해주어서 쉽게 알도록 한다. 이것을 법사가 갖출 따짐을 잘 풀이하는 말이라 한다.

④ 잘 분석하는 말[善分析言]　법사는 설법하면서 변재가 걸림없어서 교묘한 말씨로 한 법 가운데 한량없는 뜻과 이치를 분석해준다. 이것을 법사가 갖출 잘 분석하는 말이라 한다.

⑤ 잘 따라 들어가게 하는 말[善順入言]　법사는 설법하면서 붇다의 수트라를 따라 밝게 풀이해 듣는 이로 하여금 붇다의 바른 도에 잘 믿어 들어가 삿된 견해에 미혹되지 않게 한다. 이것을 법사가 갖출 잘 따라 들어가게 하는 말이라 한다.

⑥ 다른 증거를 이끄는 말[引餘證言]　법사는 설법하면서 뜻이 때로 통해 드러나지 않으면 다른 경의 말씀을 이끌어서 자기 말을 증명해 사람들이 믿도록 해준다. 이것을 법사가 갖출 다른 증거를

이끄는 말이라 한다.

⑦ **빼어난 변재의 말[勝辯才言]** 법사는 설법하면서 빼어나고 묘한 변재로 온갖 뜻과 이치를 분별해 의심해 따짐이 없도록 해준다. 이것을 법사가 갖출 빼어난 변재의 말이라 한다.

⑧ **종취를 따르는 말[隨宗趣言]** 종취란 종지[宗要]와 진리의 길[理趣]이니 법사는 설법하면서 종지로 삼는 뜻길을 따라[隨順所宗義趣] 진리 그대로 풀이하여 여러 중생이 법의 요점[法要]을 밝게 깨달아 알도록 한다. 이것을 법사가 갖출 종취를 따르는 말이라 한다.

『유가사지론』에서 보인바, 법사가 갖추어야 할 여덟 가지 말을 살펴보더라도 법사에게 말은 단순한 의사표시의 수단이 아니라 존재의 실상이고 반야이며 진리를 역사화하고 세계화하는 사회적 실천이다.

진리 그대로의 말 아닌 말이 법사를 자유롭게 하며, 지혜가 해탈한 법사는 실상이며 반야인 말 아닌 말로써 해탈지견을 일으켜 미혹의 세간을 밝혀, 세간 건지는 힘있는 실천주체가 되고 세간의 섬이 되고 중생의 쉴 집이 된다.

그러므로 온갖 견해와 관념의 집을 깨뜨리고 법계의 진실처에 앉아 진실에 응하는 언어로 해탈의 길을 열어내지 못하면 그 법사는 법에 대한 비방을 이루게 된다.

화엄종의 조사 청량징관법사(淸凉澄觀法師)는 법에 비방을 이루는 법사의 설법을 다음 네 가지로 보인다.

① 실로 있다고 하면 늘려 더함의 비방을 이룸[定有是增益謗] 실로 있다고 함[定有]은 진여의 진리가 모습 떠나 고요하여 온갖 법의 자기 모습은 본래 있지 않는데, 진여를 실로 있다고 하면 늘려 더함[增益]의 비방을 이룬다.

② 실로 없다고 하면 덜어 줄임의 비방을 이룸[定無是損減謗] 실로 없다고 함[定無]은 진여의 진리가 변해 무너지지 않아 온갖 법의 자기 모습이 본래 공하지 않는데, 진여를 실로 없다고 하면 덜어 줄임[損減]의 비방을 이룬다.

③ 있기도 하고 없기도 하다 하면 서로 어긋남의 비방을 이룸[亦有亦無是相違謗] 있기도 하고 없기도 하다 함[亦有亦無]은 진여의 진리가 있음 그대로의 공함이고 공함 그대로의 있음임을 알지 못하고, 진여가 있기도 하다 하면 이는 곧 공함임을 알지 못한 것이고 진여가 없기도 하다 하면 이는 곧 있음임을 알지 못한 것이다. 이는 두 가의 치우침[二邊]을 깊이 집착함이라 있음과 없음이 서로 어긋남[有無相違]의 비방을 이룬다.

④ 있음도 아니고 없음도 아니라 하면 허튼 논란의 비방을 이룸[非有非無是戲論謗] 있음도 아니고 없음도 아니라 함[非有非無]은 진여의 진리가 있음과 없음의 덕 갖춘 줄을 알지 못하고, 진여가 있음이 아니라고 하고 진여가 없음이 아니라고 하여 두 치우친가가 정해지지 않음[二邊不定]이라 곧 허튼 논란[戲論]의 비방을 이룬다.

1 법을 깨달아 법보시를 행하는 법사

• 이끄는 글 •

법사란 누구인가. 법사는 범어 다르마바나카(dharma-bhāṇaka)를
옮긴 말이니, 붓다의 법을 잘 깨달아 알아 뭇 사람들에게 그 법을 열
어 보이는 이를 말한다.

『법화경』(「법사품」)에서는 법사란 여래의 가르침을 잘 받아 지니
어[受持] 수트라를 읽고 외우며[讀誦] 경의 뜻을 스스로 삶 속에 체
달하여 남을 위해 해설하고 널리 유포하는 이[書寫, 解說]를 말한다.

법사는 실상인 지혜의 땅에 서서 수트라의 언어를 세간 위해 설함
없이 설하는 이이며, 세간에 법의 깃발[法幢]을 세워주는 사람이다.

동아시아 종파불교 전통에서는 많은 이들에게, 선(禪)은 말 없는
것이고 법사(法師)는 말 있음이라 법사는 선이 아니라는 사고가 일
반화되어 있다.

그러나 선정은 다만 말 없음이 아니라 말에 말 없음이 선정의 고
요함이다. 그러므로 지혜의 언어를 설함 없이 설해 사마디의 고요함
이 있으면 법을 설하는 법사가 사마디 행자[三昧行者]가 된다.

설법은 다만 좋은 말재간이 아니라, 말에 말 없되 말 없음도 없는

것이 법사행이다. 그러므로 늘 고요하되 고요함에 머묾 없이 말 없는 말의 묘한 작용이 있으면 사마디의 행자가 법사가 되는 것이다.

사마디가 없고 지혜가 없으면 참된 법사가 아니니, 법사는 법을 설하되 설하는 법 그대로 나와 남에 두 모습을 떠나 나와 남을 함께 해탈의 땅에 이끄는 사람이다.

그러므로 그는 법 설함으로 그 어떤 대가를 바라지 않고 복덕의 모습을 취하지 않는다.

법사는 실상의 공한 모습대로 바람이 없고 모습 취함이 없지만, 모습 취함이 없으므로 온전히 실상의 모습 없는 복덕의 세계에 들어간다.

경[賢者五福德經]은 진여의 땅에 서서 진여 그대로 말함 없이 말하는 법사에게 다음 '다섯 가지 함이 있는[有爲] 세간의 복덕과 함이 없는[無爲] 출세간의 복덕이 저절로 갖춰진다'고 가르친다.

① 긴 목숨[長壽]의 과보 앞 생에서 설법할 때 죽이기 좋아하는 이가 법을 듣고 죽임을 그치므로 지금 생에서 긴 목숨의 과보 얻는 것을 말한다.

② 많은 재물[多財]의 과보 앞 생에서 설법할 때 훔치기 좋아하는 이가 법을 듣고 훔침을 그치므로 지금 생에서 많은 재물의 과보 얻는 것을 말한다.

③ 비할 바 없는 단정한 모습의 과보 앞 생에서 설법할 때 바른 법 따름을 가르쳐 법을 듣는 이가 편안한 마음을 내 낯빛이 부드럽고 기쁨이 넘치며 환한 빛이 나게 되므로 지금 생에서 비할 바 없는 단정한 모습[端正無比]의 과보 얻는 것을 말한다.

④ 좋은 이름이 멀리 들리는 과보 앞 생에서 설법할 때 법을 듣는 이가 삼보에 귀명하여 서로 이런 무리를 따르게 하므로 지금 생에서 좋은 이름이 멀리 들리는[名譽遠聞] 과보 얻는 것을 말한다.

⑤ 총명한 큰 지혜와 복덕의 과보 앞 생에서 설법할 때 즐거운 말씨에 허물이 없어서 법을 듣는 이로 하여금 묘한 지혜가 열리게 하므로 지금 생에서 총명한 큰 지혜[聰明大智]와 복덕의 과보를 얻는 것을 말한다.

여래의 가르침은 위와 가운데와 아래가 다 좋은 법의 말씀이다. 이 수트라의 가르침을 설하고 따라 행하는 앞세상의 진리 그대로의 행과 복덕의 행으로 뒷세상 단정한 모습, 풍요로운 삶, 좋은 이름, 밝은 지혜 등의 빼어난 과보가 따른다.

그러나 지금의 행이 찰나 뒤에는 과거의 행이 되는 것이니, 경이 과거생의 행으로 현생의 과보가 있다고 설함이 실은 현재 짓는 바른 행이 뒤의 좋은 과보 불러옴을 말하고 있는 것이다. 또한 함이 없는 출세간의 복은 함이 있는 세간의 행을 떠나 있는 것이 아니다.

그러므로 참된 법사가 앞의 행에 실로 지음이 없고 뒤의 과보에 취할 것이 없음을 알아 설함 없이 법을 설하고 짓되 지음 없이 복덕의 행을 지으면, 법사가 짓는 온갖 복덕의 행은 설한바 연기의 실상 그대로 모습 없는 실상[無相實相]의 복덕이 되고 다함없고 샘이 없는 복덕[無漏福德]이 된다.

세존이시여, 세존이 말한 법사란 어떤 이입니까

이와 같이 내가 들었다.

한때 붇다께서 슈라바스티 국 제타 숲 '외로운 이 돕는 장자의 동산'에 계셨다.

그때 어떤 비구가 붇다께 찾아와 붇다의 발에 머리를 대 절하고 물러나 한쪽에 서서 붇다께 말씀드렸다.

"세존께서는 법사를 말씀하시는데 어떤 이를 법사라고 합니까?"

붇다께서 그 비구에게 말씀하셨다.

"참 잘 묻고 잘 물었다. 너는 지금 여래가 말한 법사의 뜻을 알고 싶으냐?"

비구가 붇다께 말씀드렸다.

"그렇습니다, 세존이시여."

붇다께서 비구에게 말씀하셨다.

"자세히 듣고 잘 사유하라. 너를 위해 말해주겠다.

만약 물질에서 '이것은 즐거하지 않음[厭]을 내야 하고, 탐욕 떠나야 할 법[離欲]이며, 사라져 다해 고요한 법[滅盡寂靜法]이다'라고 말한다면, 이를 법사라 한다.

만약 느낌·모습 취함·지어감·앎에서 '이것은 즐거하지 않음을 내야 하고, 탐욕 떠나야 할 법이며, 사라져 다해 고요한 법이다'라고 말한다면, 이를 법사라 한다.

이것을 여래가 말하는 법사라고 이름한다."

그때 그 비구는 붇다의 말씀을 듣고 뛸듯이 기뻐하며 절하고 물러
갔다.

- 잡아함 26 선설법경(善說法經)

• 해설 •

법으로 세간에 보시하는 이가 법사이고, 실상 그대로의 법의 말[法說]과
니르바나를 향하는 뜻의 말[義說]로 세간을 안락케 하고 세간을 아름답게
가꾸는 이가 법사이다.

법사의 법의 말은 있되 공한 연기의 실상 곧 '다섯 쌓임의 사라져 다해 고
요한 법'을 밝히는 말이니, 말하되 말함이 없고 말함이 없되 말 없는 말로 세
간을 장엄한다.

법사의 뜻의 말은 번뇌의 얽매임과 미망의 어두움에 잠긴 중생을 해탈의
저 언덕에 이끄는 말이니, 갖가지 방편을 내고 해탈의 수레를 보여 집착과
탐욕을 떠나 본래 고요한 니르바나의 성에 이끈다.

곧 법사는 비록 법의 말, 뜻의 말을 하되 말함과 말하는 바가 없고, 말함
없되 진여의 고요함을 떠남 없이 말 없는 말로 세간 중생을 니르바나에 이
끄니, 그가 법의 은혜 닦는 이이고 법의 보시 닦아 세간을 풍요에 이끄는 이
이다.

『화엄경』(「보현행품」) 또한 법의 말과 뜻의 말로 중생을 해탈의 저 언덕
에 이끄는 보디사트바의 길을 다음과 같이 가르친다.

여래의 땅에 이미 선 보디사트바
청정하여 걸림이 없는 생각과
끝이 없고 걸림이 없는 지혜로
법계를 잘 분별해 말해주어서

해탈의 저 언덕에 이르게 하네.

淸淨無礙念　無邊無礙慧

分別說法界　得至於彼岸

「십인품」(十忍品) 또한 말과 말 없음을 넘어선 보디사트바 법사의 설법
행을 이렇게 말한다.

법을 잘 말하는 보디사트바는

법이 말에 있지 않음을 알아

잘 말 없는 바탕에 들어가지만

법의 말을 잘 보일 수 있으니

메아리가 세간에 두루함 같네.

了法不在言　善入無言際

而能示言說　如響遍世間

보디사트바는 남이 없는 참음 얻어

깨끗한 소리로 세간 교화하니

좋은 방편으로 삼세를 말하지만

삼세의 세간에 집착하는 바 없네.

菩薩獲此忍　淨音化世間

善巧說三世　於世無所著

보시 가운데 법보시가
가장 높고 으뜸가니

이와 같이 들었다.

한때 붇다께서는 슈라바스티 국 제타 숲 '외로운 이 돕는 장자의 동산'에 계셨다.

그때 세존께서 여러 비구들에게 말씀하셨다.

"이 두 가지 보시가 있다. 어떤 것이 그 두 가지인가?

법의 보시[法施]와 재물의 보시[財施]를 말한다.

여러 비구들이여, 온갖 보시 가운데서 높은 것도 법의 보시를 지나지 않는다.

그러므로 여러 비구들이여, 늘 법의 보시를 배워야 한다.

이와 같이 여러 비구들이여, 반드시 이렇게 배워야 한다."

그때 여러 비구들은 붇다의 말씀을 듣고 기뻐하며 받들어 행하였다.

재물의 업 배우지 말고 법의 업을 배우라

이와 같이 들었다.

한때 붇다께서는 슈라바스티 국 제타 숲 '외로운 이 돕는 장자의 동산'에 계셨다.

그때 세존께서 여러 비구들에게 말씀하셨다.

"이 두 가지 업이 있다. 어떤 것이 그 두 가지인가?

법의 업[法業]과 재물의 업[財業]을 말한다.

업 가운데 높은 것도 법의 업을 지나지 않는다.

그러므로 여러 비구들이여, 법의 업을 배우고 재물의 업을 배우지 말아야 한다.

이와 같이 여러 비구들이여, 반드시 이렇게 배워야 한다."

그때 여러 비구들은 붇다의 말씀을 듣고 기뻐하며 받들어 행하였다.

법의 은혜를 닦아 행하라

이와 같이 들었다.

한때 붇다께서는 슈라바스티 국 제타 숲 '외로운 이 돕는 장자의 동산'에 계셨다.

그때 세존께서 여러 비구들에게 말씀하셨다.

"이 두 가지 은혜[恩]가 있다. 어떤 것이 그 두 가지인가?

법의 은혜와 재물의 은혜를 말한다.

은혜 가운데 높은 것도 법의 은혜를 지나지 않는다.

그러므로 여러 비구들이여, 법의 은혜를 닦아 행해야 한다.

이와 같이 여러 비구들이여, 반드시 이렇게 배워야 한다."

그때 여러 비구들은 붇다의 말씀을 듣고 기뻐하며 받들어 행하였다.

• 증일아함 15 유무품(有無品) 三 ~ 五

• 해설 •

세 경이 모두 중생에게 베풀고 은혜 갚는 길에 재물의 길과 법의 길이 있음을 보이고, 법을 베풂과 법으로 은혜 갚음이 빼어남을 보이고 있다.

법으로 베풂은 여래의 법의 말과 뜻의 말을 설해 중생의 미혹을 깨뜨려 지혜를 드러내고, 중생의 속박의 삶을 풀어줘 니르바나의 길을 보임이며, 불안과 고통에 시달리는 중생에게 두려움 없음과 삶의 평화를 안겨줌이다.

그러나 재물의 보시를 떠나 법의 보시가 따로 있다고 보아서는 안 되니, 재물을 베풀되 주는 나와 받는 너와 주는 물건이 모두 공적한 실상을 깨우쳐주는 곳에 법보시의 길이 있다.

『화엄경』(「십인품」)은 늘 법보시로 스스로 해탈하고 더불어 살아가는 뭇 삶들을 해탈시키는 마하사트바(mahāsattva, 大心衆生)의 길을 다음과 같이 말한다.

> 말씀대로 행하는 보디사트바
> 붇다의 법을 오롯이 생각해
> 일찍이 흩어져 움직임 없이
> 자비와 크나큰 원의 마음과
> 방편으로 이 세간을 살아가네.
>
> 專念於佛法　未嘗有散動
> 而以悲願心　方便行於世
>
> 부지런히 열 가지 힘을 구하여
> 이 세간에 살지만 머물지 않고
> 감이 없고 또한 옴이 없이
> 방편으로 법을 잘 설해주도다.
>
> 勤求於十力　處世而不住
> 無去亦無來　方便善說法

「십회향품」 또한 법의 보시자가 되고 법의 인도자가 되어 세간에 온갖 공덕 회향하는 보디사트바의 행을, 다음과 같이 말한다.

보디사트바는 법의 큰 인도자되어
깊고 깊어 얻기 어려운 법 열어 보이고
시방의 한량없는 중생 이끌어서
바른 법 가운데 편히 머물게 하네.

菩薩爲法大導師　開示甚深難得法
引導十方無量衆　悉令安住正法中

세간의 인도자 보디사트바는
늘 만나기 어려운 법의 시주되어
법에 드는 교묘한 방편 밝게 알아
법의 빛 청정하게 그 마음 비추니
세간에 설법하되 늘 두려움 없네.

常爲難遇法施主　了知入法巧方便
法光淸淨照其心　於世說法恒無畏

2 바르게 법 설하는 법사행

법사는 스스로 법사이지 않다. 진리 그대로 아는 지혜[如實知]와 진실 그대로의 말[如實言]을 말함 없이 말하는 행이 법사를 법사이게 한다.

여래의 가르침을 온전히 받아 지녀 읽고 외우며 남을 위해 해설하는 법사가 이 세간에 바른 언교를 세워내고 오탁의 세간에 법의 깃발을 세운다. 뿐만 아니라 바른 지혜와 사마디의 행으로 나와 중생을 해탈에 이끄는 마하사트바의 행이 세간에 법사를 출생시킨다.

'중도와 치우침을 가려 말하는 논'[辯中邊論]은 법사의 열 가지 법행[十法行]을 다음과 같이 보인다.

첫째, 붓다께서 말씀한 수트라와 비나야와 아비다르마를 베껴 쓰고 유포해 끊어지지 않게 함[書寫]이다.

둘째, 붓다의 수트라가 있는 곳을 붓다의 사리 모신 곳처럼 공경하고 존중히 공양함[供養]이다.

셋째, 들은바 법을 남을 위해 연설하려 하므로 경권을 남에게 주어 남을 이익되게 함[施他]이다.

넷째, 남이 온갖 경법을 읽고 외우거나 해설하는 것을 자세히 들어 기뻐함[諦聽]이다.

다섯째, 붇다께서 설하신 수트라를 때로 늘 펼쳐 읽어 손을 풀지 않음[披讀]이다.

여섯째, 붇다께서 설하신 교법을 스승을 따라 받아 지니어 잃지 않음[受持]이다.

일곱째, 여래께서 설하신 바른 법을 때로 늘 열어 보이고 연설하여 사람들이 믿어 알게 함[開演]이다.

여덟째, 여래께서 설하신 온갖 도의 법을 읊조려 외우고 펴서 드날려, 깨끗한 소리가 맑게 사무쳐 사람들이 즐겁게 듣도록 함[諷誦]이다.

아홉째, 여래께서 설하신 온갖 법의 뜻을 깊이 사유해 기억해 잊지 않음[思惟]이다.

열째, 여래께서 설하신 법에 의해 정밀히 닦아 익혀 위없는 도의 과덕을 이룸[修習]이다.

법사의 열 가지 법다운 행은 먼저 스스로 실상 그대로의 언어인 수트라 · 비나야 · 아비다르마를 늘 받아 지니고 외우며, 그 뜻을 사유해 말에 말 없고 모습에 모습 없는 법계의 실상에 돌아가야 한다.

그리하여 여래의 공적한 진여의 방, 실상의 땅을 떠남 없이 세간 중생을 위해 말 없는 법의 말을 일으켜 중생을 해탈의 땅에 이끌어야 한다.

이렇게 보면 말과 문자의 공성(空性)을 통달해 말과 문자를 취하

지 않되 말과 문자를 버리지 않고 해탈의 행에 나아가는 이가 법사
이니, 말을 끊고 보디 찾는 이들을 어찌 여래의 심부름꾼인 보디사
트바 법사라 말할 것인가.

언어가 공한 줄 알지만 세간의 언어로 실상의 도 말하는 보디사트
바의 행을 『화엄경』(「십인품」)은 이렇게 말한다.

언어의 길을 깨달아 알면
음성의 모습 갖추게 되니
소리의 성품 공적한 줄 알되
세간의 소리로 설법하도다.

了知言語道 具足音聲分
知聲性空寂 以世言音說

말의 진실을 알아 말에서 말을 떠나면 도리어 한 말 속에서 한량
없는 말을 쓸 수 있으니, 「이세간품」은 이렇게 말한다.

보디사트바는 한 음성 가운데서
온갖 음성 갖추어 연설하여
중생의 갖가지 언어의 법을
부류 따라 다 지을 수 있네.

一音中具演 一切諸言音
衆生語言法 隨類皆能作

현성의 말 없음을 떠나지 말고 잘 설법하라

이와 같이 들었다.

한때 붓다께서는 슈라바스티 국 제타 숲 '외로운 이 돕는 장자의 동산'에 계셨다.

그때 많은 비구들은 공양을 마치고 모두 널리 모이는 강당[普會講堂]에 모여 이런 논의를 하였다.

'수메루 산은 너무나 넓고 커서 어떤 산도 그에 미치지 못한다. 매우 기이하고 뛰어나며 넓고 크고 아주 험준하다. 비록 이와 같으나 오래지 않아 모두 부서져 나머지가 없게 된다.

수메루 산에 의지해 다시 큰 산들이 있지만 그것 또한 부서져 깨진다.'

그때 세존께서는 '하늘귀'[天耳]로 비구들의 이런 이야기 들으시고, 곧 자리에서 일어나 그 강당으로 가 자리에 앉으셨다.

그때 세존께서 비구들에게 말씀하셨다.

"너희들은 여기 모여 무슨 이야기를 하고 있었느냐? 무슨 일을 하려고 하느냐?"

비구들은 말씀드렸다.

"여러 사람들이 여기 모여 법을 이야기하고 있었습니다. 지금껏 토론해 말한 것은 모두 스스로 법다운 것입니다."

법을 말함과 현성의 말 없음, 두 일 버리지 말도록 당부하심

세존께서 말씀하셨다.

"좋다. 비구들이여, 너희들은 집을 나온 사람이니 반드시 법을 논해야 하고 또한 현성의 말 없음을 버리지 않아야 한다. 왜냐하면 비구들은 한곳에 모이면 두 가지 일을 해야 하기 때문이다.

어떤 것이 두 가지인가? 첫째 함께 법을 논하는 것이요, 둘째 현성의 말 없음이다.

너희들이 이 두 가지를 아울러 논한다면 끝내 안온함을 얻고 때에 맞음[時宜]을 놓치지 않을 것이다.

너희들은 아까 어떤 법다운 뜻[如法之義]을 논의하였느냐?"

비구들은 말씀드렸다.

"저희들은 이곳에 모여 이런 이야기를 나누었습니다.

'매우 기이하고 매우 뛰어나다. 이 수메루 산은 아주 높고 넓고 크다. 그러나 이 수메루 산이 비록 이와 같으나 오래지 않아 무너져 부서지며, 또 그 주위의 철위산(鐵圍山, akravāḍa-parvata) 또한 이와 같이 부서져 무너질 것이다.'

아까 저희들은 이곳에 모여 이런 법다운 이야기를 나누었습니다."

세간의 모습 있는 경계는 끝내 무너짐을 보이심

세존께서 말씀하셨다.

"너희들은 이 세간의 경계가 무너져 부서지는 변화를 듣고 싶으냐?"

비구들은 세존께 말씀드렸다.

"지금이 바로 이때입니다. 세존께서 바로 말씀하시어 중생들이 마음에 해탈을 얻도록 해주시길 바랍니다."

"너희들은 잘 사유하고 생각해 마음속에 깊이 간직하라."

비구들은 세존께 말씀드렸다.

"그렇게 하겠습니다, 세존이시여."

비구들이 붇다의 분부를 받아들으니 세존께서는 말씀하셨다.

"수메루 산은 아주 넓고 커서 뭇 산들이 그에 미치지 못한다.

비구들이여, 수메루 산을 알고 싶은가? 물 위로 나온 높이가 팔만 사천 요자나요, 물속에 들어간 깊이 또한 팔만 사천 요자나다. 그 수메루 산은 금 · 은 · 수정 · 유리의 네 가지 보배로 되어 있고, 그 네 모서리도 금 · 은 · 수정 · 유리의 네 가지 보배로 되어 있다.

금의 성에는 은의 둘레이고, 은의 성에는 금의 둘레이고, 수정의 성엔 유리의 둘레이고, 유리의 성엔 수정의 둘레이다."

(중략)

업과 소유의 다툼으로 인해 종족이 분별됨을 보이심

"비구들이여, 알아야 한다. 그때 도둑으로 말미암아 산목숨 죽임이 있게 되었고, 산목숨 죽임으로 말미암아 칼과 몽둥이가 생겼다.

이때 크샤트리아 주인은 백성들에게 말하였다.

'단정하고 재주가 뛰어난 자가 있으면 그로 하여금 이 백성들을 거느리도록 하겠다.'

또 말하였다.

'남의 물건을 훔치는 자가 있으면 그로 하여금 그 죄를 다스리게 하겠다.'

그때부터 바이샤(vaiśya) 종성이 이 세상에 나오게 되었다. 그때 여러 중생들은 생각하였다.

'오늘 중생들이 서로를 죽이는 것은 다 그 업 때문에 그런 것이다. 지금 가서 그들을 위해 두루 도우면서 스스로 살아가는 것이 좋겠다.'

그래서 그때부터 수드라(śūdra) 종성이 이 세상에 나타났다."

그때 세존께서는 곧 이 게송을 말씀하셨다.

처음 크샤트리아 종성이 있게 되었고
그 다음 브라마나 있게 되었으며
다음 세 번째는 그 이름 바이샤
또 다음엔 수드라 종성 있게 되었네.

이 네 가지 종족의 성이 있게 되어
차츰 서로 이어 나가게 되었으니
그들은 모두 하늘에서 받아온 몸
모두가 같은 한 빛깔이로다.

"비구들이여, 알아야 한다. 그때 죽이고 훔치는 마음이 있게 되자 다시는 저절로 난 그 멥쌀이 완전히 없어졌다.

그때 곧 다섯 가지 곡식알이 있게 되었다. 첫째는 뿌리씨앗, 둘째는 줄기씨앗, 셋째는 가지씨앗, 넷째는 꽃씨앗, 다섯째는 열매씨앗과 또 그밖에 다른 방법으로 자라는 씨앗이다.

이것을 다섯 가지 씨앗이라 하는데, 이것들은 다 다른 나라에서 바람에 날려 온 것으로서 그것을 취해 씨앗으로 삼아 스스로 살아가게 되었다."

좌선하여 해탈하도록 당부하심

"이와 같이 비구들이여, 세상에는 이런 징조가 있고 태어남·늙음·병듦·죽음이 있어 오늘날 '다섯 쌓임의 이 몸'[五盛陰身]이 있게 되었고, 괴로움을 벗어나지 못하게 되었다.

이것이 곧 겁이 이루어지고 무너지는 때의 변화이다.

내가 너희들에게 한 말은 모든 붇다 세존들께서도 늘 행하신 바로서, 이제 너희들에게 모두 말하였다.

너희들은 고요한 곳에 한가히 지내기를 즐기고, 좌선을 생각해 게으름을 내지 말아야 한다. 지금 진실하게 정진하지 않고[今不精誠] 뒤에 뉘우쳐도 아무 이익이 없다.

이것이 내가 가르쳐 깨우침[教誨]이다."

그때 여러 비구들은 붇다의 말씀을 듣고 기뻐하며 받들어 행하였다.

• 증일아함 40 칠일품(七日品) －

• 해설 •

거룩한 상가의 대중은 오직 법다운 말로 법에 대해 논의하고 그밖에는 거룩한 침묵을 지켜야 한다. 더 나아가 잘 법을 말하는 이는 말하되 말함이 없고 말함 없이 법의 말을 말해야 한다.

여래의 지혜의 눈으로 보면 저 수메루 산처럼 크고 높은 것도 인연으로 난 것은 덧없어 끝내 사라진다. 그러므로 큼이 있고 작음이 있는 법 가운데 큰 것을 논하지 말고, 오직 좌선하여 나고 사라짐 가운데 남이 없음[無生]을 체달하여 비할 바 없는 지혜의 크고 높은 세계에 들어가야 한다.

세간 족성의 차별도 원래 정해진 것이거나 하늘이 정해놓은 것이 아니라, 소유의 다툼과 갈등으로 지배권력을 가진 자가 생기므로 지배받는 자가 생겨서 크샤트리아 종족이 있게 되고, 재물을 많이 가진 자가 생기므로 못 가진 자가 생겨서 바이샤·수드라 등이 있게 된 것이다. 그러나 그 모두는 한 빛깔의 몸이고 여래장(如來藏)인 중생이다.

중생의 차별이 실로 있는 차별이 아니라 업으로 인해 생긴 차별이므로, 오직 좌선하여 이 족성에 갇힌 몸과 크고 작음이 있는 세간법의 모습에서 해탈하여 여래장의 몸[如來藏身], 법의 몸[法身]에 돌아가야 한다.

그렇다면 어떻게 남이 있고 죽음이 있는 중생의 몸을 벗어나 법의 몸을 이룰 것인가. 허깨비인 줄 알면 벗어나는 것이니, 나고 죽음의 몸을 끊고 법의 몸을 얻는 것이 아니다.

곧 중생의 몸이 허깨비와 같아 중생이 중생 아님을 아는 자가 번뇌의 몸[煩惱身]을 돌이켜 법의 몸이 되게 하고, 말과 말 없음이 둘이 아닌 중도의 삶을 살 수 있으니, 『화엄경』(「십인품」)은 이렇게 가르친다.

비유하면 교묘한 환술장이가
널리 모든 빛깔과 모습 나타내
뭇 사람들 탐착해 즐기게 하나
마쳐 다해 얻을 것 없음 같네.

譬如工幻師　普現諸色像
徒令衆貪樂　畢竟無所得

잘 행하는 보디사트바 또한
모든 중생을 건네 해탈케 하여
법이 허깨비 같음 알게 하네.
중생은 허깨비와 다르지 않으니
중생의 진실 허깨비임을 깨치면
그 어디에도 중생의 모습 없어라.

度脫諸衆生　令知法如幻
衆生不異幻　了幻無衆生

수트라의 가르침처럼 설법하여 중생을 건네줌은 중생 스스로 세간법이 허깨비 같음을 깨달아 허깨비를 여의고 니르바나의 땅에 나아가도록 하는 것이니, 경은 다시 말한다.

중생과 의지해 사는 국토
삼세에 있는 모든 법이
이처럼 모두 나머지 없이
온갖 것은 다 허깨비 같도다.

衆生及國土 三世所有法
如是悉無餘 一切皆如幻

잘 행하는 보디사트바는
세간을 이롭게 하기 위해
뜻을 오롯이해 보디 구하여
늘 법의 성품에 들어가니
그 모든 것에 분별없도다.

爲欲利世間 專意求菩提
而常入法性 於彼無分別

비구들이여, 법 설하기 쉬운 사람과
어려운 사람이 있다

이와 같이 들었다.

한때 붇다께서는 슈라바스티 국 제타 숲 '외로운 이 돕는 장자의 동산'에 계셨다.

그때 세존께서 여러 비구들에게 말씀하셨다.

"두 사람에게는 법의 말[法語]을 잘 말해줄 수가 없다. 누가 그 두 사람인가?

믿음이 없는 사람에게 믿음의 법[信法]을 말해주는 것, 이 일은 매우 어렵다. 아끼고 탐내는 사람에게 보시의 법[施法]을 말해주는 것, 이 일은 매우 어렵다.

만약 다시 비구들이여, 믿음이 없는 사람에게 믿음의 법을 말해주면 그는 곧 성냄을 일으키고 해칠 마음을 일으킬 것이다.

마치 사나운 개에게 코까지 다치게 하면 개는 곱절이나 더 성을 내는 것과 같다. 여러 비구들이여, 이 또한 이와 같다. 믿음이 없는 사람에게 믿음의 법을 말해주면 그는 성냄을 일으키고 해칠 마음을 일으킬 것이다.

또 비구들이여, 만약 아끼고 탐내는 사람에게 보시의 법을 말해주면 그는 곧 성냄을 일으키고 해칠 마음을 일으킬 것이다. 마치 종기가 아직 곪지도 않았는데 다시 칼로 째면 그 아픔을 참을 수 없는 것처럼, 아끼고 탐내는 사람에게 보시의 법을 말해주면 그는 더욱 성냄을 일으키고 해칠 마음을 일으킬 것이다.

이것을 비구들이여, '두 사람에게는 법을 말해주기 어렵다'고 하는 것이다."

믿음과 보시의 법 말하기 쉬운 사람을 보이심

"또 비구들이여, 두 사람에게는 법을 말해주기가 쉽다. 누가 그 두 사람인가?

믿음이 있는 사람에게 믿음의 법을 말해주는 것과 아끼거나 탐내지 않는 사람에게 보시의 법을 말해주는 것이다.

만약 비구들이여, 믿음이 있는 사람에게 믿음의 법을 말해주면 그는 곧 기쁨을 얻어 마음이 변하거나 뉘우치는 일이 없을 것이다.

마치 병이 있는 사람에게 병을 없애는 약을 말해주면 그는 곧 평상시처럼 병이 회복되는 것과 같다. 이 또한 이와 같아 믿음이 있는 사람에게 믿음의 법을 말해주면 곧 기쁨을 얻어 마음을 바꾸거나 변하는 일이 없을 것이다.

만약 다시 탐욕이 없는 사람에게 보시의 법을 말해주면 그는 곧 기쁨을 얻어 뉘우치는 마음이 없을 것이다. 마치 얼굴이 단정한 어떤 남녀가 스스로 목욕하고 세수하기를 좋아하는데, 어떤 사람이 아름다운 꽃을 가지고 와서 그들에게 받들어 올리면 그 얼굴빛이 곱절이나 환해지는 것과 같다.

다시 어떤 사람이 좋은 옷과 입을 것을 그 사람들에게 받들어 올리면 그들은 그 옷을 받고 더욱 기뻐하는 것과 같다. 이 또한 이와 같아 아끼거나 탐내지 않는 사람에게 보시의 법을 말해주면 그는 곧 기쁨을 얻어 뉘우치는 마음이 없을 것이다.

이것을 비구들이여, '두 사람에게는 법을 말해주기 쉽다'고 하는 것이다.

그러므로 여러 비구들이여, 반드시 믿음 있음을 배우고 또한 보시를 배워야 할 것이요, 아끼거나 탐내는 마음이 없게 해야 한다.

이와 같이 여러 비구들이여, 반드시 이렇게 배워야 한다."

그때 여러 비구들은 붇다의 말씀을 듣고 기뻐하며 받들어 행하였다.

• 증일아함 20 선지식품(善知識品) 九

• 해설 •

법을 말하는 사람[說法人]은 그 법을 듣는 이[聽法人]의 근기와 병통에 따라서 법을 말해야 잘 말함[善說]이 된다. 듣는 이에 맞추어 가르침의 약을 쓰지 않으면 말해주는 법이 좋은 법[善法]이 되지 못한다.

보디의 길에서 믿음이 공덕의 씨앗이 되고 보시가 온갖 풍요의 바탕이 된다. 그렇지만 믿음이 없는 이에게 믿음의 법을 말하는 것은 어렵고 탐내는 이에게 베풂의 법을 말하는 것은 어렵다. 그에 비해 믿음 있는 이에게 믿음의 법을 말하는 것은 쉽고 아낌 없고 탐냄 없는 이에게 베풂의 법 말하는 것은 쉽다.

그러므로 공덕의 밭에 믿음의 씨앗을 뿌리고 복덕의 밭에 베풂의 씨앗을 뿌리려면, 가르침을 받아들이는 바탕이 무르익기를 기다려 법의 씨앗을 내려야 공덕의 열매와 복덕의 열매를 얻게 될 것이다.

이것이 사람의 근기에 맞추어 '사람을 위하는 실단의 법'[爲人悉壇]이고 다스려야 할 병에 따라 '법의 약을 써서 다스리는 실단의 법'[對治悉壇]이다. 사람을 위한 실단, 마주해 다스리는 실단, 세계실단(世界悉壇)의 방편법을 잘 쓰면 끝내 방편의 법은 '으뜸가는 뜻의 실단'[第一義悉壇]에 돌아갈 것이다. 실단(悉壇, siddhānta)의 법을 잘 알아 쓰는 이, 그가 잘 말하는 법사[善說法師]이고, 잘 사람을 이끌어 해탈의 언덕에 이끄는 사람이다.

언제나 법보시를 즐겨 하고 이익됨을 탐내지 말라

이와 같이 들었다.

한때 붓다께서는 슈라바스티 국 제타 숲 '외로운 이 돕는 장자의 동산'에 계셨다.

그때 세존께서 여러 비구들에게 말씀하셨다.

"늘 법을 보시해야 하니, 먹을 것 보시[食施]를 익히지 말라.

왜 그렇게 말하는가. 너희들에겐 지금 과보(果報)의 도움이 있기 때문에, 나는 내 제자들로 하여금 법을 공경하고 이익됨[利養]을 탐내지 않도록 하는 것이다.

만약 이익됨을 탐하면 곧 여래 계신 곳[如來所]에 큰 허물이 있게 될 것이다. 왜냐하면 그것은 다음과 같다.

중생들은 법을 분별하지 못하여 세존의 가르침을 헐뜯을 것이요, 이미 세존의 가르침을 헐뜯고 나면 뒤에 다시는 니르바나의 길에 이르지 못할 것이다.

그러면 나에게는 곧 부끄러움이 있게 된다. 왜 그런가. 여래의 제자로서 이익됨을 탐착하여 법을 행하지 않고 법을 분별하지 못하면 세존의 가르침을 헐뜯고 바른 법을 따르지 않으며, 이미 세존의 가르침을 헐뜯고 나면 다시는 니르바나의 길에 이르지 못하기 때문이다.

그러므로 지금 비구들이여, 법보시[法施]를 생각해야 하고, 탐욕에 물든 물질보시[欲施]를 생각지 말아야 한다. 그러면 좋은 이름이 사방에 널리 들리게 되고, 법을 공경하고 재물을 탐내지 않으면 여기에는 부끄러움이 없을 것이다.

왜냐하면 여래의 제자는 법보시를 좋아하고 탐욕에 물든 물질보시 탐착하지 않기 때문이다.

이것을 비구들이여, '법보시하기를 생각해야 하고 재물보시 배우지 말아야 한다'고 하는 것이다. 너희 비구들이여, 나는 이 뜻이 공덕의 원인[囚]이 된다고 말하니, 무슨 뜻으로 나는 이 인연을 말하였는가?"

그때 여러 비구들이 세존께 말씀드렸다.

"세존께서 일마다 낱낱이 분별하여주시길 바랍니다."

법보시 행하기를 당부하고 두 비구의 보기를 들어보이심

그때 세존께서 여러 비구들에게 말씀하셨다.

"옛날 어떤 사람이 나를 청해 공양하였다. 그리고 나는 그때 버려야 할 남은 음식이 있었다. 때마침 두 비구가 먼 곳에서 왔는데, 그들은 몸이 아주 위독하여 얼굴빛마저 변했다.

그때 나는 그 비구들에게 이렇게 말하였다.

'여기 남은 음식이 있는데 버려야 한다. 때를 따라 필요한 것을 가져다 먹고 몸을 유지해라.'

그때 한 비구는 이렇게 생각하였다.

'세존께서 오늘 남은 음식이 있어 버려야 하니 때를 따라 필요한 것을 가져다 먹으라고 하신다. 설령 우리가 그것을 먹지 않는다 하더라도 곧 이 음식은 깨끗한 땅에 버려지거나 또는 물에 던져지게

될 것이다. 그러니 우리는 그 음식을 가져다 먹고 빈 배를 채우고 기운을 차리자.'

그때 그 비구는 다시 이렇게 생각하였다.

'붇다께서는 또한 이렇게 말씀하셨다.

〈법보시를 행하고 탐욕에 물든 물질보시[思欲之施]를 행하지 말라. 왜냐하면 보시 가운데 높은 것도 재물보시를 지나지 않지만, 그러나 또 법을 보시하는 것이 그 가운데서도 가장 높기 때문이다.〉

나는 지금 날이 다하도록 먹지 않아도 견디어 스스로 지낼 수 있다. 꼭 저 믿음 있는 시주의 복(福)을 받을 것이 없다.'

그래서 그 비구는 곧 스스로 그 뜻을 쉬고 그 보시를 가져오지 않았고, 몸이 아주 위독했지만 스스로 그 목숨을 돌아보지 않았다.

그때 두 번째 비구는 이렇게 생각하였다.

'세존께서는 남은 음식이 있어서 버려야 하는 것이다. 우리가 그 것을 가져다 먹지 않으면 매우 위독해질 것이다. 지금 이 밥을 가져다 먹고 빈 배를 채우고 기운을 차리면 편안할 것이다.'

그때 그 비구는 그 밥을 가져다 먹고 밤낮으로 안온하여 기운과 힘이 채워졌다."

붇다께서 여러 비구들에게 말씀하셨다.

"그 비구는 그 공양을 가져다 먹고 허기를 없애고 기운과 힘이 채워졌지만, 공경할 만하고 귀하게 모실 만하며 매우 존중할 만한 앞의 비구만 같지 못하다.

앞에서 말한 비구는 기나긴 밤 동안 좋은 이름이 멀리 들리고 바른 비나야[律]에 의해 만족할 줄 알아 쉽게 채워지고 쉽게 가득해졌다.

여러 비구들이여, '법보시를 배워야 하고 탐욕에 물든 보시를 배우지 말아야 한다'고 내가 앞에서 말한 것은 이런 인연 때문이다."

그때 세존께서는 이런 말씀을 하시고는 곧 자리에서 일어나 떠나가셨다.

법보시의 공덕 찬탄하신 세존의 뜻을 사리푸트라에게 물음

그때 많은 비구들이 이렇게 생각하였다.

'아까 세존께서는 그 요점만 간략히 말씀하셨을 뿐 끝내 널리 보이지 않으시고 곧 자리에서 일어나 고요한 방[寂靜室]으로 들어가셨다. 지금 이 대중들 가운데 누가 이 간략하게 말씀하신 뜻에 대하여 널리 그 뜻을 자세히 설명해줄 수 있을까?'

이때 많은 비구들은 이렇게 생각하였다.

'지금 저 존자 사리푸트라는 세존께서 칭찬하는 분이다. 우리 다 같이 저 사리푸트라 있는 곳에 가보자.'

이때 많은 비구들은 곧 사리푸트라 있는 곳에 찾아가 서로 같이 절하고 한쪽에 앉았다. 많은 비구들은 세존께 들은 일을 다 사리푸트라에게 말하였다.

이때 존자 사리푸트라가 여러 비구들에게 말하였다.

"어떤 것이 세존의 제자로서 이익됨[利養]만을 탐착하여 법을 닦아 행하지 못하는 것이며, 어떤 것이 세존의 제자로서 법을 닦아 행하고 이익됨을 탐하지 않는 것이오?"

그때 많은 비구들이 사리푸트라에게 말했다.

"우리들은 멀리서 와 그 뜻을 물어서 닦아 행하려 합니다. 존자 사리푸트라께서는 말씀해주실 수 있는 분이니, 우리에게 그 뜻을 널리 연설해주십시오."

법보시를 닦아 행하지 못하는 장로와
젊은 비구들의 부끄러움을 분별해 보임

사리푸트라가 말하였다.

"자세히 듣고 자세히 들어 잘 사유하고 생각하시오. 내 그대들에게 그 뜻을 연설해주겠소."

그때 많은 비구들이 대답하였다.

"그렇게 하겠습니다."

사리푸트라가 말하였다.

"세존의 제자로서 배워야 할 것은 고요한 곳에서 편안함을 생각하는 것인데, 성문제자들이 이와 같이 배우고 있지 않소. 세존께서는 반드시 없애야 할 법들을 가르치시는데, 여러 비구들은 그것을 없애지 않고 있소.

그리고 그 가운데서 게으름을 피우고 여러 어지러운 생각을 일으켜, 해야 할 일은 기꺼이 행하지 않고 해서는 안 될 일은 곧 그것을 닦아 행하오.

그때 여러 장로비구들은 세 가지 곳에서 곧 부끄러움이 있게 되오. 어떤 것이 그 세 가지냐 하면 다음과 같소.

세존께서는 늘 고요한 곳[寂靜之處]을 좋아하시는데, 성문들이 이렇게 배우지 않으니[不作是學] 장로비구들에게는 곧 부끄러움이 있게 되오.

세존께서는 사람들에게 이 법을 없애야 한다고 가르치시는데, 비구들은 이 법을 없애지 않으니[不滅此法] 장로비구들에게는 곧 부끄러움이 있게 되오.

그리고 그 가운데서 어지러운 생각을 일으켜 뜻이 하나에 오롯이

하지 못하니[意不專一] 장로비구들에게는 곧 부끄러움이 있게 되오.

여러 어진 이들이여, 알아야 하오. 가운데 나이의 비구도 세 가지 곳에서 곧 부끄러움이 있게 되오. 어떤 것이 그 세 가지냐 하면 다음과 같소.

세존께서는 늘 고요한 곳을 좋아하시는데, 성문들이 이렇게 배우지 않으니 가운데 나이의 비구들에게는 곧 부끄러움이 있게 되오.

세존께서는 사람들에게 이 법을 없애야 한다고 가르치시는데, 비구들은 이 법을 없애지 않으니 가운데 나이의 비구들에게는 곧 부끄러움이 있게 되오.

그리고 그 가운데서 어지러운 생각을 일으켜 뜻이 하나에 오롯이 하지 못하니, 가운데 나이의 비구들에게는 곧 부끄러움이 있게 되오.

여러 어진 이들이여, 알아야 하오. 나이 젊은 비구도 세 가지 곳에서 곧 부끄러움이 있게 되오. 어떤 것이 그 세 가지냐 하면 다음과 같소.

세존께서는 늘 고요한 곳을 좋아하시는데, 성문들이 이렇게 배우지 않으니 나이 젊은 비구들에게는 곧 부끄러움이 있게 되오.

세존께서는 사람들에게 이 법을 없애야 한다고 가르치시는데, 비구들은 이 법을 없애지 않으니 젊은 나이의 비구들에게는 곧 부끄러움이 있게 되오.

그리고 그 가운데서 어지러운 생각을 일으켜 뜻이 하나에 오롯이 하지 못하니, 젊은 나이의 비구들에게는 곧 부끄러움이 있게 되오.

이것을 여러 어진 이들이여, '재물을 탐착하면서 법은 바라지 않는다'고 말하는 것입니다."

법을 바라고 재물 탐착하지 않는 제자들의
명예로움을 분별해 말함

여러 비구들이 사리푸트라에게 말씀드렸다.

"어떤 것이 비구들이 법을 바라고 재물은 탐착하지 않는 것입니까?"

사리푸트라가 말하였다.

"이에 대해서는 이렇게 말할 수 있소. 비구들이여, 세존께서 고요한 곳[aranya, 寂靜處]을 좋아하시면, 성문들도 여래께 고요한 곳 좋아함을 배우고, 세존께서 말씀하시는 것이 '이 법을 없애야 한다'고 하시면 여러 비구들은 곧 이 법을 없애는 것이오.

그리하여 게으름을 피우지 않고 어지럽지 않으며, 행해야 할 것은 곧 닦아 행하고, 행하지 않아야 할 것은 곧 행하지 않는 것이오.

여러 어진 이들이여, 알아야 하오. 장로비구는 이 세 가지 곳에서 명예가 있게 되오. 어떤 것이 그 세 가지냐 하면 다음과 같소. 세존께서 고요한 곳을 좋아하시는데 성문들도 고요한 곳을 좋아하면, 장로비구에게 명예가 있게 되오.

세존께서 사람들에게 이 법을 없애야 한다고 가르치시면, 그때 비구들이 곧 이 법을 없애면[便滅此法] 장로비구에게 명예가 있게 되오.

그리고 그 가운데서 어지러운 생각을 일으키지 않고 뜻이 늘 하나에 오롯이하면 장로비구에게 명예가 있게 되오.

여러 어진 이들이여, 알아야 하오. 가운데 나이의 비구도 이 세 가지 곳에서 명예가 있게 되오. 어떤 것이 그 세 가지냐 하면 다음과 같소.

세존께서 고요한 곳을 좋아하시는데 성문들도 고요한 곳을 좋아하면, 가운데 나이의 비구에게 명예가 있게 되오.

세존께서 사람들에게 '이 법을 없애야 한다'고 가르치시면, 그때 비구들이 곧 이 법을 없애면 가운데 나이의 비구에게 명예가 있게 되오.

그리고 그 가운데서 어지러운 생각을 일으키지 않고 뜻이 늘 하나에 오롯이하면 가운데 나이의 비구에게 명예가 있게 되오.

여러 어진 이들이여, 알아야 하오. 젊은 나이의 비구도 이 세 가지 곳에서 명예가 있게 되오. 어떤 것이 그 세 가지냐 하면 다음과 같소.

세존께서 고요한 곳을 좋아하시는데 성문들도 고요한 곳을 좋아하면, 젊은 나이의 비구에게 명예가 있게 되오.

세존께서 사람들에게 '이 법을 없애야 한다'고 가르치시면, 그때 비구들이 곧 이 법을 없애면 젊은 나이의 비구에게 명예가 있게 되오.

그리고 그 가운데서 어지러운 생각을 일으키지 않고 뜻이 늘 하나에 오롯이하면 젊은 나이의 비구에게 명예가 있게 되오."

여덟 가지 바른 길로 니르바나에 이르도록 당부함

"여러 어진 이들이여 알아야 하오. 탐욕이 병이 되니, 아주 큰 재앙과 걱정거리요, 성냄 또한 그러하오.

탐욕과 성냄을 없애면, 곧 중도를 얻어 눈이 생기고 지혜가 생겨 모든 얽맴이 쉬어 니르바나에 이르게 되오.

아낌과 질투가 병이 되는 것 또한 다시 아주 무거워, 번뇌가 사람을 태워 볶으며, 교만 또한 깊은 것이오.

거짓되어 참되지 못함과 스스로 부끄러움 없음과 남에 부끄러워하지 않아서 그것들을 버리지 못하고 음욕이 넘치면 바른 도를 없애게 되오.

교만[慢]과 더욱 위로 오르는 교만[增上慢]을 버리지 못하다가, 이 교만과 더욱 위로 오르는 교만이 사라지면 곧 중도를 얻어 눈이 생기고 지혜가 생겨 온갖 얽맴이 쉬고 니르바나에 이르게 되오."

비구들이 말씀드렸다.

"어떻게 존자 사리푸트라여, 중도에 머물러 눈이 생기고 지혜가 생겨 온갖 얽맴을 쉬어 니르바나에 이르게 되겠습니까?"

사리푸트라가 말하였다.

"여러 어진 이들이여, 알아야 하오. 현성의 여덟 가지 바른 길[八品道]을 바로 이것이라고 하오.

곧 바른 견해[正見]·바른 다스림[正治]·바른 말[正語]·바른 행위[正行]·바른 생활[正命]·바른 방편[正方便]·바른 생각[正念]·바른 사마디[正三昧]이오.

이것을 여러 어진 이들이여, '중도에 머물러[處中之道] 눈이 생기고 지혜가 생겨, 온갖 얽맴이 쉬어 니르바나에 이르게 된다'고 하는 것이오."

그때 많은 비구들은 존자 사리푸트라의 말을 듣고 기뻐하면서 받들어 행하였다.

• 증일아함 18 참괴품(慚愧品) 三

• 해설 •

보시가 뛰어난 복밭이 되지만 보시에 그 과보 구함이 있거나 이익 때문에 보시하면, 모습 없는 해탈의 문[無相解脫門], 바람 없는 해탈의 문[無願解脫門], 공한 해탈의 문[空解脫門]을 설한 여래의 가르침에 허물을 일으킴이다. 여래 계신 곳에 허물을 일으키면 니르바나의 길에 이르지 못한다.

보시 가운데는 모습 없고 탐욕 없는 물질보시, 법을 설해 저 중생을 니르바나에 이끄는 법보시가 가장 뛰어나니, 여래께서 남긴 밥을 먹지 않고 굶주림을 견딘 비구의 뜻은 무엇일까.

믿음 있는 시주의 복을 법보시로 갚을 법의 힘을 갖추지 못함으로 밥을 받지 않고 굶주림을 견디며, 여래의 법을 갖추어 법보시로 세간 은혜 갚을 간절한 뜻으로 배고픔을 참고 크나큰 행에 나아감이리라.

밥을 받아든 비구는 믿음 어린 시주에게 물질보시의 복을 지어주었지만 아직 법보시 지을 법의 힘이 없는 것이고, 뒤의 비구는 마음으로 시주의 물질보시를 받고 다시 법보시의 큰 행에 나아감이리라.

사리푸트라에게 그 뜻을 물으니 탐착이 있는 물질보시를 주고받는 것은 참된 복이 되지 못하고, 탐착 없이 물질보시를 줌이 없이 주고, 받음 없이 받아야 바른 보시가 되며, 여래의 말씀대로 행하고[如說行] 여래의 법대로 행함[如法行]이 법보시의 길임을 보여준다.

여래의 법은 아란야(araṇya)에서 만 가지 법이 공함을 살피고 온갖 어지러운 생각이 본래 고요하여 생각이 나되 남이 없음[生而無生]을 살피는 것이 그 바탕이 된다. 그러므로 상가의 제자들 또한 여래의 가르침 따라 고요한 곳에서 온갖 어지러움을 쉬고, 본래 안온한 곳 모습 없는 곳에 뜻을 오롯이 하나로 하여 본래의 고요함을 움직이지 않고 생각 없는 생각을 짓고 행함 없는 행함으로 세간에 법보시를 행해 세간의 복밭이 되어야 한다.

그것이 어떤 길인가. 중도에 서서[處於中道] 법을 말하고 중도에 서서 줌이 없이 물질보시를 베풀고, 중도에 서서 생각 없이 생각하고[無念而念] 말함 없이 말하는 것이니[無說而說], 바로 여덟 가지 바른 삶의 길[八正道]이다.

이 여덟 가지 바른 삶의 길을 행하면 '중도에 머물러 눈이 생기고 지혜가 생겨 온갖 얽맴을 쉬어 니르바나에 이르게 됨'이니, 이 크고 넓은 길 · 탐착 없고 걱정 없는 길을 버리고 작은 길 · 집착의 길 · 과보 구하는 길을 가면 여래 계신 곳[如來所]에 허물을 일으키게 되고 여래의 법[如來法]을 등지게 되는 것이다.

여래 계신 곳에 허물 일으키지 않는 바른 길이 법 공양의 길이니, 그 길은 중도에 머물러 중생을 위해 법으로 보시하되 늘 보디의 마음 여의지 않음이고, 기나긴 겁에 보디사트바의 업을 버리지 않는 것이다.

『화엄경』(「이세간품」)은 이렇게 가르친다.

> 한량없는 분다께 공양해도 집착 버리고
> 널리 중생 건네주되 그 생각 짓지 않으며
> 분다 공덕 구해도 마음에 의지함 없으니
> 저 빼어나고 묘한 행 내가 지금 설하네.
>
> 供無量佛而捨著　廣度群生不作想
> 求佛功德心無依　彼勝妙行我今說
>
> 천만 억겁 오래고 먼 세월 보디 구하여
> 타고난 몸과 목숨 모두 버려 아낌없이
> 중생 이익됨을 바라고 자기 위하지 않으니
> 저 가엾이 여기는 행 내가 지금 설하네.
>
> 千萬億劫求菩提　所有身命皆無吝
> 願益群生不爲己　彼慈愍行我今說

제4부
아란야행과
아란야

아란야는 고요한 곳에 머무는 행이고
멀리 떠남의 행이다. 아란야는 세간의 시끄러움을
떠나고 물든 세속에서 떠난 행이다.
하지만 몸이 마을집과 세속을 떠나 숲속에 산다고,
탐욕의 세간에서 모습이 멀리 떨어져 있다고
아란야행이 아니다. 참된 아란야행은
덧없이 변화하고 시끄럽게 요동치는 세간법 속에서
어지러운 집착의 생각을 떠날 때 이루어지고,
세간법의 움직임이 본래 적멸되어 있음을 바로 알 때
세간법의 움직임을 떠나지 않고 늘 고요한 곳에
머무는 아란야행이 이루어질 수 있다.

참된 아란야행과 두타행

제4부는 출가한 비구·비구니들이 고요한 곳에 머물러 옷과 먹을거리·앉을 자리·잠자리와 의약품을 재가의 신자들에게 얻어 쓰며 사마디를 닦고 수트라를 배우며 살아가는 구체적인 생활방식을 다루고 있다.

고요한 곳에 머물며 멀리 떠남의 행, 두타의 맑은 행으로 사는 수행자의 생활을 아란야행으로 보이고, 수행자의 처소 붓다와 상가대중이 법을 설하고 법을 들으며 사마디 닦는 곳을 아란야에서 다루고 있다.

범어 아란야(araṇya)는 소리로 아란야(阿蘭若)라 옮기고 뜻으로 고요한 곳[寂靜處]이라 옮긴다. 아란야는 숲속의 고요한 곳, 세속의 시끄러움으로부터 멀리 떠난 곳[遠離處]이다. 출가상가의 수행자들은 고요한 곳에 머물며 번뇌의 타는 불과 어지러운 생각을 멀리 떠나 사마디와 지혜를 닦으며, 세간에 다시 보디와 니르바나의 법을 보시하며 살아간다.

고요한 곳에서 살며 스스로 안의 마음을 고요케 하여 세간의 시끄러움과 어지러움을 쉬는 것이 곧 아란야행이다.

아란야행의 바탕은 두타행(dhūta-huṇa, 頭陀行)이다.

두타는 소유물을 늘리며 육체적 생명인 몸을 안락케 하는 생활을 떠나, 맑고 깨끗하고 검소하게 고행하며, 뜻을 오롯이해 사마디의 도 닦는 생활을 말한다. 그러나 두타행·아란야행은 사마디와 지혜를 이루기 위한 생활의 형식일 뿐이니, 두타행을 형식주의적으로 추구하면 그것은 고행주의자들의 삶과 크게 다르지 않을 것이다.

두타와 아란야의 고요하고 검박한 행으로 계·정·혜 삼학을 배우고 서른일곱 실천법을 행해야, 검소하고 맑은 생활, 멀리 떠남의 행은 비로소 아란야행과 두타행의 이름을 얻는다.

『번역명의집』은 두타(dhūta)의 뜻을 다음과 같이 정리한다.

두타는 소리로 두다(杜多)라 옮기고 또한 털어냄[抖擻], 또한 닦아 다스림[修治], 또한 씻어 없앰[洮汰]이라 한다.

『수유기』(垂裕記)에서는 '번뇌를 떨어내기 때문이다'라고 말한다.

『바른 뜻에 잘 머무는 뜻 지닌 하늘사람의 경』[善住意天子經]은 말한다.

"두타란 탐냄·성냄·어리석음을 털어내기 때문이다.

삼계 안과 밖의 여섯 들임[六入]을 만약 취하지 않고 버리지 않으며 닦지 않고 집착하지 않으면, 나는 그 사람의 이름이 두타가 된다고 말한다."

지금 잘못 소리를 두타(頭陀)라고 적고 있다.

『대품』(大品)은 말한다.

"수부티가 법을 설하는 것은 열두 가지 두타를 받는 것이다.

첫째 아란야행을 지음이고, 둘째 늘 밥을 빎이다.

셋째 누더기 옷 입음이고, 넷째 한 번 앉아서 먹음이다.

다섯째 양을 조절하여 먹음이고, 여섯째 한낮이 지나 국물 마시지 않음이다.

일곱째 무덤 사이에 머묾이고, 여덟째 나무 밑에 앉음이다.

아홉째 한데서 머묾이고, 열째 늘 앉아 눕지 않음이다.

열한째 차례로 밥을 비는 것이고, 열두째 다만 세 옷을 지님이다."

『대지도론』(大智度論, 六十七)은 말한다.

"열두 가지 두타 자체를 계(戒)라고 하지는 않고 행할 수 있어야 계이다. 장엄하고서 행할 수 없으면 계를 범하지 않는 것이다."

수행자가 아란야에 살고 빌어서 밥을 먹고 떨어진 옷을 입는 등, 두타의 검박한 생활의 계를 지키고 행하는 것은 선정과 지혜에 나아가기 위함이다.

두타의 검박한 행과 아란야의 고요한 처소는 서로 떨어질 수 없으니, 수행자들이 고요히 머무는 곳인 아란야와 검박하고 맑은 행인 두타를 모두 아우르는 법이 네 가지 의지법[四依法]이다.

목숨 가진 중생은 모두 먹어야 살며, 그 가운데 인간은 누구나 옷[依]과 먹음[食]과 거처[住], 그리고 아플 때 약(藥)이 기본적인 생활 여건이 된다. 그러므로 여래께서 초기 상가에서 이 네 가지 생활 여건에 수행자가 지켜야 할 원칙을 정한 것이 '네 가지 의지법'이니, 이 법이 있을 때 출가상가의 대중으로 인정된다.

출가자는 마을에 들어가 밥을 빌어 그 몸을 유지하고, 버린 옷감으로 기워 만든 떨어진 옷[糞掃衣]을 입고 살아가야 한다.

나무 밑에 사는 것[樹下坐]을 기본으로 그 밖의 아란야에서 생활해야 하며, 삭힌 소의 똥오줌으로 약을 삼아[陳腐藥] 몸의 병을 고쳐야 한다.

먹을거리와 걸치는 옷이 단순하고 검박하며, 머무는 곳이 고요한 나무 밑이라면 수행자에게 어찌 탐욕이 생기고 교만한 마음, 거짓된 마음이 일어날 것인가. 가난하고 검박한 생활은 스스로 욕심 줄여 만족할 줄 알아 맑은 행, 고요한 행으로 지혜의 목숨에 나아가기 위함이니, 다시 가난하고 검박한 생활형식 자체를 집착해서는 안 된다.

곧 마을에 들어가 밥을 빌어 구하는 가난하고 낮은 삶은, 몸을 낮춰 나[我]에 나 없음을 체달하여 세간 중생에게 법으로 공양하고 세간을 여래의 보디의 법으로 장엄하기 위함인 것이다.

숲속 아란야에서 두타행으로 한가로이 머무는 것 또한 물든 세간의 집착 떠나 보디를 이루기 위함이니, 『화엄경』(「이세간품」)은 이렇게 말한다.

잘 행하는 보디사트바
모든 집착 멀리 떠나서
법을 설하되 마음은 평등하니
지혜를 나타내고 변화해
위없이 높은 보디를 얻네.

遠離於諸著　演說心平等
出生於智慧　變化得菩提

모든 해탈법을 마쳐 다해
통해 밝은 여러 사마디에 노닐어
얽혀 묶임 모두 길이 떠나니
갖가지 법의 동산숲이
마음껏 노니는 곳이네.

究竟諸解脫　遊戲諸通明
纏縛悉永離　園林恣遊處

제1장

수행자의 아란야행

"여러 비구들이여, 너희들은 오늘부터 나무가
필요할 때에만 나무를 찾고, 풀이 필요할 때에만 풀을 찾으며,
수레가 필요할 때에만 수레를 찾고, 일꾼이 필요할 때에만
일꾼을 찾아서 부디 자신을 위해서 금·은 따위의
갖가지 보물들을 받아 갖지 말라."

아란야와 두타의 고행은 수행자의 아름답고 고결한 삶의 모습이다. 그러나 고행은 고행 자체가 삶의 목적이 되어서는 안 된다. 아란야행은 수행자가 세간의 탐욕과 시끄러움을 멀리 여의고 많이 갖지 않는 검박한 생활로 욕심 줄여 만족할 줄 알아[少欲知足] 계와 선정 지혜의 생활에 나아가게 하는 데 그 뜻이 있다.

오직 아란야행과 두타행을 목적 삼아 그 행을 겉모습 겉치레만으로 추구한다면 그것은 저 바깥길 수행자들의 고행의 삶과 크게 다를 바 없다.

여래의 법과 율에 의거하는 생활, 바른 법 가르쳐주는 선지식을 의거하는 생활, 수트라와 프라티목샤를 외우며 사마디와 지혜 닦는 생활이 함께할 때 고요한 곳에 머물러 고행하는 수행자의 생활이 아란야행이 되고 두타행이 된다.

그렇지만 아란야행 · 두타행이 있을 때 탐욕의 집과 번뇌의 울타리를 쉽게 벗어날 수 있으며, 두타행이 세간의 복밭이 되는 바탕이 되므로 붇다는 늘 '카샤파 비구의 두타행을 찬탄하고 두타행이 세간에 머물 때 나의 법이 세간에 머물 것'이라고 말씀한다.

붇다는 상가대중이 늘어나면서 비나야를 제정하시어 출가대중이 상가에 입문할 때 절차와 의식을 엄격히 정하고 있다. 그러나 수행자가 이미 네 가지 의지법에 따라 생활하며 두타를 행하는 이라면 그 아란야행 · 두타행이 그대로 출가상가의 신분을 얻는 일이고 두타행 자체가 입문의식이 된다고 가르치신다.

율장 가운데 네 가지 의지법을 설하는 카르마는 『사분율』에 다음과 같이 나온다.

"잘 행하는 이[善男子]여, 잘 들으라. 여래·지극히 참된 이·바르게 깨친 이는 네 가지 의지하는 법[四依法]을 말하니, 비구가 여기에 의지하면 집을 떠나 구족계를 받게 되고 비구의 법을 이룬다.

　첫째, 비구는 누더기 옷[[糞掃衣]에 의지하라. 비구가 여기에 의지하면 집을 떠나 구족계를 받게 되고 비구의 법을 이룬다.

　몸과 목숨이 다하도록 잘 지키겠느냐. 지킬 수 있는 이는 '예'하고 대답하라.

　만약 큰 이익된 공양이 있어 시주가 옷을 보시하거나 찢어진 옷이 생기면 받을 수 있다.

　둘째, 비구는 밥 빌음[乞食]에 의지하라. 비구가 여기에 의지하면 집을 떠나 구족계를 받게 되고 비구의 법을 이룬다.

　몸과 목숨이 다하도록 잘 지키겠느냐. 지킬 수 있는 이는 '예'하고 대답하라.

　만약 큰 이익된 공양이 있어 상가가 보내는 음식이나 매달 여드렛날·보름날·초하룻날의 음식이나 상가의 평소 음식이나 다나 파티가 초청하는 음식이 있으면 받을 수 있다.

　셋째, 비구는 나무 밑에 앉는 법[樹下坐]을 의지하라. 비구가 여기에 의지하면 집을 떠나 구족계를 받게 되고 비구의 법을 이룬다.

　몸과 목숨이 다하도록 잘 지키겠느냐. 지킬 수 있는 이는 '예'하고 대답하라.

　만약 큰 이익된 공양이 있어 따로 있는 방이나 오두막이나 작은 방·돌집·두 방에 문 하나인 방이 생기면 받을 수 있다.

　넷째, 비구는 버려 썩은 약[陳腐藥]에 의지하라. 비구가 여기에 의지하면 집을 떠나 구족계를 받게 되고 비구의 법을 이룬다.

몸과 목숨이 다하도록 잘 지키겠느냐. 지킬 수 있는 이는 '예'하고 대답하라.

만약 큰 이익된 공양을 얻어 삭힌 버터·기름·날버터·꿀·설탕이 생기면 받으라.

위 비나야의 법문에서 알 수 있듯, 네 가지 의지법은 남이 내다 버리는 것, 남이 갖지 않는 것을 의지해 사는 출가사문의 검소한 생활 원칙을 보인 것이다. 그러나 경우에 따라 붇다는 비나야에 열고 닫는 법[開遮法]을 자유롭게 세워 보이신다.

출가상가는 마을에 들어가 밥을 빌어서 생활하는 것이 기본이나, 다나파티의 공양이 있어 상가대중이 함께 모일 때 정사에서 시주가 바치는 공양을 같이 들 수 있도록 하였다.

『사분율』의 '약에 관한 스칸다'[藥犍度]에서는 썩은 소 오줌의 약 밖에도 비구대중의 병 따라 갖가지 병에 좋은 먹을거리를 먹게 하고 약을 쓰게 한다.

붇다는 가을철이 되어 얼굴이 핼쑥하고 몸이 마른 비구들이 늘어나자, 아픈 비구의 증상이나 영양 상태에 따라 다음과 같이 말씀하셨다.

"지금부터 비구들의 병의 인연이 있으면 다섯 가지 약, 곧 날버터[酥]·삭힌 젖[酪]·기름·꿀·소젖·설탕을 먹어도 좋다."

또 만약 먹을거리가 남으면 간병인이 함께 먹도록 하고, 욕심 많은 비구들이 약이 되는 먹을거리를 쌓아놓고 썩히는 것을 보시고는, 아플 때 이레 동안만 먹도록 기한을 정했다.

또 감기 걸린 환자를 위해 기름에 담근 보릿물을 먹게 하고, 종기 환자에게 기름을 바르게 하며, 몸에 열이 나는 환자를 위해 찬다나 향을 쓰게 하신다.

자기를 위해 죽인 고기로서 그 죽인 것을 보았거나 들었거나 의심 나지 않는 깨끗한 고기[淨肉]는 환자를 위해 쓰도록 하셨다.

또 절 안의 도량 가운데 깨끗한 땅[淨地]을 대중에게 두 번 고하는 카르마로 맺어 상가대중이 살고 환자가 쉴 방을 짓게 하시니, 깨끗한 땅은 네 가지가 있다.

첫째, 다나파티나 절 경영자가 절을 지을 때 상가대중의 처소로 정한 곳이다.

둘째, 상가를 위해 절을 지었으나 아직 대중에 보시하지 않은 곳이다.

셋째, 울타리나 담이 있는 곳 또는 그늘 떠나 담이 없는 곳이다.

넷째, 대중에게 두 번 고함의 카르마를 행한 곳이다.

곧 깨끗한 땅이란 사방상가의 소유인 땅으로 아직 방사(房舍)로 정해지지 않은 곳을 대중에게 고하는 카르마를 거쳐서 깨끗한 곳으로 정하거나, 남이 쓰지 않는 곳을 상가의 카르마로 특별히 깨끗한 땅으로 맺어 정한 곳에, 방을 지어 상가대중이 생활하고 수행할 수 있게 한 곳이다.

깨끗한 곳을 정하는 대중의 카르마는 수행처를 정함과 환자가 쉴 곳을 정하는 데 그 뜻이 있다.

방사와 약에 관한 비나야의 가르침에서 알 수 있듯, 아란야는 어

느 누구의 소유가 아니라, 사방상가 앞에 열려 있는 것이다. 아란야
는 어느 개인이나 현전상가의 소유가 아니지만, 상가대중 모두가 그
주인이 된다.

사방상가 공동소유로 되어 있는 아란야의 깨끗한 땅에 현전상가
대중이 그곳에 집을 짓거나 자신의 수행처로 쓰기 위해서는 현전상
가에 보고하는 카르마를 통해, 정함 없는 아란야를 자신의 수행처로
정해 쓰는 것이다.

진리의 처소는 닫혀있지 않고 중생 세간 온갖 곳이 법의 도량이다.
그러나 중생의 미혹이 있고 탐착이 있는 곳에서는 고요하고 맑은 처
소의 인연이 중생의 삶을 고요하게 밝게 할 수 있는 것이다. 마음[心]
과 경계[境]는 서로 의지해 있다. 그러므로 지혜가 머무는 곳을 더욱
빛나게 할 뿐 아니라 사람이 머물러 사는 깨끗하고 아름다운 처소가
구도자의 빼어나고 맑은 지혜를 더욱 북돋을 수 있는 것이니, 화엄회
상(「입법계품」)의 선지식의 말을 통해 그런 뜻을 살펴보자.

비유하면 큰 보배의 산이
모든 중생을 요익케 하듯이
붇다의 산 또한 이와 같아
널리 세간을 이익되게 하네.

譬如大寶山　饒益諸含識
佛山亦如是　普益於世間

비유하면 큰 바다의 물이
맑고 깨끗해 흐린 때 없듯이

붇다를 뵙는 것도 이와 같아서
애욕의 목마름을 없애주시네.

譬如大海水　澄淨無垢濁
見佛亦如是　能除諸渴愛

비유하면 저 수메루 산이
큰 바다 가운데 솟아나오듯
세간의 등불 또한 그러해
법의 바다에서 솟아나오네.

譬如須彌山　出於大海中
世間燈亦爾　從於法海出

비유하면 물 맑히는 구슬이
모든 흐린 물 맑게 하듯이
붇다를 뵙는 것 또한 이와 같아
모든 아는 뿌리 다 깨끗해지네.

譬如水淸珠　能淸諸濁水
見佛亦如是　諸根悉淸淨

　화엄회상(華嚴會上)에서 남쪽으로 선지식을 찾아 백십 개 성을
도는 선재 어린이[善財童子]의 보디행의 발걸음은 복성(福城)인 슈
라바스티의 동쪽 제타 숲에서 비롯한다.

　이는 중생이 의지해 사는 자기생활의 터전밖에 보디의 처소가 없
음을 나타낸다.

제타 숲이 보디의 출발처이고 니르바나의 쉴 곳이니, 지금 중생이 밥을 먹고 숨을 쉬며 누워 쉬는 이 제타 숲의 땅이 보디의 씨앗을 일으켜 열매 맺는 곳이고, 끝내 돌아와야 할 법계 처소이다.

「입법계품」에서 구도자를 이끄는 스승 만주쓰리 보디사트바(Mañjuśrī-bodhisattva, 文殊舍利)는 이렇게 노래한다.

그대는 이 제타 숲을 살펴야 하니
붇다의 위신력은 넓고 끝이 없어서
온갖 장엄 다 나타내 보이시어
시방법계에 모두 가득하도다.

汝應觀此逝多林 以佛威神廣無際
一切莊嚴皆示現 十方法界悉充滿

우거진 제타 숲 위 허공 가운데
갖가지 꾸며진 것 묘한 소리 내
삼세의 모든 보디사트바들이
온갖 공덕의 바다 이루게 됨을
널리 연설하여 중생이 듣도록 하네.

逝多林上虛空中 所有莊嚴發妙音
普說三世諸菩薩 成就一切功德海

제타 숲 가운데 모든 보배나무
또한 한량없는 묘한 소리를 내
온갖 중생 갖가지 업의 바다가

각기 차별됨을 연설해주네.

逝多林中諸寶樹　亦出無量妙音聲
演說一切諸群生　種種業海各差別

시방 삼세 온갖 붇다께 있는
아름답게 잘 꾸며진 묘한 도량들
이 제타 숲의 경계 가운데에
낱낱 도량의 빛깔과 모습
모두 환히 밝게 나타나도다.

十方三世一切佛　所有莊嚴妙道場
於此園林境界中　一一色像皆明現

1 아란야행

아란야행은 고요한 곳에 머무는 행[寂靜處行]이고 멀리 떠남의
행[遠離行]이다. 아란야행은 세간의 시끄러움을 떠난 행이고 물든
세속에서 멀리 떠난 행이지만, 몸이 마을 집과 세속을 떠나 숲속에
산다고, 탐욕의 세간에서 모습이 멀리 떨어져 있다고 아란야행이
아니다.

참된 아란야행은 덧없이 변화하고 시끄럽게 요동치는 세간법 속
에서 어지러운 집착의 생각을 떠날 때 이루어지고, 세간법의 움직임
이 본래 적멸되어 있음을 바로 알 때 세간법의 움직임을 떠나지 않
고 늘 고요한 곳에 머무는 아란야행이 이루어질 수 있다.

『팔천송반야경』(八千頌般若經)에서 여래는 수부티(Subhūti)에게
멀리 떠나는 아란야행은 형상으로 멀리 떠나는 것이 아니라, '자기
혼자만의 해탈을 추구하는 작은 마음', '진리에 대한 집착을 버리지
못하는 치우친 마음'을 버리는 것이 멀리 떠나는 것임을 다음과 같
이 말씀한다.

"수부티여, 악한 마라는 보디사트바에게 멀리 떠나는 행[遠離行]이 있음을 보고는 곧 그곳에 이르러 이렇게 말한다.

'잘 행하는 이여, 멀리 떠남을 행하는 이를 여래께서는 항상 칭찬하신다.'

그러나 수부티여, 나는 보디사트바의 멀리 떠나는 행이 숲속의 고요한 곳, 비어 한적한 곳, 산속의 나무 밑이나 벌판의 사람 없는 곳에 있다고 말하지 않는다."

수부티가 여쭈었다.

"세존이시여, 숲속의 고요한 곳, 비어 한적한 곳, 산속의 나무 밑, 벌판의 사람 없는 곳을 멀리 떠남이라 말하지 않는다면 다시 어떤 멀리 떠남이 있습니까?"

붇다께서 말씀하셨다.

"수부티여, 보디사트바가 성문(聲聞)과 프라테카붇다[緣覺]의 치우친 마음을 멀리 떠나면 이와 같은 멀리 떠남이란 비록 마을 가까이에 있다 해도 또한 멀리 떠남이라 말하고, 숲속의 고요한 곳, 비어 한적한 곳, 산속의 나무 밑이나 벌판의 사람 없는 곳에 있어도 또한 멀리 떠남이라 말한다.

수부티여, 이와 같은 멀리 떠남이 내가 허락하는 것이다.

만약 보디사트바가 낮과 밤으로 수행하여 이와 같이 멀리 떠나면 마을 가까이 있어도 멀리 떠남이라 하고, 숲속의 고요한 곳, 비어 한적한 곳, 산속의 나무 밑이나 벌판의 사람 없는 곳에 있어도 멀리 떠남이라 한다."

(중략)

"수부티여, 악한 마라가 칭찬하는바 멀리 떠남이란 다만 숲속의 고요한 곳, 비어 한적한 곳, 산속의 나무 밑이나 벌판의 사람 없는 곳일 따름이다.

보디사트바가 비록 이와 같은 멀리 떠남이 있다 해도 성문과 프라테카붇다의 마음을 멀리 떠나지 못하고 프라즈냐파라미타(prajñā-pāramitā)를 닦지 않으면 온갖 것 아는 지혜[一切智, sarvajna]를 다 갖춤이 되지 못한다.

그러면 이것을 곧 어지럽게 행하는 이라 하니, 이 보디사트바는 이러한 멀리 떠남을 행하므로 곧 청정하지 않은 것이다.

게다가 그가 다른 보디사트바들 곧 마을 가까이에 머물지만 마음이 청정한 사람, 성문과 프라테카붇다의 마음을 멀리 떠난 사람, 악하여 착하지 않은 법에 섞이지 않는 이와 온갖 선정(禪定)·버리고 나아가는 선정[背捨]·사마디[三昧] 및 여러 신통의 힘을 얻고 프라즈냐파라미타에 통달한 이들, 아라한 보디사트바들을 업신여긴다 하자.

그러면 이 바른 방편이 없는 보디사트바는 백 요자나 멀리 떨어진 텅 빈 벌판에 있다 해도 다만 새와 짐승, 도적과 몹쓸 귀신이 돌아다니는 곳에 머문 것일 뿐이다.

백천만 억 년, 아니 그 이상이 지나도 참으로 멀리 떠난 모습을 알 수 없고 참으로 멀리 떠나는 행에서 멀어져 깊은 마음으로 아누타라삼약삼보디[無上正等覺]의 마음을 낼 줄 알지 못한다.

이와 같은 보디사트바는 '어지럽고 시끄럽게 행하는 자'라고 하니, 만약 이와 같은 멀리 떠나는 행에 탐착하고 의지하면 곧 내 마음을 기쁘게 할 수 없다.

왜냐하면 내가 허락하는바 멀리 떠나는 행 가운데는 이와 같은 사람은 볼 수 없기 때문이다. 이와 같은 사람들에게는 이와 같이 참된 멀리 떠남의 행이 없는 것이다.

수부티여, 다시 어떤 악한 마라는 보디사트바가 머무는 곳에 와서 허공 가운데서 이렇게 말할 것이다.

'참으로 옳다. 그대가 행하는 것이 곧 참으로 멀리 떠나는 행[遠離行]으로 붇다께서 칭찬하는 바이다. 이 멀리 떠난 행으로써 그대는 반드시 빨리 아누타라삼약삼보디를 얻을 것이다.'

이 보디사트바는 멀리 떠난 곳으로부터 마을에 와서는 붇다의 도를 구하는 다른 비구가 심성이 온화함을 보고는 곧 업신여김과 교만함을 내어 '그대는 어지럽고 시끄럽게 행하는 자이다'고 말한다.

수부티여, 이 보디사트바는 '어지럽고 시끄러움'을 참으로 멀리 떠나는 행이라 하고, '참으로 멀리 떠나는 행'을 어지럽고 시끄러움이라고 한다.

이와 같이 그 허물과 잘못을 말하면서 공경하는 마음을 내지 않고서 공경해야 할 때 도리어 업신여기고, 업신여겨야 할 때 도리어 공경한다.

그러고는 이와 같은 생각을 한다.

'나는 사람 아닌 것[非人]이 나를 생각해서 오고 나를 도우려고 오는 것을 보니, 붇다께서 허락하신 참된 멀리 떠남의 행을 나는 행하고 있는 것이다. 그대는 마을에 가까이 있으니 누가 그대를 생각하고 누가 그대를 돕겠는가.'

이렇게 생각하고서는 청정하게 행하는 다른 보디사트바를 업신여긴다 하자.

수부티여, 그러면 이 사람은 보디사트바로서 가장 천한 사람 [caṇḍāla]인 줄 반드시 알아야 한다.

이 사람은 다른 보디사트바를 물들여 냄새나고 더럽게 하는 줄 알아야 하며, 이 사람은 거짓 보디사트바인 줄 알아야 하며, 이 사람은 '온갖 세간의 하늘과 사람의 커다란 도둑[大賊]'이며 '사문의 모습을 한 도둑'[沙門形賊]인 줄 반드시 알아야 한다."

위『팔천송반야경』의 가르침으로 보면, 고요한 모습과 시끄러운 모습이 모두 공한 줄 알아 시끄러움 속에서 고요할 줄 알아 나만의 해탈을 구하는 작은 실천의 수레(hīna-yāna, 小乘)를 버린 이는 시끄러운 세간 속에 살든 숲속에 살든 다 아란야행이 되는 것이다.

연기의 진실을 알지 못해 시끄러움을 끊고 고요함을 구하고 번뇌를 끊고 보디를 구하는 자는 설사 산숲이나 바위굴속, 사람 오지 않는 곳에 살아도 아란야행이 되지 못한다.

더구나 스스로 멀리 떠남을 참으로 행하지 못하면서 마을이나 성읍 가운데서 멀리 떠남을 행하는 보디사트바를 업신여긴다면, 그가 바로 보디사트바의 천한 사람으로 여래의 칭찬을 받지 못하며, 세간의 공경함을 받지 못할 것이다.

그는 여래의 참된 고요함의 뜻을 모르고 거짓 고요함을 추구하는 자이므로 세간을 속이는 거짓 보디사트바이며 세간의 큰 도적일 따름이다.

1) 여래는 늘 아란야행을 찬탄한다

―――――

난다여, 내 언제쯤 네가 아란야행과
두타행 닦음을 볼 것인가

이와 같이 들었다.

한때 붇다께서는 슈라바스티 국 제타 숲 '외로운 이 돕는 장자의
동산'에 계셨다.

그때 존자 난다(Nanda)는 빛깔이 눈부신 매우 아름다운 옷을 입
고, 금으로 꾸민 신을 신고, 또 두 눈썹을 예쁘게 꾸미고, 손에 발우
를 들고 슈라바스티 성으로 들어가려 하였다.

그때 많은 비구들은 멀리서 존자 난다가 매우 아름다운 옷을 입고
슈라바스티 성으로 들어가 밥을 비는 것을 보았다. 많은 비구들은
곧 세존 계신 곳에 찾아가 머리를 대 그 발에 절하고 한쪽에 앉았다.

그러고는 잠깐 뒤에 물러나 앉았다가 세존께 말씀드렸다.

"아까 난다 비구가 매우 아름다운 옷을 입었는데, 그 빛깔이 사람
의 눈을 부시게 하였습니다. 그렇게 하고 슈라바스티 성에 들어가
밥을 빌었습니다."

그때 세존께서 한 비구에게 말씀하셨다.

"너는 빨리 난다 비구 있는 곳에 가서 여래가 그대를 부른다고 하
여라."

대답하였다.

"그렇게 하겠습니다, 세존이시여."

그 비구는 세존의 분부를 받고 머리를 대 세존의 발에 절한 다음 난다에게 가서 말하였다.

"세존께서 그대를 부르시오."

난다는 그 비구의 말을 듣고 곧 세존 계신 곳에 찾아가 머리를 대 그 발에 절하고 한쪽에 앉았다.

화려한 옷을 입고 밥을 비는 난다를 불러 아란야행을 당부하심

그때 세존께서 난다에게 말씀하셨다.

"너는 지금 무엇 때문에 그렇게 아름다운 옷을 입고, 게다가 금으로 꾸민 신까지 신고 슈라바스티 성에 들어가 밥을 빌었느냐?"

존자 난다는 잠자코 대답하지 않았다.

세존께서 다시 거듭 말씀하셨다.

"어떠냐, 난다여. 너는 믿음을 굳건히 해 집을 나와 도를 배우는 것이 아니겠느냐?"

난다가 대답하였다.

"그렇습니다, 세존이시여."

세존께서 말씀하셨다.

"너는 지금 좋은 종족의 사람으로 율행(律行)에 맞지 않는다.

믿음을 굳건히 해 집을 나와 도를 배우면서 어째서 그렇게 아름다운 옷을 입고 몸과 옷을 먼저 다듬고 슈라바스티 성에 들어가 밥을 빌려고 하느냐?

그렇다면 저 세간의 흰옷 입은 이들과 무슨 다름이 있겠느냐?"

그때 세존께서 곧 다음 게송으로 말씀하셨다.

어느 날에나 나는 저 난다가
깨끗한 아란야행을 잘 닦아서
마음으로 사문의 법 좋아하여
두타로 니르바나에 건넘 보겠나.

"난다여, 너는 다시는 이와 같은 행을 짓지 말라."

그때 존자 난다와 사부대중들은 붇다의 말씀을 듣고 기뻐하며 받들어 행하였다.

• 증일아함 18 참괴품(慚愧品) 六

• 해설 •

난다는 카필라바스투 왕족 출신으로 세존의 이복동생이고, 출가 전 아름다운 여인 순다리(Sundarī)를 부인으로 두었던 제자이다.

늘 순다리와의 애착의 인연을 잊지 못하므로 세존께서 신통으로 하늘의 여인을 보여주어 그의 애착을 끊어 사문의 길로 이끄셨지만, 화려하게 살았던 옛 습관을 잊지 못해 몸단장을 아름답게 하고 슈라바스티 성으로 들어가자, 세존께서 그를 꾸중하시어 아란야행을 당부하신다.

아란야행은 헛된 꾸밈과 거짓 가꿈이 없으며 새로이 덧붙임이 없는 타고난 존재 그대로의 삶의 모습이다. 아란야행은 세속의 치장을 버리고 여래의 선정과 지혜로 스스로를 장엄하는 삶[自莊嚴]이니, 아란야행이야말로 무너질 수 없는 위신력으로 자신을 세우는 일이고 거짓 꾸밈 없되 온갖 공덕의 깃발로 자신의 삶을 아름답게 가꿈이다.

아란야행자, 그가 가장 빛나게 자신을 가꾸고 가장 값진 공덕의 보배로 삶의 곳간을 채우며, 두타의 고행으로 끝내 니르바나에 이른다.

아란야행을 찬탄하는 것이
곧 나를 찬탄하는 것이다

이와 같이 들었다.

한때 붇다께서는 슈라바스티 국 제타 숲 '외로운 이 돕는 장자의 동산'에 계셨다.

그때 세존께서 여러 비구들에게 말씀하셨다.

"아란야를 찬탄하고 기리는 자가 있다면 곧 나를 찬탄하고 기리는 것이다. 왜냐하면 나는 늘 아란야행을 찬탄하고 기리기 때문이다.

아란야를 비방하는 자가 있다면 곧 나를 비방하는 것이다.

밥 빌기[乞食]를 찬탄하여 말하는 자가 있다면 곧 나를 찬탄하고 기리는 것이다. 왜냐하면 나는 늘 밥 빌기를 찬탄하여 말하기 때문이다.

밥 빌기를 비방해 헐뜯는다면 곧 나를 헐뜯는 것이다.

홀로 앉음[獨坐]을 찬탄하여 말하는 자가 있다면 곧 나를 찬탄하여 말하는 것이다. 왜냐하면 나는 늘 홀로 앉음을 찬탄하여 말하기 때문이다.

홀로 앉음을 헐뜯는 자가 있다면 곧 나를 헐뜯는 것이다.

한 번 앉아서[一坐] 하루에 한 끼니 먹는 이[一食]를 찬탄하고 기리는 자가 있다면 곧 나를 찬탄하고 기리는 것이다. 왜냐하면 나는 늘 한 번 앉아서 하루에 한 끼니 먹는 이를 찬탄하고 기리기 때문이다.

한 번 앉아서 하루에 한 끼니 먹는 이를 헐뜯는 자가 있다면 곧 나를 헐뜯는 것이다.

만약 나무 밑에 앉음[坐樹下]을 찬탄하여 말하는 자가 있다면 곧 나의 몸[我身]을 찬탄하여 말하는 것과 다름이 없다. 왜냐하면 나는 늘 나무 밑에 앉은 이를 찬탄하여 말하기 때문이다.

저 나무 밑에 앉음을 헐뜯는 자가 있다면 곧 나를 헐뜯는 것이다.

한데 앉음[露坐]을 찬탄하여 말하는 자가 있다면 곧 나를 찬탄하여 말하는 것이다. 왜냐하면 나는 늘 한데 앉는 이를 찬탄하기 때문이다.

한데 앉음을 헐뜯어 욕하는 자가 있다면 나를 헐뜯어 욕하는 것이다.

비어 한가한 곳[空閑處]을 찬탄하여 말하는 자가 있다면 곧 나를 찬탄하여 말하는 것이다. 왜냐하면 나는 늘 비어 한가한 곳을 찬탄하여 말하기 때문이다.

비어 한가한 곳을 헐뜯어 욕하는 자가 있다면 곧 나를 헐뜯어 욕하는 것이다.”

**아란야행의 먹음과 앉음을 보이신 뒤,
다시 옷 입음과 밥 먹음 두타행을 보이심**

“다섯 가지 누더기 옷 입음[著五納衣]을 찬탄하여 말하는 자가 있다면 곧 나를 찬탄하여 말하는 것이다. 왜냐하면 나는 늘 다섯 가지 누더기 옷을 입은 이를 찬탄하여 말하기 때문이다.

다섯 가지 누더기 옷 입음을 헐뜯어 욕하는 자가 있다면 곧 나를 헐뜯어 욕하는 것이다.

세 가지 가사 지님[持三衣]을 찬탄하여 말하는 자가 있다면 곧 나를 찬탄해 말하는 것이다. 왜냐하면 나는 늘 세 가지 가사 지님을 찬탄하여 말하기 때문이다.

세 가지 가사 지님을 헐뜯어 욕하는 자가 있다면 곧 나를 헐뜯어 욕하는 것이다.

무덤 사이에 앉음[在塚間坐]을 찬탄하여 말하는 자가 있다면 곧 나를 찬탄하여 말하는 것이다. 왜냐하면 나는 늘 무덤 사이에 앉는 이를 찬탄하기 때문이다.

무덤 사이에 앉음을 헐뜯어 욕하는 자가 있다면 곧 나를 헐뜯어 욕하는 것이다.

하루 한 끼니만 먹음[一食]을 찬탄하여 말하는 자가 있다면 곧 나를 찬탄하여 말하는 것이다. 왜냐하면 나는 늘 하루에 한 끼니만 먹는 이를 찬탄하여 말하기 때문이다.

하루 한 끼니만 먹음을 헐뜯어 욕하는 자가 있다면 곧 나를 헐뜯어 욕하는 것이다.

한낮에만 먹음[日正中食]을 찬탄하여 말하는 자가 있다면 곧 나를 찬탄하여 말하는 것이다. 왜냐하면 나는 한낮에만 먹는 이를 찬탄하여 말하기 때문이다.

한낮에만 먹음을 헐뜯어 욕하는 자가 있다면 곧 나를 헐뜯어 욕하는 것이다.

여러 두타 행하는 이[頭陀行者]를 찬탄하여 말하는 자가 있다면 곧 나를 찬탄하여 말하는 것이다. 왜냐하면 나는 여러 두타 행하는 이를 찬탄하여 말하기 때문이다.

여러 두타 행하는 이를 헐뜯어 욕하는 자가 있다면 곧 나를 헐뜯어 욕하는 것이다."

마하카샤파처럼 아란야행 닦아 행할 것을 당부하심

"나는 지금 여러 비구들에게 분부한다. 너희들은 반드시 마하카샤파처럼 닦아 행해 빠뜨림이 없게 하라.

왜냐하면 마하카샤파에게는 이 모든 행이 있기 때문이다.

그러므로 여러 비구들이여, 배우는 것이 늘 마하카샤파와 같아야 한다. 이와 같이 비구들이여, 반드시 이렇게 배워야 한다."

그때 여러 비구들은 붇다의 말씀을 듣고 기뻐하며 받들어 행하였다.

- 증일아함 12 일입도품(壹入道品) 五

• 해설 •

마하카샤파 존자는 부유한 브라마나 출신의 제자로서 스스로 출가하여 다산을 기원하는 스투파[多子塔] 앞에서 세존을 만나 바로 제자가 되었다. 스스로 가지고 있고 지니고 있던 모든 것을 버리고 부인과 함께 집을 나와 세존을 뵙고 세존과 눈이 마주치자 세간 탐욕의 뜻을 모두 놓았으니, 그는 '눈 마주치자 도가 있는 장부'[目擊丈夫]이다.

부유한 계급 출신이지만 두타 고행과 아란야행으로 가장 으뜸가는 세존의 제자가 되어, 천세토록 그 이름이 우뚝 높이 전해지고 두타와 선정으로 세존이 그를 높이 치하하므로 중국 선종은 그를 붇다의 '마음도장'을 전한[傳佛心印] 첫째 조사[第一祖師]로 모시는 것이리라.

아란야행의 머묾[住]은 멀리 떠난 곳, 한가한 곳, 고요한 곳이다.

아란야행의 앉음[坐]은 홀로 앉음이고 나무 밑에 앉음이며 한데 앉음이고 무덤 사이에 앉음이다.

아란야행의 먹음[食]은 빌어서 먹음[乞食]이고 한 번 앉아 먹음[一坐食]이요 한 끼니 먹음[一食]이고 한낮에 먹음[正中食]이다.

아란야행의 옷 입음[衣]은 다섯 가지 누더기 옷 입음이고 세 가지 가사

지님이다.

이와 같이 머물고 이와 같이 앉으며 이와 같이 먹고 옷 입는 자, 그는 프라티목샤의 계를 잘 지니고 사마디에 늘 머물며 늘 지혜의 눈으로 세간을 살피니, 그가 여래의 진리의 집의 아들이고 아라한이며 세간의 복밭이다.

아란야행자는 나무 밑에 앉고 바위굴에 앉되 넓고 커서 끝없는 법계의 집에 사는 이이다. 또한 홀로 앉되 모든 붓다와 더불어 살고 모든 중생과 함께 사는 이이다.

빌어서 거친 밥을 먹되, 늘 선정의 기쁨[禪悅]으로 밥을 삼고 법의 기쁨[法喜]으로 먹을거리 삼는 자이다. 떨어진 누더기 옷을 입고 세 가지 옷만을 걸치되[但三衣] 꿰맴이 없고 떨어짐이 없는 복밭의 옷[無縫依福田依], 여래의 공덕의 옷[功德衣, kaṭhina]을 입어 길이 추위에 떨지 않는 자이다.

그런 사람이 누구인가. 마하카샤파(Mahākāśyapa) 존자이니, 그를 따라 배우면 뒷세상 못난 사문들도 여래의 집에 들어가고, 뒷날 마이트레야(Maitreya, 彌勒)의 새 세상을 같이 맞으리라.

받는 공양으로 그 비구를 존경하지 말고
아란야행 잘 지닌 이를 찬탄하라

이와 같이 내가 들었다.

한때 붇다께서는 슈라바스티 국 제타 숲 '외로운 이 돕는 장자의 동산'에 계셨다.

그때에 존자 마하카샤파는 슈라바스티 국 동쪽 동산 므리가라마 트리 강당에 있었다. 그는 저녁 때 선정에서 깨어나 붇다 계신 곳에 나아가 붇다의 발에 머리를 대 절하고 한쪽에 물러앉았다.

그때에 세존께서는 마하카샤파에게 말씀하셨다.

"그대는 여러 비구들을 위해 설법하여 가르쳐 깨우치며 가르쳐주어야 한다. 왜냐하면, 나는 늘 여러 비구들을 위해 설법하여 가르쳐 깨우치며 가르쳐주기 때문이다. 그대 또한 그렇게 하여야 한다."

존자 마하카샤파는 붇다께 말씀드렸다.

"세존이시여, 요즈음 여러 비구들은 설법해서 가르쳐 깨우치며 가르쳐주기 어렵습니다. 여러 비구들은 설한 법을 듣고도 참지 못하고 기뻐하지도 않습니다."

"그대는 무슨 까닭으로 그와 같은 말을 하는가."

마하카샤파가 붇다께 말씀드렸다.

"세존께서는 법의 근본이시고 법의 눈이시며 법의 의지이십니다. 세존께서 여러 비구들을 위해 설법해주시길 바랍니다.

여러 비구들은 듣고 반드시 받들어 행할 것입니다."

아란야행을 찬탄하고 아란야 비구를 공경하도록 당부하심

붇다께서는 카샤파에게 말씀하셨다.

"자세히 듣고 잘 사유하라. 그대를 위해 말해주겠다."

붇다께서는 카샤파에게 말씀하셨다.

"옛날에는 아란야행을 닦는 비구 있는 곳에서는 아란야 비구에게 아란야 법을 찬탄해 말했고, 밥을 비는 비구 있는 곳에서는 밥을 비는 공덕을 찬탄해 말했으며, 누더기 옷 입은 비구 있는 곳에서는 누더기 옷의 공덕을 찬탄해 말했다.

만약 욕심 줄여 만족할 줄 알고, 멀리 떠남을 닦아 행하며, 방편에 부지런히 정진해 바른 생각과 바른 선정을 가졌거나, 지혜로 흐름을 다해 몸으로 증득한 비구 있는 곳에서는 그 행하는 바를 따라 찬탄하고 기리어 말했다.

카샤파여, 아란야 비구 있는 곳에서는 아란야 법을 찬탄하고, 번뇌의 흐름을 다한 비구[漏盡比丘] 있는 곳에서는 흐름을 다해 몸으로 증득함을 찬탄해 말하며, 만약 그런 사람을 보거든 같이 말하여 알맞음을 따라 이렇게 위로하라.

'잘 오신 이여, 그대 이름은 무엇이며 누구의 제자이시오.'

그러고는 자리를 양보해 앉게 하고 그 어질고 착함이 법의 모습 그대로임을 이렇게 찬탄해라.

'사문의 뜻[沙門義]이 있고 사문의 하고자 함[沙門欲]이 있으시오.'

이와 같이 찬탄할 때 만약 그와 같이 머물거나 같이 노니는 사람이 곧 결정하여 그의 행을 그대로 따라 행하면 오래지 않아 그의 보는 바와 그의 하고자 하는 바와 같아질 것이다."

붇다께서는 말씀하셨다.

"만약 나이 젊은 비구가 그 아란야 비구가 오는 것을 보거든 아란야 법을 찬탄하고, 나아가 번뇌의 흐름을 다해 몸으로 증득하였으면, 그 젊은 비구는 일어나 나가 맞이해 공경히 절하고 문안해야 한다.

그리하여 그 아란야 비구와 같이 머물면, 오래지 않아 스스로 뜻의 요익됨을 얻을 것이다.

이와 같이 공경하는 사람은 기나긴 밤 동안에 안락과 이익을 얻게 될 것이다."

공양물 많이 불러들이는 비구 공경하는 세태를 크게 꾸중하심

붇다께서는 다시 말씀하셨다.

"그런데 오늘날 비구들은 그 오는 이를 보아, 지견 있는 대덕으로 재물과 입을 옷·먹을거리·자리끼·의약품을 불러올 수 있다고 생각하면, 더불어 말하고 공경히 문안하고 그 복을 찬탄하면서 이렇게 말한다.

'잘 오셨소. 이름은 어떻게 되시며 누구의 제자이시오.'

그 복덕을 찬탄하는 것은 큰 이익됨과 입을 옷·먹을거리·자리끼·의약품을 불러올 수 있기 때문이다.

또 만약 그 존자와 서로 가까이하면 그 사람도 입을 옷·먹을거리·자리끼·의약품이 풍족해지기 때문이다.

만약 다시 젊은 비구는 그 오는 사람을 보고, 큰 지혜와 큰 덕이 있고 또 재물과 입을 옷·먹을거리·자리끼·의약품을 불러올 수 있는 이라고 생각되면 빨리 일어나 나가 맞이해 공경히 문안하면서 '잘 오셨소'하고 찬탄한다.

그것은 큰 지혜와 큰 덕이 있는 이로서 큰 이익됨과 입을 옷·먹을

거리 · 자리끼 · 의약품을 불러올 수 있기 때문이다.

카샤파여, 이와 같은 나이 젊은 비구는 기나긴 밤 동안에 바른 뜻도 아니고 요익됨도 아니어서 괴로울 것이다.

이와 같이 카샤파여, 이런 비구들은 사문의 걱정거리요 범행을 빠뜨리는 것이며, 큰 장애이다. 또 악하여 착하지 않은 법이고, 번뇌의 걱정거리로 모든 존재를 거듭 받아 불꽃처럼 나고 죽을 것이다.

그리하여 미래의 괴로움의 갚음으로 나고 늙고 병들어 죽고, 근심하고 슬퍼하며 괴로워하고 번민할 것이다."

카샤파 존자에게 다시 아란야행 찬탄하도록 당부하심

"그러므로 카샤파여, 반드시 이와 같이 배워야 한다.

그 아란야행 때문에 아란야의 처소에 대해 기리어 말하고 찬탄해야 한다.

그리고 누더기 옷[納衣]으로 밥을 빎[乞食]과 욕심 줄여 만족할 줄 앎[知足], 멀리 떠남을 닦아 행함[遠離], 방편에 부지런히 정진함[精勤方便], 바른 생각[正念], 바른 선정[正定], 바른 지혜[定智]로 흐름을 다해 몸으로 증득한 사람을 기리어 말하고 찬탄해야 한다.

반드시 이와 같이 배워야 한다."

붇다께서 이 경을 말씀하시자, 존자 마하카샤파는 그 말씀을 듣고 기뻐하고 따라 기뻐하면서 절하고 물러났다.

• 잡아함 1140 불위근본경(佛爲根本經)

• 해설 •

아란야행으로 으뜸가는 카샤파 비구를 상대로 세존께서 아란야 비구와 아란야행을 공경하고 찬탄하도록 당부하시는 말씀이 오늘날 종교계의 세태, 교단의 세태에 어찌 그리고 꼭 맞는 말씀인가.

붇다 당시에도 새로 된 비구들이 덕이 높고 사마디와 지혜 갖춘 아란야 비구를 공경하지 않고, 먹을거리와 입을 옷을 많이 불러들이는 힘있는 비구를 높은 비구라고 공경하고 찬탄하였으니 붇다께서 크게 깨우쳐 경계하신 것이다.

곧 모습 있는 복을 버려 대중과 상가에 회향하는 두타 비구 서원의 비구 [誓願比丘]를 업신여기고 많이 가지고 공양물 많이 끌어들이는 윗자리 비구만을 우러러보므로, 세존은 아란야 비구 서원의 비구를 공경하도록 당부하시며, 아란야 비구 업신여기는 젊은 비구를 사문의 걱정거리라고 꾸중하시는 것이다.

요즈음 교단에도 선(禪)이 없고 교(敎)가 없고 율(律)이 없지만 큰 절에 앉아 재물 많고 권속을 많이 거느린 이가 대덕(大德)으로 공경받고 복 많은 비구라 추앙받으며, 아란야행으로 좌선하고 경을 강설하는 가난한 비구는 박복한 비구라 멸시하는 풍조가 넘치고 있다.

사문의 뜻[沙門義]이 있고 사문의 하고자 함[沙門欲]이 있는 아란야 비구를 얕잡아보고, 옷과 먹을거리 자리끼 약과 이익된 공양 많이 불러들이는 비구를 공경하고 문안하는 그릇된 상가의 풍토를 꾸중하시는 이 경의 가르침을 오늘 이 시대 상가대중들도 다시 한 번 가슴 깊이 새겨야 할 것이다.

브라흐마하늘왕도 여래의 아란야행을 찬탄하니

이와 같이 내가 들었다.

한때 붇다께서는 코살라 국 사람 사이에 노닐어 다니시다, 비어 한가해 마을이 없는 곳에서 비구대중과 함께 그곳에서 밤을 지내셨다.

그때 세존께서는 여러 비구들을 위해 아란야 법에 따름을 말씀하셨다.

때에 사바세계 주인 브라흐마하늘왕은 이렇게 생각하였다.

'지금 세존께서는 코살라 국 사람 사이에 노닐어 다니시다 비어 한가해 마을도 없는 곳에 계시면서, 비구대중과 함께 빈 벌판[空野]에서 밤을 지내신다.

그리고 세존께서는 대중을 위해 공한 법[空法]에 따름을 말씀하신다. 나는 지금 가서 세존을 따라 찬탄해야겠다.'

세존과 비구대중의 아란야행을 하늘왕이 찬탄함

그는 마치 힘센 장사가 팔을 굽혔다 펴는 것 같은 동안에 브라흐마하늘에서 사라져 붇다 앞에 나타나, 붇다의 발에 머리를 대 절하고 한쪽에 물러앉아 게송으로 말하였다.

고요한 숲가 자리에 가까이하여
모든 번뇌를 끊어 없애버리라.

만약 비어 한가한 곳 좋아하지 않으면
대중에 들어 스스로 보살피라.

스스로 그 마음을 길들여 누르고
집집마다 다니며 밥을 빌면서
모든 아는 뿌리 거두어 지니고
오롯이 정진해 마음 잡아매어라.

그런 다음 비어 한가한 곳 익히어
아란야에 자리를 펴고 앉아서
모든 두려움 무서움 멀리 여의고
두려움 없이 안온하게 머물라.

만약 저 모든 흉악하고 위험한
독한 뱀들이 뭇 독으로 해치고
검은 구름 캄캄하고 어둡게 덮어
우레가 울고 번갯불이 내리쳐도
모든 번뇌를 멀리 떠났기 때문에
밤낮으로 안온하게 머물게 되리.

세존께선 이와 같이 가르치나니
제가 들은 여래의 법대로라면
설사 마쳐 다함에 이르지 못해도
홀로 고요한 곳에서 범행 닦으면

천 가지 죽음의 마라도 두렵지 않고
만약 깨달음의 도를 닦게 된다면
몇 만의 수라도 두렵지 않네.

이렇게 닦아가는 온갖 수행자들
스로타판나의 도 얻게 되며
어떤 이는 사크리다가민을 얻고
또 아나가민의 도를 얻게 되어
그 수 또한 한량할 수 없는데
그 수 이루 정하지 못하는 것은
거짓말이라 할까 두려워서네.

때에 사바세계 주인 브라흐마하늘왕은 이렇게 찬탄하고, 또 붇다
의 말씀을 듣고 기뻐하고 따라 기뻐하면서 붇다께 절하고 이내 사라
져 나타나지 않았다.

• 잡아함 1191 공한처경(空閑處經)

• 해설 •

마을 없는 빈 벌판에서 세존과 상가대중이 아란야 법을 따라 사마디에
들어계시니, 세존의 아란야행 가운데 여기 이곳은 시방 세계에 두루한 여기
이곳이다.

세존의 아란야행에서 여기 이곳이 시방에 두루한 이곳이니, 저 브라흐마
하늘왕이 찰나 사이에 저기를 떠남 없이 떠나 이곳 아란야의 처소에 이른
것이다.

브라흐마하늘왕이 세간에 가장 위력 있는 하늘왕이지만 세존의 아란야

행 가운데서 하늘왕은 하늘왕이 아니라, 삼계의 크신 인도자[三界大導師] 세존의 사방상가의 한 제자일 뿐이다.

여래의 법은 중생의 무명과 온갖 얽매임의 밧줄을 끊으니, 저 브라흐마 하늘왕 같은 하늘의 제자이든 사람 세상의 제자이든 세존을 따라 아란야행을 닦으면, 온갖 두려움을 떠나 니르바나의 안온한 곳 얻고 온갖 어두움을 깨고 지혜의 밝음을 얻어 밤낮으로 고요하고 즐거울 것이다.

또한 믿음이 아직 굳세지 못한 이라도 여래 계신 곳에 우러름을 내면 끝내 번뇌의 흐름 다해 지혜의 흐름에 들고 뒤로 물러섬이 없는 아나가민이 되어 참된 여래 상가의 수를 채우게 되리라.

지금 여기 코살라 국 마을 없는 들판의 한데이되 온갖 곳에 두루한 여래의 아란야 처소를 무어라 찬탄할까.

『화엄경』(「화장세계품」華藏世界品)은 이렇게 노래한다.

시방에 있는 넓고 큰 나라들이
모두 이 세계 가운데 와서 드네.
비록 시방이 널리 그 안에 들어감을 보나
실로 옴이 없고 들어감이 없도다.

十方所有廣大刹　悉來入此世界種
雖見十方普入中　而實無來無所入

2) 사마디와 지혜 닦는 참된 아란야행

홀로 있어도 늘 공경의 마음으로 정진해
법의 요점 알아야 한다

이와 같이 들었다.

한때 붇다께서는 슈라바스티 국 제타 숲 '외로운 이 돕는 장자의 동산'에 계셨다.

그때 세존께서 여러 비구들에게 말씀하셨다.

"만약 아란야 비구가 한가하고 고요한 곳에 있으면, 대중 가운데 있지 않더라도 늘 공경하고 기뻐하는 마음을 내어야 한다.

만약 다시 아란야 비구가 한가하고 고요한 곳에 있다고 해서, 공경하지 않고 기뻐하는 마음을 내지 않는다면, 대중 가운데서 남을 위해 설법한다 해도 아란야의 법을 알지 못할 것이다.

왜냐하면, 그 아란야 비구는 공경하는 마음이 없고 기뻐함을 내지 않기 때문이다."

공경하는 마음과 지혜로 법의 요점을 알도록 당부하심

"다시 비구들이여, 아란야 비구가 한가하고 고요한 곳에 있으면 대중 가운데 있지 않더라도, 늘 정진해서 게을러 교만함이 없이 모든 법의 요점[諸法之要]을 모두 밝게 알아야 한다.

만약 또 아란야 비구가 한가하고 고요한 곳에 있으면서 게을러 교만한 마음이 있어서 여러 나쁜 행[惡行]을 지으면, 그가 대중 가운데서 설법한다 해도 이 아란야 비구는 게을러서 정진하지 않은 것이다.

그러므로 비구들이여, 아란야 비구가 한가하고 고요한 곳에 있으면 대중 가운데 있지 않더라도 늘 뜻을 낮추어 기뻐하는 마음[歡喜心]을 내어야 한다.

게으르고 교만하여 공경이 없어서는 안 된다.

정진할 것을 생각해 뜻이 옮겨 구르지 않고 모든 착한 법을 반드시 다 갖추어야 한다.

이와 같이 여러 비구들이여, 반드시 이렇게 배워야 한다."

그때 여러 비구들은 붇다의 말씀을 듣고 기뻐하며 받들어 행하였다.

• 증일아함 20 선지식품(善知識品) 八

　• 해설 •

아란야 비구는 홀로 고요한 곳에 있어도 대중에 대해 공경하고 기뻐하는 마음 지녀야 하고, 대중 속에 살아도 교만한 마음이 없이 고요한 행 닦아야 한다.

아란야 비구는 고요한 곳에 있어도 게을러 교만함 없이 밝은 지혜 지녀야 하고, 대중 속에 살아도 뜻을 낮추어 기뻐하는 마음을 내야 한다.

아란야 비구는 홀로 있되 더불어 있고 더불어 있되 하늘땅 밖에 홀로 노닐어야 하며, 늘 고요하되 밝은 지혜 잃지 않아야 하며 대중에 법을 설하되 설함이 없고 마주함이 없어야 한다.

여래의 가르침 따라 이와 같이 아란야에 머물면, 홀로 있되 늘 붇다와 함께 있고 홀로 있되 늘 시방중생과 더불어 있을 것이다.

목갈라야나여, 아홉 가지 법으로
비구들을 가르쳐 긴 밤 동안 늘 안온케 하라

이와 같이 들었다.

한때 붇다께서는 사카족 마을의 암바리 과일동산[闍婆梨果園]에서 큰 비구대중 오백 사람과 함께 계셨다.

그때 존자 사리푸트라와 존자 목갈라야나가 다른 곳에서 여름 안거를 마친 뒤, 오백의 비구들을 데리고 사람 사이에서 노닐어 교화하다 차츰 사카족 마을 가운데 이르렀다.

그때 먼 길을 걸어온 비구들과 머물고 있던 비구들이 각기 서로 말을 건네고 같이 서로 문안하는데, 그 음성들이 너무 높고 컸었다.

그때 세존께서 비구들의 소리 울림이 크고 높은 것을 들으시고 곧 아난다에게 말씀하셨다.

"지금 이 동산 가운데서 누가 저처럼 크고 높은 소리로 떠드는가? 마치 나무나 돌을 부수는 소리 같구나."

아난다가 붇다께 말씀드렸다.

"지금 사리푸트라와 목갈라야나가 오백 비구들을 데리고 이곳으로 왔는데, 걸어온 비구들과 머물고 있던 비구들이 서로 같이 안부를 묻느라고 이런 소리가 있습니다."

아란야행을 닦지 않고 서로 만나 떠드는
비구대중을 멀리 보내라 하심

세존께서는 아난다에게 말씀하셨다.

"너는 빨리 사리푸트라와 목갈라야나를 보내어 여기에 머물지 못하게 하라."

이때 아난다는 분부를 받고 곧 사리푸트라와 목갈라야나 비구 있는 곳에 가서 말하였다.

"세존께서 분부가 계셨습니다. 빨리 여기를 떠나 이곳에 머물지 말아야 합니다."

사리푸트라는 대답하였다.

"예, 가르침을 받아 그렇게 하겠소."

그때 사리푸트라와 목갈라야나는 곧 그 동산을 나와 오백 비구들을 데리고 길을 걸어 떠났다. 그때 여러 사카족 사람들은 사리푸트라와 목갈라야나 비구가 세존에게 쫓겨났다는 소식을 듣고, 곧장 사리푸트라와 목갈라야나가 있는 곳으로 찾아가 머리를 대 발에 절하고 사리푸트라에게 말씀드렸다.

"여러 어진 이들께선 어디로 가시려 합니까?"

사리푸트라는 대답하였다.

"우리는 여래에게 쫓겨나 각기 편안한 곳을 구하고 있소."

그러자 여러 사카족 사람들이 사리푸트라에게 말하였다.

"여러 어진 이들이시여, 조금만 생각을 멈추십시오. 저희들이 여래께 참회하겠습니다."

사카족 사람들이 대중을 널리 거두시도록 청하자,
브라흐마하늘왕이 다시 간청함

이때 사카족 사람들은 곧 세존 계신 곳에 가서 머리를 대 발에 절하고 한쪽에 앉아 말씀드렸다.

"세존께서는 먼 곳에서 찾아온 비구들의 허물을 살펴 용서해주시길 바랍니다. 세존께서는 때를 따라 깨우쳐주시길 바랍니다.

저 멀리서 찾아온 비구들 가운데 처음 도를 배우고 새로 법 가운데 들어온 자들은, 아직 거룩한 얼굴[尊顔]을 뵙지도 못하고 변해 뉘우치는 마음이 생기게 될 것입니다.

마치 우거진 싹이라도 적셔주는 물기를 만나지 못하면 이루어지지 못하는 것처럼, 지금 이 비구들도 이와 같아서 여래를 뵙지 못하고 떠나면 마음이 변해 뉘우칠까 걱정입니다."

그때 브라흐마하늘왕은 여래의 마음속 생각을 알고, 마치 힘센 장사가 팔을 굽혔다 펴는 것 같은 동안에 브라흐마하늘에서 사라져 여래가 계신 곳으로 와서는 머리를 대 발에 절하고 한쪽에 섰다.

그때 브라흐마하늘왕이 세존께 말씀드렸다.

"세존께서는 멀리서 온 비구들이 저지른 허물을 살펴 용서하시고 때를 따라 깨우쳐주시길 바랍니다. 그들 가운데 아직 마쳐 다하지 못한 비구들이 있다면 그들은 변해 뉘우치는 마음을 품을 것입니다.

그들은 여래의 거룩한 얼굴 모습을 뵙지 못하면 곧 변하는 마음이 있게 되어 본래의 업[本業]으로 돌아갈 것입니다.

마치 갓난 송아지가 태어나자마자 그 어미를 잃으면 근심하고 슬퍼해 먹지 않는 것처럼, 이들 또한 이와 같습니다.

만약 새로 도를 배우는 비구들도 여래를 뵙지 못하면 곧 이 바른 법[正法]을 멀리 떠날 것입니다."

그때 세존께서는 곧 사카족들의 간청과 브라흐마하늘왕의 '송아지 비유'를 받아들이시고 아난다를 돌아보셨다.

아난다는 이렇게 생각하였다.

'여래는 이미 여러 사람과 하늘신들의 간청을 들어주셨다.'

대중을 다시 불러들이어 사리푸트라의 뜻을 물으심

아난다는 곧 사리푸트라와 목갈라야나 비구 있는 곳을 찾아가 말하였다.

"여래께서 여러 상가대중과 서로 보고 싶어하십니다. 하늘과 사람들이 모두 그 뜻을 말씀드렸습니다."

그때 사리푸트라는 비구들에게 말하였다.

"너희들은 각기 가사와 발우를 거두고 다같이 세존 계신 곳으로 가자. 여래께서는 이미 우리들의 참회를 받아주셨다."

이에 사리푸트라와 목갈라야나는 오백 비구를 데리고 세존 계신 곳에 이르러 머리를 대 발에 절하고 한쪽에 앉았다.

이때 붇다께서 사리푸트라에게 물으셨다.

"내가 아까 여러 비구대중을 쫓아버렸을 때, 그대는 어떻게 생각하였는가?"

사리푸트라는 말씀드렸다.

"아까 여래께서 여러 비구대중을 쫓아버리셨을 때, 저는 이렇게 생각했습니다.

'여래께서는 한가하고 고요함에 노니시고 홀로 함이 없음에 머무시길 좋아하시고, 시끄러운 데 계시기를 좋아하지 않으신다.

그래서 여러 거룩한 대중[聖衆]을 쫓아버린 것이다.' ”

세존께서는 말씀하셨다.

“그대는 그 뒤에 다시 무슨 생각을 냈는가? 그 거룩한 대중은 이 때 누구의 허물인가?”

사리푸트라는 말씀드렸다.

“그때 저는 세존이시여, 다시 이렇게 생각하였습니다.

'나 또한 한가하고 고요함에 있으면서 홀로 노닐고 시끄러운 곳 에서 지내지 않으리라.' ”

붇다께서 사리푸트라에게 말씀하셨다.

“ '나도 한가하고 고요한 곳에서 지내리라'는 이런 말 하지 말고, 또 이런 생각 내지 말라. 지금 거룩한 대중의 허물이 어찌 사리푸트 라와 목갈라야나 비구를 의지함이 아니겠는가?”

대중을 깨우쳐주려는 목갈라야나의 생각을 찬탄하심

그때 세존께서는 목갈라야나에게 말씀하셨다.

“내가 여러 비구대중을 쫓아버렸을 때, 그대는 어떻게 생각하였 는가?”

목갈라야나는 말씀드렸다.

“여래께서 비구대중을 쫓아버리셨을 때, 저는 이렇게 생각했습니다.

'여래께서는 홀로 함이 없음에 지내고 싶어 하신다. 그래서 거룩 한 대중을 쫓아버리는 것이다.' ”

세존께서는 말씀하셨다.

“그 뒤에는 무슨 생각을 냈는가?”

목갈라야나는 말씀드렸다.

"그렇게 지금 여래께서 여러 거룩한 대중을 쫓아버리셨지만, 우리들은 거두어들여 모아서 흩어지지 않도록 해야 한다."

세존께서는 말씀하셨다.

"잘 말했다, 목갈라야나여. 그대 말과 같다. 이 대중 가운데 우두머리될 수 있는 이는 오직 나와 그대 둘뿐이다.

지금부터 목갈라야나는 여러 '뒤에 배우는 비구들'을 잘 가르치고 깨우쳐 기나긴 밤 동안 길이 안온한 곳에 살게 하고 가운데서 물러나 나고 죽음에 떨어지는 일이 없게 하라."

비구의 아홉 가지 그른 법과 아홉 가지 바른 행을 설하심

"만약 비구가 아홉 가지 나쁜 법[九法]을 성취한다면 그는 현재의 법 가운데서 자라고 클 수 없을 것이다. 아홉 가지란 무엇인가?

첫째, 나쁜 벗과 서로 따라 섬기고 가까이하는 것이다.

둘째, 일 없이 늘 노닐어 다니기를 좋아하는 것이다.

셋째, 늘 오래고 긴 걱정거리를 품고 사는 것이다.

넷째, 재물 모으기를 좋아하는 것이다.

다섯째, 가사와 발우에 탐착하는 것이다.

여섯째, 많이 헛되고 거짓되며 뜻이 어지러워 안정되지 못한 것이다.

일곱째, 지혜의 밝음이 없는 것이다.

여덟째, 바른 뜻길[義趣]을 이해하지 못하는 것이다.

아홉째, 때를 따라 가르침을 받지 않는 것이다.

이것을 목갈라야나여, '비구가 이 아홉 가지 법을 성취하면 현재의 법 가운데서 자라나 크지 못하고 적셔주지 못한다'고 하는 것이다.

만약 비구가 아홉 가지 법을 성취한다면 그는 곧 이루어 갖추는 바가 있게 된다. 아홉 가지란 무엇인가?

첫째, 좋은 벗과 서로 따라 섬기는 것이다.

둘째, 바른 법을 닦아 행하고 삿된 업에 집착하지 않는 것이다.

셋째, 늘 홀로 있는 곳에 노닐며 사람들 사이에서 지내기를 좋아하지 않는 것이다.

넷째, 병치레를 줄이어 걱정거리가 없는 것이다.

다섯째, 재물과 보배를 많이 쌓아두지 않는 것이다.

여섯째, 가사와 발우에 탐착하지 않는 것이다.

일곱째, 부지런히 정진하며 마음을 어지럽게 하지 않는 것이다.

여덟째, 뜻을 들으면 곧 이해해 다시 가운데 다른 뜻을 받지 않는 것이다.

아홉째, 때를 따라 법을 들어 싫증내지 않는 것이다.

이것을 목갈라야나여, '비구가 아홉 가지 법을 성취하면 현재의 법 가운데 요익됨이 많다'고 하는 것이다.

그러므로 목갈라야나여, 여러 비구들에게 더욱 부지런히 가서 가르칠 것을 생각해 기나긴 밤에 '함이 없는 곳'에 이르도록 하라."

아란야행을 서로 가르치고 깨우쳐
함께 해탈의 길 가도록 당부하심

그때 세존께서는 곧 이 게송을 말씀하셨다.

늘 스스로 깨어 있을 것 생각하고
잘못된 법들에 집착하지 말라.

그 닦는 것이 바른 행과 맞으면
나고 죽음의 어려움 건너게 되리.

이것을 짓게 되면 이러함 얻고
이것을 짓게 되면 이 복을 얻으리.
중생의 흘러 떠돎은 오래됐으니
늙음과 병듦과 죽음을 끊어야 하네.

바른 법 갖추고도 다시 안 익히어
거듭 그른 행을 다시 저지르나니
이와 같이 방일하여 게으른 사람
번뇌의 샘이 있는 행을 이루리.

만약 더욱 부지런히 마음에 새겨
언제나 그 뜻 마음에 간직한 사람
서로 더욱 가르치고 깨우쳐주면
샘이 없는 해탈의 사람이 되리.

"그러므로 목갈라야나여, 여러 비구들에게 이렇게 깨우쳐주고, 또 이와 같이 배울 것을 생각해야 한다."

그때 세존께서는 여러 비구들을 위해 아주 묘한 법을 말씀하시어 기뻐하는 마음을 내게 하셨다.

이때 이 법을 들은 여러 비구들 가운데 예순 명 남짓 비구들은 번뇌의 흐름이 다하고[漏盡] 뜻이 풀렸다[意解].

그때 여러 비구들은 붇다의 말씀을 듣고 기뻐하며 받들어 행하였다.

- 증일아함 45 마왕품(馬王品) 二

• 해설 •

상가대중 가운데 두타행으로 으뜸인 카샤파 존자는 세존께서 비나야의 법 많이 제정하심에 불만을 갖다가 참회하였다. 그렇듯이 사리푸트라 존자와 목갈라야나 존자가 세존의 상가대중 가운데 가장 으뜸 제자였지만, 세존의 아란야에서 오백 비구의 소란 때문에 세존께 꾸중을 듣고 아란야에서 쫓겨난 뒤 크게 경책을 받고 있다.

하늘신과 사람 세상 여러 대중의 참회와 간청으로 오백 비구를 다시 거두시며, 또 두 존자의 뜻을 다시 물어 상가대중에 대한 목갈라야나의 입장을 크게 찬탄하신 뒤 아홉 가지 아란야 법을 당부하신다.

세존께선 상가대중이 많아짐으로 출가 때 화상(和尙)을 정하게 하고, 안거 때 의지하는 스승[依止師]을 모셔 안거케 하며, 상가의 윗자리가 새로된 비구들을 가르치게 하였으니, 오백 대중은 사리푸트라와 목갈라야나 존자가 그 의지사(依止師)이다.

아란야행 지키지 못한 대중의 허물은 의지사의 허물이고 대중을 이끄는 윗자리 장로의 책임이다. 따르는 대중의 허물을 고치어 여래의 법에서 물러나지 않게 하고 상가의 화합을 지키며 대중이 흩어지지 않게 하는 것도 의지사의 책임이다.

세존은 이렇게 바로 이해한 목갈라야나 존자의 뜻을 크게 인정해주시고 아란야행을 위한 아홉 가지 법을 말씀하시어, 대중이 일 없이 함께 몰려다니며 사마디를 닦지 않고 때를 따라 가르침 받지 않는 것이 아란야행에 큰 장애됨을 보이신다.

아란야에 많이 머물며 재물을 추구하지 않고 여래의 교법을 들어 그 뜻을 사유하여 고요히 사마디 닦아야 온갖 번뇌의 샘을 다해 나고 죽음의 저 언덕에 이르게 될 것이다.

대중을 다시 거두어 한 게송을 읊으심에 예순 명 남짓 비구가 여래의 음성을 듣고 바로 해탈했으니, 중생의 자애로운 어버이이신 여래께는 꾸중과 보살핌, 따끔하게 깨우치시는 목소리와 따뜻한 미소, 내쫓음과 거두심이 모두 해탈과 건네줌의 한 일이 되는 것이다.

그러므로 여래는 때로 어머니처럼 자애롭게 저 허물 많은 대중과 서로 배우는 보디사트바를 잘 보살펴 생각해주시고[善護念], 때로 아버지처럼 엄하게 타이르고 당부하시는 것[善付囑]이다.

꾸중하심과 보살피심이 모두 해탈의 한 길이 되는 여래의 위신력을, 『화엄경』(「여래출현품」)은 다음과 같이 찬탄한다.

이미 모습 없는 경계의 언덕에 올라
묘한 모습 장엄된 몸을 나타내시고
때 떠난 천 줄기의 밝은 빛 놓아
마라 군대 무리 깨뜨려 다하게 하네.

已昇無相境界岸 而現妙相莊嚴身
放於離垢千光明 破魔軍衆咸令盡

시방에 끝없이 있는 모든 세계를
나머지 없이 흔들어 움직이게 하시나
일찍이 한 중생도 두렵게 하지 않으니
잘 가신 이 위신력 이와 같도다.

十方所有諸世界 悉能震動無有餘
未曾恐怖一衆生 善逝威神力如是

2 두타행

두타(dhūta)는 세간의 탐욕의 경계를 따르지 않고 검소하고 깨끗하게 입고 먹으며 고행으로 해탈의 도를 추구하는 생활이다.

경[十二頭陀經]에 열두 가지 두타행을 말하고 있으니 다음과 같다.

① 아란야에 머묾[住阿蘭若處] 세속의 시끄러움을 멀리 여의고 고요한 곳에 머물며 탐욕의 경계를 떠나 위없는 도를 구하는 두타행이다.

② 늘 밥 빌기를 행함[常行乞食] 탐욕을 떠나 다른 이의 좋은 음식 공양을 받지 않고 늘 밥을 빌어 몸을 붙들어 가되, 먹을거리를 얻고 얻지 못함, 얻은 먹을거리의 맛있고 맛 없음에 마음을 평등히 하여 도업을 닦는 두타행이다.

③ 차례로 밥을 빔[次第乞食] 밥을 빌 때 맛을 탐착하지 않고 중생을 가벼이 보지 않으며, 부자와 가난한 이를 가리지 않고 평등한 한 마음으로 차례로 밥을 비는 두타행이다.

④ 한 번 먹음[一食] 비구는 도를 닦으며 다음과 같이 생각해야

한다.

'내가 한 끼 밥을 구하는 것도 오히려 많은 방해가 있는데 어찌 하물며 뒤의 밥을 적게라도 먹을 것인가. 만약 스스로 덜지 않으면 반나절의 공덕도 잃고 한 마음으로 도를 행할 수 없을 것이다.'

이런 까닭에 자주 먹음을 끊고 한 끼 밥을 받는 두타행이다.

⑤ 양을 조절하여 먹음[節量食] 비구는 빌어 얻은 밥을 세 가름으로 나누어 배고파 목마른 이를 보면 한 가름을 주고 또 한 덩이 밥을 덜어 비어 한가한 곳에 이르러 깨끗한 돌 위에 놓아서 여러 짐승과 새에게 주어야 한다. 가난하고 배고픈 이를 보지 못해도 셋으로 나눈 두 가름만 먹고 한 가름은 남기고 다 먹지 않아야 한다.

이렇게 먹으면 몸이 가볍고 소화가 잘 되어 병이 없게 되고 도를 행함에 장애가 없다. 그러므로 양을 조절해 먹는 두타를 행해야 한다.

⑥ 한낮이 지나면 국물을 마시지 않음[過中食後不飮漿] 국물[漿]은 과일물이나 꿀물을 말한다. 비구가 한낮이 지나 과일물이나 꿀물을 마시게 되면 그 맛을 탐착하게 되어 한 마음으로 착한 법을 닦아 익힐 수 없다. 그러므로 한낮이 지나면 국물 마시지 않는 두타를 행하는 것이다.

⑦ 떨어진 옷을 입음[著弊納衣] 비구는 좋은 옷이나 옷의 꾸밈새를 탐착하지 않고 마을 가운데 버려진 옷감을 주워 빨아 누더기 옷을 만들어 추위나 헐벗음을 면해야 한다.

깨끗하고 좋은 새 옷을 탐착하면 도의 행을 덜게 되므로 떨어진 옷을 입는 두타를 행하는 것이다.

⑧ 세 벌 옷만 지님[但三衣] 세벌 옷이란 아홉 조각[九條] 일곱

조각[七條] 다섯 조각[五條] 기운 가사를 말한다. 비구는 욕심 줄여 만족할 줄 알아야 하니 많은 옷을 쌓아두는 세속 사람들이나 옷이 없이 헐벗는 바깥길 수행자들의 두 치우침을 떠나[離二邊] 중도에 서서[處於中道] 세 벌 옷을 받아 생활하는 두타를 행하는 것이다.

⑨ 무덤 사이에 앉음[塚間住] 비구는 무덤 사이에 앉아 죽은 시체가 썩는 것, 불에 타고 새가 쪼아 먹는 것을 보고 덧없음과 괴로움과 공하다는 살핌[無常苦空觀]을 닦으니, 이것이 무덤 사이에 앉는 두타행이다.

⑩ 나무 밑에 앉음[樹下坐] 붇다는 태어날 때나 보디 이룰 때, 처음 법바퀴 굴릴 때나 니르바나에 들 때 모두 나무 밑에 계셨다.

비구도 붇다의 행하신 바를 따라 나무 밑에 앉아서 사마디를 닦아야 하니, 이것이 나무 밑에 앉는 두타행이다.

⑪ 한데 앉음[露地坐] 나무 밑에 앉는 것은 반은 집에 앉는 것과 같아 비를 맞지 않고 그늘이 햇빛 가려주는 즐거움이 있으므로, 이마저 피해 한데서 앉아 선정을 닦으면 달빛 밝은 날 쉽게 공한 사마디[空三昧]에 들 수 있으니, 이것이 한데 앉는 두타행이다.

⑫ 앉아 눕지 않음[但坐不臥] 누우면 게을러지고 걷거나 서면 마음 거두기가 쉽지 않으므로 다만 앉아 옆구리를 자리에 대지 않고 편안히 선정을 닦는 것이니, 이것이 앉아 눕지 않는 두타행이다.

이와 같은 열두 가지 두타행은 욕심 줄여 만족할 줄 알아 검박하고 절제하며 방일하지 않는 생활의 규율과 형식을 통해 계·정·혜 삼학을 갖추는 것이다. 삼학의 실천내용이 없는 형식적 두타는 다시 붇다로부터 꾸지람 들을 치우친 행이 되는 것이다.

붇다는 성문제자 가운데 마하카샤파 비구가 두타로 으뜸가는 제자라 찬탄하시며, '두타법이 있는 곳이 여래가 있는 곳이다'라고 하시니, 두타행과 사마디행으로 뒷세상 사문의 행의 기준을 세워주신 것이라 할 것이다.

동아시아 불교사에서 중국 조사로 보면, 평생 세간의 명리를 떠나 산숲에 머물며 좌선과 사람 가르치기에 잠깐도 게으름이 없었던 천태 팔조(八祖) 좌계현랑선사(左溪玄朗禪師)가 두타행으로 귀감이 될 으뜸가는 성사(聖師)라 할 것이다. 우리 불교사에서는, 도량에 든 지 오십 년 이래 도시의 화려한 티끌 밟지 않고[五十年來未踏京華塵] 선정과 예참을 닦았던 고려조 원묘요세선사(圓妙了世禪師)와, 평생 미투리 삼으며 선정과 다라니행으로 수행했던 근세불교 수월음관선사(水月音觀禪師)가 두타법으로 빼어난 조사라 할 것이다.

두타법을 찬탄하면 나를 찬탄하는 것이다

이와 같이 내가 들었다.

한때 붇다께서는 슈라바스티 국 제타 숲 '외로운 이 돕는 장자의 동산'에 계셨다.

그때에 존자 마하카샤파는 슈라바스티 국 동쪽 동산 므리가라마트리 강당에 있었다. 그는 저녁 때 선정에서 깨어 붇다 계신 곳에 나아가 머리를 대 발에 절하고 한쪽에 물러나 앉았다.

그때에 세존께서는 존자 마하카샤파에게 말씀하셨다.

"그대는 이미 늙어서 나이는 오래되고 몸의 뿌리가 시들어져 누더기 옷은 무거울 것이다. 내 옷은 가볍고 좋다.

그대도 지금부터 대중 가운데서 머물러 살며, 거사의 빛깔 죽인 가벼운 옷[壞色輕衣]을 입어라."

카샤파 존자가 아란야행과 두타법 행하는 뜻을 세존께 말씀드림

카샤파가 붇다께 말씀드렸다.

"세존이시여, 저는 이미 기나긴 밤 동안 아란야행을 익혔고, 아란야와 누더기 옷과 밥 비는 것을 찬탄하였습니다."

붇다께서 카샤파에게 말씀하셨다.

"그대는 몇 가지 뜻을 보았기에 아란야행을 익히고 아란야를 찬탄하며 누더기 옷을 입고 밥을 빌며, 누더기 옷과 밥 비는 법을 찬탄하는가."

카샤파가 붇다께 말씀드렸다.

"세존이시여, 저는 두 가지 뜻을 보았습니다. 곧 현재의 법에서 안락하게 머무는 뜻과 다시 미래의 중생을 위해 큰 밝음을 지어주는 것입니다. 곧 미래세상의 중생들은 이렇게 생각할 것입니다.

'과거 윗자리 비구들은 여섯 가지 신통이 있어서, 집을 나온 지 오래되어 범행이 잘 익어, 세존의 찬탄과 지혜로운 범행자들의 받들어 섬김을 받았다. 그는 기나긴 밤 동안 아란야행을 익혀 아란야를 찬탄하고, 누더기 옷으로 밥을 빌며, 누더기 옷과 밥 비는 법을 찬탄하였다. 여러 듣는 이들은 깨끗한 마음으로 따라 기뻐하고 기나긴 밤 동안 안락과 이익을 얻었다.' "

카샤파의 두타행을 크게 찬탄하시고 두타행 찬탄하길 당부하심

붇다께서는 말씀하셨다.

"참 잘 말하고 잘 말했다. 카샤파여, 그대는 기나긴 밤 동안 요익하게 함이 많았다. 중생을 안락케 하고 세상을 가엾이 여겼으며, 하늘과 사람을 안락케 하였다."

붇다께서는 다시 말씀하셨다.

"만약 두타법을 헐뜯는 사람이 있으면 곧 나를 헐뜯는 것이요, 두타법을 찬탄하는 사람이 있으면 곧 나를 찬탄하는 것이다.

왜 그런가. 두타법은 내가 기나긴 밤 동안 기리고 찬탄한 것이기 때문이다.

그러므로 카샤파여, 아란야행을 행하는 사람에게는 아란야를 찬탄하고, 누더기 옷으로 밥 비는 사람에게는 누더기 옷과 밥 비는 법을 찬탄하여야 한다."

붇다께서 이 경을 말씀하시자, 마하카샤파는 붇다의 말씀을 듣고 기뻐하고 따라 기뻐하면서 절하고 물러갔다.

• 잡아함 1141 극로경(極老經)

• 해설 •

연기의 진리를 깨친 현성은 죄업이 공한 줄 알아 죄업에 물들지 않되, 복덕이 공한 줄 알아 스스로 받아야 할 복덕의 모습을 취하지 않고[不取福德] 복덕을 받지 않는다[不受福德].

그러므로 번뇌 다한 현성은 하늘땅을 뒤덮는 복된 업을 지어 그 과보를 받을 수 있다 해도 스스로 그 복덕을 받아 쓰지 않고, 떨어진 옷을 입고 빌어서 밥을 먹으며 나무 밑에 앉아 가난하고 소박하게 생활한다.

그리하여 모습 없고 함이 없는 참된 복으로 중생을 장엄해주며 세간을 아름답게 빛내준다.

그는 죄와 복에 모두 머물지 않으므로 현세에서 늘 그 마음이 안락하고 평등하며, 복을 받아 늘림이 없이 온갖 복덕을 중생에게 회향하므로 앞으로 올 중생을 법의 재물로 이익되게 한다.

카샤파 존자의 두타행은 이처럼 모습 있는 복덕의 집착을 버려 큰 안락의 땅에 머물며, 뒤에 올 중생을 위해 큰 밝음을 지어주는 모습 없는 참된 복덕행이다.

이와 같은 카샤파의 아란야행과 두타행 짓는 뜻을 듣고서, 세존께서 크게 찬탄하시고 '두타법 있는 곳이 여래가 있는 곳이다'라고 말씀하시니, 이것이 곧 두타로 으뜸가는 제자 카샤파가 바로 붇다의 '마음 도장'을 전한[傳佛心印] 첫째 조사가 되는 까닭이라 할 것이다.

두타행과 아란야행을 버리면
위없는 도에 이르지 못하리

이와 같이 들었다.

한때 붇다께서는 슈라바스티 국 제타 숲 '외로운 이 돕는 장자의 동산'에 계시면서 여러 비구들에게 말씀하셨다.

"남의 이익되는 공양[利養]을 받는다는 것은 매우 쉬운 일이 아니니, 사람을 함이 없는 곳[無爲之處]에 이르지 못하게 한다.

왜 그런가. 만약 수라타(修羅陀) 비구가 이익됨을 탐내지 않았더라면 끝내 이 법 가운데서 세 가지 가사를 버리고 집에 가 살지는 않았을 것이다.

수라타 비구는 본디 아란야행을 크게 지어, 때가 되면 밥을 빌고 한곳에 한 번 앉았으며, 한낮에만 먹었고, 나무 밑이나 한데에 앉았고, 한가한 곳을 즐겨하였다. 다섯 가지 누더기 옷을 입고, 세 가사를 지녔으며, 무덤 사이를 즐기어 몸을 부지런히 해 고행하여 이런 두타를 행하였다."

수라타 비구가 두타행 버린 인연을 보여 깨우치심

"그런데 이때에 수라타 비구는 푸후 국왕(蒲呼國王)의 공양을 받았는데, 왕은 백 가지 맛의 먹을거리로 날마다 와서 대주었다.

그때에 그 비구의 뜻이 이 먹을거리에 물들어 차츰 아란야행을 버리게 되었다.

때가 되어 밥을 비는 것, 한곳에 한 번 앉는 것, 한낮에만 먹는 것, 나무 밑이나 한데에 앉는 것, 한가한 곳을 즐기는 것, 다섯 가지 누더기 옷을 입는 것, 세 가지 가사를 지니는 것, 무덤 사이를 즐기는 것, 몸을 부지런히 해 고행하는 것 등, 이런 일들을 다 버리고 세 가사를 버리고 흰옷으로 돌아가 소백정[屠牛]으로 산목숨 죽이는 것이 헤아릴 수 없었다.

그래서 몸이 무너지고 목숨 마치고서 지옥 가운데 태어났다.

여러 비구들이여, 이런 방편으로 이익되는 공양이 매우 무거워 사람을 위없고 바르고 참된 도에 이르지 못하게 하는 것임을 알 수 있다.

그러므로 이익됨을 구하는 마음이 아직 생기지 않았으면, 그것을 눌러 생기지 못하게 하고, 이미 생겼으면 방편을 구해 그것을 없애야 한다.

이와 같이 여러 비구들이여, 반드시 이렇게 배워야 한다."

그때에 비구들은 붇다의 말씀을 듣고 기뻐하며 받들어 행하였다.

• 증일아함 13 이양품(利養品) ―

• 해설 •

상가에 들어와 두타행을 잘 닦다가도 남이 바치는 화려한 공양에 탐착하는 마음을 내면 잠깐의 이익됨에 빠져 영겁에 삶의 식량[資糧]이 되는 법의 재물을 잃게 된다.

두타를 행하는 아란야행자는 지금 이익되는 공양을 받지 않고 잠깐 동안의 이익됨을 받지 않으며, 오히려 기나긴 밤에 무너짐이 없는 공덕의 땅에 이른다.

혀끝이 백 가지 맛, 그 모습 있는 맛을 탐착하면 맛이 없되 한량없는 공덕의 맛을 갖춘 여래장의 법맛을 어찌 알 것인가.

여래가 가르친 나무 밑에 앉음, 세 가지 가사 입음을 버리고 부드럽고 화려한 빛깔의 옷감에 맛들여 집착하면, 모습에 모습 없되 모습 없음도 없는 실상의 공덕에 어떻게 들어갈 것인가.

뜻이 경계 탐착함을 따라 이익되고 복됨을 받아 누리면 지금 비록 즐거운 느낌 편안한 느낌을 받을지언정, 기나긴 밤에 안락할 법의 이익과 모습 없고 함이 없는 진리의 복덕을 잃게 할 것이다.

『화엄경』(「십회향품」)은 버림으로써 가짐 없이 크게 갖는 보디사트바의 삶을 다음과 같이 가르친다.

보디사트바는 가진바 생활도구와
갖가지 넘쳐나는 끝없는 것들
가득 쌓아서 수레에 싣고
좋은 코끼리 보배 말 수레를 끄니
아주 묘한 옷가지 진기한 재물들
그 모든 것 아주 빼어나 묘하도다.

菩薩所有資生具　種種豐盈無限億
香象寶馬以駕車　衣服珍財悉殊妙

위와 같은 갖가지 보배뿐 아니라
때로 나의 머리와 눈 손과 발
때로 몸과 살 골수까지 지니어
시방 한량없는 세계에 두루하게 해
그 온갖 것 널리 베풀어 가득 채우네.

或以頭目幷手足　或持身肉及骨髓
悉遍十方無量刹　普施一切令充滿

3 좋은 벗 좋은 스승을 가까이하는 생활

보디의 과덕도 인연을 따라 성취된다. 그러므로 주체의 보디의 마음[菩提心]에 수행을 돕는 객관 여건이 함께해야 해탈의 과덕을 이룰 수 있는 것이다.

천태선사(天台禪師)의 『수습지관좌선법요』(修習止觀坐禪法要)는 그 첫 장으로 '좌선 수행에 갖춰야 할 조건'[具緣第一]을 말하면서 다음 다섯 가지를 들고 있다.

첫째 청정하게 계 지님[持戒淸淨]이다.

둘째 옷과 밥을 갖춤[衣食具足]이다.

셋째 한가하게 머물며 고요한 곳을 얻음[得閑居靜處]이다.

넷째 여러 가지 일을 쉼[息諸緣務]이다.

다섯째 선지식을 가까이함[近善知識]이다.

이 가운데 가장 중요한 것이 선지식(善知識)의 인연이니, 선지식의 이끎과 보살핌이 없으면 보디의 씨앗이 날 수 없고 바른 법이 성취될 수 없기 때문이다.

천태선사는 선지식 인연에 대해서 다음과 같이 말한다.

수행의 조건 갖춤의 다섯째는 선지식을 가까이함이다.

선지식에는 셋이 있다.

첫째, 밖에서 보살피는 선지식[外護善知識]은 도량을 경영하고 공양하여 수행자를 잘 보살펴 서로 어지럽게 하지 않는다.

둘째, 수행을 같이하는 선지식[同行善知識]은 같이 하나의 도를 닦아 서로 권해 일으켜서 서로 시끄럽고 어지럽게 하지 않는다.

셋째, 가르쳐주는 선지식[敎授善知識]은 안팎의 방편과 선정의 법문으로 가르쳐주고 이롭게 하고 기쁘게 한다.

청량징관법사의 『화엄경소』(華嚴經疏)는 선지식의 일곱 가지 공덕의 일[善友七事]을 말하니, 다음과 같다.

첫째, 괴로움을 만나도 버리지 않음[遭苦不捨]이니, 자비심으로 괴로움 만난 중생을 버리지 않고 그 괴로움에서 빼내줌이다.

둘째, 가난하고 천해도 가볍게 보지 않음[貧賤不輕]이니, 평등한 마음으로 가난하거나 신분이 낮은 자라고 업신여기지 않음이다.

셋째, 비밀한 일을 서로 가르쳐줌[密事相告]이니, 중생 번뇌 속에 싸인 여래장의 비밀한 공덕의 곳간을 일깨워줌이다.

넷째, 서로 엇바꾸어 덮어 감춤[遞相覆藏]이니, 아직 근기가 무르익지 않으면 진실을 덮고 방편을 열며 근기가 익으면 방편을 덮고 진실을 열어줌이다.

다섯째, 짓기 어려운 일을 지어감[難作能作]이니, 중생을 보디에 이끌기 위해 낮고 천한 일을 마다하지 않음이다.

여섯째, 주기 어려운 것을 줌[難與能與]이니, 중생에게 자신이 깨친 진실의 이치 열기 위해 아낌없이 주는 것이다.

일곱째, 참기 어려운 일을 참음[難忍能忍]이니, 오랜 겁토록 죄업 짓는 중생을 보디에 이끌기 위해 참고 견딤을 말한다.

『사분율』에서는 선지식에 관해 다섯 가지 아차르야(ācārya, 阿闍黎)를 말한다. 첫째, '출가의 아차르야'[出家阿闍黎]는 처음 출가할 때 의지하는 스승이다. 둘째, '수계의 아차르야'[受戒阿闍黎]는 비구의 구족계를 받을 때 카르마를 해주는 스승이다.

셋째, '교수의 아차르야'[敎授阿闍黎]는 계를 받고 난 뒤 계법과 갖가지 몸가짐을 가르쳐주는 스승이다. 넷째, '경을 받는 아차르야'[受經阿闍黎]는 비구가 경을 배우는 스승이다. 다섯째, '의지의 아차르야'[依止阿闍黎]는 안거할 때 의지하는 스승이다.

위없는 보디의 법은 천태선사의 세 가지 선지식이나 『사분율』의 다섯 가지 아차르야의 인연이 갖춰진다고 이루어지지 않지만, 좋은 스승의 가르침과 아차르야의 이끌어 보살핌 없이는 보디의 법이 성취될 수 없다. 그러므로 붇다는 '선지식이 범행의 절반이다'라고 말하는 제자들에게 그렇게 말하는 것은 선지식의 뜻을 잘 모르는 이라고 깨우치신다.

그렇다면 삼계 중생의 땅에서 그 누가 가장 빼어난 스승인가. 미망의 중생 속에서 맨 처음 연기의 진리를 온전히 깨달아 중생에게 해탈의 길을 열어 보이신 여래가 가장 높은 스승[無上師, anuttara]이니, 『대지도론』(大智度論)은 이렇게 말한다.

"모든 법 가운데 니르바나가 위없듯이, 중생 가운데는 깨달음의 완성자 붇다가 위없이 높은 것이다."

1) 좋은 벗 사귐으로 해탈의 공덕이 생기니

비구들이여, 좋은 벗을 가까이하고
나쁜 벗을 가까이하지 말라

이와 같이 들었다.

한때 붇다께서는 슈라바스티 국 제타 숲 '외로운 이 돕는 장자의 동산'에 계셨다.

그때 세존께서 여러 비구들에게 말씀하셨다.

"좋은 벗[善知識]을 가까이하여 나쁜 행[惡行]을 익히거나 나쁜 업[惡業]을 믿지 말아야 한다.

왜 그런가. 여러 비구들이여, 좋은 벗을 가까이하면 믿음이 더욱 늘어나고 들음[聞]·베풂[施]·지혜(智慧)가 모두다 늘어나기 때문이다. 만약 비구라면 좋은 벗을 가까이하고 나쁜 행을 익히지 말라.

왜 그런가. 만약 나쁜 벗을 가까이하면 곧 믿음[信]·계(戒)·들음·베풂·지혜가 없어지기 때문이다.

그러므로 여러 비구들이여, 반드시 좋은 벗을 가까이하고 나쁜 벗을 가까이하지 말아야 한다.

이와 같이 여러 비구들이여, 반드시 이렇게 배워야 한다."

그때 여러 비구들은 붇다의 말씀을 듣고 기뻐하며 받들어 행하였다.

• 증일아함 20 선지식품(善知識品) 一

데바닫타 따르는 무리들이여
나쁜 스승 가까이하지 말라

이와 같이 들었다.

한때 붇다께서는 라자그리하 성에 있는 칼란다카 대나무동산에서 큰 비구대중 오백 사람에게 앞뒤로 둘러싸인 채 설법하고 계셨다.

그때 데바닫타는 오백 비구들을 거느리고 여래께 가기 그리 멀지 않은 곳을 지나가고 있었다.

세존께서 데바닫타가 거느리고 있는 제자들을 보시고 곧 게송으로 말씀하셨다.

　나쁜 벗을 가까이하지 말고
　어리석게 그를 따라 섬기지 말라.
　사람 가운데서 가장 뛰어난 이
　좋은 벗을 가까이하여야 한다.

　사람에게 본래는 악함 없지만
　나쁜 벗을 가까이하길 익히면
　뒤에 반드시 나쁜 뿌리를 심어
　길이 어두움 속에 살게 되리라.

데바닫타의 오백 제자가 여래의 게송을 듣고
뉘우쳐 아라한을 이룸

그때 데바닫타의 오백 제자들은 세존께서 이 게송 설하심을 듣고, 곧 세존께서 계신 곳에 와서 붇다의 발에 머리를 대 절하고 한쪽에 앉았다.

이렇게 잠깐 있다가 뒤로 물러나 세존을 향하여 허물을 뉘우쳤다.

"저희들은 어리석고 미혹하여 바로 아는 것이 없었습니다.

세존께서는 저희들의 참회를 받아주시길 바랍니다."

세존께서는 그 오백 비구들의 참회를 받아주시고, 그들을 위해 설법하여 믿음의 뿌리[信根]를 얻게 하셨다.

그때 오백 비구들은 한가하고 고요한 곳에서 깊은 법을 사유하였다. 그 까닭은 좋은 종족의 사람이 집을 나와 도를 배우는 것은, 믿음이 굳세어서 위없는 범행(梵行)을 닦는 것이기 때문이다.

그때 저 오백 비구들은 곧 아라한을 이루었다.

그리하여 나고 죽음은 이미 다하고 범행은 이미 서고, 지을 바를 이미 지어 다시는 태의 몸 받지 않음을 진실 그대로 알았다.

그때 오백 사람은 다 아라한을 이루었다.

여러 비구들은 붇다의 말씀을 듣고 기뻐하며 받들어 행하였다.

• 증일아함 20 선지식품 二

• 해설 •

온갖 법은 인연으로 나니 바른 믿음의 뿌리는 바른 스승과 바른 벗에 의해 얻게 되고, 그릇된 견해와 삿된 세계관도 그른 스승을 가까이함으로 세워진다.

붇다는 세속의 쾌락적 삶과 극단적 고행주의 삶에서 중도를 가르치셨는데, 데바닫타는 붇다의 중도교설에 대해 극단화된 율법주의를 내세워 여래의 교단을 분열시키고 갓 출가해 새로 배우는 비구들을 그릇된 길로 이끌었다.

그릇된 스승이 그릇됨인 줄 알면 곧 바른 지견이 나고 바른 선지식께 나아가는 주체적 실천의 바탕이 이루어진다.

옳은 스승은 스스로 그리되는 것이 아니라 다섯 가지 공덕을 갖춰야 옳은 스승이 되는 것이니, 다음과 같다.

첫째, 여래의 계행에 잃음이 없어야 한다[戒行無失].
둘째, 바른 법을 잘 세울 수 있어야 한다[善建立法].
셋째, 사람 따라서 배울 바를 잘 세워낼 수 있어야 한다[善建立所學].
넷째, 법에 대한 온갖 의혹을 잘 끊을 수 있어야 한다[善斷疑惑].
다섯째, 여래의 다르마와 비나야로 사람들을 잘 가르쳐 해탈의 길에 나아갈 수 있게 해야 한다[教授出離].

옳은 스승이라면 위에서 말한 다섯 가지 공덕을 갖추어 스스로 지혜의 흐름에 들어가고 미혹의 사람을 지혜의 땅에 세워주어야 하는 것이다.

비록 스승의 행색을 하고 있어도 그 가르침이 존재의 진실[諸法實相] 그대로의 가르침을 보여주지 못하고, 속박 속에 있는 중생을 해탈의 과덕에 이르지 못하게 한다면, 그 스승은 좋은 벗[善友] 좋은 스승[善知識]이라 이름할 수 없는 것이다.

좋은 마음은 좋은 벗
좋은 경계와 어울려 합하나니

이와 같이 내가 들었다.

한때 붇다께서는 라자그리하 성 칼란다카 대나무동산에 계셨다. 그때에 세존께서는 여러 비구들에게 말씀하셨다.

"중생은 늘 경계와 함께하고 경계와 어울려 합한다. 어떻게 경계와 함께하는가.

곧 중생이 착하지 않은 마음일 때에는 좋지 않은 경계와 함께하고, 착한 마음일 때에는 좋은 경계와 함께하며, 더러운 마음일 때에는 더러운 경계와 함께하고, 빼어난 마음일 때에는 빼어난 경계와 함께한다."

마음과 경계가 서로 어울려 공덕과 악행이
남을 보기를 들어 보이심

"어느 때에 존자 카운디냐(Kauṇḍinya)는 많은 비구들과 함께 가까운 곳에서 거닐고 있었다. 그들 모두는 다 윗자리[上座]요, 많이 들은 덕이 높은 이[大德]로서 집을 나온 지 이미 오래되었고 범행을 갖춰 닦았다.

다시 존자 마하카샤파도 많은 비구들과 함께 가까운 곳에서 거닐고 있었다. 그들 모두는 다 욕심 줄여 만족할 줄 알고, 두타의 고행으로써 남은 것을 쌓아두지 않았다.

존자 사리푸트라도 많은 비구들과 함께 가까운 곳에서 거닐고 있었다. 그들 모두는 다 큰 지혜와 변재가 있었다.

때에 존자 마하목갈라야나도 많은 비구들과 함께 가까운 곳에서 거닐고 있었다. 그들 모두는 다 신통의 큰 힘이 있었다.

때에 아니룻다도 많은 비구들과 함께 가까운 곳에서 거닐고 있었다. 그들 모두는 다 하늘눈이 밝게 사무쳤다.

때에 존자 슈로나코티빔샤(Śroṇakoṭīviṃśa)도 많은 비구들과 함께 가까운 곳에서 거닐고 있었다. 그들 모두는 다 용맹스럽게 정진하고 오롯이 힘써 닦아 행한 이들이었다.

때에 존자 드라비아(Dravya)도 많은 비구들과 함께 가까운 곳에서 거닐고 있었다. 그들 모두는 다 대중들을 위하여 모든 쓸거리들을 대주는 것에 힘썼다.

때에 존자 우팔리도 많은 비구들과 함께 가까운 곳에서 거닐고 있었다. 그들 모두는 다 율행(律行)에 통달하였다.

때에 존자 푸르나도 많은 비구들과 함께 가까운 곳에서 거닐고 있었다. 그들 모두는 다 변재가 있어서 잘 설법하는 이들이었다.

때에 존자 카타야나도 많은 비구들과 함께 가까운 곳에서 거닐고 있었다. 그들 모두는 다 모든 경을 분별할 수 있어서 법의 모습[法相]을 잘 말했다.

때에 존자 아난다도 많은 비구들과 함께 가까운 곳에서 거닐고 있었다. 그들 모두는 많이 들음[多聞]으로 모두 지님[總持, dharāṇi]의 지혜가 있었다.

때에 존자 라훌라도 많은 비구들과 함께 가까운 곳에서 거닐고 있었다. 그들 모두는 다 율행을 잘 지니었다.

때에 데바닫타도 많은 비구들과 함께 가까운 곳에서 거닐고 있었다. 그들 모두는 다 못 악한 행을 익히고 있었다.

이것을 '비구는 늘 경계와 함께하고 경계와 어울려 합한다'고 하는 것이다.

그러므로 여러 비구들이여, 반드시 갖가지 여러 경계를 잘 분별하여야 한다."

붇다께서 이 경을 말씀하실 때, 여러 비구들은 붇다의 말씀을 듣고 기뻐하며 받들어 행하였다.

· 잡아함 447 행경(行經)

· 해설 ·

주체적 요인 없는 객관 여건이 없고 객관 여건 없는 주체적 요인이 없으며, 마음 밖에 경계가 없고 경계 밖에 마음이 없다. 그러므로 무리와 무리가 서로 따르고 마음[心]과 경계[境]가 서로 따른다.

중생은 중생의 경계와 응하고 현성은 현성의 경계와 응하며, 착한 마음은 착한 경계를 부르고 악한 마음은 악한 경계를 부른다.

사마디와 지혜가 좋은 스승이 되게 하고 좋은 스승에 좋은 제자가 따르니, 두타의 스승에 두타의 제자들이 따르고 높은 지혜의 스승에게 지혜로운 제자가 따르며 많이 들음의 스승에 많이 들은 제자가 따른다.

또한 저 데바닫타와 그를 따르는 무리처럼 그릇된 뜻, 상가의 화합을 깨뜨리는 뜻이 악지식(惡知識)을 만들고 악지식에게 그릇된 제자가 따른다.

그러나 선지식과 선한 제자, 악지식과 악한 제자의 착함과 악함이 모두 공한 곳에서 선지식의 옳음 없는 옳음과 악지식의 그름 없는 그름을 다시 볼 수 있어야, 선지식의 옳은 제자가 되고, 여래의 법의 자식이 되어 세간에 법의 깃발을 세울 수 있으리라.

2) 좋은 벗 좋은 스승이 곧 범행의 완성이니

좋은 벗 좋은 스승을 범행의 절반이라 말하지 말라

이와 같이 들었다.

한때 붇다께서는 슈라바스티 국 제타 숲 '외로운 이 돕는 장자의 동산'에 계셨다.

그때 아난다가 세존께 말씀드렸다.

"좋은 스승이라 함은 범행의 절반이 되는 사람입니다. 왜냐하면 좋은 길로 이끌어 함이 없는 곳[無爲]에 이르게 하기 때문입니다."

좋은 스승으로 인해 범행이 온전히 이루어짐을 보이심

붇다께서 아난다에게 말씀하셨다.

"이런 말을 하지 말라.

'좋은 스승이란 범행의 절반이 되는 사람이다.'

왜냐하면 좋은 스승이란 범행을 온전히 하는 사람이기 때문이다. 그와 같이해 따라 섬기면 좋은 길을 이끌어 보여준다.

나 또한 좋은 스승으로 말미암아 위없고 바르며 참된 깨달음[無上正眞等正覺]을 이루었고, 그 도의 과덕을 이룸으로써 이루 다 헤아릴 수 없는 중생을 건네 벗어나게 하여, 모두들 태어남·늙음·병듦·죽음을 면하게 한다.

이런 방편으로 좋은 스승이란 범행을 온전히 하는 사람인 줄 알 수 있다.

다시 아난다여, 만약 올바로 행하는 남자와 여인이 좋은 스승과 함께해 따라 섬기면, 그는 믿음의 뿌리[信根]가 더욱 늘어나고 들음[聞] · 베풂[施] · 지혜[慧]의 덕이 모두 갖추어질 것이다.

마치 달이 차려고 할 때면 그 밝은 빛이 차츰 늘어나 보통 때보다 곱절이 되는 것처럼, 만약 올바로 행하는 남자와 여인이 좋은 스승을 가까이하면 믿음 · 들음 · 생각 · 베풂 · 지혜가 모두 늘어날 것이다.

이런 방편으로 좋은 스승이란 곧 범행을 온전히 하는 사람임을 알 수 있다. 만약 내가 옛날에 좋은 스승과 함께해 따라 섬기지 않았더라면 나는 끝내 디팜카라 붇다(Dīpaṃkara-buddha, 燈光佛)의 언약수심을 받지 못했을 것이다.

좋은 스승과 함께해 따라 섬겼기 때문에 디팜카라 붇다 계신 곳에서 언약수심을 받은 것이다. 이런 방편으로 좋은 스승은 범행을 온전히 하는 사람임을 알 수 있다.

만약 아난다여, 이 세상에 좋은 스승이 없었다면 높고 낮은 차례도 없고, 부모 · 스승 · 형제 · 종친의 구별도 없었을 것이니, 저 돼지나 개의 붙이들과 같이 한 무리가 되어 온갖 나쁜 인연을 짓고 지옥으로 갈 죄의 씨앗을 심었을 것이다.

좋은 스승이 있었기 때문에 부모 · 스승 · 형제 · 종친의 구별이 있게 된 것이다.”

다시 바른 길로 이끄는 선지식의 공덕을 보이심

이때 세존께서 곧 게송을 말씀하셨다.

좋은 스승은 나쁜 이가 아니고
가까이하는 법은 먹음 위하지 않네.
그는 좋은 길로 이끌어 데리고 가니
이와 같은 옳은 스승에 가까이함
가장 높고 거룩한 이의 말씀이네.

"그러므로 아난다여, 다시는 이렇게 말하지 말라.
'좋은 스승은 범행의 절반이 되는 사람이다'라고."
그때 아난다는 붇다께 가르침을 받아 붇다의 말씀을 듣고는 기뻐
하며 받들어 행하였다.

• 증일아함 44 구중생거품(九衆生居品) 十

• 해설 •

선지식은 스스로 선지식이 아니라 존재의 실상을 바르게 깨친 지혜와 그
지혜로 뭇 중생을 이끌려는 서원(誓願)이 선지식을 선지식이 되게 한다. 바
른 법이 옳은 스승을 만들고 옳은 스승이 바른 법을 세간에 펼치는 것이다.
여래 또한 법계의 진리 그대로 사시는 분이니, 법계의 진리는 과거의 붇
다, 현재의 붇다, 미래의 붇다를 붇다이게 한다.
붇다가 깨친 진리가 온갖 중생의 자기진실이므로, 지금만 보디를 이루신
붇다가 계신 것이 아니라 과거에도 한량없는 붇다가 계셨고, 미래 먼 세상
에도 한량없는 붇다가 계실 것이다.
그러므로 여래 또한 이미 보디를 이룬 좋은 스승을 의지해서 위없는 보
디 이루신 것이라고 말하는 것이며, 앞서 위없는 보디를 이루신 붇다가 뒤
에 오실 붇다를 인증하고 그를 미래의 붇다로 언약하시는 것이다.
지금 믿음과 지혜의 흐름에 들어갈 때도 그 스스로 들어간 것이 아니고

앞서 믿음과 지혜를 성취한 이가 이끌어서 새로 지혜의 흐름에 들어가는 것이다.

세속의 좋은 지식과 세속의 윤리적 실천 또한 마찬가지다. 스승과 스승의 말씀이 없으면 그 좋은 지식과 좋은 행도 전해지지 못하는 것이니 스승 없는 바른 법은 없다.

스승의 법[師家法]과 제자의 법[弟子法]은 서로 의지해 있으니, 제자가 따라 배우지 못하고 따라 행해 스스로 체득하지 못하면 스승의 법이 바른 법 바른 지혜가 되지 못하지만, 스승 없는 제자의 바른 법 바른 지혜의 성취는 없다. 그러므로 '옳은 스승이 범행의 절반이다'라고 말하면 여래가 말씀한 '스승의 뜻'을 모를 뿐 아니라 연기법을 모르는 것이다.

보디의 법도 인연으로 깨달을 수 있는 것이라 스승과 제자가 만나야 범행이 나고 범행으로 보디를 이루는 것이지만, 깨친바 보디의 법에는 실로 전함이 없고 받음이 없다.

세존이 카샤파에게 금란가사를 전하고 카샤파가 아난다에게 법을 전했다는 이야기에 대해, 옛 선사[慈受]는 이렇게 노래한다.

> 두타행의 카샤파요 많이 들음의 아난다니
> 한 분은 손 모으고 한 분은 주먹 듦이라
> 누구를 형이라 하고 누구를 아우라 하기 어렵네.
> 하루아침 좁은 길에서 둘이 서로 만나니
> 두 눈동자 부릅떠 굴려 피할 곳 없어라.
> 곧바로 문앞을 향해 칠간대를 넘어뜨리니
> 장부에게 스스로 하늘 뚫을 뜻이 있네.
>
> 頭陀飮光多聞慶喜　合掌擎拳難兄難弟
> 一朝狹路兩相逢　裂轉雙睛無處避
> 便向門前倒刹竿　丈夫自有衝天志

원만하고 깨끗한 범행은
좋은 스승 좋은 벗을 따르는 것이다

이와 같이 내가 들었다.

한때 붇다께서 라자그리하 성 '좁은 골짜기 정사'[夾谷精舍]에 계셨다.

그때 존자 아난다도 거기에 머물고 있었다.

이때 존자 아난다는 홀로 한 고요한 곳에서 선정의 사유[禪思]로 이렇게 생각하였다.

'범행의 절반이 되는 것은 좋은 스승[善知識], 좋은 벗과 무리[善伴黨], 잘 따르는 이들[善隨從]이고, 나쁜 스승[惡知識], 나쁜 벗과 무리[惡伴黨], 잘못 따르는 이들[惡隨從]이 아니다.'

이때 존자 아난다가 선정에서 깨어나 붇다 계신 곳으로 가서 머리를 대 발에 절하고 한쪽에 물러나 앉아서 붇다께 여쭈었다.

"세존이시여, 저는 홀로 한 고요한 곳에서 선정의 사유로 이렇게 생각했습니다.

'범행의 절반이 되는 것은 좋은 스승, 좋은 벗과 무리, 잘 따르는 이들이고, 나쁜 스승, 나쁜 벗과 무리, 잘못 따르는 이들이 아니다.'"

범행의 성취가 좋은 벗 좋은 스승으로 말미암음을 보이심

붇다께서 아난다에게 말씀하셨다.

"이런 말을 하지 말라.

'범행의 절반이 되는 것은 좋은 스승, 좋은 벗과 무리, 잘 따르는 이들이고, 나쁜 스승, 나쁜 벗과 무리, 잘못 따르는 이들이 아니다.'

왜 그런가. 순수하고 원만하며 고요한 범행의 맑고 깨끗함이란 곧 좋은 스승, 좋은 벗과 무리, 잘 따르는 이들이고, 나쁜 스승, 나쁜 벗과 무리, 잘못 따르는 이들이 아니기 때문이다."

여래가 곧 세간의 바른 선지식임을 말씀하심

"나는 좋은 스승이기 때문에 중생들은 내가 있는 곳에서 생각의 깨달음 법[念覺支]으로 멀리 여읨을 의지하고, 욕심 없음에 의지하며, 사라짐에 의지하여, 평등한 니르바나[捨]에 향한다.

이와 같이 법 가림의 깨달음 법[擇法覺支]·정진의 깨달음 법[精進覺支]·기쁨의 깨달음 법[喜覺支]·쉼의 깨달음 법[猗覺支]·선정의 깨달음 법[定覺支]·버림의 깨달음 법[捨覺支]으로 멀리 여읨을 의지하고, 욕심 없음에 의지하며, 사라짐에 의지하여, 평등한 니르바나에 향한다.

그러므로 알아야 한다. 아난다여, 순수하고 원만하며 고요한 범행의 맑고 깨끗함은 바로 좋은 스승, 좋은 벗과 무리, 잘 따르는 이들인 것이고, 나쁜 스승, 나쁜 벗과 무리, 잘못 따르는 이들이 아닌 것을 알아야 한다."

붇다께서 이 경을 말씀하시자, 여러 비구들은 붇다의 말씀을 듣고 기뻐하며 받들어 행하였다.

• 잡아함 726 선지식경(善知識經)

원만하고 깨끗한 범행은 선지식으로 인해 나므로 선지식이 범행의 절반이라고 말해서는 안 된다. 선지식 또한 스스로 선지식이 되는 것이 아니라 원만하고 깨끗한 범행이 선지식을 선지식이 되게 한 것이므로, 선지식을 따름이란 원만하고 깨끗한 범행을 따름이고 선지식의 지혜의 법을 따름이다.

그러므로 '사람을 의지하지 않고 법을 의지하라'는 뜻을 잘 알아야 여래가 '온전한 범행이 곧 선지식이다'라고 말씀한 뜻을 알 수 있을 것이다.

『화엄경』(「수미정상게찬품」)은 이 세간의 옳은 스승 바른 길잡이이신 여래를 다음과 같이 찬탄해 말한다.

위대하다 세간의 크고 밝은 빛
용맹하신 위없는 스승이시여
뭇 미혹한 이들 이롭게 하시려고
이 고통의 세간에 나타나셨네.

偉哉大光明　勇健無上士
爲利群迷故　而興於世間

바르고 평등한 보디 이루사
공덕 갖추신 높은 인도자 내놓고
그 어디엔들 온갖 하늘과 사람들
건져내 구해주실 이 계시지 않네.

唯除正等覺　其德尊導師
一切諸天人　無能救護者

3) 옳은 스승이란 달과 같은 이

좋은 벗과 나쁜 벗이 모두 달과 같나니

이와 같이 들었다.

한때 붇다께서는 슈라바스티 국 제타 숲 '외로운 이 돕는 장자의 동산'에 계셨다.

그때에 자눗소니 브라마나는 붇다 계신 곳에 가서 서로 같이 문안 드리고 한쪽에 앉았다. 자눗소니 브라마나가 세존께 말씀드렸다.

"나쁜 벗을 어떻게 보아야 합니까."

세존께서 말씀하셨다.

"달을 보듯이 살펴야 하오."

"좋은 벗은 어떻게 보아야 합니까."

"달을 보듯이 살펴야 하오."

브라마나가 말했다.

"사문 고타마께서 지금 말씀하신 것은 그 요점만 간략히 말씀하신 것이라, 저는 넓은 뜻을 알지 못하겠습니다. 고타마께서는 널리 뜻을 말씀하시어 아직 알지 못한 이를 알게 해주시길 바랍니다."

좋은 벗과 나쁜 벗이 보름과 그믐 향하는 달 같음을 보이심

세존께서는 말씀하셨다.

"자세히 듣고 자세히 들어 잘 사유하시오. 내가 그대를 위해 그 뜻을 널리 연설해주겠소."

브라마나가 대답했다.

"그렇게 하겠습니다, 고타마시여."

자눗소니 브라마나가 붇다께 가르침을 받아들으니, 세존께서 말씀하셨다.

"브라마나여, 마치 보름날 뒤의 달은 밤낮으로 돌아가도 다만 덜어지기만 하고 차지는 않는 것과 같소. 그것은 자꾸 줄어지다가 다시 어느 때에는 달이 나타나지 않아 보는 사람이 없게 되오.

이 또한 그렇소. 브라마나여, 만약 나쁜 벗이라면 밤낮을 겪어 거쳐도 차츰 믿음은 없고 계·들음·베풂·지혜가 없어지게 되오.

그는 믿음·계·들음·베풂·지혜가 없기 때문에 몸이 무너지고 목숨 마친 뒤에는 지옥 가운데 들어가게 되오. 그러므로 브라마나여, 나는 지금 나쁜 벗을 마치 보름날 뒤의 달과 같다고 말하는 것이오.

브라마나여, 마치 달이 처음 날 때에는 밤낮을 지내갈수록 밝은 빛이 점점 가득해져 보름이 되면 둥글게 갖추어져 온갖 중생이 보지 않는 이가 없는 것과 같소. 이와 같이 브라마나여, 만약 좋은 벗이라면 밤낮을 지낼수록 믿음이 차츰 늘어나 계·들음·베풂·지혜를 더욱 늘리게 되오. 그는 믿음·계·들음·베풂·지혜를 늘리므로 그때 좋은 벗이 몸이 무너지고 목숨 마친 뒤에는 좋은 곳에 나게 되오.

그러므로 브라마나여, 나는 지금 좋은 벗이 가는 곳은 마치 달이 둥글게 되는 것과 같다고 말하는 것이오."

게송으로 좋은 벗의 공덕을 보이자 브라마나가 삼보에 귀의함

그때에 세존께서는 곧 이 게를 말씀하셨다.

만약 어떤 사람에게 탐욕이 있고
성냄과 어리석음 다하지 않으면
좋은 행은 차츰 줄어들게 되니
마치 달이 그믐 향해 다함과 같네.

만약 어떤 사람이 탐욕이 없고
성냄과 어리석음 또한 다하면
좋은 행이 차츰 늘어나게 되니
마치 달이 둥글게 차는 것 같네.

"그러므로 브라마나여, 초승달과 같이 되도록 배워야 하오."

그때에 자눗소니 브라마나는 세존께 말씀드렸다.

"거룩하십니다, 고타마시여. 마치 등 굽은 이가 등을 펴고, 눈먼 자가 밝음을 보고, 헤매는 자가 길을 보고 어두움 속에 등불을 켠 것처럼 이 또한 이와 같습니다. 사문 고타마께서는 셀 수 없는 방편으로 저를 위해 설법하셨습니다.

저는 지금 세존과 법과 상가에 귀의합니다. 지금부터 이 뒤로 제가 우파사카가 되는 것을 들어주십시오. 몸과 목숨 다하도록 산목숨 죽이지 않겠습니다."

그때에 자눗소니 브라마나는 붇다의 말씀을 듣고 기뻐하며 받들어 행하였다.

• 증일아함 17 안반품(安般品) 八

브라마나여, 좋은 스승 좋은 벗을
달과 같다고 살피시오

나는 들었다, 이와 같이.

한때 붇다께서는 슈라바스티 국을 노니실 적에 제타 숲 '외로운 이 돕는 장자의 동산'에 머무셨다.

그때 자눗소니 브라마나는 오후에 천천히 걸어 붇다 계신 곳에 가서 서로 같이 문안하고 물러나 한쪽에 앉았다. 그러고는 여쭈었다.

"고타마시여, 제가 여쭙고 싶은 것이 있는데 들어주신다면 말씀드리겠습니다."

세존께서 말씀하셨다.

"브라마나여, 그대 묻고 싶은 대로 하시오."

자눗소니 브라마나가 곧 여쭈었다.

"고타마시여, 집에 있는 사람에겐 어떤 괴로움이 있으며, 집을 나와 도를 배우는 사람에겐 어떤 괴로움이 있습니까?"

집에 있는 사람과 도 배우는 이의 괴로움이 다름을 분별해 보이심

세존께서 대답하셨다.

"브라마나여, 집에 있는 사람은 자재하지 못함으로 괴로움을 삼고, 집을 나와 도를 배우는 사람은 자재함으로 괴로움을 삼소."

자눗소니 브라마나가 다시 물었다.

"고타마시여, 집에 있는 사람은 왜 자재하지 못함으로 괴로움을 삼고, 집을 나와 도를 배우는 사람은 왜 자재함으로 괴로움을 삼습니까?"

세존께서 대답하셨다.

"브라마나여, 집에 있는 사람은 만약 돈이 늘어나 붙지 않고, 금 · 은 · 진주 · 유리 · 수정들이 다 늘어나 붙지 않으며, 목축과 곡식과 노비와 심부름꾼 또한 늘어나 붙지 않으면, 그때 집에 있는 사람은 근심하고 괴로워하며 시름하고 슬퍼하오.

이 때문에 집에 있는 사람은 근심과 괴로움이 많아지고 시름과 슬픔을 많이 품게 되오.

브라마나여, 집을 나와 도를 배우는 사람은 행함이 그 하고자 함을 따르고, 행함이 성냄과 어리석음을 따르면, 그때 집을 나와 도를 배우는 사람은 근심하고 괴로워하며 시름하고 슬퍼하오.

이 때문에 집을 나와 도를 배우는 사람은 근심과 괴로움이 많아지고 시름과 슬픔을 많이 품게 되오.

브라마나여, 이와 같이 집에 있는 사람은 자재하지 못함으로 괴로움을 삼고, 집을 나와 도를 배우는 사람은 하고자 하는 대로 자재함으로 괴로움을 삼소."

집에 사는 이의 즐거움과 수행자의 즐거움을 답하심

자눗소니 브라마나가 다시 여쭈었다.

"고타마시여, 집에 있는 사람에겐 어떤 즐거움이 있으며, 집을 나와 도를 배우는 사람에겐 어떤 즐거움이 있습니까?"

세존께서 대답하셨다.

"브라마나여, 집에 있는 사람은 자재함으로 즐거움을 삼고, 집을 나와 도를 배우는 사람은 자재하지 않음으로 즐거움을 삼소."

"고타마시여, 집에 있는 사람은 왜 자재함으로 즐거움을 삼고, 집을 나와 도를 배우는 사람은 왜 자재하지 않음으로 즐거움을 삼습니까?"

세존께서 대답하셨다.

"브라마나여, 만약 집에 있는 사람은 돈이 늘어나 불고, 금·은·진주·유리·수정들이 다 늘어나 불며, 목축과 곡식과 노비와 심부름꾼이 또한 늘어나 불게 되면, 그때 집에 있는 사람은 즐거워하고 기뻐하오. 이 때문에 집에 있는 사람은 즐거움과 기쁨이 많아지오.

브라마나여, 집을 나와 도를 배우는 사람은 행함이 하고자 함을 따르지 않고, 행함이 성냄과 어리석음을 따르지 않으면, 그때 집을 나와 도를 배우는 사람은 즐거워하고 기뻐하오.

이 때문에 집을 나와 도를 배우는 사람은 즐거움과 기쁨이 많아지오.

브라마나여, 이와 같이 집에 있는 사람은 자재함으로 즐거움을 삼고, 집을 나와 도를 배우는 사람은 자재하지 않음으로 즐거움을 삼소."

다투지 않음이 사람과 하늘세상의 삶에 이로운 뜻임을 보이심

자눗소니 브라마나가 다시 여쭈었다.

"고타마시여, 어떤 일이 하늘과 사람들로 하여금 반드시 이로운 뜻이 없게 하고, 어떤 일이 하늘과 사람들로 하여금 반드시 이로운 뜻이 있게 합니까?"

세존께서 대답하셨다.

"브라마나여, 만약 하늘이나 사람이 서로 다투면 반드시 이로운 뜻이 없고, 만약 하늘이나 사람이 서로 다투지 않으면 반드시 이로운 뜻이 있소."

"고타마시여, 어떤 것이 하늘이나 사람이 서로 다투면 반드시 이로운 뜻이 없다는 것이며, 어떤 것이 하늘이나 사람이 서로 다투지 않으면 반드시 이로운 뜻이 있다는 것입니까?"

세존께서 대답하셨다.

"브라마나여, 만약 때때로 하늘이나 사람이 서로 다투어 원망하고 미워하면, 그때 하늘과 사람은 근심하고 괴로워하며 시름하고 슬퍼하게 되오.

이 때문에 하늘과 사람은 근심과 괴로움이 많아지고, 시름과 슬픔을 많이 품게 되오.

브라마나여, 만약 하늘이나 사람이 서로 다투지 않고 원망해 미워하지 않으면, 그때 하늘과 사람은 즐겁고 기뻐하게 되오.

이 때문에 하늘과 사람은 많이 즐거워하고 많이 기뻐하오.

브라마나여, 이와 같이 하늘이나 사람이 서로 다투면 반드시 이로운 뜻이 없고, 하늘이나 사람이 서로 다투지 않으면 반드시 이로운 뜻이 있게 되오."

하늘과 사람에 요익되지 않는 몸과 입과 뜻의 그른 법을 보이심

자눗소니 브라마나가 다시 여쭈었다.

"고타마시여, 무슨 일 때문에 하늘과 사람을 반드시 요익되지 않게 해 괴로움을 얻게 하며, 무슨 일 때문에 하늘과 사람을 반드시 요익되게 하여 즐거움을 얻게 합니까?"

세존께서 대답하셨다.

"브라마나여, 만약 하늘과 사람이 몸으로 그른 법을 행하며, 입과 뜻으로 그른 법을 행하고 악을 행하면, 반드시 요익됨을 얻지 못하고 그 괴로움을 얻소.

만약 하늘과 사람이 법답게 행하여 악을 행하지 않으면, 반드시 요익됨을 얻고 그 즐거움을 얻소."

자눗소니 브라마나가 다시 여쭈었다.

"고타마시여, 하늘과 사람이 어떻게 그른 법을 행하고 또 악을 행하여 반드시 요익됨을 얻지 못하고 반드시 그 괴로움을 얻습니까? 또 하늘과 사람이 어떻게 법답게 행하고 또 악을 행하지 않아서 반드시 요익됨을 얻고 반드시 그 즐거움을 얻습니까?"

세존께서 대답하셨다.

"브라마나여, 하늘과 사람이 몸으로 그른 법을 행하고 또 악을 행하며, 입과 뜻으로 그른 법을 행하고 또 악을 행하면, 그때 하늘과 사람은 반드시 줄어 없어지고, 아수라는 반드시 일어나 채워질 것이오.

브라마나여, 만약 하늘과 사람이 몸으로 법답게 행하여 그 몸을 지켜 보살피고, 입과 뜻으로 법답게 행하여 입과 뜻을 지켜 보살피면, 그때 하늘과 사람은 반드시 일어나 채워지고, 아수라는 반드시 줄어 없어질 것이오.

브라마나여, 이와 같이 하늘과 사람이 그른 법을 행하고 또 악을 행하면, 반드시 요익되지 않음을 얻고 그 괴로움을 얻을 것이고, 하늘과 사람이 법답게 행하여 악을 행하지 않으면, 반드시 요익됨을 얻고 그 즐거움을 얻을 것이오."

좋은 벗과 나쁜 벗을 차고 기우는 달로 비유하심

자눗소니 브라마나가 다시 여쭈었다.

"고타마시여, 어떻게 나쁜 벗[惡知識]을 살펴야 합니까?"

세존께서 대답하셨다.

"브라마나여, 나쁜 벗은 달[月]과 같다고 살펴야 하오."

자눗소니 브라마나가 다시 여쭈었다.

"고타마시여, 어떻게 나쁜 벗을 달과 같다고 살핍니까?"

세존께서 대답하셨다.

"브라마나여, 그믐으로 향하는 달은 날마다 점점 줄어들고, 달의 궁전 또한 줄어들며, 밝은 빛 또한 줄어들고 모습과 빛깔 또한 줄어들어 날마다 다해가는 것과 같소.

브라마나여, 그래서 때가 되면 달은 사라져 다시 볼 수가 없게 되오.

브라마나여, 나쁜 벗 또한 여래의 바른 법과 율에서 그 믿음을 얻지만, 그는 믿음을 얻고 나서 그 뒤에 본받아 따르지 않고, 또한 공경하지 않으며, 하는 짓도 법을 따르지 않고, 바른 지혜를 세우지 않으며, 법을 향해 법을 따라[趣向法次法] 나아가지 않소.

그러다가 그는 문득 믿음을 잃고, 계를 지님과 널리 들음과 바람[願]과 지혜 또한 잃어버리오. 브라마나여, 때가 되면 이 나쁜 벗은 마치 달이 사라지듯 좋은 법[善法]을 없애버리게 하오.

브라마나여, 이와 같이 나쁜 벗은 달과 같다고 살펴야 하오."

자눗소니 브라마나가 다시 여쭈었다.

"고타마시여, 어떻게 좋은 벗[善知識]을 살펴야 합니까?"

세존께서 대답하셨다.

"브라마나여, 좋은 벗도 달과 같다고 살펴야 하오."

자눗소니 브라마나가 다시 여쭈었다.

"고타마시여, 어떻게 좋은 벗을 달과 같다고 살핍니까?"

세존께서 대답하셨다.

"브라마나여, 마치 달이 처음 생길 때에는 작지만 또렷하고 밝고
깨끗하며 날마다 늘어나 커지는 것과 같소. 브라마나여, 그래서 보
름날에 이르면 그 달의 궁전은 넉넉하고 가득해지오.

브라마나여, 이와 같이 좋은 벗은 여래의 바른 법과 율에서 믿음
을 얻고, 그는 믿음을 얻고 나서 늘 본받아 따르고 공경하며, 하는 일
은 법을 따르고, 바른 지혜를 세워 법을 향해 법을 따라 나아가오.

그는 믿음을 늘려 키워가고, 계를 지님과 널리 들음과 바람과 지
혜 또한 늘려 키워가오. 브라마나여, 때가 되면 그 좋은 벗은 마치 보
름달처럼 좋은 법[善法]을 갖추게 되오.

브라마나여, 이와 같이 좋은 벗은 달과 같다고 살펴야 하오."

좋은 벗과 나쁜 벗을 달과 용과 비로 비유하여 노래하심

이에 세존께서는 이 게송을 말씀하셨다.

　　나쁜 벗은 비유하면 달이 때 없이
　　허공세계에 떠돌아 노닐게 되면
　　온갖 세간의 모든 별자리들이
　　그 빛의 밝음 다 가림과 같네.

　　이와 같은 믿음과 널리 들음으로

아끼어 탐냄 없음을 바라지만
이 세간의 온갖 아끼는 마음이
그 좋은 법의 뿌리 다 가려버리고
보시의 밝은 빛을 또한 가리네.

좋은 벗은 마치 저 크나큰 용이
구름과 우레 번개를 쳐 일으키며
비를 내려 아주 넘쳐 흐르게 하여
온갖 땅을 널리 가득 채움과 같네.

이와 같은 믿음과 널리 들음으로
아끼어 탐냄 없음을 바라게 되면
먹을거리 베풂이 풍족케 하고
즐겨 권해 그 보시 늘려 넓히네.

이와 같이 큰 번개 우레 떨치며
하늘이 때맞추어 비를 내리듯
저 넓고 큰 복의 비가 내리는 것은
보시하는 이가 그 비 내린 것이네.

좋은 벗 따라 널리 베풀어주는 이
돈과 재물 많고 좋은 이름이 있어
사람 세상 좋은 곳 태어나게 되고
그곳에서 반드시 복을 받다가

죽어서는 하늘위에 나게 되리라.

붇다께서 이렇게 말씀하시자, 자눗소니 브라마나는 붇다의 말씀을 듣고 기뻐하며 받들어 행하였다.

• 중아함 148 하고경(何苦經)

• **해설** •

앞의 경이 선지식으로 인해 공덕이 나는 것을 '초승달이 보름달로 향해 가는 것'으로 비유하고, 나쁜 스승 나쁜 벗으로 인해 공덕이 줄어드는 것을 '보름달이 차츰 빛을 잃어 그믐으로 향해 가는 것'으로 비유한다면, 뒤의 경은 달의 비유와 함께 용의 비유를 더해 비유를 더욱 풍부하게 하고 있다.

첫걸음이 털끝만큼 차이가 나도 끝은 하늘땅만큼 벌어진다.

그와 같이 스승과 벗의 지견과 행실에 따라 그 따르는 이의 처음 발걸음이 한 걸음 두 걸음 차이나다가, 끝에서는 말을 달리하고 이르름을 달리하고 곳을 달리하여 하늘땅의 간격이 벌어진다.

그와 같이 좋은 스승 좋은 벗은 차는 달과 같이 범행을 이루게 하고 공덕을 이루게 하지만, 그 뜻이 그릇되고 세계관이 잘못되고 행실이 잘못된 나쁜 스승 나쁜 벗은 마치 그믐으로 향하는 달과 같이 범행을 줄어들게 하고 공덕을 줄어들게 해 끝내 공덕의 씨앗을 말려버린다.

좋은 스승으로 인해 공덕이 차고 넘치는 것은 용이 구름과 우레를 일으키고 비를 내려 넘치게 하는 것과 같고 만물을 적셔줌과 같다.

그렇다면 세속의 탐욕 기르는 생활과 세간의 복밭이 되는 범행자의 생활은 무엇이 다른가.

세속은 탐내는 마음으로 구해서 많이 얻는 것으로 행복과 즐거움을 삼고, 범행자는 구함 없고 탐냄 없어서 잃을 것 없는 삶으로 행복과 즐거움을 삼는다. 세속은 구하는 마음대로 이루어지는 것을 즐거움이라 여기고, 범행자는 경계에 실로 구할 것 없는 줄 알아 탐내는 마음 따르지 않는 것으로 즐거움을 삼는다.

어리석은 범부의 뒤바뀜을 다시 돌이키는 곳에 해탈과 자재의 삶이 있으니, 범부의 그릇됨을 곧 놓아버리는 곳에 선지식의 바른 길이 있고, 구함 없고 바람 없는 곳에서 공함의 해탈문[空解脫門]과 바람 없는 해탈문[無願解脫門]이 열리는 것이다.

스스로 범행을 닦고 남을 범행에 이끌며 스스로 깨닫고 남을 깨닫게 하는 이가 세간의 좋은 벗 좋은 스승이니, 『화엄경』(「수미정상게찬품」)은 중생의 참된 인도자 붓다 세존을 다음과 같이 찬탄한다.

> 온갖 모든 법의 참모습은
> 남이 없고 또한 사라짐 없네.
> 기이하다, 크신 인도자시여.
> 스스로 깨닫고 남도 깨닫게 하네.
>
> 一切諸法性　無生亦無滅
> 奇哉大導師　自覺能覺他
>
> 법의 성품 본래 청정하여
> 허공처럼 모습이 있지 않네.
> 온갖 것 이루 말할 수 없으니
> 지혜로운 이 이처럼 살피네.
>
> 法性本清淨　如空無有相
> 一切無能說　智者如是觀

4 수행자가 지닐 수 있는 물건과 받는 공양물

• 이끄는 글 •

처음 붇다는 상가대중으로 하여금 밥 빌기와 누더기 옷 입기, 나무 밑에 앉음, 가축의 썩은 오줌으로 약 삼기 등 이 네 가지 의지법[四衣止法]을 기본으로 생활하도록 하시고 개인적인 소유를 부정하고 가진 것 없이 두타(dhūta)로 범행을 닦도록 하셨다.

비나야에 의해 상가대중은 옷과 밥, 잠자리, 의약품 이 네 가지 공양물과 그밖의 소모품, 방과 집을 신도의 시주에 의거해 얻어 써야 한다.

상가의 소유에는 세 가지 형태가 있다.

첫째, 시주에게 얻어서 평등하게 나누어 먹고 나누어 써야 하는 먹을 것과 소모품이 있다.

둘째, 개인적으로 갖고 생활해야 하는 세 가지 가사와 발우 등의 물건이 있다.

셋째, 방과 집 그리고 비품과 같이 개인이 소유할 수 없는 사방상가의 공동소유물이 있다.

지니고 다니며 개인이 소유할 수 있는 여섯 가지 물건[六種僧物]

밖에는 모두 공동소유이므로, 모든 상가의 물건은 개인이 갖거나 남에게 팔거나 독차지해서 홀로 사용할 수 없다.

사방상가의 공동소유에 대해서는 『사분율』 '방과 집의 스칸다' [房舍犍度]에 다음과 같은 내용이 나오고 있다.

한때 붇다께서는 카시 국에서 세간에 노니시며 오백 비구와 같이 계셨다. 붇다께서는 사리푸트라와 목갈라야나와 오백 제자를 거느리시고 지렌(鞊蓮)이라는 지방에 갔다 오셨다. 그곳에는 본래 살고 있던 네 비구가 있었는데 아쓰바짓(Aśvajit) · 부나바사(不那婆舍) · 반타(般陀) · 루시나(樓醯那)였다.

그들은 세존과 오백 비구가 도착하면 그곳에서 쫓겨날까 싶어 다음과 같이 논의하였다.

"가장 좋은 방은 세존께 바치고 나머지는 네 몫으로 나누어 네 사람 소유로 한다.

첫째 비구의 몫은 절과 절의 물건과 방과 방의 물건이고, 둘째 비구의 몫은 독 · 병 · 동이 · 가마솥 · 도끼 · 송곳 · 등대 따위의 물건이다.

셋째 비구의 몫은 노끈 · 평상 · 나무평상 · 큰 요 · 작은 요 · 자리끼 따위의 물건이고, 넷째 비구의 몫은 숲 · 나무 · 대 · 풀 · 꽃 · 과일 · 잎 따위의 물건이다. 이렇게 하기로 한다."

이와 같이 논의하고 오백 비구가 이르자, 세존만은 좋은 방에 머물도록 하고 나머지 비구들의 머묾을 허락하지 않았다.

이 일을 계기로 붇다는 상가의 소유에 대해 다음과 같이 말씀한다.

"이 네 몫의 물건은 사방상가의 물건이다.

나누지도 못하고 자기 것으로 하지도 못하며 사고팔지도 못한다. 대중이 사서도 안 되고 여러 사람이나 나아가 한 사람이 사서도 안 된다.

만약 어떤 대중이나 여러 사람이나 한 사람이 나누든지 사고팔더라도 자기 것이 되지 않고 나눔이 이루어지지 않으며 사고파는 것이 이루어지지 않고 도리어 스툴라에야야(sthūlāeyaya, 偸羅遮, 未遂重罪)만을 범한다.

어떤 것이 사방상가의 물건인가.

절과 절의 물건과 방과 방의 물건이니, 이것이 첫째 부분인 사방상가의 물건이다. 나누지 못하므로 자기 것으로 하지 못하며 사고팔지 못한다.

만약 어떤 대중이나 여러 사람이나 한 사람이 나누든지 사고팔더라도 자기 것이 되지 않고 나눔이 이루어지지 않으며 사고파는 것이 이루어지지 않고 도리어 스툴라에야야 죄만을 범한다.

둘째 셋째 몫도 이와 같다.

넷째 몫 가운데 과일과 잎은 나눌 수 있고 꽃은 붇다께 올릴 수 있다."

위에서 사방상가의 소유로 한 첫째 몫이란 도량과 방, 도량과 방에 딸린 비품을 말한다.

둘째 몫이란 방 밖에 있는 물건으로 대중이 함께 쓰는 생활도구를 말한다.

셋째 몫이란 상가대중이 같이 써야 할 침상과 앉을 자리 등을 말한다.

넷째 몫이란 개인이 소유해서는 안 될 산과 숲, 그 가운데 있는 나무와 풀과 꽃들이다. 이 가운데 나무에 열린 과일이나 풀에 난 꽃들은 따서 같이 나누고 삼보에 공양할 수 있는 것이다.

상가의 아라마와 온갖 도량에 딸린 비품 등은 사방상가의 소유물이고, 시주로부터 얻어서 먹고 쓰는 옷과 먹을 것·잠자리·의약품 또한 평등히 나누고 평등히 먹고 평등히 써야 한다.

수행자가 자기 것으로 몸에 지닐 수 있는 것은 여섯 가지[六種僧物]가 있다. 그 물건은 세 가지 옷[三衣]과 깔개[坐具], 물 거르는 주머니[漉水囊], 밥그릇[鉢]이다.

세 가지 옷의 첫째는 상가티(saṃghāṭī)이니, 이 옷은 법을 설할 때나 걸식 때나 왕의 공양청을 받을 때 입는 '갖춘 옷'으로 속옷 위에 입는다. 큰 옷[大衣] 또는 겹옷[重衣]이라 한다.

둘째는 웃타라상가(uttarāsaṅga)이니, 이는 윗옷으로 대중에 들어가 같이 예송(禮誦)할 때 입는다.

셋째는 안타르바사(antarvāsa)이니, 속옷[著衣, 下衣]으로 밤에 잘 때나 작업할 때 입는다.

가질 수 있는 물건의 넷째는 물거르개[漉水囊]이니, 물을 받쳐 깨끗이 하는 주머니이다. 파리스라바나(parisrāvaṇa)라 한다.

다섯째는 파트라(pātra, 鉢)이니, 밥을 담는 그릇이다. 이것을 법에 응하는 그릇[應法之器]이라 말하니, 그릇의 바탕[體]과 모습[相]과 양[量]이 반드시 법에 응해야 한다.

여래께서는 이 그릇의 바탕을 진흙과 쇠로 만들도록 하셨으며, 그 모습은 검붉은 빛깔[黑赤色]로 하고, 그릇의 양은 큰 것은 세 되[三

斗] 작은 것은 한 되[一斗] 크기로 하도록 법을 정하셨다.

여섯째는 니시다나(niṣīdana)이니, 좌선할 때 쓰는 깔개이다. 크기는 길이가 넉 자 넓이는 석 자로 하도록 하셨다.

그밖에 대중이 함께 쓰는 도량의 비품으로는 대중 운집을 알리는 종(鐘)으로서 간타(ghaṇṭā)가 있고, 카르마에서 다수결로 결정할 때나 대중의 수를 파악할 때 쓰는 산가지[籌]로서 사라(śala)가 있다.

또 사문들이 개별적으로 쓰는 도구로, 걸식하면서 남의 집에 들어갈 때 소리로 알리도록 고리를 단 지팡이[錫杖] 칵카라(khakkhāra)가 있고, 산길을 갈 때 짚는 지팡이[杖]로서 라구다(laguḍa), 작은 물병인 쿠디카(kudika), 삼보를 부르며 생각할 때 쓰는 염주(念珠)인 자파마라(japamālā)가 있다.

도구 가운데 칵카라를 쓰도록 하신 것은 비구가 밥을 빌러 갈 때 다나파티의 집 앞에서 헛기침하거나 문을 두드리거나 모두 다나파티를 놀라게 하고 괴이하게 생각해 비방을 불러일으키므로, 지팡이에 쇠고리를 달아 소리가 울리도록 해 시주가 알도록 하셨다. 이 칵카라를 지혜의 지팡이[智杖]·덕의 지팡이[德杖]라고도 하니, 지혜와 덕이 성인의 기치가 되기 때문이다.

위 도구 가운데 사라(śala)는 상가의 카르마 때 쓰는 중요한 도구이니, 『번역명의집』은 다음과 같이 기록하고 있다.

『사분율』에 사라는 여기 말로 산대[籌]라 한다 했으며, 『오분율』에 의하면 산대는 아주 짧은 것이 다섯 손가락 마디[五指]이다. 아주 긴 것은 주먹팔 한 꿈치[一肘]인데, 아주 거칠어도 작은 마디를 넘지 않으며 아주 가늘게 해도 젓가락 두께 정도로밖에 줄

일 수 없다.

『십송율』에 말했다.

"다나파티가 상가의 숫자를 묻는데 수를 알지 못하니 붇다께서 산대를 돌리도록 하셨다. 사미의 수를 알지 못하니 산대를 돌려 수를 셌다. 어떤 사람이 우파바사타의 물건을 보시하면 사미도 얻을 수 있다. 비록 우파바사타의 카르마의 처소에 가지 않아도 되니, 산대를 받기 때문이다."

『사분율』에서는 공양을 받기 위해 산대를 돌리는 것은 사미에게도 통한다 했다.

아직 십계(十戒)를 받지 않아도 또한 산대를 받을 수 있으니, 같이 공양을 받기 때문이다.

『카르마소』(業疏)에 의하면 세 가지 산대 돌림[行籌]이 있으니, 첫째 머리를 드러내 돌림[頭顯], 둘째 다른 물건으로 산대를 덮어 감추어 돌림[覆藏], 셋째 귀의 말로 돌림[耳語]이다.

『행사초』(行事鈔)에 말했다.

"지금 상가라마 가운데 차별이 있어 상가의 차례를 두어 청하면 나그네 승려를 가려내버린다. 상가에 차례를 둠[僧次]은 순서를 넘음[越次]이라 하니, 곧 나그네 승려로 하여금 얻을 것을 얻지 못하게 한다. 이는 주인이 허물 범함이 무거운 것이니, 뜻을 같이해 따르는 이가 얼마라도 모두 한 가지 도둑이다."

1) 수행자가 몸에 지닐 수 있는 물건[僧物]

────────

사문 사카무니의 제자가 금·은 보물을 쌓아두는 것은 수행자의 법이 아니다

이와 같이 내가 들었다.

한때 붇다께서 라자그리하 성 칼란다카 대나무동산에 계셨다.

그때 마니구슬상투마을[摩尼珠髻聚落]의 주인이 붇다 계신 곳에 가서 붇다의 발에 머리를 대 절하고 한쪽에 물러나 앉아서 붇다께 말씀드렸다.

"세존이시여, 옛날 국왕이 여러 대신들을 모아놓고 함께 의논하여 말하였습니다.

'어떤가? 사문 사카무니의 제자 비구가 스스로 금·은 따위의 보물들을 받아 쌓아두면, 그것을 깨끗하다고 하는가, 깨끗하지 않다고 하는가?'

그 대신들 가운데 어떤 사람은 말했습니다.

'사문 사카무니의 제자는 금·은 따위의 보물을 받아 쌓아두어야 합니다.'

또 어떤 이는 말했습니다.

'금·은 따위의 보물을 스스로 받아 쌓아두지 않아야 합니다.'

세존이시여, 그들이 말한 가운데 '사문 사카무니의 제자는 금·은 따위의 보물을 받아 쌓아두어야 한다'고 한 것은 붇다께 들은 것입니까? 아니면 스스로 뜻을 내어 말한 것입니까?

그렇게 말한 사람은 법을 따른 것입니까, 법을 따르지 않는 것입니까? 또는 진실한 말입니까, 허망한 말입니까?

이와 같이 말한 사람은 꾸짖을 곳에 떨어지지 않을 수 있습니까?"

재화를 쌓아두는 것이 사문의 법이 아님을 말씀하심

붇다께서 마을 주인에게 말씀하셨다.

"이것은 거짓말로서 진실한 말이 아니고, 법의 말이 아니며, 법을 따르는 말도 아니라 꾸짖을 곳에 떨어지는 것이다.

왜 그런가. 사문 사카무니의 제자로서 금·은 따위의 보물을 받아 쌓아두는 것은 깨끗하지 않기 때문이다. 만약 스스로 자신을 위해 금·은 따위의 보물을 받아 쌓아둔다면 사문의 법이 아니요, 사카 종족의 법이 아니다."

마을 주인이 붇다께 말씀드렸다.

"기이합니다. 세존이시여, '사문 사카무니의 제자로서 금·은 따위의 보물을 받아 쌓아두는 것은 사문의 법이 아니고 사카 종족의 법이 아니다'라고 하시니 이것은 진실한 말씀입니다.

세존이시여, 이런 말을 하는 사람은 빼어나고 묘함을 늘려 키우는 사람이니, 저도 이렇게 말합니다.

'사문 사카무니의 제자는 스스로 금·은 따위의 보물을 받아 쌓아두지 않아야 한다.'"

붇다께서 마을 주인에게 말씀하셨다.

"만약 사문 사카무니의 제자로서 스스로 금·은 따위의 보물을 받아 쌓아두는 것이 깨끗하다면, 다섯 가지 욕망의 공덕[五欲功德]도다 깨끗하다 해야 할 것이다."

마니구슬상투마을의 주인은 붇다의 말씀을 듣고 기뻐하면서 절하고 떠나갔다.

수행자들은 자신을 위해 금은 보배 쌓아두지 말기를 당부하심

그때 세존께서는 마니구슬상투마을의 주인이 떠나간 줄 아시고 존자 아난다에게 말씀하셨다.

"여러 비구로서 칼란다카 대나무동산에 의지해 사는 이들을 모두 불러 식당에 모이게 하라."

그때 존자 아난다는 곧 붇다의 분부를 받고 널리 두루 영(슈)을 내려 칼란다카 대나무동산에 의지해 살고 있는 비구들을 식당에 모이게 하였다.

비구들이 다 모이자 세존께 가서 말씀드렸다.

"여러 비구들이 식당에 모였습니다. 세존께서는 때가 되었음을 아십시오."

그때 세존께서는 식당으로 가시어 대중들 앞에 앉으셨다.

그러고 나서 여러 비구들에게 말씀하셨다.

"오늘 마니구슬상투마을의 주인이 나를 찾아와서 이와 같이 말하였다.

'옛날 국왕이 대신들을 모아놓고 이와 같은 논의를 하였습니다. 사문 사카무니의 제자로서 스스로 금·은 따위의 보물을 받아 쌓아두는 것이 청정한 것인가. 그러자 그 가운데 어떤 이는 〈청정하다〉고 말하고, 어떤 이는 〈청정하지 않다〉고 말하였습니다.

그래서 지금 세존께 여쭙니다. 청정하다고 말한 사람의 말은 세존

에게서 들은 것입니까, 아니면 스스로 거짓말을 하는 것입니까?'

이와 같이 묻고 답해 '금·은 따위 보물을 쌓아두면 사문의 법이 아니요, 사카 종족의 법이 아니다'라고 하니, 그 마니구슬상투마을의 주인은 내 말을 듣고 기뻐하고 따라 기뻐하면서 절하고 떠나갔다.

여러 비구들이여, 국왕과 대신들이 함께 모여 이야기한 것으로 저 마니구슬상투마을의 주인은 대중들 앞에서 사자(獅子)처럼 외쳤다.

'사문 사카의 종족이라면 스스로 금·은 따위의 보물을 받아 쌓아두지 않아야 한다.'

여러 비구들이여, 너희들은 오늘부터 나무가 필요할 때에만 나무를 찾고, 풀이 필요할 때에만 풀을 찾으며, 수레가 필요할 때에만 수레를 찾고, 일꾼이 필요할 때에만 일꾼을 찾아서 부디 자신을 위해서 금·은 따위의 갖가지 보물들을 받아 갖지 말라."

붇다께서 이 경을 말씀하시자, 여러 비구들은 붇다의 말씀을 듣고 기뻐하며 받들어 행하였다.

• 잡아함 911 마니주계경(摩尼珠髻經)

• 해설 •

나[我]와 내 것[我所]이 본래 공한 곳에서 내 것에 실로 취할 내 것이 있다는 집착이 있으면 공한 해탈문[空解脫門]을 열어 보디에 나아갈 수 없다. 그러므로 세존은 내 것을 집착하는 탐욕의 생활을 경계해 내 것 늘리려는 헛된 생각 버리도록 가르치신다.

사문의 길은 청정한 범행의 길이며 두타행의 길이며 아란야행의 길이다.

내 것에 대한 집착 가운데 가장 큰 욕망은 재물에 대한 집착이고 금·은·보배에 대한 집착이므로 여래는 자신을 위해 재물 쌓지 말고, 상가를 위해 필요할 때 나무와 풀, 수레와 일꾼을 찾고 자신을 위해서는 그 무엇도 취하거나 갖지 말도록 가르치신다.

그렇다면 자신의 몸을 위해 구하는 재물이 아닌, 공덕의 재물[功德財]과 법의 재물[法財]은 어떤 것이며, 상가와 중생을 풍요로 이끌 다함없는 재물은 어떤 것인가.

『금강경』은 '만약 모든 모습[諸相]이 모습 아님[非相]을 보면 곧 여래를 본다'고 했으니, 이 가르침은 물질을 물질로 탐착하는 생활과 물질을 끊고 관념의 신비를 집착하는 자는 다 여래의 진실을 보지 못한다는 가르침이리라.

그러므로 바르게 나아가는 자는 물질이 물질 아니되 물질 아님도 아님을 보아야 하니, 물질을 통해 '한량없는 프라즈냐파라미타(prajñā-pāramitā, 無量般若波羅密)에 나아간 이가, 물질[色法]의 한량없는 공덕의 곳간[無量功德藏]에 나아가게 되리라.

『화엄경』(「입법계품」)은 스스로의 이익을 구하지 않고 온갖 공덕을 중생에게 회향하는 보디사트바의 삶을 이렇게 가르친다.

> 늘 으뜸가는 진리의 뜻 살피어
> 자신의 이익과 즐거움 구하지 않네.
> 다만 중생이 이익되길 바라서
> 이런 뜻으로 마음을 장엄하네.
>
> 常觀第一義　不求自利樂
> 但願益衆生　以此莊嚴心
>
> 비록 온갖 곳 어디 있어도
> 물들어 집착하는 마음 없지만
> 공덕의 사람이 계심을 보면
> 즐거이 보아 싫증냄이 없도다.
>
> 雖於一切處　皆無染著心
> 見有功德人　樂觀無厭足

세존이시여, 상가에 필요한 것들을
이 제자의 집에서 가져다 쓰게 하십시오

이와 같이 들었다.

한때 붇다께서는 슈라바스티 국 제타 숲 '외로운 이 돕는 장자의 동산'에 계셨다.

그때 세존께서 여러 비구들에게 말씀하셨다.

"다나파티(dāna-pati, 施主)는 어떻게 정진하고 계 지키는 여러 현성들을 받들어 섬기고 공양해야 하겠느냐?"

그때 여러 비구들이 세존께 말씀드렸다.

"세존께서는 모든 법의 왕이십니다. 세존께서는 여러 비구들에게 이 뜻을 말씀해주시길 바랍니다. 모두 받들어 지니겠습니다."

시주는 공경으로 보시하고, 비구는 해탈의 도 구하도록 가르치심

그때 세존께서 여러 비구들에게 말씀하셨다.

"자세히 듣고 자세히 들어 잘 사유해 생각하라. 내가 너희들에게 그 뜻을 분별해주겠다."

대답하였다.

"그렇게 하겠습니다, 세존이시여."

그때 여러 비구들이 붇다께 가르침을 받아들이니, 세존께서 말씀하셨다.

"시주가 정진하고 계 지키며 많이 들은 여러 많은 수행자들을 받들어 섬기고 공양하는 것은 다음과 같아야 한다.

마치 헤매는 이에게 바른 길을 가리켜 보여주듯이, 양식이 떨어진 이에게 먹을 것을 주듯이, 두려워하는 이에게 근심과 고뇌를 없게 해주듯이 그렇게 해야 된다.

놀라고 무서워하는 이를 놀라지 않게 하듯이, 돌아갈 곳이 없는 이를 덮어주고 보살펴주듯이, 눈먼 이에게 눈이 되어주듯이, 병든 이에게는 의사가 되어주듯이 그렇게 해야 된다.

또한 비구는 마치 밭농사 짓는 농부가 밭일을 하면서 잡초를 없애야 곧 곡식을 이루도록 할 수 있는 것처럼, 비구도 늘 다섯 가지 치성한 쌓임[五盛陰]의 병을 버리고 두려움이 없는 니르바나의 성[涅槃城] 안에 들어가기를 구해야 한다.

이와 같이 여러 비구들이여, 다나파티는 정진하고 계 지키며 많이 들은 이들을 받들어 섬기고 공양하고 보시해야 한다."

늘 보시하길 서원하고, 상가대중이 공양물 쓰시도록 간청함

그때 아나타핀다다(Anāthapiṇḍada, 給孤獨長者) 장자가 그 대중들 가운데 있다가 세존께 말씀드렸다.

"그렇습니다, 세존이시여. 그렇습니다, 여래시여.

온갖 시주와 주는 것을 받는 이는 길상의 물병[吉祥甁]과 같고, 여러 보시를 받는 이는 빔비사라 왕과 같습니다. 사람들을 보시하도록 권유하는 것은 부모를 가까이 모시는 것과 같고, 보시를 받는 사람은 곧 뒷세상의 좋은 벗과 같으며, 온갖 시주와 주는 것을 받는 이는 거사(居士)와 같습니다."

세존께서 말씀하셨다.

"그렇다, 장자여. 네 말과 같다."

아나타핀다 장자가 말씀드렸다.

"지금부터 이 뒤로는 문(門)을 지키지 않고, 또 비구·비구니·우파사카·우파시카와 양식이 떨어진 나그네들까지도 모두 막아 거스르지 않겠습니다."

그때 아나타핀다 장자가 세존께 말씀드렸다.

"세존과 비구대중들은 이 제자의 청을 받아주시길 바랍니다."

그때 세존께서 잠자코 장자의 청을 받아주셨다. 그때 장자는 세존께서 잠자코 청을 받아들이시는 것을 보고 곧 붇다께 절하고 붇다의 주위를 세 번 두루고 있던 곳으로 돌아갔다.

집에 돌아가자 그 밤으로 맛있는 반찬과 갖가지 먹을거리를 마련해놓고 앉을 자리를 넓게 편 다음 붇다께 말씀드렸다.

"때가 되었습니다. 공양이 다 마련되었습니다. 세존께서는 때를 맞춰 오시어 돌아보시길 바랍니다."

그때 세존께서 비구대중을 데리고 가사를 입고 발우를 들고 슈라바스티 성으로 가시어 장자의 집에 이르렀다. 각기 스스로 자리에 나아가 여러 비구대중 또한 각기 차례를 따라 앉았다.

그때 장자는 붇다와 비구대중이 자리에 앉은 것을 보고 손수 가늠하여 갖가지 음식을 골고루 돌렸다. 갖가지 음식을 돌려 공양이 끝나고 각기 발우를 거둔 뒤에는 낮은 자리를 가지고 가서 여래 앞에 앉아 법을 듣고자 하였다.

그때 장자가 세존께 말씀드렸다.

"거룩하십니다, 여래시여. 여러 비구들이 필요한 대로 세 가지 가사[三衣]·발우·침통·니시다나·옷걸이[衣帶]·물 거르는 통[法澡

罐]과 그밖에 사문들이 쓰는 온갖 것들을 이 제자의 집에서 가져다 쓰시도록 들어주십시오."

그때 세존께서 여러 비구들에게 말씀하셨다.

"너희들이 만약 옷이나 발우·니시다나·물 거르는 통과 그밖에 사문이 쓰는 온갖 것들을 필요로 할 때에는 여기에서 가져다 쓰는 것을 들어준다.

의심해 따지지 말 것이며, 취해 집착하는 생각을 일으키지 말라."

그때 세존께서 아나타핀다다 장자를 위해 미묘한 법을 연설하셨다. 미묘한 법을 말씀한 뒤에 곧 자리에서 일어나 떠나가셨다.

세존께서 아나타핀다다 장자의 보시행을 크게 찬탄하심

그때 아나타핀다다는 다시 네 성문(城門)에서 널리 보시하고, 다섯 번째는 저자 가운데서, 여섯 번째는 집에 있으면서 보시를 행하였다.

곧 음식이 필요하면 음식을 주고 국물[漿]이 필요하면 국물을 주고, 수레·음악[妓樂]·향냄새·보배목걸이[瓔珞] 등을 필요로 하면 그 모두를 주었다.

그때 세존께서 아나타핀다다 장자가 네 성문에서 널리 보시하고 다시 큰 저자에서 가난한 이들에게 보시하고, 또 집 안에서 보시함이 한량없다는 말을 들으시고 여러 비구들에게 말씀하셨다.

"나의 제자 가운데 으뜸가는 우파사카로서 보시하기를 좋아하는 이는 바로 아나타핀다다 장자이다."

그때 여러 비구들은 붇다의 말씀을 듣고 기뻐하며 받들어 행하였다.

- 증일아함 10 호심품(護心品) 四

• 해설 •

주는 자와 받는 자, 주는 물건이 모두 공적한 곳에서, 주는 이는 줌이 없이 주되 하나의 보시가 온갖 것 갖춘 보시가 되게 하고, 받는 이는 받음 없이 받되 다시 법의 보시[法布施]로 주는 이에게 은혜 갚을 원력으로 보시를 받아야 한다.

주는 이는 수행자에 보시할 때 공경하는 마음, 보살피는 마음, 자비의 마음으로 보시하고 공양해야 하며, 받는 이는 스스로 '니르바나의 성'[涅槃城]에 들어가 저 시주(施主)와 온갖 중생을 함께 해탈의 언덕에 건네줄 마음으로 그 보시를 받아야 한다.

주는 자와 받는 자가 함께 지혜의 마음으로 주고받으면 길상의 물병이 단이슬의 물로 적시듯이 함께 법의 은택을 입을 것이니, 시주가 상가와 보시 받는 자를 받들어 공양함은 저 세간의 왕을 모시듯 공경히 받들어 모셔야 할 것이다.

아나타핀다다 장자는 이처럼 줌이 없는 마음, 받들어 섬기는 마음으로 보시하니, 보시행으로 여래의 지혜의 바다에 들어선 사람이다.

또 아나타핀다다 장자는 여래를 만나 삼보에 귀의한 이래 제타 숲 정사를 상가에 기증하고 상가대중의 옷과 발우·앉을 자리·의약품을 대드릴 뿐 아니라 상가 안에 갖가지 비품과 도구들을 늘 대주길 서원하니, 그는 여래의 우파사카 가운데 보시로 으뜸가는 제자이다. 그는 사방상가의 공유인 아라마와 집과 방, 정원, 갖가지 살림도구 등 상주물(常住物)을 공양하고, 다시 상가대중에 먹을거리·입을 옷·의약품을 대드리면서도 한 점 교만의 티끌이 없고 주었다는 마음의 집착이 없다.

그러므로 모습 없는 보시, 지혜의 보시 행하는 그가 바로 '보시 파라미타'[dāna-pāramitā]로 다함없는 공덕의 바다에 들어가 물러섬이 없이 니르바나의 성에 나아가는 이[anāgāmin]이다.

셀라아 비구니는 가사와 발우 니시다나만
지닌 채 좌선하나니

이와 같이 내가 들었다.

한때 붇다께서는 슈라바스티 국 제타 숲 '외로운 이 돕는 장자의 동산'에 계셨다. 때에 셀라아(巴 Selā) 비구니는 슈라바스티 국왕의 동산의 비구니대중 가운데 함께 있었다.

그는 이른 아침에 가사를 입고 발우를 가지고 슈라바스티 성에 들어가 밥을 빌었다.

밥을 빈 뒤 정사에 돌아와 가사와 발우를 거두어 들고 발을 씻은 뒤에, 니시다나를 어깨에 메고 안다 숲으로 들어가 한 나무 밑에 앉아 낮 사마디에 들어갔다.

숲에서 사마디 닦는 비구니를 마라가 어지럽힘

때에 악한 마라 파피야스는 이렇게 생각하였다.

'지금 사문 고타마는 슈라바스티 국 제타 숲 '외로운 이 돕는 장자'의 동산에 있고, 셀라아 비구니는 슈라바스티 국왕의 동산의 비구니대중 가운데 함께 있다.

그는 이른 아침에 가사를 입고 발우를 가지고 슈라바스티 성에 들어가 밥을 빌었다. 밥을 빈 뒤 정사에 돌아와 가사와 발우를 거두어 들고 발을 씻은 뒤에, 니시다나를 어깨에 메고 안다 숲으로 들어가 낮 사마디에 들었다.

나는 그곳에 가서 어려움을 끼쳐야겠다.'

그는 곧 얼굴이 단정한 젊은이로 변해 셀라아 비구니 있는 곳에 가서 게송을 말하였다.

어떻게 이 모습을 지었으며
누가 그것을 만든 자인가.
이 모습은 어디에서 일어났으며
모습은 어느 곳으로 가는가.

셀라아 비구니는 이렇게 생각했다.

'이것은 어떤 사람이 와서 나를 두렵게 하려는 것이다. 사람인가, 사람 아닌가, 간악하고 교활한 사람인가.'

이와 같이 사유해서 악한 마라 파피야스가 어지럽히려는 것인 줄을 알게 되었다.

마라의 어지럽힘을 알고 게송을 설해 마라를 물리침

곧 게송으로 말하였다.

이 모습은 스스로 지음 아니고
또한 남이 지은 것도 아니다.
인연이 모여서 생겨났다가
인연 흩어지면 닳아 없어지네.

마치 세상의 여러 씨앗들이

큰 땅을 인하여 생겨나듯이
땅과 물, 불과 바람을 말미암아
다섯 쌓임과 열여덟 법의 영역
열두 들임 또한 그렇게
인연이 어울려 합해 생겨나고
인연이 흩어지면 닳아 없어지네.

온갖 애착과 괴로움을 버리고
온갖 어두워 캄캄함을 떠나서
이미 고요함을 깨달아 얻으면
모든 흐름 다함에 편히 머물리.
악한 마라여, 너를 이미 아나니
지금 바로 스스로 사라져 가라.

때에 악한 마라 파피야스는 이렇게 생각했다.
'셀라아 비구니는 이미 내 마음을 알았구나!'
그러고는 큰 근심과 슬픔을 내 이내 사라져 나타나지 않았다.

• 잡아함 1203 비라경(毘羅經)

• 해설 •

아름답다 셀라아 비구니여! 여인의 몸으로 이미 법의 몸을 이루어 두려움 없이 안다 숲에 들어가 홀로 머무니, 그가 여래의 상가 가운데 윗자리 수행자이다.

거룩하다 높은 현성 셀라아 비구니여! 온갖 모든 가진 것 없이 세 벌 옷과 발우, 니시다나만을 들고 나무 밑에 앉아 눕지 않고 사마디를 닦으니, 그가 곧 두타행자요 아란야행자이다.

참으로 밝도다 어진 셀라아 비구니여! 마라의 흔듦에 움직임 없이 온갖 법이 인연으로 나므로[緣起生故] 남이 없음[無生]을 통달해 마라의 왕 파피야스를 잘 물리치니, 그가 사자처럼 용맹한 큰 장부요 지혜 밝아 우뚝한 세간의 높은 스승이다.

그는 홀로 숲속에 머물되 온갖 중생 버리지 않으며, 가사와 발우, 앉을 자리만을 들고 좌선하는 두타행자이지만, 참된 복으로 중생을 복되게 하니 그를 무슨 말로 찬탄할 수 있을까.

『화엄경』(「입법계품」)의 다음 구절이 이 현성의 삶에 꼭 맞는 말이다.

보디의 다함없는 바다를
잘 살펴볼 수 있다면
어리석은 생각 멀리 떠나
반드시 보디의 바른 법을
받아 지녀 갈 수 있으리.

若能善觀察　菩提無盡海
則得離癡念　決定受持法

몸은 바른 법의 곳간이고
마음은 걸림없는 지혜라
이미 지혜의 빛 비춤을 얻고
다시 모든 중생을 비추네.

身爲正法藏　心是無礙智
既得智光照　復照諸群生

2) 수행자가 받는 네 가지 공양물

입을 옷과 먹을거리·자리끼·의약품을 집착 없이
공양 받는 이가 사자왕 같은 수행자이니

이와 같이 들었다.

한때 붇다께서는 슈라바스티 국 제타 숲 '외로운 이 돕는 장자의
동산'에 계셨다.

그때 세존께서 여러 비구들에게 말씀하셨다.

"내가 지금 말해주겠다. 사자(獅子)와 같은 사람이 있고 양(羊)과
같은 사람이 있다.

너희들은 자세히 듣고 잘 사유해 생각해보라."

여러 비구들이 대답하였다.

"그렇게 하겠습니다, 세존이시여."

먼저 사자왕같이 집착 없이 공양 받는 비구를 보이심

그때 여러 비구들이 붇다께 가르침을 받아들이니, 세존께서 말씀
하셨다.

"그 사람이 어떻게 사자와 같은가? 여기에 대해서는 이렇게 말할
수 있다.

비구들이여, 어떤 사람은 입을 옷·먹을거리·평상[牀]·자리끼
[臥具]와 병에 필요한 의약품[醫藥] 등의 공양을 얻으면, 그는 얻고

서 스스로 받아먹고 쓰되 물들어 집착하는 마음을 일으키지 않고 또한 욕심도 없으며, 여러 모습 취함을 일으키지 않고 도무지 이런 생각이 없다. 그래서 스스로 벗어나는 법을 안다.

설사 이익되는 공양 얻지 못한다 하더라도 어지러운 생각을 일으키지 않고, 늘어나고 줄어드는 마음이 없다.

마치 사자왕(師子王, siṃha-rāja)이 자질구레한 짐승을 잡아먹으면 그때 저 짐승의 왕은 '이것은 맛이 좋다, 이것은 맛이 없다'는 등의 생각을 하지 않는 것과 같다.

그리하여 물들어 집착하는 마음을 일으키지 않고 또한 욕심도 없으며, 여러 모습 취함을 일으키지 않는 것과 같다.

이 사람 또한 다시 이와 같아, 입을 옷·먹을거리·자리끼와 병들 때 필요한 의약품 등의 공양을 받으면, 받고서는 곧 스스로 받아먹고 물들어 집착하는 생각을 일으키지 않고, 설사 얻지 못하더라도 여러 생각이 없다."

양과 같이 공양물에 집착하는 비구를 보이심

"양 같은 사람이란 다음과 같다.

마치 어떤 사람이 남에게서 입을 옷·먹을거리·평상·자리끼와 병들 때 필요한 의약품 등의 공양을 받으면, 그는 그것을 받고서는 곧 스스로 받아먹고 쓰면서 곧 물들어 집착하는 마음을 일으키고, 애욕의 뜻을 내어 벗어나는 길을 알지 못함과 같다.

그는 만약 그것들을 얻지 못하면 늘 모습 취하는 생각을 낸다.

그 사람은 그런 공양을 얻고 나면 여러 비구들을 향해 스스로 뽐내고 남을 업신여기면서 이렇게 생각한다.

'나는 입을 옷·먹을거리·평상·자리끼와 병들 때 필요한 의약품 등을 공양 받을 수 있는데, 저 여러 비구들은 그런 것들을 얻지 못하는구나.'

비유하면 마치 큰 무리의 양 떼 속에서 한 마리가 그 무리에서 벗어나, 똥무더기로 가서 똥을 실컷 먹고는 무리 속으로 돌아와 뽐내면서 이렇게 말하는 것과 같다.

'나는 맛좋은 음식을 얻어먹었는데 이 양 떼들은 먹어보지도 못하였구나.'

이 또한 이와 같다. 만약 어떤 사람은 입을 옷·먹을거리·평상·자리끼와 병들 때 필요한 의약품 등의 이익되는 공양을 얻으면 곧 여러 어지러운 생각을 일으키고 물들어 집착하는 마음을 내어 곧 여러 비구들을 향해 스스로 뽐내면서 이렇게 말한다.

'나는 공양을 받을 수 있는데, 이 여러 비구들은 공양을 받지 못하는구나.'

그러므로 여러 비구들이여, 너희들은 반드시 사자왕을 본받고 양처럼 되지 말아야 한다.

그러므로 여러 비구들이여, 반드시 이렇게 배워야 한다."

그때 여러 비구들은 붇다의 말씀을 듣고 기뻐하며 받들어 행하였다.

• 증일아함 20 선지식품(善知識品) 四

• 해설 •

수행자는 입을 옷과 먹을거리·자리끼·의약품들을 시주에게 공양 받아 살아간다. 수행자가 시주물을 받되 받음이 없이 받아, 주고받음이 없는 큰 지혜의 법으로 시주를 윤택케 하고 시주의 은혜를 갚으면, 그는 보시를 받지 않을 때도 받지 못함의 상실감이 없고 보시를 받을 때도 보시물에 대한 집착이 없다.

그는 보시를 받아도 그 마음이 늘어남이 없고 받지 못해도 줄어듦이 없으며, 물건을 보아도 탐착하지 않고 물건이 없어도 실망하지 않는다.

이런 비구를 여래는 '사자 같은 비구'라 한다.

그러나 어떤 수행자가 시주물을 받되 받음이 있게 받으면 그는 받지 못하면 받지 못한 상실감에 잠 못 이루고, 좋은 시주물을 얻게 되면 스스로 교만한 마음을 내 받지 못한 이들을 가볍게 여기고 얕잡아본다.

그는 또한 물건을 받을 때에 받은 물건의 좋고 나쁨에 마음이 물들어 좋은 물건에 그 마음이 늘어나고 좋지 못한 물건에 그 마음이 줄어들며, 물건이 있으면 탐착하고 물건이 없으면 실망한다.

이런 비구를 여래는 '양 같은 비구'라 꾸중하신다.

양 같은 비구의 길 버리고 짐승의 왕 사자의 길을 걸으면 그는 받음으로써 크게 주는 사람이니, 그가 곧 큰 장부[大丈夫]요, 세간의 복밭[世間福田]이 되는 사람이다.

그와 같은 수행자는 온갖 법이 있되 공한 줄 알아 있음에 걸리지 않는 '빼어난 뜻의 빈 골짜기'[勝義空谷] 가운데서 사자처럼 두려움 없이 법을 외쳐 뭇 무리를 두렵게 한다. 이 같은 사람이 곧 세간의 아라한이고 보디사트바 사자왕이다.

공양물 받으면서 몸과 마음이 함께
즐거운 아라한의 길이 있다

이와 같이 들었다.

한때 붇다께서는 슈라바스티 국 제타 숲 '외로운 이 돕는 장자의 동산'에 계시면서 여러 비구들에게 말씀하셨다.

"네 부류의 사람이 있어 세상에 나타난다. 어떤 것이 넷인가.

어떤 사람은 몸은 즐거우나 마음은 즐겁지 않다.

어떤 사람은 마음은 즐거우나 몸은 즐겁지 않다.

어떤 사람은 마음도 즐겁지 않고 몸도 즐겁지 않다.

어떤 사람은 몸도 즐겁고 마음도 즐겁다."

공덕 갖춘 아라한의 길 행하도록 당부하심

"그 어떤 사람이 몸은 즐거우나 마음이 즐겁지 않은가.

복을 지은 범부는 입을 옷·먹을거리·자리끼·의약품의 네 가지 공양에 모자람이 없다. 그러나 아귀·축생·지옥의 길과 그 밖의 나쁜 세계를 면하지 못한다. 이것을 '이 사람이 몸은 즐거우나 마음이 즐겁지 않다'고 하는 것이다.

그 어떤 사람이 마음은 즐거우나 몸은 즐겁지 않은가.

아라한으로서 공덕을 짓지 않으면 네 가지 공양을 스스로 마련해 끝내 얻지 못한다. 그러나 지옥·아귀·축생의 길을 면하는 것은 저 아라한인 유유비구(唯喩比丘)와 같다. 이것을 '이 사람이 마음은 즐거우나 몸은 즐겁지 않다'고 하는 것이다.

그 어떤 사람이 몸도 즐겁지 않고 마음도 즐겁지 않은가.

범부로서 공덕을 짓지 않으면 입을 옷·먹을거리·자리끼·의약품의 네 가지 공양을 얻지 못하고 다시 늘 지옥·아귀·축생의 길을 면하지 못한다. 이것을 '이 사람이 몸이 즐겁지 않고 마음도 즐겁지 않다'고 하는 것이다.

그 어떤 사람이 몸도 즐겁고 마음도 즐거운가.

공덕을 지은 아라한을 말하니, 그는 입을 옷·먹을거리·자리끼·의약품의 네 가지 공양에 모자람이 없고, 다시 지옥·아귀·축생의 길을 면한다. 바로 시파라(尸波羅) 비구가 그렇다.

이것을 비구들이여, '세간에 네 부류의 사람이 있다'고 하는 것이다. 그러므로 비구들이여, 방편을 구해 저 시파라 비구같이 되도록 하라.

이와 같이 여러 비구들이여, 반드시 이렇게 배워야 한다."

그때에 비구들은 붇다의 말씀을 듣고 기뻐하며 받들어 행하였다.

• 증일아함 29 고락품(苦樂品) 二

• 해설 •

삼계의 위없는 스승 붇다는 복덕과 지혜를 모두 갖춘 분[福慧兩足]이고 밝은 지혜와 행을 모두 갖춘 분[明行足]이다. 상가의 제자는 붇다가 성취한 보디의 도를 따라 배우는 이들이니, 붇다처럼 복덕과 지혜 모두 갖추어 모자람이 없는 길에 나아가야 여래의 참된 제자가 된다.

몸은 즐거우나 마음이 즐겁지 않은 길은 복은 있어 몸이 안락하나 윤회에서 해탈하지 못한 사람의 길이다.

몸은 즐겁지 않으나 마음이 즐거운 길은 복을 짓지 못해 생활이 어려우나 뜻은 안락해 윤회에서 해탈한 아라한의 길이다.

몸도 즐겁지 않고 마음도 즐겁지 않은 길은 복과 지혜 모두 닦지 않아 생활도 어렵고 그 뜻도 어지러워 해탈하지 못하는 범부의 길이다.

몸도 즐겁고 마음도 즐거운 길은 복과 지혜 모두 갖춘 아라한이 생활도 어렵지 않고 그 뜻도 안락해 해탈의 기쁨 누리는 길이다.

이 가운데 어느 길을 갈 것인가. 여래의 길은 복과 지혜 모두 갖추어 세간을 함이 없는 복덕[無爲福] 다함없는 복[無盡福]으로 늘 윤택케 하고, 세간의 중생을 샘이 없는 지혜[無漏智]로 저 언덕에 건네주니, 이것이 여래의 길이고 상가의 길인 것이다.

『화엄경』(「수미정상게찬품」)은 여래의 길과 상가의 길이 스스로 복과 지혜 갖추어 세간 중생 참으로 안락케 하는 것임을 이렇게 말한다.

> 만약 붇다와 보디사트바들이
> 이 세간에 나오지 않았다면
> 이 세간의 한 중생이라도
> 편안하고 즐거움 얻지 못하리.
>
> 若佛菩薩等 不出於世間
> 無有一衆生 而能得安樂
>
> 여래 바르게 깨치신 분과
> 여러 거룩한 현성의 무리들
> 이 세간에 나타나 오심으로
> 중생에게 즐거움 줄 수 있었네.
>
> 如來等正覺 及諸賢聖衆
> 出現於世間 能與衆生樂

시주물에 애착이 없어야
시주가 공덕 얻게 할 수 있으리

이와 같이 들었다.

한때 붇다께서는 슈라바스티 국 제타 숲 '외로운 이 돕는 장자의 동산'에 계셨다.

그때 세존께서 여러 비구들에게 말씀하셨다.

"네 가지 애착[愛] 일으키는 법이 있다. 만약 비구의 애착이라면 일어날 때에 곧 일어나는 것이니, 어떤 것이 그 네 가지인가?

비구는 입을 옷으로 말미암아 애착을 일으키고, 밥 비는 것으로 말미암아 애착을 일으킨다. 자리끼로 말미암아 애착을 일으키고, 의약품으로 말미암아 애착을 일으킨다.

이것을 비구들이여, '네 가지 애착 일으키는 법이 있어 물들어 집착함이 있다'고 하는 것이다."

비구가 애착하는 네 가지 법을 분별하심

"어떤 비구가 입을 옷에 집착하면 나는 그를 좋아하지 않는다.

왜냐하면, 그는 입을 옷을 얻지 못할 때에는 곧 성냄을 일으키고 취해 집착하는 생각을 일으키기 때문이다.

어떤 비구가 먹을거리에 집착하면 나는 그를 좋아하지 않는다.

왜냐하면 그는 먹을거리를 얻지 못했을 때에는 곧 성냄을 일으키고 취해 집착하는 생각을 일으키기 때문이다.

어떤 비구가 앉을 자리에 집착하면 나는 그를 좋아하지 않는다.

왜냐하면 그는 앉을 자리를 얻지 못했을 때에는 곧 성냄을 일으키고 취해 집착하는 생각을 일으키기 때문이다.

어떤 비구가 의약품에 집착하면 나는 그를 좋아하지 않는다.

왜냐하면 그는 의약품을 얻지 못했을 때에는 곧 성냄을 일으키고 취해 집착하는 생각을 일으키기 때문이다.”

네 가지 공양물에 대해 가까이해야 할 법을 보이심

“비구들이여, 알아야 한다. 나는 지금 입을 옷에 대해 두 가지 일을 말해주겠으니, 또한 가까이해야 할 것과 또한 가까이하지 말아야 할 것이다.

어떤 것을 가까이해야 하며, 어떤 것을 가까이하지 말아야 하는가?

만약 입을 옷을 얻어 그 옷에 아주 집착하여 착하지 않은 법을 일으키면, 이것은 가까이하지 말아야 한다. 만약 입을 옷을 얻어 착한 법을 일으켜 마음이 애착하지 않으면 이것은 가까이할 만하다.

만약 밥을 빌 때에 착하지 않은 법을 일으키면, 이것은 가까이하지 말아야 한다. 만약 밥을 빌 때에 착한 법을 일으키면 이것은 가까이할 만하다.

만약 앉을 자리를 얻었을 때에 착하지 않은 법을 일으키면, 이것은 가까이하지 말아야 한다. 만약 앉을 자리를 얻었을 때에 착한 법을 일으키면 이것은 가까이할 만하다.

의약품에 있어서도 또한 그렇다.

그러므로 여러 비구들이여, 반드시 좋은 법을 가까이하고 나쁜 법을 없애버려야 한다.”

보시하는 시주를 니르바나에 이끌도록 당부하심

"이와 같이 여러 비구들이여, 반드시 이렇게 배워서 다나파티 (dāna-pati, 施主)로 하여금 그 공덕을 얻어 복 받음이 끝없어서 단이슬[甘露]의 니르바나를 얻게 해야 한다."

그때 세존께서 곧 이 게송을 말씀하셨다.

시주가 입을 옷으로 보시하고
먹을 것, 앉을 자리, 자리끼 보시해도
그 가운데 애착을 일으키지 말라.
그러면 모든 세계 나지 않으리.

그때 여러 비구들은 붇다의 말씀을 듣고 기뻐하며 받들어 행하였다.

• 증일아함 29 고락품 八

• 해설 •

받는 주체, 물건을 주는 시주, 시주가 주는 네 가지 공양물에 모습 있음을 두면 주되 줌이 있고 받되 받음이 있으므로 집착이 난다.

집착이 있어 보시 받으면 받지 못할 때 상실감과 성냄이 일어나고 받은 보시물에 탐냄이 일어난다.

이러한 보시 받음은 그로 인해 탐냄·성냄·어리석음이 한꺼번에 일어나니 수행자는 곧 가까이해서는 안 된다.

주되 줌이 없이 주고, 받되 받음이 없이 받아, 주고받음이 없는 연기의 진실 그대로의 지혜의 법에 시주를 잘 이끌 큰 서원으로 보시 받으면, 주는 자와 받는 자가 함께 해탈의 땅에 들어가게 된다.

보시가 지혜의 보시가 되고 보시 받음이 해탈의 받음이 되면, 주고받는 보시의 행을 통해 주는 자나 받는 자가 함께 니르바나에 들어가고, 보시하는 물건은 모습에 모습 없는 중도의 진실을 실현하게 된다.

수행자는 탐욕의 보시·모습 있는 보시를 떠나 이런 지혜의 보시·모습 없는 실상의 보시를 행해, 주고받음으로 다나파티를 해탈의 저 언덕에 이끌어야 한다.

보시 받는 상가대중은 공양 받음으로 저 시주와 시주물까지 해탈의 땅 니르바나의 성에 이끌 원력으로 살아가야 하니, 『화엄경』(「십회향품」)은 온갖 공덕을 중생에게 회향하는 보디사트바의 삶을 이렇게 가르친다.

보디사트바는 가지고 있는 모든 선근
모두 다 중생에게 회향하여서
널리 모두 건져내 나머지 없이
길이 모든 중생을 해탈케 하여
그들이 언제나 안락하도록 하네.

菩薩所有諸善根　悉以迴向諸衆生
普皆救護無有餘　永使解脫常安樂

보디사트바는 이처럼 깊이 사유해
갖가지 넓고 큰 행 갖추어 행해
모든 공덕 중생에게 다 회향하지만
집착하는 마음을 내지 않도다.

菩薩如是諦思惟　備行種種廣大業
悉以迴向諸含識　而不生於取著心

학담 鶴潭

1970년 도문화상(道文和尙)을 은사로 출가하여
동헌선사(東軒禪師)의 문하에서 선(禪) 수업을 거친 뒤
상원사 · 해인사 · 봉암사 · 백련사 등 제방선원에서 정진했다.
스님은 선이 언어적 실천, 사회적 실천으로 발현되는
창조적 선풍을 각운동(覺運動)의 이름으로 제창하며,
용성진종선사 유업 계승의 일환으로 서울 종로에
대승사 도량을 개설하고 역경불사를 진행하여
『사십이장경강의』『돈오입도요문론』『원각경관심석』
『육조법보단경』『법화삼매의 길』등 많은 불전 해석서를 발간했다.
이밖에도 한길사에서 출간한『물러섬과 나아감』을 비롯하여,
『소외와 해탈의 연기법』『선으로 본 붇다의 생애』등
많은 저서가 있다.
시대의 흐름에 맞는 새로운 선원과 수행처 개설을 위해
도량을 양평 유명산(有明山)으로 이전하고
화순 혜심원 진각선원(眞覺禪院), 오성산 낭오선원(朗晤禪院)
도량불사를 진행 중이다.

아함경 ⁹

상가와 출가수행

지은이 · 학담
펴낸이 · 김언호
펴낸곳 · (주)도서출판 한길사

등록 · 1976년 12월 24일 제74호
주소 · 413-120 경기도 파주시 광인사길 37
　　　www.hangilsa.co.kr
　　　http://hangilsa.tistory.com
　　　E-mail: hangilsa@hangilsa.co.kr
전화 · 031-955-2000~3　　팩스 · 031-955-2005

부사장 · 박관순 | 총괄이사 · 김서영 | 관리이사 · 곽명호
영업이사 · 이경호 | 경영담당이사 · 김관영 | 기획위원 · 류재화
책임편집 · 서상미 이지은 박희진 박호진
기획편집 · 백은숙 안민재 김지희 김지연 김광연 이주영
전산 · 노승우 | 마케팅 · 윤민영
관리 · 이중환 문주상 김선희 원선아

CTP출력 및 인쇄 · 예림인쇄 | 제본 · 경일제책

제1판 제1쇄 2014년 7월 30일

값 40,000원
ISBN 978-89-356-6289-0 94220
ISBN 978-89-356-6294-4 (세트)